섭리
PROVIDENCE

Providence

Copyright © 2020 by Desiring God Foundation
Published by Crossway
a publishing ministry of Good News Publishers
Wheaton, Illinois 60187, U.S.A.

This edition published by arrangement with Crossway throughrMaeng2, Seoul, Republic of Korea.
All rights reserved.

This Korean Edition Copyright © 2021 by Word of Life Press, Seoul, Republicof Korea

이 한국어판의 저작권은 알맹2를 통하여
Crossway와 독점 계약한 생명의말씀사에 있습니다. 신 저작권법에
의하여 한국 내에서 보호 받는 저작물이므로 무단 전재와 무단 복제를 금합니다.

섭리

ⓒ 생명의말씀사 2021

2021년 11월 29일 1판 1쇄 발행
2024년 2월 27일   3쇄 발행

펴낸이 | 김창영
펴낸곳 | 생명의말씀사

등록 | 1962. 1. 10. No.300-1962-1
주소 | 서울시 종로구 경희궁1길 6 (03176)
전화 | 02)738-6555(본사) · 02)3159-7979(영업)
팩스 | 02)739-3824(본사) · 080-022-8585(영업)

기획편집 | 유영란, 구자섭
디자인 | 조현진
인쇄 | 영진문원
제본 | 다인바인텍

ISBN 978-89-04-03179-5 (03230)

저작권자의 허락없이 이 책의 일부 또는 전체를
무단 복제, 전재, 발췌하면 저작권법에 의해 처벌을 받습니다.

John Piper

섭리
PROVIDENCE

존 파이퍼 지음 | 홍병룡 옮김

생명의말씀사

추천사

"존 파이퍼가 이제껏 쓴 책들 중에 가장 중요한 책인 듯한 본서에서, 저자는 탁월한 설득력과 석의적 기술을 발휘하여 하나님의 섭리가 '하나님이 우주에 대한 그분의 궁극적 목표를 완전히 성공적으로 성취하게 하는 그분의 합목적적 주권'임을 입증한다. 이 책은 하나님을 보는 당신의 시각을 활짝 넓혀주고 당신의 믿음을 강화시킬 것이다."
_ D. A. 카슨(The Gospel Coalition의 창립자, 신학자)

"존 파이퍼는 그 특유의 성경 텍스트 중심의 명쾌한 필치로, 성경에 나오는 하나님의 섭리가 얼마나 포괄적인지를 확연하게 보여준다. 파이퍼는 성경 텍스트에 충분히 머무르고, 우리는 텍스트가 바뀔 때마다 하나님께서 가장 작은 원자에서 끔찍한 재난까지 모든 실재를 다스리고 계심을 보게 된다. 우리가 당연히 파이퍼에게 기대하듯, 그는 우리의 눈을 하나님의 무한한 위대하심과 아름다움으로 향하게 하는 한편, 하나님의 섭리가 예수 그리스도를 아는 우리에게 놀라운 좋은 소식을 구성한다고 상기시켜준다."
_ 토마스 슈라이너(남침례 신학교 신약학 교수)

"나는 존 파이퍼의 글에 담긴 깊고 참신한 생각 때문에 신자들에게 그의 많은 책을 추천하고 싶은 사람이다. 존 파이퍼의 『섭리』는 그 목록 중 가장 높은 위치에 놓일 것이다. 이 책이 다루는 하나님의 섭리의 넓이는 깜짝 놀랄 정도다. 파이퍼는 빠트리는 것이 하나도 없다! 이 책을 읽고 당신 스스로 확인해보라. 기념비적 작품임에 틀림없다!"
_ 콘라드 음베웨(잠비아 카브와타 침례교회 목사)

"어떤 이들은 하나님의 손길을 기적에서만 보고 다른 이들은 그분의 손길을 전혀 보지 못하는데, 섭리는 하나님이 일어나는 모든 것 안에서 또 그 위에서 주권자로 일하신다는 놀라운 진리다. 열정과 호기심어린 정신을 겸비한 존 파이퍼는 그의 사역 내내 이 진리를 소중히 여겼고 또 선포해왔다. 본서는 한 교리에 관한 책이 아니라 우리의 세계, 우리의 구속, 그리고 오늘날 우리의 삶 가운데 일하시는 하나님의 사역을 두루 섭렵하고 있다. 우리의 믿음에 활력을 더해주는 책이다."
_ 마이클 호튼(웨스트민스터 신학교 조직신학 및 변증학 교수)

"이 놀라운 책에서 존 파이퍼는 주권의 인격적 측면을 보여주고, 하나님의 섭리가 지닌 복잡다단한 성격, 매력적인 아름다움, 그리고 궁극적 목적을 명료하게 밝혀 준다. 파이퍼는 다면적인 진리에 대해 이해하기 쉽게 그리고 너무나 실제적으로 쓸 수 있는 능력이 있다."
_ 조니 에릭슨 타다(Joni and Friends International Disability Center 창립자이자 CEO)

"존 파이퍼의 대작은 오늘날 많은 그리스도인이 취하는 하나님의 섭리에 대한 약한 견해를 불식시키는 강력한 해결책이다. 저자의 설명은 포괄적인 범위와 수많은 성경적 통찰을 겸비하고 있다. 파이퍼는 섭리를 묘사할 뿐 아니라 섭리에 대한 이해가 어떻게 우리의 삶에 깊이를 더해줄 수 있는지를 보여주는 점에서 목사 겸 신학자의 좋은 모델이다."
_ 트렘퍼 롱맨 3세(웨스트몬트 칼리지 성서학 명예교수)

"존 파이퍼는 1983년에 『The Justification of God』을 출판해서 하나님의 은혜의 주권을 결단코 고수하겠다는 입장을 보여주었다. 거의 사십 년이 흐른 지금도 그 입장은 변함이 없다. 이 대작은 생각할 양식을 공급해서 독자의 마음과 생각을 한껏 넓혀준다."
_ 폴 헬름(런던 킹즈 칼리지 종교의 역사와 철학 교수 역임)

"본서는 하나님의 영광을 설파하는데 평생을 바친 사람이 쓴 하나님의 섭리에 관한 책이다. 이 책은 그 주제에 걸맞게 튼실하다. 존 파이퍼는 창조 이전부터 그리스도의 재림까지 이동하면서 하나님의 섭리가 시간과 환경과 사람을 모두 포괄하는 활동임을 뚜렷이 보여주고 자족하시는 하나님의 어마어마한 능력을 명쾌하게 설명한다."
_ 미구엘 누메즈(도미니카공화국의 인터내셔널 침례교회 담임목사)

"존 파이퍼의 『섭리』는 우리에게 겸손하도록 격려하고 하나님의 말씀 앞에 떨게 함으로써 우리로 하여금 놀랍고 두려운 아름다움을 지닌 왕 중의 왕을 바라보게 한다(사 33:17, 66:2). 그분은 안전한 사자가 아니라 선한 분이다."
_ 제이슨 드루치(미드웨스턴 침례신학교 구약 및 성경 신학 연구교수)

"존 파이퍼의 신중한 설명은 통찰력 있는 신학적 성찰과 목회적 적용을 겸비하고 있다. 건강이 나빠지고, 적이 공격하고, 꿈이 사라지고, 관계가 깨어지고, 재난이 닥쳐올 때 희망은 여기에 있다. 여기에 어려움을 견디고, 불확실성을 직면하고, 불안을 극복할 수 있는 힘이 있다. 여기에 우리 아버지의 특별한 배려와 행동에 담긴 그분의 풍성한 선하심을 경험할 수 있는 길이 있다."
_ 스피븐 율(남침례 신학교 성경적 영성신학 교수)

"파이퍼는 복잡한 개념들을 쉽게 이해할 수 있게 만드는 재능이 있다. 그는 섭리란 전반적인 주제 아래 기독교 신앙의 가장 어려운 주제들을 다루고 있다. 하나님의 주권과 인간의 결정의 관계, 악의 기원, 하나님이 그의 목표를 달성하기 위해 악한 사람들과 마귀를 이용하는 것, 그리고 선택 등이다. 오늘날 신(新)오순절주의, 건강과 부의 복음, 가난, 부정부패 등이 팽배한 남아메리카에서는 하나님의 방법에 대한 질문이 쏟아지고 있는 만큼 이 책이 절실히 필요하다."
_ 아우구스투스 니코데무스 로페스(브라질 제일장로교회 목사, 브라질 장로교단 최고 위원회 부위원장)

"우리가 몸담은 지극히 인간 중심적인 시대에 존 파이퍼의 책은 복음의 진리로 마음과 영혼을 치유해준다. 이는 단지 하나님의 섭리에 관한 신학서적이 아니라 성경적이고 실제적인 지혜가 가득한 목회적 지침이다. 이 책은 오늘날의 기독교 세대가 하나님의 주권적 능력에 관한 진리를 즐거워하게 하고 또 주변의 사람들이 인간의 교만이란 흔들리는 기반이 아니라 복음의 든든한 토대 위에 서도록 돕는 역할을 도모할 것이다. 파이퍼는 하나님의 사랑의 등대 안에 하나님의 영광의 찬란한 불길을 지펴서 사람들이 오류와 두려움이 날뛰는 사나운 바다에서 참된 희망을 찾게 할 것이다. 소련 이후의 나라들에 사는 주민들은 이 세계의 진정한 왕과 통치자의 위대하심과 아름다움을 보는 한편, 그리스도의 영광을 위해 모국의 영적 부흥을 위해 헌신해야 하는 만큼 이 책은 그들에게 매우 적실하다!"
_ 예프게니 바크무츠키(러시아 모스크바의 러시안 바이블 처치 담임목사)

"존 파이퍼는 성경 전체가 하나님 섭리의 궁극적 목표, 성격, 범위에 대해 무엇을 가르치는지를 귀납적으로 증명함으로써 그 섭리를 보고 또 맛보게 도와준다."
_ 앤디 나셀리(베들레헴 칼리지와 신학교 조직신학 및 신약학 교수)

"이 걸작을 통해 존 파이퍼는 종종 무시되는 하나님의 섭리의 교리를 활짝 펼쳐냄으로써 독자의 마음을 기쁜 예배의 자리로 이끌어준다. 이 책은 진지한 신학생을 위한 교재인 동시에 평신도를 위한 경건 서적이다. 본서를 읽고, 그분의 영광을 위해 그리고 그분의 선민의 유익을 위해 그의 모든 목적을 이루실 하나님을 경배하라."
_ 마티아스 로맨(독일 뮌헨의 자유복음주의 교회 담임목사)

"내가 평가하기에 본서는 존 파이퍼의 가장 성숙하고 가장 온전한 성경신학적 성찰을 보여준다. 나는 목사 겸 선생인지라 '나는 성경을 통해 하나님과 인간과 창조세계에 대해 배우는 것과 내가 경험하는 것을 어떻게 조화시킬 수 있나요?'라는 질문을 종종 받는다. 파이퍼 덕분에 이제 나는 이런 질문에 답변할 수 있는 결정판을 갖게 되었다. 이 책은 독자들로 하나님의 창조세계에 대한 목적을 생각할 때 하나님과 그분의 계시된 실재를 기뻐하도록 할 것이다."
_ 비아오 첸(3번째 천년 사역의 중국 프로젝트 담당자)

"존 파이퍼의 저술은 항상 하나님의 영광과 그 백성의 기쁨을 강조해왔다. 이제 파이퍼는 우리에게 위안을 주는 하나님의 섭리 교리에 관한 대가다운 책을 내놓는다. 이 책은 정확성과 깊은 성경 지식을 갖춘 채 성경신학과 조직신학 사이를 움직이되 매우 중요한 성경적 가르침의 목회적 측면에 초점을 맞추는 것을 잊지 않는다. 영광의 주님께서 그의 백성의 덕을 세우고 기쁨을 불러일으키는데 본서를 사용하시길 기원한다!"
_ 프랭클린 페레이라(브라질 마르틴 부처 세미나의 학술 담당 디렉터)

"존 파이퍼는 섭리의 진리가 신학의 다양한 영역과 어떤 직접적인 관계가 있는지를 노련하게 보여준다. 존 파이퍼의 『섭리』는 저자의 철저한 신학적 및 성경적 통찰을 사십 년이 넘는 목회사역과 잘 버무린다. 이 책은 지구촌 교회를 위한 진정한 보배이고 장차 수년 동안 하나님의 교회를 위한 귀중한 자원이 될 것이다."
_ 쉐리프 파힘(이집트의 알렉산드리아 신학교 조직신학 및 성서학 강사)

목차

추천사   4

서론: 네 가지 초대   24
반(反)직관적인 경이감 / 말씀을 거쳐서 실재 속으로 들어가다 / 하나님께 매료된 세계 / 하나님을 아는 것 / 이 책의 목표, 성격, 범위

제1부 섭리의 정의와 어려운 점

1. **하나님의 섭리란 무엇인가?**   41
   섭리의 건축용 벽돌 / 하나님이 "주관하신다" / 모리아산에서의 섭리 / 이런 책을 쓰면 딜레마에 빠진다 / 섭리에 대한 오랜 견해들 / 섭리와 운명의 차이는 무엇인가? / 하나님을 사랑하는 모든 이의 즐거움은 갈수록 더 커진다

2. **하나님의 자기영광은 좋은 소식일까?**   52
   하나님의 자기영광에 대한 우리의 거부반응 / 자기를 높이는 하나님뿐만 아니라 어느 신이라도 / 그런데 만일 그렇다면? / 하나님의 사역이 지향하는 위대한 최종 목적 / 영광: 하나님의 탁월하심이 펼쳐지는 파노라마

제2부 섭리의 궁극적 목표

1편. 섭리의 궁극적 목표: 창조 이전과 창조의 때   63

3. 창조 이전   65
영광만이 아니라 영광의 찬송을 위해 / C. S. 루이스의 발견 / 하나님의 목표: 하나님에 대한 우리의 기쁨이 완성되는 것 / 하나님의 자기영광 vs 인간의 자기예찬 / 은혜는 왜 생략했는가? / 창조 이전에 사랑하는 자의 피라고?

4. 창조의 행위   73
하나님은 만물을 "하나님을 위해" 창조하셨다 / 만물의 창조주를 위한 하늘의 찬송 / 종말에 드러날 목표, 처음부터 존재했던 목표 / 그리스도를 위한 옛 창조, 그리스도 안에서의 새 창조 / 회복만이 아닌 새로운 창조 / 그리스도와 그의 고난의 영광에 대해 할 말이 더 많다 / 성경에서 얻는 통찰을 다 망라할 수 없을 때

2편. 섭리의 궁극적 목표: 이스라엘의 역사에서   85

5. 개관: 아브라함부터 다가오는 시대까지   87
유대 역사와 열방을 위한 예수 그리스도 / "땅의 모든 족속이 너로 말미암아 복을 얻을 것이라" / 돌감람나무는 안으로, 자연적인 가지들은 밖으로 / 하물며 그들의 충만함이리요! / 하나님께서 이스라엘에 초점을 맞추시다 / 이스라엘 역사에 나타난 하나님의 포괄적 계획과 손길 / 이스라엘 역사에 나타난 하나님의 궁극적 목적은 무엇이었는가? / 세계 창조와 이스라엘의 선택은 동일한 목표를 갖고 있다 / 하나님의 영광을 위한 이스라엘의 먼 미래 / 한 가지 목표: 하나님의 이름과 우리의 기쁨 / 하나님의 선물을 기뻐함은 하나님의 선하심을 기뻐하는 것이다 / 우리가 하나님을 기뻐할 때 하나님도 기뻐하신다 / 넓은 각도에서 좁은 각도로

6. 출애굽의 여정 … 104

하나님 백성의 해방, 이스라엘의 하나님의 신원 확인 / 계시와 해방을 위한 무대 / 이름 이전에 절대적인 존재 / 하나님께서 그 자신에 대해 6,800번이나 말씀하시는 것 / 이스라엘과 이집트에게 그의 이름을 보여주기 위하여 / 모든 나라들 사이에 그의 이름이 알려지도록 / 영광스러운 이름이 알려질 뿐만 아니라 인정받도록 / 알려지고 인정받는 것을 넘어 경배받기까지 / 경배는 하나님의 영광스러운 위대함을 기뻐하는 것을 포함한다 / 출애굽, 한없는 반향을 일으키다

7. 출애굽을 기억하다 … 116

겸손하게 놀라는 다윗의 모습 / 권능에 놀라고, 은혜에 놀라다 / 이사야, 하나님의 영광의 팔을 기뻐하다 / 그의 이름을 위해 속박에서 풍성함으로 / 공의와 은혜의 이름 / 출애굽 은혜의 뿌리는 언약의 은혜 / 로마서 9장과 멸망하는 이스라엘 사람들 / 바울과 출애굽: 하나님의 은혜의 자유 / 긍휼의 그릇에 대해 영광의 풍성함을 알리는 것 / 출애굽의 궁극적 목표: 하나님의 영광을 위한 값없는 은혜

8. 율법, 광야, 가나안 정복 … 129

율법과 출애굽 간의 연결고리 / 율법에 나타난 하나님의 최우선 사항: 그분의 지상권 / 아내의 애정을 누리는 최고의 존재 / 첫째 계명과 마지막 계명이 하나인 이유 / 섭리의 목표와 순종의 길 / 하나님의 영광을 위한 광야의 은혜 / 갈라진 바다와 갈라진 강, 여호와가 강력한 분임을 보여주다 / 이스라엘에게는 승리를, 하나님께는 영광을 / 이스라엘에게는 값없는 은혜를, 가나안에게는 마땅한 심판을 / 하나님이 자기에게 붙어있게 하려고 그들을 위해 싸우셨다 / 십계명부터 가나안 정복까지

9. 사사 시대와 왕정 시대 … 143

아름다운 자비를 위한 서글픈 배경 / 기드온의 뜻밖의 승리에 나타난 하나님의 자기영광 / 이스라엘에서 왕정제도가 이상하게 발흥하다 / 사람의 통치는 하나님이 제정한 뿌리가 있다 / 큰 악으로 하나님의 뜻을 이루다 / 왕정이 죄를 통해 하나님의 은혜를 보여주다 / 죄로 잉태된 왕정의 과분한 축복 / 하나님을 찬송하고 백성을 기쁘게 하는 시인-왕 / 하나님의 이름을 높이려고 용서의 자비를 구하는 건축자-왕 / 아버지의 영광과 그 백성의 기쁨을 구하는 구원자-왕

10. 예루살렘의 보호, 멸망 그리고 회복 … 157

"나의 이름을 위하여" 예루살렘을 방어하시다 / 믿음에 반응하여 하나님이 구출하시다 / 히스기야의 기도 때문에, 하나님의 자기 영광에 대한 열정 때문에 / 하나님의 인내가 바닥날 때에도 그분의 이름이 높아진다 / 이중적인 악: 하나님께 대한 간음 / 에스겔이 끊임없이 상기시키는 것 / 그들의 기쁨과 "복음적인 굴욕"을 도모하는 회복 / 은혜로 구원받고 당혹스러워지다 / 겸손하고 가슴 아픈 기쁨 / 기쁨에 대한 위협이 아닌 그 근거 / 섭리의 목적이 어떻게 펼쳐질지에 대해 약속하다

3편. 섭리의 궁극적 목표: 새 언약의 설계와 제정

11. 새 언약의 설계 · 175

새 언약에 대한 진술 / 세 가지 중대한 사항 / 새 언약은 섭리가 그 궁극적 목표를 향해 이동하는 길이다 / 새 언약은 하나님에 대한 기쁨의 창조이다 / 그분은 그의 충만한 기쁨을 위해 떠나지 않으신다 / 경외하기를 기뻐하다 / 신명기의 새 언약: 하나님을 기뻐하는 우리의 모습을 하나님이 기뻐하시다 / 그리스도께서 새 언약을 성취하시는 모습 / 그리스도를 통해 새 언약이 제정되다

12. 언약 제정과 그리스도의 사역 · 185

예수님의 피로 세운 새 언약 / 그리스도, 새 언약 성취의 근거이며 목표 / 그 안에는 신성의 모든 충만이 육체로 거하시고 / 신인(神人)의 업적이 지닌 영광 / 그리스도는 우리로 그의 영광을 보게 만듦으로써 더 영광스러운 분이 되었다 / 은혜는 영광의 정점, 그리스도는 은혜의 정점 / 가장 영광스러운 은혜의 행위에 꼭 필요한 고난 / 죽임을 당한 어린 양의 생명책 / 영원 전부터 있었던 그리스도 안의 은혜 / 죽임 당한 어린 양이 영원한 경배의 중심인물이다 / 살펴볼 것이 많다

13. 창조세계에 들어온 죄와 복음의 영광 · 196

허락하기로 계획하시다 / 하나님이 타락을 허락하기로 계획하시다 / 아담과 하와는 악을 도모했으나 하나님은 그것으로 선을 도모하다 / 고난의 심판: 공의롭고 또 은혜로운 것 / 12장과 13장에서 엮어놓은 것 / 그리스도의 영광의 좋은 소식 / 목표는 기쁜 마음으로 그리스도의 영광을 고귀하게 여기는 것 / 목표는 그리스도의 영광에 의해 기쁘게 변화되는 것 / 그리스도의 고난이 이룬 모든 업적은 그의 영광을 흠모하게 한다 / 그리스도의 영광을 보여주는 화목제물 / 십자가가 이룬 모든 업적은 찬송을 막는 장애물을 제거한다 / 새 언약의 제정: 현재와 미래

14. 하나님 백성의 영화와 그리스도의 영광 · 209

점진적 영화 / 점진적 영화가 새 언약을 성취하다 / 점진적 영화를 위한 주님의 기도 / 하나님이 공급하시는 힘으로 섬기라 / 그리스도를 통해 하나님을 기쁘게 함으로 그에게 영광을 돌리라 / 그리스도의 영광을 위해 그의 은혜에 따른 믿음의 행위 / 하나님을 영화롭게 해달라고 하나님께 간구하다 / 새 언약의 화해가 하나님을 영화롭게 하는 변화를 이루다 / 인간의 모든 의무에 담긴 하나님의 설계: 그리스도 안에 계신 하나님의 영광 / 아버지의 영광에 대한 그리스도의 열정 / 아버지의 영광과 아들의 영광은 하나다 / 그리스도를 영화롭게 하려고 성령이 오시다 / 그리스도를 영화롭게 하려고 그리스도가 오실 것이다 / 영원한 목적 / 하나님이 주신 가장 풍성한 약속은? / 초자연적이고, 영원하고, 하나님을 영화롭게 하며, 그리스도를 드높이는 기쁨 / 하나님의 백성의 찬송에 그의 탁월함이 울려 퍼지는 것을 기뻐하시다

제3부 섭리의 성격과 범위

1편. 무대 설정   229

15. 스스로 존재하시는 하나님의 섭리를 알다   231
하나님을 위해, 그리고 우리를 위해 / 하나님이 계시하신 이름의 의미 / 사랑이 주는 최대의 선물 / 하나님의 존재와 제3부의 내용 / 높이 펄럭이는 깃발: 하나님은 하나님이고, 우리는 아니다 / 성경적 관찰 vs 철학적 사색 / 부당한 가정들의 예 / 자유의지를 정의하다 / 당신은 논리의 사용을 부인하고 있는가? / 우리는 하나님의 섭리를 어떻게 알 수 있을까? / "네가 선 곳은 거룩하니라" / 우리는 여기서 어디로 갈 것인가?

2편. 자연을 다스리는 섭리   245

16. 경이로운 극장의 상실과 회복   247
창조주께서 현재 행하시는 일 / 만물을 지탱하시는 창조주의 사역 / 경이로운 극장과 섭리의 목적을 잃어버리다 / 하나님은 자신의 위대한 사역을 기뻐하신다 / 창조세계에 대한 하나님의 기쁨은 그분의 영광에 대한 기쁨이다 / 경이로운 극장의 영원한 목적 / 우리가 창조세계를 기뻐하는 것은 결국 주님을 기뻐하는 것이다 / 창조세계 속 모든 영광은 그리스도의 영광이다 / 좀 더 자세히 살펴볼 필요가 있다

17. 땅, 물, 바람, 식물, 동물   260
자세히 살펴봐야 할 세 가지 이유 / 땅에 대한 섭리 / 물에 대한 섭리 / 그분의 명령으로 바다와 강이 갈라지고 떠받치고 얼다 / 비와 가뭄과 기근을 다스리시다 / 바람에 대한 섭리 / 그분은 폭풍을 일으키시고 폭풍을 잠잠케 하신다 / 날마다 감사하지 않은 섭리가 수없이 많다 / 식물에 대한 섭리 / 우리가 식물에 대한 섭리를 못 본다면 어떻게 하나님의 돌보심을 맛볼 수 있을까? / 동물에 대한 섭리 / 예수님은 그의 성경에 나오는 섭리의 그림을 믿었다 / 가장 하찮은 자연적인 사건을 주목하라 / 우리는 주의를 기울이고 믿고, 하나님은 결정해서 지도하신다 / 수박 겉핥기식이라도 괜찮다 / 하나님의 은혜의 영광을 찬송하는 것 / 하나님은 어떻게 욥에게 침묵의 복을 선사하시는가? / 욥, 너는 나의 능력을 판단할 입장이 아니다 / 사탄은 어떻게 되는가?

3편. 사탄과 귀신들을 다스리는 섭리   283

18. 사탄과 귀신들   285
현대 문화와 다른 문화들에 대한 사탄의 전략 / 두 전략은 이미 신약에 있다 / 구출에 필요한 전략 / 사탄의 권세에서 하나님께 돌아오게 하다 / 우리의 근본적인 확신 / 최종적이거나 결정적이지 않은 사탄의 열 가지 권세 / 1. 사탄이 위임받은 세계 통치에 대한 섭리 / 2. 귀신들과 악한 영들에 대한 섭리 / 3. 핍박하는 사탄의 손길에 대한 섭리 / 4. 목숨을 앗아가는 사탄의 권세에 대한 섭리 / 5. 자연 재앙을 불러오는 사탄의 손길에 대한 섭리 / 6. 질병을 유발하는 사탄의 권세에 대한 섭리 / 7. 동물과 식물을 이용하는 사탄에 대한 섭리 / 8. 죄로 유혹하는 사탄에 대한 섭리 / 9. 마음을 가리는 사탄의 권세에 대한 섭리 / 10. 사탄의 영적 속박에 대한 섭리 / 사탄이 섭리에 종속되다

19. 사탄이 계속 존재하는 이유   309
성경에 근거한 간접적인 답변들 / 이번 장과 다음 장의 관계

4편. 왕들과 열방을 다스리는 섭리   317

20. 이스라엘의 왕인 하나님은 열방의 왕이시다   319
이스라엘 민족과 예수 그리스도의 교회 / 구약의 열방에 대한 섭리는 오늘날 적실성이 있는가? / 주님은 왕이시고 모든 왕들을 지배하신다

21. 인간의 왕권과 만왕의 왕   327
1. 지극히 높으신 분이 사람의 나라를 다스리신다(단 4:17, 25, 32) / 2. 땅의 모든 사람들은 아무것도 아닌 것처럼 여겨진다(단 4:35) / 3. 하나님은 하늘의 군대와 땅의 모든 거민에게 자기 뜻대로 행하시지만, 아무도 그가 하시는 일을 막지 못한다(단 4:35) / 4. 왕의 호흡과 모든 길은 하나님의 손 안에 있다(단 5:23)

22. 지극히 높은 분의 다스림을 알고 기뻐하다 344

5. 지극히 높은 분은 자기 뜻대로 누구에게든지 나라를 주시며 그가 원하시면 가장 천한 자도 왕위에 앉히신다(단 4:17) / 6. 교만하게 행하는 자를 그분은 낮추실 수 있다(단 4:37) / 7. 그분의 모든 행위는 옳고 그분의 길은 공의롭다(단 4:37) / 8. 하나님의 목적은 지극히 높은 분이 이 모든 방식으로 다스리심을 사람들이 알고 기뻐하게 하는 것이다(단 4:17) / 9. 하나님은 우리가 하나님의 왕권을 순종하고 기뻐하지 못할 때는 사람이 아니라 짐승처럼 행하는 것임을 알기를 원하신다(단 4:32-33, 5:21)

5편. 삶과 죽음을 다스리는 섭리 367

23. 진리의 목욕과 출생의 선물 369

성경적 진리로 목욕하고 들어가다 / 죽음의 궁극적 목표와 패배 / 죽음의 실재와 혐오스러움 / 하나님이 모든 영혼을 만드셨고 소유하신다 / 모든 생명은 언제나 하나님의 선물이다 / 임신과 출생은 하나님이 행하시는 일이다 / 하나님을 하나님으로 만드는 것 / 자손에 대한 틀림없는 약속 / 우리가 성경 어디를 펼치든지 하나님이 모태를 닫고 또 여신다 / 하나님께는 불가능한 출생이 없다 / 생명이 올 때와 떠날 때를 하나님이 정하신다

24. 거두신 이도 여호와시오니
여호와의 이름이 찬송을 받으실지니이다 385

불행을 초래하는 물리적이고 악마적인 원인들이 존재하지만 결정적이지 않다 / 모든 생명에 대한 하나님의 권한을 보는 안목을 가져라 / 생명은 양도할 수 없는 권리인가? / 죽음을 다스리는 하나님의 권세에 대한 그리스도인의 이상한 반응 / 타락할 때 모든 생명을 취하시다 / 홍수로 숨 쉬는 모든 것을 취하시다 / 유월절에 장자를 취하시다 / 정복할 때 가나안 족속들을 취하시다 / 하룻밤에 185,000명을 취하시다 / 심판할 때 무수한 이스라엘 사람을 치시다

25. 우리의 일을 완수하기까지 우리는 불멸의 존재이다 403

이스라엘에게 왜 그런 심판을 내리실까? / 하나님의 손이 한 명씩 취하시다 / 사탄이나 운명보다 하나님이 취하시는 편이 낫다 / 당신의 순교는 누구의 손안에 있기를 바라는가? / 우리의 일을 완수하기까지 우리는 불멸의 존재이다 / 주권적인 총알 / 엘리자베스 엘리엇의 추도사와 시 한 편

6편. 죄를 다스리는 섭리

26. 자연적인 인간의 의지와 행위 — 419

하나님께서 바로의 마음을 돌려 요셉을 축복하게 하시다 / 하나님께서 이집트 사람들의 마음을 돌려 이스라엘 사람들에게 호의를 베풀게 하시다 / 많은 나라와 다니엘의 주군들의 마음도 돌리시다 / 하나님이 적대감을 화목으로 바꾸시다 / 하나님이 두려움과 공포와 혼란을 느끼게 하시다 / 하나님이 이방 왕들을 그의 철퇴와 막대기로 삼다 / 하나님이 고레스, 다리우스, 아닥사스다의 마음을 돌이키시다 / 하나님은 원하는 곳에서 왕의 마음을 돌이키신다 / 평범한 인간의 의지와 행위는 어떤가? / 야고보: 섭리를 보지 못할 때 생기는 자랑 / 마치 내일을 알 수 있고 지탱할 수 있고 통제할 수 있는 것처럼 행동하지 말라 / 실종된 것: 불가지론도 숙명론도 아닌 섭리에 대한 믿음 / 이슬람은 연계성을 만들지 않는다 / 하나님은 모든 일을 그의 뜻의 결정대로 일하신다 / 사람은 할 수 없어도 하나님은 하실 수 있다 / 누가 성공과 실패를 결정적으로 좌우하는가? / 나는 하나님이라 나의 모든 목적을 이룬다 / 너희 머리털 하나도 상하지 아니하리라

27. 우리가 아는 것과 우리가 알 필요가 없는 것 — 447

거룩하다, 거룩하다, 거룩하다 / 성경이 그걸 가르친다면 그건 옳다 / 또 다른 세계에 들어가다 / 논리가 문제는 아니다 / 존재하지 않는 가정을 보는 것 / 하나님의 섭리가 인간의 책임을 어떻게 보존하는지는 우리가 알 필요가 없다 / 걸림돌에서 피난의 반석으로

28. 요셉: 죄악된 행동에 담긴 하나님의 선한 의도 — 456

"하나님은 그것을 선으로 바꾸사" / 편애, 질투, 미움, 탐욕이 구원의 움직임을 촉발하다 / 당혹스런 신실함으로 점철된 13년의 세월 / 보냄을 받다 / 죄악에 의해 보냄을 받다 / 당신들은 죄악된 의도를 품었으나 하나님은 거룩한 의도를 품었소 / 한 행동 안에서 신적 의지와 인간 의지가 교차하다 / 사백 년이 흐른 후 미움을 다스리는 또 하나의 섭리가 나타나다

29. 이스라엘과 바로, 하나님과 무력한 백성에게 일어난 일 — 466

인간의 미움을 통해 모세가 졸지에 명망을 얻다 / 미움을 다스리는 섭리에 대해 어떤 반응을 보여야 할까? / 미움과 완악함의 관계 / 하나님이 완악케 하심 vs 스스로 완악케 됨 / 완악케 할 계획과 그 목적 / 완악케 하시는 하나님의 손길 아래서 스스로 완악케 되다 / 바로가 완악해지는 이야기에서 바울이 포착한 것 / 응답받을 수 없는 요구사항 / 무조건적 선택을 지지하는 일곱 가지 증거 / 신비는 여전히 남아있다 / 완악케 하심과 장엄한 거룩하심 / 섭리는 격려의 토대이다 / 우리는 신비를 헤아리지 말고 진실을 확신해야 한다 / 출애굽과 포로 사이에

30. 결손 가정들 485

예수님은 무슨 말씀을 하실까? / 왜 아들들이 말을 듣지 않을까? / 왜 젊은 왕이 말을 듣지 않을까? / 그리스도인과 무관한 이야기가 아니다 / 두로와 시돈이 회개했을 것이다 / 죽은 사람이 회개하는 것에 대한 희망은? / 하나님의 마음에 맞는 남자의 슬픔 / 하나님이 시므이의 저주를 불러일으키다 / 용서받은 왕에게 닥치는 한없는 악의 물결 / 우리를 일깨우는 섭리 사역에서 벗어나는 가정은 없다 / 소중한 가정에서 고귀한 말씀으로

31. 마음의 기만과 둔함 498

하나님의 말씀을 허락하지 않는 섭리 / 그들이 보고 깨달을까 염려해서 / 하나님이 그들에게 미혹을 보내시다 / 하나님의 진실함에 대한 의문은 어떻게 되는가? / 거짓말하는 영을 보내시다 / 하나님은 거짓이 없다 / 하나님은 사람이 아니라 후회하거나 거짓말을 하지 않으신다 / 이 점을 하나님의 기만행위에 적용하다 / 하나님의 눈동자가 유린당하다

32. 그분이 근심하게 하시나 긍휼이 여기실 것이다 510

"나밖에 신이 없느니라" / 왜 창조하고 짓고 만든다는 용어를 사용하는가? / 하나님이 없이는 재난도 없다 / 인간의 수많은 결정이 재앙을 창조하다 / 하나님이 정하신 군사적 명령만 이뤄진다 / 예루살렘을 심판하시는 하나님의 목적은 죄악된 행위를 포함한다 / 하나님에 대한 반역의 울부짖음이 아니라 / 그의 공의 아래서의 번민의 울부짖음 / 대량 학살 시의 형식으로 빚어내다 / (불행의 와중에도) 주님의 긍휼이 아침마다 새로우니 / 주님은 나의 전부이시다 / 우리가 수행할 수 없는 감정 차원의 기적 / 그가 버릴지라도 긍휼히 여기실 것이라 / 하나님이 예루살렘을 괴롭히심은 본심이 아니다 / 그리스도의 고난과 영광을 흘끗 보다 / 천사들이 밟기를 두려워하는 곳은?

33. 하나님이 특히 혐오하신 사악함 532

하나님은 가장 저급한 타락을 어떻게 심판하실까? / 이후 그런 일이 실제로 벌어졌다 / 자녀들아! 자녀들아! / 우리의 초점 렌즈를 넓히자: 죽음의 기원 / 바라는 가운데 굴복하다 / 도덕적 악은 왜 신체적 고통의 심판을 받는가? / 하나님을 학대하는 범죄 때문에 잠을 설치는 사람이 있는가? / 모든 재앙은 회개의 촉구이다 / 하나님이 신체적 고통을 도덕적 범죄의 비유로 삼으셨다 / 그런데도 그들이 회개하지 않았다 / 아이들도 분노의 드라마에서 휩쓸려간다 / 죽는 영아들은 영원한 기쁨을 물려받을까? / 끝으로 나의 세속성을 반성한다

7편. 회심을 다스리는 섭리

34. 회심 이전 우리의 상태 549

하나님의 백성의 삶에 나타나는 하나님의 섭리 / 구원의 섭리의 중간에서 시작하자 / 나는 당신이 무엇을 기억하는지 묻는 게 아니다 / 당신에게 일어난 일을 어디서 배울 것인가? / 구원의 섭리의 배경을 묘사하다 / 죄의 종 / 허물로 죽은 상태 / 어둠을 사랑하는 것 / 하나님의 진노 아래 / 진노 아래 있으면서 우리의 죄를 사랑하다 / 우리가 사랑하지 않는 것을 사랑하는 일은 불가능하다 / 중요한 질문으로 되돌아가서

35. 하나님이 사람들을 신앙으로 인도하시는 방법: 세 가지 그림 561

하나님은 우리를 어떤 상태에서 구원하시는가? / 새로운 탄생 / 그분은 불고 싶은 대로 분다 / 우리에게 할 수 없는 일을 하라고 명령하는 것 / 생명을 주시는 하나님의 부르심 / 부르심 속 부르심 / 부르심은 구원의 믿음을 창조한다 / 새로운 탄생도 구원의 믿음을 창조한다 / 새로운 탄생을 유발하는 결정적 요인은 사람이 아니라 하나님이다 / 성령이 복음을 통해 새로운 탄생을 불러일으키다 / 하나님의 뜻으로 거듭나는 것 / 새로운 창조 / 우리가 믿고 구원을 받으려면 무엇을 봐야 하는가? / 믿음을 창조하는 섭리에 전적으로 의존하다

36. 구원에 이르는 믿음: 섭리의 선물 577

회개와 믿음은 섭리의 선물이다 / 무궁무진한 성경 대목 / 하나님이 우리를 그리스도와 함께 살리셨다 / 은혜에 관한 필수불가결한 것 / 은혜에 의해 믿음으로 말미암아 / 우리를 일으키시고 구원하시고 지으시다 / 두 가지 선물: 믿음과 고난 / 하나님께로부터 난 증거 / 하나님으로부터 난 너희는 그리스도 예수 안에 있다 / 하나님이 회개함을 주실지 모른다 / 진리는 반드시 필요하고 하나님이 결정적인 분이다 / 하나님은 모든 사람이 구원받기를 원하신다 / 하나님의 요망의 차원에서 본 에스겔, 신명기, 예레미야애가 / 생소한 가정(假定)의 위험 / 풍성한 긍휼, 큰 사랑, 구원의 은혜 / 알미니안들은 선행 은총에 대해 어떻게 생각하는가? / 그들이 말하는 선행 은총 / 성경은 다른 방향을 가리킨다 / 성령으로 아니하고는 누구든지 예수를 주시라 할 수 없느니라 / 나의 견해와 알미니안 견해의 차이점 / 영원한 과거로 돌아가서

37. 선택의 뿌리로 되돌아가다 598

새 언약의 함의를 숙고하다 / 로마서 8장 32절의 논리 / 미리 아신 자들을 그분이 예정하셨다 / 선택은 불가피하고 소중한 실재이다 / 믿음에 이르는 새 마음, 누구를 위해서? / 영생을 얻도록 작정된 자가 믿었다 / 예상치 못한 선택의 보물 상자: 요한복음 / "그들은 아버지의 것이었는데 내게 주셨으며" / 믿음을 갖기 전에 아버지께 속한다는 것 / 그는 모든 신자를 위해 기도하고 있었다 / 모든 사람이 그분에게 속해 있었는가? / 하나님은 모든 사람을 예수님에게 이끄실까? / 자격이 없음에도 불구하고 / 그의 신부, 그의 양떼를 위해 죽으시다 / 그의 백성에게 보증된 이루 헤아릴 수 없는 혜택 / 우리가 왜 그리스도인 경험의 중간에서 시작했는가? / 다음으로 중요한 질문

8편. 그리스도인의 삶을 다스리는 섭리   617

38. 용서, 칭의, 순종   619

미래의 섭리를 내다보며 / 다수가 경계와 안전보장의 역설에 당혹스러워한다 / 우리의 순종과 하나님의 능력부여의 배후 / 단번에 사셨다 / 우리의 허물 때문에 찔리셨다 / 단번에 제공된 완전한 의 / 그리스도에게 연합되어 그분 안에서 의로운 자로 간주되다 / 우리 밖에서 / 용서받은 죄를 죽이고 또 내 것이 된 거룩함을 추구하다 / 필연적 순종이 믿음으로 의롭게 되는 것과 모순되는가? / 너희는 진정 누룩이 없기 때문에 누룩을 제거하라 / 피로 산 약속이 없으면 사랑도 없다 / 약속들이 어떻게 사랑할 능력을 주는가? / 지탱하는 섭리의 중심 사역

39. 하나님의 전략: 명령과 경고   633

전심으로 거룩함을 추구하라 / 풍부한 명령과 믿음의 삶 / 은혜를 더하게 하려고 우리가 명령을 무시하겠는가? / 우리의 믿음을 굳게 지키라는 명령 / 우리가 주님을 부인하면 주님도 우리를 부인하시리라 / 그리스도인의 방어 전략: 죄를 죽이는 것 / 반역적인 몸의 눈을 멀게 하라 / 전략이 구체화되다 / 공격 자세를 취하다: 사랑의 추구 / 명령과 경고로 사랑을 추구하게 하는 섭리 / 명령과 경고의 전략을 보여주는 마지막 본보기 / 좁은 문으로 들어가기를 힘쓰라 / 살아계신 하나님에게서 떨어져 나가는 사람들은 어떻게 되는가? / 견인은 우리가 그분의 것임을 증명한다 / 조금도 방심하지 말고 확신을 품으라

40. 그분이 부르신 그들을 또한 영화롭게 하시다   652

당신의 보존을 위해 필요한 모든 것 / 모든 것은 계획에 따라 일어나고 있다 / 당혹스러움에서 아름다움으로 / 깨어 있게 하는 명령, 확신을 주는 약속 / 보존에 관한 최고의 대목 / 모든 것이 합력하여 누구의 선을 이루는가? / 하나님의 목적의 사슬에 달린 어떤 고리도 끊어지지 않으리라 / 하나님이 우리를 위하신다는 확실한 징표 / 영광의 약속, 그리스도를 본받으라는 조항을 회피하지 않다 / 영원한 안전보장은 예방접종과 같지 않다 / 우리를 부르신 하나님은 신실하시다 / "내가 그들이 나를 떠나지 않게 하리라" / "그들을 내 손에서 빼앗을 자가 없느니라" / 인치심을 받고 보증을 받다 / "주께서 내 곁에 서서" / 순종의 요건은 폐지되지 않고 순종이 약속되어 있다 / 그 모든 하나님의 위엄이 당신을 끝까지 지키신다

41. 선행에 대한 열정   667

그리스도는 용서와 영생 이상의 것을 사셨다 / 용서받는 것과 순종하는 것을 잇는 고리: 피 / 피로 산 성화를 통해 구원받다 / 우리의 영화에 필요한 모든 것은 확실하다 / 용서는 사랑하는 능력을 풀어준다 / 흠 없는 삶을 위해 하나님과 화해하다 / 선행에 대한 열정 / 보배로운 피로 헛된 행실에서 대속함을 받다 / 순종을 일으키려고 죄를 담당하시다 / 섬기는 삶을 위한 평온한 양심 / 기독교 특유의 섭리

42. 하나님이 기뻐하시는 일을 우리 안에서 행하시다 679

방향 감각을 잃지 말자 / 즐거워하고 반영하는 것, 행복과 거룩함 / 아침에 주의 인자하심이 우리를 만족하게 하소서 / 이번 장의 초점: 하나님이 실행하시는 우리의 순종 / "내가 너희로 내 율례를 행하게 하리니" / 성령의 열매 / 이것은 주님에게서 나온다 / 하나님의 감동으로 자원하여 행하다 / 하나님은 자기가 기뻐하는 일을 우리 가운데 행하신다 / 전가된 순종 위에 세운 요구된 순종 / 열매 없는 믿음은 볼 수 없고, 실은 존재하지 않는다 / 믿음은 사랑을 통해 일한다 / 하나님의 용납을 받은 것: 우리 순종의 뿌리

43. 믿음으로 죄를 죽이고 사랑을 창조하다 691

듣고 믿는 것을 통해 성령으로 기적을 행하시다 / 믿음은 어떻게 사랑을 생산하는가? / 믿음은 그 본질상 거룩하게 하나 성령으로만 가능하다 / 성령으로 죄를 죽이라 / 헤아릴 수 없는 신비를 열다 / 너희 구원을 이루라 / 내가 일했으나 내가 아니었다 / 또 다른 분의 능력으로 섬기다 / 하나님은 왜 결정적인 능력을 그 자신이 보유하시는가? / 그분은 우리 안에서, 우리는 그분 안에서 영광을 받는다 / 우리의 순종을 실행시키는 분이 영광을 받다 / 우리를 그토록 천천히 성화시키는 것이 지혜로울까? / 모든 민족과 새로운 우주를 위한 세계적 목표

9편. 섭리의 최종적인 성취 705

44. 선교사역의 승리와 그리스도의 재림 707

갈등과 확신 / 하나님의 자녀들을 모으다 / 하나님의 말씀은 매이지 않는다 / 이후 끝이 올 것이다 / 끝이 곧 시작이다 / 포괄적인 모임 / 그는 우리의 몸을 그의 영광스러운 몸처럼 변화시킬 것이다 / 천사들과 함께 불꽃 가운데에 나타나실 때 / 이것은 멸절이 아니다 / 경고하고 호소하고 기도하라 / 끝 이후의 끝없는 시대

45. 새로운 몸, 새로운 세계, 영원한 기쁨 719

다섯 가지 섭리 사역 / 1. 우리는 큰 영광 가운데 계시는 주님을 직접 보게 될 것이다 / 2. 우리는 심오한 변화를 겪을 것이다 / 3. 영원한, 늘 커져가는 즐거움 / 4. 우주가 속박된 상태에서 해방될 것이다 / 5. 하나님이 최고의 중심적인 존재가 되실 것이다

결론: 하나님의 섭리를 보고 음미하다 736

섭리의 범위 / 섭리의 성격 / 섭리의 궁극적 목표 / 이 섭리를 보고 음미하는 것의 열 가지 효과

서론

네 가지 초대

하나님은 그의 섭리의 목표와 성격과 범위를 계시해주셨다. 그분은 침묵하지 않으시고 성경에서 이런 것들을 우리에게 보여주셨다. 이 때문에 사도 바울은 "모든 성경은 … 유익하다"(딤후 3:16)고 말하는 것이다. 그 유익은 어떤 신학적 관점의 확인에만 있지 않고 위대한 하나님, 그분의 무한한 은혜의 찬양, 자격 없는 백성의 해방에서도 찾아볼 수 있다. 하나님은 인간의 교만을 낮추시고, 인간의 경배를 심화하시고, 인간의 절망을 깨뜨리시고, 흔들리는 인간의 믿음을 안정시키시고, 인간의 용기를 북돋워주시고, 신음소리에 기쁨을 주시고, 앞길이 막막한 마음에 사랑을 선사하실 목적으로 선과 악을 다스리는 그분의 주권을 계시하신 것이다.

성경에서 우리가 발견하는 것은 엄연한 진리이다. 곳곳에 눈에 띄는 하나님의 섭리를 소중히 여기고 선포하는 일은 미움과 사랑, 거짓과 진실, 살인과 자비, 살육과 친절, 저주와 축복, 신비와 계시, 끝으로 십자가 처형과 부활의 불길 속에서 구축되었다. 부디 하나님의 섭리에 대한 나의 논의가 충격적이고도 희망 가득한 현실의 향기로 풍겨나게 되길 바란다.

나는 이 서론에서 당신에게 네 가지 초대를 하고 싶다.

반(反)직관적인 경이감

첫째, 나는 당신을 성경에 나오는 반직관적인 경이의 세계로 초대하는 바이다. 이런 경이로움은 비논리적이거나 모순적인 게 아니라 세계를 보는 우리의 일반적인 방식과 다르다는 게 나의 주장이다. 그것은 너무 달라서 우리가 처음에는 "도무지 그럴 수 없다"고 반응할 것이다. 그러나 "그럴 수 없다"는 것은 우리 마음속에 있지 현실 속에 있는 것이 아니다. "깊도다, 하나님의 지혜와 지식의 풍성함이여, 그의 판단은 헤아리지 못할 것이며 그의 길은 찾지 못할 것이로다!"(롬 11:33).

예컨대, 하나님은 그의 공정한 판단으로 그의 백성을 위해 잔인한 목자를 세우신 후 그 목자에 대한 징벌을 보내신다.

> 보라, 내가 한 목자를 이 땅에 일으키니 그가 없어진 자를 마음에 두지 아니하며 흩어진 자를 찾지 아니하며 상한 자를 고치지 아니하며 강건한 자를 먹이지 아니하고 오히려 살진 자의 고기를 먹으며 또 그 굽을 찢으리라.
> "화 있을진저, 양 떼를 버린 못된 목자여
> 칼이 그의 팔과 오른쪽 눈에 내리리니

그의 팔이 아주 마르고
그의 오른쪽 눈이 아주 멀어 버릴 것이라" 하시니라(슥 11:16-17).

이는 우리를 거슬리게 하는 소리다. 우리는 흔히 하나님의 방법에 대해 이렇게 생각하지 않는다. 첫째, 하나님이 그의 백성을 위해 잔혹한 목자를 세우신다는 것은 하나님을 잔혹한 행위에 연루시키는 듯 보인다. 둘째, 하나님이 그 목자를 쓸모없다는 이유로 심판하시는 것은 자신이 임명한 자를 변덕스럽게 정죄하는 것처럼 보인다.

성경에는 그런 장면이 많이 나오는데, 나는 그 모든 경우에 하나님이 잔혹하지도 변덕스럽지도 않다고 주장할 것이다. 만일 우리가 변화되기보다는 비판적이 되기 쉽다면 손으로 입을 막고 귀담아 들어야 한다. 우리는 죄가 많고 유한하지만, 하나님은 무한하고 거룩하시다.

이는 내 생각이 너희의 생각과 다르며 내 길은 너희의 길과 다름이니라.
여호와의 말씀이니라.
이는 하늘이 땅보다 높음같이 내 길은 너희의 길보다 높으며
내 생각은 너희의 생각보다 높음이니라(사 55:8-9).

나는 지금 당신을 반직관적인 경이의 세계로 초대하는 중이다. 나는 당신이 성경을 당신이 이미 아는 것의 테두리에 억지로 맞추려 하지 말고, 오히려 하나님의 말씀이 새로운 사유의 범주를 창조하도록 허용하게 되길 바란다. 바울은 우리에게 "마음을 새롭게 함으로 변화를 받으라"(롬 12:2)고 했는데, 그 부분적인 의미는 하나님의 낯선 방법에 대한 우리의 선천적 저항을 극복하라는 것이다. 바울은 우리의 마음이 변화되길 요청하기 직전에 이렇게 쓰고 있다.

깊도다, 하나님의 지혜와 지식의 풍성함이여,
그의 판단은 헤아리지 못할 것이며 그의 길은 찾지 못할 것이로다!
"누가 주의 마음을 알았느냐? 누가 그의 모사가 되었느냐?

누가 주께 먼저 드려서 갚으심을 받겠느냐?"

이는 만물이 주에게서 나오고 주로 말미암고 주에게로 돌아감이라.

그에게 영광이 세세에 있을지어다. 아멘(롬 11:33-36).

결국 성경에 나오는 반직관적인 경이의 세계로 초대하는 것은 곧 예배로의 초대이다. 하나님은 우리가 아는 것보다 훨씬 더 위대하시고, 낯설고, 영광스럽고, 두렵고, 사랑이 많은 분이다. 우리가 그의 섭리의 바다에 푹 잠기게 되면, 우리는 당연히 그분을 알고, 그분을 경외하고, 그분을 신뢰하고, 그분을 사랑하게 될 것이다.

말씀을 거쳐서 실재 속으로 들어가다

둘째, 나는 당신이 말씀을 거쳐서 실재 속으로 들어가도록 초대하는 바이다. 섭리(providence)는 성경에 나오지 않는 단어이다. 그런 의미에서 '삼위일체', '제자도', '복음전도', '강해', '상담', '윤리', '정치', '은사주의'란 단어들도 마찬가지다. 성경을 사랑하는 사람들, 성경이 하나님의 말씀이라 믿는 이들은 그저 성경이 말하는 것만이 아니라 성경이 가르치는 바를 알고 싶어 한다. 그들은 거기에 기록된 문자뿐만 아니라 묘사된 실재(reality)를 알길 원한다.

성경 자체가 그저 성경의 문자를 말하는 것으로 충분치 않다고 분명히 밝힌다. 성경은 모든 교회에 하나같이 선생들이 있어야 한다고 말한다. 모든 교회는 장로들이 있게끔 되어 있고(딛 1:5), 장로들은 선생이 되라는 요구를 받는다(딤전 3:2). 선생의 과업은 그저 성경을 '읽는' 일이 아니라 그것을 '설명하는' 일이다. 그리고 설명한다는 것은 텍스트에 나온 문자 밖의 다른 문자도 사용하는 것이다. 교회 역사 내내 이단들은 자기네 이단교리를 변호할 때 성경 문자만 사용하기를 고집하곤 했다. 예컨대, 4세기의 아리안주의자들이 예수님의 신성을 배격하기 위해 성경 문자만 사용했던 경우를 들 수 있다.[1]

---

1) 아리안주의자들은 성경의 뜻을 부인하면서 성경의 문장들만 인정했다. 다음은 그 회의록을 기술한 것이다. "알렉산더주의자들은… 아들의 영원한 신성에 대해 의문의 여지를 남기지 않는 듯한 전통적인 성경의 어구들로 아리안

R. P. C. 핸슨은 그 과정을 이렇게 설명했다. "기독교회의 신학자들은, 기독교가 직면한 가장 심오한 의문들이 순전히 성경의 언어로만 답변될 수 없는 이유가 그 의문들은 성경의 언어 자체의 뜻에 관한 문제들이기 때문임을 서서히 깨닫지 않을 수 없었다."[2]

나는 성경을 연구하고 설교하고 가르치는 일을 하면 할수록, 설교자들과 평신도들로 하여금 성경의 언어를 거쳐서 성경의 실재 속으로 들어가도록 격려할 필요성을 더 많이 느낀다. 우리의 생각과 마음이 언어적 정의들, 문법적 관계들, 역사적 예증들, 몇몇 적용과 함께 끝나는 순간 우리가 하나님과의 교제를 경험했다고 생각하기가 얼마나 쉬운지 모른다. 우리가 이렇게 할 때는 심지어 성경의 언어 자체가 바울이 말한 "신령한 지혜"(골 1:9)를 대치할 수도 있다.

나는 섭리란 단어를 어떤 성경적 실재를 언급하는 것으로 사용할 생각이다. 그 실재는 성경의 어느 한 단어에서 찾을 수 없다. 그 실재는 하나님이 성경의 많은 텍스트와 많은 이야기들을 통해 그 자신을 계시하신 방식에서 나오는 것이다. 이는 마치 많은 실들이 다함께 엮어져서 어느 한 실보다 더 큰 아름다운 태피스트리(직물 공예)가 되는 것과 같다. 우리는 지금 이 더 큰 성경적 진리를 위해 성경에 나오지 않는 단어를 사용하고 있는 셈이다.

이렇게 하면 물론 몇 가지 위험이 따른다. 이는 마치 오직 성경 언어만 사용하면 성경에 충실한 듯한 인상을 주면서도 잘못된 뜻을 전달할 수 있는 위험과 비슷하다(참고. 고후 3:16). 그 가운데 하나의 위험을 언급하겠다.

주의자들에게 도전했다. 그런데 놀랍게도 그들은 전적인 묵인을 받았다. 각 어구를 시험할 때가 되자 의심스러운 파당이 서로 속삭이며 손짓하는 모습이 보였는데, 이는 그 각 어구는 평계를 대고 빠져나갈 수 있기 때문에 안전하게 수용될 수 있음을 암시하는 신호였다. 만일 그들에게 '모든 것에서 아버지와 닮았다'는 표현에 동의하는지 묻는다면, 그들은 사람 자체가 '하나님의 형상과 영광'이란 유보 사항과 함께 동의했다. '하나님의 권능'이란 말은 이스라엘의 주인이 '주님의 권능'으로 불렸고, 심지어 메뚜기와 모충까지도 '하나님의 권능'으로 거론되었다는 속삭이는 설명을 이끌어냈다. 아들의 '영원성'은 '우리 살아있는 자가 항상(고후 4:11)'이란 본문에 의해 반격을 받았다. 교부들은 무척 당황했고, 소수파가 처음부터 받아들일 준비가 되어 있었던 '동일한 존재'에 대한 시험이 아리안주의자들의 회피 작전에 의해 다수파에게 강요되고 있었다."
Archibald T. Robertson, "Prolegomena," in *St. Athanasius: Select Works and Letters*, ed. Philip Schaff and Henry Wace, vol.4, Select Library of the Nicene and Post-Nicene Fathers of the Christian Church, 2nd Series (New York: Christian Literature Company, 1892), xix.

2) R. P. C. Hanson, *The Search for the Christian Doctrine of God: The Arian Controversy* (Edinburgh: T. & T. Clark, 1988), xviii-xix.

'섭리'란 단어는 특정한 성경 본문들에서 사용되지 않기 때문에 그 뜻을 좌우하는 성경적 감독관이 없는 셈이다. 따라서 우리는 "성경이 섭리를 이런 식으로 정의(定義)한다"라고 말할 수 없다. 다만 성경이 실제로 '섭리'란 단어를 사용했을 경우에만 그런 말을 할 수 있다. 당신이 어느 특정한 단어가 무슨 뜻인지를 물을 때마다, 그 뜻이 타당성을 지니려면 그 단어를 사용하는 주체가 틀림없이 있기 마련이다. 그런즉 그 주체가 만일 성경 저자들 중에 하나(또는 그 이상)가 아니라면, 내가 섭리란 단어를 사용할 때 스스로 그 단어에 어떤 뜻을 부여해야만 한다. 이것이 내가 1장에서 할 일이다. 나는 자의적인 뜻을 부여하지 않고 교회 역사에서 다른 이들이 그 단어에 부여한 의미들에 가까운 뜻을 견지하려고 한다. 그래도 그 뜻은 어디까지나 내가 결정한다.

이것이 무슨 의미를 함축하는지는 당신도 알 수 있다. 이는 이 책에서 우리 앞에 놓인 이슈가 '섭리'란 단어의 뜻이 아니라는 의미이다. 오히려 이슈는 '내가 성경에서 보고 또 섭리라고 부르는 그 실재가 정말로 거기에 있는가?' 하는 것이다. 과연 '섭리'가 그 실재를 가리키는 최상의 단어인지를 놓고 왈가왈부하는 것은 무의미하다. 이는 비교적 사소한 문제이다. 정말로 중요한 진실은, 내가 여기서 묘사하는 하나님의 '합목적적 주권'의 목표, 성격, 범위에 상응하는 실재가 과연 성경에 있는가 하는 것이다.

1장에서는 내가 왜 섭리를 '합목적적 주권'으로 짧게 정의하는지 그 이유를 다룰 것이다. 그러나 현재로서는 성경에 나오는 문자에 집중하다가 성경적 실재를 놓치는 것은 실로 유감스러운 실수라고 그 위험을 경고하는 데 그칠까 한다.

하나님께 매료된 세계

셋째, 나는 당신을 하나님께 매료된 세계로 초대하는 바이다. 예수님은, 하나님이 새들을 먹이시기 때문에 새들을 보라고(마 6:26), 하나님이 백합화를 입히시기 때문에 백합화를 생각해보라고(마 6:28-30) 말씀하셨다. 예수님의 목적은 심미적인 것이 아니었다. 그 목적은 그의 백성을 염려에서 해방시키는 것이었다. 만일 하늘에 계신 우리 아버지가 새들을 먹이시고 백합화를 입히신다면, 그분이 그의 자녀들을 먹이고 입히실 것은 확신하고도 남는다는 걸 타당한 주장으로 생각했다.

이는 깜짝 놀랄 만한 이야기이다. 그 주장이 타당하려면, 하나님이 정말로 새들이 벌레를 찾고 백합화가 옷을 입도록 확실히 보장하는 분이라야만 한다. 만일 새들과 백합화가 하나님의 손길이 없이 그저 자연법에 따라 행한다면, 예수님은 그냥 말장난을 하고 있는 셈이다. 그러나 그는 말장난을 하고 있지 않다. 그는 정말로 하나님의 손길이 자연적인 과정의 사소한 부분에까지 작용하고 있다고 믿는다. 이는 마태복음 10장 29-31절에 더 뚜렷하게 나온다.

참새 두 마리가 한 앗사리온에 팔리지 않느냐? 그러나 **너희 아버지께서 허락하지 아니하시면 그 하나도 땅에 떨어지지 아니하리라.** 너희에게는 머리털까지 다 세신 바 되었나니 두려워하지 말라. 너희는 많은 참새보다 귀하니라.

하나님은 새들을 먹이시고 백합화를 입히실 뿐만 아니라 (해마다 수없이 많은) 새가 한 마리씩 죽어 땅에 떨어지는 때를 결정하기도 하신다. 그의 취지는 마태복음 6장에 나오는 것과 동일하다. "그분은 너희 아버지이다. 너희는 그분에게 새들보다 더 귀하다. 그러므로 너희가 염려할 필요가 없다." 이처럼 그분의 섭리가 곳곳에서 실행되고 또 아버지다운 손길이 함께하므로 그분은 너희를 돌볼 수 있고 또 돌보실 것이다. 그런즉 모든 것을 내맡긴 채 먼저 그 나라를 구하고 아무것도 염려하지 말라(마 6:33).

장엄함으로 충만하다

하나님께 매료된 세계는 예수님만의 독특한 개념이 아니었다. 시편 저자는 하나님께서 친히 만드신 피조물을 돌보신다고 그분을 찬송한다.

이것들은 다 주께서 때를 따라 먹을 것을 주시기를 바라나이다.
주께서 주신즉 그들이 받으며 주께서 손을 펴신즉 그들이 좋은 것으로 만족하다가
주께서 낯을 숨기신즉 그들이 떨고 주께서 그들의 호흡을 거두신즉

그들은 죽어 먼지로 돌아가나이다

주의 영을 보내어 그들을 창조하사 지면을 새롭게 하시나이다(시 104:27-30).

하나님은 자연에 직접 개입하신다. 그분의 손길이 얼마나 가까운지 성경 저자들이 "그분이 산에 풀이 자라게 하신다"라고 말할 정도이다(시 147:8). "여호와께서 이미 큰 물고기를 예비하사 요나를 삼키게 하셨으므로"(욘 1:17). "하나님 여호와께서 박넝쿨을 예비하사"(욘 4:6). "하나님이 벌레를 예비하사 … 그 박넝쿨을 갉아먹게 하시매"(욘 4:7). "[여호와께서] 안개를 땅 끝에서 일으키시며 비를 위하여 번개를 만드시며 바람을 그 곳간에서 내시는도다"(시 135:7). "예수께서 잠을 깨사 바람과 물결을 꾸짖으시니"(눅 8:24). 이것은 하나님이 없는 자연주의적 작용에 대한 시(詩)가 아니다. 이는 하나님이 직접 행하시는 섭리이다.

하나님은 우리가 우리 자신을, 또는 세계의 어느 부분이든, 비인격적인 매커니즘의 바퀴에 달린 톱니로 보길 원치 않으신다. 세계는 자율적으로 돌아가도록 하나님이 만드신 기계가 아니다. 오히려 하나의 그림 또는 조각품 또는 드라마이다. 하나님의 아들이 그의 권능의 말씀으로 세계가 존재하도록 붙들고 계신다(골 1:17; 히 1:3). 이를 제럴드 맨리 홉킨스가 그의 소네트 "하나님의 장엄함"에서 훌륭하게 표현했다.

세계는 하나님의 장엄함으로 충만하네.
흔들린 은박에서 빛이 번쩍이듯 세계가 불꽃을 내뿜을 테고
오일이 스며나오듯 다함께 모여 위대함에 이르네.
완전히 짓밟혔네. 그런데도 사람들은 그의 권위에 왜 무관심할까?
대대로 사람들이 밟았고, 밟았고, 밟았네.
모든 것이 생업으로 태워지고, 고역으로 흐려지고 더럽혀졌네.
그리고 사람의 얼룩을 입고 사람의 냄새를 풍기네.
흙은 이제 헐벗었으나, 발은 신을 신어 느낄 수 없네.

이 모든 것에도 불구하고, 자연은 결코 소진되지 않나니

만물 속 깊은 곳에 고귀한 신선함이 살아있네.
그리고 캄캄한 서쪽으로 마지막 빛이 사라진다 해도
아, 아침은 갈색 가장자리 동녘에서 솟아오른다네.
성령이 황무지를 덮으니
온 세계가 따스한 가슴과 아! 찬란한 날개에 안기네.3)

떠오르는 해를 바라보다

나는 대학 시절 문학 교수였던 클라이드 킬비에게 감사하는 마음을 평생 간직할 것이다. 한번은 킬비가 평범한 것의 낯선 영광을 보고 깜짝 놀라는 경험에 관해 강의한 적이 있었다. 그 강의를 이른바 "정신적 건강"을 위한 열 가지 결심으로 마무리했다.4) 그 가운데 두 가지를 소개하면 이렇다.

나는 내 눈과 귀를 열겠다. 매일 한 번씩 나무 한 그루, 꽃 한 송이, 구름 한 점, 또는 한 사람을 물끄러미 쳐다보겠다. 그때 그것들이 무엇인지를 묻는 데는 전혀 관심이 없고 그것들이 존재하는 것 자체로 기뻐하겠다. 나는 그것들에게 [C. S.] 루이스가 그 "신적인, 마법적인, 놀라운, 황홀한" 존재라고 부르는 것의 신비를 기쁘게 인정하겠다.

비록 내가 틀린 것으로 드러날지라도, 나는 이 세계가 바보스럽지 않고, 부재중인 지주에 의해 운영되지 않고, 오히려 오늘도, 바로 이날도, 우주적 캔버스에 어느 획이, 적절한 때가 되면 스스로를 알파와 오메가로 부르시는 건축가가 그은 것으로 내가 기쁘게 알게 될 그 획이 더해지고 있다는 생각에 내 인생을 걸겠다.

나의 눈을 열어준 킬비의 영향 때문에, 내가 이제 성경에서 모든 것을 아우르는

---

3) Gerald Manley Hopkins, "God's Grandeur," Poetry Foundation, accessed April 9, 2020, https://www.poetryfoundation.org/poems/44395/gods-grandeur.
4) 열 가지 결심을 다 읽으려면 다음 사이트를 참고하라.
John Piper, "10 Resolutions for Mental Health," Desiring God, December 31, 2007, http://www.desiringgod.org/article/10-resolutions-for-mental-health. 킬비가 말하는 "정신적 건강"은 임상적인 것이 아니라 일반적인 것이다. 그러니까 임상적으로 진단 가능한 정신적 질병을 염두에 두고 있지 않다.

섭리를 보기 때문에, 나는 하나님께 매료된 세계를 더욱 의식하면서 살아가고 있다. 나는 현실을 다르게 본다. 예컨대, 내가 예전에는 조깅을 할 때 일출을 보면서 하나님이 아름다운 세계를 창조하셨다고 생각하곤 했다. 그러면 그 광경이 덜 일반적이 되고 더 구체적이며 더 개인적인 것이 되었다. 나는 "아침마다 하나님이 다른 일출을 그리신다"고 말했다. 그분은 그림 그리기를 아무리 반복해도 지치지 않는다. 그런데 이런 생각이 떠올랐다. 아니, 그분은 그 일을 계속 반복하시는 것이 아니다. 오히려 그 일을 '결코 멈추지 않으신다'. 해는 언제나 세계의 어느 곳에서 떠오르고 있다. 하나님은 날마다 24시간 해를 인도하시고, 단 일초도 쉬지 않고 대대로, 매 순간마다 일출을 그리시며, 그의 손으로 하는 일에 결코 지치지 않고 전율을 덜 느끼시는 법이 없다. 구름이 비록 사람이 일출을 보지 못하게 가릴지라도, 하나님은 구름 위에서 찬란한 일출을 그리고 계신다.

하나님은 우리가 그분이 만든 세계를 보고 아무것도 느끼지 못하기를 원치 않으신다. 시편 저자가 "하늘이 하나님의 영광을 선포한다"(시 19:1)고 말할 때는 우리의 신학을 분명히 정립하라는 뜻이 아니다. 오히려 우리의 영혼이 기뻐하라는 말이다. 그 다음에 나오는 글귀 때문에 이를 알게 된다.

> 하나님이 해를 위하여 하늘에 장막을 베푸셨도다.
> 해는 그의 신방에서 나오는 신랑과 같고
> 그의 길을 달리기 기뻐하는 장사 같아서(시 19:4-5).

이것을 말하는 취지가 무엇인가? 우리는 창조세계에서 하나님의 작품을 볼 때는 신랑 같은 기쁨에 빠지도록, 그리고 영화 [불의 전차]에 나오는 주인공, 즉 고개를 뒤로 젖힌 채 팔꿈치를 흔들며 미소가 터지는 상태로 하나님의 즐거움을 만끽하며 달리는 에릭 리델의 기쁨 속으로 들어가게끔 되어 있다.

나는 지금 당신을 하나님께 매료된 세계 속으로 초대하는 중이다. 그렇다고 우리가 날마다 동튼 후에 만나는 고통에 대해 순진한 것은 아니다. 이 세상의 고통 및 죽음과 관련된 하나님의 섭리의 뜻을 알면 당신은 아마 충격을 받을 것이다.

주님이 주시고 주님이 거둬 가신다(욥 1:21). 그리고 환희에 넘치는 해는 아침마다

15만 개의 새로운 시체 위에 떠오른다. 날마다 그만큼 많은 사람이 죽는다. 이 정도로 하나님께 매료된 아름다움, 이만큼 하나님이 다스리는 공포가 존재하는 세계에서, "즐거워하는 자들과 함께 즐거워하고 우는 자들과 함께 울라"(롬 12:15)는 성경의 명령은 우리가 계속해서 "근심하는 자 같으나 항상 기뻐하게"(고후 6:10) 될 것이라는 뜻이다.

하나님을 아는 것

넷째, 끝으로 나는 당신이 예전에 알지 못했을 그 하나님을 알도록 당신을 초대하는 바이다. 하나님은 그의 자녀들의 삶과 세계에 너무나 포괄적으로 또 너무나 강력하게 개입하시되, 그들이 그분 안에서 영광을 받고 또 그분이 그들 안에서 영광을 받기 위해 계획하신 것 이외에는 그 어떤 사건도 그들에게 일어날 수 없게 하시는 분임을 알게 될 것이다(살후 1:12).

하나님의 아들의 죽음은 각 족속과 방언과 나라 가운데에서 한 백성을 피로 사서 하나님께 드렸다(계 5:9). 아버지와 아들 간의 협약은 너무나 강력해서 그리스도의 신부를 안전하고 아름답게 영원한 기쁨에 이르게 하는 데 필요한 모든 것을 언제나, 영원토록, 절대적으로 확보했다.

로마서 8장 32절은 성경에서 가장 중요한 구절일지 모른다. 왜냐하면 이는 우주에서 가장 위대한 사건과 상상 가능한 가장 위대한 미래 사이에 흔들릴 수 없는 연관성을 맺기 때문이다. "자기 아들을 아끼지 아니하시고 우리 모든 사람을 위하여 내주신 이가 어찌 그 아들과 함께 모든 것을 우리에게 주시지 아니하겠느냐?"

정말 그렇다. 그분이 어떻게 그러지 않겠는가? 모든 것을. 모든 것을!

그런즉 누구든지 사람을 자랑하지 말라. 만물이 다 너희 것임이라. 바울이나 아볼로나 게바나 세계나 생명이나 사망이나 지금 것이나 장래 것이나 다 너희의 것이요 너희는 그리스도의 것이요 그리스도는 하나님의 것이니라(고전 3:21-23).

모든 것이 우리의 소유이다. 아버지께서 아들을 아끼지 않았기 때문이다. 그리스도께서 죽었을 때, 그의 백성이 거룩함과 사랑 안에서 이 세상을 살아가는 데 필요한 모든 것이 완벽하게 확보되었다. 성부 하나님이 우리에게 필요한 모든 것을 예정하셨고 또 그 모든 것을 우리에게 약속하셨다(겔 36:27; 롬 8:29). 성자 하나님이 우리를 위해 그것을 사셨다(딛 2:14). 성령 하나님이 우리 안에서 그 일을 행하신다(갈 3:5; 히 13:21). 그 어떤 것도 우리를 그리스도 안에 있는 하나님의 사랑에서 결코 떼어놓을 수 없다(롬 8:35-39).

나는 최대한 많은 사람이 모든 것을 아우르는 불가항력의 섭리를 행하시는 그 하나님을 알도록 돕고 싶다. 그의 말씀은 하나님의 궁극적 목표에 관한 지식으로 가득 차 있다. 처음부터 끝까지, 그 말씀은 그의 자격 없는 백성을 향한 그분의 은혜가 얼마나 풍성한지를 선포한다. 페이지마다 그의 섭리의 성격과 범위를 담은 놀라운 이야기를 들려준다. 그분이 이루고자 하는 때에 그분의 방법으로 이루시는 것을 막을 수 있는 것은 하나도 없다.

나는 하나님이라 나 외에 다른 이가 없느니라.
나는 하나님이라 나 같은 이가 없느니라.
내가 시초부터 종말을 알리며
아직 이루지 아니한 일을 옛적부터 보이고
이르기를 "나의 뜻이 설 것이니
내가 나의 모든 기뻐하는 것을 이루리라" 하였노라
(사 46:9-10).

이 책의 목표, 성격, 범위

이 책은 3부로 나눠져 있다. 1부는 섭리를 정의한 후 한 가지 난점, 즉, 하나님이 자기 영광을 드러내려는 목적에 내포된 자기영광에 대해 설명한다. 2부는 섭리의 궁극적 목표에 초점을 맞춘다. 3부는 섭리의 성격과 범위에 초점을 둔다. 내가 이런 순서(목표 다음에 성격과 범위를 다루는 것)를 선택한 것은, 우리가 어떤 사람이 추구하는 목적을 안다면 그 사람이 행하는 일을 더 분명히 이해하게 된다고 생각하기 때문이다.

만일 당신의 목표가 미네소타에서 집을 짓는 것임을 내가 안다면, 당신이 땅에 큰 구덩이를 파고 있을 때 당신이 무슨 일을 하는지 내가 이해할 것이다. 이 기후에서는 지하층이 중요하다. 반면에 내가 당신의 목적을 모른다면 땅에 판 구덩이의 의미를 알 수 없을 것이다. 그 구덩이의 성격과 범위는 바로 목표에 의해 설명되는 셈이다.

내가 섭리의 '궁극적' 목표를 언급하는 이유는 하나님은 항상 섭리를 행할 때마다 만 가지 일을 하고 계시기 때문이다. (이는 줄잡아 하는 말이다.) 그 만 가지 일 하나하나를 마음속에 품고 계신다. 말하자면, 하나님은 매 시간 수백 만 개의 목표를 갖고 계시다는 뜻이다. 그 모든 것을 이루고 계신다. 우리는 그런 목표 대다수를 모른다. (이것 역시 줄잡아 하는 말이다.) 그래서 이 책의 2부는 그 모든 목표들을 알리려고 노력하는 내용이 아니다. 그건 불가능하다. 내가 알고 싶은 바는 모든 것이 어디로 향하느냐는 것이다. 모든 것을 이끌어가는 목표는 과연 무엇인가?

이후 우리는 하나님의 섭리의 성격과 범위를 더 잘 이해할 수 있다. '범위'의 문제는 하나님이 인간을 포함해 사물들을 얼마나 많이 또 얼마나 완전히 통제하시는가 하는 것이다. '성격'의 문제는, 예컨대, 하나님이 사물을 통제하기 위해 무슨 '수단'을 사용하시는가 하는 것이다. '통제'라는 단어 자체가 적합한 단어일까? 이는 내가 섭리란 단어 대신에 일부러 사용하는 단어가 아니다. 이 단어가 틀리기 때문이 아니라 흔히 기계적 과정과 강압적 전략의 의미를 전달하기 때문에 약간 마음에 걸린다. 그래도 나는 이 단어를 사용하겠다. 그러나 이런 의미가 왜 하나님의 섭리에 어울리지 않는지는 계속 보여주고 싶다.

섭리는 모든 것을 아우르고 편만하지만 하나님이 인간의 의지를 바꿀 때는 신비로운 측면이 있는데, 그 사람이 하나님의 전환 작용을 그 자신의 선호로 경험하게 되기 때문이다. 즉, 인간 의지의 진정한, 책임 있는 행동으로 경험한다는 말이다. 사람은 자신의 선호에 대해 책임이 있다. 모든 것을 바꾸는 하나님의 숨은 손길과 모든 순종을 요구하는 그의 계시된 명령들이 하나님의 마음속에서는 완벽한 조화를 이루지만 우리의 가시적 경험 안에서는 그렇지 않다. 우리는 그의 은밀한 목적이 아니라 그의 계시된 교훈을 따를 의무가 있다.[5] 이런 것이 바로 섭리의 성격임을 우리가 살펴볼 것이다.

---

5) 여기서 나는 존 오웬의 글을 채용했다. "우리 행동의 거룩함은 그분의 목적이 아니라 그분의 교훈에 대한 순종에 있다." John Owen, *The Works of John Owen*, vol.10, ed. William H. Goold (Edinburgh: T & T Clark, n.d.), 48.

제1부

섭리의
정의와 어려운 점

1.

하나님의 섭리란 무엇인가?

이 책이 하나님의 주권보다 하나님의 섭리를 다루는 이유는 '주권'이란 용어는 '합목적적'(purposeful) 행동의 개념을 포함하지 않지만, '섭리'란 용어는 포함하기 때문이다. 주권은 하나님이 원하시는 모든 일을 할 권리와 능력에 초점을 맞추지만 그 자체가 어떤 계획이나 목표를 표현하지는 않는다.

물론 하나님의 주권은 목적이 있다. 그 주권은 분명히 계획을 갖고 있다. 또한 어떤 목표를 확실히 추구한다. 그런데 우리가 이것을 아는 이유는 단지 하나님이 주권자이기 때문이 아니라, 그분이 지혜롭기 때문이고, 성경이 그분을 모든 일에 목적을 가진 분으로 묘사하기 때문이다. "나의 뜻이 설 것이니 내가 나의 모든 기뻐하는 것을 이루리라"(사 46:10).

이 책은 단지 강력할 뿐 아니라 목적을 지닌 것으로 간주되는 하나님의 주권에 초점을 둔다. 역사적으로, '섭리'란 용어가 이런 구체적인 초점을 가리키는 약칭으로 사용되어 왔다.

섭리의 건축용 벽돌

이 성경적 가르침을 포착하기 위해 왜 '섭리'란 단어가 선택된 것일까? 하나님과 관련하여, 이 단어는 대다수 영어 성경(예, ESV, KJV, HCSB, NRSV)에 나오지 않는다.[1] 한 단어의 내력에 대해, 그리고 그 단어가 왜 현재의 의미를 지니게 되었는지를 확실히 말하기는 어렵다. 그래도 이렇게 제안해볼까 한다.

'섭리'란 단어는 '공급하다'(provide)란 단어로부터 만들어졌다. 이는 두 부분, 곧 pro("앞으로", "위하여"란 뜻의 라틴어)와 vide("보다"란 뜻의 라틴어)로 되어 있다. 그래서 당신은 "provide"란 단어가 "앞을 보다" 또는 "내다보다"란 뜻일 것으로 추측할지 모르겠다. 그러나 그렇지 않다. 이 단어는 "필요한 것을 공급하다," "지탱해주다 또는 지지하다"란 뜻을 갖고 있다. 그래서 하나님과 관련하여, '섭리'란 명사는 "목적에 맞게 공급하는 행위, 또는 세계를 지탱하고 다스리는 행위"란 뜻을 갖게 되었다.

왜 그런가? 두 가지 흥미로운 이유가 있는데, 하나는 영어 관용구에 바탕을, 다른 하나는 한 성경 이야기에 바탕을 두고 있다.

하나님이 "주관하신다"

영어 관용구에는 "I'll see to it"이라는 문장이 있다. 모든 관용구가 그렇듯이, 이 관용구도 여기에 나온 단어들의 개별적인 의미보다 더 많은 뜻을 갖고 있다. "I'll see to it"은 "내가 조치할게"라는 뜻이다. 내가 공급해줄게. 내가 그렇게 되도록 확실히 할게. 그런즉 라틴어 vide("보다")와 라틴어 pro("에게", "향하여")를 합치면 "처리하다"(see to)란 뜻이 되고, 이는 "내다보다"란 뜻보다 더 많은 뜻을 내포해 "조치하다" 또는 "그렇게 되도록 하다"란 의미를 지니게 되었다. 이것이 바로 하나님의 섭리란 말의 뜻이다. 그분이 사태가 어떤 방식으로 벌어지도록 조치하신다는 뜻이다.

---

[1] '섭리'(Providence)란 단어는 KJV와 NASB에서 사도행전 24장 2절에 인간 행동과 관련해 한번 나온다. 그리고 NIV와 TNIV에서는 욥기 10장 2절에 하나님의 행동과 관련해 한번 나온다.

모리아산에서의 섭리

더 흥미로운 것은 성경에 아브라함이 아들인 이삭을 바치는 이야기가 있다는 사실이다. 그들이 모리아산에 올라가기 전에 이삭이 아버지에게 "번제할 어린 양은 어디 있나이까?" 하고 물었다(창 22:7). 아브라함이 "내 아들아, 번제할 어린 양은 하나님이 자기를 위하여 친히 준비하시리라" 하고 대답했다(22:8). 그리고 하나님이 아브라함에게 뿔이 수풀에 걸린 숫양을 보여주자 "아브라함이 그 땅 이름을 '여호와 이레'[여호와께서 공급하시리라]라고 불렀다"(22:14).

인상적인 점은 창세기 22장에 '공급하다'란 단어가 나올 때마다 히브리어 단어는 "보다"로 되어 있다는 사실이다. 그런즉 아브라함이 이삭에게 "하나님이 스스로 어린 양을 '보실' 것이다"(22:8)라고 말하는 것이다. 이와 비슷하게 14절에도 이렇게 기록되어 있다. "아브라함이 그 땅 이름을 '여호와 이레'[여호와께서 보실 것이다]라 하였으므로, 오늘날까지 사람들이 이르기를 '여호와의 산에서 준비되리라[보일 것이다]' 하더라."

옛 KJV 성경은 창세기 22장 14절을 문자적으로 번역하고, 심지어 "주님이 보신다"는 히브리어를 '여호와 이레'로 음역하기까지 한다(개정개역판에도 이렇게 번역되어 있다-역주). "아브라함이 그 땅 이름을 '여호와 이레'라 하였으므로 오늘날까지 사람들이 이르기를 '여호와의 산에서 그것이 보일 것이다' 하더라." 새로운 KJV는 사실상 다른 모든 현대판들에 합류해 '보다'를 '공급하다'로 번역했다. "아브라함이 그 땅 이름을 '여호와께서 공급하시리라'고 하였으므로, 오늘날까지 사람들이 이르기를 '여호와의 산에서 그것이 공급될 것이다' 하더라."

하나님의 '섭리'의 교리와 관련해서는 이런 질문이 생긴다. 창세기 22장에 나오는 하나님의 '보심'이 왜 그의 '공급하심'(섭리)을 가리키는가?

내가 제안하는 답변은 이것이다. 모세를 비롯한 성경 저자들은 하나님을 그저 수동적 방관자로서 보는 분이 아니라고 생각했다는 것. 하나님이신 그분은 결코 관찰자에 불과한 존재가 아니다. 그분은 세계의 수동적 관찰자가 아니고 미래에 대한 수동적 예언자도 아니다. 하나님이 보시는 곳은 어디나 그분이 행동하시는 곳이다. 달리 말하면, 하나님의 '섭리'가 단지 그분이 '보신다'는 뜻이 아니고 오히려 그분이

'주관하신다'는 뜻을 지니게 된 데는 심오한 신학적 이유가 있는 것이다. 하나님이 무엇인가를 보실 때는 그것을 주관하신다. 모세가 창세기 22장을 쓸 때는 하나님이 목적을 품고 아브라함과 관계를 맺는 게 너무나 분명해서 하나님의 완전한 '보심'이 하나님의 합목적적 '행하심'을 의미한다고 언급할 수 있었던 것이다. 그분의 '보심'은 그분의 '주관하심'이었다. 그분의 '인지'는 곧 그분의 '공급'(섭리)을 의미했다.

이런 책을 쓰면 딜레마에 빠진다

이는 '섭리'가 '하나님의 공급하시는 행위 또는 세계를 지탱하고 다스리시는 행위'를 의미하게 된 경위를 나 나름대로 설명한 것이다. 이것이 올바른 설명인지 여부는 그리 중요하지 않다. 단어에 관한 한, 정말로 중요한 점은 그 단어가 어디서 왔는지 또는 어떻게 그런 의미를 갖게 되었는지를 아는 게 아니다. 정작 중요한 것은 그 저자 또는 화자가 그 단어를 통해 무엇을 소통하려고 하는지를 우리가 파악하는 일이다.

그때 진정한 과업이 시작된다. 저자가 언어로 소통하려고 하는 것이 실재와 일치하는가? 저자가 묘사하는 섭리의 개념이 과연 옳은가? 또는 이 책의 경우, 나는 성경을 진리의 시금석으로 삼는 만큼 '우리는 성경이 하나님의 섭리에 관해 가르치는 것을 제대로 이해하는가?' 하는 것이다.

그래서 내가 말하는 하나님의 섭리의 뜻을 좀 더 명료하게 설명하려 할 때 내가 일종의 딜레마에 빠진 것이 분명해진다. 한편으로, 나는 하나님의 섭리에 대한 나의 이해를 뒷받침하기 위해 먼저 성경에 근거해 나의 증거를 제시해야 한다. 다른 한편, 내가 증거를 제시할 때 나는 줄곧 '섭리'란 용어를 사용해야 하고, 이 용어는 독자들에게 분명한 의미를 지녀야 하며 이 의미는 단지 그 증거로부터만 올 수 있을 뿐이다. 나로서는 양자택일을 할 수밖에 없다. 내가 당신에게 그 증거를 주기 전에 내가 말하는 '섭리'의 분명한 뜻을 제시하든지, 아니면 내가 이 책 전반에서 '섭리'란 단어를 모호하게 사용하다 마지막에 분명한 개념을 제시해야 한다.

그런데 나는 모호한 것을 좋아하지 않는다. 모호함은 많은 혼동과 오류의 근원이라고 생각한다. 그래서 나는 첫 번째 옵션을 선택한다.

맨 처음 나는 내가 말하는 하나님의 섭리의 개념을 최대한 분명하게 제시할 터인데, 이것이 아직 제공되지 않은 증거에 기초해 있음을 알면서 그렇게 할 것이다. 그러면 당신은 이 책의 나머지 부분을 이 섭리의 개념에 대한 성경적 지지이자 설명, 적용이자 찬사로 여겨도 좋다.

이 책의 목적은 교회가 그 역사적인 신앙 진술문들에서 수용하지 않은, 섭리의 새로운 뜻을 개발하는 것이 아니다. 그 대신 나는 성경으로부터 오랜 진리의 불쏘시개를 모으고, 잘 보이게끔 그것을 쌓고, 그것에 성냥을 갖다 대려고 한다. 내가 그것을 다 태우고 싶어서가 아니라, 그 방화의 속성들을 방출하여 참된 예배를 고양하고, 흔들리는 신념을 공고히 하고, 공격받는 믿음을 든든하게 하고, 기쁜 용기를 북돋우고, 이 세상에서 하나님의 선교를 증진시키기 위해서다.

섭리에 대한 오랜 견해들

이제 몇 세기 뒤로 돌아가서 섭리의 정의 몇 개를 살펴보자. 이 정의들은 성경적 진리를 표현하고 있어서 나도 무척 기쁘다.

하이델베르크 교리문답(1563)

질문 27. 당신은 하나님의 섭리를 어떻게 이해하는가?

답변. 하나님의 전능하신, 모든 곳에 현존하는 능력이 만물을 그분의 손으로 만드셨으니, 그분이 여전히 모든 피조물과 함께 하늘과 땅을 붙들고 계시고, 식용 식물과 풀, 비와 가뭄, 풍성한 해와 메마른 해, 고기와 음료, 건강과 질병, 부유함과 가난함 등 진정 우연이 아닌 아버지의 손에 의해 생긴 모든 것을 다스리고 계시다.

사실상 모든 고백들에 나오듯이, 하나님의 섭리는 "하나님의 전능하신, 모든 곳에 현존하는 능력"을 의미한다. 이 능력이 모든 것을 "붙들고" 또 "다스린다." 그런데 이 정의가 (주권만이 아니라) 섭리 쪽으로 향하게 하는 것은 "아버지의 손에 의해"란 어구이다. 이는 만물을 다스리는 하나님의 계획에 대해 엄청난 함의를 지니고 있다. 이는 우주의 모든 것이 하나님 자녀의 유익을 도모하기 위해 다스려진다는 것을 의미한다! 하지만 우리가 이 점을 좀 더 온전하게 알려면 조금 더 기다릴 필요가 있다.

벨직 신앙고백(1561)

제13항 하나님의 섭리의 교리

이 선한 하나님께서 모든 것을 창조하신 후 그것들을 우연이나 행운에 맡기지 않고 그분의 거룩한 뜻에 따라 다스리시되 하나님의 질서정연한 배열이 없이는 이 세계에 아무것도 일어나지 않게 하신다고 우리는 믿는다.

여기서도 하나님께서 모든 것을 "인도하시고 다스리셔서" 아무것도 "우연이나 행운"에 맡기지 않는다고 한다. 그리고 다시금, 그 교리의 초점을 주권뿐만 아니라 섭리에 맞추게 하는 것은 바로 "하나님의 '질서정연한 배열'이 없이는 … 아무것도 일어나지 않게 하신다"는 점이다. 이는 물론 '질서정연한'이란 단어의 설명을 요구한다. 질서는 계획과 목적을 함축한다. 무슨 목적을 위한 질서인가? 이것이 본서의 2부에서 집중적으로 다룰 주제이다.

웨스트민스터 대요리문답(1648)

질문 18. 섭리의 행위란 무엇인가?

답변. 하나님의 섭리 행위는 그의 모든 피조물을 가장 거룩하고 지혜롭고 강력하게 보존하고 다스리는 것, 그분의 영광을 위해 만물과 만물의 모든 행동을 지시하시는 것이다. 하나님의 섭리는 "그의 모든 피조물"의 존재를 "보존하고" 또 붙들 뿐만 아니라 "만물의 모든 행동을 지시하시는 것"이기도 하다. 이 모든 보존행위와 지시의 목적은 "그분의 영광"을 위한 것이라고 명시되어 있다. 이것이 바로 우리가 '섭리'라고 부르는 합목적적 주권이다.

웨스트민스터 신앙고백(1646)

제5장 섭리에 관하여

5.1. 만물의 위대하신 창조자 하나님은 그의 지혜와 권능과 공의와 선과 자비의 영광을 찬양 받기 위해, 그의 무오한 예지와 자유롭고 변함없는 그 자신의 뜻의 방침에 따라 지극히 지혜롭고 거룩한 섭리에 의해 가장 큰 것에서부터 가장 작은 것에 이르기까지 모든 피조물과 행동과 사물을 붙드시고, 지도하시고, 주관하시고, 통치하신다.

이것이 여태껏 살펴본 것 중에 가장 완전한 정의이다. 하나님은 "모든 피조물과 행동과 사물"을 붙드시고, 지도하시고, 주관하시고, 통치하신다. 이는 편만한 주권이다. 이후 모든 섭리의 색채들이 나온다. 지혜와 거룩함으로 다스리는 주권이 나오고, 모든 것이 "그의 지혜와 권능과 공의와 선과 자비의 영광을 찬양 받기" 위해서라고 한다.

하나님의 섭리의 목적을 이런 식으로 표현하는 일은 성경에 충실한 입장을 견지하는 데 매우 중요하다. 섭리에 대한 일부 견해들은 하나님의 자비를 드러내는 측면에 너무 초점을 맞춘 나머지 그의 영광의 나머지 부분이 가려지고 만다. 웨스트민스터 신앙고백이 그런 축소를 저지한 것은 현명하고 성경적이라고 생각한다. 이 신앙고백에 따르면, 하나님의 섭리의 목적은 하나님의 영광을 "찬양하게" 하는 것이다. 그분의 영광의 어느 한 측면(사랑이나 은혜나 자비와 같은)만이 아니라 모든 측면이 찬양 받게 하려는 것이다. "그의 지혜와 권능과 공의와 선과 자비의 영광."

섭리와 운명의 차이는 무엇인가?

때때로 하나님이 모든 피조물과 행동과 사물을 붙드시고, 지도하시고, 주관하시고, 통치하신다는 강한 진술문들은 하나님의 섭리에 대한 성경의 관점이 운명과 어떻게 다른가 하는 문제를 제기한다. 운명의 개념은 그리스 신화로부터 현대 물리학에 이르는 기나긴 역사를 갖고 있다. 대체로 사람들의 골칫거리는 운명과 섭리란 것이 장래가 고정되어 있다는 뜻을 내포해 삶을 무의미하게 만드는 것처럼 보인다는 점이다. 이 문제에 대한 찰스 스펄전(1834-1892)의 반응을 살펴보자.

첫째, 스펄전은 신적 섭리가 세세한 부분까지 편만하다는 놀라운 확신을 우리에게 준다. 다음은 에스겔서 1장 15-19절에 기반을 둔 하나님의 섭리에 관한 설교에서 발췌한 것이다.

> 나는 이렇게 믿습니다. 햇살 속에 춤추는 먼지의 각 분자가 하나님이 원하는 것보다 더 많이 또는 더 적게 원자를 움직이지 않는다고. 하늘에 있는 태양뿐만 아니라 증기선에 부딪히는 물보라의 각 분자도 그 궤도를 갖고 있다고. 까부르는 사람의 손에서 나오는 왕겨가 하늘의 경로를 도는 별들만큼 조종되고 있다고. 진디가 장미 봉오리에 기어오르는 것은 파괴적인 유행병의 창궐만큼 정해져 있다고. 포플러 나무에서 잎이 떨어지는 것은 눈사태의 쇄도만큼 완전히 정해진 것이라고.[2]

참으로 놀랍다. 콜라 깡통을 따면 위로 솟아오르는 거품의 미세한 방울 하나하나. 아침 일찍 침실에서 광선이 비칠 때에만 볼 수 있는 떠다니는 작은 먼지 조각 하나하나. 한없는 네브래스카 평원을 가로질러 뻗어가는 각 곡물 줄기의 끝. 이 모든 것이 그 미세한 움직임과 함께 분명히 하나님의 통치를 받고 있다.

그러므로 스펄전은 이 설교에서 반론을 예견하고 이렇게 이어간다.

> 여러분은 오늘 아침, 우리 목사는 운명주의자라고 말할 것입니다. 여러분의 목사는 그런 사람이 아닙니다. 일부는, 아하! 그는 운명을 믿는다고 말할 것입니다. 그는 운명을 전혀 믿지 않습니다. 운명이란 무엇입니까? 운명은 이런 것입니다. '존재하는 것은 무엇이든 반드시 존재해야 한다.' 그러나 운명과 섭리는 차이가 있습니다. 섭리는 '하나님이 정하시는 것은 무엇이든 반드시 존재해야 한다'고 말합니다. 그런데 하나님의 지혜는 무엇이든 목적이 없이는 정하지 않습니다. 이 세계에 있는 모든 것은 어떤 큰 목적을 위해 움직이고 있습니다. 운명은 그렇게 말하지 않습니다. 운명은 단지 그것이 존재해야 한다고 말할 뿐입니다. 반면에 섭리는, 하나님이 바퀴들을 움직이시므로 그것들이 거기

---

2) Charles Spurgeon, "God's Providence," sermon on Ezek. 1:15-19, Bible Bulletin Board, accessed April 9, 2020, http://www.biblebb.com/files/spurgeon/3114.htm.

에 있다고 말합니다.

만일 어떤 것이 고장나면 하나님이 그것을 바로잡으십니다. 그리고 만일 잘못 움직이는 것이 있다면, 그분이 손을 대어 그것을 고치십니다. 이는 동일한 것에 관한 얘기지만 목적에는 차이점이 있습니다. 운명과 섭리 간의 차이점은 눈이 좋은 사람과 맹인 사이의 차이점과 같습니다. 운명은 눈이 멀었습니다. 그것은 아래쪽 마을로 돌진해서 수천 명을 죽이는 눈사태입니다. 하지만 섭리는 눈사태가 아닙니다. 그것은 처음에는 산비탈에 흘러내리는 실개천과 같다가 작은 시내를 이루고 마침내 영원한 사랑의 넓은 바다로 굽이치며 흘러가는 강, 인류의 유익을 위해 일하는 그런 강입니다. 섭리의 교리는 '존재하는 것은 반드시 존재해야 한다'는 것이 아닙니다. 오히려 존재하는 것은 우리 민족의 유익을 위해, 특히 하나님이 선택한 백성의 유익을 위해 다함께 일한다는 것입니다. 바퀴들은 눈으로 가득 차 있습니다. 눈 먼 바퀴들이 아닙니다.[3]

나는 이어지는 내용에서, 특히 2부에서 다음 사실이 분명해지기를 바란다. 하나님의 편만한 섭리에 나타난 그분의 궁극적 목적은 너무나 합목적적이고, 너무나 지혜롭고, 너무나 은혜롭고, 너무나 기쁜 것이라서 아무도 그것을 '운명'이라 부를 수 없다는 사실이다.

하나님을 사랑하는 모든 이의 즐거움은 갈수록 더 커진다

역사적 신앙고백들과 스펄전을 중심으로 살펴본 하나님의 섭리에 대한 모든 묘사에 나는 동의한다. 그 묘사들은 서로 일관성이 있고 성경에 충실하다고 생각한다. 이것이 바로 내가 이 책에서 말하는 '섭리'란 용어의 뜻이다. 그러나 나의 견해를 분명히 하려면 또 하나의 신앙선언문을 인용하는 것이 유익하리라 본다.

내가 베들레헴 침례교회의 목사로 일한 33년 동안 장로들이 '베들레헴 침례교회 장로 신앙선언문'이라 불리는 문서를 신중하게 만들었다. 나도 그 과정의 일부였던

---

[3] Spurgeon, "God's Providence."

만큼, 이 선언문에 나오는 하나님의 섭리에 대한 진술이 이 책에서 펼쳐질 몇 가지 강조점을 잘 포착하고 있다. 다음은 섭리에 관한 중요한 진술을 인용한 것이다.

3.1. 하나님께서 영원 전부터 그분을 사랑하는 모든 이의 갈수록 커지는 영원한 즐거움을 위해 그의 영광을 최대한 보여줄 목적으로, 그의 뜻의 지극히 지혜롭고 거룩한 방침에 의해 자유롭게 또 변함없이 발생하는 모든 일을 정하셨고 또 미리 아셨다고 우리는 믿는다.

3.2. 하나님께서 그 자신을 영화롭게 하기 위해 모든 것을(은하계에서 아원자 입자까지, 자연의 힘에서 열방의 움직임까지, 정치인의 공공 정책에서 외로운 사람의 은밀한 행동까지) 그의 영원하고 지혜로운 목적에 따라 붙드시고 다스리시되, 그분은 결코 죄를 짓지 않고 어떤 사람도 불의하게 정죄하지 않는 방식으로, 반면에 모든 것을 정하고 다스리는 그의 손길이 그의 형상으로 창조된 모든 사람의 도덕적 책임과 양립할 수 있도록 그렇게 하신다고 우리는 믿는다.[4]

하나님께서 "그분을 사랑하는 모든 이의 갈수록 커지는 영원한 즐거움을 위해" 그의 영광을 전달하신다는 주장은 역사적인 신조들, 예컨대, 웨스트민스터 요리문답이 사람의 최고 목적은 "하나님을 영화롭게 하고 그분을 영원히 '즐거워하는' 것"이라고 말할 때 그 속에 내재되어 있다고 나는 믿는다.[5] 그러나 하나님을 즐거워하는 것 그리고 이것과 하나님의 영화(榮華)의 관계가 하나님의 섭리의 목적에 매우 중요하다고 생각하기 때문에 나는 이것을 명시적으로 또 두드러지게 다루고 싶다. 이것은 단지 내가 행하는 일이 아니라는 점이 제2부에서 분명해질 것이다. 이는 성경이 행하는 일이다.

이제 제2부의 과업과 하나님의 섭리의 목표라는 주제로 넘어가기 전에 많은 이

---

[4] "Elder Affirmation of Faith," Bethlehem Baptist Church (website), October 18, 2015, http://bethlehem.church/elder-affirmation-of-faith/.

[5] 다가올 시대에 갈수록 커질 기쁨이란 개념을 석의적으로 변호한 것은 14장에 나오는 에베소서 2장 7절에 관한 논의를 참고하라.

들이 하나의 걸림돌로 생각하는 것, 즉 자기의 영광을 드러내려는 하나님의 목적에 내포된 하나님의 자기영광을 다뤄보는 것도 유익하리라 생각한다. 이것이 2장의 주제이다.

2.

하나님의 자기영광(Self-Exaltation)은 좋은 소식일까?

현대인들은 하나님이 그 자신의 영광을 위해 시종일관 행하신다는 성경의 끊임없는 증언을 감사하게 또 기쁨으로 받아들이기가 거의 불가능하지 않나 하는 생각이 든다. 나는 이사야서 48장 9-11절과 같은 본문을 염두에 두고 있다.

> 내 이름을 위하여 내가 노하기를 더디 할 것이며
> 내 영광을 위하여 내가 참고 너를 멸절하지 아니하리라.
> 보라, 내가 너를 연단하였으나 은처럼 하지 아니하고
> 너를 고난의 풀무 불에서 택하였노라.
> 나는 나를 위하며 나를 위하여 이를 이룰 것이라
> 어찌 내 이름을 욕되게 하리요
> 내 영광을 다른 자에게 주지 아니하리라.

방금 나는 '현대인들'이 이런 신적 자기영광(self-exaltation)을 즐거워하기보다는 오히려 거부하는 것 같다고 썼다. 그러나 좀 더 생각해보면 이런 거부반응은 현대인만

의 특징이 아니라는 것을 알게 된다. 이는 인간의 특징이다. 그리고 복잡한 문제이다.

하나님의 자기영광에 대한 우리의 거부반응

한편으로, 인간은 누구나 자기예찬의 경험을 너무나 잘 알고 있다. 우리는 그 경험을 매우 친밀하게 알고 있다. 모두가 그런 적이 있다. 우리는 칭송을 좋아하는 내장된 반사작용이 있고, 우리는 어느 정도 중요시되는 것을 즐거워한다. 다른 한편, 우리가 (어쨌든 최고의 순간에) 우리 자신을 포함해 사람들이 그렇게 하는 모습을 좋아하지 않는다는 것도 이와 똑같이 보편적인 특징이다. 우리는 우리 자신의 영광을 좋아하는 욕구와 애증관계를 갖고 있는 셈이다.

우리가 하나님의 자기영화에 대한 편만한 성경적 증언에 거부반응을 보이는 것이 더욱 복잡해지는 요인은 대체로 우리(적어도 미국인)가 영화나 소설에 나오는 오만하고 뽐내고 자만한 영웅들을 좋아한다는 사실이다. 그들이 압도적으로 많은 적을 무찌르는 능력을 자랑삼아 과시하면 우리가 굉장한 환성을 지른다. 우리는 그들의 거드름 피우는 자기중심적 자기예찬을 사랑하는 듯하다. 얼마나 멋있는가! 그리고 멋진 만큼 자기예찬(수십 년에 걸쳐 문화적 변이를 거친)은 우리의 영웅이 지닌 흠모할 만한 특성일 뿐 아니라 인간 마음의 깊은 열망으로 계속 남아있다. 이는 부끄러움의 상대편에 있는 기분 좋은 느낌이다. 우리는 어리석게 보이는 것을 싫어한다. 반면에 똑똑하고 유능하게 보이는 것을 좋아한다. 그리고 우리는 영웅들이 자만심의 한계를 넘더라도 이와 똑같은 모습을 지니길 바란다.

하지만 이 문제는 그리 간단하지 않다. 이런 자만한 영웅들이 불의하게 행동하고 무죄한 사람들을 괴롭히기 위해 교묘한 기술을 이용하기 시작한다면, 우리의 흠모는 움츠러들기 마련이다. 얼마 후에는 그들을 멋있게 만들었던 정신적 명민함, 신체적 기민함, 언어적 위트가 그들을 악하게 만든다. 그러면 그들은 매력을 잃고 만다. 한때 우리를 즐겁게 했던, 자기를 높이는 거만함이 이제는 혐오감을 준다.

하나님의 자기영광에 대한 인간의 거부반응은 예수님의 말씀, 즉 "내가 내게 영광을 돌리면 내 영광이 아무 것도 아니다"(요 8:54)라는 말씀에 의해 더욱 복잡해진다. 그리고 사도 바울은 "사랑은 … 자기의 유익을 구하지 아니한다"(고전 13:4-5)고 말했고, "누구든지 자기의 유익을 구하지 말고 남의 유익을 구하라"(고전 10:24)고 권면했다.

자기를 높이는 하나님뿐만 아니라 어느 신이라도

그러나 하나님의 자기영광에 대한 거부반응을 부추기는 것은 더 깊은 곳에 있다. 겉으로는 우리가 하나님의 이른바 '이기심'에 반대하는 도덕적 입장을 내세울지 몰라도, 실제로는 자기를 높이는 하나님뿐만 아니라 세계와 우리에게 권위를 지닌 어느 신이라도 거부하는 깊은 반항심이 우리 속에 있다. 바울은 이것이 바로 그리스도의 구속적 죽음과 성령의 사역이 없으면 인간 마음을 특징짓는 것이라고 말한다.

> 육신의 생각은 하나님과 원수가 되나니 이는 하나님의 법에 굴복하지 아니할 뿐 아니라 할 수도 없음이라. 육신에 있는 자들은 하나님을 기쁘시게 할 수 없느니라(롬 8:7-8).

바울은 "육신의 생각"을 가진 자들과 "성령의 생각"을 가진 자들을 대조시킨다(8:6). 이후 성령의 생각을 가진 자들을 이렇게 묘사한다. "만일 너희 속에 하나님의 영이 거하시면 너희가 육신에 있지 아니하고 영에 있다"(8:9). 하나님의 영이 그리스도에 대한 믿음을 통해 우리 속에 거하시게 될 때 우리는 '육신의 생각'을 가진 상태에서 '성령의 생각'을 가진 상태로 바뀐다(갈 3:2). 믿음을 통해 얻는 성령이 없으면 우리가 선천적으로 하나님께 불순종하고 그의 권위에 저항하게 되는 것이다.

그래서 우리가 하나님의 자기영광을 다룰 때 부딪히는 심각한 문제는 우리가 자기를 높이는 어떤 권위를 싫어한다는 게 아니라, 타락한 인간 본성은 우리 삶을 지배하는 그 어떤 신적 권위라도 싫어한다는 점이다. 하나님이 그 자신의 영광을 위해 행하시기 때문에 우리에게 매력적으로 다가오지 않는다는 생각은 보다 깊은 거부반응을 은폐하는 셈이다. 이는 그분이 하나님이기 때문에 매력이 없다고 느끼는 반응을 말한다.

그런데 만일 그렇다면?

그런데 만일 줄곧 자기 영광을 위해 행하는 하나님이 불안정하고 으스대는 왕초 같은 모습이 아니라, 빈민촌 아이들을 정말로 사랑해서 그들과 함께 놀아주기 위해 외제차를 몰고 그 동네로 들어가는 농구계의 대스타 선수라면 어떨까?

만일 자기 영광을 주목케 하는 하나님이 자기가 최고라고 떠드는 돌팔이 의사 같은 모습이 아니라, 정말로 최고 의사라서 오직 그만이 그 공동체를 전염병에서 구출할 수 있는 그런 진짜 의사라면 어떨까?

만일 자신의 우월성을 널리 알리는 하나님이 자기 평판을 끌어올려 자기 강의에 더 많은 학생을 끌어 모으려고 노심초사하는 대학 미술 선생이 아니라, 세계 최고의 미술가가 가장 가난한 대학에 찾아가서 가장 낮은 학생들에게 우월한 자기 기술의 비결을 무료로 가르쳐주려는 그런 인물이라면 어떨까?

만일 자기 능력을 공개적으로 홍보하는 하나님이 전선 배후 안전한 곳에 서서 수천 명의 군인을 희생시켜 승리를 챙기려는 자기애적이고 유명세에 굶주린 장군이 아니라, 사랑하는 군대를 위해 최전선에서 기꺼이 죽음으로써 승리와 명망을 모두 얻는 가장 위대한 장군이라면 어떨까?

달리 말하면, 만일 결국에는 하나님의 아름다움이 우리와 공유하는 데서 절정에 이르는 그런 류의 아름다움으로 드러난다는 것을 우리가 알게 된다면 어떻게 될까? 그리고 우리가 단순한 자기 홍보라고 생각했던 태도가 오히려 최대의 기쁨을 원하는 모든 사람과 공유하기 위해 노력한 것이었다면 어떻게 될까?

만일 이 모든 사태가 조나단 에드워즈가 믿었던 대로 밝혀진다면 어떨까?

틀림없이 하늘에서 성도들의 행복은 너무나 커서 하나님의 장엄함 자체가 실로 그들이 즐거워하며 기뻐하게 될 지극히 위대하고 훌륭하고 충만한 모습으로 나타날 것이다.[1]

---

1) Jonathan Edwards, *The Miscellanies (Entries 833-1152)* ed. Amy Plantinga Pauw (New Haven, CT: Yale University Press, 2002), 189 (#934).

하나님의 사역이 지향하는 위대한 최종 목적

내가 이 책의 초반부에 하나님의 자기영광에 대해 다룬 이유는 우리가 하나님의 섭리의 최종 목표가 무엇인지 물어보면 그분 자신의 영광(그의 완전성들이 파노라마처럼 드러나는 아름다움)이 되풀이되는 가장 포괄적인 목적임을 성경에서 발견하게 되기 때문이다. 내가 성경 전체를 조사해보고 또 깊이 생각하는 등 온갖 노력을 기울인 결과, 조나단 에드워즈가『하나님이 세계를 창조하신 목적에 관한 논문』에서 내린 결론이 옳다는 것을 확인하게 되었다.[2] 이 책은 내가 여태껏 읽은 가장 중요하고 영향력 있는 책들 중에 하나이다. 여기서 에드워즈는 다음 논지를 펴기 위해 이유 위에 이유를, 그리고 성경 위에 성경을 쌓아올린다.

> 그런즉 하나님의 사역의 위대한 최종 목적이 성경에 매우 다양하게 표현되어 있지만 그것은 진실로 단 하나뿐이고, 이 유일한 목적은 "하나님의 영광"이란 말로 가장 적절하고 포괄적으로 불린다. 이는 성경에서 가장 흔하게 불리는 이름이다.[3]

달리 말하면, 우리가 하나님의 섭리 사역의 목표에 관한 질문에 초점을 맞추는 순간, 성경이 반복해서 또 곳곳에서 하나님이 이런 일들을 그 자신의 영광을 위해 행하신다고 말하는 걸 직면하지 않을 수 없다. 그리고 에드워즈가 만일 옳다면(위에 인용한 본문들에 나오듯이), "그의 영광을 위해"라는 말은 그분이 이미 갖고 있지 않은 영광을 얻는다는 뜻이 아니라 오히려 그의 백성이 영원히 즐기도록 그의 영광을 보여 주고 입증하고 전달한다는 뜻이다. 말하자면, 하나님의 자기영광에 분노의 반응을 보이는 대신 그분을 최고의 보배로 영접하는 모든 이들을 위해 그렇게 하신다는 뜻이다.

---

[2] 조나단 에드워즈의 생애에 대한 소개, 복음주의와 관련된 그의 신학의 함의, 그리고 *The End for Which God Created the World*의 전문을 보려면 다음 책을 참고하라. John Piper, *God's Passion for His Glory: Living the Vision of Jonathan Edwards* (Wheaton, IL: Crossway, 1998).

[3] Jonathan Edwards, *Ethical Writings*, ed. Paul Ramsey and John E. Smith, vol. 8, *The Works of Jonathan Edwards* (New Haven, CT: Yale University Press, 1989), 530. 또는 John Piper, *God's Passion for His Glory*, 246을 보라.

'에드워즈가 만일 옳다면'에 나오는 '만일'은 매우 큰 '만일'이다. 이 책의 제2부는 그 '만일'을 성경의 시험에 붙일 것이다. 우리는 제2부에서 초점을 주로 신적 섭리의 성격이나 범위에만 맞추지 않고 하나님이 섭리를 통해 세계를 다스리는 모든 일의 궁극적 목표에 맞추게 될 것이다. 그렇게 되면, 하나님이 자기 영광을 전달하는 것이 어째서 우리를 완전히 또 영원히 행복하게 만들려는 목적과 상충되지 않는지 그 이유가 분명해질 것이다. 우리는 조나단 에드워즈뿐만 아니라 성경에 근거해서도 하나님의 장엄함이 성도들이 그의 영광을 온전히 즐거워하는 일에 환히 비치는 이유를 알게 되리라.

영광: 하나님의 탁월하심이 펼쳐지는 파노라마

에드워즈의 글에 담긴 뜻(그리고 내 글의 뜻)이 무엇인지 분명히 해보자. 하나님의 섭리의 유일한 목적 내지는 목표가 "'하나님의 영광'이란 말로 가장 적절하고 포괄적으로 불린다"라는 표현은 하나님의 영광이 여러 신적 속성 중에 하나라는 뜻이 아니다. 예컨대, 하나님의 영광이 섭리의 목적으로서 하나님의 사랑이나 하나님의 은혜와 다투고 있다는 뜻이 아니다. 하나님의 영광은 그분의 사랑과 다투지 않고 오히려 후자를 포함한다.

위에서 나는 하나님의 영광을 정의하기 위해 "그의 완전성들이 파노라마처럼 드러나는 아름다움"이라는 어구를 사용했다. 달리 말해, 하나님의 영광이란 그의 완전성들 중에 어느 하나가 아니라 그 모든 완전성들의 아름다움, 그리고 그것들이 서로 완벽하게 조화를 이루는 모습, 그것들이 창조세계와 역사에 나타나는 모습을 일컫는다.

이 점을 강조할 필요가 있는 이유는 일부 학자들은 하나님의 섭리를 이해할 때 그분의 한 완전성을 너무나 돋보이게 하는 나머지 다른 완전성들이 퇴색되게 만들기 때문이다. 이는 하나님의 사랑과 관련하여 가장 자주 일어난다. 예컨대, 어떤 사람은 하나님의 사랑이 어느 특정한 섭리의 행위를 허용하지 않을 것이라고 믿을 수 있다.

이를테면, "여호와의 사자가 나가서 앗수르 진중에서 십팔만 오천인을 쳤다"(사 37:36)는 사실에 대해 그렇게 말한다. 그들은 이렇게 물을 수 있다. "만일 사랑이 사랑받는 자의 유익을 구한다면, 하나님이 어떻게 하룻밤에 수십만 명의 고아와 과부를 양산하는 그런 행위를 수행하기는커녕 허락이라도 할 수 있겠는가?"

이 때문에, 나는 1장에서 웨스트민스터 신앙고백이 얼마나 지혜롭게 또 성경적으로 하나님의 섭리의 목표를 표현했는지 살펴보았다. 그 모든 섭리 사역은 "그의 지혜와 권능과 공의와 선과 자비의 영광을 찬양 받기 위해" 존재한다고 말한다. 그저 이런 탁월한 속성들 중에 하나만이 아니다. 그 모두의 영광을 위해. 나도 동의한다. 그래서 내가 하나님의 섭리의 최종 목표가 그의 구속받은 백성이 영원히 즐기게 하려고 그의 영광을 온전히 드러내고 입증하고 전달하는 것이라고 말하는 것은 이 목표를 그의 영광의 어느 한 측면에 축소시키겠다는 뜻이 아니다. 하나님의 영광의 위대하심과 아름다움은 그의 모든 탁월한 속성이 완벽한 조화를 이루며 작동하는 것을 의미한다.[4]

---

[4] 다른 곳에서 나는 성경에 근거해 "하나님의 영광이 그의 다중적인 완전성들의 무한한 아름다움과 위대함이다"라는 것을 보여주려고 애썼다. John Piper, "What is God's Glory?," Desiring God, July 6, 2009, http://www.desiringgod.org/interviews/what-is-gods-glory.

제2부

섭리의
궁극적 목표

1편

섭리의 궁극적 목표:
창조 이전과 창조의 때

3.

창조 이전

우리는 보통 '섭리'란 단어를 창조 이전의 하나님의 행위를 묘사하는 데 사용하지 않는다. 그러나 제2부는 초점을 하나님의 섭리의 목적에 맞추고 있는 만큼, 하나님이 세계를 창조하시기 전에 섭리가 어떻게 존재했는지에 대한 성경의 증언을 경청한다면 그 목적을 보다 완전히, 좀 더 충실하게 볼 수 있을 것이다.

성경은 영원한 과거에 드리운 커튼을 뒤로 당겨서 창조 이전에 하나님이 그 자신을 위해 한 백성을 선택하는 행위를 얼핏 보여준다. 하나님의 목표는 이렇게 명백히 진술되어 있다.

> 곧 창세 전에 [하나님이] 그리스도 안에서 우리를 택하사 우리로 사랑 안에서 그 앞에 거룩하고 흠이 없게 하시려고 그 기쁘신 뜻대로 우리를 예정하사 예수 그리스도로 말미암아 자기의 아들들이 되게 하셨으니 이는 그가 사랑하시는 자 안에서 우리에게 거저 주시는 바 **그의 은혜의 영광을 찬송하게 하려는 것이라**(엡 1:4-6).

하나님께서 "창세 이전에" 한 백성을 선택하신 명백한 목적의 하나는 우리가 "그 앞에 거룩하고 흠이 없게 하시려는" 것이다(1:4). 그런데 그 거룩함이 어떻게 표현될 것인가? 그보다 더 궁극적인 목표가 있는가? 그렇다. 우리가 선택되었다는 사실은 창조 '이전'에 계획되었던, 하나님이 주신 운명('예정')을 수반하게 된다. 이는 5절과 6절에 나온다. "[하나님이] 우리를 예정하사 예수 그리스도로 말미암아 자기의 아들들이 되게 하셨으니 이는 그가 사랑하시는 자 안에서 우리에게 거저 주시는 바 **그의 은혜의 영광을 찬송하게 하려는 것이라**."

당신이 이 예정 행위(1:5-6)를 네 부분으로 나누고 가장 깊은 뿌리로부터 가장 궁극적 열매까지 순서대로 서로 연관시키면 이렇게 움직인다. (1) 하나님의 뜻의 목적이 (2) 예수 그리스도를 통한 계획을 세우게 하고 (3) 하나님의 선택받은 이들이 아들들로 입양되게 하시며 (4) 그들이 하나님의 은혜의 영광을 찬송하는 것을 궁극적 목표로 삼는다.

하나님께서 창세 이전에 구원의 전반적 계획을 주도하신 궁극적 목표는 그분이 그의 은혜의 영광으로 인해 찬송을 받게 하는 것이었다.

영광만이 아니라 영광의 찬송을 위해

오십 년 전 내가 처음으로 우리를 구원하시는 하나님의 궁극적 목적에 관한 이 진술을 보았을 때, 나의 주목을 끈 것은 그 진술이 얼마나 명백한가("그의 은혜의 영광을 찬송하게 하려는 것") 하는 것뿐만 아니라 바울이 에베소서 1장에서 두 번이나 바로 이 진술로 빙 돌아간다는 사실이었다.

바울은 에베소서 1장 11-12절에서 이렇게 말한다.

"모든 일을 그의 뜻의 결정대로 일하시는 이의 계획을 따라 우리가 예정을 입어 그 안에서 기업이 되었으니, 이는 우리가 그리스도 안에서 전부터 바라던 **그의 영광의 찬송이 되게 하려 하심이라**."

하나님의 영광의 찬송이 되기 위한 존재라는 것! 그리고 두 절 뒤에서는 성령이 "우리 기업의 보증이 되사 그 얻으신 것을 속량하시고 **그의 영광을 찬송하게 하려 하심이라**"(1:14)고 말한다. 하나님의 영광을 찬송하기 위한 기업이라는 것! 여기서 주목하라. 그의 목적은 우리가 그런 존재가 되게 하는 것이고, 그의 목적은 우리가 기업을 소유하게 되는 것임을. 우리는 그의 영광의 찬송이 되기 위해 '존재하는' 것이다. 우리는 그의 영광을 찬송하기 위해 기업을 '소유하는' 것이다. 달리 말하면, 창세 이전부터 하나님의 목표는 우리의 존재 자체와 우리의 소유가 그의 영광을 찬송하게 하려는 것이었다는 뜻이다.

그러므로 에베소서의 첫째 장에서 하나님이 그의 영광을 위해 우리를 '선택하시고'(1:4), 그의 영광을 위해 우리를 '예정하시고'(1:5), 그의 영광을 위해 우리를 '입양하시고'(1:5), 그의 영광을 위해 우리가 '존재하도록' 운명 지으시고(1:12), 그의 영광을 위해 우리의 '기업'을 확보하신 것을 보게 된다. 또는 보다 분명하고 정확하게 말하자면, 세 번이나 표현된 그의 목표는 단지 "하나님의 영광"뿐만 아니라 "그의 영광의 찬송"이기도 하다(1:6, 12, 14).

우리가 '찬송'이란 목표에 주목하게 되면, "하나님의 사역의 위대한 최종 목적이 … '하나님의 영광'이란 말로 가장 적절하고 포괄적으로 불린다"[1]는 조나단 에드워즈의 말의 뜻을 어떻게 이해해야 할지 분명해진다. 하나님의 목표는 단지 그의 완전성들의 영광이 밝히 비치는 것만이 아니라 우리로 하여금 하나님의 영광이 '찬송할 만한' 것임을 발견하게 하는 것이다.

아니다, 그 영광이 찬송할 만하다는 것을 '발견할' 뿐 아니라 그것을 찬송할 만하다고(그 가치를) '느끼는' 것이다. 그렇지 않다면 우리의 "찬송"이 위선이 될 것이기 때문이다. 하나님은 진실로 그를 찬송하는 백성이 즐거워하는 가운데 그의 아름다움이 높이 들리기를 바라고 계신다. 우리의 찬송에 감정이 실리지 않는다면 우리가 찬송하는 것의 고귀함을 칭송하지 못하는 것이다. 미지근한 찬송은 부실한 칭송이다. 그러나 하나님은 자신이 추구하는 최종적 찬송이 부실한 칭송이 되길 원치 않으신다. 그의 영광은 무한한 가치가 있다. 그것은 무한히 아름답다. 그러므로 모든 영광 가운데 계신 하나님은 어느 것, 어느 누구보다 더 만족을 주는 분임이 입증될 것이다.

---

[1] 앞장에서 인용한 것임. Jonathan Edwards, *Ethical Writings*, ed. Paul Ramsey and John E. Smith, vol. 8, *The Works of Jonathan Edwards* (New Haven, CT: Yale University Press, 1989), 530.

C. S. 루이스의 발견

내가 에베소서 1장 6절, 12절, 14절에 나오는 '찬송'의 의미에 대해 한동안 곰곰이 생각하는 것은 이것이 2장에서 제기된 하나님의 자기영광과 관련된 문제의 해결에 필요한 중요한 실마리를 갖고 있기 때문이다. C. S. 루이스도 다른 많은 사람처럼 성경에 나오는 이 실재에 걸려 넘어졌고, 그가 돌파구를 찾은 것도 찬송의 성격에 대해 한동안 곰곰이 생각한 덕분이었다.

처음에는 루이스가 성경이 우리에게 하나님을 찬송하라고 명령하는 방식이 마치 "칭찬을 원하는 허영심 강한 여인"처럼 보였다고 불평했다. 그러나 루이스는 역겨워서 등을 돌리는 대신에 많은 주제들에 대해 그랬듯이 찬송의 실재 속을 더 깊이 들여다보았다. 아, 우리 역시 언어를 거쳐서 그 뒤에 있는 실재로 들어가면 좋으련만. 루이스는 이런 것을 발견했다.

> (하나님이나 그 어떤 것에 대해서든) 찬송에 관한 가장 명백한 사실이 이상하게 나를 비켜갔다. 나는 찬송을 칭찬, 인정, 또는 영예의 부여 등의 견지에서 생각했다. 나는 모든 즐거움이 찬송으로 넘쳐흐른다는 사실[이를 잘 주목하라!]을 전혀 알아채지 못했다 … 세상에는 온갖 찬송이 울려 퍼진다. 사랑하는 여인들을 찬송하는 연인들, 좋아하는 시인을 찬송하는 독자들, 시골 풍경을 찬송하는 보행자들, 즐기는 게임을 찬송하는 놀이꾼들 등. 그리고 날씨, 포도주, 접시, 배우, 말, 대학, 나라, 역사적 인물, 자녀, 꽃, 산, 희귀한 우표, 보기 드문 딱정벌레, 심지어 때로는 정치인과 학자에 대한 찬송도 있다.
>
> 하나님의 찬송에 대해 내가 부딪힌 전반적인 난점은 나의 부조리한 입장, 즉 우리가 귀하게 여기는 다른 모든 것에 대해서는 기쁘게 행하는 것, 우리가 도무지 행하지 않을 수 없는 것을 최고로 귀한 분에 대해서는 부인하는 입장에 달려 있었던 것이다.
>
> 우리가 즐기는 것을 기쁘게 찬송하는 이유는 찬송이 그 즐거움을 표현할 뿐 아니라 그것을 완성하기 때문이라고 나는 생각한다. 찬송은 정해진 완성인 것이다. 연인들이 서로에게 얼마나 아름다운지를 계속 말하는 것은 칭찬에서 나오는 것이 아니다. 그 기쁨은 표현될 때까지 완성되지 않기 때문이다.[2]

---

2) C. S. Lewis, *Reflections on the Psalms* (New York: Harcourt, Brace & World, 1958), 93-95.

하나님의 목표: 하나님에 대한 우리의 기쁨이 완성되는 것

이 점을 유념하면서 에베소서 1장으로 되돌아가서 하나님이 한 백성을 선택하고 예정하고 입양할 계획의 목표를 어떻게 잡았다고 바울이 말하는지 살펴보자. 그는 세 번에 걸쳐 그 목표가 하나님의 영광을 찬송하는 것이라고 말한다(1:6, 12, 14). 그리고 만일 루이스가 옳다면(나는 그렇다고 생각한다), 하나님이 그의 영광에 대한 우리의 찬송을 추구하시는 것은 곧 '그 영광에 대한 우리의 즐거움이 완성되기'를 추구하는 것이라 할 수 있다. "우리가 즐기는 것을 기쁘게 찬송하는 이유는 찬송이 그 즐거움을 표현할 뿐 아니라 그것을 완성하기 때문이라고 나는 생각한다. 찬송은 정해진 완성인 것이다."3)

이는 '하나님의' 자기영광이 모든 '인간의' 자기예찬과 완전히 다르다는 뜻이다. 인간들이 스스로를 높일 때는 그들이 감명을 주고픈 사람들을 결코 만족시킬 수 없는 어떤 것에 주목하라고 하는 것이다. 그 어떤 것이란 바로 그들 자신이다. 그 어떤 인간이라도, 아무리 높이 들린다 할지라도, 다른 인간을 완전히 만족시키는 보배가 될 수 없다. 또한 타인을 만족시키는 일이 자기가 높임을 받으려는 인간의 전형적인 동기가 아니다. 인간들의 자기예찬은 보통 무언가를 주는 것이 아니라 받는 하나의 방식이다. 사람들을 섬기는 것이 아니라 이용하는 방식이다. 그러나 하나님의 자기영광은 그렇지 않다.

하나님이 자신을 높이시는 것(즉, 그의 영광을 들어 올리고 전달하는 것)은 그분을 자신의 최고 보배로 삼으려는 이들에게 즐거움을 주기 위한 것이다. 그리고 찬송은 그런 즐거움의 정해진 완성인 만큼 하나님은 우리의 찬송에 무관심하지 않으시다. 그분이 만일 그분에 대한 우리의 기쁨을 목표로 삼으신다면, 그분은 우리의 찬송을, 즉 기쁨의 완성을 목표로 삼으실 것이다. 그분은 우리의 찬송을 만류해서 우리의 기쁨을 제한하지 않으실 것이다.

---

3) Lewis, *Reflections on the Psalms*, 95.

하나님의 자기영광 vs 인간의 자기예찬

그런즉 하나님의 자기영광은 인간의 자기예찬과 다르다. 하나님은 스스로를 높임으로써 우리를 궁극적 만족을 주는 것에서 멀어지게 하지 않고 오히려 우리에게 그것을 보여주고 그것을 즐기도록 권유하신다.

반면에 우리가 스스로를 높일 때는 다른 이들의 마음을 그릇된 방향으로 돌리게 한다. 우리는 그들의 주목을 끌고 우리 자신을 찬양하게 하려고 한다. 따라서 우리는 우상숭배를 부추길 뿐 아니라 불행을 자초하게 만든다. 사람들을 기쁨으로부터 멀어지게 유혹한다. 사실상 사람들에게 하나님을 흠모하기보다는 우리를 흠모하는 편이 낫다고 말하는 셈이다. 그리고 하나님의 영광을 즐거워하기보다는 우리의 영광을 즐거워하는 편이 낫다고.

그렇다면 역설적이게도, 하나님에게는 자기영광이 일종의 사랑이 되는 고로 이는 우주에서 유일한 경우이다. 왜냐하면 하나님은 그 가치와 아름다움이 인간 영혼을 완전히 또 영원히 만족시킬 수 있는 유일한 존재이기 때문이다. 하나님께서 그의 찬송을 그의 섭리의 목표로 삼으실 때는 우리의 완전하고 영구적인 즐거움을 추구하고 계시는 셈이다. 그것이 바로 사랑이다.

이 때문에 하나님의 자기영광은 앞장에서 살펴본 성경 구절들, 즉 자기예찬을 죄로 취급하는 구절들(요 8:54; 고전 10:24, 13:5)과 모순되지 않는다. 하나님은 절대로 죄를 짓지 않으신다(요일 1:5). 예수님도 마찬가지였다(히 4:15).

그런데도 예수님이 죄를 용서하심으로 자기를 높였을 때 사람들은 그분이 죄를 짓는다고 생각했다. "이 신성 모독 하는 자가 누구냐? 오직 하나님 외에 누가 능히 죄를 사하겠느냐?"(눅 5:21).

그러나 예수님은 사람 이상의 존재였기 때문에 죄를 짓고 있는 것이 아니었다. 그분은 하나님이셨기 때문에 정말로 하나님께 지은 죄를 용서하실 수 있었다. 요점은 이것이다. '사람'이 행하면 죄가 되고 '하나님'이 행하시면 죄가 되지 않는 것들이 있다는 것. 이를테면, 죄를 용서하는 것, 또는 세상의 즐거움을 위해 자기 영광을 들어 올리고 전달하는 것과 같은 것들이다.

은혜는 왜 생략했는가?

이번 장에서 내가 이제까지 에베소서 1장 6절에 하나님의 목표의 일부로 나오는 '은혜'란 단어에 대한 논의를 완전히 생략했음을 알고 있다. 하지만 하나님의 섭리의 궁극적 목표를 표현하는 핵심 어구는 '은혜'란 단어로 끝난다(영어 문장이 그렇다-역주). 하나님은 "**그의 은혜**의 영광을 찬송하게 하려고" 선택하고, 예정하고, 입양하신다. 내가 생략한 것은 은혜가 중요하지 않아서가 아니라, 바울이 이런 목적을 12절과 14절에서 반복할 때("그의 영광을 찬송하게 하려 하심") 이 단어를 생략하기 때문이다. 내가 생략한 이유는 은혜가 하나님의 목표에서 사소하기 때문이 아니라 거대하기 때문이다.

이 '거대하다'는 말이 무슨 뜻인지 약간 설명해보겠다. 하나님이 창세 이전에 "그의 은혜의 영광의 찬송"을 목표로 삼았다는 말의 함의는 실로 엄청나다. 은혜는 '자격 없는' 사람들에 대한 하나님의 자비로운 반응이기 때문이다. 그런데 세계가 존재하지 않았을 때는 죄가 아직 세상에 들어오지 않았을 때가 아닌가! 당시에는 자격 없는 사람들이 없었다. '은혜'를 찬송하는 것이 하나님의 목표라고 말하는 것은 하나님께 대한 죄와 반역이 있어야 함을 함의하는 듯이 보인다. 그런 듯이 보인다고? 아니다. 이 구절은 하나님이 그의 (아직 존재하지 않는) 창조세계에 죄가 존재한다고 가정하고 있음을 함의하는 듯 보이게 하는 것보다 더 많은 역할을 한다.

창조 이전에 사랑하는 자의 피라고?

하나님께서 창세 이전에 목표로 삼는, 은혜를 찬송하는 일은 "예수 그리스도를 통해" 이뤄질 것이다. "[하나님이] 그 기쁘신 뜻대로 우리를 예정하사 **예수 그리스도로 말미암아** 자기의 아들들이 되게 하셨으니, 이는 그가 사랑하시는 자 안에서 우리에게 거저 주시는 바 그의 은혜의 영광을 찬송하게 하려는 것이라"(엡 1:5-6). 이는 무슨 뜻인가? 바울은 7절에서 이렇게 명백히 말한다. "우리는 그리스도[사랑하는 예수] 안에서 그의 은혜의 풍성함을 따라 그의 피로 말미암아 속량 곧 죄 사함을 받았느니라."

이는 우리를 깜짝 놀라게 한다. 창세 이전에, 죄를 짓는 인간이 존재하기도 전에, '구속받을' 필요가 있는 인간이 있기도 전에, 하나님은 창조와 섭리의 목표를 "그의 은혜의 영광이 찬송 받는" 것으로, 또 이 은혜가 "사랑하는 자[하나님의 사랑하는 아들]의 피를 통해", "죄 사함을 통해" 사람들에게 임하도록 계획하셨다. 달리 말하면, 하나님은 자격 없는 사람들을 위한 은혜를 그의 영광의 갓돌(capstone)로 계획하셨을 뿐 아니라 그 은혜가 죄를 위해 (죄를 범한 적이 없는) 그의 사랑하는 아들이 흘린 피를 통해 표출되도록 계획하신 것이다.

이제 당신은 내가 이번 장에서 은혜를 충분히 다루는 일을 생략한 것이 은혜가 사소해서가 아니라 오히려 거대하기 때문이라고 말하는 이유를 알 수 있으리라. 이후의 여러 장에서 우리는 하나님의 목적이 은혜의 행사를 통해 그의 영광을 높이는 것임을 거듭해서 보게 될 것이다. 하나님의 목적은 그의 이름이 위대해지고 그의 자격 없는 백성이 기뻐하는 것이다. 말하자면, '하나님의 은혜'의 영광을 찬송하게 하되 하나님을 높이고 영혼을 만족시키는 방식으로 찬송하게 하는 것이다.[4]

그리고 그 은혜의 영광은 자격 없는 죄인들을 위해 하나님의 사랑하는 아들이 겪은 고난을 통해 가장 아름답게 드러날 것이다. 그러므로 우리는 "그의 은혜의 영광의 찬송"을 추구하는 하나님의 사역에서 하나님의 아들이 차지하는 중심적 위치를 훨씬 더 충분히 다루게 될 것이다.[5] 그리스도와 관련하여 "만물이 다 그로 말미암고 **그를 위하여** 창조되었다"(골 1:16)는 사실이 명백해질 것이다. 그러나 이제는 창조 행위 자체를 통해 표출되는 하나님의 섭리의 목적을 다룰 차례이다.

---

[4] "은혜"의 영광을 찬송하는 것을 하나님의 섭리의 궁극적 목적으로 삼는다고 해서 그분의 다른 속성들(지혜와 죄에 대한 분노로 표출되는 공의 등)의 영광을 묵살하거나 최소화한다는 뜻은 아니다. 오히려 그런 속성들은 성경적 비중에 걸맞게 궁극적으로 구속받은 자들을 향한 하나님의 은혜의 영광을 드높이는 역할을 한다.
[5] 특히 내가 딤후 1:9과 계 13:8을 다루는 12장을 보라.

4.
창조의 행위

하나님께서 세상을 목적에 맞춰 다스리는 일은 에베소서 1장에 나오듯 창조 이전에 세상에 대한 계획 수립을 추정할 뿐만 아니라 세상이 실제로 창조되는 일도 추정한다. 섭리는 창조를 추정하고 있다. 창조는 장차 섭리의 행위가 일어날 무대를 설정하는 만큼, 창조의 궁극적 목적은 창조세계에서 수행될 섭리 행위의 궁극적 목적과 똑같을 가능성이 많다. 우리는 이 가능성을 이번 장에서 다룰 성경 본문들로 테스트할 수 있다.

하나님은 만물을 "하나님을 위해" 창조하셨다

바울은 고린도전서 8장 6절에서 "우리에게는 한 하나님 곧 아버지가 계시니, 만물이 그에게서 났고 우리도 **그를 위하여** 있다"고 말한다. 이와 비슷하게 히브리서 저자도 이렇게 쓰고 있다. "만물이 **그를 위하고** 또한 그로 말미암은 이가 많은 아들들을 이끌어 영광에 들어가게 하시는 일에 그들의 구원의 창시자를 고난을 통하여 온전하게 하심이 합당하도다"(히 2:10). 달리 말하면, 하나님은 세상을 하나님을 위해 창조하셨다는 뜻이다. 우리는 "그분을 위하여" 존재한다. 그리고 만물이 "그분을 위하여" 존재하고 있다.

"하나님을 위하여"라는 어구는 모호하다. 아무런 맥락도 없으면 이는 하나님이 무언가 부족하다는 뜻을 지닐 수 있다. 하나님이 굶주려서 먹을 것이 필요하기 때문에, 또는 하나님이 지루해서 즐길 만한 것이 필요하기 때문에, 또는 하나님이 외로워서 동반자가 필요하기 때문에 세상을 창조했다고 볼 수도 있다. 바울은 이런 견해를 반박한다. "우주와 그 가운데 있는 만물을 지으신 하나님께서는 천지의 주재시니 손으로 지은 전에 계시지 아니하시고, 또 무엇이 부족한 것처럼 사람의 손으로 섬김을 받으시는 것이 아니니, 이는 만민에게 생명과 호흡과 만물을 친히 주시는 이심이라"(행 17:24-25). 하나님은 어떤 필요 때문에 창조하는 분이 아니다. 그분은 창조를 통해 주시는 분이지 가져가시는 분이 아니다. 그분은 자기충족적인 시혜자이지 의존적인 수혜자가 아니다. "[하나님은] 만민에게 생명과 호흡과 만물을 친히 주시는 이심이라."

바울은 로마서 11장 34-36절에서 이 점을 강조한 후 창조의 목적인 "하나님을 위하여"라는 말이 무슨 뜻인지를 분명히 한다.

"누가 주의 마음을 알았느냐?
누가 그의 모사가 되었느냐?
누가 주께 먼저 드려서 갚으심을 받겠느냐?"

이는 만물이 주에게서 나오고 주로 말미암고 주에게로 돌아감이라.
그에게 영광이 세세에 있을지어다. 아멘.

이 두 개의 수사적 질문들("누가 주의 마음을 알았느냐?" "누가 주께 먼저 드려서 갚으심을 받겠느냐?")은 '아무도 없다'는 답변을 예상한다. 달리 말하면, 아무도 하나님을 상담해서 그분의 지혜에 무언가를 기여할 수 없다는 뜻이다. 그리고 마치 우리가 그분이 이미 갖고 있지 않은 어떤 것을 그분에게 제공해서 그분을 우리의 채무자로 만들 수 있는 것처럼, 아무도 하나님에게서 되갚음을 기대할 수 없다. 이것이 바로 하나님은 자기충족적인 분이라는 말의 뜻이다.

그렇다면 바울이 모든 것이 "하나님을 위해" 창조되었고 또 존재한다고 말했는데, 여기서 "하나님을 위해"라는 말은 무슨 뜻인가? 로마서 11장 36절이 분명히 밝혀준다. 아무도 하나님의 지혜에 무언가를 더할 수 없는 이유, 또는 그분이 이미 소유하지 않은 선물을 드릴 수 없는 이유(즉, 하나님이 자기충족적인 분인 이유)는 "만물이 주에게서 나오고 주로 말미암고 주에게로 돌아가기" 때문이다. 그분은 창조주이신 만큼 모든 것의 근원이시다("주에게서 나오고"). 만물이 "주에게서" 나올 뿐만 아니라 그것들의 활동이 또한 "주로 말미암아(주를 통하여)" 수행된다. 그분이 만물을 존재케 했고, 그의 섭리로 만물을 붙들고 또 다스리고 계셔서 그것들의 움직임과 계획이 "주로 말미암아"(그의 뜻과 행동을 통하여) 이뤄지는 것이다.

하나님이 만물을 창조하고("주에게서") 다스리는("주로 말미암아") 결과는 만물이 "주에게로 돌아가는" 것이라고 바울은 결론짓는다. 이 어구("주에게로")를 헬라어로 보면 고린도전서 8장 6절에 나오는 "그를 위하여"와 동일하다. "그러나 우리에게는 한 하나님 곧 아버지가 계시니 만물이 그에게서 났고 우리도 **그를 위하여** 있고."

로마서 11장 36절에서 바울은 그가 이 어구를 무슨 뜻으로 사용했는지를 알려주고 있다. "만물이 … **주에게로** 돌아감이라. **그에게 영광이 세세에 있을지어다**. 아멘." 만물이 "하나님을 위해" 창조되었고 또 존재한다는 것은 그것들이 존재하고 계획되고 통치되되 하나님이 영원히 영화로운 분으로 보이고 알려지고 경배되는 방식으로 그렇게 된다는 뜻이다.

만물의 창조주를 위한 하늘의 찬송

그러므로 하나님이 "하나님을 위해" 세상을 창조하셨다는 진술(롬 11:36; 고전 8:6; 히 2:10)의 의미는 하나님이 세상을 창조하시되 세상이 그의 영광을 드러내고 그의 백성의 찬송을 불러일으키는 것을 목표로 삼아 그렇게 하셨다는 것이다. 그래서 바울이 "그에게 영광이 세세에 있을지어다"라고 말한 것이다. 이는 바울이 하나님의 권능과 지혜와 자기충족성에 매우 기뻐하는 모습이다. 그런 환희를 일깨우고 북돋우고 완성시키는 것이 하나님이 세상을 창조하신 목적이었다.

그러므로 우리는 요한계시록에서 그 환희가 하늘에서 완성되는 모습을 흘끗 보게 된다.

> 우리 주 하나님이여
> 영광과 존귀와 권능을 받으시는 것이 합당하오니
> **주께서 만물을 지으신지라**
> 만물이 주의 뜻대로 있었고 또 지으심을 받았나이다(계 4:11).

하늘은 하나님께서 창조했을 때 의도하신 방식으로 하나님의 창조 행위에 확실히 반응한다. 그리고 그 반응은 바로 찬송이다. "우리 주 하나님이여, 영광과 존귀와 권능을 받으시는 것이 합당하오니 **주께서 만물을 지으신지라**." 하나님이 영광과 존귀와 권능을 "받으신다"고 말하는 것은 하나님이 이전에는 영광과 존귀와 권능이 결여되어 있었다는 뜻이 아니다. 이는 그분이 항상 갖고 계셨던 영광과 존귀와 권능의 '인정', '송영', 그리고 '찬미'를 받으신다는 뜻이다. 하나님의 창조 행위는 이 영광을 밝히 드러낸다("하늘이 하나님의 영광을 선포하고", 시 19:1). 하나님의 형상으로 창조된 피조물들은 그 영광을 보고 그 아름다움과 귀중함을 기쁘게 맞이하고, 찬송과 환희의 형태로 반응하고, 그 고귀한 가치 위에 세워진 삶을 영위한다. 이 모든 것은 하나님께 그분이 이미 어떤 존재인지를 돌려드리는 일이다.

종말에 드러날 목표, 처음부터 존재했던 목표

성경의 마지막 책이 우리에게 창조의 최종 결과, 곧 하나님의 영광이 하늘의 찬송으로 울려 퍼지는 모습을 흘끗 보여주기 때문에, 우리는 성경의 첫 번째 책에서 하나님이 어떻게 그 최종 결과를 준비하셨는지를 읽게 된다고 놀랄 필요가 없다. 그분은 사람(그의 창조의 관석)을 그의 형상으로 창조하시고, 그에게 생육하고 번성하여 땅을 하나님의 형상들로 가득 채우라고 명하셨다.

> 하나님이 자기 형상 곧 하나님의 형상대로
> 사람을 창조하시되 남자와 여자를 창조하시고
>
> 하나님이 그들에게 복을 주시며 하나님이 그들에게 이르시되
> "생육하고 번성하여 땅에 충만하라" 하시니라(창 1:27-28).

하나님의 형상으로 창조된다는 것이 무슨 뜻이든 간에 이 점만은 분명하다. 형상을 만드는 목적은 생생하게 묘사하기 위해서라는 것! 우리가 사람들의 형상을 조각하고 그들의 동상을 만드는 것은 그들을 묘사하기 위해서다. 그들을 전시하기 위한 것이란 뜻이다. 그래서 하나님이 인간을 "그의 형상으로" 창조하시고 그 자신을 전시하신 후 땅을 그 자신의 형상들로 충만하게 하라고 명하신 것을 보면, 그의 창조목적이 그 자신을 전시하기 위한 것임이 분명하다.

물론 인간이 아닌 피조물들(자연세계)도 도처에서 하나님의 영광을 드러내고 있다 (시 19:1; 104:31; 롬 1:20). 그리고 이것도 분명히 하나님의 아이디어인 것은 자연은 그 자체의 목적을 만들어내지 않기 때문이다. 그럼에도 불구하고, 하나님이 인간을 창조하실 때는 자연의 경이로움보다 훨씬 더 크게 그의 영광을 드러내는 것을 목표로 삼으신다. 그는 세계가 경배하는 인간들로 가득 차기를 바라고 계시는 것이다. 이를 민수기 14장 21절에 나오는 약속에서 볼 수 있다. "여호와의 영광이 온 세계에 충만할 것을 두고 맹세하노니." 그리고 이와 비슷한 약속이 나오는 하박국서 2장 14절에서 좀 더 정확히 볼 수 있다. "바다에 물이 가득하듯이, 주의 영광을 아는 '지식'이 땅 위에 가득할 것이다"(새번역; 참고. 사 11:9).

어느 의미에서는 자연 자체가 땅을 주님의 영광으로 가득 채운다. 그러나 이것이 궁극적 목표가 아니다. 하나님의 창조 목적이 이뤄지려면 온 세계가 "주님의 영광을 아는 지식"으로 충만해야 한다. 나무들이 하나님을 위해 손뼉을 칠지 몰라도(사 55:12) 그것들은 자기네가 무엇을 하고 있는지 '알지' 못한다. 의식적으로 기뻐하는 가운데 알고 사랑하고 찬송하는 일은 자연이 아니라 사람의 운명이다. 창조의 목

표는 단지 매우 기뻐하는 밭(시 96:12), 즐거워하는 백합화(사 35:1), 노래하는 산악(사 55:12), 박수치는 강(시 98:8)을 통해 하나님의 탁월한 모습이 울려 퍼지는 것만이 아니다. 그 목표는 하나님의 형상으로 창조된 인간들의 깨닫는 지성과 찬송하는 마음을 통해 하나님의 탁월한 모습이 울려 퍼지는 것이다.

하나님의 천사가 요한계시록 14장 7절에서 세상을 향해 "하늘과 땅과 바다와 물들의 근원을 만드신 이[하나님]를 경배하라"고 외칠 때는 나무들과 언덕들과 강들이 아니라 인간들을 향해 외치는 것이다. 우리는 경배로, 즉 하늘과 땅을 만드신 하나님에 대한 경배로 땅을 가득 채울 운명을 타고난 존재들이다.

그리스도를 위한 옛 창조, 그리스도 안에서의 새 창조

3장에서 나는 창조 이전 하나님의 목표를 논의하는 한편, 그리스도 중심적인 은혜라는 거대한 자리에 초점을 맞추는 일은 연기했다. 내가 창조 때의 하나님의 목표를 논의할 때도 그랬다는 것을 알고 있다. 나는 아직 창조의 최종 목표에 내포된 그리스도와 그의 구원 사역의 역할에 초점을 맞추지 않았다. 이 주제는 제3편 제2부에서 다루려고 남겨두고 있다. 그 대목에 이르면 온 우주가 그리스도, 그리고 그가 십자가와 부활을 통해 성취한 일의 영광을 위해 존재한다는 것이 분명해질 터이다. 그러나 여기서 맛보기를 제공하고 싶다.

첫째 창조는 그리스도를 통해, 그리스도를 위해 이뤄졌다

첫째, 바울은 "만물이 다 그[그리스도]로 말미암고 그[그리스도]를 위하여 창조되었다"고 가르친다(골 1:16). 달리 말하면, 우리는 만물이 다 하나님을 위해 창조되었다는 것을 알았는데, 여기서 바울이 말하는 하나님은 성자를 뺀 성부를 가리키는 것이 아니었다. 아들의 영광과 아버지의 영광 모두 창조의 목적이다. 나중에 이 둘이 어떤 관계가 있는지 좀 더 자세히 살펴보게 될 것이다.[1]

---

[1] 14장에서 우리는 "하나님의 형상이신 그리스도의 영광"과 "그리스도의 얼굴에 나타난 하나님의 영광"이 동일한 영광임을 보게 될 것이다(고후 4:4-6).

그리스도의 영광은 죄인들을 구하기 위한 고난 속에 지극히 드러났다

둘째, 그리스도를 높이려는 창조 목적은 창조세계에서 최대의 사역인 구원 사역에서 절정에 도달한다. 창조가 없으면 구원도 없다. 그리고 구원 사역의 가장 영광스러운 부분은 예수 그리스도가 십자가 위에서 성취한 일이다. 그래서 창조세계가 그리스도의 영광을 위해 존재한다(골 1:16)고 말할 때 우리는 주로 그분이 누구였는지와 그분이 성(聖) 금요일에 행한 일의 영광을 가리키는 것이다.

요한계시록은 이 점을 분명히 한다. 예수님이 성 금요일에 죽임을 당했기 때문에, 하늘의 궁극적 경배는 단지 '창조'에 나타난 하나님의 탁월한 모습을 찬양하는 것만이 아니라 주로 '구원'에 나타난 그리스도의 탁월한 모습을 찬양하는 것이기도 하다. 하늘은 이렇게 노래한다.

> 두루마리를 가지시고 그 인봉을 떼기에 합당하시도다
> 일찍이 죽임을 당하사 각 족속과 방언과 백성과 나라 가운데에서
> 사람들을 피로 사서 하나님께 드리시고
> 그들로 우리 하나님 앞에서 나라와 제사장들을 삼으셨으니
> 그들이 땅에서 왕 노릇 하리로다 하더라…
>
> 죽임을 당하신 어린 양은 능력과 부와 지혜와 힘과 존귀와 영광과 찬송을 받으시기에 합당하도다 하더라(계 5:9-10, 12).

그렇다, 우리는 "우리 주 하나님이여, 영광과 존귀와 권능을 받으시는 것이 합당하오니 주께서 만물을 지으신지라"(계 4:11)고 노래할 것이다. 그러나 우리는 이 영광을 거쳐서(이를 뒤에 남겨두지 않으면서) 더 큰 영광, 곧 죄인들을 구속하기 위해 하나님의 아들이 죽임을 당하신 그 영광으로 움직일 것이다. "두루마리를 가지시고 그 인봉을 떼기에 합당하시도다. 일찍이 죽임을 당하사 … 사람들을 피로 사서 하나님께 드리시고"(계 5:9).

그냥 넘어갈 수 없는 사실이 있다. 우리가 2장과 3장에서 그리스도를 찬송하는 것이 곧 그리스도를 즐거워하는 것의 완성이라고 말했는데, 이 모든 것이 계시록 4장

과 5장에 나오는 그리스도의 영광을 찬송하는 것에 내재되어 있다는 사실이다. 아들의 고난을 통해 아들의 영광을 드높이는 하나님의 궁극적 목적은 그리스도의 탁월하심이 찬송하는 백성의 억제할 수 없는 기쁨을 통해 널리 울려 퍼질 때 그 절정에 이를 것이다.

성령이 그리스도 안에서 창조세계를 피로 사다

셋째, 이 속죄는 하나님의 속죄 받은 백성 위에 성령을 쏟아 붓게 해서 그들이 그리스도의 형상을 좇아 새로운 피조물이 되게 한다. 첫째 창조는 사람이 죄에 빠지는 참사(창 3:1-6; 롬 5:13-21)로 인해 타락하고 또 허무하게 되었다(롬 8:20-21). 그러나 첫째 창조가 하나님의 아름다움을 흠 없이 그려주지는 못했지만 그보다 더 큰 영광을 보여주는 극장이 되었다. 바로 그리스도를 통해 구원에 이르는 은혜의 영광을 보여준 것이다.

이 은혜의 영광은 그리스도의 아름다움과 십자가의 속죄 사역에서 드러났을 뿐 아니라, 성령의 사역, 즉 그리스도의 피로 산 죄인들을 그리스도의 형상으로 변화시키는 그 사역에서도 드러난다.

[하나님께서] 우리를 구원하시되 … 중생의 씻음과
성령의 새롭게 하심으로 하셨나니
우리 구주 '예수 그리스도로 말미암아'
우리에게 그 성령을 풍성히 부어 주사(딛 3:5-6).

그리스도의 속죄로 인해 성령이 구속받은 사람들에게 풍성히 부어져서 그들이 '새롭게 되었다.'

이처럼 새롭게 된 것을 "새로운 창조"라고 부르기도 한다. "그런즉 누구든지 그리스도 안에 있으면 새로운 피조물이라"(고후 5:17). "할례나 무할례가 아무 것도 아니로되 오직 **새로 지으심을 받는 것**만이 중요하니라"(갈 6:15). 성령이 믿음으로 인도하고 새롭게 한 사람, 그리스도의 구속을 받은 사람은 누구나 "새 사람을 입었으니 이는 자기를 **창조하신 이**의 형상을 따라 지식에까지 새롭게 하심을 입은 자니라"(골

3:10). 이 형상은 곧 하나님의 형상에 다름 아닌 그리스도의 형상이다(고후 3:18; 4:4). 나중에 우리가 신약성경에 나타난 성령의 변화시키는 사역을 살펴볼 터인데, 그때 새로운 피조물의 삶에 드러나는 그리스도의 영광의 광채는 본질적으로 그리스도 안에서 기뻐하는 삶의 광채이며, 이는 너무나 만족스러워서 그리스도의 사랑의 아름다움을 드러내는 모든 희생에 힘을 실어준다는 것을 알게 되리라.

회복만이 아닌 새로운 창조

이 새로운 창조는 단지 맨 처음 인류가 지녔던 형상의 회복에 불과한 것이 아니다. 이 창조는 "그리스도 안에" 있기 때문에 더 위대하다. 헨리 알퍼드는 이렇게 지적한다.

> 첫째 아담이 창조될 때 지닌 하나님의 형상이 무엇이었든지 간에, 그리스도의 영이 우리를 재창조하실 때 지니게 되는 하나님의 형상이 전자보다 훨씬 더 영광스러울 것은 둘째 사람이 첫째 사람보다 더 영광스럽기 때문이다.[2]

한 가지 차이점은, 우리가 그리스도 안에 있는 새로운 피조물로서 받은 소명이 성육하신 그리스도의 구체적인 아름다움을 의식적으로 반영하는 것이란 점이다. "우리를 창조하신 분은 하나님이십니다. 우리는 선한 일을 위해 **그리스도 예수님 안에서 창조함을 받았는데**"(엡 2:10, 현대인의 성경). 영원토록, 구속받은 자의 소명은 그리스도 예수의 형상으로 살아가는 것이다. 첫째 창조 때처럼 단지 하나님의 모습만 드러낼 뿐만 아니라 그리스도의 모습을 드러내는 것이다. "우리가 다 수건을 벗은 얼굴로 거울을 보는 것같이 주의 영광을 보매 그와 같은 형상으로 변화하여 영광에서 영광에 이르니 곧 주의 영으로 말미암음이니라"(고후 3:18).

---

[2] Henry Alford, *Alford's Greek Testament: An Exegetical and Critical Commentary*, vol. 3 (Grand Rapids, MI: Guardian Press, 1976), 234.

그리스도와 그의 고난의 영광에 대해 할 말이 더 많다

그런즉 창조의 목적, 그리고 창조세계의 극장에서 성취된 구원의 목적은 바로 예수 그리스도를 영화롭게 하는 것이다. 그리고 우리가 살펴본 바는, 그리스도는 그의 백성의 기쁨이 완성되는 찬송과 그리스도의 형상을 본받아서 새롭게 창조된 사랑의 삶을 통해서 영화롭게 된다는 것이다. 사실 그리스도와 자격 없는 죄인들을 위한 그의 고난이 하나님의 영광이 완전히 표출된 사건이고, 그 영광이 반사된 광채가 하나님의 새로운 피조물들이 기뻐하는 모습으로 나타난다는 것에 대해 할 말이 더 많이 있다. 그러나 우리는 현재 하나님이 펼쳐놓은 계시의 역사를 따라 성경을 가로지르는 중이다. 그래서 그리스도의 영광에 충분히 초점을 맞추는 일은 다음과 같은 외침에 맞춰 그분이 도착하는 순간을 위해 그냥 남겨 놓을까 한다.

> 지극히 높은 곳에서는 하나님께 영광이요
> 땅에서는 하나님이 기뻐하신 사람들 중에 평화로다!
> (눅 2:14).

창조를 통해 드러난 하나님의 영광과 하나님의 아들의 영광은 동일한 영광이다. 이는 그리스도를 통한 첫째 창조의 목표와 그리스도 안에서의 새로운 창조의 목표가 동일한 영광인 것과 같다.

성경에서 얻는 통찰을 다 망라할 수 없을 때

제2편 제2부에서는 우리가 이스라엘의 역사에 나타난 하나님의 섭리의 궁극적 목적을 추적한다. 그러므로 그 중간에 나오는 장들(창 4-11)은 다루지 않고 그냥 넘어간다. 이 부분이 하나님의 궁극적 목적이란 주제에 기여할 바가 전혀 없기 때문이 아니다. 사실 바벨탑의 건축 이야기는 사람의 죄가 어떻게 하나님의 궁극적 목적의 정반대편에 있는지를 보여주도록 되어 있다.

또 말하되 "자, 성읍과 탑을 건설하여 그 탑 꼭대기를 하늘에 닿게 하여 **우리 이름을 내고** 온 지면에 흩어짐을 면하자" 하였더니(창 11:4).

사람은 그 자신이 아니라 하나님을 위해 이름을 떨치도록 땅에 세워진 존재이다. 그래서 간접적인 방법으로, 하나님의 궁극적 목적이 바벨탑, 곧 하나님을 낮추고 사람을 높이는 탑의 붕괴에 의해 큰 소리로 널리 알려지는 셈이다. 그런즉 내가 이 장들을 건너뛰는 것은 기여할 바가 없어서가 아니라 어쩔 수 없이 성경의 일부를 선택해야 하기 때문이다. 우리의 목적을 이루기 위해 성경에서 얻을 수 있는 통찰을 다 망라할 수 없어서 그렇다는 말이다.

다음 장에서는 이스라엘의 역사를 처음부터 끝까지 다 살펴볼 예정이다. 말하자면, 해발 9천 미터 상공에서 전체를 내려다볼 것이다. 하나님께서 그 자신을 위해 한 민족을 선택하신 후 그 신비로운 섭리 안에서 이날까지 이스라엘을 그처럼 독특한 방식으로 다루시는 그분의 궁극적 목적은 무엇이었을까? 그리고 6장-10장에서는 우리가 9천 미터 상공에서 내려와서 이스라엘 역사의 여러 시대에 상륙하여 하나님이 이스라엘 역사상 그의 섭리의 궁극적 목적을 어떻게 말씀하시는지 좀 더 자세히 살펴보게 될 것이다.

2편

섭리의 궁극적 목표:
이스라엘의 역사에서

5.

개관: 아브라함부터 다가오는 시대까지

'이 놀라운 하나님의 섭리 이야기에서 궁극적 목표는 무엇인가?'라는 질문과 함께 이스라엘 역사의 특정한 시기(출애굽, 율법 수여, 가나안 정복, 사사들, 왕정시대, 포로시대)에 초점 렌즈를 맞추기 전에, 이번 장은 초점 렌즈를 열어 이스라엘 역사 전체를 조망하려고 한다.

유대 역사와 열방을 위한 예수 그리스도

성경 첫 번째 책의 12장에는 (지금부터 사천 년 전에) 하나님이 아브람을 선택하여 장차 땅의 모든 민족에게 복을 초래할 어느 위대한 나라의 아버지가 되게 하려는 이야기가 나온다. 이는 하나님의 선택받은 백성인 이스라엘 역사의 시초이며, 이 백성을 통해 장차 메시아인 예수 그리스도가 오셔서 그의 죽음과 부활을 통해 아브라함의 복을 온 세계에 가져가게 될 것이었다. 하나님은 죄와 고통이란 보편적인 문제에 대한 치료책이 이스라엘과 그 메시아를 통해 도래하게 하려고 계획하셨다.

구약에서 하나님이 이스라엘을 선택하시고 그 민족을 구원의 복의 초점으로 삼으셨고, 이로써 세계 역사에서 예수 그리스도와 열방을 위한 그의 구원 사역이 세계적인 영향을 미칠 무대를 마련하셨음을 아는 게 중요하다. 이스라엘의 역사는, 하나님이 오직 이스라엘을 통해 구원의 목적을 성취하려다 실패해서 이 나라를 버리고 예수님과 기독교의 역사로 대체했던 그런 역사가 아니다. 처음부터 하나님은 이스라엘의 역사를, 메시아의 도래를 통해 세상의 모든 나라를 섬기는 역사로 만들려고 계획하셨다. 그러니까 두 개의 이야기가 있는 것이 아니다. 역사에는 단 하나의 구속 이야기가 있을 뿐이다. 그리고 이 단일한 이야기는 한 전반적인 목적을 갖고 있는 것으로 입증될 것이다.

　우리가 이스라엘의 역사에 나타난 그 목적에 초점을 맞추기 전에 할 일이 있다. 먼저 이스라엘을 향한 하나님의 계획과 예수님이 모든 나라의 구원에 미칠 세계적인 영향력에 대한 그분의 계획이 사실은 동일한 계획이란 주장이 어떤 성경적 근거가 있는지 살펴보자.

"땅의 모든 족속이 너로 말미암아 복을 얻을 것이라"

　하나님이 아브라함(처음에는 아브람이라 불렸다)을 선택하신 것은 그 사람이 참된 하나님을 예배하는 자이기 때문이 아니었다. 그는 다른 신들을 예배하는 이방인이었다. 이는 여호수아서 24장 2-3절에 나와 있다.

> 여호수아가 모든 백성에게 이르되, "이스라엘의 하나님 여호와께서 이같이 말씀하시기를 '옛적에 너희의 조상들 곧 아브라함의 아버지, 나홀의 아버지 데라가 강 저쪽에 거주하여 **다른 신들을 섬겼으나** 내가 너희의 조상 아브라함을 강 저쪽에서 이끌어 내어 가나안 온 땅에 두루 행하게 하고 그의 씨를 번성하게 하려고…'"

　아브람이 다른 신들을 섬겼음에도 불구하고 하나님은 그를 택하여 "그에게 아브라함이라는 이름을 주셨다"(느 9:7). 하나님은 그 최초의 만남에서 그에게 다음과 같은 지극히 중요한 말씀을 하신다.

> 내가 너로 큰 민족을 이루고 네게 복을 주어 네 이름을 창대하게 하리니 너는 복이 될지라. 너를 축복하는 자에게는 내가 복을 내리고 너를 저주하는 자에게는 내가 저주하리니 땅의 모든 족속이 너로 말미암아 복을 얻을 것이라(창 12:2-3).

내가 이 말씀을 "지극히 중요하다"고 부르는 이유는 신약성경에서 바울이 갈라디아서 3장에서 마지막 절("땅의 모든 족속이 너로 말미암아 복을 얻을 것이라")을 인용해 유대인의 메시아에 대한 믿음을 가진 이방인들조차 아브라함의 복을 물려받을 것이라는 논지를 펴기 때문이다.

> 그런즉 믿음으로 말미암은 자들은 아브라함의 자손인 줄 알지어다. 또 하나님이 이방을 믿음으로 말미암아 의로 정하실 것을 성경이 미리 알고 먼저 아브라함에게 복음을 전하되 "모든 이방인이 너로 말미암아 복을 받으리라"[창 12:3] 하였느니라. 그러므로 믿음으로 말미암은 자는 믿음이 있는 아브라함과 함께 복을 받느니라(갈 3:7-9).

달리 말하면, 장차 메시아를 믿게 될 모든 죄인들을 위한 유대인 메시아의 죽음이 그 놀라운 비밀을 실현시키는 결과를 낳게 되었다. "그 비밀의 내용인즉 이방 사람들이 복음을 통하여 그리스도 예수 안에서 유대 사람들과 공동 상속자가 되고, 함께 한 몸이 되고, 약속을 함께 가지는 자가 되는 것입니다"(엡 3:6, 새번역). 또는 바울이 나중에 갈라디아서 3장(13-14절)에서 표현하는 것과 같다. "그리스도께서 우리를 위하여 저주를 받은 사람이 되심으로써 … 그것은, 아브라함에게 내리신 복을 그리스도 예수 안에서 이방 사람에게 미치게 하시고"(새번역). 말하자면, 하나님께서 메시아를 통해 이스라엘을 구원하시려는 목적이 온 세상을 구원하시려는 목적이 되는 것이다. 이는 "아브라함처럼 믿음을 가진 모든 사람들"(현대인의 성경)을 향한 목적이다.

돌감람나무는 안으로, 자연적인 가지들은 밖으로

바울은 이 모든 것을 로마서 11장에서 하나의 그림으로 묘사한다. 그는 이스라엘을 생명을 주는 풍성한 뿌리, 즉 아브라함과 맺은 약속의 언약을 가진 감람나무로 비유한다(롬 11:17). 그는 이 풍성한 구원의 뿌리에 참여하는 일은 그 나무에의 인종적 접속이 아니라 믿음에 의해 누리게 된다고, 그래서 유대인들은 불신으로 인해 절단될 수 있고 이방인들은 믿음을 통해 접붙임 받을 수 있다고 주장한다. 그래서 바울은 이방인들에게 이렇게 말한다.

또한 [유대인의] 가지 얼마가 꺾이었는데 돌감람나무인 네[이방인]가 그들 중에 접붙임이 되어 참감람나무 뿌리의 진액을 함께 받는 자가 되었은즉 그 가지들을 향하여 자랑하지 말라. 자랑할지라도 네가 뿌리를 보전하는 것이 아니요 뿌리가 너를 보전하는 것이니라(롬 11:17-18).

달리 말하면, 이스라엘의 존재가 시작될 때부터 언제나 문화적 및 인종적 이스라엘뿐만 아니라 '진정한' 이스라엘(다른 곳에서는 '영적인' 이스라엘 또는 '내면적' 이스라엘로 불린다. 롬 2:28-29)도 있어왔던 것이다. 이 진정한 이스라엘의 특징은 믿음에 있는 만큼 아브라함의 믿음을 공유하는 이방인들도 그 일부가 될 수 있다.

그러므로 상속자가 되는 그것이 은혜에 속하기 위하여 믿음으로 되나니 이는 그 약속을 그 모든 후손에게 굳게 하려 하심이라. 율법에 속한 자에게뿐만 아니라 아브라함의 믿음에 속한 자에게도 그러하니 아브라함은 우리 모든 사람의 조상이라(롬 4:16).

이는 또한 메시아이신 예수님을 배척하는 유대인들은 진정한 이스라엘의 일부가 아니라는 뜻이다.

이스라엘에게서 난 그들이 다 이스라엘이 아니요. 또한 아브라함의 씨가 다 그의 자녀가 아니라, "오직 이삭으로부터 난 자라야 네 씨라 불리리라" 하셨으니, 곧 육신의 자녀가 하나님의 자녀가 아니요 오직 약속의 자녀가 씨로 여기심을 받느니라(롬 9:6-8).

그래서 "육신의 자녀"(즉, 인종적으로 유대인)가 된다고 하나님의 자녀가 되는 것은 아니다. 아브라함의 육체적 "자손"이 된다고 영적인 의미에서, 즉 구원을 받는다는 의미에서, "아브라함의 자손"이 되는 것이 아니다. 모든 이스라엘 사람이 다 이스라엘이 아니다. 그러나 일부 이방인들은 메시아에 대한 믿음을 통하여 "자손으로 간주될" 수 있다. 그러면 그들은 진정한 이스라엘에 속하게 된다.

무릇 표면적 유대인이 유대인이 아니요 표면적 육신의 할례가 할례가 아니니라. 오직 이면적 유대인이 유대인이며 할례는 마음에 할지니 영에 있고 율법 조문에 있지 아니한 것이라. 그 칭찬이 사람에게서가 아니요 다만 하나님에게서니라(롬 2:28-29).

하물며 그들의 충만함이리요!

이방인들이 아브라함의 구원의 복에 참여한다고 해서 인종적 이스라엘을 위한 하나님의 목적이 더 이상 존재하지 않는다는 뜻은 아니다. 로마서 11장에서 바울은 집합적 실체로서의 인종적 이스라엘이 장차 아브라함의 언약의 축복인 감람나무에 다시 접붙임을 받을 날을 내다본다. 이는 메시아인 예수님에 대한 믿음을 통해 이뤄질 것이다. "[만일] 그들도 믿지 아니하는 데 머무르지 아니하면 접붙임을 받으리니 이는 그들을 접붙이실 능력이 하나님께 있음이라"(롬 11:23).

이 "만일"이 실은 현실이 될 것이다. "그들[이스라엘]의 넘어짐이 세상의 풍성함이 되며 그들의 실패가 이방인의 풍성함이 되거든 하물며 그들의 충만함이리요!"(롬 11:12, 11:11-16 전문을 보라). 하나님이 그들의 눈에서 수건을 벗기시고(고후 3:12-16) 완악한 불신을 제거하실 것이고(롬 11:25), 그들은 "그 찌른 바 그를 바라보고 그를 위하여 애통하기를 독자를 위하여 애통하듯"(슥 12:10) 할 것이며, 그리하여 "온 이스라엘이 구원을 받으리라"(롬 11:26).

하나님께서 이스라엘에 초점을 맞추시다

우리는 이제 하나님께서 이스라엘을 선택하셔서 메시아가 오기까지 이천 년 동안 다른 나라들보다 주로 이스라엘을 다루신 목적을 진술하는 성경 구절들에 초점을 맞추게 될 것이다. 내가 하나님이 주로 이스라엘을 다루고 계셨다고 말할 때, 그 말에 함축된 뜻은 다음 두 가지다. 첫째, 하나님은 사실상 자연과 세계사(事)의 분야 모두에서 수많은 섭리 사역을 행하고 계신다는 것이다(제3부 제2-6편을 보라). 둘째, "하나님이 지나간 세대에는 모든 민족으로 자기들의 길들을 가게 방임하셨다"(행 14:16)는 것이다. 바울은 이 지나간 세대들을 "무지의 시대"라고 불렀고, 하나님이 이제는 그리스도 안에서 세상을 향한 그의 사명과 함께 그 시대에 종말을 고했다고 말했다. 그분이 "이제는 어디든지 사람에게 다 명하사 회개하고"(행 17:30) 예수님의 이름을 믿으라고 하셨다. "천하 사람 중에 구원을 받을 만한 다른 이름을 우리에게 주신 일이 없기"(행 4:12) 때문이다.

그렇지만 그리스도가 올 때까지 하나님이 세상에서 행하신 구속 사역의 역사는 주로 이스라엘의 역사였다. 물론 그 이천 년에 걸친 기간에 하나님이 모든 나라를 구원코자 하는 목적을 갖고 계심을 가리키는 신호가 거듭해서 나타났다(예, 라합, 룻, 요나, 시 67). 하지만 구원과 관련해 하나님이 세상을 다루는 사건들, 즉 사람을 죄의 구렁텅이에서 건져내어 하나님과의 관계로 인도한 사건들은 주로 이스라엘을 중심으로 기록되어 있다. 이것이 바로 구약성경이다.

이스라엘 역사에 나타난 하나님의 포괄적 계획과 손길

우리가 '이 이스라엘 역사에 나타난 하나님의 궁극적인 목적은 무엇이었는가?'라고 묻기 전에 우리 스스로 상기할 점이 있다. 이스라엘 역사의 이야기는 진정 하나님의 섭리적 행동의 이야기라는 것이다. 성경은 근본적으로 하나님을 이스라엘의 역사상 결정적인 행위자로 본다. 내가 알기로는, 성경 바깥의 역사를 기록한 어떤 책도 성경이 이스라엘 역사를 기술하는 방식과 비견할 만한 것은 없다. 구약성경과 신약성경에서 역사는 하나님이 온통 수행하신 것으로 묘사되어 있다. 인간 행위자가 거의 언제나 나타남에도 불구하고 하나님이야말로 이스라엘 역사를 주도하시는 분으로 묘사된다. 이 때문에 우리가 이스라엘 역사에 나타난 하나님의 섭리의 목적을 거론할 수 있는 것이다.

한 가지 예를 들어보자. 사도행전에 나오는 바울의 첫 번째 설교, 즉 사도행전 13장에서 비시디아 안디옥에 있는 회당에서 바울이 설교한 내용을 살펴보라. 내가 그 긴 본문을 여기에 인용하는 것은 당신이 아래에 적힌 나의 중요한 항목들을 점검할 수 있게 하기 위해서다. 우리는 역사를 기록하는 성경의 방식에 너무 친숙해서 그것이 얼마나 깜짝 놀랄 만한 것인지를 보지 못할 때가 많다. 오늘날에는 이런 식으로 역사를 기록하는 사람이 없다. 이 성경 본문 아래편에 나오는 목록에서 나는 하나님이 이스라엘 역사의 행위자로 어떻게 묘사되어 있는지를 부각시키는 바이다.

바울이 일어나 손짓하며 말하되 "이스라엘 사람들과 및 하나님을 경외하는 사람들아, 들으라. 이 이스라엘 백성의 하나님이 우리 조상들을 택하시고 애굽 땅에서 나그네 된 그 백성을 높여 큰 권능으로 인도하여 내사 광야에서 약 사십 년간 그들의 소행을 참으시고, 가나안 땅 일곱 족속을 멸하사 그 땅을 기업으로 주시기까지 약 사백오십 년간이라. 그 후에 선지자 사무엘 때까지 사사를 주셨더니, 그 후에 그들이 왕을 구하거늘 하나님이 베냐민 지파 사람 기스의 아들 사울을 사십 년간 주셨다가 폐하시고 다윗을 왕으로 세우시고 증언하여 이르시되 '내가 이새의 아들 다윗을 만나니 내 마음에 맞는 사람이라. 내 뜻을 다 이루리라' 하시더니, 하나님이 약속하신 대로 이 사람의 후손에서 이스라엘을 위하여 구주를 세우셨으니 곧 예수라. 그가 오시기에 앞서 요한이 먼저 회개의 세례를 이스라엘 모든 백성에게 전파하니라. 요한이 그 달려갈 길을 마칠 때에 말하되 '너희가 나를 누구로 생각하느냐? 나는 그리스도가 아니라. 내 뒤에 오시는 이가 있으니 나는 그 발의 신발끈을 풀기도 감당하지 못하리라' 하였으니, 형제들아, 아브라함의 후손과 너희 중 하나님을 경외하는 사람들아, 이 구원의 말씀을 우리에게 보내셨거늘 예루살렘에 사는 자들과 그들 관리들이 예수와 및 안식일마다 외우는 바 선지자들의 말을 알지 못하므로 예수를 정죄하여 선지자들의 말을 응하게 하였도다. 죽일 죄를 하나도 찾지 못하였으나 빌라도에게 죽여 달라 하였으니, 성경에 그를 가리켜 기록한 말씀을 다 응하게 한 것이라. 후에 나무에서 내려다가 무덤에 두었으나 하나님이 죽은 자 가운데서 그를 살리신지라. 갈릴리로부터 예루살렘에 함께 올라간 사람들에게 여러 날 보이셨으니 그들이 이제 백성 앞에서 그의 증인이라. 우리도 조상들에게 주신 약속을 너희에게 전파하노니, 곧 하나님이 예수를 일으키사 우리 자녀들에게 이 약속을 이루게 하셨다 함이라"(행 13:16-33).

다음은 이스라엘 역사에서 하나님이 결정적 행위자로 나타나고 있음을 끊임없이 강조하는 대목에 주목하도록 내가 이 설교를 축약한 것이다.

- "이 이스라엘 백성의 **하나님이** 우리 조상들을 택하시고"(13:17a).
- "[**하나님이**] 애굽 땅에서 나그네 된 그 백성을 높여"(13:17b).
- "큰 권능으로 [**하나님이**] 인도하여 내사"(13:17c).
- "광야에서 약 사십 년간 [**하나님이**] 그들의 소행을 참으시고"(13:18).
- "[**하나님이**] 가나안 땅 일곱 족속을 멸하사"(13:19a).
- "[**하나님이**] 그 땅을 기업으로 주시기까지"(13:19b).
- "그 후에 [**하나님이**] 선지자 사무엘 때까지 사사를 주셨더니"(13:20).
- "그 후에 그들이 왕을 구하거늘 **하나님이** 베냐민 지파 사람 기스의 아들 사울을 사십 년간 주셨다가"(13:21).
- "[**하나님이**] 폐하시고"(13:22a).
- "[**하나님이**] 다윗을 왕으로 세우시고"(13:22b).
- "**하나님이** 약속하신 대로"(13:23a)
- "이 사람의 후손에서 [**하나님이**] 이스라엘을 위하여 구주를 세우셨으니 곧 예수라"(13:23b).
- "형제들아 … [**하나님이**] 이 구원의 말씀을 우리에게 보내셨거늘"(13:26).
- "예루살렘에 사는 자들과 그들 관리들이 예수와 및 안식일마다 외우는 바 선지자들의 말을 알지 못하므로 예수를 정죄하여 [**하나님의 손길의 인도를 받아**] 선지자들의 말을 응하게 하였도다"(13:27).

- "**하나님이** 죽은 자 가운데서 그를 살리신지라"(13:30).
- "우리도 [**하나님이**] 조상들에게 주신 약속을 너희에게 전파하노니"(13:32).
- "**하나님이** 예수를 일으키사 우리 자녀들에게 이 약속을 이루게 하셨다"(13:33).

이 내러티브에는 하나님의 행위가 도처에 만연해 있다. 하나님의 행위가 너무 자주 일정하게 나오는 것뿐만 아니라 이 이야기가 예수님 안에서 성취된 것을 바울이 말하는 놀라운 방식도 그걸 보여준다. 예컨대, 27절에서 바울은 일부러 하나님을 알지 못했던 자들(하나님과 동떨어져 성경의 예언을 이해하지 못했던 자들)조차 바로 그 예언을 성취했다는 것을 보여준다. 그들은 하나님이 계획하고 예언하셨던 바를 행했던 것이다.

예루살렘에 사는 자들과 그들 관리들이 **예수와 및 안식일마다 외우는 바 선지자들의 말을 알지 못하므로** 예수를 정죄하여 **선지자들의 말을 응하게 하였도다**.

이는 놀라운 말이다. 바로 그 관리들이 예언을 알지 못했기 '때문에' 그 예언을 성취했다는 것이다! 그런 것을 말하는 취지가 무엇일까? 그 취지는 이렇다. 만일 한 사람이 하나님의 예언을 읽고 이해해서 그것을 성취한다면, 우리는 그 사람이 그 예언이 성취되게 하려고 하나님과 손을 잡기로 했다고 결론지을 수 있다는 것. 반면에 만일 그 관리들이 예언을 알지 못하면서도 그에 따라 정확히 행동한다면, 누가 이런 일이 발생하도록 일하고 있는 것일까? 바로 하나님이다. 이것이 그 취지다. 바울은 여기서 이스라엘의 역사가 곧 하나님의 사역임을 우리가 보도록 확실히 하는 사명을 갖고 있다.[1] 이것이 바로 하나님의 섭리이다.

---

[1] 이와 비슷하게 이스라엘 역사에서 하나님이 계속 등장하는 본문은 여호수아서 24장 1-13절이다. 여기서 하나님은 친히 이스라엘 역사를 들려주시는데, 사실은 인간들이 행하고 있지만 하나님은 그 자신이 결정적인 원인이라 선언하신다. "내가 너희의 조상 아브라함을 강 저쪽에서 이끌어 내어 가나안 온 땅에 두루 행하게 하고 그의 씨를 번성하게 하려고 그에게 이삭을 주었으며, 이삭에게는 야곱과 에서를 주었고, 에서에게는 세일 산을 소유로 주었으나 … 내가 모세와 아론을 보냈고 또 애굽에 재앙을 내렸나니 곧 내가 그들 가운데 행한 것과 같고 그 후에 너희를 인도하여 내었노라 … 내가 너희와 애굽 사람들 사이에 흑암을 두고 바다를 이끌어 그들을 덮었나니 … 내가 또 너희를 인도하여 요단 저쪽에 거주하는 아모리 족속의 땅으로 들어가게 하매 그들이 너희와 싸우기로 내가 그들을 너희 손에 넘겨 주매 너희가 그 땅을 점령하였고 나는 그들을 너희 앞에서 멸절시켰으며 … 나는 너희를 그 [발람]의 손에서 건져내었으며… 내가 그들을 너희의 손에 넘겨 주었으며, 내가 왕벌을 너희 앞에 보내어 … 너희

이스라엘 역사에 나타난 하나님의 궁극적 목적은 무엇이었는가?

그런 내러티브를 고려하면, 우리가 이스라엘 역사에 나타난 하나님의 궁극적 목적에 관해 묻는 것이 무척 타당하다는 것을 알 수 있다. 이스라엘의 역사가 만일 하나님의 손과 계획(행 4:28)보다는 인간의 손이나 사탄의 손에 의해 결정적으로 좌우되었더라면, 하나님이 이스라엘 역사에서 무슨 목적을 성취하고 계셨는지 묻는 일은 쓸데없을 것이다. 그러나 이 질문은 쓸데없지 않고 꼭 필요하다.

우리가 살펴보려는 바(제2편의 나머지 부분에서)는 하나님이 이스라엘을 다루는 이런 사건들과 관련된 하나님의 전반적인 목적이 바로 '그분이 영광을 받는 것'이라는 점이다. 그분은 이사야서 49장 3절에서 "너는 나의 종이요 내 영광을 네 속에 나타낼 이스라엘이라"고 말씀하신다. 예레미야서 13장 11절에서는 이렇게 표현하셨다. "내가 이스라엘 온 집과 유다 온 집으로 내게 속하게 하여 '그들로 내 백성이 되게 하며 내 이름과 명예와 영광이 되게 하려 하였으나' 그들이 듣지 아니하였느니라."

세계 창조와 이스라엘의 선택은 동일한 목표를 갖고 있다

하나님은 "나 자신을 위해" 이스라엘을 창조했다고 말씀하신다(사 43:21). 그리고 "나 자신을 위해"가 무슨 뜻인지를 설명하신다. "이 백성은 내가 '나를 위하여' 지었나니 나를 찬송하게 하려 함이니라." 창조의 언어("내가 지은 백성")는 이스라엘의 선택의 목적을 창조의 목적과 연계시킨다. 이 둘은 동일하다. 하나님은 창조하실 때와 이스라엘을 선택해서 인도하실 때에 동일한 궁극적 목적을 갖고 계신다. 이는 특히 이사야서 43장 6-7절에서 볼 수 있다.

내가 북쪽에게 이르기를 내놓으라
남쪽에게 이르기를 가두어 두지 말라

의 칼이나 너희의 활로써 이같이 한 것이 아니며, 내가 또 너희가 수고하지 아니한 땅과 너희가 건설하지 아니한 성읍들을 너희에게 주었더니…"

내 아들들을 먼 곳에서 이끌며
내 딸들을 땅 끝에서 오게 하며
내 이름으로 불려지는 모든 자
곧 내가 내 영광을 위하여 창조한 자를 오게 하라
그를 내가 지었고 그를 내가 만들었느니라.

하나님이 이스라엘을 창조하신 것과 이후 메시아를 통해 이방인들을 포함해 구속의 행동을 넓히신 것은 동일한 궁극적 목적을 갖고 있다. 이스라엘을 창조할 때의 하나님의 목적과 신약 교회를 창조할 때의 목적이 연속성이 있다는 것은 이사야가 이스라엘을 향한 하나님의 목적을 묘사했을 때와 같이 사도 베드로가 교회를 향한 하나님의 목적을 묘사할 때 비슷한 언어를 사용하는 것으로 알 수 있다.

> 너희는 택하신 족속이요 왕 같은 제사장들이요 거룩한 나라요 그의 소유가 된 백성이니 이는 너희를 어두운 데서 불러내어 그의 기이한 빛에 들어가게 하신 이의 아름다운 덕을 선포하게 하려 하심이라(벧전 2:9).

이스라엘은 "나를 찬송하는" 운명을 타고났다(사 43:21). 그리고 교회는 "[그분의] 아름다운 덕을 선포하는" 운명을 타고났다(벧전 2:9).

하나님의 영광을 위한 이스라엘의 먼 미래

이사야가 선지자의 눈을 들고 이스라엘의 영광이 임할 더 먼 미래를 바라보았을 때, 하나님의 목적은 변함없이 동일하다.

> 네 백성이 다 의롭게 되어 영원히 땅을 차지하리니
> 그들은 내가 심은 가지요 내가 손으로 만든 것으로서 **나의 영광을 나타낼 것**인즉
> (사 60:21).

이 이사야서의 맥락에 비추어, 예수님은 누가복음 4장 18-19절에서 이사야서 61장 1절을 자기에게 적용해서 자기가 이스라엘로 하여금 이 미래의 조건을 최종적으로 성취하게 될 도구가 될 것임을 보여주셨다. 주님의 영이 메시아이신 예수님 위에 임할 것이었다.

> 무릇 시온에서 슬퍼하는 자에게
> 화관을 주어 그 재를 대신하며
> 기쁨의 기름으로 그 슬픔을 대신하며
> 찬송의 옷으로 그 근심을 대신하시고
> 그들이 의의 나무, 곧 여호와께서 심으신 그 **영광을 나타낼 자라**
> 일컬음을 받게 하려 하심이라(사 61:3).

그러므로 이스라엘의 창조와 완성에 대한 하나님의 목적에 관한 일반적 진술들만 고려한다면, 최종적이고 전반적인 목적은 늘 동일하다. 그 목적은 이스라엘이 그 속에서 '하나님의 영광이 나타나는' 종이 되는 것이고(사 49:3), 그의 백성과 이름과 명예와 '영광'이 되는 것이며(렘 13:11), '하나님을 찬송하는' 백성이 되는 것이고(사 43:21), 이스라엘은 '하나님의 영광'을 위해 창조된 백성이며(사 43:7), '하나님의 영광을 나타내도록' 하나님의 손이 지으신 것(사 60:21; 61:3)이다.

한 가지 목표: 하나님의 이름과 우리의 기쁨

달리 말하면, 이스라엘을 향한 하나님의 궁극적 목적은 창세 이전 하나님의 계획(3장)과 창조 때의 하나님의 사역(4장)을 다루면서 살펴봤던 그 목적과 똑같다. 그리고 또 하나의 중요한 일관성이 있다. 이스라엘의 최종 상황에서 하나님이 영화롭게 되는 목적은 이스라엘이 하나님을 기뻐하는 일을 통해 실현될 것이고, 이 기쁨은 하나님의 영광스러운 평판(그분의 이름)의 표징이 될 것이다.

이제, 너희는 기뻐 뛰며 길을 떠나 안내를 받으며 탈 없이 돌아가리라.
너희를 맞아 산과 언덕들은 환성을 터뜨리고
들의 나무가 모두 손뼉을 치리라.
가시나무 섰던 자리에 전나무가 돋아나고
쐐기풀이 있던 자리에 소귀나무가 올라오리라.
이런 일이 야훼의 이름을 들날리고
영원히 사라지지 않는 표가 되리라

(사 55:12-13, 공동번역).

13절에 나오는 "이런 일"은 무엇을 가리키는가? "'이런 일'이 야훼의 이름을 들날리고 영원히 사라지지 않는 표가 되리라." "이런 일"은 그 모든 상황을 가리킨다. 이스라엘이 기뻐하며 평안하게 나아가는 것, 산들과 언덕들이 노래하는 것, 나무들이 손뼉 치는 것, 전나무가 가시나무를 대치하는 것, 소귀나무가 쐐기풀을 대치하는 것 등. 이 모든 일이 "주님의 이름을" 날리는 일이 되리라. 그것이 그의 평판, 그의 영광을 드러내는 일이 될 것이다.

그런데 그 모든 일은 무엇인가? 너무도 많은 주석가들이 하나님의 이름과 사람의 기쁨 간의 중요한 연계성을 그냥 넘어간다. 칼빈은 이렇게 주석한다.

> 그가 그것이(공동번역에서는 '이런 일'-역주) 하나님께 "이름을 위한" 일이 될 것이라고 말할 때, 그는 교회의 회복에 대한 계획이 무엇인지를 보여준다. 그것은 하나님의 이름이 사람들 사이에 더욱 빛나게 되는 것이고, 그분을 기억하는 일이 번성하고 또 유지되는 것이다.[2]

그렇다. 그런데 무엇이 그의 이름을 "더욱 빛나게" 할 것인가? 무엇이 "그분을 기억하는 일이 번성하게" 할 것인가? E. J. 영은 이렇게 풀어준다.

---

[2] John Calvin and William Pringle, *Commentary on the Book of the Prophet Isaiah*, vol. 4 (Bellingham, WA: Logos Bible Software, 2010), 174.

그것은 … 될 것이다["그것은 주님께 한 이름이 될 것이다"]의 주어는 영광스러운 변화 그 자체이다. 주님 앞에 놓인 전치사는 '위하여'(for) 또는 '에게'(to)로 번역될 수 있고 후자가 더 나은 듯하다. 선지자는 이제 자기가 비유적 표현을 그만두었고, 그 변화가 그 창시자의 영광을 위해 존재할 것이라고 말하고 있다. 그것은 하나의 **이름** 내지는 **기념**이 되어서 언제나 그 창시자의 이름을 상기시켜주고 또 높이게 할 것이다.[3]

그렇다. 그런데 "그 창시자의 이름을 높이게" 할 "그 변화"는 무엇인가?

정말로 중요한 점은 산들과 언덕들과 나무들에 관한 내용이 아니다. 진정 중요한 점은 바로 '하나님의 백성의 기쁨과 평안'에 관한 내용이다.

너희는 기뻐 뛰며 길을 떠나…
탈 없이[평안하게] 돌아가리라…
이런 일이[그것이] 야훼의 이름을 들날리고
영원히 사라지지 않는 표가 되리라

(사 55:12-13, 공동번역).

하나님이 그 자신을 위해 '이름'을 확보하는 일과 하나님이 그의 백성을 위해 '기쁨'을 확보하는 일은 하나이다.

그 기쁨이 바로 그의 이름, 그의 평판, 그의 영광이다. 이스라엘의 기쁨이 곧 하나님의 영광인 이유는 이스라엘이 하나님의 선물을 기뻐하는 것이 본질상 하나님 그분을 기뻐하는 것이기 때문이다. 구속받은 이스라엘은 이렇게 부르짖는다. "내가 **여호와로 말미암아** 크게 기뻐하며 내 영혼이 **나의 하나님으로 말미암아** 즐거워하리니"(사 61:10). 그리고 유다에게 이런 약속이 주어진다. "너는 **여호와로 말미암아** 즐거워하겠고 **이스라엘의 거룩한 이로 말미암아** 자랑하리라"(사 41:16).

---

[3] Edward Young, *The Book of Isaiah, Chapters 40-66*, vol 3 (Grand Rapids, MI: Eerdmans, 1972), 385-86.

하나님의 선물을 기뻐함은 하나님의 선하심을 기뻐하는 것이다

물론 하나님의 개인적 축복과 물질적 축복을 기뻐하는 일은 아무런 문제가 없다. 하나님은 새로운 창조를 하나의 유혹거리가 되게 만들지 않으신다.

> 보라, 내가 새 하늘과 새 땅을 창조하나니
> 이전 것은 기억되거나 마음에 생각나지 아니할 것이라.
> 너희는 **내가 창조하는 것으로 말미암아** 영원히 기뻐하며 즐거워할지니라.
> 보라, 내가 예루살렘을 즐거운 성으로 창조하며 그 백성을 기쁨으로 삼고
> (사 65:17-18).

이스라엘의 기쁨(우리의 기쁨)은 부분적으로 하나님이 창조하시는 것에 대한 기쁨일 것이다. 창조된 것들은 감사와 기쁨으로 받아야 마땅한 좋은 선물들이다. 그러나 '하나님 그분을 기뻐하는 일'(그의 선물을 통해, 그리고 필요하면 그 선물이 없어도)이야말로 우리의 궁극적 기쁨을 그의 영광의 표징으로 만드는 것이다.

이는 하박국서 3장 17-18절에 가장 뚜렷하게 나타난다.

> 비록 무화과나무가 무성하지 못하며
> 포도나무에 열매가 없으며
> 감람나무에 소출이 없으며
> 밭에 먹을 것이 없으며
> 우리에 양이 없으며
> 외양간에 소가 없을지라도
> 나는 **여호와로 말미암아** 즐거워하며
> 나의 구원의 **하나님으로 말미암아** 기뻐하리로다.

요점은 하나님의 선물은 좋고 귀하고 기쁨을 주지만 그 선물이 인간 영혼의 궁극적 목적 또는 하나님의 구속 사역의 궁극적 목적은 아니라는 것을 보여주는 것이

다. 이 때문에 나는 이사야서 55장 12-13절로부터 이런 결론을 내린다. 하나님의 영광을 나타내는 궁극적 징표, 하나님의 영광스러운 이름을 보여주는 궁극적 증표는 하나님의 백성이 '하나님 그분'을 기뻐하는 일이 될 것이라는 결론이다. "너희가 기쁨으로 나아갈 것"은 너희가 노래하는 언덕들과 손뼉 치는 나무들이 하나님의 영광을 드러내는 소리를 들을 것이기 때문이다. 너희는 멋진 전나무가 형편없는 가시나무를 대치하는 모습을 통해 너희 하나님의 아름다운 권능과 지혜와 공의와 자비를 보게 될 것이다. 그리고 너희는 하박국과 함께 하나님 그분을 매우 기뻐하게 되리라. 너희는 하나님의 모든 선물을 통해 '하나님 그분'이야말로 완전한 만족을 주시는 생명의 보배이심을 맛보고 또 알게 될 것이다. "주께서 생명의 길을 내게 보이시리니 주의 앞에는 충만한 기쁨이 있고 주의 오른쪽에는 영원한 즐거움이 있나이다"(시 16:11).

우리가 하나님을 기뻐할 때 하나님도 기뻐하신다

이보다 한 걸음 더 나아간다. 이스라엘 역사에 나타난 하나님의 궁극적 목표는 단지 그의 백성의 기쁨을 통해 그의 영광스러운 이름이 높아지는 것만이 아니다. 그 목표는 또한 그를 기뻐하는 그들의 모습 속에 있는 그분 자신의 기쁨이기도 하다.

> 내가 예루살렘을 즐거워하며 나의 백성을 기뻐하리니
> 우는 소리와 부르짖는 소리가 그 가운데에서 다시는 들리지 아니할 것이며
> (사 65:19).

하나님의 백성이 우는 소리가 그치고 그분의 마음의 기쁨이 솟구친다. 이는 우연의 일치가 아니다. 하나님이 우리를 기뻐하시는 것은 곧 우리가 그분을 기뻐하는 것이다.

> 너의 하나님 여호와가 너의 가운데에 계시니

그는 구원을 베푸실 전능자이시라.

그가 너로 말미암아 기쁨을 이기지 못하시며

너를 잠잠히 사랑하시며

너로 말미암아 즐거이 부르며 기뻐하시리라(습 3:17).

따라서 기쁨은 양방향으로 움직이는 셈이다. 우리로부터 하나님에게로, 그리고 하나님으로부터 우리에게로. 하나님의 영광이 곧 우리의 기쁨이다. 그리고 하나님의 영광에 대한 우리의 기쁨이 곧 그분의 기쁨이다. 이처럼 하나님이 영화롭게 되는 것이 이스라엘이 존재하는 궁극적 목적이고, 그 목적은 우리가 하나님의 영광을 기뻐하는 것 및 그분이 이를 기뻐하는 것과 동일하다.

넓은 각도에서 좁은 각도로

제2부의 다음 장들에서는 우리가 넓은 각도로 이스라엘 역사에 초점을 맞춘 데서 좁은 각도로 성경에 묘사된 중요한 시기들에 초점을 맞추는 쪽으로 움직이게 된다. 출애굽 사건과 그 사건이 이스라엘 역사의 나머지 부분과 성경에 미친 반향은 6장과 7장에서 다룰 내용이다. 메시아 예수님의 성육신을 제외하면, 이스라엘 역사에서 그 목적에 대한 진술이 그만큼 많은 사건은 없다. 출애굽에 나타난 하나님의 목적은 사도 바울에게 미친 심대한 영향을 포함해 성경의 나머지 부분에 줄곧 등장하고 있다.

6.

출애굽의 여정

이스라엘 역사에서 이집트로부터의 탈출은 다른 어떤 사건보다 더 이스라엘이 하나님을 그들의 구속주로, 즉 그들을 선택하고 구원해서 그 자신을 위한 백성으로 만든 구속주로 예배하게 하는 데 영향을 미쳤다. 그러므로 성경이 이스라엘 역사의 다른 어떤 사건보다 출애굽 사건에서 하나님의 궁극적 목표를 더 분명하게 더 자주 표현하고 있음은 놀랄 일이 아니다. 이것이 이번 장의 초점이다. 출애굽에서 표현된 하나님의 목표는 출애굽 이야기 그 자체에 깊이 뿌리박혀 있다. 이후 7장에서는 그 초점을 넓혀서 출애굽에 대한 하나님의 궁극적 목표가 이스라엘 역사 내내, 그리고 신약성경에까지 표현되고 있는 것을 살펴보려고 한다.

하나님 백성의 해방, 이스라엘의 하나님의 신원 확인

이스라엘 역사를 살펴보면, 하나님의 궁극적 목표가 출애굽 이야기에서 무척 강조되고 반복되는 이유들 중 하나는 바로 이 이야기에서 하나님이 다른 모든 신들과 구별되는 유일무이한 이름, 여호와를 드러내시기 때문이다. 여호와는 대다수 현대식 영어번역본에서 "LORD"로 번역되고, 이 단어가 구약성경에 이스라엘의 하나님을 지칭하는 것으로 6,800번 이상 나온다.

이 이름의 계시가 출애굽에 관한 수많은 목적 언명들을 이끌어낼 뿐 아니라 구약성경을 통틀어 그런 언명들을 줄줄이 배출하는 이유는 그 이름이 하나님이 누군지 그 본질과 그분이 어떻게 알려지길 원하는지를 전달하기 때문이다. 달리 말해, 여호와란 이름이 존재하는 부분적인 이유는, 그 이름 자체가 이스라엘 역사에 나타난 하나님의 모든 행위의 목표를 표현하고, 또한 우리가 살펴볼 것처럼 세계 역사에 나타난 그분의 모든 행위의 목표도 표현하기 때문이다.

계시와 해방을 위한 무대

이 점을 알기 위해 출애굽 이야기를 그 역사적 배경 속에 두고 이어서 그 사건을 좀 더 자세히 살펴보도록 하자. 오랜 세월에 걸쳐 이스라엘 백성(하나님의 택한 백성)은 이집트에서 외국인으로 살았다. 그리고 오랫동안 그들은 노예 취급을 받아왔다. 이제 하나님이 그들을 구출할 때가 다가온다. 한 유대인 자녀가 태어나서 모세라는 이름을 받는다. 그 아기는 섭리에 따라 바로의 딸에 의해 죽음의 칙령에서 구출을 받아 이집트 왕궁에서 양육된다.

성인이 되자 그는 한 이집트 사람을 죽여서 그의 동족 한 명을 방어한 후 미디안 땅으로 도망친다. 거기서 하나님이 불타는 덤불에서 그에게 나타나셔서 그는 하나님의 백성을 속박에서 해방시키려고 선택받은 도구라고 말씀하신다. "이제 내가 너를 바로에게 보내어 너에게 내 백성 이스라엘 자손을 애굽에서 인도하여 내게 하리라"(출 3:10). 모세는 깜짝 놀란다. 그는 뒤로 물러난다. 모세는 이렇게 반응한다. "모세가 하나님께 아뢰되 '내가 누구이기에 바로에게 가며 이스라엘 자손을 애굽에서 인도하여 내리이까?'" 하나님이 이렇게 대답하신다. "내가 반드시 너와 함께 있으리라. 네가 그 백성을 애굽에서 인도하여 낸 후에 너희가 이 산에서 하나님을 섬기리니 이것이 내가 너를 보낸 증거니라"(출 3:11-12).

이후 모세는 하나님이 발하신 역사상 가장 중요한 진술 중에 하나로 우리를 인도한다. 바로 여호와라는 그분의 이름을 계시하시는 장면이다.

모세가 하나님께 아뢰되 "내가 이스라엘 자손에게 가서 이르기를 '너희의 조상의 하나님이 나를 너희에게 보내셨다' 하면 그들이 내게 묻기를 '그의 이름이 무엇이냐?' 하리니 내가 무엇이라고 그들에게 말하리이까?" 하나님이 모세에게 이르시되 "나는 스스로 있는 자(I AM WHO I AM)"이니라. 또 이르시되 "너는 이스라엘 자손에게 이같이 이르기를 '스스로 있는 자가 나를 너희에게 보내셨다' 하라." 하나님이 또 모세에게 이르시되 "너는 이스라엘 자손에게 이같이 이르기를 '너희 조상의 하나님, 여호와, 곧 아브라함의 하나님, 이삭의 하나님, 야곱의 하나님께서 나를 너희에게 보내셨다' 하라. 이는 나의 영원한 이름이요 대대로 기억할 나의 칭호니라"(출 3:13-15).

여기서 하나님이 그 자신에 대해 말하는 내용의 세 가지 측면을 주목하라.

이름 이전에 절대적인 존재

첫째, 출애굽기 3장 14a절에서 "하나님이 모세에게 '나는 스스로 있는 자'이니라"고 말씀하셨다. 그분이 사실상 이렇게 말씀하신 것이다. "네가 나의 이름에 관심을 품고 나를 이집트나 바벨론이나 팔레스타인의 많은 신들 사이에 줄 세우기 전에, 그리고 네가 나의 이름으로 온갖 상상을 하기 전에, 그리고 내가 과연 아브라함의 하나님인지 네가 의아해 하기 전에, 그 모든 것 이전에, '나는 스스로 있는 자이다(I AM WHO I AM)'라는 말로 깜짝 놀라거라."[1] 달리 말하면, "네가 내 이름을 듣기 전에 다른 모든 존재와 구별되는 나의 유일무이하고 절대적인 존재를 이해하라"는 것이다. 이는 모든 것의 토대를 이루는 첫 번째로 또 무한히 중요한 진리이다.

둘째, 출애굽기 3장 14b절에서 하나님은 "너는 이스라엘 자손에게 이같이 이르

---

1) ESV번역본이 이 절을 하나님의 이름, LORD (여호와)와 같이 작은 대문자로 표기하는 이유에 대해서는 아래편을 보라.

기를 '스스로 있는 자'(I AM)가 나를 너희에게 보내셨다 하라"고 덧붙이신다. 여기서 도 그분은 아직 모세에게 그의 이름을 말씀하지 않았다. 그분은 그의 존재("나는 스스로 있는 자이다")와 그의 이름(여호와) 사이에 다리를 짓고 계신다. 여기서는 단지 그의 이름의 자리에 그의 존재에 관한 진술을 넣고 있을 뿐이다. 이스라엘 지도자들에게 "스스로 있는 자가 나를 너희에게 보내셨다" 하라. 절대적으로 존재하는 이가 나를 너희에게 보낸 것이다.

셋째, 출애굽기 3장 15절에서 하나님은 또한 모세에게 이렇게 말씀하신다. "너는 이스라엘 자손에게 이같이 이르기를 '너희 조상의 하나님, 여호와, 곧 아브라함의 하나님, 이삭의 하나님, 야곱의 하나님께서 나를 너희에게 보내셨다' 하라. 이는 나의 영원한 이름이요 대대로 기억할 나의 칭호니라." 마침내 하나님은 우리에게 그의 이름, 여호와(the LORD)를 주신다.

여호와(Yahweh)란 이름은 히브리어 동사 "I am"에 기반을 둔 히브리어 단어이다. 이 때문에 ESV번역본이 여호와란 이름(LORD)과 같이 "I AM WHO I AM"과 "I AM"을 작은 대문자로 번역하는 것이다. 그래서 이스라엘이 여호와[또는 약자인 Yah: 이는 우리가 할렐루야(jah, 여호와를 찬양하라)를 노래할 때마다 듣는 것이다]란 단어를 듣거나 읽을 때마다, 또는 우리가 영어성경에서 "the LORD"를 볼 때마다, "이것은 (베드로나 야고보나 요한처럼) 고유 명사이고, 이는 하나님이 친히 주신 뜻을 갖고 있다. 이는 '나는 스스로 있는 자이다'란 말에 함축된 모든 뜻을 지니고 있다"라고 생각해야 한다.

하나님께서 그 자신에 대해 6,800번이나 말씀하시는 것

달리 말하면, 하나님의 이름은 하나의 메시지이다. 그리고 그 메시지는 그분이 어떻게 알려지길 원하는가 하는 것이다. 그분의 이름이 나타날 때마다(모두 6,800번) 그분은 우리에게 그의 유일무이한 존재를 상기시켜주길 원하신다. 나는 여호와라는 이름, "나는 스스로 있는 자"란 어구에 기반한 그 이름의 뜻을 곰곰이 생각한 결과 적어도 다음 열 가지 측면을 보게 되었다.

1. 하나님의 절대적 존재란 그분이 결코 시발점이 없었다는 뜻이다. 이는 우리를 어리둥절하게 한다. 아이는 "누가 하나님을 만들었어요?" 하고 묻는다. 그러면 현명한 부모는 "아무도 하나님을 만들지 않았단다. 하나님은 그냥 존재하시고 언제나 존재했던 분이란다. 시작이 없는 분이야" 하고 대답한다.

2. 하나님의 절대적 존재란 그분은 결코 끝이 없을 분이라는 뜻이다. 만일 그분이 존재하게 된 순간이 없었다면, 그분은 존재를 상실할 수 없다. 절대적인 존재이기 때문이다. 그분은 현재 존재하는 그대로이다. 존재의 바깥에 갈 곳이 없다. 하나님은 유일한 분이다. 하나님이 창조하시기 전에는 오직 하나님밖에 존재하지 않았다.

3. 하나님의 절대적 존재란 그분이 절대적 실재라는 뜻이다. 그분 이전의 다른 실재는 없다. 그분이 원해서 만들지 않는 한 그분 바깥에 어떤 실재도 없다. 하나님은 그분이 창조하기 이전에 존재했던 많은 실재들 중 하나가 아니다. 그분은 그냥 절대적 실재로서 거기에 존재하신다. 그분은 영원히 존재했던 전부이다. 어떤 공간, 어떤 우주, 어떤 허공도 없었다. 오직 하나님만 절대적으로 거기에 계셨고, 절대적으로 전부였다.

4. 하나님의 절대적 존재란 하나님이 완전히 독립적인 분이란 뜻이다. 그분은 그를 존재하게 하거나 그를 지지하거나 그를 자문하거나 그를 현재의 모습으로 만들어주는 그 어떤 것에도 의존하지 않는다. 그분은 아무것에도 의존하지 않는다는 말이다. 이것이 절대적 존재란 말의 뜻이다.

5. 하나님의 절대적 존재란 하나님이 아닌 모든 것이 그분께 전적으로 의존한다는 뜻이다. 하나님이 아닌 모든 것은 부차적이고 의존적이다. 온 우주는 완전히 부차적이다. 일차적인 존재가 아니라는 뜻이다. 우주는 하나님에 의해 존재하게 되었고, 또한 매 순간 하나님이 그것을 존재하게 하겠다는 결정에 따라 존재하고 있다.

6. 하나님의 절대적 존재란 온 우주가 하나님에 비하면 아무것도 아니라는 뜻이다. 의존적인 실체와 절대적이고 독립적인 실재의 관계, 그림자와 그 실체의 관계, 메아리와 천둥 소리의 관계, 물거품과 대양의 관계와 같다. 우리가 눈으로 보는 모든 것, 이 세계와 은하계에서 우리를 놀라게 하는 모든 것은 하나님

과 비교하면 아무것도 아니다. "그의 앞에는 모든 열방이 아무것도 아니라 그는 그들을 없는 것같이, 빈 것같이 여기시느니라"(사 40:17).

7. 하나님의 절대적 존재란 하나님은 한결같다는 뜻이다. 그분은 어제나 오늘이나 영원히 동일하시다. 그분은 더 나아질 수 없다. 그분은 어떤 것이 되고 있는 존재가 아니다. 그분은 현재의 모습 그대로다. 하나님은 더 발전하는 분이 아니다. 진보가 없다. 절대적 완전성은 개선될 수 없는 법이다.

8. 하나님의 절대적 존재란 그분이 진(眞), 선(善), 미(美)의 절대적 표준이라는 뜻이다. 그분이 무엇이 옳은지를 알려고 찾아볼 율법 책은 없다. 사실을 확증하려고 찾아볼 연감도 없다. 무엇이 탁월하거나 아름다운 것인지를 결정하려고 물어볼 단체도 없다. 그분 자신이 옳은 것과 참된 것과 아름다운 것의 표준이 되신다.

9. 하나님의 절대적 존재란 그분이 자기가 기뻐하는 것이면 무엇이든 행하시고, 그것은 언제나 옳고, 언제나 아름답고, 언제나 진실에 부합한다는 뜻이다. 그분이 기뻐하는 일을 못하도록 그분을 방해할 수 있는, 그분 밖에서 오는 제약은 하나도 없다. 그분 밖에 존재하는 모든 실체는 그분이 창조했고 계획했고 다스리는 것이다. 그래서 그분은 그의 뜻의 방침에서 나오지 않는 어떤 제약으로부터도 완전히 자유로운 것이다.

10. 하나님의 절대적 존재란 그분이 가장 중요하고 가장 고귀한 실재이고, 우주에서 가장 중요하고 가장 고귀한 인격이라는 뜻이다. 그분은 온 우주를 포함한 다른 모든 실체들보다 더 관심과 주목, 흠모와 향유를 받을 만한 자격이 있다.

이것이 하나님의 이름이 주는 메시지이다. 그리고 출애굽에서 그분은 그의 이름과 이스라엘을 속박에서 구출하시는 막강한 행동 사이에 영원한 연결고리를 만드신다. 출애굽의 사건과 그분이 자기 이름을 계시하시는 때는 우연의 일치가 아니다. 하나님은 구원하러 오시고 있다. 이스라엘은 이 구원의 하나님이 누군지를 알고 싶을 것이다. "그들에게 내 이름이 여호와라고 말해주고 이것이 무슨 뜻인지를 분명히 알려주라. 나는 절대로 자유롭고 독립적인 존재이다. 그리고 나는 내 백성을 구원하기로 자유로이 선택한다. 내 존재의 자유와 내 사랑의 자유는 하나이다."

이제 우리는 출애굽과 관련된 하나님의 궁극적 목적을 들려주는 모세의 많은 진술을 경청할 입장에 있다. 왜 열 가지 재앙을 내리셨는가? 열 가지! 왜 바로와 그의 군대를 홍해에서 몰살시키셨는가? 왜 그 모든 사건을 통해 이스라엘을 보호하시고 구출하셨는가? 왜 그 사건을 영원히 기억하도록 명령하셨는가?

이스라엘과 이집트에게 그의 이름을 보여주기 위하여

하나님께서 출애굽 사건 때 이집트에서 그의 기적을 늘리신 목적은 그의 이름과 그의 권능이 알려지게 함으로써 그분이 이스라엘과 이집트, 그리고 결국에는 열방에 의해 영광을 받기 위해서였다.

모세는 이스라엘의 지도자들에게 와서 하나님의 메시지를 전달한다.

나는 여호와라 내가 애굽 사람의 무거운 짐 밑에서 너희를 빼내며 그들의 노역에서 너희를 건지며 편 팔과 여러 큰 심판들로써 너희를 속량하여 너희를 내 백성으로 삼고 나는 너희의 하나님이 되리니, 나는 애굽 사람의 무거운 짐 밑에서 너희를 빼낸 **너희의 하나님 여호와인 줄 너희가 알지라**(출 6:6-7).

하나님은 그의 이름, "여호와"와 그 뜻, "나는 스스로 있는 자이다"를 계시하셨다. 이제 그는 그들에게 "큰 심판의 행위들"과 구출로써 자신이 "여호와"이심을 '보여줄' 것이다. "내가 너희의 하나님 여호와인 줄 너희가 알지라."

하나님의 목적은 이스라엘로 그들의 하나님이 누군지를 알게 할 뿐만 아니라 '바로와 이집트 사람들'도 그분을 알게 하는 것이다. "바로가 너희의 말을 듣지 아니하리라. 그러므로 내가 애굽 땅에서 '나의 기적을 더하리라'"(출 11:9; 참고. 10:1). 그 목적은 무엇인가? "내가 내 손을 애굽 위에 펴서 이스라엘 자손을 그 땅에서 인도하여 낼 때에야 애굽 사람이 '나를 여호와인 줄 알리라'"(출 7:5).

그리고 그 구출에 이르는 모든 재앙도 똑같은 목적을 갖고 있다. 개구리 재앙: "왕에게 우리 하나님 여호와와 같은 이가 없는 줄을 알게 하리니"(출 8:10). 파리 재

앙: "이로 말미암아 이 땅에서 내가 여호와인 줄을 네가 알게 될 것이라"(출 8:22). 모든 재앙들: "내가 이번에는 모든 재앙을 너[바로]와 네 신하와 네 백성에게 내려 '온 천하에 나와 같은 자가 없음을 네가 알게 하리라'"(출 9:14). 그리고 홍해를 통과하는 최후의 구출에서도 이렇게 말씀하신다. "애굽 사람들이 나를 여호와인 줄 알게 하리라 … 애굽 사람들이 나를 여호와인 줄 알리라"(출 14:4, 18).

모든 나라들 사이에 그의 이름이 알려지도록

그러나 이집트조차 하나님이 출애굽에서 행하시는 일을 보여주기에 충분히 큰 청중이 아니다. 그래서 하나님은 바로에게 이렇게 말씀하신다. "내가 너를 세웠음은 나의 능력을 네게 보이고 '내 이름이 온 천하에 전파되게 하려 하였음'이니라"(출 9:16). 출애굽은 결국 모든 나라를 위한 것이다. 출애굽으로부터 하나님이 얻은 평판이 낳은 효과를 보여주는 한 가지 예는 여리고 성의 기생이었던 라합이다. 그녀는 이스라엘에서 온 스파이들을 돌봐주었고, 마침내 히브리서 11장 31절에서 신자들의 명단에 속하게 되었으며, 야고보서 2장 25절에서는 칭의의 가르침의 본보기로 거론되기에 이르렀다. 어떻게 해서 그런 일이 일어났는가? 그녀가 스파이들에게 말한 내용이 이렇다.

> 여호와께서 이 땅을 너희에게 주신 줄을 내가 아노라. 우리가 너희를 심히 두려워하고 이 땅 주민들이 다 너희 앞에서 간담이 녹나니, 이는 너희가 애굽에서 나올 때에 여호와께서 너희 앞에서 홍해 물을 마르게 하신 일과 너희가 요단 저쪽에 있는 아모리 사람의 두 왕 시혼과 옥에게 행한 일 곧 그들을 전멸시킨 일을 우리가 들었음이니라. 우리가 듣자 곧 마음이 녹았고 너희로 말미암아 사람이 정신을 잃었나니 너희의 하나님 여호와는 위로는 하늘에서도 아래로는 땅에서도 하나님이시니(수 2:9-11).

그런즉 하나님이 출애굽기 9장 16절에서 바로에게 "내가 너를 세웠음은 나의 능력을 네게 보이고 '내 이름이 온 천하에 전파되게 하려 하였음'이니라"고 말씀하셨을 때, 우리는 하나님이 라합의 믿음과 그 밖의 수많은 효과를 유념하고 계셨다고 믿어도 좋다. 그분의 목적은 그 자신의 평판을 널리 퍼뜨려서(그의 이름을 열방 가운데 널리 알려서) 그의 이름이 영광스러운 것을 알게 된 자들이 소망과 기쁨으로 그를 경배하게 되는 효과를 낳는 것이었다.

영광스러운 이름이 알려질 뿐만 아니라 인정받도록

하나님은 그의 목적이 바로 그의 이름(과 능력, 출 9:16)이 널리 전파되는 것이라고 거듭 말씀하시는데, 이는 그의 이름이 알려져서 멸시되는 게 아니라 '영화롭게 되는' 것임을 우리가 알고 있다. 하나님은 홍해에서 거둔 승리의 절정에 대한 두 개의 진술에서 이 점을 분명히 하신다.

> 내가 바로의 마음을 완악하게 한즉 바로가 그들의 뒤를 따르리니 **내가 그와 그의 온 군대로 말미암아 영광을 얻어** 애굽 사람들이 **나를 여호와인 줄 알게 하리라**(출 14:4).

> 내가 애굽 사람들의 마음을 완악하게 할 것인즉 그들이 그 뒤를 따라 들어갈 것이라. 내가 바로와 그의 모든 군대와 그의 병거와 마병으로 말미암아 **영광을 얻으리니** 내가 바로와 그의 병거와 마병으로 말미암아 **영광을 얻을** 때에야 애굽 사람들이 **나를 여호와인 줄 알리라**(출 14:17-18).

여기서 "내가 영광을 얻을 것이다"로 번역된 어구를 좀 더 문자적으로 번역하면 "내가 영화롭게 될 것이다"이다. 이 수동태("영화롭게 되다")는 하나님을 영화롭게 하는 자가 누구인지를 밝히지 않는다. 그 주체를 굳이 이스라엘이나 이집트 사람들로 국한시킬 필요는 없다. 하나님은 이미 그의 목적을 이렇게 말씀하신 바 있다. "내 이름이 온 천하에 전파되게 하려 하였음이니라"(출 9:16).

그러므로 우리는 영화롭게 되는 목적이 그의 이름이 알려지는 목적만큼 넓다고 생각해도 무방하다.

알려지고 인정받는 것을 넘어 경배받기까지

그래서 출애굽에서의 하나님의 전반적 목적(궁극적 목표)은 그 자신이 영광스러운 분으로 보이고 또 경배 받는 것이었다. 내가 그저 "그의 적들이 마지못해 동경하게" 한다고 하지 않고 "경배하게" 한다고 말하는 데는 몇 가지 이유가 있다.

한 가지 이유는 우리가 이미 살펴본 것이다. 하나님의 출애굽 계획(출 9:14)이 효과를 발휘해서 라합이 구원 받은 것(수 2:8-11; 히 11:31)을 말한다. 또 하나의 이유는 '영화롭게 하다'는 단어의 뜻에 있다. 물론 불신자가 두려운 능력을 하나님께 돌림으로써 그분을 "영화롭게" 하는 일도 가능하지만, 이것이 성경 저자들이 "기이한 일들"이라 부르는 것을 행하시는 하나님의 궁극적 목적은 아니다. 하나님의 궁극적 목적은 바로 '경배'이다. 이를 예컨대 시편 86편 9-10절에서 볼 수 있다.

주여, 주께서 지으신 모든 민족이 와서
주의 앞에 **경배하며** 주의 이름에 **영광을 돌리리이다**.
무릇 주는 위대하사 기이한 일들을 행하시오니
주만이 하나님이시니이다.

하나님께서 출애굽기 14장 4절과 17절에서 그러시듯이, 바로에 대한 그의 기이한 승리로 인해 "영화롭게 되기를" 바라실 때 그의 목적은 그의 이름이 "온 천하에 전파되게 하려는" 것이다(출 9:16). 말하자면, "주여, 주께서 지으신 모든 민족이 와서 주의 앞에 '경배하며' 주의 이름에 '영광을 돌리게'" 하는 것이다.

경배는 하나님의 영광스러운 위대함을 기뻐하는 것을 포함한다

물론 하나님의 기이한 행동 때문에 그분을 경배하는 일(영화롭게 하는 일)은 하나님 백성의 마음속에 있는 큰 '기쁨'을 포함한다. 이스라엘과 온 나라들에게 하나님을 경배하라는 외침은 곧 여호와를 '즐거워하라'는 외침이다.

온 땅이여 하나님께 즐거운 소리를 낼지어다.
그의 이름의 영광을 찬양하고 영화롭게 찬송할지어다!
하나님께 아뢰기를 "주의 일이 어찌 그리 엄위하신지요!
주의 큰 권능으로 말미암아 주의 원수가 주께 복종할 것이며"(시 67:1-3).

온 땅이 주께 경배하고 주를 노래하며 주의 이름을 노래하리이다(시 67:4).

출애굽에서의 하나님의 궁극적 목적이 그저 적들이 마지못해 동경하게 하는 게 아니라 '기쁘게' 경배하게 하는 것에 있다고 내가 말하는 또 하나의 이유는, 그것이 모세와 이스라엘과 미리암이 홍해에서 바로가 익사하는 모습을 목격하고 즉시 보였던 반응이기 때문이다.

하나님은 "바로와 그의 병거와 마병으로 말미암아 영광을 얻었다"(출 14:18)고 말씀하셨다. 그리고 열두 절 뒤에 이스라엘 백성은 이렇게 반응했다. "이스라엘이 여호와께서 애굽 사람들에게 행하신 그 큰 능력을 보았으므로 백성이 여호와를 경외하며 여호와와 그의 종 모세를 믿었더라"(출 14:31). 이 경외는 마비시키는 두려움이 아니라 (아버지가 무섭게 물결치는 바다로부터 자녀를 두 팔로 들어 올릴 때 자녀가 느끼는 것과 같은) 전율하는 믿음이었다. 그들은 전율하는 동시에 마음 놓고 웃는다.

이 때에 모세와 이스라엘 자손이 이 노래로 여호와께 노래하니 일렀으되
"내가 여호와를 찬송하리니 그는 높고 영화로우심이요
말과 그 탄 자를 바다에 던지셨음이로다.
여호와는 나의 힘이요 노래시며 나의 구원이시로다
그는 나의 하나님이시니 내가 그를 찬송할 것이요
내 아버지의 하나님이시니 내가 그를 높이리로다.
여호와는 용사시니 여호와는 그의 이름이시로다"(출 15:1-3).

그들은 여호와께 '노래한다.' 그들은 여호와를 '찬송한다.' 그들은 여호와를 '높인다.' 그리고 이 노래가 끝나자 "미리암이 손에 소고를 잡으매 모든 여인도 그를 따라

나오며 소고를 잡고 춤추었다"(출 15:20).

> 미리암이 그들에게 화답하여 이르되
> "너희는 여호와를 찬송하라 그는 높고 영화로우심이요,
> 말과 그 탄 자를 바다에 던지셨음이로다" 하였더라(출 15:21).

말과 그 탄 자가 바다에 던져진 것에 반응하여 이처럼 여호와께 노래하고, 여호와를 찬송하고, 여호와를 높이는 것은 그분이 "내가 바로와 그의 병거와 마병으로 말미암아 영광을 얻었다"(출 14:18)고 말할 때 무슨 목적을 갖고 계셨는지 보여주려는 것이다. 그분은 '그의 영광의 위대함을 기쁘게 경배하는 것'을 목표로 삼고 있었다. 이 때문에 그분은 이집트 땅에서 그의 기이한 일을 늘렸던 것이다(출 11:9). 이 때문에 출애굽 사건이 일어났던 것이다.

출애굽, 한없는 반향을 일으키다

출애굽을 독특한 사건으로 만드는 것들 중 하나는 그 궁극적 목표에 대한 표현이 출애굽기의 초반부에 나오는 그 이야기 자체에 국한되지 않는다는 사실이다. 그 목적은 이스라엘의 역사와 교회의 역사에 걸쳐 오랫동안 반향을 일으켜왔다. 다음 장에서는 출애굽이 이스라엘 역사에서 신약성경에 이르기까지 계속 펼치도록 되어 있는(그리고 종종 실제로 펼친), 기쁨이 충만한 믿음과 경배를 살펴볼 것이다.

7.

출애굽을 기억하다

6장은 다음과 같은 주장, 즉 출애굽에서의 하나님의 목표는 그의 위대한 이름(여호와 이 이름에 함축된 모든 것)이 알려지고 인정받을 뿐 아니라 기쁜 경배를 받는 것이라는 주장으로 끝났다. 출애굽은 바로와 열방의 마지못한 동경만이 아니라 하나님의 탁월한 모습이 펼치는 파노라마에 대한 기쁜 찬송까지 그 목표로 삼고 있다. 우리가 이 점을 아는 것은 6장에 제시된 이유들 때문만이 아니라 하나님의 섭리로 출애굽이 오랜 세월에 걸쳐 이스라엘 역사 내내 기쁨에 찬 경배를 불러일으켰기 때문이기도 하다. 이는 구약성경을 통틀어 나타나고 신약성경까지 흘러들어갔으며 심지어 영원토록 그러할 것이다. 이번 장에서는 몇 가지 실례를 살펴보려고 한다.

겸손하게 놀라는 다윗의 모습

출애굽한 지 사백 년 후 다윗 왕은 하나님이 이스라엘과 그 자신에게 큰 자비를 베풀었음을 알고 놀람과 감사함으로 기도한다. "여호와 하나님이여 나는 누구이오며 내 집은 무엇이기에 나에게 이에 이르게 하셨나이까?"(대상 17:16). 시편 105편을 쓴 저자는 수백 년에 걸친 이스라엘에 대한 복을 생각하면서 출애굽을, 백성을 기억하신 하나님을 경배하며 기뻐하는 반응의 원천으로 여긴다.

> 이것은 그가 그의 종 아브라함에게 하신 그 거룩하신 말씀을 기억하셨기 때문이다.
> **그는 그의 백성을 흥겹게 나오게 하시며**
> 그가 뽑으신 백성이 기쁜 노래를 부르며 나오게 하셨다
>
> (시 105:42-43, 새번역).

하나님은 그들을 흥겹게 나오게 하셨다! 하나님이 이렇게 하신 것이다. 이것이 그분의 목표였다. 그분은 그 자신의 세계적인 이름을 떨치게 하실 것이고(출 9:16), 그의 백성은 이 신적인 자기영광에 기쁨으로 반응할 것이다. 그것이 출애굽의 목적이었고, 그것은 사백 년이 흐른 후에도 여전히 기쁜 경배의 열매를 맺고 있었던 것이다.

권능에 놀라고, 은혜에 놀라다

이후 출애굽을 매우 기뻐하는 시편들이 나온다. 예컨대, 시편 106편을 보라. 출애굽을 기념하는 이 시편의 놀라운 점은 이스라엘이 죄 많은 백성이라서 구출될 자격이 없었다는 점을 분명히 한다는 것이다. 이는 분별력이 뛰어난 이스라엘 사람들은 출애굽의 놀라운 점이 권능의 경이로움뿐만 아니라 은혜의 경이로움에도 있다는 것을 알았음을 의미한다.

> 우리가 우리의 조상들처럼 범죄하여 사악을 행하며 악을 지었나이다.
> 우리의 조상들이 애굽에 있을 때 주의 기이한 일들을 깨닫지 못하며
> 주의 크신 인자를 기억하지 아니하고 바다 곧 홍해에서 거역하였나이다.
> 그러나 여호와께서는 **자기의 이름을 위하여** 그들을 구원하셨으니

그의 큰 권능을 만인이 알게 하려 하심이로다.

이에 홍해를 꾸짖으시니 곧 마르니

그들을 인도하여 바다 건너가기를 마치 광야를 지나감 같게 하사

그들을 그 미워하는 자의 손에서 구원하시며 그 원수의 손에서 구원하셨고

(시 106:6-10).

여기에 우리가 하나님의 섭리의 궁극적 목적과 관련해 거듭 살펴본 것의 핵심이 나온다. 그들이 "…홍해에서 거역하였나이다. 그러나 '여호와께서는 자기의 이름을 위하여 그들을 구원하셨으니 그의 큰 권능을 만인이 알게 하려 하심이로다'"(106:7-8). 그러면 출애굽은 누구를 위한 것이었는가? 이스라엘인가, 하나님인가? 그분이 '그들을' 구원하셨다. '그분의' 이름을 위하여! '그분의' 권능을 널리 알리기 위하여! 둘 다를 위한 것이었다. 그 사건은 이스라엘을 위한 것이었다. 그것은 하나님을 위한 것이었다.

그러나 이스라엘을 위한다는 말과 하나님을 위한다는 말이 동일한 의미를 지니진 않는다. 그것은 이스라엘의 '구원'을 위한 사건이었다. 그것은 하나님의 '평판'을 위한 사건이었다. 그 사건은 이스라엘의 절박한 필요와 자격 없는 입장을 보여주었다. 그것은 하나님의 권능과 놀라운 은혜를 보여주었다. 그것은 이스라엘의 필요가 하나님에 의해 채워진 사건인즉 감사와 황홀경을 선사하며 이스라엘을 만족시켜주었다. 그것은 하나님이 그 필요를 채울 능력이 있는 분임을 입증해서 그분을 크게 만들었다. 이스라엘은 도움의 복을 받았다. 하나님은 강한 도우미의 명예를 받았다. 이스라엘은 기쁨을 얻었다. 하나님은 영광을 얻었다.

앞에서 살펴보았듯이, '우리의 기쁨'과 '하나님의 영광'은 하나님의 섭리가 지향하는 별개의 목표들이 아니다. 이 둘은 엮어져서 한 목표가 된다. 출애굽에 나타난 하나님의 영광의 영속적인 반향은 그 영광을 위해 하나님의 백성이 기쁘게 경배하는 일로 일어난다. 이스라엘이 은혜롭고 막강한 구원의 하나님을 기뻐하는 일은 출애굽에 나타난 하나님의 영광의 반향이라 할 수 있다. 하나님이 영광을 받으려는 목적과 그의 백성이 그 영광에 만족하게 하려는 목적은 서로 다른 것이 아니다. 이스라엘이 출애굽의 하나님께 만족하는 일은 출애굽의 하나님이 이스라엘에서 영광을

받으시는 것의 핵심이다. 이것이 바로 우리가 거듭거듭 살펴보고 있는 하나님의 섭리의 궁극적 목표이다.

이사야, 하나님의 영광의 팔을 기뻐하다

선지자들도 출애굽에 나타난 하나님의 섭리가 지향하는 이 목표에 대해 증언한다. 이사야의 증언을 생각해보라.

> 백성이 옛적 모세의 때를 기억하여 이르되
> 백성과 양떼의 목자를 바다에서 올라오게 하신 이가 이제 어디 계시냐?
> 그들 가운데에 성령을 두신 이가 이제 어디 계시냐?
> **그의 영광의 팔이 모세의 오른손을 이끄시며**
> **그의 이름을 영원하게 하려 하사**
> 그들 앞에서 물을 갈라지게 하시고
> 그들을 깊음으로 인도하시되
> 광야에 있는 말같이 넘어지지 않게 하신 이가 이제 어디 계시냐?
> 여호와의 영이 그들을 골짜기로 내려가는 가축같이 편히 쉬게 하셨도다.
> 주께서 이와 같이 주의 백성을 인도하사
> **이름을 영화롭게 하셨나이다**(사 63:11-14).

하나님은 그 자신의 '영광'의 이름을 떨치기 위해 그의 '영광'의 팔을 드러내셨다. 이 '영광'이란 단어는 흔히 사용되는 게 아니고 아름다움, 장식, 광채, 찬란함을 뜻한다. 왜 그런가? "그의 이름을 영원하게 하려고"(63:12). 또는 이사야가 마지막에 말하듯이 "이름을 영화롭게 하기 위해서"다(63:14).

그리고 하나님은 그런 이름을 떨치기 위해 무엇을 하고 계셨는가? 그의 백성을 바다에서 올라오게 하셨다. 그들을 양떼같이 돌보셨다. 그들에게 그의 성령을 주셨다. 그들이 깊음을 통과하도록 인도하셨다. 그들이 넘어지지 않게 하셨다. 그들에게 안식을 주셨다. 달리 말하면, 이는 우리가 이미 살펴본 그 패턴이다. 즉, 그들은 '구원'을 얻고, 그분은 '평판'을 얻는다. 그들은 도움을 받는 '기쁨'을 얻고, 그는 도와주는 '영광'을 얻는다. 그분이 떨치는 그 이름은 '여호와'(나는 스스로 있는 자이다)였고, 절대적이고, 자기 충족적이고, 너무나 영광스러운 존재이다! 그리고 이 모든 것은 절박하고 자격 없는 백성을 섬기는 일이었다. 볼 눈이 있는 자들이 보도록 하나님은 그의 '은혜'의 영광을 위해 이름을 떨치고 계셨던 것이다.

그의 이름을 위해 속박에서 풍성함으로

선지자 예레미야 역시 출애굽에서의 하나님의 섭리의 목표를 잘 간파했다.

주님께서는 이집트 땅에서 많은 징조와 기적들을 나타내 보이셨고, 오늘날까지 이스라엘 안에서뿐만 아니라 모든 사람에게 그와 같이 하셔서, **주님의 이름을 오늘날과 같이 드높게 하셨습니다.** 주님께서는 강한 손과 편 팔로, 적들이 무서워 떨게 하는 많은 징조와 기적들을 나타내시면서, 주님의 백성 이스라엘을 이집트 땅에서 이끌어 내셨습니다. 주님께서는, 그들에게 주겠다고 그들의 조상에게 맹세하신 이 땅, 곧 젖과 꿀이 흐르는 이 땅을 그들에게 주셨습니다(렘 32:20-22, 새번역).

출애굽에서 하나님의 목적은 그의 이름을 떨치는 일이었다. 그 이름은 무엇인가? 이 맥락에 비춰보면, 하나님의 이름은 그분의 성품, 곧 그의 백성을 불행의 땅에서 젖과 꿀이 흐르는 땅으로 인도하기 위해 징조와 기적들을 보여주려고 강한 손과 편 팔로 큰 두려움을 자아낸 하나님의 성품을 말한다고 할 수 있다. 하나님의 이름의 영광은 한 백성을 속박에서 풍성함으로 인도하기 위한 그의 능력과 지혜와 공의와 자비이다. 그분의 목표는 그의 백성이 이 영광을 보고 기쁘게 경배하게 하는 것이다.

공의와 은혜의 이름

출애굽한 지 천 년 후에 일부 이스라엘인 포로들이 바벨론에서 예루살렘으로 귀환하고 있었다. 느헤미야서에는 레위인들이 기도로 이스라엘 역사를 이야기하면서 국가의 죄를 고백하고 하나님께 그의 자비에 감사하는 대목이 나온다(9장). 그들이 출애굽을 거론할 때는 우리가 거듭해서 살펴본 그 목표를 포함시키고 있다.

> 주께서 우리 조상들이 애굽에서 고난 받는 것을 감찰하시며 홍해에서 그들의 부르짖음을 들으시고 이적과 기사를 베푸사 바로와 그의 모든 신하와 그의 나라 온 백성을 치셨사오니, 이는 그들이 우리의 조상들에게 교만하게 행함을 아셨음이라. **주께서 오늘과 같이 명예를 얻으셨나이다**. 또 주께서 우리 조상들 앞에서 바다를 갈라지게 하사 그들이 바다 가운데를 육지같이 통과하게 하시고 쫓아오는 자들을 돌을 큰 물에 던짐 같이 깊은 물에 던지시고(느 9:9-11).

레위인들이 우리를 위해 분명히 말하는 통찰은 하나님이 출애굽에서 자기 이름을 떨치려는 의도 중 하나가 이집트 지도자들의 교만을 공의롭게 다루는 것이었다는 점이다. "이는 그들이 우리의 조상들에게 교만하게 행함을 아셨음이라." 이는 하나님이 바로를 다루는 모습으로 그분의 '공의'를 명백히 보여줄 뿐만 아니라, 이스라엘 사람들도 교만했기 때문에 하나님이 그들에게 베풀어주시는 '은혜'를 뚜렷이 돋보이게 해주기도 한다. 시편 106편 7-8절을 다시 생각해보라.

> 우리의 조상들이 애굽에 있을 때 주의 기이한 일들을 깨닫지 못하며
> 주의 크신 인자를 기억하지 아니하고 바다 곧 **홍해에서 거역하였나이다**.
> 그러나 여호와께서는 **자기의 이름을 위하여** 그들을 구원하셨으니
> 그의 큰 권능을 만인이 알게 하려 하심이로다.

그러니까 이집트는 그 교만 때문에 심판을 받을 만했고 이스라엘은 그 의로움 때문에 구원을 받을 만했던 것이 아니었다. 둘 다 구원을 받을 자격이 없었다. 그러나

하나님은 자유로이 이스라엘을 구원하기로 하셨다.

출애굽 은혜의 뿌리는 언약의 은혜

물론 하나님이 이스라엘을 이집트에서 구출하실 때는 아브라함과 맺은 언약을 기억하고 계셨다(출 2:24; 6:5). 그러나 그 언약은 출애굽의 은혜와 마찬가지로 자유로이 또 은혜롭게 맺은 것이었다.

> 하늘과 모든 하늘의 하늘과 땅과 그 위의 만물은 본래 네 하나님 여호와께 속한 것이로되, 여호와께서 오직 네 조상들을 **기뻐하시고** 그들을 사랑하사 그들의 후손인 너희를 만민 중에서 택하셨음이 오늘과 같으니라(신 10:14-15).

이스라엘 역사의 시초에 아브라함이 선택된 것은 하나님이 외부의 제약을 느꼈기 때문이 아니었다. 그는 굳이 이스라엘을 선택해야 했던 것이 아니다. 다른 민족을 선택할 수도 있었다. 아무 나라도 선택하지 않을 수도 있었다. 이것이 "하늘과 모든 하늘의 하늘과 땅과 그 위의 만물은 본래 네 하나님 여호와께 속한 것이다"(10:14)라는 말의 뜻이다. 그는 모든 민족을 소유하고 있어서 그가 원하는 어떤 민족이든 선택할 수 있었다. 요점은 그의 이스라엘 선택은 완전히 자유로운 결정이었다는 것이다. 그는 그냥 그들을 사랑하길 '기뻐했다.' 그들의 우월한 믿음이나 의로움 때문이 아니었다. 믿음은 하나님의 선택에 대한 반응이지 그 원인이 아니었다(창 15:6).

그리하여 출애굽 당시 이집트와 이스라엘 모두 반역적인 민족이었음에도(느 9:10; 시 106:7) 하나님이 이집트가 아니라 이스라엘을 선택했을 때, 그의 선택은 하나님이 세상의 모든 민족 중에서 아브라함을 선택했던 시초에 이스라엘에 베풀었던 바로 그 값없는 은혜의 연장선상에 있었다. 하나님의 언약은 그분에게 어느 특정 세대의 불신하는 이스라엘을 구원하도록 요구하지 않는다.

어느 세대가 하나님의 언약적 자비를 무턱대고 추정하면서 자기네는 정죄 받을 수 없다고 주장한다면, 그 세대는 다음과 같은 세례 요한의 말을 들어야 한다. 요한은 (주제넘게) "우리는 아브라함이 우리 조상이라"고 말하는 이들에게 "내가 너희에게 이르노니 하나님이 능히 이 돌들로도 아브라함의 자손이 되게 하시리라"고 대답했다(마 3:9). 달리 말하면, 하나님의 주권은 그분을 그 자신의 언약에 의해 조종되거나 강요되는 것으로부터 해방시켜준다. 이는 출애굽 당시 이집트에서 그랬던 것처럼 훗날 그리스도가 오실 때의 예루살렘에서도 그랬다. 출애굽은 여호와의 이름을 떨치기 위한 값없는 은혜의 사역이었다. 또는 바울이 말할 것처럼, 출애굽은 "그[하나님]의 은혜의 영광을 찬송하게 하려는 것"(엡 1:6)이었다고 할 수 있다.

하나님께서 출애굽 사건에서 떨치신 이름은 그 뿌리가 그분이 계시하셨던 이름("나는 스스로 있는 자이다")에 있었다. 그 이름은 자유를 의미한다. "나는 나 자신 밖의 어느 것에도 구애받지 않는다. 나는 나 자신의 조언에 따른 지혜로운 방침이 나의 장래 모습을 결정하는 그런 존재이다(엡 1:11). 나는 자유롭다." 출애굽에서, 하나님은 절대적으로 값없는 은혜의 하나님으로 행동함으로써 그 자신의 이름을 널리 떨쳤다. 말하자면, 하나님은 이집트 사람과 마찬가지로 구원받을 자격이 없던 한 백성(이스라엘)을 구원하는 능력을 보여주신 것이다. 그분은 스스로 존재하는 분이고, 그분은 자기가 구원할 자를 구원하신다. 이것이 바로 은혜의 자유이다. 그분이 스스로 떨치는 그 이름 아래편에는 그분이 '그 자신 안에 있다'는 이름("나는 스스로 있는 자이다")이 놓여있다.

로마서 9장과 멸망하는 이스라엘 사람들

이곳이 바로 사도 바울이 출애굽에서의 하나님의 자유를 적용하는 지점이다. 로마서 9장은 바울의 가슴 아픈 탄식, 곧 당시 그의 동족인 이스라엘이 대체로 "저주를 받아 그리스도에게서 끊어졌다"(롬 9:3)는 탄식과 함께 시작된다. 이것은 로마서 9장이 전개되는 방식을 규정짓는 엄청난 문제이다. 하나님의 선민, 즉 "양자됨과 영광과 언약들과 율법을 세우신 것과 예배와 약속들"을 가진 그 민족이 어떻게 저주를 받아 메시아로부터 단절될 수 있는가? 도무지 생각할 수 없는 듯하다. 이것이

로마서 9장이 다루는 이슈이다(실은 로마서 9-11장 전체의 배후에 있는 이슈이다).

바울의 답변인즉, 하나님의 약속의 말씀이 폐했다고 할 수 없는 이유는 "이스라엘에게서 태어난 사람이라고 해서 다 이스라엘 사람이 아니기"(9:6, 새번역) 때문이다. 달리 표현하면, "육신의 자녀[즉, 단지 인종적 이스라엘]가 하나님의 자녀가 되는 것이 아니라, 약속의 자녀가 참 자손으로 여겨진다[즉, 하나님이 자유로이 선택하는 자들이 생명의 약속의 상속자들로 간주된다]"(9:8, 새번역)는 것이다. 달리 말하면, 비록 인종적 이스라엘 중 다수가 "저주를 받아 그리스도에게서 끊어졌다" 할지라도, 이스라엘에게 주신 약속이 폐해진 것이 아닌 이유는 육체적으로 이스라엘 사람이라고 해서 모두 하나님이 참된 이스라엘 사람, 즉 참된 약속의 상속자로 간주하는 게 아니기 때문이다.[1]

이 주장을 뒷받침하기 위해 바울은 아브라함의 육체적 자녀들 중에 이스마엘이 아니라 이삭이 선택받았다는 것을 지적한다(9:9). 그리고 이삭의 육체적 자녀들 중에 에서가 아니라 야곱이 선택받았다고 한다(9:10-13). 이어서 바울은 그런 신적인 선택의 섭리가 무슨 '목적'을 갖고 있는지를 분명히 밝힌다. "그 자식들이 아직 나지도 아니하고 무슨 선이나 악을 행하지 아니했는"(9:11)데도, 왜 하나님은 다른 아들이 아니라 한 아들을 선택하셨던 것일까? 답변: "택하심이라는 원리를 따라 세우신 하나님의 계획이 살아있게 하시려고, 또 이러한 일이 사람의 행위에 근거하는 것이 아니라 부르시는 분께 달려 있음을 나타내시려고"(9:11-12, 새번역).

달리 말하면, 이스마엘이 아니라 이삭이, 에서가 아니라 야곱이 선택받게 된 결정적 원인은 그들 속에 있는 어떤 것이 아니라 하나님의 부르심이었다는 뜻이다. 이는 이집트와 이스라엘이 모두 반역하는 민족이었고 자격이 없는데도 불구하고, 출애굽에서 '이집트'가 아니라 '이스라엘'이 구원을 받았던 경우와 매우 흡사하게 들린다.

---

[1] 바울이 참된 이스라엘과 인종적 이스라엘의 차이점을 어떻게 이해했는지, 그리고 이 참된 또는 내면적인 또는 영적인 이스라엘(롬 2:28-29)이 메시아 안에서 이방인 신자들과 어떤 관계에 있는지에 관한 충분한 논의를 보려면 5장을 참고하라.

바울과 출애굽: 하나님의 은혜의 자유

사실 바울은 이제 하나님이 자비의 수혜자들을 선택할 때의 그분의 자유를 분명히 하기 위해 출애굽기로 눈을 돌린다. 첫째, 그는 로마서 9장 15절에서 출애굽기 33장 19절을 인용한다. "[하나님이] 모세에게 이르시되 '내가 긍휼히 여길 자를 긍휼히 여기고 불쌍히 여길 자를 불쌍히 여기리라' 하셨으니"(이는 "나는 스스로 있는 자이다"라는 말씀의 반향이다). 달리 말하면, "나는 나의 자비를 베푸는 면에서 스스로 결정하는 절대로 자유로운 존재"라는 뜻이다. 이로부터 바울은 다음 진리를 끌어낸다. "그러므로 그것은 사람의 의지나 노력에 달려 있는 것이 아니라, 하나님의 자비에 달려 있습니다"(9:16, 새번역). 달리 말해, 하나님이 원하는 자에게 자비를 베풀 자유가 있다는 말은 그의 자비가 인간의 의지나 노력에 의해 결정적으로 좌우되지 않는다는 뜻이다. 그 자비는 하나님의 뜻에 의해 최종적으로 또 결정적으로 좌우된다.

그리고 그 주장을 더욱 뒷받침하기 위해 바울은 출애굽 사건에 나타난 하나님의 섭리의 목적으로 눈을 돌린다. 그는 출애굽기 9장 16절에 나온 목적에 대한 진술을 상기하고 그것을 로마서 9장 17절에서 인용한다. "성경이 바로에게 이르시되 내[하나님]가 이 일을 위하여 너를 세웠으니, 곧 너로 말미암아 내 능력을 보이고 내 이름이 온 땅에 전파되게 하려 함이라." 달리 말하면, 하나님의 뜻, 그분의 목적이 바로가 이스라엘의 대적으로 세워진 이유를 결정적으로 제공한다는 뜻이다.

이후 바울은 출애굽기에서 끌어온 두 인용문(33:19; 9:16)에서 한 걸음 물러나서 로마서 9장 18절에서 이런 결론을 이끌어낸다. "그러므로 하나님께서는 긍휼히 여기시고자 하는 사람을 '긍휼히' 여기시고, 완악하게 하시고자 하는 사람을 '완악하게' 하십니다"(새번역). 달리 말해, 하나님이 출애굽에서 자기 이름을 떨칠 때 우리가 보았던 바로 그것을 바울도 출애굽기 33장 19절과 9장 16절에서 보고 있는 것이다. 하나님은 그의 자유롭고 완전한 자기충족성 때문에 이름을 떨치고 계셨다. "나는 스스로 있는 자이다."

하나님은 그의 자유와 자기충족성을 통해 자격 없는 이스라엘에게 자유로이 은혜를 베푸시고(시 106:7-8), 교만한 이집트를 향해 자유로이 공의를 시행하시는 분(느 9:10)으로 알려지길 원하신다. "하나님께서는 긍휼히 여기시고자 하는 사람을 '긍휼히' 여기시고, 완악하게 하시고자 하는 사람을 '완악하게' 하십니다." 그분의 궁극적 목표는 볼 눈이 있는 자들이 나아와 그의 공의에 전율하고 그의 은혜의 영광을 소중히 여기는 것이다. 그 은혜란 하나님이 스스로 결정한, 절대적으로 값없는 은혜를 말한다.

긍휼의 그릇에 대해 영광의 풍성함을 알리는 것

로마서 9장에 나오는 바울의 주장에 대해 좀 더 살펴보자. 바울은 바로의 교훈으로부터 놀라운 것을 이끌어낸다. 하나님이 바로를 세우신 것은 "너로 말미암아 내 능력을 보이고 내 이름이 온 땅에 전파되게 하려 함이라"(9:17)고 말씀하신다. 22절에서 바울은 하나님이 그의 능력을 보이려는 의도에 관한 문장을 시작하지만 그 문장을 끝내지 않는다. 그는 이렇게 말한다.

> **만일** 하나님이 그의 진노를 보이시고 **그의 능력을 알게 하고자** 하사 멸하기로 준비된 진노의 그릇을 오래 참으심으로 관용하시고, 또한 영광 받기로 예비하신 바 긍휼의 그릇에 대하여 그 영광의 풍성함을 알게 하고자 하셨을지라도 **무슨 말을 하리요?**(9:22-23).

헬라어 문장은 '무슨'이란 단어가 없고, 긴 '만일'의 절(節)이며, 후반부에 나와야 할 '그렇다면'의 절이 없다. 우리가 그 빠진 부분을 제공하게끔 되어 있다. 나는 이렇게 제안하고 싶다. "'만일' 하나님이 그의 진노를 보이시고 그의 능력을 알게 하고자 하사 멸하기로 준비된 진노의 그릇을 오래 참으심으로 관용하시고, 또한 영광 받기로 예비하신 바 긍휼의 그릇에 대하여 그 영광의 풍성함을 알게 하고자 하셨다면 … **그렇다면 그 어떤 정당한 반론도 제기될 수 없다.**" 이것이 "무슨 말을 하리요"로 번역된 어구가 함축하고 있는 것이다. "만일 내가 나의 진노와 능력을 보일 때 이런 목적을 갖고 있다면 무슨 말을 하겠는가?" 만일 내가 그렇다면, 너희가 나의 흠을 잡겠는가? 이것이 바울이 20-21절에서 개진하는 취지이다. 토기장이는 자기 목적을 달성하는 데 최선이라 생각하는 방식으로 그의 능력과 지혜를 보여줄 권한

이 있다는 것.[2]

그러므로 하나님이 자유로이 행하는 것[긍휼히 여기시고자 하는 사람을 긍휼히 여기시고, 완악하게 하시고자 하는 사람을 완악하게 하시는 것(9:18)]이 왜 옳은지 바울이 그 이유로 내세운 궁극적 주장은, (바로의 패배에서처럼) 진노와 능력을 보이시는 궁극적 목적이 "긍휼의 그릇에 대하여 그 영광의 풍성함을 알게 하고자" 하는 것이라고 한다. 바로를 완악하게 하신 하나님의 자유로운 공의는 긍휼의 그릇에 대한 하나님의 긍휼의 자유를 더욱 빛나게 만든다.

출애굽의 경우에 이것이 뜻하는 바는, 이스라엘과 이집트 모두 심판을 받아야 마땅했던 만큼, 하나님이 이집트 사람에게 진노와 능력을 보여주신 것은 이집트의 교만 때문에 '공의로웠고'(느 9:10), 또한 이스라엘의 반역 때문에 '자비롭기도' 했다는 것이다(시 106:7). 하나님은 자기가 선택한 이들을 완악하게 하고 자기가 선택한 이들을 긍휼히 여길 자유가 있었다(롬 9:18). 하나님은 자유를 발휘하여 바로를 공의롭게 심판했기 때문에 하나님의 자비의 영광의 풍성함이 이스라엘에 대해 더욱 강렬하게 빛났던 것이다. 그들은 바로보다 더 나은 대우를 받을 자격이 없었다. 그러나 그들은 그런 대우를 받았다. 그것도 값없이.

출애굽의 궁극적 목표: 하나님의 영광을 위한 값없는 은혜

그런즉 출애굽에서의 하나님의 궁극적 목적은 그분이 자기 이름을 떨침으로써 영광을 받는 것이라고 말해도 무방하겠다(출 9:16; 느 9:10; 사 63:14; 렘 32:20). 좀 더 구

---

[2] 이것은 롬 9:1-23에 대한 간략한 개관임을 알고 있다. 당신이 충분한 논의를 보고 싶다면, 이 스물세 절에 관해 내가 쓴 책이 있다. John Piper, *The Justification of God: An Exegetical and Theological Study of Romans 9:1-23* (Grand Rapids, MI: Baker Academic, 1983). 많은 학자들은 이 구절들이 개개인이나 영원한 운명과는 아무런 관계가 없고 단지 현세적 경험과 집합적 집단들과만 관계가 있다고 주장한다. 나는 이런 주장을 석의적으로 잘못된 것으로 간주한다. 그들은 2절에 제기된 문제, 말하자면, 이스라엘 사람 개개인이 "저주를 받아 그리스도에게서 끊어졌다"는 문제를 받아들이지 않고 있다. 이 이슈는 민족 전체의 문제일 뿐 아니라 영원한 운명과 이스라엘에 속한 개개인의 문제이기도 하다. 사실 하나님이 그의 약속을 지키지 못한 듯 보이는 문제에 대한 바울의 해결책은 집합적 이스라엘의 모든 사람이 다 하나님의 자녀가 아니라고 주장하는 것이다. 그 본문은 2절과 6절에서 시작되고 24절에서 끝나는데, 그 강조점은 하나님이 "유대인으로부터, 그리고 이방인으로부터" 개개인을 선택하셨다는 것에 있다. 그 본문은 확연히 개개인과 그들의 영원한 운명에 관한 것이다.

체적으로 말하자면, 하나님은 그 이야기의 시초에 계시하신 이름[여호와, "나는 스스로 있는 자이다"(출 3:14)]대로 행동함으로써 자기 이름을 떨쳤다고 할 수 있다. "나는 스스로 있는 자이다"가 "나는 내가 구원할 자를 구원한다"와 "나는 내가 심판할 자를 심판한다"가 된다. 또는 로마서 9장이 말하듯이 "나는 긍휼히 여기고자 하는 사람을 긍휼히 여기고"(9:15), "그는 완악하게 하고자 하는 사람을 완악하게 하신다"(9:18)고 할 수 있다.

달리 말하면, 출애굽(또는 다른 모든 사건)에서 하나님의 섭리는 사람의 의지나 노력에 의해 결정적으로 좌우되지 않고(9:16) 그분이 스스로 결정한 뜻에 의해 좌우된다는 것이다. 그분은 자유롭다. 그분은 스스로 있는 분이다. 타자들이 그분을 어떤 존재로 만들 수 없다. 그리고 그분은 자기가 행하고자 하는 일을 행하신다. 타자들이 그분에게 어떤 일을 행하게 할 수 없다. 그분은 이처럼 자유롭지만 결코 불의하신 적이 없다. 왜냐하면 그분은 모든 사람에게 그들이 마땅히 받을 대우보다 더 나쁘게 대우하지 않기 때문이다. 그리고 그분의 은혜는 항상 값없고, 절대적으로 값없다. 이것이 그분이 영광스럽게 하려 하는 이름이다. 그분의 이름(그의 본질적 성품)은 '그는 자기를 위해 구원하시는 하나님이시다'라는 것이다. 즉, 그의 은혜의 영광을 위해 구원하시는 하나님이다. 출애굽(그리고 그의 모든 구원 사역)에서 그분의 목표는 "온 천하에서" 그의 은혜의 영광으로 인해 찬송을 받으시는 것이다(출 9:16; 롬 9:17).

8.

율법, 광야, 가나안 정복

"이스라엘 자손이 애굽 땅을 떠난 지 삼 개월이 되던 날 그들이 시내 광야에 이르니라"(출 19:1). 출애굽이 하나님의 은혜로운 구출에 나타난 그분의 영광을 높이는 사건으로 이스라엘의 예배 역사 전반에 반향을 일으켰다면, 시내 산에서 율법을 수여한 것은 모든 것을 포괄하는 그 존재의 정립으로서 이스라엘의 공동생활 전체에 더욱더 반향을 일으켰다.

율법과 출애굽 간의 연결고리

시내 산에서 보낸 시간은 이스라엘의 삶에서 획기적인 순간이었다. 십계명이 이제까지 인간 역사에 미쳐온 영향을 감안하면 사실은 온 세계의 삶에서 그런 순간이었다. 하나님이 시내 산에서 모세를 불렀을 때, 그분이 말씀하신 첫 마디는 율법 수여와 출애굽 간의 연결망을 창조했다.

내가 애굽 사람에게 어떻게 행하였음과 내가 어떻게 독수리 날개로 너희를 업어 내게로 인도하였음을 너희가 보았느니라. 세계가 다 내게 속하였나니 너희가 내 말을 잘 듣고 내 언약을 지키면 너희는 모든 민족 중에서 내 소유가 되겠고(출 19:4-5).

달리 말하면, 이스라엘아, 너희가 나의 개입으로 홍해를 건넌 것은 마치 너희가 독수리의 날개에 업혀 이집트에서 날라 나온 것처럼 하나의 기적이고 기이한 일이었다. 너희는 아기 독수리처럼 무력했고, 나는 온 민족을 내 날개 위에 업고 날아갈 만큼 강한 힘이 있었다. 나의 구출이 이 정도로 놀랍다. 그리고 여기에다 두 가지 놀라운 일을 더해라. 첫째, 너희는 그런 구출을 받을 자격이 없었다(시 106:7). 둘째, 내가 너희를 이끌어낸 것은 너희가 우주의 가장 좋은 보배를 즐거워하게 하기 위해서다. 그 보배는 바로 나 자신이다. "내가 독수리 날개로 너희를 업어 '내게로' 인도하였다"(출 19:4). 내가 출애굽 당시 모세를 통해 말한 것을 기억해라.

> 너희를 내 백성으로 삼고 나는 너희의 하나님이 되리니 나는 애굽 사람의 무거운 짐 밑에서 너희를 빼낸 너희의 하나님 여호와인 줄 너희가 알지라(출 6:7).

출애굽은 하나님이 본래 아브라함과 그 자손을 택하여(창 12:1-3) "나의 소중한 소유"(출 19:5)로 삼겠다는 계획의 재가였다고 할 수 있다. 사십 년이 흐른 후 약속의 땅의 가장자리에서 하나님이 이스라엘에게 이렇게 말씀하실 것이었다. "여호와께서 너희를 택하시고 너희를 쇠 풀무불 곧 애굽에서 인도하여 내사 자기 기업의 백성을 삼으셨다"(신 4:20)고.

그리고 하나님이 실제로 시내 산에서 모세에게 율법의 정수(십계명)을 주실 때 발하신 그 첫 마디는 출애굽과 그 계명들 간의 연계성을 다시 천명하신 것이다.

> 나는 너를 애굽 땅, 종 되었던 집에서 인도하여 낸 네 하나님 여호와니라
> 너는 나 외에는 다른 신들을 네게 두지 말라(출 20:2-3).

율법에 나타난 하나님의 최우선 사항: 그분의 지상권

6장과 7장에서 출애굽 당시 섭리의 궁극적 목표에 관해 살펴본 내용을 감안하면, 하나님이 이스라엘의 삶을 조직할 때 말씀하신 최우선 사항이 바로 그분이 그들의 최고의 하나님이 되어야 한다는 것은 놀랍지 않다. "너는 나 외에는 다른 신들을 네게 두지 말라." 출애굽에서 하나님의 궁극적 목표는 이스라엘(출 6:7)과 이집트(출 7:5)가 그분이 최고의 유일한 하나님(여호와, 곧 스스로 절대적으로 존재하는 분)임을 알게 하는 것이었다(출 3:14). "내가 바로와 그의 병거와 마병으로 말미암아 영광을 얻을 때에야 애굽 사람들이 나를 여호와인 줄 알리라"(출 14:18).

이 하나님의 목적은 이제 이스라엘의 율법에 간직되고 그 민족의 공동생활의 관석이 되었다. 이는 '사람'이 하나님을 최고로 받들도록 요구하는 것이 아니다. '하나님'이 하나님을 최고로 받들도록 요구하시는 것이다. 하나님의 자기영광이 이 첫째 계명에서보다 이스라엘의 공동생활의 틀에 더 깊이 내장될 수는 없었다. "너는 나 외에는 다른 신들을 네게 두지 말라."

아내의 애정을 누리는 최고의 존재

그런데 이 첫째 계명에 나타난 자기영광의 성격은 둘째 계명과 연관시킬 때에만 분명해진다.

> 너를 위하여 새긴 우상을 만들지 말고 또 위로 하늘에 있는 것이나 아래로 땅에 있는 것이나 땅 아래 물속에 있는 것의 어떤 형상도 만들지 말며 그것들에게 절하지 말며 그것들을 섬기지 말라. 나 네 하나님 여호와는 질투하는 하나님인즉(출 20:4-5).

첫째 계명은 "너는 나 외에는 다른 신들을 네게 두지 말라"는 것이었다. 그런데 "나 외에는"이란 말의 뜻은 무엇인가? 둘째 계명이 그 뜻을 분명히 밝힌다. "나 네 하나님 여호와는 '질투하는' 하나님이다"(20:5). 달리 말해, "너 이스라엘은 나의 아내이다(렘 2:2; 겔 16:8). 만일 네 마음이 다른 이를 쫓아간다면, 나는 화가 나고, 내가 그런 반응을 보이는 것은 내 거룩함의 일부이다(수 24:19; 겔 39:25). 네 마음, 너의 최고의 충성심, 네 사랑, 네 애정, 네 헌신, 네 즐거움은 오직 나에게 속해 있다"는 것이다.

그런즉 첫째 계명("너는 나 외에는 다른 신들을 네게 두지 말라")의 목적은 하나님이 이스라엘에서 최고로 높임을 받을 뿐만 아니라 이스라엘이 하나님에게서 최고의 만족을 누리게 하는 것이다. 한 아내가 남편에게 만족해 다른 곳에서 만족감을 찾지 않을 때, 그녀는 남편의 가치를 확대하고 그의 질투심을 유발하지 않는다. 아내가 남편을 최고로 즐거워하는 것은 그의 가치를 드높이는 일이다. 이처럼 드높이는 일이 처음 두 계명의 취지이다.

첫째 계명과 마지막 계명이 하나인 이유

첫 두 계명을 이렇게 이해하는 것은 마지막 계명에 의해 확증된다. 열째 계명은 "너는 탐내지 말라"(출 20:17)는 것이다. '탐내다'의 히브리어 단어는 "욕망을 품다"라는 뜻이다. 그래서 '탐내다'의 뜻을 알기 위해 이런 질문을 던질 수 있다. 욕망이 어떤 것(예, 돈 또는 돈이 살 수 있는 것)을 지향할 때 과연 나쁜 욕망이 되는가? 합법적인 욕망이 언제 탐욕으로 변하는가?

우리가 열째 계명을 첫 두 계명과 함께 놓으면 해답이 나타난다. 첫 두 계명은 이렇게 말한다. "나 외에 다른 신은 없다. 네 마음속 어떤 것도 나와 경쟁하면 안 된다. 네가 나를 모실 때 나에게 완전히 욕망을 품으면 너는 만족할 것이다." 그리고 열째 계명은 "탐내지 말라. 불법적인 욕망은 일체 품지 말라"고 말한다. 말하자면, 네가 하나님에게서 느끼는 만족감을 저해하는 것에는 욕망을 품지 말라는 것이다. 그래서 탐욕(또는 그릇된 욕망)이란 하나님에 대한 너의 만족감을 잃게 하는 그 무엇에 욕망을 품는 것을 말한다.[1]

---

[1] 여기서 첫째 계명과 마지막 계명에 관한 이 성찰은 새로운 것이 아니다. 나는 이 관계에 관해 여러 번 글도 쓰고 강연도 했다. 여기서 사용한 표현은 부분적으로 다음 책에서 빌려온 것이다. John Piper, *Living in the Light with*

그렇다면 본질적으로 첫째 계명과 마지막 계명은 똑같은 것을 요구하는 셈이다. 바울은 이 연계성을 골로새서 3장 5절에서 분명히 밝혔다. "탐심[열째 계명]은 우상숭배[첫째 계명]니라." 첫째 계명("너는 나 외에는 다른 신들을 네게 두지 말라")은 다음과 같은 것을 요구한다. "너는 항상 나를 네 애정의 첫 자리에 두라. 어떤 구애자가 나타나도 너는 나를 그보다 더 기뻐하라. 나보다 더 네게 매력을 주는 것이 없게 하라. 나를 너의 최고 보배로 받아들이고 나에게 만족하라."

열째 계명("너는 탐내지 말라")은 이렇게 요구한다. "나 외에 다른 것에 욕망을 품어서 그 욕망이 나에 대한 네 만족감을 저해하지 않게 하라. 나의 선물들에 대한 너의 모든 욕망은 나에 대한 더 큰 욕망의 표출이[2] 되게 하라." 이를 아우구스티누스 방식으로 표현하면 이런 기도가 된다. "그대와 더불어 무엇이든 사랑하는 자는 그대를 너무 적게 사랑하는 것이오니, 이는 그가 그대를 위해 사랑하는 것이 아니기 때문이외다."

섭리의 목표와 순종의 길

십계명에 대한 이런 이해에 근거해 나는 이 책의 목적과 관련된 두 가지 결론을 도출하고 싶다. 첫째 결론은 하나님이 그의 섭리의 궁극적 목표를 이스라엘의 헌법 중심부에 심어놓으셨다는 것이다. 그 목표는, 그의 백성이 그분의 탁월성을 진심으로 경배함으로써 그 무엇보다도 그분의 가치와 아름다움을 크게 드러내게 하는 것이다. 달리 말하면, 이제 하나님의 율법의 중심부에 자리 잡은 하나님의 섭리의 목표는, 그분이 그의 백성이 품은 애정 중에 최고의 보배로 높임을 받는 것이다. 즉, 우리가 그분 안에서 최고의 만족을 누림으로써 그분이 최고로 영광을 받는 것이다.

첫 계명과 마지막 계명에 대한 이런 이해로부터 내가 도출하는 두 번째 결론은, 하나님의 의도는 첫째 계명과 마지막 계명에 기초해 다른 계명들을 순종하게 하는 것이란 것이다. 다른 계명들이 첫째 계명과 마지막 계명 사이에 놓여있는 것은 하

Money, Sex, and Power (Charlotte, NC: Good Book Company, 2016), chap. 3.

[2] Augustine, *Confessions*, bk. 10, chap. 29.

찮은 사실이 아니다. 이스라엘 율법의 처음과 끝은 그의 백성이 하나님 안에서 깊은 만족을 누림으로써 하나님이 최고로 드높아지게 되는 것이다.

그러므로 나의 주장인즉, 하나님이 십계명의 처음과 끝을 이처럼 하나님을 높이는 마음으로 장식한 취지가 다른 모든 순종이 이런 마음에서 흘러나온다는 것이다. 마지못한 순종은 하나님을 위대한 분으로 보이게 할 수 없다. 달리 표현하면, "기쁨으로 여호와를 섬기라!"(시 100:2)는 것이다. 이것이 율법의 요약이다. 오직 그런 섬김만이 하나님이 우리의 최고의 보배요 가장 큰 즐거움임을 보여준다. 그러므로 율법의 중심부에는 섭리의 궁극적 목표가 심겨있다.

하나님의 영광을 위한 광야의 은혜

하나님의 율법에 대한 이스라엘의 불순종은 처음부터 이스라엘 역사를 특징지었다. 그 불순종은 홍해에서 서글픈 배경을 이뤘기 때문에 출애굽은 그처럼 놀라운 은혜의 현장이 되었던 것이다(시 106:7-8). 그 불순종은 금송아지 사건(출 32)을 거쳐 광야에서의 방황 내내 계속 이어졌다. 하나님은 그 백성을 외면하고 사십 년 동안 더 방황하게 하기 직전에 약속의 땅 가장자리에서 이렇게 말씀하셨다.

> 그러나 진실로 내가 살아있는 것과 여호와의 영광이 온 세계에 충만할 것을 두고 맹세하노니, 내 영광과 애굽과 광야에서 행한 내 이적을 보고서도 이같이 열 번이나 나를 시험하고 내 목소리를 청종하지 아니한 그 사람들은 내가 그들의 조상들에게 맹세한 땅을 결단코 보지 못할 것이요, 또 나를 멸시하는 사람은 한 사람도 그것을 보지 못하리라(민 14:21-23).

> 네가 애굽 땅에서 나오던 날부터 이곳에 이르기까지 늘 여호와를 거역하였으되(신 9:7).

그렇다면 왜 이스라엘은 광야에서 멸망되지 않았을까? 이스라엘이 이집트에서 멸망되지 않았던 이유와 똑같은 이유 때문이다. 출애굽한 지 팔백 년이 흐른 후, 선지자 에스겔이 이스라엘 역사에서 하나님의 섭리를 뒤돌아보았을 때, 그는 출애굽에서의 하나님의 목적을 찾기 위해 이스라엘의 광야 경험에서의 하나님의 목적까지 추적했다. 그는 양자를 동일한 방식으로 묘사했다. 그의 요점은, 이스라엘이 죄가 많고 자격이 없었으나 하나님이 출애굽에서와 광야에서 똑같은 이유로 그들을 구원하셨다는 것이다. 바로 그 궁극적 목표를 위해 그랬다고 한다. 그분은 그의 이름을 위해 그들을 구원했던 것이다.

에스겔은 하나님의 말씀을 인용하면서 출애굽에서 하나님의 섭리의 목적을 이렇게 묘사한다.

> 그들이 내게 반역하여 내 말을 즐겨 듣지 아니하고 … 내가 말하기를 내가 애굽 땅에서 그들에게 나의 분노를 쏟으며 그들에게 진노를 이루리라 하였노라. 그러나 **내가 그들이 거주하는 이방인의 눈앞에서 그들에게 나타나 그들을 애굽 땅에서 인도하여 내었나니 이는 내 이름을 위함이라. 내 이름을 그 이방인의 눈앞에서 더럽히지 아니하려고 행하였음이라.** 그러므로 내가 그들을 애굽 땅에서 나와서 광야에 이르게 하고(겔 20:8-10).

이어서 그는 여호와의 말씀을 다시 인용하면서 이스라엘의 광야 경험에서 하나님의 섭리의 목적을 거의 동일한 말로 묘사한다.

> 그러나 이스라엘 족속이 광야에서 내게 반역하여 … 내가 이르기를 내가 내 분노를 광야에서 그들에게 쏟아 멸하리라 하였으나, **내가 내 이름을 위하여 달리 행하였었나니 내가 그들을 인도하여 내는 것을 본 나라들 앞에서 내 이름을 더럽히지 아니하려 하였음이로라**(겔 20:13-14).

그리고 팔 절 뒤에서도 그 취지를 분명히 하기 위해 똑같은 말을 반복한다.

> 그러나 그들의 자손이 내게 반역하여 … 이에 내가 이르기를 내가 광야에서 그들에게 내 분노를 쏟으며 그들에게 내 진노를 이루리라 하였으나, **내가 내 이름을 위하여 내 손을 막아 달리 행하였나니 내가 그들을 인도하여 내는 것을 본 여러 나라 앞에서 내 이름**

을 더럽히지 아니하려 하였음이로라(겔 20:21-22).

에스겔은 우리가 하나님의 은혜(이스라엘이 마땅히 분노를 받을 만해도 그들에게 분노를 쏟지 않은 것)와 그의 이름의 영광에 대한 헌신 사이의 연계성을 보기를 원한다. 그 연계성이란, 하나님이 그의 이름에 확고한 헌신을 했기 때문에 그의 분노를 억제하는 은혜가 이스라엘에게 흘러들어갔다는 것을 말한다. 이 경우에는 특히 여러 나라 사이에 거론되는 그의 이름의 영광에 대해 관심이 있었다. "여러 나라 앞에서 내 이름을 더럽히지 아니하려 하였음이로라"(20:9, 14, 22).

그러므로 우리는 하나님의 자기영광의 목적을 그분이 자비를 베푸는 목적과 상충된다고 생각하지 않도록 조심해야 한다. 오히려 정반대이다. 하나님의 자기영광은 이스라엘의 과분한 기쁨의 근거였다. 만일 그들에게 볼 눈이 있었다면, 그들은 그들에게 자비를 베풀게 한 하나님의 은혜의 영광을 기뻐하게 되었을 것이다.

갈라진 바다와 갈라진 강, 여호와가 강력한 분임을 보여주다

다음으로 우리는 이스라엘이 광야에서 방황하던 당시 하나님의 섭리의 목표로부터 가나안, 곧 약속의 땅이요 젖과 꿀이 흐르는 땅의 잔인한 정복 시절의 그분의 목표로 이동한다. 출애굽을 재연하는 듯한 장면에서, 하나님은 요단 강물을 갈라서 이스라엘이 마른 땅을 밟으며 약속의 땅으로 건너가도록 하신다(수 3:15-17). 그들은 열두 개의 돌로 기념비를 세운다. 이 돌들의 의미는 출애굽에서의 하나님의 목적과 임박한 정복에 대한 그분의 목적 간의 연계성을 입증해준다.

후일에 너희의 자손들이 그들의 아버지에게 묻기를 "이 돌들은 무슨 뜻이니이까?" 하거든 너희는 너희의 자손들에게 알게 하여 이르기를 "이스라엘이 마른 땅을 밟고 이 요단을 건넜음이라." 너희의 하나님 여호와께서 요단 물을 너희 앞에서 마르게 하사 너희를 건너게 하신 것이 너희의 하나님 여호와께서 우리 앞에 홍해를 말리시고 우리를 건너게 하심과 같았나니, 이는 **땅의 모든 백성에게 여호와의 손이 강하신 것을 알게 하며 너희**

가 너희의 하나님 여호와를 항상 경외하게 하려 하심이라 하라(수 4:21-24).

출애굽에서 하나님이 홍해를 가르고 바로를 멸망시킨 것은 "나의 능력을 네게 보이고 내 이름이 온 천하에 전파되게 하기" 위해서였다(출 9:16). 이와 비슷하게, 하나님이 요단강을 가르고 그의 백성을 새로운 땅으로 인도한 것은 "땅의 모든 백성에게 여호와의 손이 강하신 것을 알게 하기" 위해서였다(수 4:24).

이스라엘에게는 승리를, 하나님께는 영광을

이스라엘이 그 땅의 족속들과 싸울 때, 특히 한 사건이 위대하고 강력한 하나님으로 알려지길 원하는 하나님의 목적을 주목하게 한다. 아간의 속임 때문에 이스라엘 백성은 아이 성의 전투에서 패배했다. 여호수아가 낙담했다. 그는 "옷을 찢고 이스라엘 장로들과 함께 여호와의 궤 앞에서 땅에 엎드렸다"(수 7:6). 그는 그 기념석이 무엇을 뜻하는지, 그리고 이런 전쟁에서 하나님의 목적이 무엇인지를 알고 있었다. 그래서 여호수아가 하나님과 논쟁할 때의 주제는 그 자신의 이름에 대한 하나님의 관심이었다.

> [여호수아가] 이르되 "슬프도소이다, 주 여호와여, 어찌하여 이 백성을 인도하여 요단을 건너게 하시고 우리를 아모리 사람의 손에 넘겨 멸망시키려 하셨나이까? 우리가 요단 저쪽을 만족하게 여겨 거주하였더면 좋을 뻔하였나이다! 주여, 이스라엘이 그의 원수들 앞에서 돌아섰으니 내가 무슨 말을 하오리이까? 가나안 사람과 이 땅의 모든 사람들이 듣고 우리를 둘러싸고 우리 이름을 세상에서 끊으리니 **주의 크신 이름을 위하여 어떻게 하시려 하나이까?**" 하니(수 7:7-9).

여호수아의 두 관심사는 이스라엘 역사에서, 그리고 하나님의 섭리의 목적에서 따로 분리될 수 없다. 그래서 당신의 백성이 곧 멸망할 터이고, 따라서 당신의 이름이 곧 미천하게 될 것이라고 한다. 여호수아의 기도에 내재된 것은 이중적인 갈망이다. "아 하나님이여, 우리를 구원하소서. 그리고 당신의 이름을 위하여 그렇게 하소서." '우리'가 승리를 얻게 하심으로 '당신 자신'이 큰 영광을 얻으소서. 이 정복과 관련해 하나님의 목적은 다음 두 가지였다. 하나는 "땅의 모든 백성에게 여호와의 손이 강하신 것을 알게 하는" 것이었고(수 4:24), 다른 하나는 이스라엘이 그 땅을 기업으로 받고 하나님의 모든 자비를 받으며, 그분께 붙어있어서 그분을 기쁨으로 섬기게 하는 것이었다.

이스라엘에게는 값없는 은혜를, 가나안에게는 마땅한 심판을

그들이 요단을 건너기 전에 하나님은 이스라엘 백성에게 이 정복이 그들의 의로움을 입증하는 것이 아니라고 경고하셨다. 그들은 젖과 꿀이 흐르는 땅을 차지할 자격이 없다. 그들이 가나안 주민들을 멸망시키는 것은 이스라엘의 우월한 의로움 때문이 아니라 그 족속들을 향한 하나님의 공의와 이스라엘을 향한 하나님의 과분한 은혜 때문이다.

네 하나님 여호와께서 그들을 네 앞에서 쫓아내신 후에 네가 심중에 이르기를 "내 공의로움으로 말미암아 여호와께서 나를 이 땅으로 인도하여 들여서 그것을 차지하게 하셨다" 하지 말라. 이 민족들이 악함으로 말미암아 여호와께서 그들을 네 앞에서 쫓아내심이니라. 네가 가서 그 땅을 차지함은 네 공의로 말미암음도 아니며 네 마음이 정직함으로 말미암음도 아니요 이 민족들이 악함으로 말미암아 네 하나님 여호와께서 그들을 네 앞에서 쫓아내심이라. 여호와께서 이같이 하심은 네 조상 아브라함과 이삭과 야곱에게 하신 맹세를 이루려 하심이니라.
그러므로 네가 알 것은 네 하나님 여호와께서 네게 이 아름다운 땅을 기업으로 주신 것이 네 공의로 말미암음이 아니니라. 너는 목이 곧은 백성이니라. 너는 광야에서 네 하나님 여호와를 격노하게 하던 일을 잊지 말고 기억하라. 네가 애굽 땅에서 나오던 날부터 이곳에 이르기까지 늘 여호와를 거역하였으되(신 9:4-7).

거듭해서 하나님이 이스라엘에게 상기시키는 바는 그들도 이집트 사람이나 가나안 사람과 마찬가지로 그의 복을 받을 자격이 없다는 것이다. 이스라엘 역시 이방 민족들만큼 마땅히 심판을 받아 멸망되어야 한다. 어쩌면 그들이 받은 모든 혜택에도 불구하고 하나님께 반역했기 때문에 더욱 심판을 받아야 할 것이다(민 14:11). 그러나 하나님은 그 자신의 이름을 떨치기로 작정하셨기 때문에 이스라엘에게는 과분한 '은혜'를 부어주셨고, 그 죄악이 마침내 가득 찬 가나안 족속들에게는 마땅한 '공의'를 시행하셨던 것이다(창 15:16). 또는 사도 바울이라면, 하나님께서 긍휼의 그릇에게 그의 영광의 풍성함을 알게 하려고 그의 진노와 능력을 알리셨다고 말할 것이다(롬 9:22–23).[3]

하나님이 자기에게 붙어있게 하려고 그들을 위해 싸우셨다

아, 하나님은 이스라엘을 위해 얼마나 용감하게 싸우셨고 얼마나 아낌없이 그들을 축복하셨던가! 이는 틀림없는 사실이다. 하나님이 그들을 위해 싸우셨다. 승리는 주님께 속해 있었다.

이는 여호와께서 강대한 나라들을 너희의 앞에서 쫓아내셨으므로 오늘까지 너희에게

---

[3] 우리가 "청함을 받은 자는 많되 택함을 입은 자는 적다"(마 22:14; 참고. 눅 13:23–24)는 사실을 곰곰이 생각해보면 누군가가 구원받는다는 것이 얼마나 큰 자비인지를 유념하는 것이 좋다. 존 오웬은 이 자비에 대해 이렇게 성찰한다. "우리 중에는 인류의 대다수가 영원한 멸망에 처한다는 사실과 우리가 품은 하나님의 선하심의 개념을 조화시키기가 매우 어렵다고 주장하는 이들이 있는데, 이들은 우리가 애초에 하나님께 변절한 것에 포함되어 있는 것과 죄를 지은 천사들을 다룰 때의 하나님의 공의에 대해 충분히 생각하지 못한 듯이 보인다. 왜냐하면 사람이 하나님과 사람 간의 모든 사랑 및 도덕적 선의 관계를 자진해서 끊었을 때, (이 낮은 세계에서 그분의 거룩함과 의를 유일하게 표상하는) 그의 형상을 손상시켰을 때, 그리고 그분의 손으로 만든 작품들로부터 그분의 영광을 빼앗고 그 자신을 사탄의 회합에 속하게 하고 사탄의 지도 아래 두었을 때, 그것은 하나님께 얼마나 불명예스러운 짓이었으며 하나님의 영광을 얼마나 깎아내린 행태였던가! 만일 하나님이 사람을 그 자신의 선택대로 내버려두어서 영원히 그 열매를 먹게 하고 영원토록 그 자신의 간계로 가득 차게 방치했다면 어떻게 되었을까? 인류 전체에서 어느 한 사람이라도 구원받을 수 있도록 그 길을 찾아내어 그 사람이 하나님의 거룩하심, 의로움, 통치의 영광과 조화될 수 있게 하는 것은 오직 무한한 지혜뿐이다. 그러므로 우리는 항상 장차 구원받을 소수에게 베푼 주권적인 은혜를 흠모해야 마땅한 한편, 멸망하는 수많은 무리에 대한 하나님의 선하심에 대해 생각할 근거가 없고, 특히 그들 모두가 자진해서 계속 죄를 짓고 변절하는 상태에 머물러 있는 것을 생각하면 더욱 그러하다." John Owen, *The Works of John Owen*, vol. 1, ed. William H. Goold (Edinburgh: T & T Clark, n.d.), 191.

맞선 자가 하나도 없었느니라. 너희 중 한 사람이 천 명을 쫓으리니 이는 **너희의 하나님 여호와 그가 너희에게 말씀하신 것같이 너희를 위하여 싸우심이라**. 그러므로 스스로 조심하여 너희의 하나님 여호와를 사랑하라(수 23:9-11).

그리고 하나님은 그의 대적들에게 이런 심판을 내리고 그의 백성에게 이런 복을 주실 때 그 백성의 마음속에 무슨 일이 일어날 것을 목표로 삼으셨는가? 이 새로운 땅, 곧 "너희의 하나님 여호와께서 너희에게 대하여 말씀하신 모든 선한 말씀이 하나도 틀리지 아니하고 다 너희에게 응한"(수 23:14; 참고. 21:45) 땅에서 이스라엘을 향한 하나님의 목적은 무엇이었는가?

해답은 그들이 그분을 사랑하게 되는 것이다! "그러므로 스스로 조심하여 '너희의 하나님 여호와를 사랑하라'"(수 23:11). 그렇다, 그분은 그들이 "명령과 율법을 반드시 행하길"(수 22:5) 원하신다. 이는 우리가 십계명을 다루면서 살펴보았듯이 "주님을 기쁨으로 섬기는 것"을 뜻한다. 그의 백성을 향한 하나님의 목적의 핵심은 바로 이 큰 결론 속에 있다. 하나님이 너희를 위해 그토록 자비롭게 싸우시므로 "너희 영혼을 잘 지켜서 너희의 하나님 여호와를 지극히 사랑하라"(수 23:11, 저자의 번역). 또는 여호수아서 22장 5절이 말하듯이, "그[여호와]에게 친근히 하고 너희의 마음을 다하며 성품을 다하여 그를 섬길지니라."

사랑하고 친근히 하고 섬기는 것, 이는 불행한 노예가 아닌 행복한 아들에 대한 묘사이다.

이스라엘이여 너는 행복한 사람이로다!
여호와의 구원을 너같이 얻은 백성이 누구냐?
그는 너를 돕는 방패시요
네 영광의 칼이시로다!
네 대적이 네게 복종하리니
네가 그들의 높은 곳을 밟으리로다(신 33:29).

가나안을 정복할 때 하나님의 섭리의 목적은 그의 능력과 그의 이름을 공의와 자비를 통해 밝히 드러내어 그의 백성이 그 은혜의 자유와 영광을 보고 깜짝 놀라게 하는 것이었다. 그리고 그의 위대한 은혜를 보고 겸손해지고 깜짝 놀란 그들이 그들의 생명이신 그분을 꼭 붙잡고(신 30:20) 그분을 섬기되 '그분이 완전한 만족을 주는 보배임을 분명히 밝히는 방식으로' 섬기게 하는 것이다. 하나님의 섭리의 목적은, 그의 백성이 그분을 최고의 몫으로 소중히 여기고 즐거워함으로써(시 73:26) 그의 영광을 높이 드는 것이었다. 이것이 바로 "그에게 친근히 하고 너희의 마음을 다하며 성품을 다하여 그를 섬길지니라"(수 22:5)는 말의 뜻이다.

십계명부터 가나안 정복까지

이스라엘 역사에서 그 민족의 공동생활을 정립하는 데 시내 산에서 주어진 율법만큼 영향을 미친 것은 없다. 그러므로 하나님은 그 율법의 중심부에 틀림없는 자기영광의 말을 심어놓으셨다. "너는 나 외에는 다른 신들을 네게 두지 말라"(출 20:3). 이 계명은 완전한 남편을 둔 아내의 만족스러운 경험과 마찬가지로 부담스러운 게 아니었다. 그 만족이 남편의 위대함을 드높이고 싶은 욕망과 탐심으로 알려진 욕망의 차이점을 만들 것이다. 율법에 담긴 하나님의 궁극적 목표는 그분이 지닌 최고의 가치와 아름다움이 그의 백성이 그분에게서 얻는 최고의 만족을 통해 반영되는 것이다.

마치 출애굽과 율법 수여가 하나님께 만족하고 하나님을 높이는 백성이 그분의 영광의 위대함을 드높이도록 하나님이 계획하신 것처럼, 광야에서 불순종하는 이스라엘에 대한 하나님의 인내는 그분의 이름을 높이고 또 그 이름이 나라들 사이에서 더럽혀지는 것을 막기 위한 것이었다(겔 20:9, 14, 22). 광야에서 일어난 하나님의 기적들은 거듭거듭 반역하는 백성을 위해 행해졌다. 그러므로 하나님이 나라들 사이에서 높이신 그 영광은 곧 그의 위대한 은혜의 영광이었던 것이다.

마침내 하나님은 자비를 베풀어 이스라엘을 약속의 땅으로 인도하셨고, '그 족속들의' 사악함에 대해 그의 공의를 시행하고 '이스라엘의' 사악함에 대해 그의 은혜를 베풀어서 그 족속들을 쫓아내셨다(신 9:4-7). 이스라엘과 가나안 족속들 모두 그 땅을 차지할 자격이 없었다. 하나님은 자유로이 행하고 계셨다["나는 스스로 있는 자이다"(출 3:14), "내가 긍휼히 여길 자를 긍휼히 여기고 불쌍히 여길 자를 불쌍히 여기리라"(롬 9:15)]. 그의 목적은 "땅의 모든 백성에게 여호와의 손이 강하신 것을 알게 하는" 것이었고(수 4:24), 이스라엘이 여호와를 사랑하고 그들의 마음을 다하며 성품을 다하여 그분을 꼭 붙잡게 하는 것이었다(수 22:5, 23:11). 이와 같은 하나님의 세계적인 영광과 하나님의 백성이 그의 은혜를 기뻐하는 일은 따로 분리될 수 없다. 영광이 완성되는 것은 은혜의 영광에 대한 기쁨이 완성되는 것을 통해 나타난다. 모든 섭리는 바로 그 지점을 향해 나아간다. 우리가 3장에서 살펴보았고 또 다시 살펴볼 것처럼, 이는 예수 그리스도와 그의 십자가로 나아가고 있다는 뜻이다.

9.

사사 시대와 왕정 시대

슬프다, 하나님의 목적, 곧 이스라엘이 하나님의 사랑에 만족하여 그분을 꼭 붙잡음으로써 그분의 이름이 열방 중에 높임을 받게 하려는 그 목적(수 4:24, 22:5)은 역사가 움직이는 방향이 아니다. 아직은 아니다.

죄의 권세는 멈출 수 없는 듯 보인다. 역사는 구약성경에서는 결코 떠오르지 않는 해결책을 달라고 부르짖는다. 거기에는, 장차 죄를 다루되 전혀 상상할 수 없는 결정적인 방식으로 다룰 메시아를 가리키는 맛보기들과 예고들만 있을 뿐이다(사 53:4-6).

그런데 지금은 여호수아의 세대가 끝나고 사사 시대가 진행되는 동안 이스라엘은 무정부 상태의 악순환에 빠지고 말았다.

"그때에는 이스라엘에 왕이 없었으므로 사람마다 자기 소견에 옳은 대로 행하였더라"(삿 17:6; 21:25). "이스라엘 자손이 여호와의 목전에 악을 행하여 바알들을 섬기며"(삿 2:11).

아름다운 자비를 위한 서글픈 배경

이스라엘 역사를 여행하는 중인 우리는 이 기간에 잠시 머무르게 되는데, 당시는 하나님의 유일한 목적이 인간의 죄의 깊이를 노출시키는 것처럼 보이는 대목이다. 하지만 이것이 사사 시대에 하나님의 섭리가 지향했던 유일한 목표는 아니다. 우리는 더 큰 목적을 보여주는 한 사건에 대해 조금 살펴보게 될 것이다.

사사기를 읽는 것은 마치 하나님이 자비의 손길로 거듭해서 되돌아오나 그것이 반복해서 잊히는 동안 죄의 광기가 당신의 얼굴에 문질러지는 것과 같다. 다음은 이스라엘 역사의 그 어두운 시기를 요약한 글이다.

여호와께서 사사들을 세우사 노략자의 손에서 그들을 구원하게 하셨으나, 그들이 그 사사들에게도 순종하지 아니하고 오히려 다른 신들을 따라가 음행하며 그들에게 절하고, 여호와의 명령을 순종하던 그들의 조상들이 행하던 길에서 속히 치우쳐 떠나서 그와 같이 행하지 아니하였더라. 여호와께서 그들을 위하여 사사들을 세우실 때에는 그 사사와 함께 하셨고, 그 사사가 사는 날 동안에는 여호와께서 그들을 대적의 손에서 구원하셨으니, 이는 그들이 대적에게 압박과 괴롭게 함을 받아 슬피 부르짖으므로 여호와께서 뜻을 돌이키셨음이거늘, 그 사사가 죽은 후에는 그들이 돌이켜 그들의 조상들보다 더욱 타락하여 다른 신들을 따라 섬기며 그들에게 절하고 그들의 행위와 패역한 길을 그치지 아니하였으므로(삿 2:16-19).

그럼에도 불구하고, 하나님은 그의 인내와 자비와 능력을 명명백백하게 보이기로 작정하셨다.

우리는 놀라운 한 사례에 초점을 둘 텐데, 여기서 하나님은 구원의 자비를 베풀면서 그 자신의 영광을 향한 끊임없는 열정을 드러내신다. 그 사례는 기드온의 이야기다.

기드온의 뜻밖의 승리에 나타난 하나님의 자기영광

사사기에 나오는 슬픈 후렴은 다음과 같다. "이스라엘 자손이 또 여호와의 목전에 악을 행하였으므로 여호와께서 칠 년 동안 그들을 미디안의 손에 넘겨주시니"(삿 6:1). 이스라엘의 불순종에도 불구하고(6:10) 하나님은 기드온을 위대한 구원 사역에 징집하려고 천사를 보내셨다. "여호와께서 그에게 이르시되 '내가 반드시 너와 함께 하리니 네가 미디안 사람 치기를 한 사람을 치듯 하리라' 하시니라"(6:16). 그래서 "여호와의 영이 기드온에게 임하시니 기드온이 나팔을 불매"(6:34) 삼만 이천 명이 미디안과 싸우려고 모였다(7:3). 이 지점에서 그 자신의 영광을 위한 하나님의 열정이 명백해진다. 그는 기드온에게 이렇게 말씀하신다.

> 너를 따르는 백성이 너무 많은즉 내가 그들의 손에 미디안 사람을 넘겨주지 아니하리니, 이는 이스라엘이 나를 거슬러 스스로 자랑하기를 **내 손이 나를 구원하였다** 할까 함이니라. 이제 너는 백성의 귀에 외쳐 이르기를 '누구든지 두려워 떠는 자는 길르앗 산을 떠나 돌아가라 하라'" 하시니 이에 돌아간 백성이 이만 이천 명이요 남은 자가 만 명이었더라(7:2-3).

죄의 본질은 하나님을 최소화하고 자기를 중요시하는 것이다. 달리 말하면, 죄의 본질은 교만이다. 인간의 자기예찬을 너무도 악하게 만드는 것은 하나님이 미천해지고 인간들이 파괴되는 이중적 비극이다. 이를 예수님이 분명히 말씀하셨다.

> [내가] 진실로 너희에게 이르노니 너희가 돌이켜 어린 아이들과 같이 되지 아니하면 결단코 천국에 들어가지 못하리라. 그러므로 누구든지 이 어린아이와 같이 자기를 낮추는 사람이 천국에서 큰 자니라(마 18:3-4).

물론 모든 메시지 중에 가장 기본적인 이 메시지는 구약성경에서 수없이 확증되었다. 모세는 바로의 교만에 직면하여 "히브리 사람의 하나님 여호와께서 말씀하시기를 **네가 어느 때까지 내 앞에 겸비하지 아니하겠느냐?** … 하셨다"고 말했다. 바로는 이 진리를 보여주는 많은 본보기 중 하나이다.

> 교만은 패망의 선봉이요 거만한 마음은 넘어짐의 앞잡이니라.
> 겸손한 자와 함께하여 마음을 낮추는 것이
> 교만한 자와 함께하여 탈취물을 나누는 것보다 나으니라(잠 16:18-19).

이집트의 교만이 출애굽을 통해 벌을 받은 후, 하나님은 광야에서 그의 죄 많은 백성을 돌보셨고, 모세는 그들에게 하나님의 목적이 "다 너를 낮추시며 너를 시험하사 마침내 네게 복을 주려 하심이라"(신 8:16)고 분명히 말했다. 그것이 바로 하나님이 사사기에서 기드온을 통해 행하시려고 했던 일이었다. 하나님은 기드온을 통해 그의 능력을 발휘하여 이스라엘의 교만을 꺾으려고 하셨다.

하나님은 기드온의 군대를 삼만 이천 명에서 만 명으로 줄이셨는데, 이는 "이스라엘이 나를 거슬러 스스로 자랑하기를 '내 손이 나를 구원하였다' 할까"(삿 7:2) 염려했기 때문이다. 그런데 만 명도 너무 많았다. 그래서 하나님은 기드온에게 만 명을 데리고 물가로 내려가서 물을 마시게 하라고 말씀하셨다. 이어서 그분은 "내가 이 물을 핥아 먹은 삼백 명으로 너희를 구원하며 미디안을 네 손에 넘겨주겠다"(7:7)고 하셨다. 이는 미디안 사람이 작은 군대이기 때문이 아니었다. 그들의 수는 도무지 헤아릴 수 없을 정도였다. "미디안과 아말렉과 동방의 모든 사람들이 골짜기에 누웠는데 메뚜기의 많은 수와 같고 그들의 낙타의 수가 많아 해변의 모래가 많음 같은지라"(7:12).

하나님은 그 삼백 명으로 미디안 사람들을 내쫓으셨다(7:22). 그는 들을 귀가 있는 자들에게 그의 취지를 밝히셨다. 그 핵심은 이렇게 표현할 수 있다. "나는 이스라엘이 나의 위대함이 아니라 그들의 위대함을 기뻐하는 그런 교만함에 반대한다. 나의 이름과 나의 능력과 나의 영광이 나의 백성 가운데 높임을 받을 것이다. 나는 너희가 나를 잊게 하려고 너희를 구원하는 것이 아니다. 나는 너희가 나를 찬송하게 하려고 너희를 구원한다. 내가 죄에 빠진 너희를 구하려고 자비와 능력으로 거듭 너희에게 돌아가는 이 목적을 너희가 알지 못한다면, 적어도 기드온의 승리를 통해 한 번이라도 알기를 바란다."

하나님은 사실상 이렇게 말씀하시는 셈이다. "너희 대적은 메뚜기처럼 수없이 많았는데도 내가 삼백 명으로 너희를 구출했다. 이스라엘아, 너희는 깨달음이 있느냐? 이는 너희의 자랑하는 입('이스라엘이 나를 거슬러 스스로 자랑하기를 내 손이 나를 구원하였다 할까 함이니라.' 2절)을 막으려는 것이었다. 나의 목적은 너희를 낮추어서 내가 너희의 희망, 너희의 방패, 너희의 칼, 너희의 몫임을 너희가 보게 하는 것이었다. 만일 너희가 나를 꼭 붙잡고 내가 누군지를 알고 나를 사랑한다면, '이스라엘이여 너는 행복한 사람이로다. 너는 여호와의 구원을 얻은 백성이다'(신 33:29). 너희는 기쁨을 얻을 테고 나는 영광을 얻을 것이다." 이것이 사사 시대에 하나님의 궁극적인 목표였다. 이스라엘이 무정부 상태와 교만을 넘어서서 하나님의 전능하신 구속의 손길 아래 겸손하고 행복하게 경배하는 데까지 이르기를 바라신 것이다.

이스라엘에서 왕정제도가 이상하게 발흥하다

사사 시대는 이스라엘에서 왕정제도의 발흥과 함께 막을 내렸다. 군주 시대는 먼저 사울과 다윗과 솔로몬의 통일된 이스라엘로 시작했다가 두 나라로 분열되어 북쪽(이스라엘) 왕들과 남쪽(유다) 왕들이 그 뒤를 이었다. 북쪽 왕국은 주전 722년에 앗수르가 대표적인 도시 사마리아를 정복하면서 종말을 고했다(왕하 17:6-8). 남쪽 왕국은 주전 586년에 바벨론으로 포로로 잡혀가면서 끝나고 말았다(왕하 25:1-12).

유대 역사가 왕이 없이 약 천년이 흐른 후에 왕이 등장한 것은 성경의 이상한 섭리 중 하나이다. 내가 '이상하다'고 말하는 이유는, 비록 하나님이 이스라엘에 왕이 생길 것을 이미 예언하셨지만 첫 번째 왕을 임명하기까지의 실질적인 움직임이 하나님에 대한 반역이었기 때문이다. 그뿐만 아니라, 하나님의 예언적 계획은 장차 최종적이고 영원한 왕이 될 영광스러운 메시아('만왕의 왕,' 딤전 6:15; 계 17:14, 19:16)가 도래하는 것이었지만, 하나님은 왕이 이스라엘에게 골칫거리가 될 것이라고 경고하셨다.

사람의 통치는 하나님이 제정한 뿌리가 있다

일찍이 창세기 14장에는 아브라함이 경의를 표하는 멜기세덱이라는 신비로운 인물이 등장한다(14:20). 그의 이름은 "의(義)의 왕"이란 뜻이고, 시편 110편 4절과 히브리서 7장 10-11절은 그를 그리스도의 전신(前身)으로 간주한다. 그런즉 성경 시대 초창기부터 하나님의 목적은 그의 백성을 다스리는 최후의 "의의 왕"이 도래하는 것이었다. 왕정제도는 왕이 없는 첫째 계획이 실패한 후에 생각해낸 둘째 계획이 아니었다.

신명기 17장 14-20절에서 하나님은 그의 백성에게 그들이 약속의 땅에 들어가면 왕을 세워도 좋다고 말씀하신다. 그러나 이어서 이 왕이 합법적인 왕이 되려면 율법 위가 아니라 율법 아래에 살아야 한다고 말씀하신다. 그는 많은 말, 많은 아내, 또는 많은 은과 금을 획득하지 말아야 하고, 그의 마음이 "그의 형제 위에 교만해지면" 안 된다(17:20). 이런 명령들은 장차 여러 세기에 걸쳐 불순종되는 바람에 하나님이 인내하게 될 것이었다.

사사 시대가 막을 내리려고 할 즈음 한나는 장차 이스라엘에 도래할 왕에 관한 예언을 전하게 된다.

> 여호와를 대적하는 자는 산산이 깨어질 것이라.
> 하늘에서 우레로 그들을 치시리로다.
> 여호와께서 땅 끝까지 심판을 내리시고
> **자기 왕에게 힘을 주시며**
> 자기의 기름 부음을 받은 자의 뿔을 높이시리로다(삼상 2:10).

한나가 예언한 지 얼마 후, 사무엘은 장차 세워질 모든 왕들이 다 신명기가 요구하는 만큼 또는 한나의 예언이 약속한 만큼 신중하진 않을 것이라고 경고한다.

> 너희를 다스릴 왕의 제도는 이러하니라. 그가 너희 아들들을 데려다가 그의 병거와 말을 어거하게 하리니 그들이 그 병거 앞에서 달릴 것이며, 그가 또 너희의 아들들을 천

부장과 오십 부장을 삼을 것이며 자기 밭을 갈게 하고 자기 추수를 하게 할 것이며 자기 무기와 병거의 장비도 만들게 할 것이며, 그가 또 너희의 딸들을 데려다가 향료 만드는 자와 요리하는 자와 떡 굽는 자로 삼을 것이며, 그가 또 너희의 밭과 포도원과 감람원에서 제일 좋은 것을 가져다가 자기의 신하들에게 줄 것이며, 그가 또 너희의 곡식과 포도원 소산의 십일조를 거두어 자기의 관리와 신하에게 줄 것이며, 그가 또 너희의 노비와 가장 아름다운 소년과 나귀들을 끌어다가 자기 일을 시킬 것이며, 너희의 양 떼의 십분의 일을 거두어 가리니 너희가 그의 종이 될 것이라. 그날에 너희는 너희가 택한 왕으로 말미암아 부르짖되 그날에 여호와께서 너희에게 응답하지 아니하시리라(삼상 8:11-18).

큰 악으로 하나님의 뜻을 이루다

그럼에도 불구하고 백성은 왕을 갖겠다고 고집한다. 그들은 사울을 데려다가 왕으로 삼는다(삼상 11:15). 그것은 경건한 행동이 아니었다. 그럼에도 하나님은 사무엘을 보내어 사울에게 기름을 붓게 하심으로써 사울에게 옥새를 찍으신다(삼상 15:1). 그러나 사무엘은 백성에게 그들이 왕을 요구함으로 "큰 악"을 범했다는 사실을 확실히 알게 한다.

너희의 하나님 여호와께서는 너희의 왕이 되심에도 불구하고 너희가 내게 이르기를 "아니라, 우리를 다스릴 왕이 있어야 하겠다" 하였도다 … 너희가 왕을 구한 일 곧 여호와의 목전에서 범한 죄악이 큼을 너희에게 밝히 알게 하시리라 … 사무엘이 백성에게 이르되 "두려워하지 말라. 너희가 과연 이 모든 악을 행하였으나 여호와를 따르는 데에서 돌아서지 말고 오직 너희의 마음을 다하여 여호와를 섬기라. 돌아서서 유익하게도 못하며 구원하지도 못하는 헛된 것을 따르지 말라. 그들은 헛되니라. 여호와께서는 너희를 자기 백성으로 삼으신 것을 기뻐하셨으므로 여호와께서는 그의 크신 이름을 위해서라도 자기 백성을 버리지 아니하실 것이요"(삼상 12:12, 17, 20-22).

이처럼 하나님이 "그의 크신 이름을 위해" 행하시는 모습(12:22)은 우리가 앞에서 살펴본 것이다. 창조 이전 하나님의 목적(엡 1:4-6)에서, 창조의 행위에서(히 2:10), 출애굽에서(시 106:8), 광야에서(겔 20:9), 가나안 정복에서(수 4:24), 그리고 사사 시대에 이스라엘을 구출하는 장면(삿 7:2) 등에서 살펴보았다. 여기에서 너무나 뚜렷한 사실은 백성이 왕을 요구함으로써 방금 큰 악을 범했다는 점이다(삼상 12:17). 그것은 반역 행위였다. 그들에게 이미 왕이신 하나님이 계셨기 때문이다!(삼상 12:12). 그래서 하나님을 폐위시키는 바로 그 행위에 대해 하나님은 이렇게 말씀하신다. "너희는 확실히 멸망되어야 마땅하지만 내가 너희를 멸망하지 않을 것은 바로 '나의 이름을 위해서'다."

왕정이 죄를 통해 하나님의 은혜를 보여주다

달리 말하면, 이상한 섭리에 의해 이스라엘에 왕정제도가 시작되는 것은 적어도, 자기 백성을 다스리는 하나님의 통치가 절대로 자유롭고 주권적인 은혜에 기초해 있음을 보여주게끔 되어 있다. 하늘에 계신 정통적인 왕은 큰 심판으로 이런 반역을 공의롭게 진압할지 모른다. 그 대신 그는 "내가 내 백성을 버리지 않겠다"고 말씀하신다. 달리 말하면, "내가 이 반역자들을 향해 은혜를 아낌없이 베풀겠다. 나는 그들의 왕을 확증하고 그들을 멸망시키지 않겠다"는 것이다. 그리고 이 은혜의 근거는 무엇인가? 그는 "[하나님의] 큰 이름을 위해서"(삼상 12:22)라고 분명히 말씀하신다. 하나님의 자기 이름의 영광에 대한 헌신이 그의 백성(과 그들의 왕)에게 은혜를 베풀겠다는 헌신의 근거이다.

죄로 잉태된 왕정의 과분한 축복

이 이야기는 광범위한 함의를 갖고 있다. 죄로 잉태된 왕정제도를 인정하는 은혜란 이 왕정에서 나오는 모든 복이 과분한 것임을 의미한다. 이 왕정에서 흘러나오는 모든 복은 은혜이다. 어느 의미에서, 왕정은 늘 이스라엘의 반란을 보여주는 증거이다. 또 다른 의미에서, 왕정은 늘 왕정을 (문자적으로 한없는) 복의 근원으로 계획하신 하나님의 은혜를 보여주는 증거이다. 그리고 이 모든 은혜로운 복은 다음과 같은 토대를 의지할 것이다. 바로 하나님이 자기 이름의 영광을 지키기로 헌신하셨다는 것이다.

이제 이 왕정에서 흘러나오는 지극히 큰 복들 중에 세 가지만 살펴보자.

하나님을 찬송하고 백성을 기쁘게 하는 시인-왕

첫째, 다윗 왕은 하나님의 마음에 쏙 드는 왕의 위대한 모델로 묘사되어 있다(삼상 13:14; 행 13:22). 그리고 그는 무엇으로 가장 유명한가? 그의 노래들이다.

> 이것은 다윗이 마지막으로 남긴 말이다. 이새의 아들 다윗이 말한다.
> 높이 일으켜 세움을 받은 용사,
> 야곱의 하나님이 기름 부어 세우신 왕,
> 이스라엘에서 아름다운 시를 읊는 사람이 말한다(삼하 23:1, 새번역).

다윗이 이스라엘의 모든 시를 지은 것은 아니지만, 그의 이름은 이스라엘의 위대한 시인으로 알려져 있어서 우리는 여기서 은혜의 큰 아이러니를 보지 않을 수 없다. 말하자면, 이스라엘을 다스리는 왕의 제도가 반역으로 세워졌는데, 하나님이 이를 뒤집어 한 세대 만에 하나님을 높이는 찬송의 원천으로 바꿔놓으신 것이다. 달리 말해, 이 왕정은 "하나님의 큰 이름을 위해" 존재했다는 뜻이다. 다른 무슨 이유로 하나님이 찬송하는 시인을 신실한 왕의 패러다임으로 임명했겠는가? 다윗은 누구보다도 더 시적 찬송을 이스라엘의 삶의 중심으로 굳히는 역할을 했다. 시편들은 한 위대한 메시지를 갖고 있다. 바로 하나님은 찬송을 받을 만한 분이란 메시지다. 그리고 이 찬송은 인간이 마땅히 누릴 즐거움이다.

여호와를 찬송하라, 여호와는 선하시며

그의 이름이 아름다우니 그의 이름을 찬양하라(시 135:3).

하나님은 찬송을 받으신다. 우리는 즐거움을 얻는다. 이것이 다윗이 왕으로서 이룬 업적의 정수였다. 다윗이 없었다면 아마 시편이 없을 것이다. 이것이 그의 왕정이 맺은 최대의 열매였다. 그래서 왕정은 놀라운 은혜의 섭리였던 것이다.

하나님의 이름을 높이려고 용서의 자비를 구하는 건축자─왕

둘째, 다윗 왕의 계획과 솔로몬 왕의 실행에 힘입어 여호와의 성전이 이스라엘에 세워졌다. 솔로몬이 드린 봉헌 기도(대하 6)를 살펴보면 이 건물이 무슨 뜻을 지니는지 분명히 알 수 있다. 물론 성전은 우주의 창조주가 집에 살 수 있다는 의미에서 하나님의 집은 아니다. "보소서, 하늘과 하늘들의 하늘이라도 주를 용납하지 못하겠거든 하물며 내가 건축한 이 성전이오리이까?"(6:18).

솔로몬의 기도는 그 집이 사람과 하나님 간의 영적 교류를 위한 일종의 물리적 장소를 제공한다는 것을 보여준다. 그리고 그 교류의 핵심은 이것이다. 죄 많은 사람이 거룩한 하나님과 그의 자비를 인정하고 도움을 간구하면 하나님이 용서하신다는 것. 예컨대, 솔로몬은 이것을 봉헌 기도에서 이렇게 표현한다.

주의 종과 주의 백성 이스라엘이 이곳을 향하여 기도할 때에 주는 그 간구함을 들으시되 주께서 계신 곳 하늘에서 들으시고 들으시사 사하여 주옵소서(6:21).

만일 주의 백성 이스라엘이 주께 범죄하여 적국 앞에 패하게 되므로 **주의 이름을 인정하고** 주께로 돌아와서 이 성전에서 주께 빌며 간구하거든, 주는 하늘에서 들으시고 주의 백성 이스라엘의 죄를 사하시고…(6:24-25).

만일 그들이 주께 범죄함으로 말미암아 하늘이 닫히고 비가 내리지 않는 주의 벌을 받을 때에 이곳을 향하여 빌며 **주의 이름을 인정하고** 그들의 죄에서 떠나거든, 주께서는 하늘에서 들으사 주의 종들과 주의 백성 이스라엘의 죄를 사하시고…(6:26-27).

달리 말하면, 성전은 "하나님의 이름", 곧 그의 본질적 성품과 위대함을 상징한다. 이 이름은 그의 공의와 은혜의 영광이다. 여기서 드려지는 제사는 그분이 용서하는 하나님이 되려 하신다는 것을 보여주는 증거이다. 그러나 제물이 없이는, 공의가 없이는 용서하지 않는 분이다(장차 그리스도가 모든 제물 뒤의 위대한 제물로 그 자신을 드릴 때 롬 3:23-25이 밝혀줄 것처럼).

그래서 한 죄인이 성전을 바라보며 이 이름을 인정하고 이 이름 때문에 용서를 구하면, 다윗이 말하듯이("여호와여 나의 죄악이 크오니 주의 이름으로 말미암아 사하소서," 시 25:11), 솔로몬은 그 죄인을 용서해달라고 호소하는 것이다. 이것이 이 집이 지닌 의미이다. 즉, '죄의 용서를 통해 여호와의 이름이 높아지는 것'이다.

하나님의 높아지심과 죄인을 향한 그분의 은혜가 합류된 현상은 '외국인'을 위한 호소가 담긴 솔로몬의 기도에서 절정에 이른다. 참으로 놀라운 기도이다.

주의 백성 이스라엘에 속하지 않은 이방인에 대하여도 그들이 **주의 큰 이름과 능한 손과 펴신 팔을 위하여** 먼 지방에서 와서 이 성전을 향하여 기도하거든, 주는 계신 곳 하늘에서 들으시고 모든 이방인이 주께 부르짖는 대로 이루사, **땅의 만민이 주의 이름을 알고 주의 백성 이스라엘처럼 경외하게 하시오며 또 내가 건축한 이 성전을 주의 이름으로 일컫는 줄을 알게 하옵소서**(대하 6:32-33).

솔로몬이 외국인들을 위해 기도하는 내용의 구조를 주목해보라. 첫째, 그들은 "주의 큰 이름을 위하여" 성전에 오고 있다. 둘째, 솔로몬은 하나님께 은혜롭게 반응해달라고 요청한다. "모든 이방인이 주께 부르짖는 대로 이루어주소서." 셋째, 이 은혜의 목적은 "땅의 만민이 주의 이름을 알게" 하는 것, 이 집을 "주의 이름으로 일컫는 줄"을 알게 하는 것, 그리고 그들이 "주님을 경외하게" 하는 것이다.

하나님의 이름에 대한 열정 때문에 외국인이 하나님의 자비를 구하게 된다. 그 사람이 하나님의 자비를 받으면 하나님의 이름을 알고 또 경외하게 된다. 그렇다면 하나님의 이름의 영광과 그의 자비의 위대함 간의 관계에 대해 우리가 어떻게 말할 수 있을까? 하나님의 자비는 하나님의 이름을 높이도록 되어 있다고 말할 수 있다. 외국인은 "주의 큰 이름을 위하여"(6:32) 하나님의 자비에 이끌림을 받았다. 그리고 그 자비를 맛본 결과로 외국인은 하나님의 이름을 알고 또 더욱더 경외하게 될 것이었다.

그러므로 이스라엘의 왕정은 다윗 왕을 통해 하나님의 이름의 영광을 시적으로 찬송하는 시대를 열었을 뿐만 아니라 솔로몬 왕을 통해 성전을 건축하기도 했는데, 그 목적은 하나님의 자비를 경험함으로써 하나님의 이름을 높이는 데 있었다.

아버지의 영광과 그 백성의 기쁨을 구하는 구원자-왕

셋째, 가장 놀랍고 또 어쩌면 가장 분명한 사실이 있다. 만일 이스라엘에 왕정이 존재하지 않았다면(아무리 악하게 되었다 할지라도), 마지막에 도래할 메시아인 예수님의 왕권도 존재하지 않을 것이다. 그랬다면, "다윗의 자손이여, 우리를 불쌍히 여기소서"(마 9:27)라는 외침도, "랍비여, 당신은 하나님의 아들이시요 당신은 이스라엘의 임금이로소이다!"(요 1:49)라는 나다나엘의 고백도, 겸손하게 당나귀를 타고 예루살렘에 들어가는 왕(마 21:5)도, 머리 위에 "유대인의 왕"(마 27:37)이란 죄패가 붙은 십자가형을 당한 구원자도, 그리고 "만왕의 왕"(딤전 6:15)이라 불리는 복귀하는 주권자도 없을 것이다.

달리 말하면, 하나님이 이스라엘에 왕정 수립을 명령하셨을 때, 하나님의 아들이 메시아로 오시는 성육신의 모든 왕적 측면들이 형성되고 있었던 것이다. 그리고 우리가 살펴볼 것처럼, 예수님이 땅과 하늘에서 행한 왕의 모든 사역은 그의 아버지의 영광, 특히 그분의 은혜의 영광을 드러내고 또 높이도록 되어 있었다.

> 말씀이 육신이 되어 우리 가운데 거하시매 우리가 그의 영광을 보니 아버지의 독생자의 영광이요 은혜와 진리가 충만하더라(요 1:14).

하나님의 은혜의 영광이 최종적으로 또 결정적으로 계시된 그 실체(다윗의 기름부음 받은 아들, 그리스도의 성육신의 계시)는 이스라엘의 왕정제도가 지닌 궁극적 의도였다. 말하자면, 우리가 왕이신 예수님의 영광의 계시 속에 그의 백성이 그 영광을 보고, 그 영광을 맛보고, 그 영광으로 빛나는 '경험'을 포함한다면, 그 계시는 궁극적인 사건이었다는 뜻이다.

이스라엘에 왕정제도를 수립하신 하나님의 섭리의 궁극적 목표가 이뤄지려면 왕이신 예수님의 구속받은 백성이 그 안에서 '그들의' 온전함과 '그분의' 온전함을 볼 수 있어야 한다. 이것이 바로 예수님이 요한복음 17장 24절에서 기도하신 것이다. "아버지여, 내게 주신 자도 나 있는 곳에 나와 함께 있어 … 내게 주신 '나의 영광을 그들로 보게' 하시기를 원하옵나이다." 그렇다. 그러나 그의 영광을 '보는' 것조차 궁극적인 목표가 아니다. 그 목표는 '기쁨으로' 보는 것이다. 예수님이 우리를 그의 궁극적 영광의 보좌로 영접하실 때, 그분은 "네 주인의 '즐거움'에 참여할지어다"(마 25:21)라고 말씀하실 것이다. 주인의 기쁨이 그의 온전해진 백성의 기쁨이 될 때는 그들의 기쁨이 충만해질 것이다(요 15:11). 그리고 그들은 완전한 기쁨으로 보게 될 그분의 형상으로 변화될 것이다(요일 3:2; 고후 3:18).

이스라엘 왕정제도의 궁극적 목적은 마침내 예수님이 "그 조상 다윗의 왕위"(눅 1:32-33)에 앉아서 구속받은 이스라엘뿐만 아니라 만국에서 온 예배자들의 왕국을 다스릴 때 실현될 것이다. 그들은 그분이 "만주의 주시요 만왕의 왕"(계 17:14)으로 드높아지는 모습을 볼 것이다. 그리고 그들이 그 은혜로운 통치 아래서 만족하게 될 것이다.

> 그러므로 그들이 하나님의 보좌 앞에 있고 또 그의 성전에서 밤낮 하나님을 섬기매 보좌에 앉으신 이가 그들 위에 장막을 치시리니, 그들이 다시는 주리지도 아니하며 목마르지도 아니하고 해나 아무 뜨거운 기운에 상하지도 아니하리니, 이는 보좌 가운데에 계신 어린 양이 그들의 목자가 되사 생명수 샘으로 인도하시고 하나님께서 그들의 눈에서 모든 눈물을 씻어 주실 것임이라(계 7:15-17).

그리고 그들은 기쁨이 넘쳐서 "자기 아버지 나라"와 "그의 그리스도의 나라"에서

"해와 같이 빛나리라"(마 13:43; 계 11:15). 그들이 기쁘게 변화되어 그리스도를 닮아가는 가운데, "영원하신 왕"(딤전 1:17)의 영광이 온 창조세계를 가득 채울 것이다. 이것이 바로 이스라엘에 왕정제도를 수립하신 하나님의 섭리의 궁극적 목표이다.

10.

예루살렘의 보호, 멸망 그리고 회복

 이스라엘이 한 독립 국가로서 수립한 왕정제도는 예루살렘이 강탈되고 바벨론으로 포로로 끌려가는 것으로 막을 내렸다. 예레미야의 예언에 따르면 바벨론 포로상태는 칠십 년 동안 지속될 것이었다. "이 모든 땅이 폐허가 되어 놀랄 일이 될 것이며 이 민족들은 칠십 년 동안 바벨론의 왕을 섬기리라"(렘 25:11). 이는 이스라엘에게, 그리고 특히 예루살렘에게 처참한 경험이었고, 이 비극은 예레미야애가에 가장 잘 묘사되어 있는 듯하다.

슬프다 이 성이여, 전에는 사람들이 많더니
이제는 어찌 그리 적막하게 앉았는고!
전에는 열국 중에 크던 자가
이제는 과부같이 되었고
전에는 열방 중에 공주였던 자가
이제는 강제 노동을 하는 자가 되었도다.
밤에는 슬피 우니 눈물이 뺨에 흐름이여…(애 1:1-2).

그 이야기를 들려주는 성경 저자들이 보기에는, 하나님이 예루살렘을 다루실 때 처음부터 끝까지 '그의 이름을 위해' 행하고 계셨다.

첫째, 하나님은 그의 이름을 위해 예루살렘을 보호하고 계셨고, 이후 그의 이름을 위해 예루살렘을 바벨론의 손에 넘기셨고, 그 이후 다시 그의 이름을 위해 그의 백성을 포로상태에서 구출하셨다. 성경은 하나님의 섭리의 이런 단계 하나하나를 우리에게 보여주면서 그의 이름의 영광을 드높이기 위한 그의 목적을 특별히 주목하게 한다.

"나의 이름을 위하여" 예루살렘을 방어하시다

하나님은 인내심을 발휘하여 오랫동안 예루살렘의 불성실함과 죄악을 참고 견디셨다(사 40:2; 애 1:8; 단 9:6; 미 1:5). 이제 앗수르의 왕 산헤립이 높은 성벽을 쌓은 유다 도시들과 대립했다. 그는 그 도시들을 취한 후 예루살렘을 취하려고 위협했다. 큰 군대와 함께 그의 사신을 예루살렘에 있던 히스기야 왕에게 보내 왕이 여호와를 신뢰한다고 그를 조롱했다(사 36:1-10).

그러나 하나님은 예루살렘을 산헤립의 손에서 구출하셨고, 선지자 이사야는 이 놀라운 자비에 담긴 하나님의 목적이 무엇인지를 말해준다. "대저 내가 '나를 위하며 내 종 다윗을 위하여' 이 성을 보호하며 구원하리라"(사 37:35). 하나님이 죄 많은 예루살렘에 인내와 자비를 베푸신 것은 단연코 그들의 믿음이나 그들의 의로움 때문이 아니었다. 그 이유는 그의 이름의 영광을 위한 하나님의 열정 때문이었고, 이는 그분이 자유로이 다윗과 맺었던 언약을 포함했다. "내가 '나를 위하며 내 종 다윗을 위하여' 이 성을 보호하며 구원하리라"(사 37:35; 참고. 왕하 19:34; 20:6).

믿음에 반응하여 하나님이 구출하시다

나는 예루살렘의 구출이 단연코 그들의 믿음이나 그들의 의로움 때문이 아니었다고 말하는데, 그렇다고 해서 하나님의 백성의 믿음과 그들이 경험하는 신적인 구출 사이에 상관성이 절대로 없다는 뜻은 아니다. 그런 경우가 종종 있다. 하나님이 아브라함과 언약을 맺은 초기부터, 주님은 믿음의 순종과 우리가 받는 많은 복 사이에 상관관계를 세우셨다. "'네가 나에게 순종하였으므로' 네 후손을 통해 세상의 모든 민족이 복을 받을 것이다"(창 22:18, 현대인의 성경). 이 '순종'은 아브라함의 믿음이 맺은 열매였는데, 이를 사도 바울은 "믿음의 순종"(롬 1:5; 15:18; 16:26) 또는 "믿음의 행실"(살전 1:3; 살후 1:11)이라 부른다. 왜냐하면 아브라함이 "여호와를 '믿으니' 여호와께서 이를 그의 의로 여기셨기" 때문이다(창 15:6). 그런 순종 때문에 많은 복이 하나님의 백성에게 흘러들어간다.

따라서 다윗이 하나님께 이렇게 말하는 것이다.

우리 조상들이 주께 의뢰하고 의뢰하였으므로 그들을 건지셨나이다(시 22:4).

그리고 다니엘이 사자 굴에서 구출을 받았을 때 저자가 이렇게 말한다. "그들이 다니엘을 굴에서 올린즉 그의 몸이 조금도 상하지 아니하였으니 '이는 그가 자기의 하나님을 믿음이었더라'"(단 6:23).

하나님의 자비에 관한 다른 이야기들도 이와 똑같은 메시지를 전달한다. "르우벤 자손과 … 그들이 … 도우심을 입었으므로 하갈 사람과 그들과 함께 있는 자들이 다 그들의 손에 패하였으니 이는 그들이 싸울 때에 '하나님께 의뢰하고 부르짖으므로' 하나님이 그들에게 응답하셨음이라"(대하 5:18, 20). 유다의 왕, 여호사밧은 백성에게 이렇게 말한다. "유다와 예루살렘 주민들아, 내 말을 들을지어다. 너희는 너희 하나님 여호와를 신뢰하라, 그리하면 견고히 서리라. 그의 선지자들을 신뢰하라, 그리하면 형통하리라"(대하 20:20).

그리고 다윗은 이렇게 말한다. "여호와께서 그들[의인들]을 도와 건지시되 악인들에게서 건져 구원하심은 '그를 의지한 까닭이로다'"(시 37:40). 다윗 이후의 다른 왕들도 마찬가지다. "'그[웃시야]가 여호와를 찾을 동안에는' 하나님이 형통하게 하셨더라"(대하 26:5). "'요담이 그의 하나님 여호와 앞에서 바른 길을 걸었으므로' 점점 강하여졌더라"(대하 27:6).

그 정반대도 사실이다. 심판은 종종 불신과 죄에 따라온다. "'만일 너희가 너희의 하나님 여호와께서 너희에게 명령하신 언약을 범하고' 가서 다른 신들을 섬겨 그들에게 절하면, 여호와의 진노가 너희에게 미치리니 너희에게 주신 아름다운 땅에서 너희가 속히 멸망하리라"(수 23:16). "'네가 나를 버렸고 내게서 물러갔으므로' 네게로 내 손을 펴서 너를 멸하였노니"(렘 15:6). "'이는 그의 조상들의 하나님 여호와를 버렸음이라.' 르말랴의 아들 베가[이스라엘 사람]가 유다에서 하루 동안에 용사 십이만 명을 죽였으며"(대하 28:6). 그런즉 하나님이 종종 믿음에는 구출로, 불신에는 심판으로 응답하시는 것이 분명하다.

그럼에도 불구하고, 욥기와 다른 곳들(예, 시 44:22; 참고. 롬 8:36)은 때때로 하나님이 경건한 사람들이 큰 환난을 겪도록 허용하신다는 것을 명백히 한다. 그분이 언제나 그들을 환난으로부터 구출하진 않고 종종 환난을 통해 구출하신다(시 34:19). 히브리서의 저자는 구약의 믿음의 역사를 뒤돌아보며 이 점을 확증한다. 한편으로, 믿음은 큰 승리를 거두었던 길이다.

> 그들은 믿음으로 나라들을 정복하고, 정의를 실천하고, 약속된 것을 받고, 사자의 입을 막고, 불의 위력을 꺾고, 칼날을 피하고, 약한 데서 강해지고, 전쟁에서 용맹을 떨치고, 외국 군대를 물리쳤습니다. 믿음으로 여자들은 죽었다가 부활한 가족을 다시 맞이하였습니다(히 11:33-35a, 새번역).

다른 한편, 바로 그 믿음은 신자들이 큰 환난을 견디었던 길이기도 했다.

> 또 어떤 이들은 고문을 당하면서도 더 좋은 부활의 삶을 얻고자 하여, 구태여 놓여나기를 바라지 않았습니다. 또 어떤 이들은 조롱을 받기도 하고, 채찍으로 맞기도 하고, 심지어는 결박을 당하기도 하고, 감옥에 갇히기까지 하면서 시련을 겪었습니다 … 이 사람들은 모두 믿음으로 말미암아 훌륭한 사람이라는 평판은 받았지만, 약속된 것을 받지는 못하였습니다(11:35b, 39).

히스기야의 기도 때문에, 하나님의 자기 영광에 대한 열정 때문에

나는 죄 많은 예루살렘을 향한 하나님의 자비가 단연코 그들의 믿음이나 그들의 의로움 때문이 아니고 그의 이름의 영광을 위하는 하나님의 열정 때문이었다고 말하는데, 그렇다고 하나님이 히스기야의 믿음의 기도 또는 이사야의 예언에 반응하지 않으셨다는 뜻은 아니다. 왜냐하면 히스기야는 진실로 구출을 위해 기도했고 이사야가 그 기도에 반응하여 산헤립에게 파멸의 말을 전달했기 때문이다. 예루살렘을 구출해달라는 히스기야의 기도가 하나님을 기쁘게 했던 믿음의 기도(시 147:10-11)였던 이유는 바로 '그 기도가 하나님 백성의 나쁜 죄악에서 눈길을 돌린 채 그 호소를 그분의 영광을 위하는 하나님의 열정에 기반을 두었기 때문이다.' 그 자신의 이름에 대한 하나님의 헌신은 구출에 결정적 역할을 한다.

히스기야는 하나님의 도성이 위협을 받았을 때 이렇게 기도했다.

> 그룹 사이에 계신 이스라엘 하나님 만군의 여호와여, 주는 천하만국에 유일하신 하나님이시라 주께서 천지를 만드셨나이다. 여호와여, 귀를 기울여 들으시옵소서. 여호와여 눈을 뜨고 보시옵소서. 산헤립이 사람을 보내어 살아 계시는 하나님을 훼방한 모든 말을 들으시옵소서 … 우리하나님 여호와여, 이제 우리를 그의 손에서 구원하사 **천하만국이 주만이 여호와이신 줄을 알게 하옵소서**(사 37:16-17, 20).

히스기야의 기도는 예루살렘이 구출할 만한 가치가 있음에 호소하지 않고 하나님이 경배할 만한 분임에 호소했다. 하나님을 높이는 이런 기도에 이사야는 이런 반응을 보였다.

> 이스라엘의 하나님 여호와께서 말씀하시되 "네가 앗수르의 산헤립 왕의 일로 내게 기도하였도다" 하시고, 여호와께서 그에 대하여 이같이 이르시되 … 대저 "내가 나를 위하며 내 종 다윗을 위하여 이 성을 보호하며 구원하리라"(37:21-22, 35).

이어서 이런 내용이 나온다. "여호와의 사자가 나가서 앗수르 진중에서 십팔만 오천 인을 쳤으므로 아침에 일찍이 일어나 본즉 시체뿐이라"(37:36).

산헤립의 군대는 '히스기야가 기도했기 때문에' 멸망되었다(37:21)는 말과 그 군대는 '하나님의 자기 이름에 대한 열정 때문에' 멸망되었다는 말 사이에는 모순이 없다. 그 이유는 히스기야의 기도가 정확히 하나님의 자기 이름에 대한 열정에 호소했기 때문이다. "우리 하나님 여호와여, 이제 우리를 그의 손에서 구원하사 '천하만국이 주만이 여호와이신 줄을 알게 하옵소서'(사 37:20).

이런 이유로 이스라엘 역사(그리고 교회의 역사)를 통틀어 하나님은 그의 백성이 도움을 요청하는 신실한 기도에 응답하시는 것이다. 믿음은 그 본질상 우리 자신과 우리의 죄성으로부터 눈길을 돌리고 우리가 받은 모든 도움을 하나님의 자기 이름에 대한 열정 덕분으로 돌린다. 주의 이름을 위하여 우리를 용서하소서(시 25:11). 주의 이름을 위하여 우리를 구원하소서(시 106:8). 주의 이름을 위하여 우리를 살려주소서(시 143:11). 주의 이름을 위하여 나를 의의 길로 인도하소서(시 23:3). 믿음은 이렇게 기도한다. 믿음은 자신의 부족함에 실망하여 모든 것이 충분한 하나님을 바라보기 때문이다. 이 때문에 바울은 로마서 4장 20절에서 아브라함의 믿음이 "하나님께 영광을 돌렸다"고 말하는 것이다.

예수님은 주기도문의 첫 번째 간구로 "하늘에 계신 우리 아버지여 이름이 거룩히 여김을 받으시오며"(마 6:9)라고 기도했는데, 이는 하나님의 이름이 경외를 받고 소중히 여겨지고 영예를 얻게 해달라는 뜻으로서 모든 믿음의 기도의 관석이 바로 하나님의 영광을 위한 열정임을 보여주신 것이다. 예수님의 가르침에 따르면, 무엇보다 먼저 우리는 하나님께서 스스로 위대한 분으로 보이고 경외 받게 해주시길 간구해야 한다는 뜻이다.

그러므로 이사야가 하나님은 '히스기야가 기도했기 때문에'(사 37:21) 예루살렘을 구출하실 것이고, 또 하나님이 '그의 이름을 위하여'(37:35) 예루살렘을 구출하실 것이라고 말할 때, 이 둘이 동일한 동기인 것은 히스기야의 기도가 주님께 그 자신을 위해 행동해달라고 호소했기 때문이었다. 그런즉 여러 세대에 걸쳐 예루살렘이 멸망되지 않고 구출되었던 이유는 하나님의 섭리의 궁극적 목적이 "천하만국이 주만이 여호와이신 줄을 알게[그리고 그 영광스러운 진실을 기뻐하게] 하는"(37:20) 것이었기 때문이다.

하나님의 인내가 바닥날 때에도 그분의 이름이 높아진다

그러나 장차 하나님의 예루살렘에 대한 인내와 언약 백성을 향한 영원한 사랑(렘 31:3)이 이스라엘, 곧 여러 세대에 걸쳐 그분을 버리고 다른 데서 즐거움을 찾는 그 백성에 대한 심판을 배제하지 않을 날이 도래할 것이었다.

> 네 악이 너를 징계하겠고
> 네 반역이 너를 책망할 것이라.
> 그런즉 네 하나님 여호와를 버림과 네 속에 나를 경외함이 없는 것이
> 악이요 고통인 줄 알라(렘 2:19).

예루살렘의 우상숭배에 대한 하나님의 인내는 지혜롭고 거룩한 종말에 도달한다. 하나님의 자기 이름의 영광에 대한 열정은 그동안 그의 인내의 영광을 보여주었다. 이제는 예루살렘에 대한 끔찍한 심판을 통해 그의 거룩하심과 공의의 영광을 보여주게 된다. 이 역시 그의 이름의 영광의 일부이다.

> 그러므로 나 주 여호와가 말하노라. 내가 나의 삶을 두고 맹세하노니 네가 모든 미운 물건과 모든 가증한 일로 내 성소를 더럽혔은즉 나도 너를 아끼지 아니하며 긍휼을 베풀지 아니하고 미약하게 하리니, 너희 가운데에서 삼분의 일은 전염병으로 죽으며 기근으로 멸망할 것이요 삼분의 일은 너의 사방에서 칼에 엎드러질 것이며 삼분의 일은 내가 사방에 흩어 버리고 또 그 뒤를 따라 가며 칼을 빼리라. 이와 같이 내 노가 다한즉 그들을 향한 분이 풀려서 내 마음이 가라앉으리라. 내 분이 그들에게 다한즉 **나 여호와가 열심으로 말한 줄을 그들이 알리라**(겔 5:11-13).

> 내가 그들을 이방인 가운데로 흩으며 여러 나라 가운데에 헤친 후에야 **내가 여호와인 줄을 그들이 알리라**(겔 12;15).

> 내가 그들을 대적한즉 그들이 그 불에서 나와도 불이 그들을 사르니 내가 그들을 대

적할 때에 '내가 여호와인 줄 너희가 알리라'(겔 15:7).

하나님은 "[그의] 열심으로"(겔 5:13) 예루살렘을 심판하실 때 그의 목적이 그들로 "내가 여호와인 줄을" 알게 하는 것이라고 말씀하신다. 그 의미는 마치 주님이 예루살렘의 애정을 받을 자격이 없는 것처럼, 마치 그들이 다른 남편의 품속에서 더 큰 즐거움을 누릴 수 있는 것처럼, 예루살렘이 불성실한 아내처럼 다른 연인들을 좇아 갔다는 것이다.

네가 많은 무리와 행음하고서도 내게로 돌아오려느냐?
여호와의 말씀이니라(렘 3:1).

너를 사랑하던 자가 다 너를 잊고 찾지 아니하니
이는 네 악행이 많고 네 죄가 많기 때문에
나는 네 원수가 당할 고난을 네가 받게 하며 잔인한 징계를 내렸도다
(렘 30:14; 참고. 겔 16:31-34).

이중적인 악: 하나님께 대한 간음

"주님"께 대한 "행음" 내지는 간음이 특히 사악한 이유는, 6장에서 보았듯이, "주님"이란 이름이 하나님의 일반적인 이름이 아니라 이스라엘의 하나님의 개인적인 이름, 곧 여호와이기 때문이다. 예루살렘에 심판이 다가오는 것은 그 백성이 가장 고귀한 실체와 가장 소중한 관계를 경멸했기 때문이었다. 예레미야는 이를 이중적인 악이라 부른다.

내 백성이 두 가지 악을 행하였나니
곧 그들이 생수의 근원되는 나를 버린 것과
스스로 웅덩이를 판 것인데

그것은 그 물을 가두지 못할 터진 웅덩이들이니라(렘 2:13).

첫째 악: 하나님을 경멸하는 것. 둘째 악: 더러움을 선호하는 것. 이것이 바로 악의 본질이다. 무한히 고귀하고 참으로 만족스러운 하나님을 무가치하고 불만족스러운 존재로 평가한 후 만족을 찾기 위해 흙을 파서 터진 웅덩이를 만드는 것이다. 세상에 그보다 더 큰 이름에 대한 더 큰 조롱은 없다. 이 때문에 심판이 예루살렘에 다가오는 중이다.

에스겔이 끊임없이 상기시키는 것

하나님의 열심(질투)은 경쟁자 때문에 생기는 개인적인 울화통이 아니다. 무한히 선하고 만족스러운 실체를 조롱하는 것이 신성모독이요 자살행위임을 아는 분이 품는 신중하고 적절하며 거룩한 분노이다. 질투하는 하나님의 심판은 터진 웅덩이 때문에 퇴짜를 받은 인격이 얼마나 고귀하고 아름다운 분인지를 드러내는 능동적인 행위이다.

에스겔이 "[그들이] 내가 여호와인 줄을 알게 하려고"(5:13; 12:15; 15:7) 예루살렘에 심판이 다가오는 중이라고 말하는 것은 우리가 하나님의 이름, "주님"(여호와)의 위대함으로 보게 하기 위해서다. 에스겔서에서 에스겔은 칠십 두 번이나 하나님이 그런 행동을 하시는 것은 "너희로 내가 여호와인 줄을 알게" 하기 위함이라고 말한다. 다른 열 번에 걸쳐 "나는 여호와이다"라고 말한다. 끔찍한 징벌(33:29)과 짜릿한 구원(20:44) 모두 이 동기("너희로 내가 여호와인 줄을 알게 하는 것")에 뿌리를 박고 있다. "나는 여호와이다"라는 말은 출애굽기 3장 14절에 나오는 "나는 스스로 있는 자이다"란 이름을 상기시켜준다.

달리 말하면, 에스겔은 여든 번도 넘게 우리에게 다음 사항을 상기시켜준다. 너희가 절대적으로 존재하는 하나님[1]을 다루고 있다는 사실을 결코, 절대로 잊지 말

---

[1] 6장에서 살펴보았듯이, 하나님이 출 3:14에서 여호와("나는 스스로 있는 자이다")란 이름을 주셨을 때 그 이름의 뜻을 상기해보라.

라는 것. 그분은 스스로 존재하는 분이다. 그분은 자기가 행할 바를 행하신다. 그분은 자기가 원할 것을 원하신다. 그분은 그 자신밖에 어떤 것도 따르지 않으신다. 그분은 자기가 되고 싶은 그 무엇이 되려고 애쓰지 않는다. 그분은 궁극적이고, 기원이 없고, 절대적이고, 독립적이고, 자기 충족적이고, 궁극적인 실체이시다.

에스겔은, 이 궁극적이고 절대적이고 너무나 중요하고 일차적인 실체가 다른 무엇보다 더 우리의 의식을 지배해야 한다고 상기시켜준다. 우리가 우리의 시계를 볼 때는 이 시계가 하나님께 의존해 있다는 놀라운 사실을 인식해야 한다. 우리가 눈으로 밤하늘의 은하계를 둘러볼 때는 그것들이 하나님의 손가락으로 슬쩍 만든 것이고(시 8:3), 그 존재의 백만분의 1초마다 그분의 생각에 완전히 의존하고 있다(히 1:3)는 사실로 기뻐해야 한다.

에스겔이 "너희로 내가 여호와인줄을 알게 하기" 위해서라고 그처럼 거듭해서 예언하는 의도가 있다. 그 의도는 우리로 하여금 우주에서(미국에서, 중국에서, 브라질에서, 나이지리아에서, 한국에서, 우리의 침실에서, 우리의 생각에서) 가장 높은 실체가 바로 '여호와', 곧 절대적으로 존재하시는 하나님이심을 늘 의식하며 살게 하려는 것이다. 그분보다 더 중요한 것은 없다. 그분보다 더 널리 퍼져있는 것은 없다. 그분보다 더 적실한 것은 없다. 그분보다 더 영광스러운 것은 없다. 그분보다 더 아름다운 것은 없다. 그분보다 더 만족스러운 것은 없다.

하나님이 반역적인 예루살렘을 몇 세기 동안 참은 것(겔 2:3-5)과 마침내 그들을 바벨론 포로가 되도록 넘겨주신 것은 모두 하나님 섭리의 목적의 일부이다. 둘 다 "그들로 내가 여호와인 줄을 알게 하는" 목적에 따라 일어났다. 그들은 하나님이 변함없이 그의 거룩한 이름의 가치와 아름다움에 헌신해 있음을 보게 될 것이다. 즉, 자비로운 인내심을 발휘하실 때나 공의로운 심판을 실행하실 때나 그러할 것이다.

그들의 기쁨과 "복음적인 굴욕"을 도모하는 회복

그러나 자비가 그의 백성을 향한 최후의 말이 될 것이다. 하나님의 이름은 그분이 이스라엘의 영원한 기쁨과 그분의 영광을 위해 이스라엘에게 제공하는 위대한 보배이다. 하나님은 그의 백성이 그의 이름을 조롱했기 때문에 예루살렘에 내린 심판을 끝내심으로써 그들이 그의 이름을 맛보는 기쁨을 누리게 하기로 작정하셨다.

> 이 성읍이 세계 열방 앞에서 나의 **기쁜 이름**이 될 것이며 찬송과 영광이 될 것이요, 그들은 내가 이 백성에게 베푼 모든 복을 들을 것이요(렘 33:9).

그런데 하나님이 그의 백성을 포로상태에서 회복시키겠다는 약속을 살펴보면 무언가 특별한 것이 있다. 그분은 그의 자비가 이스라엘의 의로움 때문이 아님을 분명히 함으로써 그 자신의 이름(그 이름의 거룩함)의 지고함을 확대시킨다. 주님은 에스겔서에서 세 번에 걸쳐 그의 거룩함과 그의 이름을, 이스라엘을 포로상태에서 구출하는 자비의 동기로 드높이신다. 그와 동시에 이 회복이 "너희[이스라엘]를 위함이 아니라"(겔 36:22)는 사실을 분명히 주목하게 하기 때문에 이 동기가 더욱 뚜렷이 부각되고 있다. 그들의 회복은 이중적으로 은혜로운 것이었다. 하나는, 죄가 있음에도 불구하고 회복되었고, 다른 하나는, 의로움이 없음에도 불구하고 회복되었기 때문이다.

이는 하나님이 그 자비의 근거(포로상태에서 돌아오게 하는 근거)가 그의 거룩함과 그의 이름에 대한 열정이었음을 애써서 명백히 하고 계시다는 뜻이다. 다음은 예루살렘을 구원하실 때 하나님의 이름의 거룩함을 높이는 세 대목이다. 내가 예전에 조나단 에드워즈의 『신앙감정론』을 읽고 있을 때 처음으로 이 대목들의 위력을 느꼈던 적이 기억난다. 그 책에서 에드워즈는 참된 그리스도인의 열두 가지 징표를 제시하는데, 이는 단순한 인간 감정이 아니라 은혜에 의해 창조되고 형성된 감정들, 즉 "진실로 은혜로운 감정들"의 열두 가지 징표를 말한다. 그 중에서 여섯 번째 징표는 "복음적인 굴욕을 수반하는 은혜로운 감정들"이다.[2]

나는 이 본문에 대한 해설을 읽을 때까지는 '굴욕'(humiliation)이란 단어에 주춤했다. 에드워즈의 생각에는 "복음적인 굴욕"이 하나님의 자비에 대한 가장 강렬한 기쁨과 일관성이 없지 않고 오히려 그 일부이다. 그는 이렇게 설명한다.

---

[2] Jonathan Edwards, *Religious Affections*, ed. John E. Smith and Harry S. Stout, vol. 2, *The Works of Jonathan Edwards* (New Haven, CT: Yale University Press, 2009), 311.

비록 그리스도께서 우리의 비탄을 짊어지시고 우리의 슬픔을 당하셔서 우리가 징벌의 슬픔에서 해방되고 또 이제는 그리스도께서 우리를 위해 사신 위로를 맛있게 먹게 되었지만, 그것이 이런 위로를 먹는 것에 회개의 슬픔이 수반되는 것을 방해하지 않는다.3)

은혜로 구원받고 당혹스러워지다

에드워즈는 다음 대목들을 곰곰이 생각한 후 그런 결론에 도달하게 되었다. 이제 나는 당신도 그와 함께 이 대목들을 곰곰이 생각해보라고 권하고 싶다. 이 본문들은 모두 하나님이 자비를 베풀어 이스라엘을 포로상태에서 구출하시고 예루살렘의 행운을 회복시키실 때 작용했던 하나님의 자기영광의 동기에 관해 다루고 있다.

내가 너희를 인도하여 여러 나라 가운데에서 나오게 하고 너희가 흩어진 여러 민족 가운데에서 모아 낼 때에 내가 너희를 향기로 받고 내가 또 너희로 말미암아 내 거룩함을 여러 나라의 목전에서 나타낼 것이며, 내가 내 손을 들어 너희 조상들에게 주기로 맹세한 땅 곧 이스라엘 땅으로 너희를 인도하여 들일 때에 **너희는 내가 여호와인 줄 알고**, 거기에서 너희의 길과 스스로 더럽힌 모든 행위를 기억하고 이미 행한 모든 악으로 말미암아 스스로 미워하리라. 이스라엘 족속아, 내가 너희의 악한 길과 더러운 행위대로 하지 아니하고 **내 이름을 위하여** 행한 후에야 **내가 여호와인 줄 너희가 알리라**. 주 여호와의 말씀이니라(겔 20:41-44).

그들[이스라엘]이 이른바 그 여러 나라에서 내 거룩한 이름이 그들로 말미암아 더러워졌나니 곧 사람들이 그들을 가리켜 이르기를 "이들은 여호와의 백성이라도 여호와의 땅에서 떠난 자라" 하였음이라. 그러나 이스라엘 족속이 들어간 그 여러 나라에서 더럽힌 **내 거룩한 이름을 내가 아꼈노라**. 그러므로 너는 이스라엘 족속에게 이르기를 주 여호와께서 이같이 말씀하시기를 이스라엘 족속아, 내가 이렇게 행함은 **너희를 위함이 아니**

---
3) Edwards, *Religious Affections*, 366

요 너희가 들어간 그 여러 나라에서 더럽힌 **나의 거룩한 이름을 위함이라**. 여러 나라 가운데에서 더럽혀진 이름 곧 너희가 그들 가운데에서 더럽힌 **나의 큰 이름을 내가 거룩하게 할지라**. 내가 그들의 눈앞에서 너희로 말미암아 나의 거룩함을 나타내리니 내가 **여호와인 줄을 여러 나라 사람이 알리라**. 주 여호와의 말씀이니라(겔 36:20-23).

내가 네게 내 언약을 세워 내가 여호와인 줄 네가 알게 하리니, 이는 내가 네 모든 행한 일을 용서한 후에 네가 기억하고 놀라고 부끄러워서 다시는 입을 열지 못하게 하려 함이니라. 주 여호와의 말씀이니라(겔 16:62-63).

내가 이 본문들과 조나단 에드워즈의 성찰을 읽었을 때는 내가 속한 세기(당시는 20세기)의 세계보다 하나님 중심의 은혜의 세계 속에 있는 것처럼 느꼈다. 나는 여전히 그렇게 느끼고 있다. 이것이 내가 이 책을 쓰는 한 가지 이유이다. 현대인들에게 하나님의 의로운 공포가 아니라 그의 속죄의 자비로 인해 "당혹스러워져서" 입을 다물어야 한다고 말하면 대다수가 충격을 받는다. 이는 사실상 매우 옳다. 가슴이 찢어졌다가 은혜로 치유를 받은 사람은 이를 안다. 그리스도 안에서 영위하는 삶은 과거의 죄와 남아있는 타락상에 대한 후회가 없다고 생각하는 것은 값싼 은혜이지 진정한 은혜가 아니다.

겸손하고 가슴 아픈 기쁨

그러나 이 후회(이는 생명으로 이끌어준다, 고후 7:9-11)는 가장 깊고 가장 만족스러운 기쁨과 전혀 모순되지 않는다. 사실 하나님의 자비에 대한 우리의 기쁨은 우리가 예나 지금이나 받을 자격이 얼마나 없는지를 깨달을 때 더욱 커지는 법이다. 이처럼 자격이 없다는 깨달음은 그저 지적인 개념이 아니라 진정한 경험이다. 우리의 마음 속 깊이 느끼는 것이다. 그리고 새로운 창조(그리스도 안에 있는 새로운 사람)에 대한 하나님의 계획에 따라서 세상에게는 완전한 모순처럼 보이는 것이 참된 그리스도인에게는 심오한 즐거움이 되는 것은 하나의 역설이다. 에드워즈는 이 경험을 내가 여태껏 읽은 가장 아름다운 대목들 중 하나에 이렇게 묘사한다.

> 그리스도께 감미로운 향기가 되는 모든 은혜로운 감정, 그리스도인의 영혼을 하늘의 향내와 향기로 가득 채우는 그런 감정은 가슴 아픈 감정이다. 하나님이나 사람을 향한 진정한 그리스도인의 사랑은 겸손한 가슴 아픈 사랑이다. 성도들의 욕망들은 아무리 진지해도 겸손한 욕망들이다. 그들의 소망은 겸손한 소망이다. 그리고 그들의 기쁨은 말할 수 없는, 영광이 가득한 기쁨일지라도 겸손한 가슴 아픈 기쁨이고, 그리스도인의 심령을 더 가난한 상태로, 작은 어린이와 같은 상태로 남겨두고, 언제나 자기를 낮추고픈 마음이 들도록 해준다.[4]

여기서 나의 요점은, 예루살렘의 행운을 회복하실 때[그리고 이스라엘에게 그들이 바벨론에서 되돌아올 때 경험했던 것(겔 36:24-36)보다 더 큰 미래를 약속하실 때] 하나님이 자기 이름의 거룩함을 입증하기 위해 행동하고 계셨다는 것이다. 그분 자신의 영광에 대한 하나님의 헌신이 이스라엘의 희망과 기쁨의 근거였던 것이다. 하나님께서 굴욕당한 도시를 회복시키실 때 스스로 만든 이름[시온, 곧 "그의 눈동자"(슥 2:8)]은 궁극적으로 '기쁜 이름'이었다. "이 성읍이 세계 열방 앞에서 나의 **기쁜 이름**이 될 것이다"(렘 33:9).[5]

기쁨에 대한 위협이 아닌 그 근거

나는 모든 독자가 다음 사실을 알게 되길 바란다. 하나님의 자기중심성, 즉 자기 이름, 자기의 거룩함, 자기의 영광을 높이는 것을 섭리의 궁극적 목적으로 삼기로 작정하신 것이 우리의 기쁨을 위협하지 않고 오히려 그 근거가 된다는 사실이다. 물론 우리의 기쁨이 하나님의 자기영광이 아닌 우리의 자기예찬에서 생긴다고 생각한다면, 이는 좋은 소식이 아닐 것이다. 그러나 자기 백성을 위한 하나님의 설계

---

4) Edwards, *Religious Affections*, 339-40.
5) 이스라엘의 먼 미래에 올 기쁨에 대한 충분한 논의는 5장의 마지막 부분을 참고하라.

는 그의 이름과 우리의 기쁨이 함께 상승한다는 것이다.

> 주께 피하는 모든 사람은 다 기뻐하며 주의 보호로 말미암아 영원히 기뻐 외치고
> 주의 **이름**을 사랑하는 자들은 주를 **즐거워하리이다**(시 5:11).

> 우리는 임금님의 승리를 소리 높여 기뻐하고,
> 우리 하나님의 **이름**으로 깃발을 높이 세워 승리를 **기뻐할** 수 있도록
> (시 20:5, 새번역).

> 만군의 하나님 여호와시여, 나는 주의 **이름**으로 일컬음을 받는 자라.
> 내가 주의 말씀을 얻어먹었사오니
> 주의 말씀은 내게 **기쁨**과 내 마음의 **즐거움**이오나(렘 15:16).

섭리의 목적이 어떻게 펼쳐질지에 대해 약속하다

구약성경에서 신약성경으로 건너가는 다리는 수많은 연결 부품들로 지어졌다. 이는 아름다운 다리라서 상세히 조사하고 흠모할 가치가 있다. 예수님은 한 번 이상 이런 조사를 하도록 격려하셨다.

> 너희가 성경에서 영생을 얻는 줄 생각하고 성경을 연구하거니와 이 성경이 곧 내게 대하여 증언하는 것이니라(요 5:39).

> 이에 모세와 모든 선지자의 글로 시작하여 모든 성경에 쓴 바 자기에 관한 것을 자세히 설명하시니라(눅 24:27).

이 다리의 연결 부품들 가운데 두드러지는 부품은 예레미야와 예수님이 "새 언약"이라 부르는 것이다(렘 31:31; 눅 22:20). 이 언약은 구약에 약속되었다가 신약에서

제정되었기 때문에, 이를 하나님이 마침내 예수 그리스도를 통해 섭리의 궁극적 목적을 어떻게 이루실지를 포괄적으로 묘사하는 것으로 볼 수 있다.

이제 제2부의 나머지 부분(11-14장)에서 이 주제를 다룰까 한다.

3편

섭리의 궁극적 목표:
새 언약의 설계와 제정

11.

새 언약의 설계

구약과 신약을 잇는 다리는 대체로 하나님께서 언젠가 새로운 언약을 제정하실 것이라는 약속 위에 세워졌다. 예수 그리스도를 통한 이 언약의 제정은 하나님의 섭리의 궁극적 목적이 실현되는, 모든 것을 포괄하는 길로 입증될 것이었다. 제2부의 나머지 부분(11-14장)은 그 길을 따라 섭리의 목적을 추적한다. 이번 장은 주로 그리스도의 새 언약 제정(이는 2부의 나머지 장들에서 다룰 것이다)에 초점을 맞추지 않고 그 언약의 내부 설계에 초점을 두려고 한다. 달리 말해, 구약성경에 표현된 그 언약에 대한 약속들에 초점을 두겠다는 것이다.

새 언약에 대한 진술

새 언약을 진술하는 구약의 고전적인 본문은 예레미야서 31장 31-34절이다. 히브리서 8장과 10장에 인용된 이 본문은 그리스도가 "더 나은 언약"의 중보자임을 보여주고 있다(히 7:22; 8:6).

여호와의 말씀이니라, 보라, 날이 이르리니 내가 이스라엘 집과 유다 집에 새 언약을 맺으리라. 이 언약은 내가 그들의 조상들의 손을 잡고 애굽 땅에서 인도하여 내던 날에 맺은 것과 같지 아니할 것은 내가 그들의 남편이 되었어도 그들이 내 언약을 깨뜨렸음이라, 여호와의 말씀이니라. 그러나 그날 후에 내가 이스라엘 집과 맺을 언약은 이러하니, 곧 내가 나의 법을 그들의 속에 두며 그들의 마음에 기록하여 나는 그들의 하나님이 되고 그들은 내 백성이 될 것이라, 여호와의 말씀이니라. 그들이 다시는 각기 이웃과 형제를 가리켜 이르기를 "너는 여호와를 알라" 하지 아니하리니 이는 작은 자로부터 큰 자까지 다 나를 알기 때문이라. 내가 그들의 악행을 사하고 다시는 그 죄를 기억하지 아니하리라, 여호와의 말씀이니라.

이 새 언약은 시내 산의 언약 또는 모세 언약과 대조를 이루는데, 후자는 여기에 "내가 그들의 조상들의 손을 잡고 애굽 땅에서 인도하여 내던 날에 맺은"(31:32) 언약으로 묘사되어 있다. 우리는 이 앞선 언약이 시내 산에서 돌판에 새겨진 모세의 율법을 가리키는 것임을 알고 있다. 사도 바울이 자기는 "새 언약"의 일꾼이라 말하면서(고후 3:6) 이를 모세에게 주어진 "돌에 쓰인 조문"(고후 3:7)과 대비시키기 때문이다.

세 가지 중대한 사항

새 언약의 새로운 점은 여기에 약속된 세 가지 중대한 사항에 있다. 첫째, 하나님은 이 언약을 맺은 사람들의 죄악을 용서하실 것이다(렘 31:34). 둘째, 하나님은 그의 법을 그들 속에 두고 그것을 그들의 마음에 기록하실 것이다. 이는 하나님의 뜻을 단순히 돌판에 새겨진 채 바깥에서 부과한 것으로 경험하는 게 아니라 내면에서 마음의 새로운 성향으로 느껴 하나님의 요구사항을 행하고 싶게 될 것이란 의미이다(31:33). 셋째, 하나님은 "작은 자로부터 큰 자까지 다 나를 알게 되는" 방식으로 그들의 하나님이 될 것이다(31:34).

내가 이 세 가지 사항을 이런 순서로 다루는 까닭은 이것이 바로 하나님이 그의 궁극적 목적을 실현시키는 순서이기 때문이다. 첫째, 하나님은 그의 공의에 대한 일체의 타협이 없이 그의 백성의 죄악을 소멸시키시고 그의 자비는 일체의 분노가 없이 강물처럼 자유로이 흘러간다. 둘째, 이 자비는 죄악의 법적 소멸로부터 죄에 대한 내면의 승리로 움직인다. 이것이 바로 법이 마음에 기록된다는 말의 뜻이다.

셋째, 순종을 낳는 내면의 변화는 옛 언약과 대조를 이룬다. 이는 "내가 그들의 조상들과 맺었다가…" 그들이 깨뜨린 언약과 "같지 아니하다"(31:32). 하나님의 백성이 새 언약에서는 결코 하나님에게서 분리되지 않을 것은 언약의 조건이 하나님의 외적 '말씀'일 뿐만 아니라 또한 하나님의 내적 '사역'이기 때문이다. 그분은 단지 순종을 요구하는 게 아니라 순종을 일으키신다. 이 때문에 하나님의 섭리의 목적은 새 언약의 길을 따라 실현되는 지점으로 움직이는 것이다. 섭리는 마음을 침투하여 그것이 명하는 바를 수행한다.

새 언약은 섭리가 그 궁극적 목표를 향해 이동하는 길이다

이처럼 하나님이 새 언약을 통해 그의 백성의 마음속에서 일하신다는 새로운 소식의 핵심은 "그들이 모두 나를 알 것이라"(렘 31:34)는 것이다. 이 약속은 방대한 함의를 갖고 있다. 그것은 하나님에 대한 단순한 지적 개념 이상을 의미한다. 그렇기 때문에 하나님이 그의 법을 '그들의 마음에' 쓰신다고 말하는 것이다. 이는 마음으로 아는 것이다. 이런 앎을 위해 바울은 에베소서 1장 18절에서 이렇게 기도했다. "'너희 마음'의 눈을 밝히사 그의 부르심의 소망이 무엇이며 성도 안에서 그 기업의 영광의 풍성함이 무엇이며 … 우리에게 베푸신 능력의 지극히 크심이 어떠한 것을 너희로 알게 하시기를 구하노라." 이 기도는 새 언약이 성취될 때 응답을 받는다. 즉, 하나님의 말씀이 마음에 기록될 때 그렇게 된다는 말이다.

우리가 섭리의 모든 단계(창조 이전, 창조 행위를 통해, 이스라엘의 선택, 출애굽, 약속의 땅의 정복, 사사 시대, 왕정시대, 포로상태와 그 반전)에서 살펴본 것은 하나님의 섭리의 궁극적 목적이 바로 하나님이 진정 어떤 분인지로 인해 그분이 알려지고 즐거움과 찬송의 대상이 되는 것이라는 점이다. "너희는 내가 여호와인 줄을 알리라." 이제 이 전반적인 목적이 새 언약을 통해 이뤄질 것임을 우리가 보게 된다.

이 점은 에스겔서 36장에 더욱 분명히 드러나는데, 거기서 에스겔은 새 언약을 "[하나님의] 큰 이름의 거룩함을 입증하려는" 그분의 목적 안에 둔다.

그러나 이스라엘 족속이 들어간 그 여러 나라에서 더럽힌 내 거룩한 이름을 내가 아꼈노라 … 이스라엘 족속아 내가 이렇게 행함은 너희를 위함이 아니요 너희가 들어간 그 여러 나라에서 더럽힌 나의 거룩한 이름을 위함이라 … 너희가 그들 가운데에서 더럽힌 나의 큰 이름을 내가 거룩하게 할지라. 내가 그들의 눈앞에서 너희로 말미암아 나의 거룩함을 나타내리니 내가 여호와인 줄을 여러 나라 사람이 알리라 … 내가 맑은 물을 너희에게 뿌려서 너희로 정결하게 하되 곧 너희 모든 더러운 것에서와 모든 우상 숭배에서 너희를 정결하게 할 것이며, 또 **새 영을 너희 속에 두고 새 마음을 너희에게 주되 너희 육신에서 굳은 마음을 제거하고 부드러운 마음을 줄 것이며, 또 내 영을 너희 속에 두어 너희로 내 율례를 행하게 하리니 너희가 내 규례를 지켜 행할지라**(36:21-27).

26-27절은 새 언약의 말씀이고, 이는 하나님이 그의 큰 이름과 그의 목적, 곧 열방이 그분이 여호와인 줄을 알게 하려는 목적을 입증하기 위한 하나님의 전략으로 약속된 것이다. 달리 말하면, 새 언약은 하나님께서 처음부터 그의 궁극적 목적을 성취하시는 길이다. 그 목적은 그분을 최고의 보배로 모실 모든 사람의 즐거움과 찬송이 되도록 그분의 영광이 높이 들리는 것이다(참고. 렘 24:7).

새 언약은 하나님에 대한 기쁨의 창조이다

하나님의 목적이 '그의 백성의 즐거움과 찬송을 통해' 높임을 받는 것이라고 내가 말하는 이유는 새 언약에서 "[그의] 큰 이름의 거룩함"을 입증하기 위한 그의 명백한 전략이 다음 세 가지이기 때문이다. (1) 돌처럼 굳은 마음을 제거하는 것(겔 36:26), (2) 그의 영을 그의 백성 속에 두는 것(겔 36:27a), 그리고 (3) 그들로 그의 말씀을 순종하게 하는 것(겔 36:27b)이다. 이 세 가지 전략 각각은 하나님에 대한 기쁨을 가리킨다.

첫째, 돌처럼 굳은 마음은 하나님의 거룩하심에서 그 어떤 고귀한 것이나 아름다운 것이나 즐거운 것을 느끼지 못하는 마음이다. 이런 마음은 부드러운 마음, 즉 주님의 거룩한 이름의 고귀함과 아름다움과 즐거움을 느끼는 살아있고 감성적이고 예민한 살과 같은 마음으로 대치될 것이다(겔 36:26; 참고. 시 135:3). 둘째, 그의 영을 그의 백성 속에 둔다는 것은 주님이 행하는 방식으로 그들이 속에서부터 주님의 이름을 평가하고 귀하게 여길 것이라는 뜻이다(사 63:14; 요 16:14). 셋째, 하나님이 그의 백성으로 그의 말씀을 순종하게 한다고 하는데, 그 말씀의 핵심과 절정은 전심으로 주님을 사랑하고 그분을 꼭 붙잡으라는 것이며(수 22:5), 이는 다른 무엇보다도 더 그분을 소중히 여기고 기뻐하는 것을 포함한다(시 37:4; 마 13:44).

달리 말하면, 새 언약에서 하나님의 계획은 그분이 처음부터 창조와 구속을 통해 추구해왔던 것, 말하자면, 그의 영광을 전달하되 그 영광이 그의 백성이 즐거워하고 그의 탁월함을 반영하는 일을 통해 높아지는 방식으로 전달하는 것을 성취하는 일이다. 이 때문에 그분이 역사를 옛 언약으로부터 새 언약으로 전진하도록 움직이는 것이다. 이는 "조문의 묵은 것"으로부터 "영의 새로운 것"으로(롬 7:6), 사랑을 명령하는 것(신 6:5)으로부터 사랑을 창조하는 것(요 17:26, 갈 5:22, 살전 3:12)으로, 기쁨을 불러내는 것(시 37:4)으로부터 기쁨을 낳는 것(요 15:11, 17:13, 갈 5:22)으로 움직이는 것을 말한다.

그분은 그의 충만한 기쁨을 위해 떠나지 않으신다(또는 우리가 떠나지 말자).

새 언약에서 우리는 만물의 최종 목표를 여느 때보다 더 분명하게 볼 수 있다. 하나님이 친히 그 목표를 그의 백성의 변화된 마음속에 이뤄지게 하려고 새로운 길로 움직이고 계시다는 사실을 통해 보게 된다. 그리고 하나님이 이 마음의 변화를 영구적으로 만들길 원하신다는 사실에서도 본다. 끝으로, 하나님이 온 마음과 정성으로 이 변화된 사람들을 기뻐하실 것이란 사실을 통해 보게 된다. 새 언약이 지닌 이 세 가지 측면은 예레미야서 32장 39-41절에 나온다.

내가 그들에게 한 마음과 한 길을 주어 자기들과 자기 후손의 복을 위하여 항상 나를 경외하게 하고, 내가 그들에게 복을 주기 위하여 그들을 떠나지 아니하리라 하는 영원한 언약을 그들에게 세우고, 나를 경외함을 그들의 마음에 두어 나를 떠나지 않게 하고, 내가 기쁨으로 그들에게 복을 주되 분명히 나의 마음과 정성을 다하여 그들을 이 땅에 심으리라.

이 새 언약의 진술은 성경에 나오는 가장 놀랍고 희망차고 귀중한 약속들 중에 일부를 담고 있다. 네 가지를 주목하라. 첫째, 하나님은 이 언약에 따른 복이 영원하다는 것을 강조하신다. "내가 … **영원한** 언약을 그들에게 세우고." 둘째, 그는 그의 백성에게 복을 주는 일을 멈추지 않겠다고 서약하심으로써 이 복의 영구성을 보증하신다. "내가 그들에게 복을 주기 위하여 그들을 떠나지 아니하리라." 셋째, 그는 그의 백성이 그를 떠나지 않게 하겠다고 서약하심으로써 그 복을 더욱더 보증하신다. "나를 경외함을 그들의 마음에 두어 나를 떠나지 않게 하고." 넷째는 어쩌면 가장 놀랍고 멋진 점이라 생각하는데, 그는 넘치는 기쁨으로 이런 복을 보증하겠다고 서약하신다. "내가 기쁨으로 그들에게 복을 주되 분명히 나의 마음과 정성을 다하여 그들을 이 땅에 심으리라." 하나님은 새 언약에 따른 영원한 복을 주실 때 마지못해 그렇게 하시지 않는다. 그분은 자기가 좋아하는 일을 행하고 계신다.

경외하기를 기뻐하다

누군가는 40절("나를 경외함을 그들의 마음에 두어 나를 떠나지 않게 하고")에 나오는 '경외(fear)'란 단어를 보면, 우리가 하나님 앞에 움츠리고 있을 때 그분이 우리를 보고 기뻐하실 것이라고 생각할지 모르겠다. 그런 사람에게 꼭 하고 싶은 말이 있다. 새 언약의 수혜자들은 움츠리고 있지 않을 것이라는 점이다. 주님을 경외하는 것은 주님을 기뻐하는 것의 반대가 아니다. 전자는 후자가 더 깊어지고 더 진지해진 결과이기 때문이다.

예컨대 이사야서 11장 3절에 나오는 기쁨과 경외의 연관성에서 이 점을 알 수 있다. 그 선지자는 약속된 메시아에 대해 이렇게 말한다. "그는 주님을 **경외하는 것을 즐거움**으로 삼는다"(새번역). 이런 연관성은 느헤미야서 1장 11절에도 나온다. "주의 이름을 경외하기를 기뻐하는 종들의 기도를 들으시고." 하나님이 새 언약에서 그의 백성이 그를 떠나지 않게 하겠다고 약속하실 때, 우리의 마음을 그에게 묶어주는 줄은 움츠리게 하는 줄이 아니라 욕망이 성취되게 하는 줄이다. 우리가 "두려워하는" 것은 그리스도 안에 계신 하나님이 최고로 매혹적인 분임을 보지 못하는 것이다(참고. 롬 11:20). 하나님은 이런 일이 생기지 않도록 우리를 꼭 붙잡겠다고 약속하신다. 따라서 새 언약의 최종 목표는 **그의 백성이 그의 이름의 영광을 기뻐하는 모습을 보고 하나님이 넘치는 기쁨을 누리는 것**이다.

신명기의 새 언약:
하나님을 기뻐하는 우리의 모습을 하나님이 기뻐하시다

이 목적은 가장 초기에 새 언약을 진술하는 한 대목에 뚜렷이 나타났다. 신명기 29장 4절에서 모세는 약속의 땅에 들어가기 직전에 이스라엘 백성에게 이렇게 말한다. "그러나 깨닫는 마음과 보는 눈과 듣는 귀는 오늘 여호와께서 너희에게 주지 아니하셨느니라." 이는 그들이 기뻐하고 하나님의 목적이 실현될 미래가 없다는 것을 미리 알려주는 듯하다. 그들이 올바른 '마음'을 갖고 있지 않기 때문이다.

그러나 신명기 30장 6절에서는 모세가 백성에게 유일한 희망을 가리키고 있다. 모세는 새 언약이란 말을 쓰지 않으면서도 그 실체를 약속한다. "네 하나님 여호와께서 네 마음과 네 자손의 마음에 할례를 베푸사 너로 마음을 다하며 뜻을 다하여 네 하나님 여호와를 사랑하게 하사 너로 생명을 얻게 하실 것이며."

달리 말하면, 언젠가 주님을 사랑하는 것이 단지 글로 쓴 명령이 아니라 마음속에 창조되는 날이 오고 있다는 뜻이다. 하나님은 자기가 명령한 것을 주실 것이다. 그리고 세 절 뒤에는 하나님이 추구하시는 것이 나온다. 그의 백성이 그를 사랑하는 것뿐만 아니라 그분이 그에 대한 그들의 사랑을 기뻐하는 것이다. "네가 네 마음을 다하며 뜻을 다하여 여호와 네 하나님께 돌아오면 … 여호와께서 네 조상들을 기뻐하신 것과 같이 너를 다시 기뻐하사 네게 복을 주시리라"(신 30:9-10). 이처럼 하나님의 백성의 마음속에 사랑을 창조하는 새 언약의 행위는 하나님이 창조의 큰 목적으로 완성시키는 방법이다. 그것은 바로 '하나님을 기뻐하는 우리의 모습을 하나님이 기뻐하시는 것'이다. 이것이 하나님에 대한 사랑의 진수이기 때문이다. 즉, 그분을 기뻐하는 것이다. 하나님의 궁극적 목적은 그의 영광을 위해 그 자신의 손으로 그의 백성을 아름답게 하는 것이다. 그들의 아름다움은 곧 그분의 아름다움을 기뻐하고 또 그 아름다움을 반영하는 것이기 때문이다.

> 주 여호와의 영이 내게 내리셨으니…
> 무릇 시온에서 슬퍼하는 자에게 화관을 주어 그 재를 대신하며
> 기쁨의 기름으로 그 슬픔을 대신하며
> 찬송의 옷으로 그 근심을 대신하시고
> 그들이 의의 나무, 곧 **여호와께서 심으신 그 영광을 나타낼 자라**
> 일컬음을 받게 하려 하심이라(사 61:1, 3).

하나님의 백성의 기쁜 찬송, 이것이 바로 하나님이 새 언약에서 창조하고 계시는 것이다. 이것이 그들의 아름다움, 그들의 즐거움, 그리고 그들의 힘이다. 그리고 이 모두는 여호와께서 스스로 영광을 받기 위해 친히 심으신 것이다. 그러므로 **하나님의 섭리의 목적은 자격 없는 백성을 아름답게 함으로써** (그 아름다움은 하나님의 아름다움을 즐거워하고 반영하는데 있다) **그 자신의 은혜가 영화롭게 되는 것이다.**

그리스도께서 새 언약을 성취하시는 모습

우리가 새 언약이 그리스도의 고난을 통해 제정되는 장면으로 눈을 돌리면 이것을 명명백백하게 보게 될 것이다. 그런데 이 큰 목적이 그리스도를 통해 성취되는 것을 우리가 과소평가하지 않도록 여기서 그 연관성을 밝히려 한다. 우리는 이제 새 언약이 그의 백성의 죄에 대한 그리스도의 희생을 통해 보증되는 것을 보려고

한다. 바울은 그리스도의 죽음의 목적을 이렇게 묘사한다.

> 그리스도께서 교회를 사랑하셔서 교회를 위하여 자신을 내주심같이 하십시오. 그리스도께서 그렇게 하신 것은, 교회를 물로 씻고, 말씀으로 깨끗하게 하여서, 거룩하게 하시려는 것이며, 티나 주름이나 또 그와 같은 것들이 없이, **아름다운 모습으로 교회를 자기 앞에 내세우시려는 것**이며, 교회를 거룩하고 흠이 없게 하시려는 것입니다(엡 5:25-27, 새번역).

한 마디로 말하면, 하나님이 예수님의 죽음을 통해 새 언약을 맺는 목적은 신부를 아름답게 해서 그 아들이 영원히 신부를 기뻐할 수 있게 하는 것이다. 바울은 그리스도께서 "아름다운 모습으로 교회를 자기 앞에 내세우시기" 위해 죽으셨다고 말하는데, 이는 그리스도께서 그의 피로 아름답게 하신 신부를 지겨워할 것이란 뜻이 아니다. 이와 반대로 그리스도께서 그의 신부를 보고 기뻐서 짜릿해지실 것이란 뜻이다. 신부를 짜릿한 모습으로 만들기 위해 그분이 죽으신 것이다.

그리고 아름답게 한다는 것은 무엇인가? 이는 교회를 거룩하게 한다는 뜻이다(5:26). 말하자면, 이는 교회가 하나님의 모든 말씀에 기쁘게 순종하는 것이며, 이는 본질적으로 하나님을 사랑하는 것을 의미한다. 교회가 하나님을 기뻐하는 것이다. 교회가 하나님을 반영하는 것이다. 그러므로 하나님의 섭리의 궁극적 목적은 **그 아들의 피로 자격 없는 신부를 아름답게 하고, 그 신부가 모든 것보다 더 그의 아름다움을 기뻐하고 또 반영함으로써 그의 은혜가 영화롭게 되게 하는 것이다.**

그리스도를 통해 새 언약이 제정되다

제2부의 나머지 장들(12-14장)에서는 우리가 그리스도께서 구원과 성화를 초래하는 고난을 통해 새 언약을 제정함으로써 섭리의 궁극적 목적을 성취하는, 모든 것을 포괄하는 길을 따라가게 될 것이다. 내가 그것을 '모든 것을 포괄하는 길'이라 부르는 이유는 "그리스도의 비밀"(엡 3:4-6)이 바로 그것이기 때문이다. 그리스도는 십

자가에서 죽고 부활해서 다스리는 이스라엘의 메시아로서 새 언약을 제정하시되, 그 피로 '모든' 민족으로부터 사람들을 사시고(계 5:9), 새로운 사람이 된 그들을 그의 형상으로 변화시키시고(고후 3:18; 요일 3:2), 온 우주를 부패에 속박된 상태로부터 해방시키시는(롬 8:21) 방식으로 제정하신다는 것이다. 그리고 모든 것을 포괄하는 이 사역은 하나님의 섭리가 그 궁극적 목표에 도달하게 하려고 완수되는 것이다. 그 목표는 그리스도의 신부가 그리스도의 탁월한 모습을 즐거워하며 드높일 때, 그 신부는 하나님의 은혜의 영광을 영원히 찬송하게 되는 것이다.

12.

언약 제정과 그리스도의 사역

　어느 의미에서는 인간 역사의 남은 기간, 즉 하나님의 아들의 성육신부터 새 땅의 영원한 시대까지를 새 언약의 제정으로 묘사할 수 있다. 그 끝없는 기간의 처음부터 마지막까지, 예수 그리스도가 새 언약의 토대인 동시에 마지막 보상임이 입증된다. 그는 새 언약의 근거이자 목표이다. 그 값이자 상급이다. 은혜로운 구속자이자 위대한 보상이다. 이번 장은 다음 세 가지에 초점을 맞춘다. 새 언약 제정의 토대를 놓은 그리스도의 고난의 발걸음과 그 고난으로 말미암아 그분이 보상이 되는 것 그리고 그 고난으로 말미암아 우리가 그 보상을 받게 되는 것이다.

예수님의 피로 세운 새 언약

　예수님은 십자가에서 죽기 전날 밤에 그가 흘릴 피(그가 당할 죽음)가 새 언약을 제정하는 근본적인 발판이라고 말씀하셨다. 그들이 떡을 먹은 후, 그는 잔을 들고 이렇게 말씀하셨다. "이 잔은 **내 피로 세우는 새 언약**이니 곧 너희를 위하여 붓는 것이라"(눅 22:20). "내 피로"(또는 "내 피에 의해")라는 말은 그의 피 흘림으로 그의 백성의 죄가 덮어졌다(롬 4:7) 또는 지워졌다(골 2:13-14)는 뜻이다. 이것이 바로 새 언약이 약속했던 바이다. "내가 그들의 악행을 사하고 다시는 그 죄를 기억하지 아니하리라"(렘 31:34). 예수님이 흘린 피는 그 약속된 용서의 토대가 되었다.

마태는 최후의 만찬에서 하신 예수님의 말씀을 더 충분히 인용하고 그 피와 용서의 연관성을 분명히 밝힌다. "이것은 **죄 사함을 얻게 하려고** 많은 사람을 위하여 흘리는 바 나의 피 곧 언약의 피니라"(마 26:28). 하나님이 옛 언약 아래 제정하신 패턴은 "피 흘림이 없은즉 사함이 없느니라"(히 9:22)는 것이었다. 그러나 "황소와 염소의 피가 능히 죄를 없이 하지 못함이라"(히 10:4)는 것이 언제나 사실이었다. 모든 짐승 제사는 장차 그리스도가 드릴 더 나은 최후의 제사를 가리키고 있었다. 사실상 그런 제사들이 지닌 모든 효능이 그리스도의 속죄 덕분이었고, 이 속죄는 그리스도 이전에 살았던 신자들에게도 효과가 있었다(롬 3:25-26).

예전의 제사장들은 그들 자신의 죄와 백성의 죄를 위해 반복해서 짐승을 바쳤는데(히 9:7), 그들과 달리 예수님은 죄가 없는 분이었다(히 4:15). 그러므로 "그는 이제 자기를 단번에 제물로 드려 죄를 없이 하시려고 세상 끝에 나타나셨다"(히 9:26). 이로 말미암아 그리스도는 "새 언약의 중보자시니, 이는 … 부르심을 입은 자로 하여금 영원한 기업의 약속을 얻게 하려 하심이다"(히 9:15; 참고. 8:6, 12:24).

그러므로 예수님은 새 언약의 근거이다. 그분은 그 언약의 기초이다. 새 언약은 그분이 드린 제사 때문에 효력을 발생했다. 그분이 그 언약을 발효시킬 책임을 갖고 있다.

그리스도, 새 언약 성취의 근거이며 목표

그리스도의 새 언약과의 관계를 이렇게 말하는 것은 그리스도께 큰 영예이다. 그의 희생은 죄를 용서하는 데 필요한 영광스러운 업적이었다. 그러나 이런 표현은 그리스도의 업적이 지닌 진실의 절반밖에 되지 않는다. 그리스도는 죽음과 부활을 통해(롬 4:25) 새 언약의 약속들의 근거를 제공했을 뿐만 아니라 그 '목표'가 되기도

했다. 예수님은 우리 구원의 '근거'인 동시에 그 '영광'이고, 구원받은 우리는 그 영광을 보고 맛보고 공유하도록 되어 있다. 그분은 우리의 구원을 위해 치러진 '값'이었고 우리가 즐기도록 되어 있는 '상급'이었다. 그분은 우리를 지옥으로부터 구속하셨고, 그분은 우리에게 그 자신으로 보상하셨다. 새 언약의 약속은 다음과 같았다. "나는 그들의 하나님이 되고 그들은 내 백성이 될 것이라"(렘 31:33).

이 놀라운 새 언약, 도무지 이해할 수 없는 새 언약은, 우리가 그리스도와 관계를 맺어 하나님을 우리의 하나님으로 경험한다는 것이다. 왜냐하면 그리스도가 곧 하나님이기 때문이다.

그 안에는 신성의 모든 충만이 육체로 거하시고

예수님이 새 언약의 근거이자 목표가 될 능력이 있는 것은 그분이 한갓 사람이 아니기 때문이다. 그는 완전한 사람이자 완전한 하나님이다. "하나님께서는 그분의 안에 모든 충만함을 머무르게 하시기를 기뻐하시고"(골 1:9, 새번역; 2:9도 보라). 예수님이 인간의 본성을 입기 전에 "그는 근본 하나님의 본체시나 하나님과 동등됨을 취할 것으로 여기지 아니하시고, 오히려 자기를 비워 종의 형체를 가지사 사람들과 같이 되셨고"(빌 2:6-7). "이[그리스도]는 하나님의 영광의 광채시요 그 본체의 형상이시라, 그의 능력의 말씀으로 만물을 붙드시며"(히 1:3). 하나님은 친히 그의 아들이 하나님이라 증언하신다. "아들에 관하여는, '하나님이여 주의 보좌는 영영하며'"(히 1:8, 시 45:6의 인용).

그리스도의 신성, 즉 하나님의 영원한 아들로서의 신적 존재 때문에 그는 죄인들을 위해 죽으심으로 새 언약의 근거가 될 수 있었던 것이다. "육신으로 말미암아 율법이 미약해져서 해낼 수 없었던 그 일을 하나님께서 해결하셨습니다. 곧 하나님께서는 **자기의 아들**을 죄된 육신을 지닌 모습으로 보내셔서, 죄를 없애시려고 그 육신에다 죄의 선고를 내리셨습니다"(롬 8:3, 새번역). 우리의 죄 때문에 받을 징벌을 다른 사람이 받을 수 있었던 것은 하나님이 그의 아들을 죄된 육신의 모습으로 보내셨기 때문이다. 그는 '신성'을 지닌 아들이었고, 그는 '인간' 본성으로는 죄가 없으셨다. 그러므로 그는 다른 누구도 이룰 수 없는 일을 이룰 만한 신적인 자격과 인간의 죽을 운명을 모두 갖고 계셨다. 그리하여 그는 무한히 고귀한 제사를 드리고 그의 백성의 죄를 위해 죽을 수 있었던 것이다(히 2:14).

신인(神人)의 업적이 지닌 영광

자격 없는 적들을 위해 죽은 그리스도의 업적이 지닌 영광은 그의 신성의 영원한 영광에 더해졌다.[1] 인간의 본성이 그 아들의 신적 인격에 더해진 것처럼, 신인의 업적이 지닌 영광이 그 아들이 사람이 되기 전에 지녔던 영원한 영광에 더해진 것이다. 예수님이 죽은 자 가운데서 일어나서 하늘에 계신 아버지께 승천했을 때, 그는 예전의 영광을 회복했다. "아버지여, 창세 전에 내가 아버지와 함께 가졌던 영화로써 지금도 아버지와 함께 나를 영화롭게 하옵소서"(요 17:5). 그러나 그가 가졌던 예전의 영광만이 아니다. 그는 이제 승리한 구속자의 영광도 갖고 있다. 그는 이제 사탄(골 2:15; 히 2:14)과 죽음(고전 15:54-57)을 물리친 승리한 신인이다. 그는 하나님의 거룩한 진노를 만족시켰다(롬 3:25; 엡 2:3-5). 그는 세상의 모든 족속 가운데서(계 5:9) 한 신부를 피로 사셨다(엡 5:25-27). 이 십자가의 업적 때문에, 그리고 그보다 훨씬 더 많은 업적[2] 때문에 그리스도는 하나님의 오른편에 있는 큰 영광의 자리로 올라가셨다.

이러므로 하나님이 그를 지극히 높여 모든 이름 위에 뛰어난 이름을 주사 하늘에 있는 자들과 땅에 있는 자들과 땅 아래에 있는 자들로 모든 무릎을 예수의 이름에 꿇게 하시고 모든 입으로 예수 그리스도를 주라 시인하여 하나님 아버지께 영광을 돌리게 하셨느니라(빌 2:9-10).

---

1) 그렇다고 하나님의 아들이 지닌 내재적인 영원한 영광이 마치 성육신 이전보다 결함이 있다거나 부족하다거나 무한하지 못한 것처럼 그 영광이 변경되었다는 뜻이 아니다. 오히려 "더해진 영광"은 그 내재적 영광의 위대함이 새롭게 밖으로 나타난 것이었다.

2) John Piper, *Fifty Reasons Why Jesus Came to Die* (Wheaton, IL: Crossway, 2006).

그는 그의 영원한 신성의 영광 때문만이 아니라 신인으로서 그의 백성을 구속한 그 영광스러운 업적(그래서 새 언약의 중보자가 되었기) 때문에 영원히 경배를 받을 것이다. 하늘에서 울려 퍼지는 노래에서, 그가 역사의 두루마리를 펼 만한 자격을 지닌 것이 십자가에서 이룬 업적과 직결되어 있다는 것을 주목하라.

주님께서는 그 두루마리를 받으시고, 봉인을 떼실 자격이 있습니다.
[왜냐하면] 주님은 죽임을 당하시고, 주님의 피로 모든 종족과 언어와 백성과 민족 가운데서 사람들을 사서 하나님께 드리셨습니다[드리셨기 때문입니다].
주님께서 그들을 우리 하나님 앞에서 나라가 되게 하시고, 제사장으로 삼으셨습니다.
그래서 그들은 땅을 다스릴 것입니다(계 5:9-10, 새번역).

그러므로 그리스도의 영광은 많은 측면을 갖고 있다. 일부는 영원 전부터 그의 신성에서 나오는 것이다. 일부는 신(神)인 동시에 사람인 성육한 상태에 속하는 것이다. 그는 하나님인 동시에 사람이기 때문에 성취할 수 있었던 일로 인해 특히 영광스러운 분이다. 내가 그리스도는 새 언약의 '목표'라고 말할 때는 바로 이 영광의 총체적인 면을 가리키는 것이다. 그리스도가 그의 고난과 죽음과 부활을 통해 이룬 업적 때문에 그는 새 언약의 근거일 뿐 아니라 그 언약의 최고의 보상이 되었다. 새 언약의 모든 약속들을 이룬 값이 최고의 상급이 된 셈이다.

그리스도는 우리로 그의 영광을 보게 만듦으로써 더 영광스러운 분이 되었다

만일 그리스도가 그의 고난을 통해 새 언약의 근거가 되지 않았더라면, 그는 그의 영광을 통해 새 언약의 보상이 결코 될 수 없었을 것이다. 두 가지 이유 때문에 그렇다. 첫째, 만일 그분이 고난을 받지 않았다면, 우리의 죄는 용서받지 못할 테고, 따라서 모두가 여전히 하나님의 진노 아래 있을 것이고(엡 2:3), 우리의 마음은 돌처럼 굳은 상태라서(겔 36:26) 그리스도의 영광을 보지 못할 것이다(고후 4:4). 둘째,

그리스도의 영광의 상당 부분은 그분이 새 언약을 제정한 방법에 있다. 말하자면, 그의 두렵고, 결백하고, 자애로운 고난이란 방법에 있다는 뜻이다. 달리 말하면, 그리스도가 새 언약의 근거가 된 것은 그의 신성의 영원한 영광 위에 세운 업적일 뿐 아니라 영광스러운 구속자로 밝히 드러난 일이기도 했다. 그의 구원 사역은 우리에게 그의 영광을 볼 수 있는 자격을 주었을 뿐 아니라 그분이 그의 영원한 영광과 구원의 업적을 통해 영광스러운 존재로 보이게 만들기도 했다.

달리 말하면, 새 언약을 제정한 하나님의 목적은 죄인들로 하여금 용서를 받아 하나님의 영광을 알고 영원히 즐거워하는 일을 가능케 한 것만이 아니다. 그 목적은 또한 언약의 '중보자'가 바로 그 하나님이 되게 하고 그 구속의 영광을 연출해서 그 영광이 누구나 가장 즐거워할 수 있는 가장 아름다운 영광, 곧 하나님의 은혜의 영광이 되게 하는 것이기도 했다.

은혜는 영광의 정점, 그리스도는 은혜의 정점

3장에서 우리는 창세 이전부터 하나님의 섭리의 목표가 "그의 은혜의 영광을 찬송하기"(엡 1:6, 12, 14) 위해 살 백성을 만드는 것이었음을 살펴보았다. 이제는 이 목적이 철저히 그리스도에게 초점이 맞춰져 있었음을 좀 더 분명히 보게 된다. 보다 구체적으로 말하면, 그 목적은 그리스도의 고난을 통한 승리에 초점에 맞춰져 있었던 것이다. 에베소서 1장 4-6절의 의미는 하나님의 은혜가 그의 영광의 정점이라는 것이다. 그의 목표는 단지 "그의 영광을 찬송하게 하는 것"이 아니라 "**그의 은혜**의 영광을 찬송하게 하는 것"이다.

이는 하나님의 영광을 이루는 수많은 탁월성이 우리처럼 자격 없는 죄인들을 위한 은혜를 통해 가장 아름답게 흘러넘친다는 뜻이다. 그리고 이제 "그의 피를 통한" 새 언약의 제정으로 분명해진 것은 죄인들을 위한 그리스도의 겸손하고 자발적이고 순종적인 고난이 바로 하나님의 은혜의 정점이란 것이다. 이곳이 그 은혜가 가장 아름답게 드러난 곳이다.

그런즉 은혜는 하나님의 영광이 최고로 표현된 것이고, 고난 받는 그리스도는 은혜가 최고로 표현된 존재인 것이다. 에베소서 1장 4-6절에서 세 번씩이나 바울은 "하나님의 은혜의 영광"을 찬송케 하려는 목적이 "예수 그리스도를 통해" 성취되었다는 점을 분명히 한다.

> 곧 창세 전에 **그리스도 안에서** 우리를 택하사 우리로 사랑 안에서 그 앞에 거룩하고 흠이 없게 하시려고, 그 기쁘신 뜻대로 우리를 예정하사 **예수 그리스도로 말미암아** 자기의 아들들이 되게 하셨으니, 이는 그가 **사랑하시는 자 안에서** 우리에게 거저 주시는 바 **그의 은혜의 영광을 찬송하게** 하려는 것이라.

"그리스도 안에서." "예수 그리스도로 말미암아." "사랑하시는 자 안에서." 이런 어구들이 그리스도의 십자가 사역을 가리킴을 알게 되는 이유는 그 다음 구절에서 바울이 "우리는 그리스도 안에서 그의 은혜의 풍성함을 따라 그의 피로 말미암아 속량 곧 죄 사함을 받았느니라"(1:7)고 말하기 때문이다. 그러므로 하나님의 구원의 섭리에 나타난 그분의 궁극적 목표(즉, "그의 은혜의 영광을 찬송하게 하는 것")는 하나님의 아들의 고난을 통해 성취된 것이다. 그 아들이 우리를 영원한 고통에서 건져내어(살후 1:9) 우리로 그의 영광을 영원히 즐거워하게 하려고(요 17:24) 죽으셨기 때문이다.

가장 영광스러운 은혜의 행위에 꼭 필요한 고난

에베소서 1장 4-6절에 근거해 무척 자명하지만 종종 무시되는 점을 다시 한 번 분명히 하자. 그리스도가 하나님의 은혜의 영광을 드러내려고 자격 없는 죄인들을 위해 고난을 받는 것이 처음부터 하나님의 계획이었다는 것이다. 이는 제2의 대책이 아니었다. 창조와 섭리가 지향하는 하나님의 궁극적 목적은 그의 아들의 고난을 포함하지 않은 수단을 통해 그의 영광이 드러나고 찬송을 받는 것이 아니었다. 십자가는 때늦은 생각이 아니었다. 그것은 창세 이전부터 수립된 계획의 일부였다(참고. 딤후 1:9; 계 13:8).

이것은 엄청난 함의를 지니고 있다. 이는 고난이 창조와 섭리의 궁극적 목적에 필수적이라는 뜻이다. 고난이 우주의 태피스트리(tapestry)를 구성하는 필수 요소가 된 것은 그리스도의 고난을 통해 은혜를 엮어 넣어 은혜의 진면목을 보게 하기 위함이다. 이를 매우 단순하게 또 뚜렷하게 표현하자면, 고난이 존재하는 궁극적 이유는 그리스도가 스스로 우리의 고난을 극복하기 위해 고난을 받음으로써 하나님의 은혜의 영광이 얼마나 큰지를 드러내기 위해서다. 우리에게 영원한 기쁨을 선사하기 위해 완전히 결백하고 무한히 거룩한 하나님의 아들이 전혀 자격이 없는 죄인들을 대신해 고난을 받은 것은 모든 시대를 통틀어 하나님의 은혜의 영광이 가장 위대하게 나타난 사건이다.[3]

죽임을 당한 어린 양의 생명책

이는 너무나 놀랍고 다수의 사고방식과 너무도 달라서, 우리가 에베소서 1장 14-17절에서 살펴본 것보다 더 폭넓게 그 기반을 놓은 것이 좋겠다. 다른 두 구절을 생각해보라. 요한계시록 13장 8절과 디모데후서 1장 9절이다.

요한계시록 13장 8절은 이렇다.

죽임을 당한 어린 양의 생명책에 창세 이후로 이름이 기록되지 못하고 이 땅에 사는 자들은 다 그 짐승에게 경배하리라.

여기에 나온 표현이 중요하다. 이는 문자적으로 신중하게 번역한 것이다. "죽임을 당한 어린 양의 생명책." 이는 세계가 창조되기 전에 하나님의 마음속에 "죽임을 당한 어린 양"이 있었다는 뜻이다.

죽임 당한 어린 양은 십자가에 죽은 예수 그리스도이다. 그래서 이름들이 기록된 책은 십자가에 죽은 예수 그리스도의 책이다. 그러므로 하나님은 세상을 만들기 전

---

[3] 이 단락들에 담긴 생각은 다음 책에서 원용한 것이다. John Piper, "The Suffering of Christ and the Sovereignty of God," in *Suffering and the Sovereignty of God*, ed. John Piper and Justin Taylor (Wheaton, IL: Crossway, 2006), 81-90.

에 죽임 당한 예수 그리스도를 염두에 두셨고, 그 책에 기록된 사람들, 곧 그의 피로 사신 한 백성을 염두에 두고 계셨다.

그러므로 예수님의 고난은, 마치 창조세계가 하나님이 계획한 대로 흘러가지 않은 것처럼, 나중에 생각한 것이 아니었다. 어린 양의 죽음은 창조세계가 시작되기 전에 그분의 마음속에 있었던 것이다.

영원 전부터 있었던 그리스도 안의 은혜

디모데후서 1장 9절에서 바울은 영원 전까지 거슬러 올라간다.

> 하나님이 우리를 구원하사 거룩하신 소명으로 부르심은 우리의 행위대로 하심이 아니요, 오직 자기의 뜻과 영원 전부터 **그리스도 예수 안에서** 우리에게 주신 **은혜**대로 하심이라.

하나님은 '영원 전에'(세계를 창조하기 전에) 그리스도 예수 안에서 우리에게 '은혜'(죄인들을 향한 과분한 은총!)를 주셨다. 우리가 아직 창조되지 않은 때였다. 우리는 아직 존재하지 않아서 죄를 지을 수 없었다.

그러나 하나님은 이미 그 은혜가 예수 그리스도 안에서 우리에게 임하도록 정하셨다. 그것은 "그리스도 안에" 있는 은혜, 피로 사신 은혜, 죄를 이기는 은혜이다. 그 모든 것이 세계가 창조되기 전에 하나님의 마음속에 있었다. 그래서 "죽임을 당한 어린 양의 생명책"이 있는 것이고, 그리스도를 통해 아직 창조되지 않은 자격 없는 죄인들에게 흘러가는 은혜가 있는 것이다.

그리고 "죽임을 당한 어린 양"에 나오는 '죽임을 당한'(헬라어 '에스파그메누')이란 단어의 중요성을 놓치지 말라. 이 단어는 신약성경에서 사도 요한만 사용하는데 문자적으로 "도살하다"라는 뜻이다. 그런즉 세계가 창조되기 전에 하나님의 마음과 계획 속에 끔찍한 고난(하나님의 아들의 도살)이 있었던 것이다 하나님의 어린 양이 고난을 겪을 것이다. 그는 도살될 것이다. 이것이 그 계획이었다.

왜 그랬을까? 왜냐하면 '창조와 섭리를 통한 하나님의 목적이 은혜의 영광이 얼마나 큰지를 가장 충분히, 가장 명백히, 가장 확실히 보여주는 것'이기 때문이다. 그리고 '그것은 우주에서 최고의 존재가 자격이 없는 수많은 죄인들을 대신해 죽임을 당하는 것으로 드러날 것'이었다. 하나님의 어린 양이 역사상 고난을 받고 죽임을 당하는 것은 하나님의 은혜의 영광이 최고로 드러나는 사건이다. 이 때문에 하나님이 세상 창조 이전에 그 사건을 계획하셨던 것이다. 이것이 하나님의 섭리의 목적이고 사역이고 경이로움이다.

죽임 당한 어린 양이 영원한 경배의 중심인물이다

하늘의 수많은 이들이 경배의 초점을 단지 어린 양이 아니라 '죽임을 당한 어린 양에게 두고 있다는 것(계 5:9)을 이미 살펴보았다. 그리고 그들은 요한계시록 15장 3절에서 여전히 이 노래를 부르고 있다["그들은 하나님의 종 모세의 노래와 **어린 양의 노래**를 부르고 있습니다"(새번역)]. 그러므로 우리는 이렇게 추론할 수 있다. '영원토록' 하늘에서 드려질 경배의 중심주제는 죽임 당한 어린 양을 통해 드러날 하나님의 은혜의 영광일 것이라고.

천사들과 구속받은 모든 자들은 영원히 또 영원토록 어린 양의 고난에 대해 노래할 것이다. 하나님의 아들이 겪은 고난은 결코 잊히지 않을 것이다. 인류 역사상 그 최대의 고난은 영원토록 우리의 경배와 경이의 중심에 있을 것이다. 그것은 하나님이 때늦게 생각해낸 것이 아니었다. 이것은 창세 이전부터 있었던 계획이다.

다른 모든 것은 이 계획에 종속되어 있다. 다른 모든 것은 하나님의 섭리로 이 계획을 위해 배치되어 있다. **특히 사랑하는 자의 고난을 통해 하나님의 은혜의 영광이 드러나는 것, 구속받은 자들의 찬송을 통해 그 영광이 영원히 울려 퍼지는 것이** 창조의 목적이고 하나님의 모든 섭리의 궁극적 목적이다.

살펴볼 것이 많다

새 언약을 통해 하나님은 죄의 용서, 무엇보다 하나님을 고귀하게 모시는 새로운 마음을 약속하셨고, 우리가 영원히 기쁘게 교제하는 우리의 하나님이 될 것이라고 약속하셨다(렘 31:33-34). 예수님은 고난과 죽음과 부활로 이런 약속의 토대가 되었다. 그리고 그 약속의 토대가 되었을 뿐만 아니라 목표이기도 하셨다. 그리스도는 승리의 고난에 담긴 사랑과 지혜와 능력으로(고전 1:18-25, 2:7-9) 그의 백성이 영원토록 기뻐할 그 영광을 보여주셨다. 그는 새 언약의 값이자 상급이 되었다. 그 근거와 목표가 되었다. 구속과 보상이 되었다. 이것이 창세 이전부터 하나님이 세운 계획이었다.

그리스도가 고난을 통해 이룬 아름다운 업적과 그 무궁무진한 함의에 대해서는 아직도 살펴볼 부분이 매우 많다. 예컨대, 죄가 세상에 들어온 것을 우리가 어떻게 이해할지, 그리고 복음을 우리가 어떻게 이해할지에 대한 함의가 있다.

이것이 13장에서 다룰 주제이다.

13.

창조세계에 들어온 죄와 복음의 영광

우리는 지난 장에서 섭리의 목표가 하나님의 영원한 계획에까지 거슬러 올라간다는 것을 알았다(엡 1:4-6; 딤후 1:9; 계 13:8). 거기서 고난의 존재 자체(가장 명백하게는 그리스도의 고난)가 하나님이 인간 역사에 대해 계획하신 현실의 일부이며, 그 목적이 자격 없는 죄인들을 위한 그 아들의 고난을 통해 하나님이 자기 은혜의 영광을 보여주는 것임을 살펴보았다. 12장에서 다룬 이 진리의 놀라운 함의는 너무 많아서 도무지 다 다룰 수가 없다. 여기서는 인간의 타락과 복음의 영광과 관련하여 그 함의를 고찰할 생각이다.

허락하기로 계획하시다

하나님이 만일 창조 이전에, 그러니까 아담과 하와의 타락 이전에 그의 아들의 고난을 계획하셨다면(계 13:8; 딤후 1:9), 그분은 죄의 도래를 예견하셨고 죄가 세상에 들어오길 허락하기로 계획하신 것이다. "허락하기로 계획하셨다"는 말은 내가 신중하게 선택한 표현이다. 때때로 우리는 하나님이 어떤 것을 허락하셨다고 말한다. 이는 매우 적합한 말이다. 하나님의 섭리는 모든 사건을 똑같은 방식으로 다스리지 않고, "허락"은 그분의 섭리 행위의 일부를 묘사하는 하나의 방식이기 때문이다. 예컨대, "그러므로 우리가 … 완전한 데로 나아갈지니라. **하나님께서 허락하시면** 우리가 이것을 하리라"(히 6:1-3; 참고, 눅 8:32; 고전 16:7)와 같은 구절을 들 수 있다.

그런데 우리가 때로 간과하는 것이 있다. 하나님은 자기가 무엇을 허락할지 또는 허락하지 않을지를 예견하시기 때문에 허락할지 말지를 선택하신다는 것이다. 그리고 하나님의 모든 선택은 그의 완전한 지혜(시 104:24; 사 28:9)와 공의(느 9:33; 시 145:17; 단 9:14)와 선하심(시 145:7, 9)에 부합한다. 하나님은 변덕스러운 분이 아니다. 그는 어리석게 또는 악하게 선택하는 경우가 절대로 없다. 그는 "그의 뜻의 결정대로"(엡 1:11) 허락할 것을 선택하신다. 그는 자기가 허락한 것이 초래할 모든 결과(고통스러운 것과 즐거운 것)를 염두에 두고 선택하신다. 그러므로 우리가 그분이 허락하기로 '계획하신' 것을 거론해도 무방하다. 그래서 우리는 하나님이 허락하신 '목적'에 대해 말해도 좋고 또 말해야 한다.

하나님이 타락을 허락하기로 계획하시다

하나님은 아담과 하와가 죄를 짓고 창조세계에 파멸을 초래할 것을 예견하셨다. 그분은 이 현실을 "그의 뜻의 결정"에 포함하셨고, 그 모든 결과와 그의 모든 목적을 고려하셨으며, 그들이 죄에 빠지는 것을 허락하기로 선택하셨다. 그분은 자기의 완전한 지혜와 공의와 선하심에 따라서 이것을 행하셨다. 그분은 아비멜렉의 죄를 허락하지 않기로 선택하셨듯이("[내가] 너를 막아 내게 범죄하지 아니하게 하였나니", 창 20:6), 이 최초의 죄를 허락하지 않기로 선택하실 수도 있었던 고로, 하나님이 그 죄를 허락하신 데에는 지혜롭고 공의롭고 선한 목적이 있었음을 우리가 알게 된다.

만일 하나님이 아담과 하와의 타락을 허락할 때 지혜롭고 공의롭고 선한 목적을 갖고 계셨다면, 우리는 그것을 허락할 때의 하나님의 '계획'에 대해 말할 수 있다. 말하자면, 이런 의미에서 타락에 대한 하나님의 '계획' 또는 '지정'을 거론할 수 있다는 뜻이다. 여기서 '계획'과 '지정'이란 말은, 하나님이 타락을 허락하지 않기로 선택하실 수 있었으나 지혜로운 목적을 위해 그것을 허락하기로 선택하신 만큼 그것을 계획하고 지정하셨다는 뜻이다. 그분은 타락으로 할 수 있는 모든 것(수많은 것들)을 고려하셨고 타락을 그의 궁극적 계획의 일부로 삼으셨다.

이로 보건대, 하나님은 자기가 미워하는 일도 발생하도록 계획하고 지정하시는 분이다. 하나님은 죄를 미워하신다(잠 6:16-19). 죄는 그분을 모욕하고(롬 3:23) 사람들을 파멸시킨다(롬 6:23). 하지만 그분은 죄가 그의 완전한 창조세계 속으로 들어오도록 허락하기로 계획하셨다. 그러므로 하나님이 무한한 지혜와 거룩함으로 죄가 발생하도록 계획하시는 것은 죄악된 것이 아니다. 물론 하나님이 죄를 허락하기로 계획하시는 데는 수없이 많은 현명하고 거룩한 이유들이 있다. 그러나 우리가 이런 성찰에 이르게 된 계기는 단 한 가지 이유 때문이다. 즉, 창조와 섭리와 관련된 하나님의 궁극적 목적이 **특히 사랑하는 자의 고난을 통해 하나님의 은혜의 영광이 드러나는 것, 구속받은 자들의 찬송을 통해 그 영광이 영원히 울려 퍼지는 것**이라는 것이다. 그것이 타락을 허락하기로 한 하나님의 계획과 관련이 있는 하나님의 궁극적인 지혜롭고 공의롭고 선한 목적이다.

아담과 하와는 악을 도모했으나 하나님은 그것으로 선을 도모하다

달리 말하면, 하나님이 죄를 짓지 않으면서도 어떻게 죄가 존재하도록 그 뜻을 품을 수 있는지는 하나의 신비이지만, 이에 대해 어떻게 생각하고 얘기할지에 대한 성경적 지침은 있다. 예컨대, 우리가 아담과 하와의 죄를 거론할 때 요셉이 자기를 노예로 팔았던 형제들의 죄를 거론할 때 사용한 말을 사용해도 무방하다. "당신들은 나를 해하려 하였으나 하나님은 그것을 선으로 바꾸셨소"(창 50:20). 이 구절은 "하나님이 그것을 선을 위해 '사용하셨다'"라고 말하지 않는다. 오히려 하나님은 선을 '도모하셨다'고 한다. 이 단어는 "그들이 악을 '도모했다'"고 할 때 형들의 악한 의도를 가리키려고 사용한 바로 그 단어이다. 그들은 그 행동에 대해 '한' 의도를 갖고 있다. 하나님은 그 행동에 대해 '또 다른' 의도를 갖고 계시다. 그들의 의도는 악하다. 하나님의 의도는 구원하는 일이다. "오늘과 같이 많은 백성의 생명을 구원하게 하시려 하셨나니"(창 50:20, 45:7; 시 105:17도 보라).

하나님께서 이런 말씀을 우리에게 주신 것은, 우리가 조금이라도 그분의 섭리가 요셉의 형들의 죄와 어떤 관계에 있는지를, 그리고 인간이 범한 최초의 죄를 포함한 '모든' 죄와 어떤 관계에 있는지를 이해할 수 있게 하기 위해서다. 그래서 우리는 이렇게 말해도 좋다. "아담과 하와여, 당신들은 악을 도모했으나 하나님은 그것으로 선을 도모했소. 당신들이 죄를 지은 목적은 자기를 높이는 자율성을 통해 헛된 즐거움을 추구하는 것이었소. 당신들의 죄를 하나님이 허락하신 목적은 그의 백성으로 하여금 그의 아들의 이루 말할 수 없는 고난과 승리를 통해 하나님의 은혜의 영광을 보고 또 음미하는 즐거움을 누리게 하는 것이었소."

고난의 심판: 공의롭고 또 은혜로운 것

그런즉 하나님의 은혜의 영광은 하나님께 반역한 자격 없는 반역자들을 위해 하나님의 아들이 받는 고난을 통해 최대한 드러나게 될 것이었다. 그런데 이렇게 되려면 고난과 같은 것이 있어야 했다. 그러므로 하나님이 고난을 죄의 결과로 지정하게 만든 것은 공의일 뿐만 아니라 자비이기도 했다. 그분은 여자에게 "내가 네게 임신하는 고통을 크게 더하겠다"(창 3:16)고 말씀하셨다. 그리고 남자에게 "땅은 너로 말미암아 저주를 받고 너는 네 평생에 수고하여야 그 소산을 먹으리라"(창 3:17)고 말씀하셨다. 이 고통은 온 창조세계 전역에 퍼져 나간다.

> 피조물이 허무한 데 굴복하는 것은 자기 뜻이 아니요 오직 굴복하게 하시는 이[하나님]로 말미암음이라. 그 바라는 것은 피조물도 썩어짐의 종 노릇 한 데서 해방되어 하나님의 자녀들의 영광의 자유에 이르는 것이니라. 피조물이 다 이제까지 함께 탄식하며 함께 고통을 겪고 있는 것을 우리가 아느니라(롬 8:20-22).

피조물의 "허무함"과 "썩어짐의 종 노릇"과 "신음"은 물론 그에 수반되는 질병의 공포, 자연 재앙, 인간의 잔학 행위 등도 죄의 도덕적 및 영적인 포악함이 낳은 물리적이고 심리적인 결과들이다.[1] 이런 것들의 무시무시한 성격은 창조주에 대한 반역의 무시무시한 성격에 상응한다. 그것들은 마음의 반역으로 하나님을 하찮게 여기는 이루 말할 수 없는 악의 비유라고 할 수 있다. 그것들은 타락한 인간의 신체적 감각들, 즉 하나님께 반항하는 죄의 포악함을 분별하는 영적 능력이 둔해지는 것에 대한 경고의 나팔소리에 해당한다. 이것이 바로 살해당한 예배자들의 비극(눅 13:3)과 치명적인 자연 재앙(눅 13:5)에 대한 예수님의 해석이었다. "너희도 만일 회개하지 아니하면 다 이와 같이 망하리라." 그런 재난으로 죽는다고 해서 당신이 다른 이들보다 더 죽어야 마땅하다는 뜻은 아니다(눅 13:2). 오히려 모든 사람이 죽어야 마땅하므로 그것은 모두에 대한 하나의 메시지이다. '회개하라!'는 메시지.

땅 위의 모든 죄와 고난은 아담의 타락 이후 하나님의 사형선고와 함께 시작되었다(창 2:17; 롬 5:12). 그리고 깜짝 놀랄 사실은 하나님이 이 심판과 더불어 단숨에 고난을 통한 은혜의 궁극적 승리를 가리키셨다는 것이다. "내가 너로 여자와 원수가 되게 하고 네 후손도 여자의 후손과 원수가 되게 하리니 여자의 후손은 네 머리를 상하게 할 것이요 너는 그의 발꿈치를 상하게 할 것이니라"(창 3:15). 궁극적으로, 그리스도는 상처를 입지만 악한 자를 멸망시키실 것이다(골 2:15; 히 2:14). 이것이 바로 그리스도가 오기 수천 년 전에 기대했던 로마서 5장 19절의 복음이었다. "한 사람[아담]이 순종하지 아니함으로 많은 사람이 죄인 된 것같이 한 사람[그리스도]이 순종하심으로 많은 사람이 의인이 되리라."

12장과 13장에서 엮어놓은 것

여태껏 우리는 새 언약과 그리스도의 새 언약 제정은 그 기원이 창조 이전에 있었고 그것이 어떤 함의를 갖고 있는지 살펴보았다. 이제 한 걸음 물러서서 12장과 13장에서 엮어왔던 태피스트리의 실들을 확인해보자. 그리고 그 실들을 분명히 하

---

[1] 하나님이 왜 신체적 고통을 도덕적 악에 대한 심판으로 지정해야 하는지, 따라서 온 피조물이 허무함과 썩어짐에 종노릇하게 하셨는지(롬 8:20-23)에 대한 성찰을 더 보려면 29장을 참고하라.

는 것과 더불어, 우리는 "그리스도의 영광의 복음"을 펼쳐놓는 가운데 새 언약의 근본적 제정이란 태피스트리를 완성할 수 있다. 우리가 살펴본 바는 다음과 같다.

1. 새 언약을 약속하고 제정하신 하나님의 궁극적 목적은 특히 사랑하는 자의 고난을 통해 하나님의 은혜의 영광이 드러나는 것, 구속받은 자들의 찬송을 통해 그 영광이 영원히 울려 퍼지는 것이라고 한다.

2. 어느 인간도 새 언약이 약속했던 것(죄의 용서, 인간 마음의 변화, 그리고 하나님의 계시)을 성취해서 하나님을 우리의 하나님으로 영원히 즐거워하게 할 수 없었다. 그러므로 새 언약을 제정하신 그리스도의 영광이 헤아릴 수 없이 더 큰 것은 그분이 한갓 인간이 아니라 성육하신 하나님이었기 때문이다. 그리스도의 구원 사역이 한층 더 아름다운 것은 그분이 신성을 지닌 하나님의 아들이었기 때문이다.

3. 새 언약을 제정하신 하나님의 궁극적 목적은 하나님의 은혜가 그의 영광의 최고의 표현이란 사실을 포함한다. 이는 그의 모든 탁월한 성품이 완벽하게 협력하여 극도로 흘러 넘치는 것을 말한다.

4. 새 언약의 목적은 또한 자격 없는 죄인들을 위해 하나님의 아들이 기꺼이 고난 당하고 죽는 것은 하나님의 은혜의 가장 아름다운 표출이란 사실을 포함한다. 이는 놀라움을 금치 못한 채 영원히 부를 노래일 것이다(계 5:9, 15:3).

5. 이 궁극적인 목적은 하나님이 창세 이전에 계획하셨던 것이다(딤후 1:9; 계 13:8).

6. 그러므로 아담과 하와는 하나님이 방심한 틈을 타서 죄를 지은 것이 아니었다. 죄인들을 위해 그의 아들이 고난을 받게 하려는 하나님의 계획은 이미 인간이 죄를 짓도록 허락하겠다는 그의 계획을 포함했다. 그는 타락을 허락하기로 계획하셨고, 그에 따른 공정한 결과인 고난에 의해 구속 사역, 곧 승리를 초래하

고 은혜를 보여주는 그 아들의 고난을 위한 무대를 설정하기로 계획하셨다.

그리스도의 영광의 좋은 소식

이런 것들로부터 바울이 그리스도가 세상에 보내져서 새 언약을 제정하는 것이 왜 '그의 영광의 좋은 소식'이라고 말하는지 그 이유를 알 수 있다. 고린도후서 4장 4절에서 이렇게 말한다. "그 중에 이 세상의 신[사탄]이 믿지 아니하는 자들의 마음을 혼미하게 하여 **그리스도의 영광의 복음**의 광채가 비치지 못하게 함이니 **그리스도는 하나님의 형상**이니라." 이는 놀라운 어구이다. "그리스도의 영광의 복음", 곧 "그리스도의 영광의 좋은 소식." 이는 좋은 소식의 가장 좋은 부분이 바로 그리스도의 영광이란 뜻이다.

우리가 이미 살펴본 바는 복음이 그리스도의 영광의 이야기, 즉 그분이 죄 사함을 위해 충분한 토대가 되셨다는 이야기를 들려준다는 것이다. 말하자면, 가장 고귀한 분이 가장 자격 없는 자들을 위해 최악의 고난을 받으셨다는 이야기다. 이것이 복음의 영광의 핵심이다. 그러나 이제는 또한 "그리스도의 영광의 복음"이 그리스도께서 이미 이루신 일의 영광을 보여줌으로써 두 가지 놀라운 일을 더 성취한다는 것을 알게 된다.

그 복음은 (1) 무엇보다도 그리스도의 영광을 '고귀하게' 여기는 백성, 그리고 (2) 그리스도의 영광스러운 형상으로 '변화되어가는'(고후 3:18) 백성을 창조한다. 복음은 그리스도의 영광을 최고의 보물로 여기며 '기뻐하는' 새로운 백성, 그리스도의 영광을 그들의 새로운 정체성으로 삼아 그것을 '반영하는' 새로운 백성을 창조하는 것이다. 그리스도는 그의 백성이 그의 영광을 '즐거워하고' 또 그의 영광을 '반영하는' 일로 영광을 받으신다.

이 두 가지 목표, 즉 그리스도의 영광을 기쁜 마음으로 고귀하게 여기는 것과 그리스도의 영광에 의해 기쁘게 변화되어가는 것은 모두 성경에 분명히 나온다.

목표는 기쁜 마음으로 그리스도의 영광을 고귀하게 여기는 것

예수님은 죽음을 맞이하기 전날 밤에 이렇게 기도했다. "아버지여, 내게 주신 자도 나 있는 곳에 나와 함께 있어 아버지께서 창세 전부터 나를 사랑하시므로 내게 주신 **나의 영광을 그들로 보게** 하시기를 원하옵나이다"(요 17:24). 이는 그분이 드린 궁극적인 기도였다. 거의 그랬다. 한 가지 부탁이 더 있는데, 이것을 그 기도와 합치면 함께 궁극적인 기도가 된다. 요한복음 17장 26절에서 다음과 같은 부탁을 더 하신다. 우리로 하여금 아버지께서 그렇게 하시듯이 아들의 영광을 볼 뿐만 아니라 '사랑할' 수 있도록 해달라는 부탁이다. 말하자면, 지금처럼 죄로 얼룩진 우리의 눈으로 그리스도를 보는 게 아니라, 우리가 완전한 상태일 때 우리 안에서 일하시는 아버지의 사랑으로 그리스도를 보게 해달라는 뜻이다.

예수님이 실제로 드린 기도는 이렇다. "내가 아버지의 이름을 그들에게 알게 하였고 또 알게 하리니, 이는 [아버지께서] **나를 사랑하신 사랑이 그들 안에 있고** 나도 그들 안에 있게 하려 함이니이다." 그는 아들에 대한 아버지의 사랑이 우리 속에 있게 해달라고 요청한다. 달리 말해 이런 요청이다. "아버지여, 그대의 사랑이 지닌 순수함과 강렬함이 내 백성의 순수함과 강렬함이 되어 그들이 그 사랑으로 나의 영광을 보고 고귀하게 여기며 만족하게 하옵소서."

목표는 그리스도의 영광에 의해 기쁘게 변화되는 것

그리스도의 죽음에 담긴 하나님의 목적에는 그의 백성이 변화되는 것이 포함되어 있었다. "[그리스도가] 친히 나무에 달려 그 몸으로 우리 죄를 담당하셨으니 이는 **우리로 죄에 대하여 죽고 의에 대하여 살게 하려 하심이라**"(벧전 2:24).

그리스도는 우리의 죄 사함을 보증하기 위해 또 죄를 짓는 우리의 능력을 절단하기 위해 죽으셨다. 그는 새 언약을 세우는 죽음을 통해 죄를 좋아하는 성향을 끌어내렸고 거룩함을 선호하는 성향을 심어주셨다. 그는 칭의와 성화를 모두 확보하신 것이다. 그러면 "그리스도의 영광의 복음"이 지닌 변화의 능력은 어떻게 효과를 발휘하는가?

그리스도의 영광을 보는 우리의 눈이 더 맑아지고 더 온전해질수록 우리는 점점 더 그분의 형상으로 변화될 것이다. 바울은 사탄이 불신자들의 마음을 어둡게 해서 "그리스도의 영광의 복음의 광채"를 보지 못하게 한다고 말하기 네 절 앞에, (더 이상 어둡지 않은, 고후 4:6) 신자들은 "주의 영광을 보매 그와 같은 형상으로 변화하여 영광에서 영광에 이르니 곧 주의 영으로 말미암음이니라"(고후 3:18)고 말한다.

이생에서도 그리스도의 영광을 보고 음미하면 바로 그렇게 되는 것이다. 보는 것(beholding)이 되는 것(becoming)으로 이끌어준다. 그리스도를 주목해서 존경하면 신실하게 그리스도를 반영하게 되는 것이다. 바로 이런 방식으로 하나님은 온 땅이 그의 영광으로 충만케 하라는 그의 명령을 마침내 이루실 것이다(창 1:27-28; 민 14:21; 합 2:14). 성령에 의해(고후 3:18b) 우리가 그의 승리의 고난에 나타난 그리스도의 영광을 응시하면 우리는 그의 형상으로 변화되어간다.

이 과정은 주 예수님이 다시 오실 때 마침내 완성될 것이다. "그가 나타나시면 우리가 그와 같을 줄을 아는 것은 그의 참모습 그대로 볼 것이기 때문이다"(요일 3:2). 이런 방식으로 하나님은 새로운 땅을 그의 아들의 영광을 반영하는 아름다운 형상들로 가득 채울 터이고, "피조물도 썩어짐의 종 노릇 한 데서 해방되어 하나님의 자녀들의 영광의 자유에 이르게"(롬 8:21) 될 것이다. 그리하여 새 언약은 최종적으로 또 완전히 성취될 것이다.

그리스도의 고난이 이룬 모든 업적은 그의 영광을 흠모하게 한다

그래서 바울이 기독교의 메시지를 "그리스도의 영광의 복음"(고후 4:4)이라 부르는 것은 그리스도의 고난이 이룬 다른 모든 업적들이 이 위대한 최종 목표를 겨냥하고 있음을 의미한다. 그 목표란 무엇보다 그리스도의 영광을 소중히 여기는 구속받은 백성이 그의 영광스러운 형상으로 기쁘게 변화되어가는 것을 말한다.

좋은 소식을 궁극적으로 좋게 만드는 것은, 그 소식이 하나님의 백성으로 하여금 그리스도의 영광을 고귀하게 여기고 반영하는 것을 영원히 즐거워하게 보증했다는 점이다.

그리스도의 고난이 이룬 다른 모든 업적들 역시 영광스러운 것이다. 그러나 그것들의 영광은 궁극적으로, 자격이 없고 의롭게 되고 용서를 받고 변화된 죄인들을 영원히 하나님의 보좌 앞으로 데려온다는 데에 있다.

"그리스도께서도 단번에 죄를 위하여 죽으사 의인으로서 불의한 자를 대신하셨으니 이는 우리를 하나님 앞으로 인도하려 하심이라"(벧전 3:18). 그곳은 바로 "충만한 기쁨이 있고 … 영원한 즐거움이 있는" 곳이다(시 16:11). 십자가가 이룬 다른 모든 업적들은 바로 이 목적을 지향한다.

그리스도의 영광을 보여주는 화목제물

"그리스도의 고난이 이룬 다른 모든 업적들"의 한 가지 예를 들어보자. 가장 기본적인 업적인 화목이다. 이는 하나님을 믿는 모든 사람을 위해 하나님의 진노를 제거함으로써 하나님이 더 이상 우리를 대적하지 않고 영원히 우리 편에 백 퍼센트 서게 하는 것이다.

그리스도는 어떻게 그런 일을 했는가? 바울은 이렇게 설명한다.

그리스도께서 우리를 위하여 저주를 받은 바 되사 율법의 저주에서 우리를 속량하셨으니 기록된 바, "나무에 달린 자마다 저주 아래에 있는 자라" 하였음이라(갈 3:13).

이 예수를 하나님이 그의 피로써 믿음으로 말미암는 화목제물[진노를 제거하는 것, 공의를 만족시키는 것]로 세우셨으니, 이는 하나님께서 길이 참으시는 중에 전에 지은 죄를 간과하심으로 자기의 의로우심을 나타내려 하심이니(롬 3:25).

곧 우리가 원수 되었을 때에 그의 아들의 죽으심으로 말미암아 하나님과 화목하게 되었은즉 화목하게 된 자로서는 더욱 그의 살아나심으로 말미암아 [하나님의 진노로부터, 참고. 9절] 구원을 받을 것이니라(롬 5:10).

여기서 하나님이 친히 자신의 진노를 다루기 위해 그리스도를 내세우신 분임을 주목하라. 예수님은 자비롭지만 하나님은 그렇지 않다는 사상은 없다. 아니다. 성부 하나님이 자신의 의로운 진노의 요구사항을 만족시키기 위해 주도권을 쥐신다. 그리스도가 그 진노를 감당하신 만큼 우리는 그럴 필요가 없다.

그리고 하나님이 이렇게 하시는 이유는 "길이 참으시는 중에 전에 지은 죄를 간과하시기 위함"(롬 3:25)이란 것을 주목하라. 우리는 하나님이 구약에서 이미 용서하신 모든 성도들의 수많은 죄를 그냥 잊으실 수 있다고 생각할지 모른다. 그러나 그분의 의로움은 그것을 허용하지 않을 것이다. 하나님의 영광이 무한히 고귀한 것으로 높임을 받으려면 하나님을 하찮게 여기는 죄는 공정하게 처벌을 받아야 한다. 그런 죄는 모든 죄인을 지옥에 보냄으로써 공정하게 다뤄질 수 있다. 그러나 하나님은 그의 은혜로(롬 3:24) 그의 아들이 그들의 벌을 감당하고 그의 거룩한 진노를 만족시키도록 그 아들을 내세우심으로써 지옥에 떨어져야 마땅한 죄인들을 구원하기로 계획하신다.

이런 방식으로, 인류 역사 내내 수많은 방식으로 미천하게 되어왔던 하나님의 영광의 가치가 높이 올려지고, 그의 의로움이 입증되고, 죄인들이 구원을 받았다. 또는 우리가 그동안 성경 전체에서 살펴보았던 것을 표현하는 방식으로는 이렇게 말해도 좋다. 그리스도의 고난을 허락하신 하나님의 궁극적 목적은 영원히 하나님의 은혜의 영광을 찬송하게 될 죄인들을 구원하는 그 행동을 통해 그 자신의 의로움의 영광을 높이려는 것이었다고.

그러므로 이 화목 사역(하나님의 진노를 제거하는 것)은 그리스도 안에 계신 하나님을 영원히 즐거워함으로써 그리스도의 영광을 드높이는 백성을 구속하려는 궁극적 목적을 위한 수단이었던 것이다. 화목 사역은 그 자체가 목적이 아니다. 이 사역은 하나님의 영광을 즐거워하지 못하게 막는 큰 장애물을 제거해준다. 하나님을 높이는 기쁨이 화해 사역의 궁극적 목표이다. 그리고 다른 모든 섭리의 궁극적 목표이기도 하다.

십자가가 이룬 모든 업적은 찬송을 막는 장애물을 제거한다

그리스도의 고난이 이룬 다른 모든 업적에 대해서도 똑같이 말할 수 있다. 그 모든 업적은 자격 없는 사람들이 하나님의 존전에서 영원토록 지낼 수 있게 하려는 목적을 위한 수단이다(시 16:11; 벧전 3:18). '용서'는 우리에게 죄책감을 낳는 죄의 장벽을 제거한다(엡 1:7). '칭의'는 하나님이 합법적으로 우리를 용납하게 해주는 완전한 의로움을 제공한다(롬 5:19). '양자됨'은 하나님의 가족 안에서 합법적 지위를 제공해준다(엡 1:5). '죽음의 타파'와 '영생'의 선물은 하나님의 존전에서 우리가 영원히 기뻐할 것을 보증한다(롬 6:23; 고전 15:56-57). '악마의 권세를 무력화하는 것'은 우리와 하나님의 교제가 적대적인 권세에 의해 절대로 침해되지 않을 것임을 보장한다(골 2:15; 히 2:14). 모든 질병의 '궁극적 치유'는 우리가 하나님의 임재를 즐거워하는 것이 결코 고통에 의해 방해받지 않을 것임을 의미한다(사 53:5; 계 7:17).

달리 말해, 바울이 복음을 "그리스도의 영광의 복음"이라 부를 때는 그리스도의 고난이 이룬 모든 업적이 그리스도의 영광을 드러낼 뿐만 아니라 이 궁극적 목표(하나님이 피로 사신 사람들이 그리스도 안에 계신 하나님의 영광을 최고의 보물로 여기며 즐거워하고 또 반영하는 것)로 이끌어준다는 뜻이다. 그의 아들을 죄인들을 위해 고난 받는 대속물로 보내신 하나님의 섭리는 그의 백성을 하나님의 존전에 인도하여 그의 은혜의 영광을 영원히 찬송하게 하는 데 필요한 모든 것을 성취한다. 하나님은 찬송의 영광을 받으신다. 우리는 찬송하는 즐거움을 얻는다. 하나님의 은혜의 영광과 우리 영혼의 기쁨은 함께 이 영원한 찬송으로 최고조에 달한다.

새 언약의 제정: 현재와 미래

다음 장에서 성경 전체에 걸쳐 섭리의 '목적'을 찾던 우리의 첫 번째 여정이 막을 내린다. 제2부의 마지막 장은 그 초점을 새 언약에서 그리스도가 그의 고난으로 이룬 근본적인 업적으로부터 하나님의 백성의 변화와 마침내는 피조세계의 변화를 통한 새 언약의 영속적인 제정으로 바꾸게 된다. 새 언약은 죄의 용서를 약속했을 뿐 아니라 하나님의 법이 우리 마음에 기록될 것을 약속하기도 했다(렘 31:33). 따라서 그 마음이 기쁘게 하나님의 뜻을 행할 변화된 백성이 생길 것이라고 했다. "나의 하나님이여, 내가 주의 뜻 행하기를 즐기오니 주의 법이 나의 심중에 있나이다"(시 40:8).

피로 사서 성령이 만드는 이 변화는 결국 새로운 인간의 창조(엡 2:10), 즉 하나님에 대한 사랑과 하나님을 반영하는 모습이 물이 바다를 덮음같이 온 땅을 가득 채울 그런 인간의 창조를 말한다(민 14:21; 시 72:19; 합 2:14; 엡 1:22-23). 이것이 섭리의 궁극적 목표이다. 그 영광이 하나님을 기뻐하고 하나님을 반영하는데 있는 영화롭게 된 백성, 그들이 그분을 기뻐하는 모습을 전심으로 기뻐하는 하나님(렘 32:41)이 되는 것이 그 목표이다. 이것이 바로 새 언약의 제정이고, 이는 내가 이 글을 쓰고 있는 동안에도 일어나고 있으며, 장차 때가 되면 하나님의 섭리의 지혜와 능력과 공의와 은혜를 통해 완수될 것이다.

14.

하나님 백성의 영화와 그리스도의 영광

하나님 백성의 '최종적' 영화(榮化, 롬 8:17, 30)는 대체로 하나님의 영광을 기뻐하고 또 반영하는 데에 있는 만큼, 성경은 이생에서 일어나는 성도의 '점진적' 영화가 하나님의 영광을 위한 것이라고 거듭해서 상기시켜준다. '점진적 영화'가 흔한 어구가 아니라는 것을 나는 알고 있다. 더 흔한 어구는 '점진적 성화'이다. 이는 성령의 사역으로 이생에서 점점 더 거룩해지는 과정을 말한다(롬 15:16; 살후 2:13). 그 과정은 그리스도가 사시고 성령의 능력으로 이뤄진 변화인 것으로 드러나고, 이 변화는 결국 이 시대와 오는 시대에 섭리의 목적이 성취되게 해준다.

점진적 영화

내가 '점진적 영화'(progressive glorification)라는 어구를 사용하는 것은 고린도후서 3장 18절을 잘 바꾸어 표현한 말이기 때문이다. "우리가 다 수건을 벗은 얼굴로 거울을 보는 것같이 주의 '영광을 보매' 그와 같은 형상으로 변화하여 '영광에서 영광에 이르니' 곧 주의 영으로 말미암음이니라." 영이신 주님으로부터 오는 "영광에서 영광에 이르는" 점진적인 변화가 내가 말하는 '점진적 영화'의 뜻이다. 그리고 이는 사실상 바울이 데살로니가후서 2장 13절에서 묘사하는 것, 곧 "성령의 **거룩하게 하심으로**[성화로]" 구원을 받는 것과 똑같은 경험이다.

바울은 이렇게 썼다. "[하나님이] 미리 정하신 그들을 또한 부르시고, 부르신 그들을 또한 의롭다 하시고, **의롭다 하신 그들을 또한 영화롭게 하셨느니라**"(롬 8:30). 내가 추정하기로는, 여기서 바울이 "거룩하게 하신 그들을"이란 어구를 생략한 것은 그의 논증의 이 지점에서 '영화롭게 하셨다'는 단어가 하나님의 성화 사역을 포함한다고 생각했기 때문이다. 그래서 이런 식으로 쓰지 않았다. "의롭다 하신 그들을 또한 거룩하게 하시고, 거룩하게 하신 그들을 또한 영화롭게 하셨느니라." 이는 성화가 선택사안이기 때문이 아니라(이는 곧 살펴볼 것이다) 그 개념이 "영화롭게 했다"는 단어에 포함되어 있기 때문이라고 나는 주장한다. 따라서 '점진적 성화'를 달리 묘사하는 방법은 그것을 '점진적 영화'라고 부르는 것이다.

'점진적 영화'란 어구를 사용하면 이런 좋은 효과가 있다. 하나님의 섭리로 우리를 성화시키는 목적이 우리 안에서 (우리의 최고 보배이신) 하나님의 아름다움과 자격을 가리키는 그런 생각과 사랑과 행동을 불러일으킴으로써 하나님의 영광을 드러내는 것임을 주목하게 하는 점이다. 우리의 점진적 영화는 그리스도 안에 계신 하나님의 영광을 반영하는 방식으로 생각하고 느끼고 행동하는 면에서 성장하는 경험이다.

점진적 영화가 새 언약을 성취하다

그런 점진적 영화는 하나님이 다음과 같은 말씀으로 예언하신 새 언약이 약속했던 것이다.

> [내가] 새 영을 너희 속에 두고 새 마음을 너희에게 주되 너희 육신에서 굳은 마음을 제거하고 부드러운 마음을 줄 것이며(겔 36:26).

내가 나의 법을 그들의 속에 두며 그들의 마음에 기록하여(렘 31:33).

하나님의 법을 우리의 내적 욕망으로 삼는 새로운 영과 새로운 마음이 곧 점진적 영화의 경험이다. 이 변화는 하나님의 영의 사역으로 '말미암고' 하나님의 은혜의 영광을 '위한' 것이라고 성경이 거듭해서 상기시켜준다. 그것은 하나님의 섭리로 말미암고 하나님의 광채를 위한 것이다. 하나님이 그의 백성의 점진적 영화와 관련해 그의 섭리의 목적을 어떻게 표현하시는지를 다음 네 가지 예증으로 살펴보자.

점진적 영화를 위한 주님의 기도

주님의 기도에서, 예수님은 제자들에게 그의 뜻을 행하게, 그들의 채무자를 용서하게 해달라고, 또 유혹에서 건져달라고 기도하기 전에, 무엇보다 먼저 하나님의 이름이 거룩히 여김을 받도록 기도하라고 가르치신다(마 6:9). 우리가 하나님의 뜻을 행하도록 돕는 하나님의 섭리의 목표는 그분의 이름이 우리의 가장 귀중한 보배로 존경과 흠모를 받는 것이다.

예수님이 우리에게 그냥 하나님의 이름을 경외하라고 명령하지 않고 그 이름이 경외를 받도록 '기도하라'고 말씀하신다는 사실은, '하나님'이 하나님을 영화롭게 하는 일에 결정적인 원인이심을 보여준다. 하나님이 우리와 다른 이들이 하나님을 경외하도록 유발시켜주시길 우리가 기도한다. 그리고 이처럼 경외하려면 우리가 그분의 뜻을 행해야 한다. 하나님의 이름이 거룩히 여김을 받도록 그분의 계시된 뜻에 점점 더 순종하는 것은 점진적 영화와 똑같다. 그리고 예수님은 주님의 기도를 통해 '하나님'이야말로 이 일을 불러일으키는 결정적인 주체임을 가르쳐주신다. 신자들이 "하나님의 이름이 거룩히 여김을 받으소서"라고 기도할 때, 섭리는 신자들의 점진적 영화를 통해 그 목표를 추구하고 있다. 사실 우리가 하나님을 거룩히 여기도록 우리를 변화시키는 분이 바로 하나님이라서 그분이 그로 인해 영광을 받으시는 것이다.

하나님이 공급하시는 힘으로 섬기라

이것이 다음과 같은 베드로의 말이 지닌 뜻이다.

만일 누가 말하려면 하나님의 말씀을 하는 것같이 하고 누가 봉사하려면 하나님이 공급하시는 힘으로 하는 것같이 하라. 이는 범사에 예수 그리스도로 말미암아 하나님이 영광을 받으시게 하려 함이니 그에게 영광과 권능이 세세에 무궁하도록 있느니라. 아멘(벧전 4:11).

새 언약으로(율법 조문의 묵은 것이 아니라 영의 새로운 것으로, 롬 7:6) 하나님을 섬기는 새로운 방식의 열쇠는 우리 자신의 자원에서 눈을 돌려 하나님이 공급하시는 (피로 사신) 힘을 신뢰하는 것이다. 우리가 이렇게 할 때 "예수 그리스도를 통해 하나님이 영광을 받으신다"고 베드로가 말한다. 말하자면, 우리의 점진적 영화란 믿음으로 하나님을 섬기는 가운데 우리가 예수님의 사역을 통해 즐거워하는 그의 영광을 반영하는 것이다.

그리스도를 통해 하나님을 기쁘게 함으로 그에게 영광을 돌리라

이와 똑같은 것을 히브리서 저자는 다르게 표현한다.

양들의 큰 목자이신 우리 주 예수를 영원한 언약의 피로 죽은 자 가운데서 이끌어 내신 평강의 하나님이 **모든 선한 일에 너희를 온전하게 하사** 자기 뜻을 행하게 하시고, 그 앞에 즐거운 것을 예수 그리스도로 말미암아 우리 가운데서 이루시기를 원하노라. 영광이 그에게 세세무궁토록 있을지어다. 아멘(히 13:20-21).

이 축도의 논리는 이렇게 진행된다. 하나님은 우리가 그의 뜻을 행하도록 결정적으로 우리를 준비시키신다. 예수님을 통해, 그분은 자신이 준비시킨 것을 우리가 행하도록 우리 안에서 실제로 일하신다. 그 결과 우리가 그분을 기쁘게 하는 일을 행할 때 우리가 아니라 예수 그리스도께서 그 영광을 받으신다. 왜냐하면 예수님을 통해 하나님이 우리의 점진적 영화를 이루셨기 때문이다.

그리스도의 영광을 위해 그의 은혜에 따른 믿음의 행위

이와 똑같은 새 언약적인 성화(또는 점진적 영화)의 논리가 사도 바울의 글에도 나타난다.

> 이러므로 우리도 항상 너희를 위하여 기도함은 우리 하나님이 너희를 그 부르심에 합당한 자로 여기시고 모든 선을 기뻐함과 믿음의 역사를 능력으로 이루게 하시고, 우리 하나님과 주 예수 그리스도의 은혜대로 우리 주 예수의 이름이 너희 가운데서 영광을 받으시고 너희도 그 안에서 영광을 받게 하려 함이라(살후 1:11-12).

이는 놀라운 문장이다! 하나님은 우리를 "그의 부르심에 합당한 자들"로 만드신다. 즉, 그분은 우리로 우리 소명의 탁월한 가치를 보여주는 그런 삶을 살도록 능력을 주신다는 것이다. 이를 성취하기 위해 그분은 우리의 선한 결의를 이루어주신다. 이런 결의는 "그의 능력으로" 이뤄진다. 이 능력은 하나님의 은혜와 조화를 이룬다. 달리 말하면, 그 능력은 값없고 과분한 것이다.

여기서 우리의 몫은 그의 은혜와 능력을 신뢰하고, 이후에 그 믿음으로 우리의 마음과 머리와 손을 작동시켜 우리의 행실이 믿음의 '행위'가 되게 하는 것이다. 이런 생활방식의 최종 목표는 **"우리 주 예수의 이름이 너희 가운데서 영광을 받으시고 너희도 그 안에서 영광을 받게 하려 함이라."** 달리 말하면, 우리가 하나님이 지탱하시는 놀라운 점진적 영화를 통해 그리스도의 영광을 반영하면 그리스도는 영광스러운 분으로 드러나게 되는 것이다.

하나님을 영화롭게 해달라고 하나님께 간구하다

너무나 자명해서 미처 알아채지 못하는 것이 있다. 바울이 데살로니가후서 1장 11-12절에서 기도하는 내용이다. 이는 예수님이 주님의 기도로 기도하는 내용과 히브리서의 저자가 축도로 기도하는 내용과 비슷하다. 다름 아니라 바울이 하나님께 이 모든 것을 성취해달라고 기도하는 것, 즉 하나님께 하나님의 형상인 그리스도를 영화롭게 해달라고 기도하는 것이다. 그는 하나님께 하나님을 영화롭게 해달라고 간구하고 있다. 이것이 예수님이 우리에게 주기도문의 첫 문장으로 가르치신 것이다. 즉, 하나님의 이름이 거룩히 여김을 받게 해달라고 하나님께 간구하라는 것. 이것이 히브리서 저자가 하나님께 그리스도의 영광을 위해 우리 가운데서 일해달라고 기도할 때 간구했던 것이다.

그리고 바울은 빌립보서 1장 9-11절에서 다시 이런 간구를 한다.

내가 기도하노라. 너희 사랑을 지식과 모든 총명으로 점점 더 풍성하게 하사 너희로 지극히 선한 것을 분별하며 또 진실하여 허물없이 그리스도의 날까지 이르고, 예수 그리스도로 말미암아 의의 열매가 가득하여 **하나님의 영광과 찬송이 되기를** 원하노라(빌 1:9-11).

바울은 빌립보 교인들이 의의 열매를 맺어서 "하나님의 영광과 찬송이 되기를" '기도한다.' 그래서 이렇게 기도함으로써 '하나님'께 '하나님'을 영화롭게 해달라고 간구하는 셈이다. 흔히 알아채지 못하는 이 자명한 사실을 내가 끌어내는 이유는 창세 이전부터 이 사실이 중심을 차지해왔음을 상기시키기 위해서다. 어떤 일들이 그냥 하나님의 영광을 위해 일어나지 않는다. 일들이 하나님의 영광을 위해 일어나는 이유는 하나님의 섭리가 그렇게 되도록 주관하기 때문이다. 이것이 섭리의 목표이다.

하나님은 그의 영광을 최고의 보배로 삼을 모든 이들이 흠모하고 즐거워하도록 그 영광을 드러내기로 완전히 헌신하셨다. 만일 우리가 이처럼 철저한 하나님의 자기중심성을 편안하게 느끼지 않는다면, 우리는 하나님의 섭리를 다루는 성경 이야기를 편안하게 느끼지 못할 것이다. 우리는 스스로를 높이는 하나님의 모습을 편안하게 느끼지 못하리라.

새 언약의 화해가 하나님을 영화롭게 하는 변화를 이루다

점진적 영화(또는 성화)는 성령에 의해(살후 2:13) 예수 그리스도를 통해(빌 1:11) 이뤄지는 하나님의 사역(히 13:20-21)이다. "예수 그리스도를 통해"라는 어구는 우리가 논하고 있는 변화가 그리스도가 세우는 새 언약 제정의 일부라는 것을 상기시켜준다. 새 언약은 하나님의 법이 마음에 기록될 것이라고 약속했다(렘 31:33). 말하자면, 그 법이 우리의 욕망의 일부가 되어서 우리가 기쁘게 하나님의 뜻을 행할 것이란 뜻이다. 이것이 바로 하나님이 "성령에 의해" "예수 그리스도를 통해" 행하고 계시는 일이다.

달리 말하면, 그리스도께서 죄의 용서를 통해 새 언약의 토대를 마련하기 위해 고난을 받았을 때, 그는 또한 예언된 말씀("내가 나의 법을 그들의 속에 두며 그들의 마음에 기록하여," 렘 31:33)에 약속된 새 언약적인 변화를 이루기 위해 그의 피로 성령의 강력한 사역을 방출했던 것이다.

베드로는 우리를 '위한' 그리스도의 근본적인 고난과 그에 따른 우리 '내면'의 변화를 분명히 연결시킨다. "[그가] 친히 나무에 달려 그 몸으로 우리 죄를 담당하셨으니 이는 **우리로 죄에 대하여 죽고 의에 대하여 살게 하려 하심이라**"(벧전 2:24). 그리스도는 우리를 위해 죽으심으로 새 언약의 기초를 세우셨다. 그래서 하나님과의 화해를 성취함으로써(롬 5:10) 성령의 능력을 방출하여 우리의 점진적 영화를 도모하고 결국은 승리를 얻게 하신다.

인간의 모든 의무에 담긴 하나님의 설계:
그리스도 안에 계신 하나님의 영광

하나님 백성의 새 언약적 변화는 영원 이전에 하나님의 지혜가 생각해냈고, 그리스도의 피로 샀고, 하나님의 영이 이룬 것(모두 그리스도와 그의 아버지의 영광을 위해)이었기 때문에, 인간들이 행하는 모든 일에서 하나님과 그리스도를 영화롭게 해야 한다는 성경의 요구사항은 단지 '인간의 의무'가 아니라 '하나님의 설계'라는 것이 명백하다. 이는 다음과 같은 성경의 모든 요구사항에도 해당되고, 그 각각에 대한 하나님의 섭리는 하나님의 영광을 그 목표로 삼는다.

열매를 맺는 것:
너희가 열매를 많이 맺으면 **내 아버지께서 영광을 받으실 것이요**(요 15:8).

선행을 하는 것:
이같이 너희 빛이 사람 앞에 비치게 하여 그들로 너희 착한 행실을 보고 **하늘에 계신 너희 아버지께 영광을 돌리게 하라**(마 5:16; 참고. 벧전 2:12).

당신의 몸으로 행하는 것:
너희는 값으로 산 것이 되었으니 그런즉 **너희 몸으로 하나님께 영광을 돌리라**(고전 6:20).

먹고 마시는 등 모든 것:
그런즉 너희가 먹든지 마시든지 무엇을 하든지 **다 하나님의 영광을 위하여 하라**(고전 10:31).

신자들과 조화롭게 사는 것:
이제 인내와 위로의 하나님이 너희로 그리스도 예수를 본받아 서로 뜻이 같게 하여 주사 한마음과 한 입으로 **하나님 곧 우리 주 예수 그리스도의 아버지께 영광을 돌리게 하려 하노라**(롬 15:5-6).

다른 신자들을 환영하는 것:
그러므로 그리스도께서 우리를 받아 **하나님께 영광을 돌리심과 같이** 너희도 서로 받으라(롬 15:7).

의로운 길로 인도받는 것:
[여호와가] **자기 이름을 위하여** [나를] 의의 길로 인도하시는도다(시 23:3; 31:3; 사 61:3).

끈기 있게 역경을 견디는 것:
네가 참고 **내 이름을 위하여** 견디고(계 2:3).

그리스도인으로서 고난을 받는 것:
만일 그리스도인으로 고난을 받으면 부끄러워하지 말고 도리어 **그 이름으로 하나님께 영광을 돌리라**(벧전 4:16).

아버지의 영광에 대한 그리스도의 열정

그리스도께서는 이 하나님의 설계(하나님이 인간의 모든 행동을 통해 영광을 받으시는 것)를 사셨고 또 힘을 실어주셨을 뿐 아니라 그의 삶을 통해 완벽한 본보기를 보여주셨다. 그리스도가 그의 사역의 목적에 관해 말한 다음 두 대목을 생각해보라. 이는 하나님의 아들이 세상에 온 것은 하나님의 이름을 영화롭게 하고 또 그와 똑같은 일을 하는 한 백성을 구속하기 위함임을 보여준다.

지금 내 마음이 괴로우니 무슨 말을 하리요? "아버지여, 나를 구원하여 이때를 면하게 하여 주옵소서. 그러나 내가 **이를 위하여** 이때에 왔나이다. **아버지여, 아버지의 이름을 영광스럽게 하옵소서**" 하시니, 이에 하늘에서 소리가 나서 이르되 "내가 이미 영광스럽게 하였고 또다시 영광스럽게 하리라" 하시니(요 12:27-28).

내가 말하노니 그리스도께서 하나님의 진실하심을 위하여 할례의 추종자가 되셨으니[유대인의 메시아로 태어났으니], 이는 조상들에게 주신 약속들을 견고하게 하시고 **이방**

인들도 그 긍휼하심으로 말미암아 하나님께 영광을 돌리게 하려 하심이라. 기록된 바, 그러므로 내가 열방 중에서 주께 감사하고 주의 이름을 찬송하리로다 함과 같으니라(롬 15:8-9).

이 두 단락은 그리스도의 성육신이 지향한 두 개의 큰 목적을 표현한다. 첫째, 예수님이 그의 일을 통해 아버지의 이름을 영화롭게 하는 것이다. 둘째, 예수님이 열방도 그와 똑같은 일(그분의 자비로 인해 하나님을 영화롭게 하는 것)을 하도록 인도하는 것이다. 또는 앞에서 자주 살펴보았듯이, 이 둘을 합쳐서 이렇게 표현할 수도 있다. 그리스도의 목적은 하나님의 은혜의 영광을 찬송하는 것이었다(엡 1:6). 그리스도가 새 언약을 제정한 것은 이 목표를 추구하는 일이었다.

아버지의 영광과 아들의 영광은 하나다

그런데 우리가 역사의 절정, 새 언약의 완성, 그리고 섭리의 최종 목표를 향해 전진하면서 분명히 할 것이 있다. 아버지 하나님의 영광과 아들 하나님의 영광은 동일한 영광이란 사실이다. 이는 그리스도가 아버지의 영광을 드높이려고 할 때와 또 아들의 영광을 드높이려고 할 때가 있는데, 그렇다고 그가 이중적이고 신성모독적인 행위를 하는 게 아니라는 뜻이다.

예수님은 "나와 아버지는 하나이니라"(요 10:30)고 말씀하셨다. 예수님이 "아버지여, 창세 전에 내가 아버지와 함께 가졌던 영화로써 지금도 아버지와 함께 나를 영화롭게 하옵소서"(요 17:5)라고 기도한 것이 신성모독이라고 할 수 없다. 그리고 그분이 "아버지여 내게 주신 자도 나 있는 곳에 나와 함께 있어 … 내게 주신 **나의** 영광을 그들로 보게 하시기를 원하옵나이다"(요 17:24)라고 기도할 때 그의 제자들의 주의를 아버지의 영광에서 딴 데로 돌리게 하는 것이 아니었다. 아버지의 영광과 아들의 영광은 깊은 의미에서 하나이기 때문이다.

바울은 복음이 "하나님의 형상인 **그리스도의 영광**"의 좋은 소식이라고 말한 후 "예수 그리스도의 얼굴에 있는 **하나님**의 영광"의 좋은 소식이라고 말했는데(고후

4:4, 6), 이 역시 동일한 진리를 가르친 것이다. 여기서 서로 병행되는 점을 주목하라.

"**하나님**의 형상인 **그리스도의 영광**"

"**예수 그리스도**의 얼굴에 있는 **하나님의 영광**"

이는 두 개의 복음이고 두 개의 영광이다. 하나님의 영광은 그리스도의 얼굴로 알려진다. 이는 그리스도의 영광이다. 그리스도의 영광은 하나님의 영광이, 하나님의 완전한 형상인 그분 안에서 빛나는 것이다. 이는 하나님의 영광이다. 그러므로 하나님의 설계, 그리고 완전한 신인(神人)의 인간적 의무는 그의 영광, 곧 아버지와 아들의 영광을 드높이는 것이었다.

예컨대, 예수님은 그의 친구 나사로가 아프다는 것을 알았을 때 이틀을 더 지연해서 나사로가 죽도록 허용했다(요 11:1-5). 왜 그랬을까? 그는 이렇게 답변한다. "이 병은 죽을 병이 아니라 **하나님의 영광을 위함이요 하나님의 아들이 이로 말미암아 영광을 받게 하려 함이라**"(요 11:4). 여기서 하나님의 영광과 아들의 영광이 예수님의 행동이 지향하는 통일된 목표임을 주목하라.

그리스도를 영화롭게 하려고 성령이 오시다

그러므로 그리스도가 그리스도를 영화롭게 하려 한다고 해서 우리가 주춤할 필요가 없다. 그리스도가 그리스도를 높이는 것 때문에 우리가 불쾌해져서는 안 된다. 예수님은 제자들을 떠나 아버지께 돌아가려고 할 때 곧 그들에게 올 것이라고 말씀하셨다. "내가 너희를 고아와 같이 버려두지 아니하고 너희에게로 오리라"(요 14:18). 그는 '그 자신'의 영인 성령을 언급하고 있었다. "내가 아버지께 구하겠으니 그가 또 다른 보혜사를 너희에게 주사 영원토록 너희와 함께 있게 하리니 그는 진리의 영이라, 세상은 능히 그를 받지 못하나니 이는 그를 보지도 못하고 알지도 못함이라. 그러나 너희는 그를 아나니 **그는 너희와 함께 거하심이요 또 너희 속에 계시겠음이라**"(요 14:16-17). 그리스도는 (육신으로) 그들과 함께 살았고 또 (영으로) 그들

속에 있게 될 것이었다.

그리스도께서 친히 성령을 보내실 것이다. "내가 아버지께로부터 너희에게 보낼 보혜사, 곧 아버지께로부터 나오시는 진리의 성령이 오실 때에 **그가 나를 증언하실 것이요**"(요 15:26). 성령이 아버지와 아들로부터 받은 사명, 하지만 특히 아들로부터 ("내가 너희에게 보낼") 받은 사명은 아들을 증언하는 일이다. 보다 구체적으로 말하면, 예수님은 그가 친히 보내는 성령에 대해 "그가 내 영광을 나타낼 것"(요 16:14)이라고 말한다. 아들을 영화롭게 하는 이 영은 곧 아들의 영이다. 그래서 하나님의 아들의 지상 사역 동안에 또 그 이후에도, 아들에 대한 하나님의 계획과 아들이 받아들인 의무는 그 자신을 영화롭게 하는 것이었고, 이는 아버지를 영화롭게 하는 그의 사명과 상충되지 않는다(요 12:27-28).

그리스도를 영화롭게 하려고 그리스도가 오실 것이다

이것이 역사가 그 절정에 이르는 방식이다. 그리스도는 바로 이 목적, 곧 그의 백성 가운데 영광을 받기 위해 하늘로부터 되돌아오신다. 이것이 하나님의 섭리가 최고조에 달할 때 그분이 품은 의도와 목적이다.

이런[복음을 순종하지 않는] 자들은 주의 얼굴과 그의 힘의 영광을 떠나 영원한 멸망의 형벌을 받으리로다. 그날에 그가 강림하사 **그의 성도들에게서 영광을 받으시고 모든 믿는 자들에게서 놀랍게 여김을 얻으시리니** 이는 우리의 증거가 너희에게 믿어졌음이라(살후 1:9-10).

바울은 이것이 그리스도가 오시는 목적이라고 말한다. "그의 성도들에게서 영광을 받으시고 모든 믿는 자들에게서 놀랍게 여김을 얻으시는 것." 이 두 가지 진술("영광을 받는 것"과 "놀랍게 여김을 얻는 것")은 그리스도를 드높인다는 점에선 같지만 약간의 차이가 있다. "그의 성도들에게서 영광을 받는 것"은 영광을 받는 그리스도의 경험에 강조점을 둔다. "놀랍게 여김을 얻는 것"은 그 영광을 보고 놀라는 성도들의 내면의 경험에 강조점을 둔다. 이 두 경험을 따로 분리될 수 없다. 우리가 자주 살펴보았듯이, 궁극적 목표는 하나님에 대한 통합된 경험, 즉 그리스도가 최고로 높여지는 것과 그 탁월한 모습을 보고 우리가 전율하며 그 모습을 반영하는 일이 동시에 일어나는 것이다.

그런데 너무나 자주 간과되곤 하는 자명한 진리를 다시 한 번 얘기하고 싶다. 그리스도가 영화롭게 되는 것은 단지 그분이 오시는 '결과'만이 아니다. 그것은 그분이 오시는 '목적'이기도 하다. '그분의' 목적이다. 그분은 영광을 받으시고 또 놀라움의 대상이 되기 위해 오고 계신다. 우리가 만일 그리스도가 그리스도를 높이는 것을 기뻐하지 않는다면 그분이 오시는 것도 기뻐하지 않을 것이다. 만일 자기 영광에 대한 하나님의 열정과 자기영광에 대한 그리스도의 헌신에 대해 저항하는 마음이 우리 속에 있다면, 우리의 성경 읽기가 성경의 방향과 어긋나게 될 것이다. 그러면 우리가 하나님이나 우리 자신 또는 세계를 올바로 알지 못할 것이다.

영원한 목적

그리스도의 재림의 목적이 그리스도를 높이기 위함이라는 것은 잠깐의 진리가 아니다. 그리스도를 높이는 것은 영원한 목적이다. 영원 전부터 영원 후까지, 창조와 섭리의 목적은 과거와 현재와 미래를 불문하고 언제나 그리스도의 영광을 전달하는 것이다. "모든 것이 그분으로 말미암아 창조되었고, **그분을 위하여** 창조되었습니다"(골 1:16, 새번역). 이 목적(모든 피조물과 섭리를 통해 그리스도를 높이는 것)은 새로운 창조에서 마감되지 않는다. 하나님의 섭리는 다가오는 시대에 사라지지 않는다. 그리고 섭리의 궁극적 목적도 변하지 않을 것이다. "이는 그분이[그리스도가] 만물 가운데서 으뜸이 되시기 위함입니다"(골 1:18, 새번역). 물론 재림의 사건은 그 이전이나 그 이후의 다른 어떤 사건과도 같지 않을 것이다. 그때가 되면 인류 역사의 절정에 있을 놀라운 단번의 전환점이 도래하리라.

그때에 인자의 징조가 하늘에서 보이겠고, 그때에 땅의 모든 족속들이 통곡하며, 그들이 인자가 구름을 타고 **능력과 큰 영광으로** 오는 것을 보리라(마 24:30).

그러나 우리는 이미 다음과 같은 사실을 살펴보았다. 역사의 각 시점에(심지어 역사 이전에도), 하나님의 지혜로 설계된 이 우주는 하나님의 은혜의 영광을 통해 나타나고, 그리스도의 영광, 곧 자격 없는 반역자들을 위한 그의 고난에서 가장 찬란하게 빛나는 그 영광을 통해 실연되는, 하나님의 영광을 드러내는 극장이 되게끔 되어 있다는 것이다.

하나님이 주신 가장 풍성한 약속은?

이것이 처음부터 존재했던 궁극적인 목적이었다. 그리고 이것은 장차 도래할 영원한 시대의 궁극적 목적이기도 하다. 바울은 이것을 성경의 가장 풍성한 약속 중 하나로 말하면서 무척 기뻐한다.

> 하나님께서 그리스도 예수 안에서 우리를 그분과 함께 살리시고, 하늘에 함께 앉게 하셨습니다. 그것은, 하나님께서 그리스도 예수 안에서 우리에게 자비로 베풀어주신 그 은혜가 얼마나 풍성한지를 장차 올 모든 세대에게 드러내 보이시기 위함입니다(엡 2:6-7, 새번역).

이는 영광스러운 어구를 많이 쌓아놓은 문장이다. 하나님이 그리스도 안에 있는 사람들에게 그의 "풍성한 은혜"를 다 보여주려면 영원한 "모든 세대"가 걸릴 것이다. 왜냐하면 그 은혜가 "얼마나 풍성한지" 모르기 때문이다. 그것은 또한 "은혜의 풍성함"이다. 그리고 우리가 은혜에 대해 너무 모호하게 생각하지 않게 하려고, 바울은 이 은혜가 "자비로" 베풀어졌다고 말한다. 그리고 우리가 이 은혜로운 자비에 대해 너무 일반적으로 생각하지 않게 하려고, 바울은 그 은혜가 "우리에게" 베풀어졌다고 말한다. 그리고 우리가 그 풍성한 은혜를 아들이 아니라 아버지의 것으로 생각하지 않게 하려고, 바울은 그 풍성한 자비는 하나님께서 "그리스도 예수 안에서" 우리에게 주신 것이라고 결론짓는다. 그분 안에 모든 보물이 있다. 이는 그리스도 안에 계신 하나님은 영원토록 그 영광이 갈수록 더 풍성하게 나타날 것이고, 그 자비가 점점 더 많아짐에 따라 우리는 갈수록 더 만족하게 될 것이라는 뜻이다.

영원토록(멈춤이나 끝이 없이) 날마다 그리스도 안에 있는 하나님의 은혜의 영광의 풍성함은 우리가 보기에 갈수록 더 커지고 아름다워질 것이다. 우리는 유한하다. 그 은혜는 도무지 "헤아릴 수 없다." 무한하다. 그러므로 우리는 그 은혜를 결코 다 섭취할 수 없다. 이를 충분히 인식하라. 언제나 더 많은 은혜가 있을 것이다. 넘치도록 더 많이. 영원토록. 오직 무한한 존재만이 무한한 풍성함을 다 섭취할 수 있다. 그러나 우리가 이 풍성한 은혜를 더 많이 섭취하려면 영원한 세월이 걸릴 것이다. 따라서 영원한 존재와 무한한 축복 간에는 상호관계가 있을 수밖에 없다. '헤아릴 수 없는' 은혜의 풍성함을 즐기려면 '영원한' 삶이 반드시 필요하다.

여기서 '경험'은 절대로 필요한 단어이다. 후자를 경험하려면 전자가 필요하다. 바울은 이미 앞장에서 다음과 같은 말을 했다. 창세 이전부터 하나님은 우주를 "그 은혜가 얼마나 풍성한지"(엡 2:7)를 '보여줄' 뿐 아니라 "그의 은혜의 영광을 **찬송하게**"(엡 1:6, 12, 14) 하기 위한 극장으로 만들기로 계획하셨다고. 이것이 에베소서 2장 7절에 함축되어 있는 '경험'이다. 하나님이 영원히 우리에게 "그리스도 예수 안에서 자비로 그 헤아릴 수 없는 은혜"를 아낌없이 베풀어주신다는 것이 우리에게는(우리의 경험에는) 무슨 의미가 있는가? 그것은 바로 '기쁨'을 의미한다. 사도 베드로의 표현을 사용하자면, "말할 수 없는 영광스러운 즐거움으로 기뻐하는 것"(벧전 1:8)이다.

초자연적이고, 영원하고, 하나님을 영화롭게 하며, 그리스도를 드높이는 기쁨

이것은 우리가 아무리 최선을 다해도 자율적으로 생산할 수 있는 자연스런 기쁨이 아니다. 우리가 요한복음 17장 26절에서 보았듯이[1], 이는 그의 아들에 대한 하

---

[1] 예수님은 "이는 나를 사랑하신 [아버지의] 사랑이 그들 안에 있게 하려 함이니이다"(요 17:26)라고 말하는데, 이는 하나님이 우리를 사랑하실 때처럼 죄와 악행의 장벽을 넘어야만 하는 그런 사랑을 의미하지 않는다. 예수님은 아

나님의 기쁨, 바로 그것일 것이다. 하나님이 그리스도에게 품은 그 기쁨이 우리 속에 머물 것이다. 아들에 대한 그분의 기쁨이 아들에 대한 우리의 기쁨이 될 것이다. 그리고 우리의 기쁨은 그리스도의 아버지에 대한 기쁨이 될 것이다.

이제 예수님은 재림하실 때 우리에게 이렇게 말씀하실 것이다. "네 주인의 즐거움에 참여할지어다"(마 25:21, 23). 그분이 주인이다, 우리는 그분의 기쁨에 참여한다. 이것은 성령의 영원한 사역이 될 것이다. 성령이 우리에게 아버지와 아들의 영광을 갈수록 더 많이 보여주심으로써 아버지의 아들에 대한 기쁨과 아들의 아버지에 대한 기쁨을 취해 그것을 '우리의' 기쁨으로 만들 것이다. 이것이 바로 "그리스도 예수 안에서 자비로 우리에게 베풀어지는 그 헤아릴 수 없는 은혜"의 경험, 곧 완전히 만족스럽고, 하나님을 영화롭게 하며, 그리스도를 드높이고, 성령에 의존하는 '경험'이 될 것이다.

하나님의 백성의 찬송에 그의 탁월함이 울려 퍼지는 것을 기뻐하시다

이런 경험, 곧 하나님이 그리스도 안에서 우리를 위하시는 모든 것을 점점 더 기뻐하는 경험은 다가올 시대에 하나님이 영원히 영화롭게 되는 것의 '핵심'일 터이다. 분명히 하늘이 기뻐할 것이다. 해와 달과 빛나는 별들이 주님을 찬송할 것이다. 땅이 즐거워할 것이다. 바다가 찬송으로 포효할 것이다. 강들이 손뼉을 칠 것이다. 언덕들이 기뻐서 노래할 것이다. 밭이 매우 기뻐하고 그 속의 모든 것도 그럴 것이다. 숲속의 나무들이 찬송을 부를 것이다. 사막이 백합화처럼 꽃을 피울 것이다(시 96:11-13; 98:7-9; 148:3, 사 35:1). (해방되고 완전해진, 롬 8:21) 피조세계가 하나님의 영광을 선포하는 일을 결코 쉬지 않을 것이다(시 19:1, 롬 1:20).

그럼에도 불구하고, 자연 속에서 하나님을 나타내고 하나님을 높이는 이 모든 아름다움은, 피로 산 하나님의 자녀들의 찬송하는 마음(그 '경험')속에서 그 반향을 찾을 때까지는 그 최고의 목적을 성취하지 않을 것이다(롬 8:21). 하나님의 영광이 그 새

버지의 사랑을 받을 만한 자격을 완전히 갖추고 있으므로 이 사랑은 본질적으로 환희, 즐거움, 기쁜 인정이다. "이는 내 사랑하는 아들이요 내 기뻐하는 자라"(마 3:17).

로운 나라의 두루 비치는 빛이 될 터이고, 그 영광의 등불은 어린 양이 될 것이다(계 21:23). 영원히 기억될 그 고난이 영원한 장관이 되리라.

완전해진 창조의 극장은 하나님과 함께 빛나는 영광스러운 곳이 될 것이다. 그러나 그 극장이 아니라 그 드라마(그리스도 안에서 인간이 하나님을 경험하는 것)가 섭리의 하나님을 드높이는 면에서 수위를 차지할 것이다. 그리고 죽임을 당했던 어린 양의 비할 데 없는 아름다움과 귀중함이 주로 부르는 영원한 노래가 될 것이다. 그리고 하나님의 자녀들의 기쁨은 하나님의 무한한 탁월하심을 반사하는 주된 메아리가 될 것이다. 그리고 그분의 영원한 기쁨의 초점이 되리라.

제3부

섭리의 성격과 범위

1편

무대 설정

15.

스스로 존재하시는 하나님의 섭리를 알다

제3부의 목적은 성경에 근거해 섭리의 목표가 아니라 섭리의 '성격'과 '범위'를 보여주는 것이다. 새로운 질문은 '하나님이 세계를 어디로 데려가시는가?'가 아니라 '그분은 세계가 거기에 도달하도록 어떻게 (섭리에 의해) 주관하시는가?' 하는 것이다. 그럼에도 불구하고, 섭리의 목표가 여전히 중요한 것은 만물이 그 목표를 향해 움직이고 있기 때문이다. 그리고 하나님이 '어떻게' 세계를 지정된 정점으로 인도하시는지는 그 과정에서 그 정점의 의미를 분명히 밝혀준다.

제2부에서는 성경에 근거해 섭리의 궁극적 목표를 살펴보았다. 모든 섭리 사역을 통해 하나님이 이루려는 궁극적 목적은 새로운 인류, 곧 예수 그리스도를 통해 '그분의 은혜의 영광을 찬송하기 위해'(엡 1:6, 12, 14) 존재하는 그 인류(교회, 그리스도의 신부, 하나님의 백성)를 일으켜서 그분이 영광을 받는 것이다.

여기서 기쁘게 소중히 여기는 것이 '찬송'의 핵심이기 때문에, 값없는 은혜가 하나님의 '영광'의 정점이기 때문에, 그리고 자격 없는 반역자들을 위해 죽임 당한 예수 그리스도가 '은혜'의 극적인 과시이기 때문에, 우리는 섭리의 궁극적 목표를 이렇게 표현해도 무방하다. 그 목표는 하나님의 백성이 하나님의 아들의 승리의 고난에서 지극히 빛나는, 하나님의 은혜의 영광을 완전히 또 억누를 수 없이 기뻐하는 것이라고. 섭리의 목표는 다음과 같은 환희에 찬 선포에 잘 표현되어 있다. "죽임을 당하신 어린 양은 능력과 부와 지혜와 힘과 존귀와 영광과 찬송을 받으시기에 합당하도다!"(계 5:12).

하나님을 위해, 그리고 우리를 위해

'찬송'이 하나님의 궁극적 목표라는 사실은 모든 섭리 사역이 하나님을 위한 것임을 보여준다.

"나는 **나를 위하며 나를 위하여** 이를 이룰 것이라 … 내 영광을 다른 자에게 주지 아니하리라"(사 48:11). "나 곧 나는 **나를 위하여** 네 허물을 도말하는 자니"(사 43:25). "[여호와는] 내 영혼을 소생시키시고 **자기 이름을 위하여** 의의 길로 인도하시는도다"(시 23:3).

그리고 이 찬송 자체가 또한 우리가 가장 흠모하는 분에 대한 우리의 기쁨의 완성[1]이란 사실은 모든 섭리 사역이 '우리를 위한' 것이기도 함을 보여준다. "이는 모든 것이 **너희를 위함이니** 많은 사람의 감사로 말미암아 은혜가 더하여 넘쳐서 하나님께 영광을 돌리게 하려 함이라"(고후 4:15; 참고. 8:9).

'하나님을 위하여'와 '우리를 위하여'는 서로 모순되지 않는다. 하나님의 영광의 가치와 아름다움을 드러내는 것이 궁극적 목표임은 확실하다. 그러나 하나님이 피조세계와 특히 인간 본성을 창조하신 바에 따르면, 하나님의 자격과 아름다움이 가장 뚜렷이 빛나는 경우는 사람들이 무엇보다 그분을 기쁘게 가장 소중히 여길 때이다. **하나님은 우주에서 유일하게 자기영광이 최고의 사랑의 행위가 되는 유일한 존재이다.**

---

[1] 찬송이 어떻게 흠모의 기쁨을 표현할 뿐만 아니라 기쁨을 완성시키는지에 관해서는 3장과 C. S. 루이스의 통찰을 참고하라.

하나님이 계시하신 이름의 의미

이 마지막 문장과 더불어 하나님이 출애굽기 3장 14절에서 계시하신 그의 이름이 내가 제3부를 구상하게 된 계기이다.

이렇게 된 경위를 설명해보겠다. 우리가 6장에서 보았듯이, 하나님이 출애굽기 3장 14절에서 계시하신 그의 이름은 출애굽에 대한 하나님의 궁극적 목적을 설명하는 데 두드러진 역할을 했다. "하나님이 모세에게 이르시되 '나는 스스로 있는 자이니라.'" 나는 하나님의 자기 계시의 열 가지 측면을 언급했다. 그 가운데 다음 세 가지가 포함되어 있다.

1. 하나님은 절대적 존재, 절대적 실재이다. 그분 이전에는 아무것도 존재하지 않았다. 그분은 결코 시발점이 없었다. 그분은 어떤 존재로 생성되는 분이 아니다. 그분은 그냥 존재하고, 언제나 존재해왔다. 그분이 다른 실재를 창조하기 전에는 오직 하나님밖에 존재하지 않았다. 영원히.

2. 하나님은 완전히 독립적인 분이다. 그분은 그를 존재하게 하거나 그를 지지하거나 그를 자문하거나 그를 현재의 모습으로 만들어주는 그 어떤 것에도 의존하지 않는다. 그러므로 하나님이 아닌 모든 것이 그분께 전적으로 의존한다. 하나님이 아닌 모든 것은 부차적이고 의존적이다. 온 우주는 완전히 부차적이다. 우주는 하나님에 의해 존재하게 되었고, 또 한 매 순간 하나님이 그것을 존재하게 하겠다는 결정에 따라 존재하고 있다.

3. 하나님은 가장 중요하고 가장 고귀한 실재이다. 그분은 온 우주를 포함한 다른 모든 실체들보다 더 관심과 주목, 흠모와 향유를 받을 만한 자격이 있다.

이를 살펴보면 다음 문장으로 되돌아오게 된다. **하나님은 우주에서 유일하게 자기영광이 최고의 사랑의 행위가 되는 유일한 존재이다.** 하나님은 스스로 지극히 고귀하고, 지극히 아름답고, 지극히 흥미롭고, 지극히 흠모할 만하고, 지극히 즐거워할 만한 존재가 되기로 '결심한' 것이 아니다. 하나님은 원래 그런 분이다. 그것이 그분의 정체성이다. 그분은 이런저런 존재에 대해 곰곰이 생각하다가 그 가운데 하나가 된 분이 아니다. 그분은 "복되시고 유일하신 주권자"(딤전 6:15)가 되기로 결심하지 않았다.

그러므로 하나님은 여러 대안을 놓고 그 자신이 줄 수 있는 '최대의 선물'이 무엇일지를 결정한 것이 아니었다는 뜻이다.

사랑이 주는 최대의 선물

하나님 그분보다 더 위대하거나 더 낫거나 더 아름답거나 더 만족스러운 것은 아예 없다. 하나님에게는 그 자신보다 더 나은 선물의 존재에 대해 생각하는 것조차 우상숭배와 신성모독에 해당할 것이다. 만일 지극히 사랑하는 존재가 된다는 것이 지극히 고귀하고 아름답고 만족스러운 것을 주는 걸 포함한다면, 하나님의 '존재' 그 자체가 그의 사랑의 목표를 세웠던 셈이다.

최대의 사랑의 궁극적 목적은 사랑하는 자들이 영원히 즐거워하도록 하나님이 그 자신을 선물로 주는 것이다. 하나님이 사랑하는 자들의 즐거움을 위해 그 자신을 옹호하고 보여주고 높이고 내어줄 때, 그는 지극히 사랑하고 있는 것이다. 그러므로 **하나님은 우주에서 유일하게 자기영광이 최고의 사랑의 행위가 되는 유일한 존재이다.**

그러면 그 자신이 지극히 고귀한 선물인 그분이 어떻게 그 자신을 내어주어 그의 영광스러운 모든 속성이 최대한 명료하게 알려지고 또 최대한 강렬한 즐거움의 대상이 되게 할 것인가?

하나님은 진정 이 질문에 대해 깊이 생각하고 "그의 뜻의 결정대로"(엡 1:11) 결정하셨다. 그리고 그분의 지혜롭고 은혜롭고 공의로운 '존재'에 뿌리박은 그 생각에 따라 성경에 나오는 이야기, 곧 그리스도를 통한 섭리와 구원의 역사 전체가 전개된 것이었다.

하나님의 존재와 제3부의 내용

내가 하나님의 이름("나는 스스로 있는 자이다")에 담긴 의미들을 한동안 생각하는 것은 그것들이 내가 제3부에서 제기된 질문에 접근하는 방식을 좌우하기 때문이다. 나는 앞에서 제3부의 목적은 성경에 근거해 섭리의 '목표'가 아니라 그 '성격'과 '범위'를 보여주는 것이라고 했다.

내가 말하는 '범위'의 뜻은 창조된 실체를 다스리거나 통제하는 하나님의 손길이 얼마나 넓은가 또는 멀리까지 미치는가 하는 것이다. 그 손길은 가장 먼 은하계까지 미치는가? 그것은 아원자 입자들에까지 파고 들어가는가? 그 손길은 자연의 모든 작용들(기상 시스템과 바이러스의 변이와 같은)을 포함하는가? 그것은 왕들과 나라들의 움직임, 그리고 인간 의지의 미세한 선택들까지 포함하는가?

내가 말하는 섭리의 '성격'은 범위이기보다 오히려 하나님은 그가 다스리는 대상에 '어떻게' 영향을 주는가 하는 것이다. 그분의 통제가 언제나 동일한 '방식'으로 발휘되는가? 만일 그분의 통제가 인간들의 죄악된 행동을 다스리는 데까지 미친다면, 그분은 '어떻게' 스스로 죄인이 되지 않으면서도 그런 일을 할 수 있는가? 만일 그분의 통제가 모든 바람과 파도를 다스리는 데까지 미친다면, 그분은 '어떻게' 그런 일을 하되 쓰나미가 이십만 명을 휩쓸어가도 그분의 자비와 일관된 방식으로 그렇게 할 수 있는가?

이런 질문들에 대해 성경에는 포괄적인 답변이 있을 수도 있고 없을 수도 있다. 이것이 현재 나의 관심사는 아니다. 나의 관심사는 다음 두 가지다. (1) 제3부에서 제기된 질문은 섭리의 '성격'과 '범위'와 관련이 있다고 말하는 것이고, (2) 하나님에 관한 진리, 즉 그분의 존재의 절대성("나는 스스로 있는 자이다")과 그분의 사랑의 성격(벧전 3:18)이 두 관심사에 대한 나의 접근을 좌우한다고 말하는 것이다.

높이 펄럭이는 깃발: 하나님은 하나님이고, 우리는 아니다

우리는 하나님의 절대적 존재를 공유할 수 없다. 우리는 "나는 스스로 있는 자이다"라고 말하지 않는다. 오히려 사도 바울과 함께 "내가 나 된 것은 **하나님의 은혜로 된 것이다**"(고전 15:10)라고 말한다. 바울의 다음 질문에도 이 진리가 함축되어 있다는 것을 안다. "네게 있는 것 중에 받지 아니한 것이 무엇이냐? 네가 받았은즉 어찌하여 받지 아니한 것 같이 자랑하느냐?"(고전 4:7). 우리는 하나님이 아니다. 우리는 피조물이다. 우리는 궁극적으로 모든 것을 하나님께 의존한다.

우리의 존재와 우리의 앎은, 특히 우리가 하나님을 아는 것도 하나님께 의존해 있다. 그분이 존재하기 때문에 우리도 존재한다. 그분이 계시하시기 때문에 우리가 안다. 우리가 우리의 존재나 우리의 지식을 생성하지 않는다. 그분이 이 둘의 궁극적 근원이자 토대이시다. 그리고 하나님의 절대적 존재와 계시가 그의 영광에 필수적이기 때문에, 그리고 그의 영광이 그가 줄 수 있는 최대의 선물이기 때문에, 우리는 우리 자신이 하나님이 되기보다는 그분이 가장 영광스럽고 자기를 내어주는 하나님이 되는 것을 기뻐한다.

이것이 이 책의 제3부 위에 펄럭이며 모든 내용에 영향을 주는 깃발이다. 하나님은 하나님이고, 우리는 아니다. 그분은 완전히 자기 충족적이다. 우리는 완전히 의존적이다. 우리의 존재는 그분으로부터 나온다. 우리가 그분을 아는 것도 그분에게서 나온다. 우리가 하나님의 섭리의 '범위'와 '성격'을 이 정도까지 알게 되는 것은 그분이 그 지식을 우리에게 계시하시되, 부분적으로 자연을 통해(롬 1:19-21), 하지만 가장 온전하게는, 아니 무오하게는, 그분의 말씀인 성경을 통해 계시하시기 때문이다. "내가 예로부터 너희에게 **듣게 하지** 아니하였느냐, 알리지 아니하였느냐? … 나 외에 신이 있겠느냐?"(사 44:8). "나는 하나님이라, 나 같은 이가 없느니라. 내가 시초부터 종말을 **알리며** … **이르기를** '나의 뜻이 설 것이니, 내가 나의 모든 기뻐하는 것을 이루리라' 하였노라"(사 46:9-10). 하나님은 우리에게 그의 섭리에 관해 '말씀하신다'. 이것이 바로 우리가 그 섭리가 무엇인지를 알게 되는 경위이다.

성경적 관찰 vs 철학적 사색

그러므로 제3부는 하나님의 섭리의 범위와 성격에 관한 철학적 분석이 아니다.

이는 오히려 하나님께서 그의 말씀으로 그의 섭리에 관해 말씀하신 바에 주목하려는 하나의 시도이다. 나는 하나님의 섭리에 대해 성경해석적인 질문들보다 철학적 질문들을 우위에 놓는 분석들을 읽어보았는데, 비성경적인 가정(假定)들이 성경이 가르치는 바를 쉽게 접수해서 묵살하거나 왜곡한다는 것을 알았다. 그뿐만 아니라, 우리의 마음이 애매모호한 철학적 언어와 범주에 너무나 쉽게 말려들어서 결국 불분명하게 된 나머지 다음과 같이 말씀하시는 분을 위해 우리의 목숨을 걸 만한 용기를 갖지 못한다. "심지어 부모와 형제와 친척과 벗이 너희를 넘겨주어 너희 중의 몇을 죽이게 하겠고 … 너희 머리털 하나도 상하지 아니하리라"(눅 21:16-18).

부당한 가정들의 예

하나님이 얼마나 '많이' 통제하시는지, 그분이 '어떻게' 통제하시는지를 알고 싶으면, 우리가 그분이 하시는 '말씀을 들어야' 한다. 어떤 가정들이 어느 문화에서 아무리 널리 견지되고 있을지라도, 하나님의 말씀에 이질적인 그런 가정들을 감히 그분에게 또는 그분의 말씀에 가져가면 안 된다.

예컨대, 하나님이 궁극적으로 또 결정적으로 인간의 의지를 통제하기 때문에 인간의 책임이 상쇄된다는 것은 성경적 근거가 없는 가정이라고 나는 생각한다. 또는 이렇게 달리 표현할 수 있다. 인간이 책임 있게 행동하고 또 칭송할 만한 또는 비난받을 만한 일을 행하려면 궁극적인 자결권을 가져야 한다는 가정을 성경에 가져가면 안 된다는 것이다.

'궁극적 자결권'이란 용어는 내가 방금 불평한 그런 헷갈리는 철학적 용어의 하나가 될 위험이 있다는 것을 나도 안다. 그러나 나는 어떤 철학적 가정을 분명히 밝히기보다는 평균적인 사람의 일상적인 가정을 밝히려고 노력할 뿐이다. 그런데 오늘날 평균적인 서양인은 내가 경고한 그런 가정을 품고 살아간다. 즉, '하나님'이 그들의 결정을 통제할 가능성이 있는가, 아니면 '그들'이 그들 자신의 결정을 통제하는가의 문제에 관한 한, 궁극적인 것은 하나님의 통제가 아니라 그들의 통제라고 그들은 생각한다. 여기서 '궁극적'이라는 말은 최종적인 결과를 결정하는 통제를 가리킨다. 이것이 내가 말하는 궁극적 자결권이란 가정의 뜻이다.

여기서 나의 요점은, 이 가정(우리가 책임 있게 행동하려면 궁극적 자결권을 가져야 한다는 것)이 틀렸다는 게 아니라(나는 틀렸다고 생각하지만) 그것을 지배적인 가정으로 여겨 우리의 성경 독해에 가져가면 안 된다는 것이다. 우리는 잠깐 기다리면서 과연 하나님께서 그의 말씀을 통해 궁극적 자결권에 대한 그런 이해가 옳은지 여부를 '우리에게 말씀하시는지' 살펴볼 필요가 있다.

자유의지를 정의하다

물론 나는 '궁극적 자결권'이란 용어가 철학이 담긴 전문용어로 바뀌었다는 것을 인정한다. 그러나 나의 목적은 주로 철학적인 게 아니라 실제적인 것이다. 수많은 평범한 사람들이 그들의 마음속에 (성경적이 아닌) 문화적 가정, 즉 궁극적 자결권이 그들이 도덕적으로 책임 있는 인간이 되는 데 반드시 필요하다는 가정을 품고 있다. 그런데도 그들 중에 바로 이 용어를 사용하는 사람은 거의 없다. 오히려 그들은 '자유의지'(free will)란 용어를 사용한다. 이 용어는 우리 문화에서 그런 긍정적인 정서와 연상을 지녀서 용인된 가정인 만큼 사실상 도전받는 경우가 없다.

그런데 잠시 멈추고 이 용어를 정의하는 사람은 무척 드물다. 설사 정의하더라도, 그런 정의는 철학자의 말처럼 들리기 시작한다. 이 때문에 철학자들이 존재하는 것이다. 이는 피할 수 없는 현상이다. 그리고 철학자들이 있다고 내가 불평하는 것은 아니다.

내가 앞에서 불평한 바는, 철학적 질문들을 성경해석적 질문들보다 우위에 놓으면 우리가 애매모호하고 미묘한 철학적 언어에 말려들 위험을 피할 수 없다는 점이다. 비록 나도 이런 위험을 감수해야 하지만 이 두 가지 염려를 그대로 고수하고 싶다. 그런즉 나는 철학에 반대하지 않는다. 사실 나는 좀 더 하나님 중심적이고, 그리스도를 높이고, 성경에 푹 젖은 그런 철학자들이 나오기를 기도한다!

우리가 잠시 멈추고 '자유의지'를 정의한다면, 흔히들 이 어구를 어느 차원에선 이런 뜻으로 사용한다고 나는 생각한다. "내가 어떤 것을 행할 때 나의 선택이 강요되지 않은 경우에(이를테면, 누군가 내 머리나 내 자녀의 머리에 총을 겨누지 않을 때) 그것을 자유의지로 행하는 것이다." 그러나 좀 더 깊은 차원에서, 만일 당신이 사람들에게 누가 최종적으로 또는 궁극적으로 그들의 선택을 통제하는지 물어보면 보통은 이렇게 말할 것이다. "만일 나에게 최종적인 통제권이 없다면 나는 자유의지가 없는 것이다." 이어서 아마 이렇게 덧붙일 것이다. "그리고 만일 나에게 자유의지가 없다면 나는 책임질 수 없다. 나는 로봇이다."

자유의지에 대한 이런 (거의 보편적인) 이해가 궁극적 자결권의 가정(내가 어떤 것을 선호해서 행동으로 옮기는 순간 내가 최종적인 통제권을 갖고 있다)을 담고 있을 것인즉, 이런 가정이 얼마나 자주 우리의 성경 독해에 투입되는지 볼 수 있다. 나의 취지는 우리가 그렇게 하면 안 된다는 것이다. 우리는 잠시 기다리며 '하나님'이 그의 섭리에 관해 무엇을 '말씀하는지'를 봐야 한다. 말하자면, 과연 하나님의 말씀이 그런 가정, 즉 우리가 책임 있는 인간이 되려면 궁극적 자결권을 가져야 한다는 가정으로 이끄는지를 살펴봐야 한다는 뜻이다.

당신은 논리의 사용을 부인하고 있는가?

누군가가 이렇게 말할지 모른다. "잠깐, 이것은 그저 논리의 문제일 뿐이오. 이는 '둘 더하기 둘은 넷이다'라고 말하는 것과 같소. 이는 'A는 동시에 동일한 방식으로 비(非)A일 수 없다'라고 말하는 것과 같소. 우리가 성경에 접근할 때는 모든 일반적 논리를 내던져야 한다고 당신이 말하는 것이오?"

나는 이렇게 대답한다. 첫째, 아니오, 그래야 할 필요가 없소. 일반적인 논리 법칙은 성경에 분명히 나타나 있소. 그러나 둘째, 아니오, 나는 다음 전제에 동의하지 않소. "궁극적 자결권이 인간의 책임성에 반드시 필요하다"는 진술이 "둘 더하기 둘은 넷이다"라는 진술과 논리적으로 대등하다는 전제 말이오. 신적 섭리와 인간의 책임성의 관계는 이와 같은 논리의 문제가 아니다. 이 두 진술이 얼마나 다른지를 알아채면 이 점을 알 수 있다.

먼저 "둘 더하기 둘은 넷이다"라는 진술을 생각해보라. '넷을 만들려면 둘에다 무엇을 더해야 하는가?'라는 질문에 대한 대답이 그 질문 자체에 내포되어 있다. 그것이 바로 넷이라는 것이다. 넷은 그 정의(定義)상 둘에 또 다른 둘이 더해진 것이다. 이 별표(****)의 수는 이 별표(**+**)의 수와 동일하다. 그러나 궁극적 인간 자결권과 인간 책임성 간의 관계는 그와 같지 않다. 전자의 정의는 후자에 내포되어 있지 않다. 양자의 관계는 논리 법칙으로 풀 수 없다. 이 관계는 하나님이 그의 말씀으로 우리에게 일러주시는 것으로 풀 수 있다.

우리는 하나님의 섭리를 어떻게 알 수 있을까?

성경의 모든 독자들이 다 철학적 지성을 갖추는 것은 불가능하다. 물론 일부 독자는 갖출 것이다. 그것이 하나님이 주신 소명이기 때문이다. 그러나 그 밖의 수많은 사람에게는 이 조건이 비현실적이고 또 바람직하지 않다. 단지 특정한 종류의 지성과 마음만이 복잡한 철학 세계를 안전하게 항해할 수 있다(골 2:8). 그렇다면 진리를 알고 그것을 받아들이고 진리에 따라 살고 싶은 수많은 일반 독자들은 어떻게 하나님의 섭리의 범위와 성격에 대해 타당한 확신을 가질 수 있을까? 성경 전체를 겸손하게, 성령에 의지하여, 신중하게, 폭넓게 읽음으로써. 만일 그들이 성경 전체를 구할 수 없다면 현재 그들의 손 안에 있는 것만큼이라도.

이 답변 배후에 있는 확신들에 대해서는 내가 『성경과 하나님의 영광』(A Peculiar Glory)[2]이란 책에서 설명하고 또 변호했다. 그 확신들로 인해, 나는 하나님이 평범한, 신실한 그리스도인들로 그의 섭리의 진리를 그의 말씀에 의거해 타당한 확신을 품고 분별할 수 있기를 바라신다는 입장을 취하게 되었다. 그리스도인들은 규칙적으로 하나님의 모든 말씀을 읽거나 들음으로써 하나님의 섭리의 실재를 이해할 수 있고, 그 지식은 우리의 예배를 북돋우는 만족스런 '보배'가 되고, 우리의 희생을 지탱하는 사랑의 '에너지'가 되고, 우리의 배가 몰아치는 인생의 파도에 뒤집히지 않도록 막아주는 '안정장치'가 될 수 있다.

---

[2] John Piper, *A Peculiar Glory: How the Christian Scriptures Reveal Their Complete Truthfulness* (Wheaton, IL: Crossway, 2016) – 두란노서원 역간

"네가 선 곳은 거룩하니라"

그러므로 제3부의 주된 과제는 하나님이 그의 섭리에 관해 말씀하시는 것을 듣고 그것으로 독자의 주목을 끄는 일이다. 이번 장이 책임지는 몫은 여호수아의 생애에 속한 한 이야기로 요약될 수 있다.

> 여호수아가 여리고에 가까이 이르렀을 때에 눈을 들어 본즉 한 사람이 칼을 빼어 손에 들고 마주 서 있는지라. 여호수아가 나아가서 그에게 묻되 "너는 우리를 위하느냐, 우리의 적들을 위하느냐?" 하니, 그가 이르되 **"아니라, 나는 여호와의 군대 대장으로 지금 왔느니라"** 하는지라. 여호수아가 얼굴을 땅에 대고 엎드려 절하고 그에게 이르되 "내 주여, 종에게 무슨 말씀을 하려 하시나이까?" 여호와의 군대 대장이 여호수아에게 이르되 "네 발에서 신을 벗으라. 네가 선 곳은 거룩하니라" 하니 여호수아가 그대로 행하니라(수 5:13-15).

만일 내가 하나님의 말씀에 나아가서 "당신은 나를 위합니까, 아니면 나의 신학적 대적을 위합니까?" 하고 물으면, 나는 하나님이 "아니라, 나는 대장이다"라고 대답하시길 기대할 것이다.

달리 말하면, 하나님이 그의 말씀으로 우리를 만날 때는 한 파당의 지지자가 아니라 대장으로 만난다는 뜻이다. 그분은 우리 파당의 가정(假定)들에 좌우되지 않으신다. 그분은 독자적인 존재이다. 그리고 그분은 자기가 드러낼 것을 드러내신다. 우리의 직무는 경청하고, 엎드려 믿음의 경배를 드리고, 순종하는 일이다. 우리가 하나님의 말씀에 나아갈 때, 우리의 소명은 섭리의 실재가 지닌 '보배'와 '에너지'와 '안전장치'를 받는 것이다. 우리가 우리의 신(섭리의 신비로운 정상을 밟으려는 우리의 자기충족성을 상징한다)을 벗고 "여호와여, 말씀하옵소서. 주의 종이 듣겠나이다"(삼상 3:9)라고 말하는 것이다.

우리는 여기서 어디로 갈 것인가?

제3부의 목표는 제2부에서 발견한 궁극적 목적을 달성하는 과정에서 섭리는 어떤 성격과 범위를 갖고 있는가 하는 질문에 답하는 것이다. 즉, 이런 질문을 다루는 것이다. 하나님은 얼마나 폭넓게 세계를 다스리시는가? 그리고 그분은 다양한 영역에 걸쳐 어떤 종류의 통치를 행사하시는가? 이를테면, 자연과 생명과 죽음에 대해, 그리고 특히 사탄과 불신자들의 의지와 그분이 구원하는 이들의 의지에 대해? 이처럼 모든 것을 포괄하는 통치는 하나님의 궁극적 목표와 관련이 있다. 그 목표는 변화되고, 하나님 중심적이고, 그리스도를 높이고, 성령의 능력을 받고, 사랑이 충만하고, 기쁨이 넘치는 백성으로 하여금, 이 영화롭게 된 성도들과 완벽한 조화를 이루는 새로운 세계에서 하나님의 은혜의 풍성함을 드높이게 하는 것이다. 그러므로 제3부는 이 새로운 백성과 새로운 세계를 창조하는 섭리의 사역을 향해 나아가게 된다.

그러나 제3부가 거기로 곧장 가지는 않는다. 우리는 초점을 새로운 백성의 창조와 변화에 맞추기 전에 먼저 땅, 물, 바람, 식물, 동물, 사탄, 마귀들, 왕들, 나라들, 출생, 생명, 죽음, 죄 등에 맞추게 될 것이다. 우리가 섭리의 가장 중요한 사역, 곧 그리스도의 신부를 구원하고 거룩하게 하고 영화롭게 하는 사역에 도달하기 전에 이처럼 폭넓은 섭리 사역을 다루는 것은 다음 세 가지 이유 때문이다.

첫째, 이 폭넓은 섭리는 하나님의 말씀에 널리 퍼져있다. 그리고 우리는 하나님이 그의 섭리에 관해 말씀하시는 바를 살펴보려고 한다. 둘째, 이곳이 우리가 몸담은 세계이고, 이런 것들이 그로부터 하나님의 백성이 구원받아야 할 죄악된 권세들이다. 이 세계와 이 권세들(우리를 둘러싼, 그리고 슬프게도 우리 속에도 많이 존재하는)은 섭리가 구원하고 거룩하게 하고 영화롭게 하는 사역을 수행하는 전쟁터이다. 모든 것은 하나님의 섭리가 과연 이 세계, 즉 자연, 열방, 사탄, 죄가 존재하는 세계를 지배하는지 여부에 달려있다. 우리는 즉시 이 세계 밖으로 구원받는 것이 아니다. 우리는 이 세계 안에서 또 이 세계에서 사는 동안에 구원받고 변화되는 것이다. 만일 하나님의 섭리가 이런 권세들을 지배하지 않는다면, 우리가 결코 구원을 받을 수 없다. 그러므로 성경에 나타난 그런 섭리를 살펴보는 일이 중요하다.

셋째, 땅, 물, 바람, 식물, 동물, 사탄, 마귀들, 왕들, 나라들, 출생, 생명, 죽음, 죄 등이 존재하는 이 방대한 세계는 하나의 전쟁터일 뿐만 아니라 하나님의 섭리의 영광을 보여주는 극장이기도 하다. 바로 여기에서 우리는 하나님의 손길을 보게 된다. 그리고 하나님의 섭리가 만일 공중에 떠도는 미세한 먼지 조각에까지 미친다면, 이는 이생에서 또 영원히 하나님을 경배할 이유가 될 것이다. 그래서 조나단 에드워즈가 이런 글을 쓴다.

> 우주에 있는 모든 원자, 공중의 모든 입자 또는 태양의 모든 광선을 그리스도가 주관하시는 것은 그리스도인에게 가장 많은 혜택을 주기 위해서다. 그리하여 다른 세계에 속한 그리스도인이 그것을 볼 때는 앉아서 이 모든 방대한 유산을 놀라운 기쁨으로 즐기게 될 것이다.[3]

자연과 아름다움, 죄와 슬픔이 존재하는 이 세상은 하나님이 친히 예수 그리스도 안에서 역사 속으로 들어오는 극장이다. 그리고 이 극장은 우리가 우리의 구원의 승리를 경험하는 장소이다. 하나님의 섭리가 과연 이 세계를 지배하는지, 그리고 어떻게 지배하는지를 아는 것은 흔히 알고 있는 것보다 우리의 견인(堅靭)에 더 중요하다.

그러므로 우리가 그 싸움에서 용기와 능력을 얻기 위해, 그리고 그 극장에서 참신한 안목을 얻기 위해 이제 하나님의 섭리의 성격과 범위로 눈을 돌리자.

---

[3] Jonathan Edwards, *The "Miscellanies": (Entry Nos. A-z, Aa-zz, 1-500)*, ed. Thomas A. Schafer and Harry S. Stout, vol. 13, *The Works of Jonathan Edwards* (New Haven, CT: Yale University Press, 2002), 184.

2편

자연을 다스리는 섭리

16.

경이로운 극장의 상실과 회복

성경이 처음부터 끝까지 묘사하는 세계는 하나님이 자연세계를 창조한 후 멀리 계시면서 그 자체로 돌아가게 하는 그런 모습이 아니다. 그 대신, 하나님이 자연세계를 창조하시고, 지탱하시고, 소유하시고, 다스리는 모습이다. 말하자면, 하나님의 섭리는 간접적인 게 아니라 직접적인 것이다. 얼마나 가까이 계시면서 운행하시는지 성경 저자들이 이렇게 말할 정도이다.

"그가 구름으로 하늘을 덮으시며 땅을 위하여 비를 준비하시며 산에 풀이 자라게 하시며"(시 147:8), "하나님이 벌레를 예비하사 이튿날 새벽에 그 박넝쿨을 갉아먹게 하시매"(욘 4:7), "안개를 땅 끝에서 일으키시며 비를 위하여 번개를 만드시며 바람을 그 곳간에서 내시는도다"(시 135:7).

이번 장은 자연을 경이로운 극장으로 만들려고 일하시는 하나님의 섭리의 세심함(모든 곳에서의 개입)에 대해 다룬다.

창조주께서 현재 행하시는 일

근대 과학은 우리로 하여금 자연 속의 인과관계와 규칙성의 패턴을 더 잘 인식하게 해주었고, 이를 우리가 "자연법칙"이라 부르게 되었다. 그러나 성경의 그림은 하나님이 자연과 지속적인 관계를 맺는 모습이라 그분을 지속적인 창조주라 불러도 무방하다. 따라서 그 어떤 자연적인 작용이나 사건도 너무 하찮아서 하나님의 포괄적이고 합목적적인 섭리 바깥에 있는 경우가 없다.

여호와여, 주께서 하신 일이 어찌 그리 많은지요!
주께서 지혜로 그들을 다 지으셨으니 주께서 지으신 것들이 땅에 가득하니이다.
거기에는 크고 넓은 바다가 있고
그 속에는 생물 곧 크고 작은 동물들이 무수하니이다.
그곳에는 배들이 다니며
주께서 지으신 리워야단이 그 속에서 노나이다.
이것들은 다 주께서 때를 따라 먹을 것을 주시기를 바라나이다.
주께서 주신즉 그들이 받으며
주께서 손을 펴신즉 그들이 좋은 것으로 만족하다가
주께서 낯을 숨기신즉 그들이 떨고
주께서 그들의 호흡을 거두신즉
그들은 죽어 먼지로 돌아가나이다.
주의 영을 보내어 그들을 창조하사
지면을 새롭게 하시나이다.
여호와의 영광이 영원히 계속할지며
여호와는 자신께서 행하시는 일들로 말미암아 즐거워하시리로다
(시 104:24-31).

땅과 바다는 '하나님이 지으신' 피조물들로 가득 차 있다(시 104:24-25). 이 "지으심"은 세계의 시초(창 1:25)에만 일어난 일이 아니다. 오히려 한 동물이 태어날 때마

다 하나님이 그 창조에 활발히 개입하고 계신다. "주께서 주의 영을 보내시므로 새로운 생명이 탄생하여"(시 104:30, 현대인의 성경). 이는 하나님의 성령이 매번 새로운 동물의 탄생에 활발히 일하고 계시다는 뜻이거나, 좀 더 은유적으로, 생명을 주는 하나님의 숨결이 동물에게 생명을 준다는 뜻이다. 어느 경우이든 그 취지는 본질적으로 동일하다. 그리고 비록 바다에서 "떼 지어 다니는 피조물들" 대다수는 숨결을 갖고 있지 않아도, 그 취지는 여전히 동일하다. 즉, 시편 저자는 늘 반복되어 출현하는 동물의 생명이 하나님의 지속적인 창조사역 덕분임을 우리가 알기 원하는 것이다.

만물을 지탱하시는 창조주의 사역

하나님은 모든 동물에게 생명을 주시는(그리고 거두시는, 시 104:29) 일에 활발히 관여하실 뿐만 아니라 그들을 생존시키는 작용에도 개입하고 계신다.

> 그가 골짜기에서 샘물이 솟아나와
> 산 사이로 흐르게 하셔서
> 들짐승에게 물을 주시니 들나귀가 갈증을 풀며
> 공중의 새들이 물가에 보금자리를 만들고
> 나뭇가지에서 노래하는구나.
> 그가 산에 비를 내리시므로
> 땅에 열매가 가득하다.
> 그는 가축을 위해 풀이 자라게 하시고
> 사람이 먹을 채소가 자라게 하시며 땅에서 곡식이 나게 하시고
> (시 104:10-14, 현대인의 성경).

하나님이 그토록 주의 깊게 또 의도적으로 피조물들에게 먹을 양식을 주시기 때문에 시편 저자는 그분이 실제로 그들을 먹이신다고 말한다. 이는 예수님이 새들을

가리키며 "하늘에 계시는 너희 아버지께서 새를 기르신다"(마 6:26)고 말씀하시는 것과 같다.

이것들은 다 주께서 때를 따라 먹을 것을 주시기를 바라나이다.
주께서 주신즉 그들이 받으며
주께서 손을 펴신즉 그들이 좋은 것으로 만족하다가
주께서 낯을 숨기신즉 그들이 떨고(시 104:27-29).

시편 저자는 과거에 하나님이 하늘과 땅을 창조하셨던 태초(창 1:1)가 있었다는 사실을 놓치지 않았다.

[물은] 주께서 그들을 위하여 정하여 주신 곳으로 흘러갔고
산은 오르고 골짜기는 내려갔나이다.
주께서 물의 경계를 정하여 넘치지 못하게 하시며
다시 돌아와 땅을 덮지 못하게 하셨나이다(시 104:8-9).

그럼에도 불구하고 이 시편은 하나님의 지혜가 놀랍도록 가까이 있음에 초점을 맞추고 있다. "그는 풀이 자라게 하신다"(시 104:14). 이는 시편 147편 8-9절에서도 볼 수 있다.

그가 구름으로 하늘을 덮으시며
땅을 위하여 비를 준비하시며
산에 풀이 자라게 하시며
들짐승과 우는 까마귀 새끼에게 먹을 것을 주시는도다.

시편 저자는 우리가 현대의 자연주의자처럼 생각하거나 말하기를 원치 않는다. 후자는 자연세계가 지성이 없는 물리적 작용에 의해 형성되었고 또 유지된다고 생각하기 때문이다. 구름이나 짐승을 위한 풀, 또는 사람을 위한 눈과 귀 등 그 무엇

을 막론하고, 하나님은 늘 창조와 지탱의 일을 계속 진행하시면서 너무나 가깝고 강력한 섭리를 수행하신다. "듣는 귀와 보는 눈은 다 여호와께서 지으신 것이니라"(잠 20:12). 이 행성에 있는 수십억의 눈과 귀를 모두 하나님이 만드셨다. 그분이 이 세계의 시초에 계획하셨을 뿐만 아니라 실제로 어머니의 태에서 '만드신' 것이다. "주께서 내 내장을 지으시며 나의 모태에서 나를 만드셨나이다"(시 139:13). 성경적인 세계관은 풀과 비와 샘, 귀와 눈이 모두 하나님에 의해 만들어져서 그 주어진 일을 행하는 만큼 하나님의 손이 만든 작품이라는 것이다.

경이로운 극장과 섭리의 목적을 잃어버리다

오늘날 과학적 사고방식을 가진 사람들이 "하나님이 풀을 자라게 하신다"라고 말하기보다 광합성 작용을 거론하는 편이 더 옳고 의미심장하다고 생각하는 것은 현대 세계의 비극적 현실이다. 이 문장(실상)은 영혼이 시든 현대인, 즉 그들이 몸담은 세계가 경이로운 극장으로부터, 지성이 없이 기계적 법칙으로 돌아가는, 기계로 환원되어버린 그런 현대인에게 절박하게 필요하다.

물론 하나님께 매료된 그리스도인이 광합성에 관한 과학적 연구를 기쁘게 수행하고 하나님의 방식에 전문적 이름을 붙여도 무방하다. 그러나 만일 우리가 이 시대의 세속적 정신을 좇아, 풀이 자라는 경이로움에 관한 일상 대화에서 하나님을 도외시하는 그런 사고방식을 품는다면, 우리에게 화가 미칠 것이다.

자연세계에서 일어나는 하나님의 친밀한 섭리를 보지 못하는 것이 비극인 이유는 우리가 보기를 원하시는 하나님의 섭리의 목적을 놓치게 되기 때문이다. 시편 104편의 저자는 하나님의 창조세계에 대해 묵상하면서, 그분의 목적을 놀랍도록 명료하게 파악한다. 그리고 이 목적들은 성경 전체에 울려 퍼지는 목적들, 즉 하나님이 자연세계를 창조하고 지탱하고 소유하고 다스리는 그 위대한 목적들과 동일하다.

하나님은 자신의 위대한 사역을 기뻐하신다

첫째, 하나님이 그 자신의 즐거움을 위해 하나님을 드러내는 영광스러운 경이로움이 흘러넘치게 하는 것이 그분의 목적이다. 시편 저자도 그분 자신의 작품에 대한 하나님의 기쁨에 동참한다.

> 여호와의 영광이 영원히 계속할지며 여호와는 자신께서 행하시는 일들로 말미암아 즐거워하시리로다(시 104:31).

시편 저자가 여호와께서 자신의 일을 즐거워하실 것을 바라는 마음을 표현할 때 진실과 동떨어진 심정을 표출하는 것이 아니라고 나는 생각한다. 그는 하나님이 마지못해 행할 것을 바라고 있는 것이 아니다. 그는 하나님이 오직 그 자신보다 피조물을 즐거워함으로써 우상숭배를 범하시기를 기도하는 것이 아니다. 그는 하나님의 영감으로 얻은 통찰로 알게 된 바를 표현함으로써 하나님께 합류하고 있는 것이다. 이것이 바로 하나님이 실제로 행하시는 바이다. 하나님은 자기 손으로 행하는 일을 기뻐하신다는 것.

하나님이 천지를 창조하실 때 각 단계마다 보시기에 좋았다고 말씀하신 것(창 1:4, 10, 12, 18, 21, 25)을 감안할 때, 만일 그분이 즐거워하지 않고 실망하셨다면 이것이 오히려 이상할 것이다. 그리고 만일 창조의 순간에 하늘의 모든 천사는 기뻐서 외치는데 하나님이 그들의 기쁨을 공유하지 않는다면, 그것은 더더욱 이상할 것이다.

> 내가 땅의 기초를 놓을 때에 네가 어디 있었느냐?
> 네가 깨달아 알았거든 말할지니라…
> 그것의 주추는 무엇 위에 세웠으며 그 모퉁잇돌을 누가 놓았느냐?
> 그때에 새벽 별들이 기뻐 노래하며
> **하나님의 아들들[천사들]이 다 기뻐 소리를 질렀느니라**
> (욥 38:4, 6-7).

달리 말하면, 하나님이 자연세계를 창조하신 목적 중에 하나는 그 세계를 즐거워하는 것이었다. 그분이 자기 손으로 행한 일을 기뻐하신다는 사실은 인간이 결코 볼 수 없고 어느 천사도 완전히 이해할 수 없는 놀라운 광경이 수없이 많다는 것을 부분적으로 설명해준다. 하나님은 리워야단이 바다에서 "놀도록" 창조하셨다. "거기에는 크고 넓은 바다가 있고 그 속에는 생물 곧 크고 작은 동물들이 무수하니이다 … **주께서 지으신 리워야단이 그 속에서 노나이다**"(시 104:25-26). 어느 인간도 결코 볼 수 없는 그처럼 놀라운 광경은 셀 수 없이 많다.

이제 소 같이 풀을 먹는 베헤못을 볼지어다.
내가 너를 지은 것 같이 그것도 지었느니라…
모든 들 짐승들이 뛰노는 산은
그것을 위하여 먹이를 내느니라(욥 40:15, 20).

이처럼 너무나 매혹적인 놀이들이 창조세계에 널려있어도 인간의 눈에는 보이지 않는다. 그래도 그런 놀이들이 헛되지는 않다. 천사들이 그 가운데 일부를 포착한다. 언젠가 우리도 더 많이 포착할 수도 있다. 반면에 하나님은 그 모든 것을 포착하고 기뻐하신다. 하나님이 그 가운데 하나도 놓치지 않으신다는 것, 하나님이 그런 모습을 그분 자신의 계시로서 그 참된 본성에 따라 소중히 여기신다는 것은 그분의 영광의 일부이다.

창조세계에 대한 하나님의 기쁨은 그분의 영광에 대한 기쁨이다

자연세계에 대한 하나님의 즐거움(구속받은 백성에 대한 그의 즐거움처럼, 사 62:5; 렘 32:41; 습 3:17)은 만족스러운 그 자신의 영광에 대한 기쁨에 '덧붙여진' 즐거움이 아니다. 시편 저자가 하나님이 자신의 일을 기뻐하시는 모습에 대해 어떻게 말하는지 주목해보라.

여호와의 영광이 영원히 지속되며

여호와께서 그 행하신 일로 기뻐하시기를 원하노라(시 104:31, 새번역).

하나님이 영광스럽게 되거나 행복해지기 위해 창조세계가 '필요했다'고 시사하는 것은 신성모독이라는 것을 시편 저자가 알고 있다. 마치 갖고 놀 장난감이 필요한, 욕구불만이 가득한 어린이처럼 말이다. 그렇지 않다. 창조세계에 대한 하나님의 기쁨은 그 세계를 통해 표현된 그 자신의 능력과 지혜와 선하심의 영광에 대한 그의 충만한 기쁨에 다름 아니다. 이 점은 우리가 하나님이 자연세계를 창조하고 지탱하고 소유하고 다스리시는 두 번째 목적을 다루게 되면 더욱 분명해질 것이다.

경이로운 극장의 영원한 목적

두 번째 목적은 (시편 104편에서 명백히 볼 수 있듯이) 하나님의 백성의 즐거움을 위해 하나님의 영광을 드러내는 것이다. 이 즐거움은 하나님 그분을 맛보는 것과 함께 그의 친절이 흘러넘치는 세계를 보며 하나님을 찬송하는 것으로 절정에 이른다. 하나님은 자연세계를 그의 영광을 드러내는 극장으로, 그리고 그의 백성이 기쁘게 거주하는 장소로 창조하셨고, 그 백성은 영화롭게 된 자연세계에서 영화롭게 된 몸으로 영원토록 즐겁게 살아갈 것이다.

예수님이 그의 영원한 나라를 세우려고 돌아오실 때, "그는 만물을 자기에게 복종하게 하실 수 있는 자의 역사로 우리의 낮은 몸을 자기 영광의 몸의 형체와 같이 변하게 하시리라"(빌 3:21). 이후에 "피조물도 썩어짐의 종노릇 한 데서 해방되어 하나님의 자녀들의 영광의 자유에 이르게"(롬 8:21) 될 것이다.

바울이 우리의 부활한 몸에 대해 이렇게 말하는 것은 사실이다. "**자연적인** 몸으로 심는데, **신령한** 몸으로 살아납니다. 자연적인 몸이 있으면, 신령한 몸도 있습니다"(고전 15:44, 새번역). 그리고 이렇게 말한다. "형제자매 여러분, 내가 말하려는 것은 이것입니다. 살과 피는 하나님 나라를 유산으로 받을 수 없고, 썩을 것은 썩지 않을 것을 유산으로 받지 못합니다"(고전 15:50, 새번역). 그러나 바울의 요점은 우리가 몸이 없는 상태가 된다는 것이 아니라, 우리의 자연적인, 창조된, 물리적인 몸이 심오한 변화를 거쳐서 영화롭게 된 세계에 적합한 모습 그리고 근본적으로 새롭되 여전히 몸을 가진 영적인 삶에 적합한 모습이 된다는 것이다. 썩을 살과 피는 그런 세계와 그런 삶에 적합하지 않을 것이다.

바울은 최종 부활을 묘사하면서 우리 몸의 변형을 '벗는 것'이 아니라 '입는 것'이라고 부른다. 몸이 없는 영혼에 관한 사유는 옳지 않고 바람직하지 않다. "참으로 이 장막[타락한, 자연적인 몸]에 있는 우리가 짐진 것같이 탄식하는 것은 벗고자 함[몸이 없는 상태]이 아니요 오히려 덧입고자 함이니 죽을 것이 생명에 삼킨 바 되게 하려 함이라"(고후 5:4). 요컨대, 바울은 몸을 벗어버리고 싶은 게 아니라 불멸의 삶에 적합한 새로운 종류의 몸을 입고 싶다는 것이다.

이것이 또한 고린도전서 15장 53절의 요점이었다. "이 썩을 것[몸]이 반드시 **썩지 아니할 것을 입겠고 이 죽을 것[몸]이 죽지 아니함을 입으리로다**." 벗는 것이 아니라 입는다는 말이다. 달리 말하면, 새로운 땅에서 우리는 "벗은 상태", 곧 몸이 없는 상태가 되지 않을 것이다. 우리는 몸이 없는 영이 되지 않을 것이다. 그때에는 우리가 "자기[예수님의] 영광의 몸의 형체와 같이"(빌 3:21) 영화롭게 된 물리적 몸을 갖고 살아가는 세계, 즉 영화롭게 된 물질로 구성된 피조세계가 있게 될 것이다.

그 새로운 세계와 우리가 현재 몸담고 있는 이 세계는 모두 하나님의 영광을 위한 극장과 그의 자녀들이 기쁘게 살아가는 거주지가 되도록 설계되어 있다. 비록 현재의 세계는 타락한 상태와 허무함과 부패(롬 8:20-22)로 인해 우리로 "여러 가지 시련 속에서 어쩔 수 없이 슬픔을 당하게"(벧전 1:6, 새번역) 하지만 말이다. 이 타락한 세계는 하나님을 드러내는 경이로움으로 찬란하고 또 몸을 파괴하고 영혼을 위협하는 악으로 망가졌기 때문에 기쁨과 슬픔이 언제나 섞여있다. 그러므로 바울이 말했듯이, 그리스도인의 태도는 "근심하는 자 같으나 항상 기뻐하는"(고후 6:10) 것이다. 우리는 "속으로 탄식하여 양자 될 것, 곧 우리 몸의 속량을 기다린다"(롬 8:23). 그러나 우리의 탄식에는 기쁨이 섞여있는 이유가 있다. 그리스도 안에 있는 자들에게는 결코 정죄함이 없고(롬 8:1), 사망의 독침이 제거되었고(고전 15:55), 우리의 환난이 "영원한 영광의 중한 것을 우리에게 이루게 하는"(고후 4:17) 고로, "우리가 하나님의 영광을 바라고 즐거워하기"(롬 5:2) 때문이다.

그러나 이런 것들만 우리가 기뻐하는 이유들이 아니다. 죄가 아닌, 이 세계의 모든 광경, 모든 소리, 모든 향기, 모든 짜임새 하나하나가 그리스도가 우리 같은 죄인들을 위해 획득하려고 죽은, 하나님의 영광의 어떤 면모를 가리키고 있다. 이 "면모"는 내가 앞에서 하나님의 친절이 "그분을 맛보는 것"과 함께 창조세계에 흘러넘친다고 말하는 대목에서 가리켰던 바로 그것이다. 하나님을 드러내는 자연세계의 영광스러움과 장차 구속되어 완전해질 모습은 그리스도께서 그의 백성을 위해 확보하려고 죽으신 "영광스러운 기업"(엡 1:18)으로부터 분리될 수 없다. 이것이 로마서 8장 21절의 요점이다. "피조물도 썩어짐의 종 노릇 한 데서 해방되어 하나님의 자녀들의 영광의 자유에 이르는 것이니라." 그런데 현재에도 그 맛보기들이 존재한다. 즉, 하나님의 백성의 기쁨을 위해 그의 영광의 극장 속 무대에서 펼쳐지는 영광스러운 맛보기들이 있다는 뜻이다.

우리가 창조세계를 기뻐하는 것은 결국 주님을 기뻐하는 것이다

이제 다시 시편 104편으로 돌아가자. 이 시편에서 하나님의 백성의 즐거움을 위해 하나님의 영광을 드러내려고 이 세계를 극장으로 만드신 하나님의 목적을 명백히 볼 수 있다고 내가 말했다.

여호와여, 주께서 하신 일이 어찌 그리 많은지요!
주께서 지혜로 그들을 다 지으셨으니…(시 104:24).

여호와의 영광이 영원히 계속할지며…
내가 평생토록 여호와께 노래하며
내가 살아있는 동안 내 하나님을 찬양하리로다.
나의 기도[묵상]를 기쁘게 여기시기를 바라나니
나는 여호와로 말미암아 즐거워하리로다(시 104:31, 33-34).

시편 저자는 이 시편을 "묵상"(또는 묵상이 담긴 찬송: "나의 기도[묵상]를 기쁘게 여기시기를 바라나니")이라고 부른다. 그는 하나님이 창조하시고 지탱하시며 다스리시는 세계에 대해 묵상해왔다. 바로 섭리의 세계이다. 그 저자는 눈으로 관찰한 결과, 하나님이 창조하시고 주관하시는 자연의 수많은 경이로움에 담긴 하나님의 비할 데 없는 지혜를 크게 기뻐하게 되었다. "주께서 지혜로 그들을 다 지으셨으니." 이 지혜의 영광, 그리고 지혜가 능력과 선하심으로 발휘된 것을 보고 시편 저자는 주님 안에서 노래하고 찬송하며 기뻐하지 않을 수 없다.

중요한 점은 이것이다. 그 저자가 "여호와로 말미암아" 기뻐한다는 것(104:34). 그렇다, 그는 (하나님이 친히 그러시듯이, 104:31) 주님이 행하시는 '일들'로 말미암아 기뻐한다. 기뻐하지 않는 것은 배은망덕한 죄가 될 것이다. 그것들은 선물이자 복이다. 그러나 결국 시편 저자가 그의 묵상을 하나님이 기쁘게 여기시기를 바랄 때, 그의 바람의 근거는 바로 이것이다. "왜냐하면 나는 여호와로 말미암아 즐거워하기 때문이다."1) 그러니까 궁극적으로 그분이 행하신 일이 아니라 '그분 자체'로 말미암아 즐거워한다는 뜻이다. 이것이 바로 창조세계가 존재하는 목적이다.

위편의 하늘들과 아래편의 땅에 있는 온 창조세계는 하나님의 영광을 드러내도록 설계되어 있다. 그의 능력, 그의 신적 속성, 그의 지식, 그의 선하심 등을 포함한 그의 영광이 자연세계라 불리는 신적 영광의 극장에 널리 전시되어 있다.

하늘이 하나님의 **영광**을 선포하고
궁창이 그의 손으로 하신 일을 나타내는 도다(시 19:1).

창세로부터 그[하나님]의 보이지 아니하는 것들, 곧 그의 **영원하신 능력**과 **신성**이 그가 만드신 만물에 분명히 보여 알려졌나니(롬 1:20).

영원하신 하나님 여호와,

---

1) 히브리어 문장에는 이 구절에 "왜냐하면"이 없다(개역개정판에도 없다—역주). 그러나 ESV번역본은 두 절 사이의 함축된 논리적 연관성을 제대로 해석하고 있다고 나는 생각한다. (1) "May my meditation be pleasing to him"; (2) "I rejoice in the Lord" (Ps. 104:34).

땅 끝까지 창조하신 이는

피곤하지 않으시며 곤비하지 않으시며

명철이 한이 없으시며(사 40:28).

여호와께서는 모든 것을 **선대하시며**

그 지으신 모든 것에 **긍휼**을 베푸시는도다(시 145:9).

창조세계 속 모든 영광은 그리스도의 영광이다

사도 바울은 하나님의 영광이 드러난 창조세계의 모든 측면은 사실상 그리스도의 영광을 위한 것이라고 분명히 말한다. "만물이 다 그[그리스도]로 말미암고 그[그리스도]를 위하여 창조되었다"(골 1:16)고 한다. 사실 "만물이 그[그리스도] 안에 함께 섰다"(골 1:17)고 한다. "그[그리스도]는 그의 능력의 말씀으로 만물을 붙드신다"(히 1:3). 하나님이 자연을 통해 그 자신에 대해 드러내신 모든 것은 그리스도의 영광을 위해, 그리고 그의 위대하심에 대한 우리의 즐거움을 위해 계시되어 있다.

그러나 영적으로 어둡고(고후 4:4) 죽은(엡 2:5) 죄인은 이 책의 12장에서 살펴본 그리스도의 새 언약적 사역이 없이는 창조세계에서 그리스도의 영광을 보거나 맛볼 수 없을 것이다. 그리스도의 사역이란 그리스도가 그의 죽음과 부활을 통해 죄를 덮고, 진노를 흡수하고, 눈 먼 상태를 제거하는 일을 이루신 것을 말한다. 그러므로 현세와 내세에 속한 모든 좋은 선물(자연세계에서 즐길 만한 수없이 많은 경이로움을 포함해)은 그리스도께서 우리를 위해 그의 목숨을 대가로 지불해 사신 것들이었다. 그러므로 죄가 아닌, 이 세계의 모든 광경, 모든 소리, 모든 향기, 모든 짜임새 하나하나는 (창조자, 지탱하는 자, 견지하는 자, 구속자이신) 예수님에 대한 우리의 흠모와 사랑을 북돋우고, 우리로 "우리 주 예수 그리스도의 십자가 외에 결코 자랑할 것이 없음"(갈 6:14)을 알게 하기 위해 존재한다.

좀 더 자세히 살펴볼 필요가 있다

하나님이 자연세계를 실제로 다스리는 섭리와 관련시켜보면, 이번 장은 하나님이 자연세계를 경이로운 극장으로 만들기 위해 계획하시고 또 폭넓게 개입하시는 일에 대한 일종의 서론과 개관이라 할 수 있다. 그러나 이는 우리가 성경에서 꼭 봐야 할 것, 말하자면, 총괄적인 하나님의 섭리가 어떻게 자연세계의 모든 측면을 다스리고 계시는지를 알 수 있을 만큼 포괄적이거나 상세하지 않다. 이 때문에 17장에서 좀 더 자세히 살펴보려고 한다.

17.

땅, 물, 바람, 식물, 동물

16장에서 우리는 주로 시편 104편의 몇 절에 근거해 하나님이 모든 자연작용을 폭넓게 또 세세하게 다스리신다고 추론했다.

"주님은 들짐승들이 뜯을 풀이 자라게 하시고"(14절). "주님은 골짜기마다 샘물이 솟아나게 하시어"(10절). "주님께서 호흡을 거두어들이시면 그들은 죽어서 본래의 흙으로 돌아갑니다"(29절, 새번역).

그러나 자연세계에 대한 하나님의 섭리를 언급하는 성경의 증언은 훨씬 더 방대하고 구체적이다. 그 증언은 자연의 최대 사건들과 최소 사건들에 대해 다루고, 또한 하나님이 자연세계의 모든 측면을 주도하실 때 가까이 계시다는 것을 보여준다.

자세히 살펴봐야 할 세 가지 이유

우리가 자연의 모든 부분에 대한 하나님의 섭리가 폭넓고 세세하다는 점을 왜 더 자세히 살펴봐야 하는지 그 이유는 적어도 다음 세 가지다.

첫째, 우리에게 좀 더 빈번히 해를 끼치려고 위협하는 것은 인간의 사고나 공격이나 전쟁보다 자연세계이기 때문이다. 타인들이 가하는 위험도 실재하고 또 어떤 시기와 장소에서는 우세할 수 있다. 그러나 우리가 다른 이들과 아무리 좋은 관계를 맺고 있더라도, 심장마비, 뇌졸중, 암, 폐렴, 당뇨, 말라리아, 바이러스 등의 위험은 상존하고 있다. 물론 위태로운 자연 재앙(허리케인, 지진, 홍수와 같은)과 셀 수 없이 많은 유별난 사고의 가능성은 말할 것도 없다. 따라서 우리의 삶을 가장 위협하는 실재의 부분들에 대한 하나님의 섭리의 정도를 알 필요가 있다.

둘째, 우리가 자연세계에 대한 하나님의 섭리에 관해 흔들리지 않는 확신을 품고 안정된 삶을 살려면, 성경이 하나님의 크고 작은 통치에 대해 방대하고 구체적으로 묘사하고 있음을 고려할 필요가 있다.

하나님의 섭리를 보다 자세히 고찰할 필요가 있는 세 번째 이유는, 우리가 성경에서 하나님이 자연세계를 얼마나 세세하게 통치하시는지를 보지 못한다면 그 통치의 목적을 알 수 없기 때문이다. 누군가가 돌 한 개에 대해 목적을 품을 수 있다. 예컨대, 골리앗을 넘어뜨리는 것이다. 그러나 그 사람이 그 돌에 대한 통제력이 없다면, 그 목적은 '확실한' 것이 아니라 하나의 '희망사항'이 되고 만다. 이번 장의 요점이 이것이다. 한편으로 물매를 든 다윗은 그의 통제력이 완전하지 않았기 때문에 그의 돌이 골리앗을 넘어뜨리기를 단지 바라기만 했지만, 다른 한편 하나님은 그의 통제력이 완전하기 때문에 자연세계에서 그의 목적에 대해 바라는 것 이상의 확신을 갖고 계셨다는 것이다. 그러므로 자연에 대한 하나님의 섭리의 목적에 대해 우리는 완전한 확신을 품을 수 있는 것이다.

땅에 대한 섭리

하나님은 별들을 창조하시고(사 40:26) 각각 제자리에 두시고(시 8:3) 각각 이름을 지어주셔서(시 147:4) 그의 명령대로 행하도록 불러낼 수 있게 하셨지만, 그분이 특히 긴밀하게 돌보시는 것은 땅과 그 거주민들이다.

"내가 땅을 만들었다"고 주님이 말씀하신다(사 45:12; 참고. 욥 38:4). 그러므로 그분이 땅을 소유하신다. 땅은 그분께 속해서 그분이 기뻐하시는 대로 행할 수 있다.

"땅과 거기에 충만한 것과 세계와 그 가운데에 사는 자들은 다 여호와의 것이로다"(시 24:1). "땅과 그 위의 만물은 본래 네 하나님 여호와께 속한 것이다"(신 10:14; 참고. 시 89:11). 주님도 친히 "세계가 다 내게 속하였다"(출 19:5)라고 말씀하신다. "세계와 거기에 충만한 것이 내 것임이로다"(시 50:12). 그러므로 땅은 그 창조주와 소유주의 목적을 이루기 위해 존재하며, 하나님은 그 목적을 달성하기 위해 땅을 지배하신다.

하나님은 땅이 그의 명령대로 행하도록 하신다. 그분은 그의 뜻대로 산들을 무너뜨리고, 땅을 뒤흔들고, 지진으로 땅을 갈라놓으신다.

> 그가 진노하심으로 산을 무너뜨리시며 옮기실지라도 산이 깨닫지 못하며
> 그가 땅을 그 자리에서 움직이시니 그 기둥들이 흔들리도다(욥 9:5-6).

> 그가 땅을 보신즉 땅이 진동하며 산들을 만지신즉 연기가 나는도다!(시 104:32).

> 주께서 땅을 진동시키사 갈라지게 하셨사오니
> 그 틈을 기우소서, 땅이 흔들림이니이다(시 60:2).

하나님이 땅을 통치하는 일반적인 방법에서 특별한 통제 행위로 움직이는 모습을 보여주는 한 사례는 고라와 다단과 아비람이 모세에게 반역한 경우이다. 하나님은 그들과 그 집안에 사형 선고를 내리신다. 그리고 그분은 땅이 갈라져서 그들을 삼키게 하심으로 그들의 목숨을 앗아가신다.

> [모세가 이르되] "만일 여호와께서 새 일을 행하사 땅이 입을 열어 이 사람들과 그들의 모든 소유물을 삼켜 산 채로 스올에 빠지게 하시면, 이 사람들이 과연 여호와를 멸시한 것인 줄을 너희가 알리라." 그가 이 모든 말을 마치자마자 그들이 섰던 땅바닥이 갈라지니라. 땅이 그 입을 열어 그들과 그들의 집과 고라에게 속한 모든 사람과 그들의 재물을 삼키매(민 16:30-32; 참고. 신 11:6).

하나님은 그의 목적을 위해 땅을 창조하셨다. 그분은 땅과 그 위의 모든 것을 소유하고 계신다. 그분은 계속해서 그 지형을 만들어 가시고(땅들을 "무너뜨릴" 때처럼, 욥 9:5), 또한 땅이 진동하게 하고 갈라지게 하신다.

이 모든 섭리에 기초해서, 우리는 땅에서 어떤 자연작용이 일어나든지 간에 하나님이 그의 목적을 위해 그 가운데서 행하고 계신다고 결론지어도 무방하다. 나는 아직 사탄과 사람이 땅에게 행할 수 있는 일은 다루고 있지 않다. 이는 18장에서 다룰 것이다.

나는 단지 이런 결론을 내릴 뿐이다. 땅에서 일어나는 모든 자연작용(예, 지진)은 하나님의 통제 아래 있고, 만일 (우리가 살펴본 것처럼) 하나님이 그것들을 유발하신다면 그것들을 멈출 수도 있다는 것이다.

땅은 자율적으로 움직이지 않는다. 땅은 그 자체의 의지가 없다.[1] 땅의 작용은 그 창조주, 소유주, 통치자와 무관하게 그냥 일어나지 않는다. 하나님은 "천지의 주재이시다"(행 17:24). 그분은 "땅을 흔들어놓으신다"(욥 9:6). 또는 그분은 그렇게 하지 않으신다.

땅은 "모든 일을 그의 뜻의 결정대로 일하시는 이"(엡 1:11)의 명령에 따라 움직이거나 꿋꿋이 서 있다. 하나님은 욥이 많은 곤경을 겪고 마지막에 "주께서는 못 하실 일이 없사오며 무슨 계획이든지 못 이루실 것이 없는 줄 아오니"(욥 42:2)라고 고백했던 바로 그분이다. 그분은 "나의 뜻이 설 것이니 내가 나의 모든 기뻐하는 것을 이루리라"(사 46:10)고 말씀하시는 분이다. 왜냐하면 "만물이 주의 종이 된 까닭이다"(시 119:91).

그러므로 만일 지진이 일어나서 어떤 도시를 파괴한다면, 그것은 주님으로 말미암은 것이었다. 주님이 이렇게 말씀하셨기 때문이다. "여호와의 행하심이 없는데 재앙이 어찌 성읍에 임하겠느냐?"(암 3:6). 이 저자는 부정적인 대답을 기대한다. 재앙이 닥친다면 주님이 행하신 것이다.

---

1) 사도행전 12장 10절과 같은 본문("쇠문에 이르니 문이 저절로 열리는지라")에 나오는 비유적 표현을 내가 어떻게 이해하는지를 보려면 다음 글을 참고하라. John Piper, "The Prison Gates Opened of Their Own Accord—Really?," in Desiring God, August 25, 2011, https://www.desiringgod.org/articles/the-prison-gates-opened-of-their-own-accord-really.

물에 대한 섭리

인간의 생명에 미치는 영향의 측면에서 땅과 물은 서로 밀접한 연관성이 있다. 지진은 댐을 파괴할 수 있지만, 마을을 파괴하는 것은 하류로 넘치는 거센 물줄기이다. 지진이 인도양의 밑바닥에서 발생할 수 있지만, 이십만 명도 넘는 목숨을 앗아간 것은 2004년 12월 26일에 닥친 쓰나미였다. 그러면 성경은 하나님이 물(홍수, 바다, 강, 파도, 비, 우박, 눈, 얼음, 이슬)을 어떻게 통제하신다고 말하는가?

예수님은 땅에 계실 때 파도에게 명령을 내리셨는데, 오늘 하늘에 있는 그의 보좌에서 그와 같은 명령을 내리실 수 없다고 생각할 만한 이유는 없다. "제자들이 나아와 깨워 이르되 '주여, 주여, 우리가 죽겠나이다' 한대, 예수께서 잠을 깨사 바람과 물결을 꾸짖으시니 이에 그쳐 잔잔하여지더라"(눅 8:24). 그래서 제자들은 "바람과 바다까지도 그에게 복종한다"(마 8:27)고 옳게 추론했다. 이는 오늘날에도 여전히 사실이다. 바다가 예수님께 복종한다는 말이다. 바다는 그분의 명령이든 계획된 허락이든, 그분의 지시가 없이는 움직이지 않는다.[2] 주 예수님은 단번의 꾸짖음으로 거센 파도를 잔잔하게 만드실 수 있다. 그분은 쓰나미를 멈출 수 있다. 만일 그렇게 하시지 않는다면, 우리는 손으로 우리 입을 막고 하나님의 계획의 공의와 선하심과 지혜를 믿어야 한다. "보소서, 나는 비천하오니 무엇이라 주께 대답하리이까? 손으로 내 입을 가릴 뿐이로소이다. 내가 한 번 말하였사온즉 다시는 더 대답하지 아니하겠나이다"(욥 40:4-5).

그분의 명령으로 바다와 강이 갈라지고 떠받치고 얼다

바다는 하나님의 잠잠하라는 명령에 복종할 뿐 아니라 갈라지라는 명령에도 복종한다. "[여호와께서] 홍해를 꾸짖으시니 곧 마르니"(시 106:9). "주께서 우리 조상들

---

[2] 나는 "계획된 허락"이란 개념에 대해 13장에서 논의한다. 내용인즉, 하나님은 모든 것을 지혜롭게 행하시므로 어떤 사건을 허락할 때마다 그에 대한 목적과, 그 사건에서 흘러나올 모든 것에 대한 계획을 갖고 계시다는 것이다. 어떤 허락된 사건이 하나님과 그 사건 사이에 부차적인 원인들을 갖고 있을 수 있으나, 그럼에도 그 허락된 사건은 여전히 하나님의 포괄적인 목적과 계획의 지배를 받는다.

앞에서 바다를 갈라지게 하사 그들이 바다 가운데를 육지같이 통과하게 하시고"(느 9:11). 그리고 그들이 안전하게 통과한 후 "여호와께서 바닷물을 그들[이집트 사람들] 위에 되돌려 흐르게 하셨다"(출 15:19; 신 11:4; 수 24:7도 보라).

바다는 또한 그리스도께서 그 위로 걸으실 때 그를 떠받치라는 그의 명령에도 복종한다. "예수께서 바다 위로 걸어서 제자들에게 오시니"(마 14:25). 이는 바다가 얼었기 때문이 아니었다! 베드로는 예수님이 걸으셨던 바로 그 물에 빠져버렸다(마 14:30). 그러나 하나님이 그의 숨으로 물을 얼게 하시는 것은 사실이다. "하나님의 입김이 얼음을 얼게 하고 물의 너비를 줄어들게 하느니라"(욥 37:10). "[여호와께서] 비 대신 우박을 내리시며"(시 105:32).

> [여호와는] 눈을 양털같이 내리시며
> 서리를 재같이 흩으시며
> 우박을 떡 부스러기같이 뿌리시나니
> 누가 능히 그의 추위를 감당하리요?(시 147:16-17).

물 역시 하나님의 명령에 복종한다. 물은 개울이 없는 곳에 흐르라는 명령(왕하 3:17, 20), 피로 변하라는 명령(시 105:29), 메마른 바위에서 흘러나오라는 명령(민 20:8, 시 105:41, 114:17)에 복종하고, 하나님은 도끼머리를 물에 뜨게 하시고(왕하 6:6-7) 물이 독성을 잃게 하신다(왕하 4:41).

비와 가뭄과 기근을 다스리시다

가장 중요한 것은, 물은 수확을 위해 비로 내리라는 하나님의 명령 또는 가뭄과 기근을 초래하도록 내리지 말라는 하나님의 명령에 복종한다는 점이다. 하나님은 둘 다 명령하신다. "내가 너희에게 비를 멈추게 하여 어떤 성읍에는 내리고 어떤 성읍에는 내리지 않게 하였더니 땅 한 부분은 비를 얻고 한 부분은 비를 얻지 못하여 말랐으매"(암 4:7). 만물의 생명을 유지시키는 가장 중요한 비는 하나님이 내리신다.

17. 땅, 물, 바람, 식물, 동물   265

"여호와께서 너를 위하여 하늘의 아름다운 보고를 여시사, 네 땅에 때를 따라 비를 내리시고 네 손으로 하는 모든 일에 복을 주시리니"(신 28:12). "하나님이 그 해를 악인과 선인에게 비추시며 비를 의로운 자와 불의한 자에게 내려주심이라"(마 5:45; 참고. 행 14:17). 그리고 가뭄과 기근도 주님에게서 온다. "내가 하늘을 닫고 비를 내리지 아니하거나"(대하 7:13). "내가 또 구름에게 명하여 그 위에 비를 내리지 못하게 하리라"(사 5:6). "내가 땅 위에 가뭄을 들게 하였다"(학 1:11, 새번역; 참고. 행 14:17).

엘리후는 욥에게, 구름이 되는대로 떠돌아다니며 비를 내리고 또 머금는 듯 보여도 실은 '하나님의 인도'를 받고 있고, 시종일관 목적을 갖고 있다고 말한다. 구름은 '하나님의 명령을 수행한다.' 구름은 하나님의 피조물에 대한 '징계'와 '사랑'을 표현한다.

> 그가 구름에 습기를 잔뜩 실어 그것을 사방 흩으시므로
> 그 구름은 **하나님이 인도하는 대로** 온 세상을 떠돌아다니면서
> 그가 명령하시는 것을 이 땅에 이행한다.
> 하나님은 그 구름으로 사람을 벌하기도 하시고
> 땅에 비를 내려 그의 사랑을 보여 주기도 하신다
>
> (욥 37:11-13, 현대인의 성경).

비와 관련된 하나님의 섭리는 임의적이지 않다. 이 세계의 어디에서든 일어나는 물의 움직임도 마찬가지다. 성경이 우리에게 가르치는 세계관에 따르면, 자연적 요소나 자연적 사건이 임의로 존재하거나 작동하는 곳은 없고, 이른바 자연법칙이 홀로 작동하는 곳도 없다. 성경적 세계관은 하나님께 매료되는 것이다.[3] 자연에서 하나님의 지혜롭고 공의롭고 은혜로운 섭리가 없이 발생하는 일은 아예 없다. 그분의 관심과 인도 바깥에 속하는 것도 없다. 물론 우리는 종종 그분의 길을 도무지 헤아릴 수 없다(롬 11:33). 그러나 성경이 그리는 자연세계의 그림은 "만물이 주에게서 나오고 주로 말미암고 주에게로 돌아감이라. 그에게 영광이 세세에 있을지어다"(롬

---

[3] 다음 책을 보라. John Piper and Justin Taylor, eds., *A God-Entranced Vision of All Things: The Legacy of Jonathan Edwards* (Wheaton, IL: Crossway, 2004).

11:36)라는 진리로 찬란하게 빛나고 있다.

바람에 대한 섭리

나는 소년 시절에 아버지와 함께 플로리다 해변에서 멀리 떨어진 심해에서 낚시를 한 적이 있다. 우리는 바다 낚시가 아니라 저인망으로 큰 물고기를 잡고 있었다. 육지에서는 안 보이는 검은 구름이 우리 배 위에 몰려들었을 때, 내가 선장에게 위험하지 않느냐고 물어봤다. 그는 "비는 괜찮다. 이 배는 물이 갑판에서 빠져나가도록 설계되어 있어"라고 말했다. 이어서 "바람이 위험하지" 하고 덧붙였다. 물론 바람이 파도를 만들기 때문이다.

예수님이 갈릴리 바다에서 제자들을 위협하던 거센 파도를 잠재웠을 때 그분이 명령을 내린 대상은 바로 바람이었다. 우리가 살펴보았듯이 그분은 물을 지배하신다. 그러나 그분이 물을 지배하시는 한 가지 방법은 바람을 지배하는 것이다.

> 예수께서 … **바람**과 바다를 꾸짖으시니 아주 잔잔하게 되거늘, 그 사람들이 놀랍게 여겨 이르되 "이이가 어떠한 사람이기에 **바람**과 바다도 순종하는가?" 하더라(마 8:26-27).

그분은 폭풍을 일으키시고 폭풍을 잠잠케 하신다

하나님은 바람을 다스리신다. 바람은 그분의 명령대로 행한다. 하나님이 이집트 땅을 메뚜기로 뒤덮고 싶었을 때, "**여호와께서 동풍을 일으켜** 온 낮과 온 밤에 불게 하시니 아침이 되매 동풍이 메뚜기를 불어 들였다"(출 10:13). 그리고 그분의 목적이 완수되었을 때, "여호와께서 돌이켜 강렬한 서풍을 불게 하사 메뚜기를 홍해에 몰아넣으셨다"(출 10:19). 그리고 그분이 바다의 물을 벽처럼 쌓이게 하셔서 그의 백성이 마른 땅을 통과하는 일이 끝났을 때, 그분은 바로의 군대에 대한 심판을 끝내기 위해 바람을 불러오셨다. "주께서 바람을 일으키시매 바다가 그들을 덮으니 그들이 거센 물에 납같이 잠겼다"(출 15:10).

폭풍은 실로 배를 타고 바다에 나가는 사람들에게 치명적인 위협이다. 그리고 그런 폭풍을 잠재우는 일은 유쾌하기 그지없다. 주님은 둘 다를 명하신다.

> 배들을 바다에 띄우며 큰 물에서 일을 하는 자는
> 여호와께서 행하신 일들과 그의 기이한 일들을
> 깊은 바다에서 보나니
> **여호와께서 명령하신즉 광풍이 일어나**
> 바다 물결을 일으키는도다…
> 이에 그들이 그들의 고통 때문에 여호와께 부르짖으매
> 그가 그들의 고통에서 그들을 인도하여 내시고
> **광풍을 고요하게 하사** 물결도 잔잔하게 하시는도다(시 107:23-25, 28-29).

구름, 번개의 섬광, 모든 돌풍 등 이런 것들은 하나님이 곳간에 두고 있다가 그의 목적을 위해 적절하다고 생각하실 때 끌어내신다.

> 여호와께서 그가 기뻐하시는 모든 일을
> 천지와 바다와 모든 깊은 데서 다 행하셨도다.
> 안개를 땅 끝에서 일으키시며
> 비를 위하여 번개를 만드시며
> **바람을 그 곳간에서 내시는도다**(시 135:6-7).

그리고 그분이 그런 것들을 곳간에서 끌어내실 때 그것들에게 명령하시고 그것들은 '그의 말씀을 따르게' 된다.

> 너희 용들과 바다여, 땅에서 여호와를 찬양하라.
> 불과 우박과 눈과 안개와 **그의 말씀을 따르는** 광풍이며(시 148:7-8).

날마다 감사하지 않은 섭리가 수없이 많다

나는 여기서 잠시 멈추고 세상이 하나님의 섭리에 어떻게 반응하는지를 관찰하지 않을 수 없다. 만일 바다에 폭풍이 일어나서 초대형 여객선이 가라앉는다면, 또는 만일 위험한 기상으로 인해 여객기가 추락해서 많은 목숨을 잃는다면, 하나님이 이런 재난을 방지하지 못했다는 부르짖음이 (공개적으로, 또 유가족의 슬픔의 형태로) 종종 들린다. "도대체 하나님은 어디에 계셨는가?" 이런 재난으로 가족을 잃은 사람들이 느끼는 심한 슬픔은 참으로 고통스럽고 이해할 만하다. 그리고 가장 성숙한 성도들조차 바람에 날려가는 경솔한 말을 할 때가 자주 있다(욥 6:26). 현명한 상담사들은 위기의 순간에 그런 말을 판단하지 않고 그냥 넘어간다.

그런데 날마다 전 세계에서 십만 대의 항공기가 안전하게 착륙할 때 하나님의 섭리를 기억하며 그에 상응하는 감정적인 반응을 보이거나 조금이라도 인정하는 경우가 있는가? 이것이 전 세계에서 날마다 계획되어 있는 비행의 수치이다. 그리고 이 수치에는 일반적인 비행, 항공 택시, 군사용 비행, 화물기 등은 포함되지 않는다. 오늘 이런 비행기들이 공중에 떠 있다가 안전하게 목적지까지 갈 수 있도록 하나님이 천만 개의 기계적, 자연적, 개인적 요인들이 완벽하게 서로 협력하게 하신다고 끊임없이 놀라움과 감사의 합창을 부르는 곳이 있는가? 그것도 대다수의 항공기가 날마다 하나님을 무시하고 우습게 여기는 사람들을 실어 나르는데도 말이다.

십여 년 전에 엔진 작동이 안 되는 항공기가 허드슨 강에 착륙해서 모든 승객이 80톤짜리 항공기의 날개를 밟고 걸어 나갔을 때, 또는 90명의 승객을 태운 항공기가 멕시코를 지나다가 모든 승객과 승무원이 안전하게 항공기에서 빠져나온 후에 추락해서 화염에 휩싸였을 때, 경이로운 일을 행하신 하나님께 공개적으로 감사를 드린 적이 있는가? 시편 107편 31절에 나오듯이, 바다에서 구출되었다고 해서 하나님께 진심으로 감사의 말을 외치는 경우가 있는가?

주님의 인자하심을 감사하여라.
사람에게 베푸신 주님의 놀라운 구원을 감사하여라(새번역).

이 세상과 심지어 많은 그리스도인들조차 날마다 생명을 지탱해주는 수많은 섭리로 인해 하나님께 찬송과 감사를 드리지 않는 것은 세계를 하나님의 경이로운 일을 보여주는 극장으로 보지 않기 때문이다. 그들은 세계를 지성이 없는 자연법칙에 따라 움직이는 거대한 기계로 본다. 아울러 반역과 자기예찬에 몰두하는 우리의 마음은 하나님을 비난할 기회를 찾고 있고, 반항적인 피조물을 향해 베푸시는 하나님의 수많은 친절을 보지 못하는 우리의 모습을 정당화하곤 한다. 내가 이 책을 쓰는 한 가지 목적은 세계를 다른 방식으로 보도록 돕는 것이다.

식물에 대한 섭리

하나님은 (불[4]은 말할 것도 없고) 땅과 물과 바람과 같은 무생물들을 다스릴 뿐 아니라 식물에게도 명령해서 그런 것들도 그분께 복종한다. "하나님 여호와께서 **박 넝쿨을 예비하사[지정하사]** 요나를 가리게 하셨으니 이는 그의 머리를 위하여 그늘이 지게 하며"(욘 4:6). 그러나 요나의 경우처럼 특별하게 개입하신 것보다 더 중요한 것은 날마다 하나님이 사람과 동물을 위해 양식을 만듦으로써 수많은 사람들을 부양하고 계시다는 사실이다.

> 그가 가축을 위한 풀과 사람을 위한 채소를 자라게 하시며
> 땅에서 먹을 것이 나게 하셔서
> 사람의 마음을 기쁘게 하는 포도주와
> 사람의 얼굴을 윤택하게 하는 기름과
> 사람의 마음을 힘 있게 하는 양식을 주셨도다(시 104:14-15).

밭의 곡물은 하나님의 명령에 복종하여 기근에 쓰러지든지, 기근이 억제되어 번성한다.

---

[4] 창 19:24; 왕상 18:38; 왕하 1:10; 시 97:3; 렘 49:27; 애 4:11; 겔 22:31; 단 3:17; 암 1:14; 눅 3:16-17.

그가 또 그 땅에 기근이 들게 하사

그들이 의지하고 있는 양식을 다 끊으셨도다(시 105:16; 참고. 왕하 8:1; 겔 5:16-17; 14:13).

내가 … 곡식이 풍성하게 하여 기근이 너희에게 닥치지 아니하게 할 것이며(겔 36:29; 참고. 룻 1:6).

우리가 식물에 대한 섭리를 못 본다면 어떻게 하나님의 돌보심을 맛볼 수 있을까?

주 예수님이 우리에게 가르치신 것이 있다. 식물의 생명을 지탱하시는 하나님의 섭리를 관찰하는 목적은 놀라움을 느끼거나 연인의 입술과 비교하기 위한 것만이 아니라, 또한 하늘의 아버지의 섭리적인 돌보심에 대한 우리의 믿음을 북돋우기 위한 것이라는 점이다.

또 너희가 어찌 의복을 위하여 염려하느냐? **들의 백합화가 어떻게 자라는가 생각하여 보라.** 수고도 아니하고 길쌈도 아니하느니라. 그러나 내가 너희에게 말하노니 솔로몬의 모든 영광으로도 입은 것이 이 꽃 하나만 같지 못하였느니라. 오늘 있다가 내일 아궁이에 던져지는 들풀도 하나님이 이렇게 입히시거든 하물며 너희일까보냐? 믿음이 작은 자들아(마 6:28-30).

이는 깜짝 놀랄 만한 사실이다. 하나님이 원하시는 바는, 우리가 꽃들을 관찰하고 격려와 힘을 얻어서 더 이상 입을 옷에 대해 염려하지 않는 것이다. 어떻게 그렇게 될 수 있을까? 만일 우리가 가난해서 옷이 별로 없고 신발도 없다면, 어떻게 활짝 핀 백합화가 우리의 마음이 수치와 헐벗음의 두려움에서 벗어나도록 힘을 발휘할 수 있을까?

물론 백합화는 그럴 수 없다. 단, 하나님이 식물과 우리의 삶에 대해 세세하게 섭리하신다는 성경적으로 탄탄한 교리에 우리가 완전히 설득되지 않는다면 말이다. 내가 이 책을 쓰는 이유 중 하나는 그리스도인들이 하나님의 나라를 먼저 구하는(마 6:33) 헌신적인 삶을 살도록 돕기 위해서다. 왜냐하면 우리가 섭리의 교리를 제대로 알면 하나님이 세세하게, 강력하게, 자비롭게 주관하셔서 지구상의 모든 백합화를 입히시고 그분의 의를 구하는 데 필요한 모든 것을 우리에게 주신다고 정말로 믿게 되기 때문이다.

동물에 대한 섭리

예수님은 우리가 새를 관찰할 때에도 동일한 백합화 논리를 사용해서 두려움을 극복하기를 기대하신다. 그분은 마태복음의 서로 다른 두 가지 대목에서 이와 같은 논리를 사용하신다. 첫째, 그분이 산상설교에서 이렇게 말씀하신다.

> 공중의 새를 보라. 심지도 않고 거두지도 않고 창고에 모아들이지도 아니하되 너희 하늘 아버지께서 기르시나니 너희는 이것들보다 귀하지 아니하냐?(마 6:26).

예수님은 세계를 바라볼 때와 구약성경을 읽을 때 진지하게 포괄적이고 세부적인 섭리관(觀)을 취하셨다. 그는 시편 147편 9절을 읽으신 것이 확실하다. "[하나님이] 들짐승과 우는 까마귀 새끼에게 먹을 것을 주시는도다." 그리고 하나님이 욥에게 던진 다음 질문에 대한 해답을 알고 계셨다. "까마귀 새끼가 하나님을 향하여 부르짖으며 먹을 것이 없어서 허우적거릴 때에 그것을 위하여 먹이를 마련하는 이가 누구냐?"(욥 38:41). 그는 진정 그의 아버지가 모든 생명을 그분의 손 안에 붙잡고 계시다는 것을 알고 있었다. "모든 생물의 생명과 모든 사람의 육신의 목숨이 다 그의 손에 있느니라"(욥 12:10).

울새가 생존하려면 벌레가 필요한가? 하나님은 벌레들이 사는 지하세계를 다스리시고, 벌레들에게 그분의 목적을 위해 그분이 원하는 곳에 있으라고 명하신다. 예컨대, 하나님이 요나가 자민족 중심적인 분노를 품고 그늘 아래 앉아 있을 때 그를 책망하고 싶어서 "하나님이 **벌레를 예비하사[지정하사]** 이튿날 새벽에 그 박넝쿨을 갉아먹게 하시매 시들었다"(욘 4:7). 펠리컨이 생존하려면 물고기가 필요한가? 하나님은 물고기가 사는 물속의 세계를 다스리시고, 물고기들에게 그의 명령을 따르도록 명하신다. 예컨대, 요나를 물속 깊은 곳에서 구출할 필요가 있었을 때 그런 일을 하셨다. "여호와께서 이미 **큰 물고기를 예비하사[지정하사]** 요나를 삼키게 하셨다"(욘 1:17). 그리고 예수님은 제자들을 깨우칠 필요가 있었을 때 물고기 떼가 지정된 시간에 와서 그들의 그물을 가득 채우게 하셨다(눅 5:5-6; 요 21:5-6). 그리고 필요한 경우에는 그 물고기 가운데 한 마리가 한 세겔을 입에 물게 하실 것이고(마 17:27), 물고기가 다 죽었을 때에도 예수님은 그 가운데 두 마리(와 떡 다섯 덩이)로 오천 명을 먹일 수 있었다(마 14:17-21).

그래서 예수님은 모든 것을 포괄하는 섭리관을 취하시고 마태복음 6장 26절에서 이렇게 추론하신다.

전제1: 하나님이 공중의 새를 먹이신다.
전제2: 당신은 새보다 더 귀하다.
결론: 그분이 당신이 그분의 모든 목적을 다 이루는 데 필요한 모든 것을 주실 것인즉, 이것이 "먼저 그의 나라와 그의 의를 구하라"(마 6:33)는 명령의 근거이다.

예수님은 우리를 위해 이런 추론을 줄곧 하실 생각은 없다. 그래서 한 본보기를 보여주시는 것이다. 그분은 우리에게 자연세계를 바라볼 때 섭리의 교리를 적용하라고 일러주고 계신다. "공중의 새를 보라"(마 6:26). "까마귀를 생각해보라"(눅 12:24). "백합화를 생각해보라"(눅 12:27).

예수님은 그의 성경에 나오는 섭리의 그림을 믿었다

예수님이 아버지께서 행하시는 포괄적이고 세세한 섭리에 대한 놀랄 만한 믿음을 갖고 계신 데에는 나름의 이유가 있었다. 예수님 자신이 하나님의 아들로서 그 섭리에 동참했기 때문이다. "내 아버지께서 모든 것을 내게 주셨다"(마 11:27). 그런데 예수님이 그의 성경(우리가 구약성경으로 알고 있는 것)을 진지하게 여기신 것도 또 하나의 이유였다. "성경은 폐하지 못한다"(가장 사소한 부분까지도)(요 10:35). "천지가 없어지기 전에는 율법의 일점 일획도 결코 없어지지 아니하고 다 이루리라"(마 5:18).

그러므로 예수님은 출애굽 이야기를 읽을 때 동물을 다스리는 하나님의 놀라운 섭리를 마음에 새겼다. 동물들이 그 이야기의 중심에 있었다. 하나님은 "이 땅에서 내가 여호와인 줄을 네가 알게 될 것이라"(출 8:22)고 말씀하시면서 동물도 그의 명령을 따른다고 하셨다. 하나님이 "내가 내 손을 들어 애굽 중에 여러 가지 이적으로 그 나라를 치겠다"(출 3:20)고 말씀하실 때는 그분이 행하실 대다수의 기적이 동물에게 명하여 그의 심판을 수행하게 하는 것이었다. 그분은 그들이 보게 될 기적들의 무대를 설정하려고 지팡이를 뱀으로, 이어서 뱀을 다시 지팡이로 만드는 일로 시작했다. 이후 반역적인 이집트를 황폐하게 만들기 위해 개구리(출 8:1-15)와 이(출 8:16-19)와 파리(출 8:20-32)와 메뚜기(출 10:4)를 불러오셨다.

예수님이 그의 성경을 계속 읽어가면서, 그의 백성이 이집트를 탈출한 후에 그들을 먹이기 위해 하나님이 메추리에게 오라고 명하시는 장면(출 16:11-13)을 보았는데, 이는 그들의 반역에도 불구하고 하나님이 정말로 "광야에서 식탁을 베푸실 수 있음"(시 78:19)을 증명하기 위함이었다. 예수님은 또한 하나님이 우울증에 빠진 선지자 엘리야를 먹이기 위해 까마귀에게 명령하신 대목(왕상 17:4)도 읽었다. 그는 하나님께서 순종하는 백성에게는 "내가 사나운 짐승을 그 땅에서 제할 것"(레 26:6; 참고. 겔 14:15)이라고 약속하신 것도 읽었다. 그는 하나님이 어떻게 소년 목자 다윗을 "사자의 발톱과 곰의 발톱에서 건져내셨는지"(삼상 17:37)도 읽었고, 하나님이 굶주린 사자의 입을 막아 다니엘이 상처를 입지 않고 밤을 보낼 수 있게 하셨다는 것(단 6:22)도 읽었다.

가장 하찮은 자연적인 사건을 주목하라

예수님이 그 자신이 창조한 동물들을 통해 일어나는 하나님의 섭리를 보는 예리한 눈을 가지신 것은 놀랄 일이 아니다. 그는 우리도 이런 예리한 눈과 이런 섭리관을 공유하길 원하신다. 그는 또 하나의 예를 드신다. 우리에게 새를 생각해보되 새가 잘 날아다닐 때뿐만 아니라 떨어질 때도 생각해보라고 말씀하신다. 울새가 벌레를 잡을 때를 곰곰이 생각하라. 그리고 참새가 늙어서 떨어져 죽을 때를 곰곰이 생각하라. 그런 죽음이 얼마나 하찮은지를 생각하라. 해마다 전 세계에서 그렇게 죽어가는 새가 얼마나 많은지를 곰곰이 생각하라. 그리고 하나님의 섭리를, 그처럼 하찮은 죽음을 맞는 수백 만 마리의 새 하나하나와 관련시켜 생각해보라. 이후에 당신의 결론을 끌어내고, 오직 몸만 죽일 수 있는 자들 앞에서 그리스도를 위해 두려워하지 말라.

> 몸은 죽여도 영혼은 능히 죽이지 못하는 자들을 두려워하지 말고 오직 몸과 영혼을 능히 지옥에 멸하실 수 있는 이를 두려워하라. 참새 두 마리가 한 앗사리온에 팔리지 않느냐? 그러나 **너희 아버지께서 허락하지 아니하시면 그 하나도 땅에 떨어지지 아니하리라.** 너희에게는 머리털까지 다 세신 바 되었나니 두려워하지 말라. 너희는 많은 참새보다 귀하니라(마 10:28-31).

우리는 주의를 기울이고 믿고, 하나님은 결정해서 지도하신다

이 추론이 만일 하나님의 통제보다 새와 제자들에 대한 그분의 '인식'과만 관련이 있다면 아예 쓸모가 없다. 그럴 경우에는 마치 예수님이 "**너희 아버지께서 인식하지 아니하시면** 그 하나도 땅에 떨어지지 아니하리라"고 말한 것처럼 된다. "하나님이 모든 새들이 죽는 것을 지켜보고 있으니 네가 죽는 것도 지켜보실 것이다"라는 소식은 들어도 고무적이지 않다. 아니다, 그게 요점이 아니다. 요점은 "너희 아버지와 별개로는," 말하자면, 너희 아버지의 "지식과 '승낙'이 없이는"[5] 어느 새도 떨어지지 않는다는 것이다. 단지 모든 것을 아시는 하나님의 '인식'만이 아니라 모든 것

---

5) William Arndt et al., *A Greek-English Lexicon of the New Testament and Other Early Christian Literature* (Chicago: University of Chicago Press, 2000), 78; 강조체는 추가한 것.

을 다스리는 하나님의 '뜻'이 초점이다. 만일 하나님이 죽어가는 새들과 위험에 처한 제자들을 모두 '주관하지' 않는다면, 하나님의 지식은 두려워하는 그리스도인들에게 별로 도움이 안 될 것이다. 그래서 예수님은 새의 죽음에 대한 섭리로부터 두려움이 없는 믿음의 능력을 추론하는 것이다. 그리고 그분은 우리도 똑같은 추론을 하도록 기대하신다. 즉, 우리가 세계를 관찰할 때 모든 것을 세세하게 운행하시는 하나님의 섭리를 바라봄으로써 우리의 믿음이 강해지길 바라신다. 그런즉 우리가 이렇게 추론할 수 있다.

전제 1: 하나님은 새의 죽음과 같은 세상에서 가장 하찮은 사건들을 다스리신다.
전제 2: 제자 여러분은 그분에게 새들보다 훨씬 더 귀하다.
전제 3: 너희 아버지는 빈틈없는 손길로 너희를 돌보시고 너희 머리털까지 세신다.
결론: 이 세상에서 나의 영광스러운 대의를 위해 일할 때 두려워하지 말라.

수박 겉핥기식이라도 괜찮다

우리는 자연세계에 대한 하나님의 섭리를 수박 겉핥기식으로 다뤘다. 하지만 병거 바퀴(출 14:24-25), 하늘에서 내리는 만나(출 16:4), 중천에 머문 태양(수 10:12-13), 우렛소리(삼상 7:10; 시 29), 바닥나지 않는 기름과 밀가루(왕상 17:14-16), 또는 쇠사슬이 벗어지는 것(행 12:7) 등을 다스리는 하나님의 주권에 대해서는 생각하지 않았다.

그리고 그리스도께서 만물의 창조자일 뿐 아니라 모든 것이 존재하도록 붙들고 계시는 분이라는 진리의 함의가 얼마나 깊고 또 방대한지에 대해서도 탐구하지 않았다. "그분은 만물보다 먼저 계시고, 만물은 그분 안에서 존속합니다"(골 1:17, 새번역). "[그는] 그의 능력의 말씀으로 만물을 붙드시며"(히 1:3; 참고. 행 17:28). 우리가 "하나님이 풀이 자라게 하신다"(시 147:8)라고 말하면, 당신은 하나님의 통치를 너무 직접적으로 옹호한다고 생각했을지 모르겠다. 그러면 이 세계의 모든 곳에 있는 풀의 잎 하나하나의 각 세포의 각 분자의 각 전자가 하나님의 통치로 자랄 뿐 아니라 매 순간 하나님 때문에 존재하고 있다는 주장에 대해서는 어떻게 생각하는가? 하나님의 주권이 이 정도로 가까이 미친다. 하나님의 직접적인 개입이 존재를 유지시키고 성장을 일으키는 개입보다 더 가까울 수는 없다.

하나님의 은혜의 영광을 찬송하는 것

우리는 한 바퀴 돌아서 이제 '하나님이 자연세계를 통치하시는 목적이 무엇인가?'라는 질문으로 복귀한다. 16장에서 살펴보았듯이, 자연세계와 관련된 하나님의 궁극적 목적은 예수 그리스도의 구속 사역을 포함한 다른 모든 섭리의 목적과 동일하다. 그것은 하나님의 백성이 즐거워하도록 하나님의 영광을 전달하는 것이다.

하늘이 하나님의 영광을 선포하고 궁창이 그의 손으로 하신 일을 나타내는도다 (시 19:1).

하나님의 목적은, 그분이 만드신 모든 것을 통해 그의 "영원하신 능력과 신성"이 알려져서 감사하는 마음들로부터 영광을 받으시는 것이다(롬 1:20-21). 그분의 목적은 우리로 그분이 만든 세계의 놀라운 모습으로부터 '그분'께로 전향하게 하는 것이다.

여호와의 영광이 영원히 계속할지며…
내가 평생토록 여호와께 노래하며
내가 살아있는 동안 내 하나님을 찬양하리로다…
나는 여호와로 말미암아 즐거워하리로다(시 104:31, 33-34).

자연세계에 대한 하나님의 섭리가 지닌 궁극적 목적은 우리가 그 세계를 통해 하나님의 영광을 보고 듣고 맛보고 느끼고 냄새 맡게 하는 것이고, 우리를 위해 예수님의 피가 사신 기업의 일부로 그 영광을 기쁘게, 감사하는 마음으로, 흠모하는 심정으로 경험하게 하는 것이다. 자연 재앙의 무서움과 경이로운 자연의 즐거움은 완전히 지혜롭고 공의롭고 자애로운 섭리의 일부이며, 이는 예수 그리스도, 곧 그 죽음과 부활을 통해 영화롭게 된 자연세계가 장차 고통이 없는 상태로 하나님의 은혜의 영광을 찬송하게 할 그분께로 이끌어준다.

하나님은 어떻게 욥에게 침묵의 복을 선사하시는가?

그날이 될 때까지, 자연세계의 목적 중에 하나는 타락한 사람(우리 모두)에게 하나님이 주관하시는 너무나 많은 신비로 도전해서 우리의 입을 막고 우리가 더 이상 하나님을 비난하지 못하게 하는 것이다.

이것이 욥기 38-41장의 요점이며, 이 본문은 모든 것을 하나님 탓으로 돌린 욥에게 마침내 하나님이 말씀하시는 장면이다(욥 40:8). 그러면 하나님은 이 본문에서 욥의 고발에 반응하여, 그리고 욥에게 진실한 답변을 하지 못한 엘리바스, 빌닷, 소발에 반응하여 무엇을 행하시는가? 그는 욥을 자연세계의 신비 속으로 데려가신다.

"내가 땅의 기초를 놓을 때에 네가 어디 있었느냐?"(욥 38:4). "바다가 그 모태에서 터져 나올 때에 문으로 그것을 가둔 자가 누구냐?"(욥 38:8). "네가 너의 날에 아침에게 명령하였느냐? 새벽에게 그 자리를 일러 주었느냐?"(욥 38:12). "사망의 문이 네게 나타났느냐?"(욥 38:17). "어느 것이 광명이 있는 곳으로 가는 길이냐? 어느 것이 흑암이 있는 곳으로 가는 길이냐?"(욥 38:19). "네가 눈 곳간에 들어갔었느냐? 우박 창고를 보았느냐?"(욥 38:22). "네가 묘성을 매어 묶을 수 있으며 삼성의 띠를 풀 수 있겠느냐?"(욥 38:31). "네가 번개를 보내어 가게 하되 번개가 네게 '우리가 여기 있나이다' 하게 하겠느냐?"(욥 38:35). "네가 사자를 위하여 먹이를 사냥하겠느냐? 젊은 사자의 식욕을 채우겠느냐?"(욥 38:39). "누가 들나귀를 놓아 자유롭게 하였느냐?"(욥 39:5). "말의 힘을 네가 주었느냐? 그 목에 흩날리는 갈기를 네가 입혔느냐?"(욥 39:19). "매가 떠올라서 날개를 펼쳐 남쪽으로 향하는 것이 어찌 네 지혜로 말미암음이냐?"(욥 39:26).

우리가 땅, 바다, 새벽, 눈, 별자리, 사자의 먹이, 산염소의 출생, 들나귀의 자유,

들소의 고집, 타조의 우둔함, 군마의 힘, 매와 독수리의 비행 등 어떤 것에 초점을 맞추든지 간에, 결론은 욥이 무지하고 무기력하다는 것이다. 욥이 그것들을 만들지 않았다. 그는 그것들이 어디에서 왔는지 모른다. 그는 그것들이 무엇을 하고 있는지 볼 수 없다. 그는 그것들을 작동시키는 법을 모른다. 그는 그것들을 통제하는 법을 모른다.

욥은 아래위로 온통 신비들로 둘러싸여 있다. 그리고 우리도 마찬가지다. 과학이 이 사실을 바꾸지 않았다. 지난 이백 년에 걸친 과학적 진보는 마치 밀물이 들어오는 동안 하나님의 지혜의 대양에서 끌어올려 해변의 한 구덩이에 쏟아부은 소금물 한 통과 같다. 하나님은 감명을 받지 않으셨다. 그리고 우리는 우리의 무지에 더욱 압도되어야 마땅하고, 과학에 감명을 받기보다는 하나님이 다스리시는 수없이 많은 경이로움과 신비에 깜짝 놀라야 마땅하다.

욥, 너는 나의 능력을 판단할 입장이 아니다

하나님이 심문하는 취지는 욥을 처벌하거나 밀어내려는 것이 아니었다. 그 취지는 실제로 발생했던 일을 알려주려는 것이었다. 욥은 하나님께 이렇게 대답했다.

> 보소서, 나는 비천하오니 무엇이라 주께 대답하리이까?
> 손으로 내 입을 가릴 뿐이로소이다.
> 내가 한 번 말하였사온즉 다시는 더 대답하지 아니하겠나이다(욥 40:4-5).

욥은 그 메시지를 알아챘다. 욥아, 이 세계의 운영과 관련해 그 시초를 너는 모르지만 내가 완벽하게 알고 있는 일이 수천만 가지나 된다. 너는 유한하고 죄 많은 피조물이라서 이 세계를 운영할 지혜가 없고 그 과정의 99.99퍼센트를 모르고 있다. 그리고 이것은 줄잡아 말한 것이다. 그래서 네가 더욱 공정한 세계를 운영하는 법에 대해 나를 자문할 수 있다고 생각하는 것은 주제넘은 짓이다. 나의 영광과 내 백성의 기쁨을 위해 현명하고 공의롭고 자비로운 세상을 운영하는 법에 관한 의사결정을 내릴 때 고려해야 할 그 모든 것을 너는 조금도 알 수 없다!

욥의 마지막 말은 하나님의 합목적적이고 지혜롭고 포괄적인 섭리가 절대적인 것임을 시인한다.

> 주께서는 못 하실 일이 없사오며 무슨 계획이든지 못 이루실 것이 없는 줄 아오니…
> 그러므로 내가 스스로 거두어들이고 티끌과 재 가운데에서 회개하나이다
> (욥 42:2, 6).

우리 중에 하나님을 피고석에 앉히고 그분이 잘못했다고 고발하는 사람은 누구나 이렇게 반응해야 마땅하다. 그러나 욥의 자기경멸이 비참한 삶으로 이끌지는 않았다. 신약성경에서 야고보는 그 교훈으로 하나님의 자비와 욥의 행복한 결말을 끌어내고 있다.

> 보라, 인내하는 자를 우리가 **복되다**[행복하다] 하나니, 너희가 욥의 인내를 들었고 주께서 주신 결말을 보았거니와, 주는 가장 자비하시고 긍휼히 여기시는 이시니라(약 5:11).

하나님은 그의 종인 욥에 대한 모든 계획을 세울 때 "자비롭고 긍휼히 여기는" 태도를 취해오셨다. 욥은 이 점을 알게 되어 하나님이 결국 그의 백성에게 주시려는 "행복"을 발견하게 된다. 하나님이 욥에게 이 마지막 깨달음을 얻게 하신 방식에는 하나의 아이러니가 있다. 욥기 38-41장에서 하나님은 주의를 자연세계로 돌리셨다. 이는 욥의 가족과 건강을 파괴했던 바로 그 세계이다. 바람이 그의 자녀들을 죽였고(욥 1:19), "악성 종기"가 욥을 거의 미치게 만들었다(욥 2:7). 그런데도 하나님은 바로 그 자연세계를 이용해서 욥의 입을 막으시고 그의 눈을 열어 하나님이 다스리는 수많은 경이로움을 보게 하심으로써 결국 회개(욥 42:6)와 행복한 상태(욥 42:10; 약 5:11)에 이르게 하셨다. 자연세계를 운영하는 하나님의 섭리는 우리에게도 똑같은 영향을 미쳐야 마땅하다.

사탄은 어떻게 되는가?

이번 장을 마무리하는 지점에 이르렀는데 욥의 이야기는 한 의문을 제기하게 한다. 사탄은 어떻게 되는가? 사탄이 자연세계에 모종의 통제력을 갖고 있는 듯이 보인다. "사탄이 이에 여호와 앞에서 물러가서 욥을 쳐서 그의 발바닥에서 정수리까지 종기가 나게 한지라"(욥 2:7). 만일 사탄이 "악성 종기"와 그로 인한 고통을 유발하는 물리적 작용을 통제할 수 있다면, 그와 관련된 하나님의 섭리는 어디에 있는가? 우리는 이제 18장에서 이 질문을 다루게 된다. 우리가 살펴본 것처럼, 만일 자연세계에 대한 하나님의 섭리가 모든 것을 포괄한다면, 사탄과 귀신들의 세계의 의지는 이 그림에 어떻게 맞춰지는 것일까?

3편

사탄과 귀신들을 다스리는 섭리

18.

사탄과 귀신들

우주에는 하나님의 의지 이외에 다른 의지들도 있다. 사탄과 그의 사자들(마 25:41; 계 12:9)은 의지를 갖고 있다. 인간들은 의지를 갖고 있다. 동물들도 오거나 가거나, 이런 또는 저런 행동을 하기로 "결정한다"는 의미에서는 의지가 있다. 그러나 내가 염두에 두는, 의지를 발휘하는 행위자에는 동물을 포함시키지 않는다. 동물들이 행동 경로를 "선택하긴" 해도 이성과 도덕적 관심과 영적 지각력으로 현명하거나 덕스러운 행동 경로를 숙고하지는 않기 때문이다.

이 때문에 시편 32장 9절에서 다윗이 이렇게 말했던 것이다. "너희는 재갈과 굴레를 씌워야만 잡아 둘 수 있는 **분별없는** 노새나 말처럼 되지 말아라"(새번역). 달리 말하면, "**분별력**"(도덕적 추론과 영적 지각의 능력)은 동물에게 허락되지 않았다. 동물의 "선택"은 충동과 본능에 좌우된다. 동물의 선택 기능은 "하나님의 형상"으로 창조된 것(창 1:27)이 아니다. 즉, 추론과 도덕적 사유와 영적 지각이 가능한, 하나님을 닮은 역량이 없다는 뜻이다. 다윗의 요점은, 우리가 참된 이성을 버리면 버릴수록, 그리고 우리가 도덕적 고려사항에 무관심하고 영적 진리에 눈이 어두우면 어두울수록, 우리는 덜 인간적이 되고 더 동물처럼 된다는 것이다.

우리가 하나님의 섭리의 범위와 성격을 고찰할 때는 마귀의 뜻과 인간의 뜻이 하나님의 뜻과 어떤 관련이 있는지 숙고해야 한다. 앞장에서 살펴보았듯이, 욥기는 성경의 다른 어느 책보다 더 직접적으로 이 질문, 곧 하나님의 뜻과 사탄의 뜻이 어떤 상호관계를 맺고 있는지를 제기해준다. 이번 장에서는 성경 전체에 비추어 이 질문을 다루게 될 것이다. 성경은 사탄의 뜻과 행동에 대한 하나님의 섭리에 대해 어떤 그림을 그려주는가?

현대 문화와 다른 문화들에 대한 사탄의 전략

현대 과학이 일상생활을 좌우하는 곳에 사는 대다수 사람은 세상에 미치는 사탄과 귀신들의 힘을 거의 의식하지 않는다. 하지만 다른 문화들은 날마다 귀신의 존재를 깊이 의식하며 살아간다.

세속적인 사람들은 이런 차이점을 대체로 다음 사실, 즉 귀신들은 실존하지 않을 뿐더러 좀 더 원시적인 사람들이 실재에 대한 과학이전의 설명이란 환상 속에 여전히 있다는 사실의 탓으로 돌린다. 귀신의 존재를 염두에 두지 않는 현대적 현상을 성경적으로는 이렇게 설명할 수 있다. 사탄은 그 본성이 속이는 자이고, 사탄은 다양한 속임수를 써서 현대 문화와 다른 문화들을 그의 계획과 일치하게 만들기 때문이다.

요한계시록 12장 9절에 따르면, 에덴동산에서 아담과 하와를 속였던 "옛 뱀"이 "마귀라고도 하고 사탄이라고도 하며 **온 천하를 꾀는 자라**"고 한다. 어느 차원에서는, 사탄이 전능하신 하나님께 정면으로 대적하는 자살적인 행동을 계속하는 것으로 보아 그는 무척 어리석고 분별력이 없다. 그러나 다른 차원에서, 사탄은 인간의 모든 능력이 저지할 수 없을 만큼 교활하다. 비(非)현대적인 문화들에서는 그의 교활함이 그의 존재에 대한 사람들의 인식을 이용해서 두려움으로 그들을 조종한다. 현대 문화에서는 사탄이 사람들이 그의 존재를 믿지 않는 것을 다행으로 여기며 암암리에 그들을 마음대로 지배한다. 현대인의 자기신격화는 사실 본인의 욕망에 동조하는 것인데 그것을 자율성과 자유의 경험으로 여기는 그들의 환상을 이용해 그들을 유도하는 것이다.

두 전략은 이미 신약에 있다

우리는 이 두 가지 전략을 신약성경에서 볼 수 있다. 한편으로, 사탄은 공포심을 불러일으키는 초자연적 방법으로 사람들을 공개적으로 공격한다. 예컨대, 스스로를 "군대"라고 밝힌 귀신들로 가득 차 있던 남자가 있었다(눅 8:30). 그 남자의 행동이 너무 무서워서 사람들이 그를 쇠사슬로 묶으려고 애썼을 정도였다(눅 8:29). 그리고 태어나면서부터 자주 입에 거품을 흘리곤 하면서 그 자신을 불과 물에 던지던 소년이 있었다(마 9:22). 다른 한편, 예수님은 바리새인들의 일반적인 죄악된 종교적 행위를 마귀에게 사로잡힌 노예상태로 묘사했다.

> 너희는 너희 아비 마귀에게서 났으니 너희 아비의 욕심대로 너희도 행하고자 하느니라. 그는 처음부터 살인한 자요 진리가 그 속에 없으므로 진리에 서지 못하고 거짓을 말할 때마다 제 것으로 말하나니, 이는 그가 거짓말쟁이요 거짓의 아비가 되었음이라(요 8:44).

이와 비슷하게, 사도 바울도 종교적 위선자들뿐만 아니라 세속적인 자유사상가들 역시 그들이 자유롭고 자율적인 인생을 살고 있다고 생각하는 것은 사탄과 한통속이라고 지적했다.

> 그는 허물과 죄로 죽었던 너희를 살리셨도다. 그 때에 너희는 그 가운데서 행하여 이 세상 풍조를 따르고 **공중의 권세 잡은 자를 따랐으니** 곧 지금 불순종의 아들들 가운데서 역사하는 영이라, 전에는 우리도 다 그 가운데서 우리 육체의 욕심을 따라 지내며 **육체와 마음의 원하는 것을 하여** 다른 이들과 같이 본질상 진노의 자녀이었더니(엡 2:1-3).

이 대목은 현대적이고 과학적인 기독교 이후의 세계에 더할 나위 없이 적절한데,

여기서 사람들이 사탄을 믿지는 않지만 하루 종일 사탄을 섬기고 있기 때문이다. 그들이 "육체와 마음의 원하는 것을 한다"고 바울은 말한다. 이보다 더 자유롭고, 더 자율적이고, 더 현대적이며 과학적인 것이 있을 수 있을까? 그러나 사실 그들은 모르는 사이에 그들 속에서 일하고 있는 "공중의 권세 잡은 자를 따르고" 있었던 것이다.

구출에 필요한 전략

사탄의 두 가지 전략(전면적인 초자연적 공격과 "거짓된 욕망"을 통한 암묵적인 조종, 엡 4:22; 참고. 살후 2:10)에 상응하는 두 가지 구출 전략은 신약성경에 나온다. 하나는 "귀신 몰아내기" 또는 "능력 대결"이라 불리는 것으로, 사탄의 악마적 현존에 직접 도전해서 그리스도의 피와 그의 말씀의 능력에 대한 믿음으로 악마의 세력을 몰아내는 것이다(계 12:11). 예컨대, "귀신 들린" 어린 여자가 바울의 복음 사역을 방해했을 때, 바울이 그 귀신에게 "'예수 그리스도의 이름으로 내가 네게 명하노니 그에게서 나오라' 하니 귀신이 즉시 나왔다"(행 16:18).

신약성경에 나오는 두 번째 구출 전략은 그보다 덜 극적이지만 교회의 정상적인 사역에서 더 보편적인 것이다(정상적이란 말은 전형적이고 일상적이라는 뜻이지 덜 초자연적이란 뜻이 아니다).

주의 종은 마땅히 다투지 아니하고 모든 사람에 대하여 온유하며 가르치기를 잘하며 참으며 거역하는 자를 온유함으로 훈계할지니, 혹 하나님이 그들에게 회개함을 주사 진리를 알게 하실까 하며, **그들로 깨어 마귀의 올무에서 벗어나** 하나님께 사로잡힌 바 되어 그 뜻을 따르게 하실까 함이라(딤후 2:24-26).

회개하고 "마귀의 올무에서 벗어나는" 사람들은 궁극적으로 입에 거품을 흘리는 자들 또는 유령을 보거나 이상한 음성을 듣는 자들, 또는 경련을 일으키는 자들보다 덜 위험한 처지에 있는 것이 아니다. 그러나 이런 경우에는 열매 맺는 하나님의 영의 능력으로 하나님의 말씀을 가르치는 일, 즉 너무나 강력하고 평범하고 일상적인 사역을 통해 구출이 이뤄진다.

사탄의 권세에서 하나님께 돌아오게 하다

나는 이 두 종류의 구출을 직접 목격했고 또 그 사역의 일부가 된 적이 있다. 조만간에 당신도 그렇게 될 수도 있다. 모든 그리스도인이 어느 정도는, 그리고 특히 말씀의 사역자들은 바울의 임무를 그들 자신의 것으로 삼아도 좋다.

이스라엘과 이방인들에게서 내[예수]가 너를 구원하여 그들에게 보내어 그 눈을 뜨게 하여 어둠에서 빛으로, 사탄의 권세에서 하나님께로 돌아오게 하고 죄 사함과 나를 믿어 거룩하게 된 무리 가운데서 기업을 얻게 하리라(행 26:17-18).

사람들을 "사탄의 권세"에서 해방시키는 일이 우리의 소명이다. 그들이 그런 권세가 있다고 믿지도 않는 세속적인 사람들이든, 그들의 삶을 악한 영들을 달래는 일을 중심으로 영위하는 정령숭배적인 사람들이든 상관없다. 그리고 하나님이 "그의 신기한 능력으로 생명과 경건에 속한 모든 것을 우리에게 주신" 것은 사람들이 "정욕 때문에 세상에서 썩어질 것[악마적인 것]을 피하도록" 돕게 하기 위해서다(벧후 1:3-4).

우리가 능력 대결로 귀신들을 극적으로 몰아내는 사역에 관여하든, 성령의 능력으로 설교하고 가르치고 상담하는 일로 보다 전형적이되 그만큼 초자연적인 구출 사역에 관여하든 상관없이, 믿음을 요구하는 면은 똑같다. 이 두 가지 구출 사역 모두 하나님의 전신갑주를 겸손하고 용감하게 사용하도록 요구하고(엡 6:10-18), 특히 하나님의 약속에 대한 믿음과 더불어 우리가 무력해서 못 하는 일을 성령은 능히 할 수 있다는 믿음을 요구한다. 둘 모두 우리에게 정성스러운 기도 생활(마 9:29), 순결한 마음과 생활(마 5:8), 그리고 예수님을 가까이 하는 삶(요 14:21-23)을 영위하도록 요청한다.

우리의 근본적인 확신

두 가지 구출 전략은 또한 사탄이 이 세계를 주관하지 않는다는 든든한 확신을 요구한다. 우리는 성경을 통해 사탄이 결코 최종 결정권을 갖지 못할 것이라는 확신으로 초대받았다. 하나님은 그의 자녀들이 그분의 뜻이 최종적이고 결정적임을 확실히 믿기를 바라신다. 하나님의 뜻과 사탄의 뜻은 충돌하기 마련이다. 양자가 동일한 행동을 할지라도 그 행하는 방법과 목적이 근본적으로 다르기 때문에 언제나 충돌하기 마련인즉, 그럴 때에는 하나님의 뜻이 결국 이뤄진다는 것을 믿어야 한다. 하나님의 섭리가 이 세계를 위해 계획을 세울 때, 그 계획은 사탄에 의해 좌절될 수 없다. 그것은 하나님의 백성이 하나님의 은혜의 영광을 찬송하도록 그들의 영원한 유익을 도모하는 계획이다. 이것이 바로 이번 장이 보여주려고 하는 것이다. 그리고 19장에서는 사탄의 존재가 어떻게 섭리의 궁극적 목적을 이루는 역할을 하는지 보여줄 것이다.

최종적이거나 결정적이지 않은 사탄의 열 가지 권세

여기서 나의 접근은 사탄의 권세와 보편적 활동을 최소화하는 것이 아니다. 이와 정반대다. 나의 전략은 열 가지 영역에서 사탄의 권세를 진지하게 여기고, 이 권세가 최종적이거나 결정적이지 않다는 걸 보여주는 것이다.[1] 달리 말하면, 하나님은 사탄이 존재하도록 또 그의 악한 길을 추구하도록 허락하시는 이유(이는 19장에서 살펴볼 것이다)가 있는 한편, 그분은 사탄에게 자유를 주시되 그분이 지혜롭고 공의롭고 선한 목적을 위해 억제하지 않고 또 결정적으로 지도하지 않는 그런 자유는 준 적이 없고 앞으로도 결코 주지 않을 것이다.

---

1) 사탄의 권세를 다스리는 하나님의 섭리의 열 가지 측면에 관한 내용은 2005년에 미니에폴리스에서 열린 Desiring God National Conference에서 내가 전한 메시지의 일부였다. 이 메시지는 나중에 그 대회에서 발표된 메시지들을 모은 모음집의 일부가 되었다. John Piper, "Suffering and the Sovereignty of God: Ten Aspects of God's Sovereignty over Suffering and Satan's Hand in It," in *Suffering and the Sovereignty of God*, ed. John Piper and Justin Taylor (Wheaton, IL, Crossway, 2006), 17-30.

이제 나는 하나님의 섭리 아래 있는 사탄의 궁극적 무력함을 열 번에 걸쳐 폭로할 텐데, 여기서 이 책의 나머지 부분에서 자세히 다룰 하나님의 섭리의 많은 측면을 조금씩 언급하게 될 것이다. 그래서 당신의 눈에 내가 하나님의 통제의 어느 차원을 너무 빨리 지나가는 듯이 보인다면, 나중에 그 차원이 더욱 분명하게 보이도록 자세히 다룰 테니 그때까지 기다려주길 바란다.

1. 사탄이 위임받은 세계 통치에 대한 섭리

사탄은 때때로 성경에서 "이 세상의 임금"(요 12:31; 14:30; 16:11), 또는 "이 세상의 신"(고후 4:4), 또는 공중의 권세를 잡은 통치자"(엡 2:2, 새번역), 또는 "이 어둠의 세상 주관자"(엡 6:12)로 불린다. 이는 우리가 사탄을 심각하게 생각해야 한다는 것을 의미한다. 누가복음 4장 5-7절에 나오는 이야기를 통해 그것을 알 수 있다.

> 마귀가 또 예수를 이끌고 올라가서 순식간에 천하만국을 보이며 이르되, "이 모든 권위와 그 영광을 내가 네게 주리라. 이것은 내게 넘겨 준 것이므로 내가 원하는 자에게 주노라. 그러므로 네가 만일 내게 절하면 다 네 것이 되리라."

엄밀하게 말해 이것은 물론 옳다. 만일 우주의 주권자가 '누구에게든지' 절하면서 순복하면, 그 주권자는 상대방을 우주의 주권자로 올려놓는 셈이다. 그러나 사탄이 자기가 원하는 자에게 천하만국의 권위와 영광을 줄 수 있다는 주장은 반쪽 진리에 불과하다. 물론 사탄은 스탈린 또는 히틀러 또는 이디 아민 또는 피의 여왕 메리 또는 징기스칸 또는 사담 후세인을 잔인한 권력이 되도록 교묘히 유도함으로써 세상에 대혼란을 초래한다. 그러나 그는 하나님의 허락 하에 그리고 하나님이 지정한 한계 안에서 이런 짓을 행할 뿐이다.

이 사실을 성경은 여러 번 거듭해서 분명히 밝힌다. 예컨대, 다니엘서 2장 21절은 "그는 … 왕들을 폐하시고 왕들을 세우신다"고 한다. 이는 하나님이 스스로 선택하는 언제, 어디서나, 어떤 전제 군주든지 오늘 제거하실 수 있다는 뜻이다. 그리고 그분은 과거의 역사상 어느 시기에든 그런 일을 행하실 수도 있었다. 아울러 다니엘서 4장 17절은 "지극히 높으신 이가 사람의 나라를 다스리시며 자기의 뜻대로 그것을 누구에게든지 주신다"라고 한다. 그리고 로마서 13장 1절은 "권세는 하나님으로부터 나지 않음이 없나니 모든 권세는 다 하나님께서 정하신 바라"고 한다. 그리고 사탄의 중개가 있든지 없든지 간에, 왕들이 하나님이 지정한 지위에 있을 때는 하나님의 주권적인 뜻에 좌우되는 것이다. "왕의 마음은 흐르는 물줄기 같아서 주님의 손 안에 있다. 주님께서 원하시는 대로 왕을 이끄신다"(잠 21:1, 새번역).

악한 나라들이 들고 일어나서 다함께 전능하신 분을 대적한다. "세상의 군왕들이 나서며 관원들이 서로 꾀하여 여호와와 그의 기름 부음 받은 자를 대적하며 '우리가 그들의 맨 것을 끊고 그의 결박을 벗어 버리자' 하는도다. 하늘에 계신 이가 웃으심이여 주께서 그들을 비웃으시리로다"(시 2:2-4). 당신은 그들이 하나님께 반역하여 그분의 계획을 좌절시킬 수 있다고 생각하는가? 시편 33편 10-11절은 이렇게 대답한다. "여호와께서 나라들의 계획을 폐하시며 민족들의 사상을 무효하게 하시도다. 여호와의 계획은 영원히 서고 그의 생각은 대대에 이르리로다." 그래서 그들이 하나님을 대적하며 날뛸 때 그분이 비웃으시는 것이다. 이것이 그분의 유일한 반응은 아니다. 그러나 이 점을 분명히 하는 반응이다. 진정 너희가 주관자가 아니다!

그러므로 열방 배후에 있는 사탄의 권세는 하나님이 어느 정도 허락하지만 하나님의 다스림을 받는다. 사탄과 그의 통치자들은 하나님의 허락이 없이는 움직이지 못하고, 그들은 하나님의 결정적인 섭리를 벗어나서 움직일 수 없다.

2. 귀신들과 악한 영들에 대한 섭리

사탄은 초자연적인 악행에 동참하는 수천의 무리를 갖고 있다. 그들은 "귀신들"(약 2:19) 또는 "악한 영들"(눅 7:21) 또는 "더러운 영들"(마 10:1) 또는 "마귀와 그 사자들"(마 25:41)이라 불린다. 우리는 다니엘서 10장에서 다니엘의 기도에 응답해 보냄을 받은 천사의 다음과 같은 말을 통해 악마의 전투에 대해 흘끗 들여다보게 된다. "그런데 바사 왕국의 군주가 이십일 일 동안 나를 막았으므로 내가 거기 바사 왕국의 왕들과 함께 머물러 있더니 가장 높은 군주 중 하나인 미가엘이 와서 나를 도와주므로"(단 10:13). 그런즉 바사를 관장하는 귀신 또는 악한 영이 다니엘을 돕도록 보냄 받은 천사와 싸웠고 더 큰 천사인 미가엘이 그를 도우려고 왔던 것이다. 그러나 성경은 이 모든 작은 전투들에서 누가 주관하고 있는지에 대해 너무나 분명히 말한다. 이를 마르틴 루터가 옳게 간파했다.

> 이 세상에 가득한 귀신들이 우리를 파멸시키려고 위협해도
> 우리가 두려워하지 않을 것은 하나님이 그의 진리로 우리를 통해 승리하실 터이기 때문이라.
> 어둠의 임금이 무서워도 우리는 그에게 떨지 않네.
> 그의 사나움을 우리가 견딜 수 있는 것은, 보라, 그의 파멸이 확실하기 때문이라.
> 단 한 마디 말씀으로 그는 쓰러질 것이네.[2]

이 "한 마디 말씀"이 작동하는 모습은, 예컨대, 예수님이 마태복음 8장 29-32절에서 수많은 귀신들과 맞닥뜨리는 장면에서 볼 수 있다. 그들은 한 남자를 제압해서 그를 미치게 만들고 있었다. 귀신들은 "하나님의 아들이여, 우리가 당신과 무슨 상관이 있나이까? 때가 이르기 전에 우리를 괴롭게 하려고 여기 오셨나이까?" 하고 외친다. 그들은 그들이 최후에 파멸될 때가 정해져 있음을 알고 있다. 그들이 몰랐던 것은 그 최후의 파멸이 어느 의미에서 이미 도래했다는 사실이었다. 그 결정적인 때가 예수님과 함께 온 것이다.

예수님은 귀신들에게 단 한 마디만 하셨다. "가라." 그래서 그들이 그 남자에게서 나왔다. 이 전투에서 누가 주권자인지는 의문의 여지가 없다. 신약성경의 독자들은 이런 장면을 마가복음 1장 27절에서도 본 적이 있다. 거기서 사람들이 깜짝 놀라서 "[예수께서] 더러운 귀신들에게 명한즉 순종하는도다" 하고 말했다. 그들이 그분에게 '순종한다.' 그렇다, 그들은 예외 없이 순종한다. 사탄에 대해서는 "우리가 그에게 떨지 않고 그의 사나움을 우리가 견딜 수 있다"고 말한다. 그러나 그리스도에 대

---

[2] Martin Luther, "A Mighty Fortress Is Our God," 1529 (찬송가 "내 주는 강한 성이요").

해서는, '그들이 그를 죽일지라도 그것조차 계획에 따른 것이다'(행 4:27-28)라고 말한다. 귀신들이 비록 성경에 나오는 하나님의 기록된 명령에는 불순종할지라도, 그분이 그의 권능으로 그들에게 직접 명령할 때는 불순종하지 않는다. "[예수가] 더러운 귀신들에게 명한즉 순종하는도다"(막 1:27). 하나님의 섭리는 사탄의 사자들까지 지배한다. 이는 예수님이 땅 위를 걸으셨던 때와 같이 오늘날에도 사실이다.

3. 핍박하는 사탄의 손길에 대한 섭리

사도 베드로는 그리스도인의 고난을 이렇게 묘사한다. "너희 대적 마귀가 우는 사자 같이 두루 다니며 삼킬 자를 찾나니 너희는 믿음을 굳건하게 하여 그를 대적하라. 이는 세상에 있는 너희 형제들도 동일한 고난을 당하는 줄을 앎이라"(벧전 5:8-9). 이처럼 핍박의 고난은 악마적 사자의 아래턱이 그리스도에 대한 신자들의 믿음을 삼키고 파괴하려 하는 것과 같다.

그런데 이런 그리스도인들은 하나님의 섭리와 무관하게 사탄의 핍박에 고난을 당하는 것일까? 사탄이 그리스도인들을 그들 각각의 고유한 갈보리에서 아래턱으로 그들을 부서뜨릴 때, 하나님은 그의 고귀한 자녀의 유익을 위해 그 아래턱을 다스리지 않는 것일까? 베드로전서 3장 17절에 나오는 베드로의 답변을 경청해보라. "**하나님께서 바라시는 뜻이라면**, 선을 행하다가 고난을 받는 것이 악을 행하다가 고난을 받는 것보다 낫습니다"(새번역). 또한 이렇게 말한다. "그러므로 **하나님의 뜻대로** 고난을 받는 자들은 또한 선을 행하는 가운데에 그 영혼을 미쁘신 창조주께 의탁할지어다"(벧전 4:19). 달리 말해, 우리가 선을 행하다가 고난을 받는 것이 '하나님의 뜻이라면' 우리는 고난을 받겠다는 것이다. 그리고 만일 우리가 선을 행하다가 고난을 받는 것이 그분의 뜻이 아니라면, 우리는 고난을 받지 않겠다는 것이다. 사자에게 최종 결정권이 없다. 섭리에 있다.

예수님이 체포되던 날 밤에 사탄의 권세는 핍박에 필요한 완전한 힘을 보유하고 있었다(눅 22:3; 22:31). 그리고 예수님은 그런 상황에서 그의 주권을 가장 잘 드러내는 말씀을 하셨다. 그는 어두운 가운데 자기를 체포하러 온 자들에게 이렇게 말씀하셨다. "너희가 강도를 잡는 것 같이 검과 몽치를 가지고 나왔느냐? 내가 날마다 너희와 함께 성전에 있을 때에 내게 손을 대지 아니하였도다. 그러나 **이제는 너희 때요 어둠의 권세로다**"(눅 22:52-53). 이렇게 달리 말할 수 있다. "사자의 아래턱이 내 아버지의 계획보다 더 빠르지도, 더 늦지도 않게 나에게 다가왔다. '이[내 목숨]를 내게서 빼앗는 자가 있는 것이 아니라 내가 스스로 버린다'(요 10:18). 사탄아, 너를 만드신 그 손에 대해 자랑하지 말라. 너는 '너의 때'가 있다. 지금이 너의 때다. 네가 할 일을 빨리 하라." 그때가 언제 시작되고 언제 끝날지는 하나님이 결정하신다. 하나님이 정한 때가 올 때까지는 그런 일이 일어날 수 없다. "그들이 예수를 잡고자 하나 손을 대는 자가 없으니 이는 그의 때가 아직 이르지 아니하였음이러라"(요 7:30; 참고. 8:20). 하나님의 섭리가 핍박하는 사탄의 손길을 다스린다.

4. 목숨을 앗아가는 사탄의 권세에 대한 섭리

성경은 그리스도인을 포함해 사람들을 죽이는 사탄의 권세를 가볍게 여기거나 최소화하지 않는다. 예수님은 요한복음 8장 44절에서 이렇게 말씀하셨다. "너희는 너희 아비 마귀에게서 났으니 너희 아비의 욕심대로 너희도 행하고자 하느니라. 그는 처음부터 살인한 자요." 사실 사탄은 정말로 신실한 그리스도인들의 목숨을 앗아간다고 말씀하고 있는 것이다. "너는 장차 받을 고난을 두려워하지 말라. 볼지어다, 마귀가 장차 너희 가운데에서 몇 사람을 옥에 던져 시험을 받게 하리니 너희가 십 일 동안 환난을 받으리라. **네가 죽도록 충성하라**. 그리하면 내가 생명의 관을 네게 주리라"(계 2:10).

하나님은 생명과 죽음의 주님이 아니신가? 과연 그렇다. 하나님의 주권적 작정이 아니면 아무도 살지 못하고 아무도 죽지 못한다. "이제는 나 곧 내가 그인 줄 알라. 나 외에는 신이 없도다. 나는 죽이기도 하며 살리기도 하며 상하게도 하며 낫게도 하나니 내 손에서 능히 빼앗을 자가 없도다"(신 32:39). 하나님이 살리기로 결정하신 사람을 강탈해서 죽음에 이르게 할 수 있는 신이나 귀신이나 사탄은 없다(삼상 2:6). 예수님의 형제인 야고보는 야고보서 4장 13-16절에서 이를 놀랍게 표현하고 있다.

> 들으라, 너희 중에 말하기를 "오늘이나 내일이나 우리가 어떤 도시에 가서 거기서 일 년을 머물며 장사하여 이익을 보리라" 하는 자들아, 내일 일을 너희가 알지 못하는도다. 너희 생명이 무엇이냐? 너희는 잠깐 보이다가 없어지는 안개니라. 너희가 도리어 말하기를 **"주의 뜻이면 우리가 살기도 하고** 이것이나 저것을 하리라" 할 것이거늘, 이제도 너희가 허탄한 자랑을 하니 그러한 자랑은 다 악한 것이라.

주님이 원하시면 우리가 살 것이다. 그리고 주님이 원치 않으시면 우리는 죽을 것이다. 사탄이 아니라 하나님이 마지막 호출을 하신다. 욥은 열 명의 자녀를 잃었을 때 이렇게 말했다. "주신 이도 여호와시요 거두신 이도 여호와시오니 여호와의 이름이 찬송을 받으실지니이다"(욥 1:21, 이 본문에 대한 설명은 다음 편에 나온다). 우리의 목숨은 궁극적으로 사탄이 아니라 하나님의 손 안에 있다. 하나님의 섭리가 목숨을 앗아가는 사탄의 권세를 지배하고 있다.

5. 자연 재앙을 불러오는 사탄의 손길에 대한 섭리

허리케인, 쓰나미, 토네이도, 지진, 타는 열기, 지독한 추위, 가뭄, 홍수, 기근 등 이런 치명적인 세력은 "처음부터 살인한 자"(요 8:44)인 "이 세상의 신"(고후 4:4)의 손 안에 있다고 우리가 쉽게 상상할 수 있다. 사실, 사탄이 욥기 1장에서 하나님께 접근할 때 이렇게 도전했다. "이제 주의 손을 펴서 그의 모든 소유물을 치소서. 그리하시면 틀림없이 주를 향하여 욕하지 않겠나이까!"(욥 1:11). 그리고 하나님은 사탄에게 이렇게 말씀하셨다. "내가 그의 소유물을 다 네 손에 맡기노라. 다만 그의 몸에는 네 손을 대지 말지니라"(욥 1:12).

그 결과는 인간이 저지른 두 번의 잔학 행위와 두 차례의 자연 재앙이었다. 잔학 행위는 첫째, "스바 사람이 갑자기 이르러 그것들을 빼앗고 칼로 종들을 죽인"(욥 1:15) 것이었고, 둘째는 "갈대아 사람이 세 무리를 지어 갑자기 낙타에게 달려들어 그것을 빼앗으며 칼로 [또 다른] 종들을 죽인"(욥 1:17) 것이었다. 두 가지 자연 재앙 중 첫 번째는 16절에서 욥에게 보고된 것이다. "하나님의 불[아마도 번개]이 하늘에서 떨어져서 양과 종들을 살라 버렸나이다." 이어서 두 번째 자연 재앙에 대한 보고가 들어왔다. "주인의 자녀들이 그들의 맏아들의 집에서 음식을 먹으며 포도주를 마시는데 거친 들에서 큰 바람이 와서 집 네 모퉁이를 치매 그 청년들 위에 무너지므로 그들이 죽었나이다"(18-19절).

하나님이 사탄의 끈을 풀어줘서 이런 짓을 하도록 허용하긴 했지만("내가 그의 소유물을 다 네 손에 맡기노라"), 욥은 그 비극에 반응할 때 하나님이 끈을 풀어줘서 파괴하도록 허락하신 사탄에게 초점을 맞추지 않았다. 그는 하나님께로 돌아가서 그 원인을 찾는다. "욥이 일어나 겉옷을 찢고 머리털을 밀고 땅에 엎드려 예배하며 이르되 '내가 모태에서 알몸으로 나왔사온즉 또한 알몸이 그리로 돌아가올지라. **주신 이도 여호와시요 거두신 이도 여호와시오니** 여호와의 이름이 찬송을 받으실지니이다' 하고"(욥 1:20-21). 혹시 우리가 욥이 경배한 것이 잘못이라고 생각할까봐 영감 받은 저자가 이렇게 덧붙였다. "이 모든 일에 욥이 범죄하지 아니하고 하나님을 향하여 원망하지 아니하니라"(욥 1:22).

욥은 우리처럼, 파괴할 수 있는 사탄의 자유에 초점을 맞추는 일은 약간의 위로가 될 뿐임을 알고 있었다. 강의실에서 또 변증학을 논의할 때, 우리의 고난을 초래하는 사탄의 중개를 얘기하면 일부 사람은 하나님의 섭리의 짐을 조금 덜어낼 수 있다. 그러나 욥처럼 다수는 우리의 곤경의 원인과 하나님의 자비를 찾기 위해 사탄의 미움의 손길을 경멸하고 곧장 그를 통과해 하나님을 바라볼 때 더 많은 안정, 더 많은 안도, 더 많은 희망, 더 많은 지지, 그리고 더 많은 영광스러운 진리를 얻게 된다(다음에 나오는 야고보서 5장 11절에 대한 논의를 보라).

앞장에서 엘리후가 욥으로 하여금 임의의 사건인 듯한 일에 섭리적인 자비가 있음을 보게 도왔던 장면을 살펴보았다. 그는 욥기 37장 11-14절에서 이렇게 말했다.

> 그는 구름에 습기를 실으시고 그의 번개로 구름을 흩어지게 하시느니라.
> 그는 감싸고 도시며 그들의 할 일을 **조종하시느니라**.
> 그는 땅과 육지 표면에 있는 모든 자들에게 명령하시느니라.

혹은 **징계**를 위하여 혹은 **땅**을 위하여

혹은 **긍휼**을 위하여 그가 이런 일을 생기게 하시느니라.

욥이여, 이것을 듣고 가만히 서서 하나님의 오묘한 일을 깨달으라.

욥기 1장 21절에 나오는 욥의 첫 반응은 확실히 옳았다. "주신 이도 여호와시요 거두신 이도 여호와시오니 여호와의 이름이 찬송을 받으실지니이다." 야고보가 신약성경에서 욥기의 목적에 관해 쓸 때 이렇게 말했다. "너희가 욥의 인내를 들었고 주께서 주신 결말을 보았거니와 주는 가장 자비하시고 긍휼히 여기시는 이시니라"(약 5:11). 사탄이 아니라 하나님이 궁극적으로 바람을 통치하는 분이다. 폭풍이 미쳐 날뛸 때 그 "세찬 바람"은 무엇을 하고 있는 것일까? 그 폭풍이 "그[하나님]의 말씀을 따르고" 있다고 시편 저자가 말한다(시 148:8).[3]

사탄은 실존하는 끔찍한 존재이다. 그의 모든 계획은 다 증오스럽다. 그러나 그는 주권자가 아니다. 사탄이 무엇을 행하든지 간에, 하나님이 그의 지혜로운 섭리로 다스리고 계신다. 그래서 우리는 아이작 왓츠와 함께 이런 노래를 부를 수 있다.

저 아래편 식물이나 꽃 가운데

그대의 영광 알리지 않는 것 없네.

구름이 떠오르고 폭풍우 몰아치는 것

그대의 보좌에서 내린 명령 때문이네.[4]

만일 당신이 성경적 진리, 즉 하나님이 자산을 파괴하고 목숨을 앗아가는 바람의 궁극적이고 결정적인 지배자라는 진리에서 위로를 찾지 못한다면, 그와 다른 어떤 생각에서 더 많은 위로를 받을 수 있을지 곰곰이 생각해보라. 생명과 죽음의 권세가 궁극적으로 우리를 사랑하는 분이 아니라 우리를 미워하는 자의 손 안에 있다고 생각하는 편이 더 많은 위로를 주는가? 또는 우주에는 자비와 불행을 막론하고 어떤 주관자와 통치자도 없고, 다만 자연의 사건들은 임의적이라서(계획이나 목적이 없는,

---

[3] 바람을 다스리는 하나님의 섭리에 관해서는 17장을 보라.
[4] Issac Watts, "I Sing the Mighty Power of God," 1715

무의미한 것) 하나님조차 그의 자녀들의 유익을 위해 사태의 경로를 바꿀 수 없다고 생각하는 편이 더 많은 위로를 주는가? 또는 이런 것들에 관한 계시가 아예 없고, 하나님과 사탄이 우리의 재난과 무슨 관련이 있는지 우리가 전혀 모르고 있다고 생각하는 편이 더 많은 위로를 주는가? 하지만 우리 중 다수에게는 성경의 가르침이 든든한 반석이자 희망의 기초이다. 말하자면, 우리가 지독한 재난을 당해도, "주께서 주신 결말"(약 5:11)이 그를 믿는 모든 이들에게 지혜롭고 선하고 자비로운 것임을 바랄 수 있다는 뜻이다.

6. 질병을 유발하는 사탄의 권세에 대한 섭리

성경은 사탄이 질병을 유발할 수 있다는 진리를 생생하게 보여준다. 사도행전 10장 38절은 예수님이 "두루 다니시며 선한 일을 행하시고 **마귀에게 눌린** 모든 사람을 고치셨으니 이는 하나님이 함께 하셨음이라"고 말한다. 마귀가 사람들을 질병으로 억눌렀던 것이다. 누가복음 13장에는 예수님이 십팔 년 동안 허리가 구부러져서 똑바로 설 수 없었던 여인을 발견하는 장면이 나온다. 그가 안식일에 그녀를 고쳐주자 회당장이 그를 비판했고, 이에 반응하여 예수님이 이렇게 말씀하신다. "그러면 열여덟 해 동안 **사탄에게 매인 바 된** 이 아브라함의 딸을 안식일에 이 매임에서 푸는 것이 합당하지 아니하냐?"(눅 13:16). 사탄이 많은 질병을 유발한다는 것은 의심할 여지가 없다.

이 때문에 그리스도의 치유는 하나님의 나라가 뚫고 들어온 징표이고, 모든 질병과 사탄의 모든 행위에 대한 궁극적 승리를 입증하는 표징인 것이다. 질병의 치유를 위해 기도하는 것은 옳고 선하다. 하나님이 그의 아들의 죽음을 통해, 그의 모든 자녀들을 위하여 다른 모든 은혜의 복들과 함께 치유의 복도 사셨기 때문이다(사 53:5; 롬 8:32). 그러나 하나님은 우리가 이생에서 온전한 기업을 얻게 된다고 약속하시지 않았다. 그리고 그분이 얼마나 많이, 그리고 언제 주실지를 결정하신다.

응답받은 기도와 응답받지 못한 기도의 역설

예수님은 우리에게 기도하라고 말씀하신다. 그리고 그분이 정말로 들으신다고 우리가 믿어야 한다. 그분의 응답이 비록 우리가 요청하는 그것이 아닐 수 있고 또 요청하는 때와 다를 수 있지만 그 응답이 우리에게 유익하다고 믿어야 한다. 당신이 아버지에게 빵을 달라고 하는데 그가 돌을 주지는 않을 것이다. 당신이 생선을 달라고 하는데 그가 뱀을 주지는 않을 것이다(마 7:9-10). 그러나 그 응답이 빵이 아닐 수 있다. 그리고 생선이 아닐 수도 있다. 그래도 그것은 당신에게 유익할 것이다. 바로 이것이 그분이 약속하시는 바다(롬 8:28). 이는 역설적으로 들릴지 모른다. 당신이 빵을 부탁하는데도 빵이 아니라고? 당신이 생선을 부탁하는데도 생선이 아니라고? 그런데도 유익하다고? 나는 이 역설에 관한 시를 썼는데, 이 시가 당신에게 약간의 통찰을 제공할지도 모르겠다.

"돌과 뱀"

내 아버지께서 내게 오라고 하셔서 말씀하시길,
"너에게 필요한 걸 요청해라. 그리고 내 앞에서
네 마음을 활짝 펼쳐라. 네가 참으로 원하는 것을
내게 구해라. 그리고 사랑하는 자야, 내가 한없는
보물이 쌓인 창고로 네게 완전한 사랑을 베풀지 못하는 적이 있는지 봐라.
그리고 계속 문을 두드려라.
나는 잠을 자지 않아도 지연하는 데는 그만한 이유가 있단다.
그리고 나는 너의 기도를 듣는 걸 기뻐한다.

만일 너에게 네 배를 위한 닻이 필요하다면,
그런데 배고픔에 이끌려 빵을 요청한다면,
내가 너의 필요를 표시해두마. 그리고 네가 바다 쪽으로 떠내려가지 않도록
그 대신 너에게 무거운 돌을 주마.

만일 네가 독사의 이빨을 빼내기 위해

해독제가 필요하다면,

그런데 고통을 줄이려고 쓸데없는 생선을 요청한다면,

내가 사정을 분별해서 뱀을 주마.

아 귀한 자식아, 네가 이해하지 못하는 법에 따라

내가 사랑으로 네 필요를 충족하는 만큼

네가 기도해도 헛되다고 생각하지 말라

마치 뱀과 돌을 얻는 것이 네 소원에 대한 응답이 아닌 듯이

사랑하는 자식아,

네 부르짖음은 실제로 보물 창고를 열어젖히고 하늘을 흔들어놓는다.

나는 너에게 와서 이 열쇠들을 갖고 내 모든 창고를 열라고 한다.

사랑하는 자야, 찾고 구하고 두드려라."

욥은 아픈 중에도 사탄의 주권을 용인하지 않다

우리가 아플 때 아무도 사탄이 주권자라고 말하지 않도록 조심하라. 그는 주권자가 아니다. 욥기에서 사탄이 하나님을 두 번째 찾아갔을 때, 하나님이 이번에는 그에게 욥의 몸을 치도록 허락하셨다. 이어서 욥기의 저자는 이렇게 말한다. "사탄이 이에 여호와 앞에서 물러가서 욥을 쳐서 그의 발바닥에서 정수리까지 종기가 나게 한지라"(욥 2:7). 욥의 아내가 절망에 빠져서 그에게 "하나님을 욕하고 죽으라"(욥 2:9)고 말하자, 욥은 이전과 똑같이 대답했다. 그는 사탄의 유한한 원인을 지나서 하나님의 궁극적 원인을 바라보며 이렇게 말했다. "우리가 하나님께 복을 받았은즉 화도 받지 아니하겠느냐?"(욥 2:10).

그리고 욥은 "악성 종기"를 하나님의 뜻으로 돌리는데, 이를 보고 우리가 욥이 잘못했거나 불경하다고 생각하지 않게 하려고 영감 받은 저자는 두 가지 일을 행한다. 첫째, 저자는 "이 모든 일에 욥이 입술로 범죄하지 아니하니라"(욥 2:10)고 말한다. 달리 말하면, 사탄이 악성 종기로 욥을 쳤지만 그 종기의 궁극적 원인을 하나님에게서 찾는 것이 죄가 아니라는 뜻이다. 그리고 둘째, 욥기의 저자는 마지막 장에

서 욥의 끔찍한 고난을 이렇게 언급함으로써 그 책을 마무리한다. "이에 그의 모든 형제와 자매와 이전에 알던 이들이 다 와서 … **여호와께서 그에게 내리신 모든 재앙에 관하여 그를 위하여 슬퍼하며 위로했다**"(42:11).

사탄은 실존하고 미움이 가득한 존재이지만, 그는 질병을 주관하는 자가 아니다. 하나님은 그에게 그런 찬사조차 주지 않을 것이다. 하나님이 불타는 수풀에서 모세에게 말씀하시는 것을 보라. "누가 사람의 입을 지었느냐? 누가 말 못 하는 자나 못 듣는 자나 눈 밝은 자나 맹인이 되게 하였느냐? 나 여호와가 아니냐?"(출 4:11; 고후 12:7-9도 보라).

나는 이런 내용을 약 오십 년 간 설교하고 가르쳐왔다. 나의 파일은 지금 많은 사람이 보낸 편지로 가득 차 있는데, 그들은 질병을 앓는 중에도 하나님의 합목적적이고 지혜롭고 자비롭고 고통스러운 주권을 성경적으로 발견해서 그분께 감사했던 사람들이다. 여기서 한 실례를 보여줄까 한다. 이는 새롭게 하나님의 섭리를 발견했다가 그 믿음이 시험을 당했던 스물 일곱 살 된 아버지가 보낸 편지이다. 그 사건이 발생한 지 이년 후에 쓴 글에서 이렇게 말했다.

> 아내와 나는 처음으로 초음파 검사를 받으러 가기 위해 차에 짐을 실었습니다. 우리는 소식(아들인지 딸인지)을 접한 후에 스무디를 먹으며 기쁨을 누릴 생각이었지요 … 그런데 우리가 진료실에 앉아서 기사가 즐겁게 떠들다가 갑자기 입을 다물더니 스크린을 응시하는 모습을 보았습니다. 왜 그렇게 뚫어지도록 이미지를 보고 있지? … 그녀가 일어나서 인쇄할 것이 있다는 식으로 핑계를 대더니 방을 떠나는 것이었습니다 … 마침내 담당의사가 들어왔습니다. 그는 우리에게 초음파가 상당히 확실하다는 걸 알려주게 되어 유감스럽다고 말했습니다 … 우리의 딸은 척추뼈 갈림증에 걸렸답니다. 또한 3염색체성 21(다운 증후군)과 18(유아 사망 증후군)로 알려진 유전자질환에 걸릴 수도 있다고 했습니다….
>
> 이는 더 이상 이론이 아니라 당장 어떤 답변이 필요한 실제 상황이었습니다.
>
> 아니, 하나님이 이것을 "허용"하셨을까? 더 나쁘게는, 그것을 계획하셨을까? 확실히 그분은 그토록 큰 고통의 고안자일 수 없었습니다.
>
> 그때 나는 당신의 어머니의 죽음에 관한 글을 읽었습니다. 당신은 이렇게 썼지요. "나는

하나님이 사륜 구동차의 질주를 통제할 수 없었다는 견해로부터 위안을 얻을 수 없었다. 나로서는 우연한 사건에서 위로를 찾을 수 없었다." 그 글이 내 마음에 와 닿았고 … 나 역시 그랬습니다[하나님이 사륜 구동차의 질주를 통제할 능력이 없었다는 데서 위안을 얻을 수 없었습니다]. 나는 과거에 무엇을 믿는다고 생각했든지 간에… 그 순간 희망을 찾을 수 있었던 유일한 곳은 주권적인 하나님, 곧 참새의 추락과 왕들의 선정, 사륜 구동차의 질주와 우리의 귀한 딸의 척추 발달을 주관하시는 하나님의 손 안에만 있었습니다. 바로 여기서 희망을 찾았습니다. 그리고 기쁨의 모판인 희망은 우리의 마음속에서 자라기 시작했고, 그 기쁨은 그 어떤 고통도 흔들 수 없는 것이었습니다.[5]

7. 동물과 식물을 이용하는 사탄에 대한 섭리

사탄의 이미지, 즉 베드로전서 5장 8절의 "울부짖는 사자"와 요한계시록 12장 9절의 "큰 용"과 창세기 3장의 옛 뱀의 이미지를 생각해보면, 사탄은 파괴적인 일을 일삼을 때 동물과 식물을 활용하는 것이 틀림없다. 콜로세움의 사자, 강을 새까맣게 만드는 흑파리, 조류 독감 바이러스를 옮기는 새들, 어린이를 공격하는 맹견, 의사인 배리 마샬과 로빈 워렌이 궤양을 유발하는 것으로 발견한 뱃속의 박테리아(이로 인해 그들이 노벨의학상을 탔다) 등이다. 만일 사탄이 질병을 죽일 수 있고 또 유발할 수 있다면, 그는 그의 무기로 삼기 위해 많은 식물과 동물(큰 것과 미세한 것 모두)을 마음대로 이용할 수 있는 것이 분명하다.

그러나 사탄은 동물과 식물에게 하나님이 금지하는 일을 시킬 수는 없다. 우리는 앞장에서 이런 점을 자세히 살펴보았다. 그래서 여기서는 요약만 해도 무방하겠다. 하나님께서 바다에서 놀도록 만드신 거대한 리워야단(시 104:26)으로부터 그분이 이집트 땅으로 소환하신 미세한 이(출 8:16-17)에 이르기까지, 하나님이 동물과 식물의 세계에 명령을 내리신다.

하나님이 동식물을 주관하시는 모습을 가장 생생하게 보여주는 장면은 요나서에

---

[5] 2007년 5월에 받은 개인적인 편지.

나온다. "여호와께서 이미 큰 물고기를 예비하사 요나를 삼키게 하셨다"(욘 1:17). 그리고 그 물고기는 자기가 지정받은 대로 정확히 행했다. "여호와께서 그 물고기에게 말씀하시매 요나를 육지에 토하니라"(욘 2:10). "하나님 여호와께서 박넝쿨을 예비하사 요나를 가리게 하셨다"(욘 4:6). "하나님이 벌레를 예비하사 이튿날 새벽에 그 박 넝쿨을 갉아먹게 하시매 시드니라"(욘 4:7). 물고기와 식물과 벌레 등 모두가 지정되었고 모두가 순종했다. 사탄이 여기서 손을 댈 수는 있으나 그것은 결정적인 손이 아니다. 사탄은 식물과 동물을 주관하는 주권자가 아니다. 하나님의 섭리가 최종적인 지배력을 쥐고 있다.

8. 죄로 유혹하는 사탄에 대한 섭리

사탄은 성경에서 "유혹하는 자[시험하는 자]"(마 4:3; 살전 3:5)라고 불린다. 이것이 우리가 아는 모든 불행의 기원이었다. 사탄이 하와가 죄를 짓도록 유혹했고, 죄가 자연 질서에 하나님의 저주를 초래했다(창 3:14-19; 롬 5:12-14; 8:20-22). 그때 이후로 사탄은 여태까지 모든 인간을 유혹해서 하나님을 모욕하는 짓을 하도록, 그들 자신을 손상시키도록, 그리고 다른 이들을 해치도록 만들어왔다.

그러나 성경에 나오는 가장 유명한 유혹은 사탄을 그 유혹하는 일에서 주권적인 존재로 묘사하지 않는다. 예컨대, 사탄이 유다로 예수님을 배신하도록 유혹하는 장면을 보라. 누가복음 22장 3-4절은 이렇게 말한다. "열둘 중의 하나인 가룟인이라 부르는 유다에게 사탄이 들어가니 이에 유다가 대제사장들과 성전 경비대장들에게 가서 예수를 넘겨 줄 방도를 의논하매." 그런데 누가는 유다가 예수님을 배신한 것이 성경이 이루어진 사건이었다고 일러준다. "성령이 다윗의 입을 빌어 미리 말씀하신 그 성경 말씀이 마땅히 이루어져야만 하였습니다"(행 1:16, 새번역). 그러므로 베드로는 예수님이 "**하나님께서** 정하신 뜻과 미리 아신 대로 내준 바 되었다"(행 2:23)고 말했던 것이다. 사탄은 역사의 치명적이고도 멋진 무대에서 담당할 역할을 갖고 있었으나, 그가 주관자는 아니었다. 그는 영혼을 구원하는 이 드라마의 감독이나 창시자가 아니었다.

유다의 유혹보다 더 유명한 것은 베드로의 유혹이다. 우리는 보통 세 번에 걸친 베드로의 공개적인 부정을 '부인'으로 생각하지 '유혹'으로 생각하지 않는다. 그러나 예수님이 누가복음 22장 31-32절에서 베드로에게 말씀하신 것을 보면 유혹하는 자가 여기서 일하고 있었던 것이 명백하다. "시몬아, 시몬아, 보라 사탄이 너희를 밀 까부르듯 하려고 요구하였으나, 그러나 내가 너를 위하여 네 믿음이 떨어지지 않기를 기도하였노니, 너는 돌이킨 후에['만일 네가 돌이킨다면'이 아니라] 네 형제를 굳게 하라."

베드로를 '밀 까부르듯' 한다는 말은 그의 믿음을 걸러낼 목적으로 그를 두렵고 위험한 체질을 통과하게 한다는 뜻이다. 이는 데살로니가전서 3장 5절에 나오는 내용과 똑같다. "그러므로 내[바울]가 참다못하여 여러분의 **믿음**을 알아보려고 그를 보냈습니다. 그것은, 유혹하는 자가 여러분을 유혹하여 우리의 수고를 헛되게 하지 못하게 하려는 것이었습니다"(새번역). 이것이 바로 유혹하는 자가 노리는 바다. 즉, 믿음을 파괴하는 것. 하나님이 사탄을 그만큼 풀어주었기 때문에 그가 예수님의 예고를 이루는 일에 일조할 수 있었다. "오늘 밤 닭 울기 전에 네가 세 번 나를 부인하리라"(마 26:34). 그러나 베드로를 위한 예수님의 기도는 누가 주관하고 있는지를 보여준다. 그분은 이렇게 말씀하신 셈이다. "내가 너를 위해 기도했다. 너는 넘어지겠지만 완전히 쓰러지지는 않을 것이다. 네가 회개하고 돌이킬 때는('만일 네가 돌이킨다면'이 아니라) 네 형제들을 굳세게 하여라."

마귀가 유다와 베드로를 유혹한 사건은 사탄의 치명적인 실재를 보여주는 본보기지만 그의 한계 또한 보여주는 것이다. 하나님은 유다를 향한 그분의 심판이란 목적을 이루기 위해, 그리고 베드로를 향한 사역의 준비를 이루기 위해 사탄을 이용하신다. 하나님의 섭리는 사탄의 일차적인 성향(죄로 유혹하는 자)까지 다스리고 있다.

9. 마음을 가리는 사탄의 권세에 대한 섭리

사탄이 맞을 최후의 패배는 영원히 고통을 받게 될 불 못에 던져지는 것이다. "그들을 미혹하는 마귀가 불과 유황 못에 던져지니 거기는 그 짐승과 거짓 선지자도 있어 세세토록 밤낮 괴로움을 받으리라"(계 20:10). 사탄의 목표는 최대한 많은 사람을 거기에 데려가는 것이다. 이렇게 하려면 사탄이 사람들로 예수 그리스도의 복음을 보지 못하게 계속 눈을 가려야 한다. 왜냐하면 복음은 "모든 믿는 자에게 구원을 주시는 하나님의 능력이 되기" 때문이다(롬 1:16). 그리스도의 피로 의롭게 된 사람은 아무도 지옥에 가지 않는다. "그러면 이제 우리가 그의 피로 말미암아 의롭다 하심을 받았으니 더욱 그로 말미암아 진노하심에서 구원을 받을 것이니"(롬 5:9). 진노를 흡수하는 그리스도의 대속 사역을 받아들이지 못하는 사람들만 하나님의 진노에 고통을 당할 것이다.

그러므로 바울은 고린도후서 4장 4절에서 이렇게 말한다. "그 중에 이 세상의 신[사탄]이 믿지 아니하는 자들의 마음을 혼미하게 하여 그리스도의 영광의 복음의 광채가 비치지 못하게 함이니 그리스도는 하나님의 형상이니라." 마음을 어둡게 하는 것은 사탄의 병기고에 있는 가장 치명적인 무기이다. 사탄이 한 사람에 대해 성공할 경우에는 그 사람이 한없는 고통을 받게 될 것이다.

그러나 이 중요한 지점에서 사탄이 주권자가 아니다. 하나님이 주권자이시다. 그리고 우리는 얼마나 감사드려야 할지 모른다! 두 절 뒤인 고린도전서 4장 6절에서 바울은 어둠을 제거하는 하나님의 능력이 어둠을 불러오는 사탄의 능력을 압도한다고 묘사한다.

"'어두운 데에 빛이 비치라' 말씀하셨던 그 하나님께서 예수 그리스도의 얼굴에 있는 하나님의 영광을 아는 빛을 우리 마음에 비추셨느니라."

여기서는 하나님이 세계의 시초에 빛을 창조하신 것과 하나님이 어두워진 인간의 마음속에 빛을 창조하시는 것을 비교한다. 하나님은 완전한 주권을 갖고 세계의 시초에, 그리고 그리스도 안에서 우리의 새로운 삶이 시작되는 시점에 "빛이 있으라"고 말씀하셨다. 그리고 빛이 있었다.

사탄은 복음을 보지 못하도록 마음을 가리는 능력을 갖고 있다. 그러나 하나님은 자신이 선택하는 사람을 위해 그것을 이길 수 있기 때문에 그 능력은 한계가 있는 것이다(35-36장을 보라).

10. 사탄의 영적 속박에 대한 섭리

사탄이 사람들을 노예로 만드는 방법은 다음 두 가지다. 하나는 불행과 고통을 초래해서 우리가 믿을 만한 선한 하나님은 없다고 생각하게 하는 것이다. 다른 하나는 쾌락과 번영을 초래해서 우리에게 필요한 것이 다 있어서 하나님은 상관없다고 생각하게 하는 것이다. 사탄이 세우는 두 가지 큰 기만 전략은 고통과 쾌락이다. 고통은 우리가 "하나님은 악하다"고 말하도록 유도한다. 쾌락은 우리가 "하나님은 필요 없다"고 말하도록 유도한다. 사탄의 기만 전략이 성공하면 우리는 속박 상태에 빠지게 된다.

이 속박에서 벗어나려면 우리가 회개해야 한다. 하나님은 선하시고 믿을만한 분이지 악하고 잔인한 분이 아니라고 우리가 고백해야 한다. 그리고 이 세상의 쾌락(죄악된 것과 무죄한 것 모두)은 그리스도를 아는 지식의 가치와 도무지 비교될 수 없다고 고백해야 한다(마 10:37; 빌 3:8). 그러나 사탄은 이런 회개를 싫어해서 그것을 막으려고 온갖 수단을 동원한다. 이런 방식으로 사탄은 한 사람을 속박 상태에 묶어두는 것이다.

그러나 하나님이 우리의 반역을 이겨내고 우리를 회개로 인도하여 사탄의 속박에서 구원하기로 작정하시면 아무것도 그분을 막을 수 없다. 하나님이 사탄의 속박과 우리의 공모를 이겨내기로 정하시면 우리는 회개하고 사탄의 권세가 깨어지게 된다. 이것이 바로 이번 장의 서두에서 디모데후서 2장 24-26절을 중심으로 살펴본 것이다. 이는 너무나 중요해서 또다시 인용할 만하다.

> 주의 종은 마땅히 다투지 아니하고 모든 사람에 대하여 온유하며 가르치기를 잘하며 참으며 거역하는 자를 온유함으로 훈계할지니, 혹 하나님이 **그들에게 회개함을 주사** 진리를 알게 하실까 하며 그들로 깨어 **마귀의 올무에서 벗어나** 하나님께 사로잡힌 바 되어 그 뜻을 따르게 하실까 함이라.

여기서 핵심 단어들을 주목하라. "혹 하나님이 그들에게 회개함을 **주사**." 회개는 하나의 선물이다. 하나님이 회개를 '주시는' 것이다. 물론 회개는 '우리'가 행하는 어떤 것이다. 그것은 '우리의' 행위이다. 그러나 회개는 기적적인 행위이다. 하나님이 주신 값없는 선물이다. 사탄은 그의 포로들을 다스리는 주권자가 아니다. 하나님이 주권자이시다. 하나님이 회개함을 주시면 우리는 마귀의 올무에서 해방된다. 우리가 과거에는 사탄에게 사로잡혀 그의 뜻을 좇았지만 이제는 더 이상 그에게 속박되어 있지 않다.

사탄이 섭리에 종속되다

이제까지 사탄의 권세가 작동하는 열 가지 영역에 대해 다뤘는데, 나의 결론은 그 모든 영역에서 사탄은 결국 하나님의 압도적인 섭리에 종속되어 있다는 것이다. 사탄은 시종일관 악하기 때문에 우리는 창세기 50장 20절을 이용해 이 세계에서 취하는 그의 모든 행위를 묘사할 수 있을 것이다. "사탄은 나를 해치려고 하였으나 하나님은 그것을 선으로 바꾸셨다." 사탄이 어떤 뜻을 품을 때는 언제나 하나님의 영광을 감소시키고 궁극적으로 하나님의 백성을 망가뜨리려고 한다. 하나님이 사탄에게 그런 행위를 허락하실 때 하나님의 계획은 그의 영광을 드높이고 그의 백성의 궁극적 유익을 도모하는 것이다. 우리는 앞에서 하나님의 지혜로운 허락은 모두 선한 계획을 갖고 있음을 보여주었다.[6] 그것들은 '계획된' 허락이고, 하나님의 모든 계획은 선하다.

그런데 오늘날에도 사탄은 이 세상에서 엄청난 악과 고통을 유발시키고 있다. 이를 감안하면 우리가 '하나님은 어째서 사탄이 계속 일하도록, 아니 계속 존재하도록 허락하시는가?'라고 묻지 않을 수 없다. 왜 사탄을 한 마디로 파멸시키든지, 당장 그를 불 못에 내던지지 않는가? 하나님은 얼마든지 정당하게 그렇게 하실 수 있다고 나는 생각한다. 하나님이 이 시대의 종말에 이르면 사탄을 불 못에 던지실 것임(계 20:10)을 앞에서 이미 살펴보았다. 그런데 왜 당장 그렇게 하시지 않을까? 이제 다음 장에서 이 문제를 다뤄보자.

---

[6] 13장과 17장의 각주 2(현재는 46으로 되어 있음: 정리 부탁)를 보라.

19.

사탄이 계속 존재하는 이유

앞장의 요점은 사탄의 권세가 아무리 크다고 해도 최종적이고 결정적인 권세가 아니라는 것이었다. 하나님의 섭리가 사탄의 모든 행위에 대해서도 최종적이고 결정적인 지배력을 갖고 있다. 이는 한 가지 의문을 제기했다.

만일 하나님이 그처럼 철저히 사탄을 통치하신다면, 왜 지금 그의 권능과 지혜를 사용해서 사탄의 존재를 멸절하지 않는 것일까? 요한계시록 20장 10절은 하나님이 결국 사탄을 불 못에 던지실 것이라는데 왜 지금 당장 그렇게 하지 않으실까?

이것이 우리가 이번 장에서 대답할 질문이다. 성경은 이 질문에 직접 대답하지는 않는다. 그러나 답변을 가리키는 것들은 있다.

이제 내가 가능한 답변 네 개를 내놓을 테니 당신이 테스트해보기 바란다. 이런 제안들은 그 질문에 대한 성경의 명시적 답변은 아니지만 적어도 부분적인 답변은 된다고 생각한다.

성경에 근거한 간접적인 답변들

하나님은 왜 사탄이 계속 살아가며 일하도록 허락하실까? 그 이유는 하나님이 단번의 타격이 아니라 네 가지 과정을 통해 사탄을 타도하려 하신다는 말로 요약하겠다.

- 그분은 '보여줌'으로 사탄을 타도하고 계신다.
- 그분은 '고난'으로 사탄을 타도하고 계신다.
- 그분은 '사탄'으로 사탄을 타도하고 계신다.
- 그분은 '향유'로 사탄을 타도하고 계신다.

1. 하나님은 그 자신의 속성을 더 많이 보여줌으로써 사탄을 타도하고 계신다.

누가복음 13장 10-17절에 나오는 여자, 곧 십팔 년 동안 "꼬부라져 조금도 펴지 못하는"(눅 13:11) 여자의 처절한 상태를 생각해보라. 누가는 좀 더 구체적으로 "열여덟 해 동안 사탄에게 매인 바 된"(눅 13:16) 상태라고 말해준다. 이제 예수님이 그녀를 완전히 치유하시려고 하는데, 이는 하나님이 그 고통스러운 십팔 년 중에 어느 때라도 그녀를 치유하실 수 있었다는 것을 뜻한다. 그분은 어느 때에든 그렇게 하실 수 있을 만큼 강하고 연민이 많은 분이다. 그러나 그 대신 하나님은 사탄이 십팔 년 동안 그녀의 몸을 그 뜻대로 하도록 허락하셨다.

그 여자를 치유한 결과는 예수님을 "반대하던 사람들은 모두 부끄러워하였고, 무리는 모두 예수께서 하신 모든 영광스러운 일을 두고 기뻐한"(눅 13:17, 새번역) 것이었다. 우리로서는 하나님이 왜 이 여자가 십팔 년 동안 사탄의 "매임"을 견디도록 허락하셨는지 모른다. 그러나 우리가 확실히 아는 것이 있다. 예수님이 그의 대적들의 위선을 폭로하고 또 그의 연민과 권위와 능력을 보여주셔서 사람들이 그의 영광스러운 행위를 기뻐하게 함으로써 사탄을 타도하셨다는 사실이다.

그런즉 이 사건은 사탄을 타도하는 타이밍과 관련된 하나님의 더 큰 목적을 얼핏 들여다보게 해주는 듯하다. 이 이야기로부터 우리는 이렇게 추론할 수 있다. 하나님의 목적의 일부는 하나님이 사탄보다 몇 배나 우월하다는 것을 입증함으로써 그리스도의 영광의 많은 측면을 '보여주는' 것이며, 이는 만일 하나님이 구속의 역사상 그보다 더 빨리 사탄의 존재를 멸절했다면 그 영광을 충분히 보여주지 못했을 것임을 의미한다. 앞장에서 하나님이 사탄보다 우월하시다는 것을 열 가지 방식으로 보여줬는데, 그 방식들 각각에 대해서도 이와 똑같은 논지를 펼 수 있다.

2. 하나님은 고난으로 사탄을 타도하고 계신다.

사탄의 종국적 패배에 관한 가장 경이로운 실재는 그가 불 못에 던져질 것이란 사실이 아니라, 예수님이 그의 백성에 대한 사탄의 장악을 풀기 위해 불 못에 던져졌다는 사실이다. 바울과 히브리서 저자는 모두 예수님이 그의 고난과 죽음에 의해 사탄을 무찔렀다고 가르친다.

> 범죄와 육체의 무할례로 죽었던 너희를 하나님이 그와 함께 살리시고 우리의 모든 죄를 사하시고, 우리를 거스르고 불리하게 하는 법조문으로 쓴 증서를 지우시고 제하여 버리사 십자가에 못 박으시고, **통치자들과 권세들을 무력화하여 드러내어 구경거리로 삼으시고 십자가로 그들을 이기셨느니라**(골 2:13-15).

> 자녀들은 혈과 육에 속하였으매 그도 또한 같은 모양으로 혈과 육을 함께 지니심은 **죽음을 통하여 죽음의 세력을 잡은 자 곧 마귀를 멸하시며**, 또 죽기를 무서워하므로 한평생 매여 종 노릇 하는 모든 자들을 놓아 주려 하심이니(히 2:14-15).

우주에서 가장 위대한 사람이 해방을 초래하는 사랑의 행위로서, 그것도 나머지 인류처럼 "공중의 권세 잡은 자를 따르는"(엡 2:2-3) 자들을 향한 사랑의 행위로서 고난을 받고 죽기로 작정함으로써 우주에서 가장 비열한 존재를 무찔러야 했다는 것은 더더욱 아름답고 영광스럽고 훌륭하고 놀라운 일이다. 예수님이 장차 사탄을 불 못에 던져 넣을 때는 그분의 공의와 능력이 완전히 드러날 것이다. 그러나 십자가에서, 그분이 하나님의 백성의 빚을 지불함으로써 그들에 대한 사탄의 권리 주장을 압도했을 때 그의 은혜와 자비와 인내와 사랑과 지혜가 완전히 드러났었다.

골로새서 2장 14절은 그리스도가 죽었을 때 사탄이 하나님의 백성에 대한 권리를 잃어버렸다고 분명히 말한다. 그리스도는 "우리에게 불리한 조문들이 들어 있는 빚 문서를 지워 버리시고, 그것을 십자가에 못 박으셔서, 우리 가운데서 제거해 버리셨습니다"(새번역). 이어서 사탄에게 미친 영향이 나온다. "그는 [빚 문서를 지워 버리심으로] 모든 통치자들과 권력자들의 무장을 해제시키고, 그들을 그리스도의 개선 행진에 포로로 내세우셔서, 뭇 사람의 구경거리로 삼으셨습니다"(골 2:15, 새번역). 달리 말하면, 사탄이 마지막 날에 들고 나올 수 있는, 우리에게 불리한 유일한 정죄의 고소장은 용서받지 못한 죄이다. 그러나 그리스도께서 그것을 십자가에 못 박으셨다. 이것이 사탄의 손에서 그의 유일한 정죄의 고소장을 뺏어버렸다. 그의 무장이 해제되었다. 실은 사탄이 수치를 당했다. 왜냐하면 그는 힘을 자랑하고 교만하고 미워했음에도 불구하고 결국 그의 상급(하나님의 선민)을 전능하신 분의 연약하고 겸손하고 자애로운 행위에 잃고 말았기 때문이다.

우리는 제2부에서 섭리의 궁극적 목적이 하나님의 은혜의 영광을 기쁘게 찬송하는 것(엡 1:6, 12, 14)임을 살펴보았고, 또한 그 영광스러운 은혜가 궁극적으로 드러난 곳이 우리 같은 자격 없는 죄인들을 위해 무한히 고귀한 하나님의 아들이 스스로 고난과 죽음을 당하신 사건임을 확인했다. 이제 우리는 하나님의 경이로운 극장에서 왜 사탄에게 그런 역할이 주어졌는지 조금 들여다보게 된다. 모든 점에서 그리스도가 우월한 것으로 입증되고, 역사상 가장 중요한 순간에 가장 꼴사나운 존재가 그리스도의 가장 위대한 행위로 파멸될 때 그분의 아름다움은 가장 찬란하게 빛난다.

3. 하나님은 사탄으로 사탄을 타도하고 계신다.

하나님께서 다양한 방법으로 사탄을 타도하실 때는 그분의 지혜가 더욱 돋보이고, 또한 능력뿐만 아니라 모든 면에서 그분이 사탄보다 우월하다는 점이 더욱 밝게 빛난다. 그런 방법 중 하나는 사탄으로 하여금 하나님이 그의 자녀들을 거룩하게 하는 목적을 섬기도록 하는 것이다. 하나님의 방식이 너무나 순수하고 훌륭해서 사탄이 그것을 방해하지 못할뿐더러 부지중에 그것을 섬긴다는 것은 사탄을 분노케 만들 것임이 틀림없다.

내가 염두에 두고 있는 것은 바울이 고린도후서 12장 1-10절에서 말하는 "육체의 가시"이다. 바울은 하늘을 흘끗 들여다보는 초자연적 경험을 했었다(고후 12:1-4). 하나님이 바울에게 이런 특권을 주셨을 때는 바울이 자만해질 수 있다는 것을 아셨다. 하나님은 다가올 곤경을 감안할 때 그 선물을 줄 만하다고 생각하셨다. 자만해지고픈 유혹에 대한 그분의 반응은 바울이 육체의 가시를 갖도록 섭리하는 것이었다. 바울은 이런 정황을 놀라운 문장으로 표현하는데, 내용인즉 하나님의 목적은 그를 성화시키는 것이고 그 과정에 사탄이 부지중에 관여하고 있다고 했다.

> 여러 계시를 받은 것이 지극히 크므로 **너무 자만하지 않게 하시려고** 내 육체에 가시 곧 **사탄의 사자**를 주셨으니, 이는 **나를 쳐서 너무 자만하지 않게 하려 하심이라**(고후 12:7).

이 구절의 처음과 끝에 그 가시의 목적이 언급되어 있다. "너무 자만하지 않게 하시려고 … 나를 쳐서 너무 자만하지 않게 하려 하심이라." 그런데 이것은 사탄의 계획이 아니다. 사탄은 자만해지는 것을 방해하지 않고 오히려 자만심을 부추긴다. 이것은 바울의 가시를 구상하신 하나님의 계획이다. 겸손과 신뢰를 도모하는 가시이다. 그럼에도 불구하고 그 가시가 "사탄의 사자"라고 불린다. 우리는 그 방법을 완전히 이해할 수 없지만, 하나님은 바울에 대한 사탄의 미움을 이용해서 하나님의 목적, 즉 바울을 겸손하고 순결하게 또 기쁘게 만들려는 그 목적을 이루어 가실 수 있는 것이다.

이것이 사탄을 바보처럼 보이게 만든다면 당연히 그래야 한다. 그러나 조심하라. 당신이 짓는 모든 죄 하나하나도 그와 똑같이 어리석고 자기 파괴적인 짓이다. 죄와 사탄은 그 본질상 둘 다 비합리적이다. 사탄이 유다의 마음속에 예수님을 배신할 생각을 심어준 결과 사탄 자신이 무장 해제를 당한 것은 일종의 자살행위였고(눅 22:3; 골 2:15), 사탄이 바울을 해치기 위해 그에게 육체의 가시를 주었는데 그것이 오히려 바울을 겸허하게 하고 더욱 기쁘게 예수님의 은혜에 의지하게 만든 것은 일종의 자멸적인 행위였다.

그런즉 사탄이 바울을 공격한 결과는 그의 자멸적인 어리석음이 폭로된 것과 그리스도의 풍성한 은혜가 드러난 것이다.

이것이 내게서 떠나가게 하기 위하여 내가 세 번 주께 간구하였더니 나에게 이르시기를 **"내 은혜가 네게 족하도다**. 이는 내 능력이 약한 데서 온전하여짐이라" 하신지라. 그러므로 도리어 **크게 기뻐함으로** 나의 여러 약한 것들에 대하여 자랑하리니, 이는 **그리스도의 능력이 내게 머물게 하려 함이라**(고후 12:8-9).

이로써 하나님이 왜 사탄이 존재하게 하고 또 하나님의 백성에게 단기적인 손해를 끼치도록 허용하시는지 그 이유를 웬만큼 알게 되었다고 나는 생각한다. 이는 그리스도의 지혜와 능력과 고귀함의 더 큰 영광을 보여줄 뿐만 아니라, 또한 이 영광이 그의 백성에게 사탄이 줄 수 있는 것보다 '우월한 만족'을 준다는 것을 보여주는 계기가 된다. 이는 하나님이 사탄을 타도하시는 마지막 전략으로 이어진다.

4. 하나님은 향유로 사탄을 타도하고 계신다.

바울이 육체의 가시를 경험한 사건의 절정은 그리스도의 은혜가 충분하다는 것을 깨달은 것이 아님을 주목하라. 그 은혜가 충분함을 깨닫게 되어 바울은 **"도리어 크게 기뻐함으로** 나의 여러 약한 것들에 대하여 자랑하는" 데까지 이르렀다. 바울이 예수님의 충분한 은혜를 "기쁜"[고후 12:9, 이 단어가 '쾌락주의'(희락주의)의 어원이다] 자랑거리로 여기게 되었을 때, 그 경험은 그리스도의 은혜와 능력을 더욱 돋보이게 해준다.

나는 이 "기쁨"을 '향유'(savoring)라고 부른다. 그리고 나의 요점은, 하나님이 이 시대에 사탄을 타도하시는 방법은 사탄이 그리스도보다 더 약한 존재임을 보여주실 뿐만 아니라 사탄이 그리스도보다 '덜 향유할 만한'(덜 매력적인, 덜 만족스러운) 존재임을 보여주시는 것이기도 하다는 것이다. 이 말이 당신에게 피상적인 또는 대수롭지 않은 소리로 들린다면, 당신과 나는 아직 마음이 통하지 않고 있다. 하나님의 목적에 대한 나의 이해에 따르면, 궁극적 목표는 그리스도의 아름다움과 고귀함이 '다른 모든 실재보다 더 향유됨으로 말미암아' 우주의 최고의 보배로 드높아지는 것이다. 사탄 및 다른 모든 피조물을 다스리는 섭리는 인간이 향유하는 강도가 그리스도의 무한한 아름다움과 고귀함에 상응할 때에야 비로소 그 궁극적 목표에 도달하게 된다.

이 목표를 달성하는 과정에서 사탄의 중요한 역할은 우리에게 온갖 '쾌락'을 제공해서 그리스도를 향유하고 원하고 만족스러워하는 것에서 멀어지게 하고, 우리에게 온갖 '고통'을 제공해서 그리스도의 선하심에 등을 돌리게 하는 것이다. 하나님의 백성이 세상을 '선호하고' 그리스도를 '거부하라'는 이런 유혹에 직면했을 때, 그들이 '그리스도의 탁월한 가치' 때문에 오히려 그들의 약점과 상실을 "기쁘게" 자랑한다면(고후 12:9; 빌 3:8), 사탄은 실로 가장 신나게 또 철저하게 패배를 당하게 된다.

사탄은 그리스도보다 더 약한 존재로 드러날 뿐 아니라, 더 중요한 점은 그리스도보다 덜 매력적인 존재로 드러나게 된다는 것이다. 사탄이 덜 만족스러운 존재인 이유는 그가 그리스도의 능력에 비해 약하기 때문만이 아니라 그리스도의 아름다움에 비해 꼴사납고 또 그리스도의 향기로움에 비해 역겹기 때문이기도 하다. 사탄의 됨됨이와 그가 제공하는 것은 도무지 그리스도와 비교될 수 없다.

사탄이 부귀로 줄 수 있는 모든 것 또는 그가 고통으로 취할 수 있는 모든 것보다 그리스도를 향유하는 것은 그리스도의 아름다움과 고귀함을 드높이는 일이다. 그런데 만일 하나님이 일찍이 사탄을 세상에서 내쫓았더라면, 즉 그의 약함과 어리석음과 꼴사나움이 완전히 노출되기 전에, 그리고 그리스도가 한없이 더 매력적인 분임이 드러나기 전에 그랬다면, 그리스도를 드높이는 일은 결코 일어날 수 없었을 것이다. 이와 같이, 사탄이 계속 존재하고 또 영향을 미칠 수 있도록 허용하는 하나님의 계획은 섭리의 궁극적 목표에 기여하는 역할을 한다.

이번 장과 다음 장의 관계

다음 장에서는 왕들과 나라들에 대한 하나님의 섭리를 살펴보려고 한다. 이 두 장 사이에는 중요한 연관성이 있다. 바울은 에베소서 6장 12절에서 이렇게 말한다.

> 우리의 씨름은 혈과 육을 상대하는 것이 아니요 **통치자들**과 **권세들**과 이 어둠의 세상 주관자들과 하늘에 있는 악의 영들을 상대함이라.

'통치자들'과 '권세들'이란 두 단어는 우리의 대적들이고 또 바울이 그들을 "혈과 육"과 구별하는 것으로 볼 때 악마적 존재들을 가리키는 것처럼 보인다. 이것이 또한 골로새서 2장 15절에 나오는 이 두 단어의 뜻인 듯이 보인다. "[하나님이] **통치자들과 권세들**을 무력화하여 드러내어 구경거리로 삼으시고 [그리스도의] 십자가로 그들을 이기셨느니라." 하지만 바울은 디도서 3장 1절에서 인간의 제도를 가리킬 때도 그와 똑같은 단어들을 사용한다. "너는 그들로 하여금 **통치자들과 권세 잡은 자들**에게 복종하게 하라."

그러므로 바울은 인간의 정부와 악마적 권세를 볼 때 양자가 종종 불가분의 관계로 서로 엮여있는 것으로 간주했을 가능성이 많다. 따라서 왕들과 나라들에 대한 하나님의 섭리를 다루는 다음 장은 하나님이 사탄 및 세상의 열방 가운데 취하는 그의 모든 행위를 다스리신다는 그분의 주권에 관한 좋은 소식을 계속 지지해준다.

4편

왕들과 열방을 다스리는 섭리

20.

이스라엘의 왕인 하나님은 열방의 왕이시다

왕들과 열방에 대한 하나님의 섭리가 구약성경에서 두드러지게 나타나는 이유가 있다. 그것은 메시아가 올 때까지 하나님의 계획은 이스라엘 민족을 그분의 구원사역의 초점으로 삼는 것이었기 때문이다. 이는 하나님의 백성이 인종적, 정치적, 지리적 국가로서 다른 국가들과 지속적인 관계를 맺되 종종 갈등도 경험할 것임을 의미했다. 하나님이 이스라엘과 이런 나라들을 어떻게 다루셨는지는 구약성경 전체를 관통하는 섭리의 한 줄기이다.

이스라엘 민족과 예수 그리스도의 교회

하나님이 아브라함을 이스라엘 민족의 아버지로 부르셔서 그와 언약을 맺기 전에 하나님은 세계의 모든 민족을 "온 지면에 흩으셨고"(창 11:7-8), 따라서 많은 나라와 언어로 이뤄진 세계를 창조하셨다. 사도 바울은 이렇게 말한다.

[하나님은] 인류의 모든 족속을 한 혈통으로 만드사 온 땅에 살게 하시고 그들의 연대를 정하시며 거주의 경계를 한정하셨다(행 17:26).

그런즉 하나님과 열방의 관계는 아브라함과 함께 시작된 것이 아니다. 하지만 아브라함을 불러서 하나님과 영구적인 언약관계를 맺게 하심으로써 이스라엘이 하나님과 열방의 관계의 초점이 되었던 것이다. 이스라엘은 "큰 민족"이 될 것이고(창 12:2), 그들은 어쩔 수 없이 다른 나라들과 정치적, 영토적, 군사적 상호작용을 하게 될 것이었다.

이보다 더 신비한 점은, 하나님이 아브라함으로 큰 민족을 이루게 할 뿐 아니라 그를 **"여러 민족의 아버지"**가 되게 하겠다고 약속하셨다는 것이다(창 17:4-5). 아브라함은 어떻게 한 민족의 아버지가 되고 또한 많은 민족의 아버지가 될 수 있었을까? 신약성경에서 바울은 이 약속이 장차 비(非)유대인 민족들도 메시아에 대한 믿음으로 아브라함의 언약에 포함될 것을 가리킨다고 보았다(롬 4:13-17). "아브라함은 우리 모든 사람[메시아인 예수님에게 속한 유대인과 이방인 신자들]의 조상이라. 기록된 바, '내가 너를 많은 민족의 조상으로 세웠다' 하심과 같으니"(롬 4:16-17).

따라서 바울에 따르면, 하나님과 열방의 관계가 최종적으로 완성된다는 것은 속량 받은 사람들이 세상의 '모든' 민족들로부터 온다는 것을 의미한다. 이를 요한은 환상에서 보았다.

[어린 양이] 두루마리를 가지시고 그 인봉을 떼기에 합당하시도다.
일찍이 죽임을 당하사 **각 족속과 방언과 백성과 나라 가운데에서**
사람들을 피로 사서 하나님께 드리시고
그들로 우리 하나님 앞에서 나라와 제사장들을 삼으셨으니
그들이 땅에서 왕 노릇 하리로다(계 5:9-10).

이는 메시아인 예수 그리스도를 믿는 사람들로 구성된 오늘날 하나님의 백성인 교회가 단일한 인종적, 정치적, 또는 국가적 신분을 갖고 있지 않다는 뜻이다. "우리의 시민권은 하늘에 있는지라. 거기로부터 구원하는 자 곧 주 예수 그리스도를

기다리노니"(빌 3:20). "거기에는[지구촌의 교회에는] 헬라인이나 유대인이나 할례파나 무할례파나 야만인이나 스구디아인이나 종이나 자유인이 차별이 있을 수 없나니 오직 그리스도는 만유시요 만유 안에 계시니라"(골 3:11).

그래서 열방과 관련하여 구약성경과 신약성경의 초점이 그토록 다른 이유를 알 수 있다. 구약성경에서는 하나님의 눈에 보이는 백성(진정한 하나님의 자녀들과 구별되는)이 한 인종적, 정치적, 지리적 국가였다(롬 9:6-8). 하나님은 그들이 그들 자신의 왕들(창 17:6; 신 17:15)과 그들 자신의 땅(창 12:7)을 갖게 될 것이라고 약속하셨다.

그러나 신약성경에서는 하나님의 눈에 보이는 백성이 수많은 인종적, 정치적, 지리적 집단들로부터 온 사람들을 포함한다. 교회는 한 정치적 국가가 아니다. 교회는 왕이 없고 예수님만 있으며(고전 8:6), 땅이 없고 주 예수님이 다시 오실 때(마 25:31-34) 땅을 유산으로 받을 것이란 약속만 있다(마 5:5; 롬 4:13; 고전 3:21-23). 교회는 국가가 아니다. 그러므로 교회는 과거에 이스라엘이 열방과 맺은 관계처럼 열방과 관계를 맺지 않는다.

구약의 열방에 대한 섭리는 오늘날 적실성이 있는가?

이번 장의 앞부분으로 되돌아가면, 이것이 바로 구약성경에는 열방과 그들의 이스라엘과의 관계에 대한 하나님의 섭리가 두드러지게 나타나는 반면, 신약성경에는 그와 극적으로 다른 그림이 그려지고 있는 이유이다. 그럼에도 불구하고 우리가 열방과 왕들에 대한 하나님의 섭리에 관해 구약에서 배우는 것은 우리에게 적실하다. 오늘날 열방을 다스리는 하나님의 섭리는 구약성경에 나오는 것과 똑같이 포괄적이고 또 보편적이다. 이는 오늘날 하나님의 백성의 믿음과 용기와 관련해 엄청난 함의를 갖고 있다. 이 백성은 "모든 민족을 제자로 삼으라"(마 28:19)는 사명을 받았고, 또한 예수님으로부터 "내 이름 때문에 모든 민족에게 미움을 받으리라"(마 24:9)는 말씀도 들었기 때문이다.

그뿐만 아니다. 구약에 나오는 이스라엘 민족에 대한 하나님의 섭리가 교회에 적실한 또 다른 이유는 다윗으로부터 내려오는 왕들의 계보에서 "다윗의 아들"(Son of

David)이 나올 것이고, 그의 나라가 영원히 지속되고 모든 민족을 포괄할 것이란 약속이 주어졌기 때문이다.

> 그가 큰 자가 되고 지극히 높으신 이의 아들이라 일컬어질 것이요, 주 하나님께서 그 조상 다윗의 왕위를 그에게 주시리니 영원히 야곱의 집을 왕으로 다스리실 것이며 그 나라가 무궁하리라(눅 1:32-33).

> 나 예수는 … 다윗의 뿌리요 자손이니 곧 광명한 새벽 별이라(계 22:16).

"만왕의 왕"(계 17:4)이고 땅의 모든 나라를 통치하실(계 19:15-16) 바로 이 예수님이 교회의 머리이고 기독교 복음의 중심인물이시다(롬 1:1-4). 세상의 모든 나라에서 오는 사람들은 예수님에 대한 믿음으로 "우리 주 곧 구주 예수 그리스도의 영원한 나라에 들어가는 것"(벧후 1:11)을 허락받는다. 그러므로 이런 이유들과 다른 이유들로 인해 열방들과 왕들에 대한 하나님의 섭리를 다룬 구약의 기록이 오늘날의 그리스도인들에게도 적실한 것이다(시급하기까지 하다).

주님은 왕이시고 모든 왕들을 지배하신다

하나님은 자신을 "나는 스스로 있는 자이다"(출 3:14)[1]라고 밝히셨는데, 여기에는 "여호와께서는 영원무궁하도록 왕이시다"(시 10:16)라는 진리가 내재되어 있다. "나라는[왕권은] 여호와의 것이요"(시 22:28). 왕권이 주님께 "속해 있는" 것은 누군가 그분에게 기름을 부었거나 그분에게 권한을 주었거나 그분을 선택했거나 그분을 임명했기 때문이 아니다. 왕권이 그분께 속해 있는 것은 그분이 본래 그런 분이기 때문이다. 그리고 이는 만유의 통치자임을 포함한다. 하나님이 되는 것은 곧 왕이 되는 것이다. "오직 여호와는 **참 하나님**이시요, 살아 계신 하나님이시요 **영원한 왕**이

---

[1] 이 본문에 대한 충분한 논의는 6장을 참고하라.

시라"(렘 10:10). 그분의 왕권은 시작이 없고 끝도 있을 수 없다. 그분은 "영원하신 왕, 곧 썩지 아니하고 보이지 아니하고 홀로 하나이신 하나님"이시니 그분께 "존귀와 영광이 영원무궁하도록 있을지어다"(딤전 1:17; 참고. 시 145:13; 29:10; 93:2).

그러므로 여호사밧이 "여호와여, 주는 … 이방 사람들의 모든 나라를 다스리지 아니하시나이까?"(대하 20:6)라고 기도할 때는 그 나라들이 하나님을 선임했다거나 임명했다는 뜻이 아니었다. 하나님은 왕이 없는 나라들을 택해서 그들의 왕이 될 길을 모색했던 것이 아니다. 하나님은 그들을 그의 권위 아래 있는 나라들로 창조하셨고, 언젠가는 그 모든 나라들로부터 그분이 선택한 자들, 곧 그분께 기쁘게 순종하는 자들을 다 모으실 것이다. "**주께서 지으신** 모든 민족이 와서 주의 앞에 경배하며 주의 이름에 영광을 돌리리이다"(창 86:9; 참고, 계 5:9; 롬 11:12, 25). 그런즉 그들이 하나님을 선택하든 않든 간에, "하나님이 뭇 백성을 다스리시는"(시 47:8) 것이다.

만일 그들이 하나님을 그들의 왕으로 인정하지 않는다면 무슨 일이 발생할지는 다니엘서가 생생하게 묘사하고 있다. 사실 하나님께서 느부갓네살과 벨사살에게 가르치신 교훈에 관한 다니엘의 이야기는 하나님의 섭리에 대한 통찰을 너무나 풍부하게 제공해서 다음 두 장의 구조를 제공할 수 있을 정도이다. 하나님은 바벨론의 왕 느부갓네살에게 환상을 통해 그의 오만이 무슨 대가를 치를지 보여주셨다. 그 환상에서 대변인이 이렇게 말한다.

> 그 마음은 변하여 사람의 마음 같지 아니하고 짐승의 마음을 받아 일곱 때를 지내리라. 이는 … 지극히 높으신 이가 사람의 나라를 다스리시며 자기의 뜻대로 그것을 누구에게든지 주시며 또 지극히 천한 자를 그 위에 세우시는 줄을 사람들이 알게 하려 함이라(단 4:16-17).

느부갓네살은 어떤 꿈을 꾸었다. 그는 하나님이 꿈을 통해 무엇을 계시하고 계시는지 알기 위해 다니엘을 불러 그 꿈을 해석하게 했다. 다니엘은 이렇게 해석한다.

> 왕이여 그 해석은 이러하니이다. 곧 지극히 높으신 이가 명령하신 것이 내 주 왕에게 미칠 것이라. 왕이 사람에게서 쫓겨나서 들짐승과 함께 살며 소처럼 풀을 먹으며 하늘 이

슬에 젖을 것이요, 이와 같이 일곱 때를 지낼 것이라. 그 때에 지극히 높으신 이가 사람의 나라를 다스리시며 자기 뜻대로 그것을 누구에게든지 주시는 줄을 아시리이다(단 4:24-25).

그 환상은 그대로 이루어졌다.

내[느부갓네살]가 사람에게 쫓겨나서 소처럼 풀을 먹으며 몸이 하늘 이슬에 젖고 머리털이 독수리 털과 같이 자랐고 손톱은 새 발톱과 같이 되었더라(단 4:33).

그 결과 놀랍게도 느부갓네살이 완악하게 되지 않고 오히려 왕위를 돌려받았다.

그 기한이 차매 나 느부갓네살이 하늘을 우러러 보았더니 내 총명이 다시 내게로 돌아온지라. 이에 내가 지극히 높으신 이에게 감사하며 영생하시는 이를 찬양하고 경배하였나니,

그 권세는 영원한 권세요 그 나라는 대대에 이르리로다.
땅의 모든 사람들을 없는 것 같이 여기시며
하늘의 군대에게든지 땅의 사람에게든지 그는 자기 뜻대로 행하시나니
그의 손을 금하든지 혹시 이르기를 "네가 무엇을 하느냐?"고 할 자가 아무도 없도다.

그때에 내 총명이 내게로 돌아왔고 또 내 나라의 영광에 대하여도 내 위엄과 광명이 내게로 돌아왔고 또 나의 모사들과 관원들이 내게 찾아오니 내가 내 나라에서 다시 세움을 받고 또 지극한 위세가 내게 더하였느니라. 그러므로 지금 나 느부갓네살은 하늘의 왕을 찬양하며 칭송하며 경배하노니 그의 일이 다 진실하고 그의 행하심이 의로우시므로 교만하게 행하는 자를 그가 능히 낮추심이라(단 4:34-37).

이후에 다니엘은 느부갓네살의 아들 벨사살이 그의 아버지의 체험에 어리석게(그리고 자살적으로) 반응했던 모습을 들려주는데, 이는 그 모든 교훈을 강조할뿐더러 대

다수 통치자들이 느부갓네살이 배운 진리를 수용하기 싫어한다는 것을 보여주기 위해서다. 다니엘은 벨사살에게 교만함의 결과를 다시금 상기시킨다.

> 그[당신의 아버지]가 마음이 높아지며 뜻이 완악하여 교만을 행하므로, 그의 왕위가 폐한 바 되며 그의 영광을 빼앗기고 사람 중에서 쫓겨나서 그의 마음이 들짐승의 마음과 같았고, 또 들나귀와 함께 살며 또 소처럼 풀을 먹으며 그의 몸이 하늘 이슬에 젖었으며, 지극히 높으신 하나님이 사람 나라를 다스리시며 자기의 뜻대로 누구든지 그 자리에 세우시는 줄을 알기에 이르렀나이다(단 5:20-21).

이후 다니엘은 하나님이 벨사살을 넘어뜨리기 위해 보내신 벽에 쓰인 손 글씨를 해석한다.

> 벨사살이여, 왕은 그의 아들이 되어서 이것을 다 알고도 아직도 마음을 낮추지 아니하고 도리어 자신을 하늘의 주재보다 높이며 … 도리어 왕의 호흡을 주장하시고 왕의 모든 길을 작정하시는 하나님께는 영광을 돌리지 아니한지라 … [벽에 쓰인] 그 글을 해석하건대 "메네는 하나님이 이미 왕의 나라의 시대를 세어서 그것을 끝나게 하셨다 함이요, 데겔은 왕을 저울에 달아 보니 부족함이 보였다 함이요. 베레스는 왕의 나라가 나뉘어서 메대와 바사 사람에게 준 바 되었다 함이니이다" … 그날 밤에 갈대아 왕 벨사살이 죽임을 당하였고(단 5:22-23, 26-28, 30).

느부갓네살과 벨사살에 관한 두 편의 이야기는 왕들과 열방을 다스리는 하나님의 섭리에 대해 구약이 어떤 관점을 갖고 있는지 그 본질적인 요소들을 잘 축약하고 있다. 그래서 이 요소들을 표제로 삼아서 왕들과 열방에 대한 섭리를 설명해도 좋겠다. 요약하면 다음과 같다.

1. 지극히 높으신 분이 사람의 나라를 다스리신다(단 4:17, 25, 32).
2. 땅의 모든 사람들은 아무것도 아닌 것처럼 여겨진다(단 4:35).
3. 하나님은 하늘의 군대와 땅의 모든 거민에게 자기 뜻대로 행하시지만, 아무도

그가 하시는 일을 막지 못한다(단 4:35).
4. 왕의 호흡과 모든 길은 하나님의 손 안에 있다(단 5:23).
5. 지극히 높은 분은 자기 뜻대로 누구에게든지 나라를 주시며 그가 원하시면 가장 천한 자도 왕위에 앉히신다(단 4:17).
6. 교만하게 행하는 자를 그분은 낮추실 수 있다(단 4:37).
7. 그분의 모든 행위는 옳고 그분의 길은 공의롭다(단 4:37).
8. 하나님의 목적은 지극히 높은 분이 이 모든 방식으로 다스리심을 사람들이 알고 기뻐하게 하는 것이다(단 4:17).
9. 하나님은 우리가 하나님의 왕권을 순종하고 기뻐하지 못할 때는 사람이 본래 행해야 할 방식이 아니라 짐승처럼 행하는 것임을 알기를 원하신다(단 4:32-33; 5:21).

왕들과 열방을 다스리는 하나님의 섭리가 지닌 아홉 가지 측면이 바로 다음 두 장의 개관을 이룬다.

21.

인간의 왕권과 만왕의 왕

느부갓네살의 몰락과 발흥 이후에 그 교훈을 깨닫지 못한 그의 아들 벨사살의 교만한 모습이 나오는데, 이에 대해 다니엘서는 상세하고 생생하게 묘사하고 있다. 그 이야기는 우리뿐만 아니라 왕들과 나라들을 낮추게 하려고 기록되었다. 하나님이 이 이야기를 통해 왕들과 열방을 다스리는 그의 섭리에 관해 보여주시는 아홉 가지 진리를 나는 찾아냈다. 이번 장에서는 그 가운데 네 가지를, 그리고 22장에서는 나머지 다섯 가지를 다루려고 한다. 이 아홉 가지 측면을 하나씩 다룰 때마다 우리는 렌즈의 구경을 넓혀서 그것들이 성경의 더 넓은 영토에 나타나는지 살펴볼 것이다.

1. 지극히 높으신 분이 사람의 나라를 다스리신다(단 4:17, 25, 32)

우리는 이미 이 근본적인 사실, 즉 지극히 높으신 분이 사람의 나라를 다스리신다는 사실에 주목했기 때문에 여기서는 "**사람의 나라**"라는 어구에 초점을 두는 것으로 충분하다. 어떤 사실들은 너무나 자명해서 우리가 종종 알아채지 못하곤 한다. 그 가운데 하나는, 하나님이 세상의 질서를 유지하기 위해 그의 목적들 대다수를 직접적인 행동이 아니라 인간 대리인들(이 경우에는 왕들)을 통해 시행하기로 선택하셨다는 사실이다. 그래서 "사람의 나라"로 불리는 것이다.

인간 왕권이 존재하는 궁극적인 이유

하나님은 굳이 나라들을 창조하거나 왕들을 세울 필요가 없었다. 그런데도 그분은 이 둘을 다 행하셨다(시 86:9; 단 2:21). 하나님은 나라도 없고 왕도 없는 그런 세계를 계획하실 수도 있었다. 그러나 이는 실제로 세우신 계획이 아니다. 그 대신 그분은 "사람의 나라"가 존재하도록, 말하자면, 인간이 나라를 통치하는 왕권의 역할을 떠맡도록 계획하셨다. 그러므로 하나님이 인간 왕권을 다스리신다(단 4:17)고 말할 때는 그런 왕권들이 실제로 존재한다는 사실을 간과하지 말자. 이는 하나님의 지혜로운 섭리에 따른 결과이다.

이것이 불필요한 진술이 아니라는 것은 다음 사실을 알게 될 때이다. 하나님이 "사람의 나라"를 창조하신 그 섭리의 궁극적 목적은 언젠가 신성을 지닌 아들이 그런 사람들 중 하나가 되고 그가 신인(神人)으로서 "영원한 나라"를 다스리게 된다는 사실이다(벧후 1:11; 참고. 눅 1:32-33). 이 최종 목적에 비춰보면, 하나님이 인간 왕권을 만드신 이유는 그의 아들이 누릴 왕의 영광을 위해서였다고 말해도 좋다.

이 땅에 인간 왕들이 존재한 '이후에' 하나님이 그 아들의 성육신을 계획한 것이 아니다. 이와 반대로, 창조 이전부터 있었던 그분의 궁극적 목적은 그의 사랑하는 아들의 피를 통해 이뤄질 구속에서 최고로 밝히 드러날 "그의 은혜의 영광을 찬송하게" 하는 것이었다(엡 1:6-7). 그 계획은 그의 아들이 인간의 몸을 입고(히 2:14), 죄를 정결하게 한 후 높은 곳에 계신 존엄한 분의 오른편에 앉고(히 1:3), 만왕의 왕으로 영원히 다스리는 것이었다(계 17:14; 19:16). 그리고 그 목표를 고려하며 하나님은 인간 왕권과 같은 것이 존재하게 해서 장차 왕권을 그의 아들의 영광의 일부로 삼으려고 계획하셨던 것이다. "아들에 관하여는 '하나님이여, 주의 보좌는 영영하며 주의 나라의 규는 공평한 규이니이다'"(히 1:8). "세상 나라가 우리 주와 그의 그리스도의 나라가 되어 그가 세세토록 왕 노릇 하시리로다"(계 11:15).

이스라엘의 왕정제도를 통해 나타난 그리스도의 왕권

좀 더 구체적으로 말하면, 하나님의 계획은 그의 선택된 민족인 이스라엘의 왕권을 인간 계보로 만들어 그 계보를 통해 그의 아들이 세상에 이스라엘의 왕으로 들어와서 마침내 모든 나라의 영원한 왕이 되게 하는 것이었다. 하나님은 다윗 왕과 언약을 맺으면서 그의 왕권의 계보가 영원하게 만들겠다고 약속하셨다.

> 나는 그의 나라 왕위를 **영원히** 견고하게 하리라. 나는 그에게 아버지가 되고 그는 내게 아들이 되리니, 그가 만일 죄를 범하면 내가 사람의 매와 인생의 채찍으로 징계하려니와 내가 네 앞에서 물러나게 한 사울에게서 내 은총을 빼앗은 것처럼 그에게서 빼앗지는 아니하리라. 네 집과 네 나라가 내 앞에서 **영원히** 보전되고 네 왕위가 **영원히** 견고하리라(삼하 7:13-16).

이 삼중적인 '영원히'는 하나님의 계획을 담고 있었지만 그것이 구약 당시의 성도들에게는 분명히 보이지 않았다. 아니, 인간적 요인("그가 만일 죄를 범하면")이 실패와 죽을 운명을 초래할 텐데, 어떻게 그것이 영원한 나라로 귀결될 수 있겠는가? 그럼에도 불구하고 그 언약은 확실한 것으로 간주되었다. 다윗의 아들이 일어나서 다스릴 테고 그의 나라는 영원히 지속될 것이다.

선지자 이사야는 장차 도래할 다윗 혈통의 왕이 그의 한없는 나라에서 "전능하신 하나님"이요 "영존하시는 아버지"가 될 것이라고 약속함으로써 그 신비를 더욱 고조시켰다.

> 이는 한 아기가 우리에게 났고
> 한 아들을 우리에게 주신 바 되었는데
> 그의 어깨에는 정사를 메었고
> 그의 이름은 기묘자라, 모사라, 전능하신 하나님이라,
> 영존하시는 아버지라, 평강의 왕이라 할 것임이라.
> 그 정사와 평강의 더함이 무궁하며
> 또 다윗의 왕좌와 그의 나라에 군림하여

그 나라를 굳게 세우고

지금 이후로 영원히 정의와 공의로 그것을 보존하실 것이라.

만군의 여호와의 열심이 이를 이루시리라

(사 9:6-7).

그리고 다니엘은 다가오는 왕, 즉 다른 어떤 왕과도 무언가 다른 그 왕의 인성을 내다보면서 그 드라마에 이런 내용을 덧붙인다.

내가 또 밤 환상 중에 보니

인자 같은 이가 하늘 구름을 타고 와서

옛적부터 항상 계신 이에게 나아가 그 앞으로 인도되매

그에게 권세와 영광과 나라를 주고

모든 백성과 나라들과 다른 언어를 말하는 모든 자들이 그를 섬기게 하였으니

그의 권세는 소멸되지 아니하는 **영원한 권세**요

그의 나라는 멸망하지 아니할 것이니라(단 7:13-14).

이것은 천사가 예수님의 어머니 마리아에게 말했던 그 약속된 왕권이다.

그가 큰 자가 되고 지극히 높으신 이의 아들이라 일컬어질 것이요, 주 하나님께서 그 조상 다윗의 왕위를 그에게 주시리니, 영원히 야곱의 집을 왕으로 다스리실 것이며, 그 나라가 무궁하리라(눅 1:32-33).

이 다윗의 왕위는 신인이신 예수님이 죽은 자 가운데서 살아나셔서 그의 아버지와 함께 그의 신적 왕위에 앉을 때 실현된 바로 그 하나님의 보좌로 판명된다. "내가 이긴 뒤에 내 아버지와 함께 아버지의 보좌에 앉은 것과 같다"(계 3:21, 새번역). 우주의 보좌는 곧 "하나님과 및 어린 양의 보좌"이다(계 22:1).

그러므로 영원토록 울려 퍼질 하늘의 노래는 다음과 같다.

죽임을 당하신 어린 양은 능력과 부와 지혜와 힘과

존귀와 영광과 찬송을 받으시기에 합당하도다!…

보좌에 앉으신 이와 어린 양에게

찬송과 존귀와 영광과 권능을 세세토록 돌릴지어다!(계 5:12-13).

하나님이 "사람의 나라"를 일으키고 이스라엘의 왕권을 천 년 동안 이끌어 오신 궁극적인 목적은 바로 이것이었다. 하나님의 백성의 기쁜 찬송을 통해 보좌에 앉으신 어린 양을 영화롭게 하는 것.

그러므로 우리가 다니엘서 4장과 5장에 요약되어 있는, 왕들과 열방에 대한 하나님의 섭리의 본질적 요소를 구체적으로 논의할 때 계속 염두에 두어야 할 점이 있다. 이 섭리의 모든 영광은 우리로 하여금 예수 그리스도의 영원한 왕권이 지닌 가치와 아름다움을 보고 맛보게 하는 것이라는 점이다.

2. 땅의 모든 사람들은 아무것도 아닌 것처럼 여겨진다(단 4:35)

다니엘이 4장과 5장에 기록한 내용이 지닌 즉각적이고 포괄적인 함의는 다음과 같다. "[하나님은] 하늘의 군대와 이 땅의 모든 거민에게 뜻대로 하시지만, 아무도 그가 하시는 일을 막지 못하고"(단 4:35, 새번역).

그의 통치 영원하고 그의 나라 대대로 이어진다.

그는 땅의 모든 거민을 없는 것같이 여기시며

하늘의 군대와 이 땅의 모든 거민에게 뜻대로 하시지만,

아무도 그가 하시는 일을 막지 못하고,

"무슨 일을 이렇게 하셨느냐?"고 그에게 물을 사람이 없다(단 4:34-35, 새번역).

느부갓네살과 벨사살의 경우에는 그 취지가 그들을 낮추는 것이었다. 그것은 그들의 자랑을 묵살하기 위해 고안되었다. "이 큰 바벨론은 내가 능력과 권세로 건설

하여 나의 도성으로 삼고 이것으로 내 위엄의 영광을 나타낸 것이 아니냐?"(단 4:30). 이에 대해 하나님은 사실상 이렇게 말씀하시는 셈이다. "너의 작은 바벨론은 나에게 **아무것도 아니다**. 그리고 지극히 작은 네 왕권에서 지배력을 발휘하는 것은 너의 뜻이 아니라 **나의** 뜻이다."

은혜를 크게 확대하고 사람을 무가치하게 만들지 않는 것

땅의 거주민들이 아무것도 아닌 것처럼 여겨진다는 말의 취지는 하나님이 인간 왕권의 세계에 관심이 없다거나 사람들에게 친절을 베풀지 않는다는 것이 아니다. 그 취지는 그분이 행동을 취할 때 그분은 절대로 자유롭고 "땅의 거주민들"이 지닌 어떤 힘이나 권리나 가치에 구애를 받지 않는다는 것이다.

달리 말하면, 땅의 나라들과 그 거주민들은 인상적이지 **않다**. **하나님이** 인상적인 분이다. 그리고 그분이 이런 하찮은 피조물들에 관심을 가지실 때는 그들의 영광이 아니라 그분의 은혜가 놀랍게 다가온다. 사실 그분은 분명히 그들에게 관심이 있으시다. 그리고 열방과 그 거주민들에 대한 하나님의 섭리는 절대적이고 장엄한 주권을 보여주는데, 이는 그의 은혜를 상상할 수 없게 만들지 않고 오히려 너무나 눈부시게 만들어준다. 이사야가 이와 동일한 방식으로 하나님의 낮아지심과 그분의 높아지심을 다함께 엮어내는 모습을 눈여겨보라.

그는 목자같이 양 떼를 먹이시며
어린 양을 그 팔로 모아 품에 안으시며
젖먹이는 암컷들을 온순히 인도하시리로다…
보라, 그에게는 **열방이 통의 한 방울 물과 같고**
저울의 작은 티끌 같으며 섬들은 떠오르는 먼지 같으리니…
그의 앞에는 모든 열방이 아무것도 아니라
그는 그들을 없는 것같이, **빈 것같이 여기시느니라**…
너희는 눈을 높이 들어 누가 이 모든 것[별들]을 창조하였나 보라
주께서는 수효대로 만상을 이끌어 내시고
그들의 모든 이름을 부르시나니

그의 권세가 크고 그의 능력이 강하므로

하나도 빠짐이 없느니라…

너는 알지 못하였느냐? 듣지 못하였느냐?

영원하신 하나님 여호와, 땅 끝까지 창조하신 이는…

피곤한 자에게는 능력을 주시며 무능한 자에게는 힘을 더하시나니…

오직 여호와를 앙망하는 자는 새 힘을 얻으리니

독수리가 날개 치며 올라감 같을 것이요

달음박질하여도 곤비하지 아니하겠고 걸어가도 피곤하지 아니하리로다

(사 40:11,15, 17, 22–23, 26, 28–29, 31).

이 대목은 하나님이 그의 팔로 어린 양들을 모으시는 모습(40:11)으로 시작해서 힘이 없는 피곤한 자에게 힘을 주시는 모습(40:29-31)으로 끝난다. 하나님이 스스로를 낮추어 무력한 자를 돕는 이 두 그림 사이에는 그분의 장엄하심을 흘끗 보여주는 장면들이 나온다. "열방이 통의 한 방울 물과 같고"(40:15), "그의 앞에는 모든 열방이 아무것도 아니라"(40:17), "땅에 사는 사람들은 메뚜기 같으니라"(40:22), "[그는] 세상의 사사들을 헛되게 하시나니"(40:23), 그분은 별들을 창조하시고 수십억 개의 별을 각각 이름으로 불러내신다(40:26).

이처럼 하나님의 자기영광과 자기비하를 나란히 놓는 것은 하나님의 섭리에 관한 성경적 그림에 보편적으로 나타나고, 그분의 특별하고 놀라운 영광의 본질에 가깝다. 다음 구절에도 나온다.

지극히 높으신 분, 영원히 살아 계시며,

거룩한 이름을 가지신 분께서, 이렇게 말씀하신다.

"내가 비록 높고 거룩한 곳에 있으나,

겸손한 사람과도 함께 있고, 잘못을 뉘우치고 회개하는 사람과도 함께 있다.

겸손한 사람과 함께 있으면서 그들에게 용기를 북돋우어 주고,

회개하는 사람과 같이 있으면서 그들의 상한 마음을 아물게 하여 준다"

(사 57:15, 새번역).

다니엘과 이사야(그리고 하나님)가 이런 섭리의 그림을 통해 기대하는 효과는 적어도 다음 세 가지다. 첫째, 그 그림들은 하나님이 열방과 그 거주민들을 다스리는 방식에 대해 제기될 수 있는 모든 반론을 잠잠케 해야 마땅하다. "아무도 그가 하시는 일을 막지 못하고, '무슨 일을 이렇게 하셨느냐?'고 그에게 물을 사람이 없다"(단 4:35). 둘째, 하나님이 우리를 조금이라도 주목하시는 것, 특히 그분이 우리를 어린 양처럼 안고 가시거나 우리에게 힘을 주시거나 우리의 영을 소생시키실 것이라는 그림은 우리를 놀라게 해야 마땅하다. 내가 보기에, 21세기 교회에 속한 우리는 하나님의 자비를 뜻밖의 놀라운 선물로 여기기보다 추정할 만한 권리로 느낄 가능성이 더 많다. 셋째, 그 그림들은 하나님의 아들이 어떻게 구속자 겸 왕의 역할을 떠맡으셨는가 하는 불가해한 신비를 받아들이도록 우리를 준비시켜야 마땅하다.

> 그는 하나님의 모습을 지니셨으나, 하나님과 동등함을 당연하게 생각하지 않으시고, 오히려 자기를 비워서 종의 모습을 취하시고, 사람과 같이 되셨습니다. 그는 사람의 모양으로 나타나셔서, 자기를 낮추시고, 죽기까지 순종하셨으니, 곧 십자가에 죽기까지 하셨습니다(빌 2:6-8, 새번역).

"하나님과 동등한" 그 한없이 장엄한 모습에서 "십자가상의 죽음"이란 가장 낮고 부끄러운 모습까지 내려가는 것, 이것이 하나님이 그의 아들의 왕권을 위해 세우신 계획이었다. 우리에게 보는 눈이 있다면, 구약성경 곳곳에서 이런 하나님의 통치의 특이한 영광을 가리키는 것들을 알아챌 수 있다.

3. 하나님은 하늘의 군대와 땅의 모든 거민에게 자기 뜻대로 행하시지만, 아무도 그가 하시는 일을 막지 못한다(단 4:35)

여기서 "아무도 그가 하시는 일을 막지 못한다"라는 어구는 하나님의 섭리를 부정하는 감춰진 반대 주장을 끌어내어 하나님이 그것을 무효화하는 말이다. 그 잘못된 주장은 이런 것이다. 하나님의 창조세계에는 "하나님이 하시는 일을 막을 수" 있는 힘들이 있는데, 특히 인간 피조물들 안에, 그리고 인간이 만든 거대한 국가적 및 군사적 세력 안에 있다는 주장이다. 하나님은 성경을 통해 그런 주장이 거짓임을 노출시키려고 하신다.

예컨대, 시리아인들이 산에서 이스라엘에게 패배했을 때 그들은 주님이 평지의 신이 아닌 산의 신이기 때문이라고 말했다(왕상 20:23). 그래서 그들은 '만일 우리가 평지에서 이스라엘과 싸우면 우리가 이길 것'이라고 생각했다. 달리 말하면, 우리가 알맞은 지형에서는 우리의 우월한 수(數)로 "하나님이 하시는 일을 막을 수" 있다는 것이었다. 이런 생각이 얼마나 터무니없는지를 하나님이 그들에게 보여주실 것이었다.

> 이스라엘 자손도 소집되어 군량을 받고 마주 나가서 그들 앞에 진영을 치니 이스라엘 자손은 두 무리의 적은 염소 떼와 같고 아람 사람은 그 땅에 가득하였더라. 그 때에 하나님의 사람이 이스라엘 왕에게 나아와 말하여 이르되 "여호와의 말씀에 아람 사람이 말하기를 '여호와는 산의 신이요 골짜기의 신은 아니라' 하는도다. **그러므로**[하나님에 대한 비방을 부인하기 위해] 내가 이 큰 군대를 다 네 손에 넘기리니 너희는 내가 여호와인 줄을 알리라" … 이스라엘 자손이 하루에 아람 보병 십만 명을 죽이매(왕상 20:27-29).

지형과 군사의 수 둘 다 열방과 왕들에 대한 하나님의 목적을 좌절시킬 수 없다. "여호와의 구원은 사람이 많고 적음에 달리지 아니하였느니라"(삼상 14:6). 거듭해서 하나님은 자신이 국가적 및 군사적 정복에서 결정적 지배력을 갖고 계시다는 것을 보여주려고 한다. 그분은 그의 백성이 수적으로 열세에 있을 때 승리를 안겨주심으로써 종종 이를 보여주시곤 한다. 이런 전략의 목적은 인간들이 그의 목표를 좌절시킬 힘이 있다고 주장하거나 그분만이 할 수 있는 일을 할 수 있다고 주장하는 것을 막기 위해서라고 명백히 말씀하신다.

예컨대, 하나님께서 이스라엘을 구출하려고 세우셨던 기드온(삿 6:36)이 이만 이천 명의 군인들로 미디안 사람들과 싸우려고 했을 때, 하나님이 그에게 이렇게 말씀하셨다. "너를 따르는 백성이 너무 많은즉 내가 그들의 손에 미디안 사람을 넘겨주지 아니하리니 **이는 이스라엘이 나를 거슬러 스스로 자랑하기를 '내 손이 나를 구원하**

였다' 할까 함이니라"(사 7:2). 달리 말하면, 하나님의 섭리의 목적은 그 어떤 힘도 그분이 하시려는 일을 좌절시킬 수 없음을 보여줄 뿐만 아니라 모든 승리는 예외 없이 '그분의' 승리임을 보여주시는 것이기도 하다. "주의 손에 권세와 능력이 있사오니 능히 주와 맞설 사람이 없나이다"(대하 20:6). "싸울 날을 위하여 마병을 예비하거니와 이김은 여호와께 있느니라"(잠 21:31; 참고. 대하 20:15; 32:8).

하나님의 의도는 다음 두 가지 진리를 보여주시는 것이다. 첫째, 그분의 계획은 사람에 의해 수포로 돌아갈 수 없다. 그 계획은 유효하다.

> 만군의 주님께서 계획하셨는데,
> 누가 감히 그것을 못하게 하겠느냐?
> 심판하시려고 팔을 펴셨는데,
> 누가 그 팔을 막겠느냐?(사 14:27, 새번역).

> 주께서는 무슨 일이든지 다 하실 수 있는 분이시므로
> 주의 계획은 그 어느 것도 좌절될 수 없다는 것을 나는 압니다
> (욥 42:2, 현대인의 성경).

둘째, 사람이 세운 어떤 계획이라도 하나님의 계획의 일부가 아니라면 결코 성취되지 않을 것이다. 가장 막강한 나라의 계획, 왕의 계획, 신하들의 계획 등 어떤 계획을 막론하고, 인간의 계획이 성공하는 것은 하나님의 계획에 달려있다.

여호와께서 나라들의 계획을 폐하시며 민족들의 사상을 무효하게 하시도다(시 33:10; 참고. 사 19:3).

사람의 마음에는 많은 계획이 있어도 오직 여호와의 뜻만이 완전히 서리라(잠 19:21).

4. 왕의 호흡과 모든 길은 하나님의 손 안에 있다(단 5:23)

이는 하나님이 인간의 계획을 무효로 돌리시고 자신의 계획을 틀림없이 이루실 수 있게 해주는 저변의 진리이다. 하나님의 섭리는 단지 그분이 처음부터 다스리지 않았던 삶과 행동에 끊임없이 도전하는 전반적인 영향력이 아니다. 하나님의 섭리는 예측이나 계획을 하지 않았던 삶이나 행위를 관리하는 일이 아니다. 이것은 느부갓네살의 아들 벨사살이 고려하지 못했던 진리이다.

> 왕이 또 보지도 듣지도 알지도 못하는 금, 은, 구리, 쇠와 나무, 돌로 만든 신상들을 찬양하고 도리어 **왕의 호흡을 주장하시고 왕의 모든 길을 작정하시는** 하나님께는 영광을 돌리지 아니한지라(단 5:23).

달리 말하면, 당신이 현실에서 대하는 그 하나님은, 당신이 돌로 만든 신상들은 그럴 수 없는데 하나님은 보고 듣고 알 수 있다는 점에서 그 신상들보다 우월하다는 것만이 아니다. 그보다 훨씬 더 많은 점에서 우월하시다. 당신이 대하는 그 하나님은 "당신의 호흡"과 "당신의 길"을 그의 손 안에 쥐고 계신다. 그분은 그저 당신이 숨 쉬는 모습을 보고만 계시지 않고 모든 호흡을 주신다(그분이 주시지 않을 때까지). 그분은 그저 당신의 발걸음을 듣기만 하시지 않고 그 발걸음을 붙들고 계신다. 당신의 발은 그분이 계획하시는 곳에 내딛는다. 그분은 준비를 갖추시기 위해 그저 당신이 곧 할 일을 알고만 계시지 않는다. 그분이 당신의 모든 움직임을 지도하신다. 그런즉 왕이시여, 당신이 숨을 들이쉬고 내쉴 때 당신의 횡격막의 모든 움직임은 하나님의 값없고 과분한 선물이니 당신이 겸손하게 영원히 감사해야 마땅하다오. "모든 생물의 생명과 모든 사람의 육신의 목숨이 다 그[하나님]의 손에 있느니라"(욥 12:10).

만일 하나님이 더 구체적으로 알리고 싶으셨다면 벨사살에게 "너의 호흡이 오늘 밤에 끝난다"고 말씀하실 수도 있었다. 그리고 실제로 그런 일이 발생했다(단 5:30). 아울러 벨사살에게 장차 큰 왕국인 바벨론이 어떻게 될지를 알려주실 수도 있었다. "여호와께서 메대 왕들의 마음을 부추기사 바벨론을 멸하기로 뜻하시나니"(렘

51:11). 이는 이스라엘 왕들의 호흡과 길이 하나님의 손에 있을 뿐만 아니라 모든 왕들의 호흡과 길도 그렇다는 것을 의미한다.

> 왕의 마음은 흐르는 물줄기 같아서 주님의 손 안에 있다. 주님께서 원하시는 대로 왕을 이끄신다(잠 21:1, 새번역).

이스라엘은 이것이 사실임을 거듭해서 알게 되었다. 이스라엘이 때로는 하나님이 그들에게 대항하는 외국 왕들을 보내셔서 당혹스러웠고, 때로는 그분이 그들을 구출하려고 왕들을 세우셔서 기뻐했다.

외국 왕들이 이스라엘을 배반하게 하는 섭리

반복해서 하나님은 그의 백성을 심판하고 바로잡기 위해 여러 나라를 불러내어 그의 명령을 따르게 하셨다. "그[하나님]가 기치를 세우시고 먼 나라들을 불러 땅끝에서부터 자기에게로 오게 하실 것이라. 보라, 그들이 빨리 달려올 것이로되"(사 5:26; 참고. 7:18).

하나님이 외국 왕들의 마음과 나라들이 그의 백성에게 등을 돌리게 하는 것을 묘사하기 위해 사용된 동사들이 얼마나 다양한지를 다음 본문들에서 살펴보라.

그분은 그들을 적의 손에 '팔아버리셨다.'

> 여호와께서 이스라엘에게 진노하사 그들을 메소보다미아 왕 구산 리사다임의 손에 파셨으므로(삿 3:8).

그분은 이스라엘을 칠 나라들을 '일으키셨다.'

> 만군의 하나님 여호와의 말씀이니라. 이스라엘 족속아, 내가 한 나라를 일으켜 너희를 치리니(암 6:14).

그분은 외국 왕들을 그의 '도끼'와 '톱'과 '막대기'로 삼으셔서 그들에게 이스라엘을 치라고 '명령하셨다.'

앗수르 사람은 화 있을진저, 그는 내 진노의 막대기요
그 손의 몽둥이는 내 분노라!
내가 그를 보내어 경건하지 아니한 나라를 치게 하며
내가 그에게 명령하여 나를 노하게 한 백성을 쳐서 탈취하며 노략하게 하며
또 그들을 길거리의 진흙같이 짓밟게 하려 하거니와(사 10:5-6).

도끼가 어찌 찍는 자에게 스스로 자랑하겠으며
톱이 어찌 켜는 자에게 스스로 큰 체하겠느냐?
이는 막대기가 자기를 드는 자를 움직이려 하며
몽둥이가 나무 아닌 사람을 들려 함과 같음이로다(사 10:15).

그분은 이스라엘을 치도록 나라들을 '데려오신다.'

여호와께서 멀리 땅 끝에서 한 민족을 독수리가 날아오는 것같이 너를 치러 오게 하시리니(신 28:49).

이스라엘 집이여, 보라, 내가 한 나라를 먼 곳에서 너희에게로 오게 하리니(렘 5:15).

그분은 이스라엘을 치도록 나라들을 '보내신다.'

그때에 여호와께서 비로소 아람 왕 르신과 르말랴의 아들 베가를 보내어 유다를 치게 하셨더라(왕하 15:37).

그분은 나라들을 이스라엘을 치는 '그의 종'으로 삼으신다.

보라, 내가 북쪽 모든 종족과 내 종 바벨론의 왕 느부갓네살을 불러다가 이 땅과 그 주민과 사방 모든 나라를 쳐서(렘 25:9; 참고. 43:10).

그분은 그의 백성을 외국의 손에 '넘기신다.'

여호와께서 이스라엘에게 노하사 늘 아람 왕 하사엘의 손과 그의 아들 벤하닷의 손에 넘기셨더니(왕하 13:3).

[여호와께서] 그들을 이방 나라의 손에 넘기시매 그들을 미워하는 자들이 그들을 다스렸도다(시 106:41).

이제 내가 이 모든 땅을 내 종 바벨론의 왕 느부갓네살의 손에 주고 또 들짐승들을 그에게 주어서 섬기게 하였나니(렘 27:6).

여호와의 말씀에 "보라, 내가 이 성을 바벨론 왕의 손에 넘기리니 그가 이 성을 불사를 것이라"(렘 34:2).

그러므로 주께서 그들을 대적의 손에 넘기사 그들이 곤고를 당하게 하시매(느 9:27).

그분은 이스라엘을 치게 하려고 나라들을 '모으신다.'

내가 이방 나라들을 모아 예루살렘과 싸우게 하리니 성읍이 함락되며(슥 14:2).

외국 왕들이 이스라엘을 돕게 하는 섭리

이스라엘은 기쁘게도 그 역사의 중요한 시점에 잠언 21장 1절이 자신의 구원을 위해 작동하는 진리임을 발견했다. "왕의 마음은 흐르는 물줄기 같아서 주님의 손안에 있다. 주님께서 원하시는 대로 왕을 이끄신다"(새번역). 하나님은 외국 왕들의 마음을 움직여서 이스라엘의 적들을 치게 하시고(사 9:11) 이스라엘을 멸망에서 구출하게 하셨다.

하나님은 느부갓네살을 예루살렘에 대한 하나님의 심판자로 이용하신 후 메대를 일으키셔서 느부갓네살과 바벨론 왕국에 대한 심판을 내리셨다.

> **내가 메대 사람들을 불러다가** 바빌론을 공격하게 하겠다.
> 메대 군인들은 은 따위에는 관심도 없고, 금 같은 것도 좋아하지 않는다…
> 나라들 가운데서 가장 찬란한 바빌론,
> 바빌로니아 사람의 영예요 자랑거리인 바빌론은,
> 하나님께서 멸망시키실 때에, 마치 소돔과 고모라처럼 될 것이다
> (사 13:17, 19; 참고. 14:22, 새번역).

바벨론의 패배 이후 하나님의 섭리에 따라 유대인 포로들을 예루살렘으로 돌아오게 하는 일련의 사건들이 줄줄이 이어질 것이었다.

만군의 여호와 이스라엘의 하나님이 이같이 일러 말씀하시기를 "내가 바벨론의 왕의 멍에를 꺾었느니라. 내가 바벨론의 왕 느부갓네살이 이 곳에서 빼앗아 바벨론으로 옮겨 간 여호와의 성전 모든 기구를 이 년 안에 다시 이곳으로 되돌려 오리라 … 이는 **내가 바벨론의 왕의 멍에를 꺾을 것임이라**(렘 28:2-4).

에스라는 어느 누구보다도 더 명백하게 이스라엘이 어려울 때에 이방 왕들의 마음을 돌이켜서 이스라엘을 섬기도록 하시는 것을 기뻐한다.

바사 왕 고레스 원년에 여호와께서 예레미야의 입을 통하여 하신 말씀을 이루게 하시려고 바사 왕 고레스의 마음을 감동시키시매, 그가 온 나라에 공포도 하고 조서도 내려 이르되 "바사 왕 고레스는 말하노니 하늘의 하나님 여호와께서 … 나에게 명령하사 유다 예루살렘에 성전을 건축하라 하셨나니"(스 1:1-2).

나중에 백성은 이렇게 기뻐한다.

여호와께서 그들을 즐겁게 하시고 또 **앗수르 왕의 마음을 그들에게로 돌려** 이스라엘의 하나님이신 하나님의 성전 건축하는 손을 힘 있게 하도록 하셨음이었더라… "우리 조상들의 하나님 여호와를 송축할지로다. 그가 **왕의 마음에 예루살렘 여호와의 성전을 아름답게 할 뜻을 두시고**"(스 6:22; 7:27)

가장 큰 유익은 악한 통치자들에 대한 섭리를 통해서 왔다

악한 권력자들에 대한 하나님의 섭리가 없었다면 복음도 없을 것이었다. 하나님의 아들을 죽인 사건은 우리에게 구원을 제공하는 데 중추적인 역할을 했다. 그리스도가 임의로 죽임을 당한 것이 아니었다. 그 죽음은 이미 계획되어 있었다. 그의 죽음은 하나님이 편성하신 작품으로, 그의 적들이 그의 영향력을 제거하길 바랐던 공의의 패러디였다. 그러나 그 모든 죄와 불의 가운데서 섭리는 그의 죽음을 도모했던 자들의 구원, 그리고 구원받을 자격이 없는 수많은 인간의 구원을 추구하고 있었다. 이처럼 하나님이 계획하시고 하나님이 편성하신 죽음이 없었다면 구원도 없었을 것이다.

인간적인 차원에서 보면, 예수님의 죽음은 사악한 왕과 정략적인 총독과 잔인한 군인들과 피에 굶주린 군중들 때문이었다. 그러나 그들은 모두 완벽하게 지혜롭고 공의롭고 은혜로운 섭리에 따라 행동하고 있었다.

> 과연 헤롯과 본디오 빌라도는 이방인과 이스라엘 백성과 합세하여 하나님께서 기름 부으신 거룩한 종 예수를 거슬러 하나님의 권능과 뜻대로 이루려고 예정하신 그것을 행하려고 이 성에 모였나이다(행 4:27-28).

우리가 구약에서 살펴본, 악한 왕들의 마음을 다스리는 섭리는 바로 우리로 하여금 죄 용서와 영생의 소망을 품게 해주는 섭리와 동일한 종류이다.

선교사역을 위해 왕들을 다스리는 섭리

그리스도의 십자가를 통해 우리의 구원이 성취될 수 있었던 것이 악한 통치자들에 대한 하나님의 섭리 덕분이었을 뿐 아니라, 이 구원의 소식이 우리(세계 전역)에게 전파된 것도 수많은 세속 권세들을 다스리는 하나님의 섭리 덕분이었다. 복음 전파는 종종 왕들과 통치자들과 권력자들의 행동에 의해 방해받기도 하고 증진되기도 한다. 이 때문에 바울이 디모데에게 왕들을 위해 기도하라고 권면했던 것이다.

> 그러므로 내가 첫째로 권하노니 모든 사람을 위하여 간구와 기도와 도고와 감사를 하되 **임금들과 높은 지위에 있는 모든 사람을 위하여** 하라. 이는 우리가 모든 경건과 단정함으로 고요하고 평안한 생활을 하려 함이라. 이것이 우리 구주 하나님 앞에 선하고 받으실 만한 것이니 하나님은 모든 사람이 구원을 받으며 진리를 아는 데에 이르기를 원하시느니라(딤전 2:1-4).

이 대목에 담긴 사고의 흐름에 따르면, 통치자들을 위한 기도는 "모든 사람이 구원을 받으며 진리를 아는 데에 이르기를" 원하시는 하나님의 요망이 성취되는 일을 증진시킬 수 있다고 한다. 이것이 사실임을 역사가 보여주었다. 전쟁이 벌어지고 있거나 법률(또는 무법)이 복음 전파를 방해한다면, 세상의 모든 족속에게 복음을 전파하는 일이 대체로 더 어려워진다. 그런즉 "임금들과 높은 지위에 있는 모든 사람"을 다스리는 하나님의 섭리가 복음 전파에 영향을 미치는 것이다.

물론 "하나님의 말씀은 매이지 않고"(딤후 2:9), 바울은 우리가 복음을 위해 통치자들에 의해 기꺼이 감옥에 갇히고 매를 맞기도 해야 한다는 것을 몸소 보여주었다(고후 11:23-29). 그럼에도 불구하고, 우리가 여전히 왕들과 통치자들을 위해 기도해야 마땅한 것은 왕들의 마음이 하나님의 손에 있고(잠 21:1), 하나님은 복음을 증진시키기 위해 그 마음을 바꾸실 수 있기 때문이다.

22.

지극히 높은 분의 다스림을 알고 기뻐하다

하나님이 땅의 왕들을 다스리심을 알지 못하고 기뻐하지 못하는 것은 우리가 인간이 아니라 동물과 비슷해지고 있다는 징표이다. 느부갓네살이 짐승처럼 된 경험을 들려주는 이야기는 자기예찬이 겉보기와는 정반대임을 생생하게 상기시켜준다. "내가 사람에게 쫓겨나서 소처럼 풀을 먹으며…"(단 4:33). 왜 그렇게 되었는가? 왜냐하면 느부갓네살이 "이 큰 바벨론은 내가 능력과 권세로 건설하여 나의 도성으로 삼고 이것으로 내 위엄의 영광을 나타낸 것이 아니냐?"(4:30)고 말했기 때문이다. 그가 자기를 높이는 그 순간에 짐승처럼 풀을 먹게 될 것이었다. 하나님은 우리에게 이렇게 말씀하신다. '인간이 타락하는 길로 내려가지 말고 하나님의 섭리를 기뻐하라.'

우리는 지금 느부갓네살과 벨사살의 이야기를 통해 알게 된 왕들과 열방에 대한 섭리의 아홉 가지 측면을 계속 고찰하는 중이다. 처음 네 가지는 21장에서 다루었고 나머지 다섯 가지는 이번 장에서 다룬다.

5. 지극히 높은 분은 자기 뜻대로 누구에게든지 나라를 주시며 그가 원하시면 가장 천한 자도 왕위에 앉히신다(단 4:17)

하나님의 섭리가 모든 나라의 운명을 정한다는 진리는 느부갓네살이 교만했기 때문에 짐승으로 변해서 배우게 될 것이었다. 사도 바울의 표현을 빌리자면 "권세는 하나님으로부터 나지 않음이 없나니 모든 권세는 다 하나님께서 정하신 바라"(롬 13:1)고 할 수 있다. 예수님이 재판을 받을 때 강력한 증언으로 이 진리를 친히 천명하셨다. 빌라도가 "내게 말하지 아니하느냐? 내가 너를 놓을 권한도 있고 십자가에 못 박을 권한도 있는 줄 알지 못하느냐?"라고 말했다. 그러나 예수님은 "위에서 주지 아니하셨더라면 나를 해할 권한이 없었으리니"라고 대답하셨다(요 19:10-11). 그런즉 사악한 네로 치하의 바울이든, 자기 잇속만 챙기는 빌라도 치하의 예수님이든, 악한 통치자들을 다스리는 하나님의 섭리에 대한 증언은 여전히 유효하다. 즉, 어느 권세라도 하나님으로부터 오지 않은 것이 없다. 지극히 높은 분은 자기 뜻대로 누구에게든지 나라를 주신다.

그는 때와 계절을 바꾸시며 왕들을 폐하시고 왕들을 세우시며(단 2:21).

민족들을 커지게도 하시고 다시 멸하기도 하시며 민족들을 널리 퍼지게도 하시고 다시 끌려가게도 하시며(욥 12:23).

오직 재판장이신 하나님이 이를 낮추시고 저를 높이시느니라(시 75:7; 참고. 대하 25:8).

섭리의 아름다움을 관통하는 특이한 영광

모든 인간 권세를 다스리는 섭리라는 불멸의 천에 엮여있는 것은 하나님의 특이한 영광이란 금실이다. 그 천 자체가 영광스럽다. 느부갓네살이 낮춰진 후 제 정신으로 돌아왔을 때, 그는 모든 인간 권세를 다스리는 하나님의 절대적 섭리의 영광을 찬송했다. 그 섭리가 바로 그 천이다.

그 기한이 차매 나 느부갓네살이 하늘을 우러러 보았더니 내 총명이 다시 내게로 돌아온지라. 이에 내가 지극히 높으신 이에게 감사하며 영생하시는 이를 찬양하고 경배하였나니,

그 권세는 영원한 권세요 그 나라는 대대에 이르리로다.
땅의 모든 사람들을 없는 것같이 여기시며
하늘의 군대에게든지 땅의 사람에게든지 그는 자기 뜻대로 행하시나니
그의 손을 금하든지 혹시 이르기를 "네가 무엇을 하느냐?"고 할 자가 아무도 없도다
(단 4:34-35).

그러나 하나님의 특이한 영광(약한 자에게 자비를 베푸심으로써 그 자신의 위대함을 드높이는 것)이란 금실은 왕들과 열방에 대한 하나님의 보편적 섭리라는 천보다 더 찬란하다. 사실 절대적 권능이란 불멸의 천의 색채는 본래 이런 자비의 금실을 더 찬란하게 빛나게 하도록 되어 있다(롬 9:22-23).

이 실의 특이한 영광은 다니엘서 4장 17절의 마지막 어구에 나타난다. "이것은 가장 높으신 분이 인간의 나라를 지배하신다는 것과, 뜻에 맞는 사람에게 나라를 주신다는 것과, **가장 낮은 사람을 그 위에 세우신다는 것**을, 사람들이 알도록 하려는 것이다"(새번역). 하나님은 단지 능력 면에서 '주권자'이신 것만이 아니다. 그분은 능력 면에서 '뜻밖의 일'을 행하신다. 그분은 능력을 발휘하는 것을 기뻐하실 뿐만 아니라 가장 낮은 자를 높이시는 것을 기뻐하기도 하신다.

[하나님은] **낮은 자를 높이 드시고 애곡하는 자를 일으키사 구원에 이르게 하시느니라**
(욥 5:11).

다시 압박과 재난과 우환을 통하여
그들의 수를 줄이시며 낮추시는도다.
여호와께서 고관들에게는 능욕을 쏟아 부으시고
길 없는 황야에서 유리하게 하시나

궁핍한 자는 그의 고통으로부터 건져 주시고

그의 가족을 양 떼 같이 지켜 주시나니(시 107:39-41; 참고. 시 147:5-6; 겔 21:26).

그래서 하나님께서 이스라엘의 왕권을 제정하기 시작하셨을 때(그들이 다른 나라들처럼 되길 원했던 것은 죄였다), 왕을 선택하는 하나님의 능력이란 천이 밝히 드러났던 것이다. 그리고 그의 특이한 영광이란 실이 그 천에 엮어졌다. 사도행전과 열왕기와 역대기를 읽어보면, 왕들을 다스리는 주권적 능력의 천이 활짝 펼쳐진 것을 볼 수 있다. "그 후에 그들이 왕을 구하거늘 하나님이 … 사울을 사십 년간 주셨다가"(행 13:21). 이후 "여호와께서 그를 죽이시고 그 나라를 이새의 아들 다윗에게 넘겨 주셨더라"(대상 10:14). 이어서 주님은 솔로몬을 다윗을 대신하여 왕이 되게 하셨다(왕상 3:7). 지극히 높으신 분은 자기 뜻대로 누구에게든지 나라를 주신다.

이스라엘의 첫 세 왕이 왕좌에 앉기까지 온갖 죄와 온갖 계략이 난무했지만 그 모든 과정을 지배한 것은 하나님의 섭리였다. 하나님이 그들을 높이 일으키셔서 왕좌에 앉게 하셨다. 그러나 주권이란 천에 엮여있는 것은 반(反)직관적인 뜻밖의 일이란 금실이었다. 그분은 "가장 낮은 사람"을 그 위에 세우신다.

사울의 왕권이 비록 교만과 불순종으로 망가졌지만 그는 하나님의 선택과 그 자신의 보잘것없음 간의 연관성을 올바르게 표현한다. 사무엘이 사울을 왕으로 세울 준비를 할 때 사울이 사무엘에게 이렇게 외친다. "나는 이스라엘 지파의 가장 작은 지파 베냐민 사람이 아니니이까? 또 나의 가족은 베냐민 지파 모든 가족 중에 가장 미약하지 아니하니이까? 당신이 어찌하여 내게 이같이 말씀하시나이까?"(삼상 9:21).

이와 비슷한 정신으로, 다윗의 아버지인 이새는 사무엘이 그의 막내아들인 소년 목자를 이스라엘의 다음 왕으로 생각하고 싶어 할 줄은 상상도 할 수 없었다(삼상 16:11). 주님이 직접 다윗에게 그의 비천한 출신을 상기시키신다.

만군의 여호와께서 이와 같이 말씀하시기를, 내가 너를 목장 곧 양을 따르는 데에서 데려다가 내 백성 이스라엘의 주권자로 삼고 … 땅에서 위대한 자들의 이름 같이 네 이름을 위대하게 만들어 주리라(삼하 7:8-9).

그리고 솔로몬 역시 자신이 무가치한 존재임을 느끼고 이렇게 기도했다. "나의 하나님 여호와여, 주께서 종으로 종의 아버지 다윗을 대신하여 왕이 되게 하셨사오나, 종은 작은 아이라 출입할 줄을 알지 못하고"(왕상 3:7).

겸실은 가장 특이한 영광으로 이끌어준다

하나님께서 세상의 길을 거부하고 낮은 자를 높이실 때, 이 반직관적 자비라는 겸실은 마침내 가장 낮은 모욕에서 가장 위대한 왕으로 등극하는 예수님으로 이어진다. 사도 베드로는 이렇게 말했다. "이 구원에 대하여는 너희에게 임할 은혜를 예언하던 선지자들이 연구하고 부지런히 살펴서, 자기 속에 계신 그리스도의 영이 **그 받으실 고난과 후에 받으실 영광**을 미리 증언하여 누구를 또는 어떠한 때를 지시하시는지 상고하니라"(벧전 1:10-11). 첫째, 가장 비천한 수치와 고난이다. 이어서 고난 이후의 왕권의 영광이다.

그래서 예수님의 어머니인 마리아가 그녀의 뱃속의 아이에 대해 노래할 때, 바로 이것이 그녀가 그 노래에 엮어 넣는 실이다.

> 그의 팔로 힘을 보이사
> 마음의 생각이 교만한 자들을 흩으셨고
> **권세 있는 자를 그 위에서 내리치셨으며**
> **비천한 자를 높이셨고**(눅 1:51-52; 참고. 삼상 2:6-8).

그리고 실제로 그렇게 되었다. 그는 태어나서 구유에 누웠으나 왕으로 경배를 받았다(마 2:16; 눅 2:16). 목수의 아들이었으나 다윗의 자손이었다(막 6:3; 눅 18:39). 머리 둘 곳이 없었으나 모든 왕궁의 주인이었다(눅 9:58; 요 13:3). 함께 여행하던 여인들이 공급하는 양식을 먹었으나 떡 다섯 덩이로 오천 명을 먹일 수 있었다(마 14:13-21; 눅 8:3). 공식 교육을 받지 못했으나 역사상 그분처럼 말한 사람이 없었다(요 7:15, 46). 그 누구보다 더 신의를 받을 자격이 있었으나 가장 가까운 추종자들 모두에게 버림을 받았다(마 10:37; 막 14:50). 가장 고통스럽고 부끄러운 죽임을 당했으나 하나님에 의해 다른 모든 왕들보다 더 높은 왕으로 높아졌다(빌 2:6-8; 계 1:5).

특이한 영광의 실이 지금도 여전히 엮여지는 중이다

이것이 처음부터 세운 계획이었다. 그리고 이스라엘의 역사에 줄곧 반복되었던 왕들과 열방에 대한 섭리의 패턴이 그 길을 예비했다. 그 패턴은 우리 시대에도 여전히 유효하다. 하나님의 특이한 영광이란 금실은 열방과 왕들의 큰 사건들을 다스리는 포괄적이고, 보편적이며, 불멸하는 섭리라는 천에 촘촘히 엮어져 있다. 그의 교회가 이 특이한 영광의 초점이다. 바울과 예수님과 야고보는 그리스도의 백성이 지닌 특이한 영광을 이렇게 묘사한다.

형제들아, 너희를 부르심을 보라. 육체를 따라 지혜로운 자가 많지 아니하며 능한 자가 많지 아니하며 문벌 좋은 자가 많지 아니하도다. 그러나 하나님께서 세상의 미련한 것들을 택하사 지혜 있는 자들을 부끄럽게 하려 하시고, 세상의 약한 것들을 택하사 강한 것들을 부끄럽게 하려 하시며, 하나님께서 세상의 천한 것들과 멸시 받는 것들과 없는 것들을 택하사 있는 것들을 폐하려 하시나니, 이는 아무 육체도 하나님 앞에서 자랑하지 못하게 하심이라. 너희는 하나님으로부터 나서 그리스도 예수 안에 있고 예수는 하나님으로부터 나와서 우리에게 지혜와 의로움과 거룩함과 구원함이 되셨으니, 기록된 바 "자랑하는 자는 주 안에서 자랑하라" 함과 같게 하려 함이라(고전 1:26-31).

그때에 예수께서 대답하여 이르시되 "천지의 주재이신 아버지여, 이것을 지혜롭고 슬기 있는 자들에게는 숨기시고 어린 아이들에게는 나타내심을 감사하나이다. 옳소이다, 이렇게 된 것이 아버지의 뜻이니이다"(마 11:25-26).

하나님이 세상에서 가난한 자를 택하사 믿음에 부요하게 하시고 또 자기를 사랑하는 자들에게 약속하신 나라를 상속으로 받게 하지 아니하셨느냐?(약 2:5).

우리는 성경에 근거해서 이렇게 말할 수 있다. 하나님이 우리에게 스스로를 낮추며 섬김의 낮은 자리를 취하고(마 20:26), "누구든지 자기를 높이는 자는 낮아지고 누구든지 자기를 낮추는 자는 높아지리라"(마 23:12; 참고. 마 18:4; 약 4:6; 벧전 5:5)는 것을 알고 인내하며 기다리라고 말씀하실 때, 왕들과 열방에 대한 하나님의 섭리의 광대함과 깊이와 완전함은 본래 하나님의 자녀들에게 확신을 주기 위해 하나님이 계획하신 것이라고.

6. 교만하게 행하는 자를 그분은 낮추실 수 있다(단 4:37)

왕들과 열방에 대한 하나님의 섭리가 지닌 이 측면, 곧 하나님이 그들을 낮출 수 있다는 측면은 이전 항목에 내재되어 있었다. 달리 말해, '지극히 높은 분이 자기 뜻대로 누구에게든지 나라를 주시며 그가 원하시면 가장 천한 자도 왕위에 앉히신다'는 항목에 포함되어 있다는 뜻이다. 그러나 거기서는 그분이 스스로 선택하는 자들(종종 가장 낮은 자)을 통치자로 높이시는 일에 초점을 맞추었다. 여기서는 통치자들을 끌어내리는 일에 초점을 맞춘다.

하나님은 낮은 자를 위대한 자리로 높이길 좋아하시는 데 비례하여 교만한 왕들을 미워하신다.

> 나는 교만과 거만과 악한 행실과 패역한 입을 **미워하느니라**(잠 8:13).

> 여호와께서 **미워하시는 것** 곧 그의 마음에 싫어하시는 것이 예닐곱 가지이니 곧 교만한 눈과…(잠 6:16-17).

> 주 하나님이 스스로를 두고 맹세하신다. 만군의 하나님 주님께서 하시는 말씀이다.

> "나는 야곱의 교만이 **밉다**. 그들이 사는 호화로운 저택이 싫다"(암 6:8, 새번역).

그러므로 "하나님은 교만한 자를 대적하신다"(약 4:6; 벧전 5:5). 전능한 힘(욥 42:2; 마 19:26), 완전한 공의(사 5:16), 포괄적인 섭리(엡 1:11)를 운행하시는 하나님이 우리를 '대적하는' 것보다 더 무서운 일은 없다. 그런즉 인간의 교만은 하나님은 물론 그 자신에게도 큰 적이다. 만일 하나님이 교만을 징벌하지 않고 내버려두신다면, 그분은 자신의 최고의 가치를 부인하고(그분은 그럴 수 없다, 딤후 2:13), 사람에게 거짓되고 파괴적인 메시지를 보내는 셈이 된다(그분은 그럴 수 없다, 히 6:18). 만일 하나님이 인간 교만의 자기예찬을 재가하신다면, 그분은 가장 중요한 진리를 부정하는 셈일 것이다. 이는 사람의 가장 큰 행복은 스스로를 최고의 존재로 평가하길 멈추고 하나님을 그의 최대의 보배로 삼을 때에만 얻을 수 있다는 진리이다. 그런 행복을 추구하는 것과 관련하여, 하나님은 인간의 교만을 대적하신다.

하나님은 다양한 방식으로 "교만한 자를 대적하신다." 그분은 나라들(시 9:5)과 왕들(시 105:14)을 책망하신다. 그분은 나라들 가운데서 심판을 집행하시고(시 110:6) 그들을 징계하신다(시 94:10). 그분은 통치자들을 짓밟으시고(사 41:25) 그들의 규를 꺾으신다(사 14:5). "그가 세상의 귀족들과 통치자들을 낮추어 아무것도 아닌 존재로 만드시니"(사 40:23, 현대인의 성경). 그분은 교만한 눈을 낮추신다(시 18:27).

섭리와 교만

이스라엘과 열방의 역사를 살펴보면 섭리와 교만에 관해 틀림없는 메시지를 얻게 된다. 교만은 하나님보다 사람을 앞세우는 것이다. 그는 거울 속의 사람, 즐거움과 의미를 어디서 찾아야 하는지를 하나님보다 더 잘 아는 사람, 하나님보다 더 나은 안전을 제공할 수 있는 능력을 가진 사람이다. 교만은 모든 형태의 자기예찬이고, 자기예찬이 하나님을 기쁘게 높이는 것보다 우선시된다. 그러므로 교만은 하나님의 은혜의 영광을 기쁜 마음으로 찬송하는 것(엡 1:6)을 파멸시킨다. 바로 이것이 우주의 정당한 통치자가 추구하는 궁극적 목표인데도 말이다(14장을 보라). 그런즉 교만은 최고의 반역이자 인간 행복의 종말이다. 교만은 섭리의 궁극적 목적에 대한 반항이다.

그러므로 나라들의 교만에 대한 하나님의 심판을 전하는 모든 이야기는 세상에 대한 경고와 사랑의 메시지이다.

'이스라엘'에 내린 심판의 이야기는 교만에 대한 경고이다.

네 화려함으로 말미암아 네 명성이 이방인 중에 퍼졌음은 내가 네게 입힌 영화로 네 화려함이 온전함이라. 나 주 여호와의 말이니라. 그러나 네가 네 화려함을 믿고 네 명성을 가지고 행음하되 지나가는 모든 자와 더불어 음란을 많이 행하므로 … 내가 너의 즐거워하는 정든 자와 사랑하던 모든 자와 미워하던 모든 자를 모으되 사방에서 모아 너를 대적하게 할 것이요 또 네 벗은 몸을 그 앞에 드러내 … 내가 또 너를 그들의 손에 넘기리니 그들이 네 누각을 헐며 네 높은 대를 부수며 네 의복을 벗기고 네 장식품을 빼앗고 …(겔 16:14-15, 37, 39).

'모압'에 내린 심판의 이야기도 교만에 대한 경고이다.

우리가 모압의 교만을 들었나니 심한 교만
곧 그의 자고와 오만과 자랑과 그 마음의 거만이로다.
여호와의 말씀이니라. 내가 그의 노여워함의 허탄함을 아노니
그가 자랑하여도 아무 것도 성취하지 못하였도다…
기쁨과 환희가 옥토와 모압 땅에서 빼앗겼도다.
내가 포도주 틀에 포도주가 끊어지게 하리니
외치며 밟는 자가 없을 것이라.
그 외침은 즐거운 외침이 되지 못하리로다(렘 48:29-30, 33).

'두로'에 내린 심판의 이야기도 교만에 대한 경고이다.

인자야 두로 왕을 위하여 슬픈 노래를 지어
그에게 이르기를…
네가 아름다우므로 마음이 교만하였으며
네가 영화로우므로 네 지혜를 더럽혔음이여
내가 너를 땅에 던져 왕들 앞에 두어
그들의 구경거리가 되게 하였도다(겔 28:12, 17).

'앗수르'에 내린 심판의 이야기도 교만에 대한 경고이다.

볼지어다, 앗수르 사람은 가지가 아름답고
그늘은 숲의 그늘 같으며 키가 크고
꼭대기가 구름에 닿은 레바논 백향목이었느니라…

그러므로 주 여호와께서 이같이 말씀하셨느니라. 그의 키가 크고 꼭대기가 구름에 닿아서 높이 솟아났으므로 마음이 교만하였은즉, 내가 여러 나라의 능한 자의 손에 넘겨 줄지라. 그가 임의로 대우할 것은 내가 그의 악으로 말미암아 쫓아내었음이라(겔 31:3, 10-11).

'바벨론'에 내린 심판의 이야기도 교만에 대한 경고이다.

활 쏘는 자를 바벨론에 소집하라. 활을 당기는 자여, 그 사면으로 진을 쳐서 피하는 자가 없게 하라 … 그가 이스라엘의 거룩한 자 여호와를 향하여 교만하였음이라. 그러므로 그날에 장정들이 그 거리에 엎드러지겠고 군사들이 멸절되리라, 여호와의 말씀이니라(렘 50:29-30).

'사람'에게 내릴 심판의 이야기도 교만에 대한 경고이다.

그날에 눈이 높은 자가 낮아지며
교만한 자가 굴복되고
여호와께서 홀로 높임을 받으시리라.
대저 만군의 여호와의 날이
모든 교만한 자와 거만한 자와 자고한 자에게 임하리니
그들이 낮아지리라…
그날에 자고한 자는 굴복되며
교만한 자는 낮아지고
여호와께서 홀로 높임을 받으실 것이요(사 2:11-12, 17).

'세상'에 내릴 심판의 이야기도 교만에 대한 경고이다.

내가 세상의 악과 악인의 죄를 벌하며
교만한 자의 오만을 끊으며
강포한 자의 거만을 낮출 것이며(사 13:11).

교만을 대적하는 섭리는 사랑이다

교만을 대적하는 섭리의 막강한 사역이 주는 모든 경고는 하나같이 들을 귀가 있고 볼 눈이 있는 사람들을 위한 사랑의 행위이다.

여호와께 감사하라 그는 선하시며 그 인자하심이 영원함이로다…
큰 왕들을 치신 이에게 감사하라.
그 인자하심이 영원함이로다.
유명한 왕들을 죽이신 이에게 감사하라.
그 인자하심이 영원함이로다(시 136:1, 17-18).

하나님이 막강하고 교만한 왕들을 죽이실 때 사랑하기를 멈추신 것이 아니었다. 섭리의 궁극적 목적은 하나님 백성의 만족스러운 찬송을 통해 하나님의 고귀하심과 아름다움을 높이는 것이다. 그러나 교만이 있는 곳에서는 이 목적이 이뤄지지 않는다. 그러므로 교만을 대적하는 섭리는 사랑이다.

7. 그분의 모든 행위는 옳고 그분의 길은 공의롭다(단 4:37)

느부갓네살이 제 정신을 차렸을 때(단 4:34), 그는 왕들과 열방에 대한 하나님의 섭리의 '주권'을 찬송했을 뿐만 아니라 그 섭리의 '공의'와 '의로움'도 찬송했다.

그러므로 지금 나 느부갓네살은 하늘의 왕을 찬양하며 칭송하며 경배하노니, 그의 일이 다 **진실하고** 그의 행하심이 **의로우시므로** 교만하게 행하는 자를 그가 능히 낮추심이라(단 4:37).

여기에 나온 '진실한'과 '의로운'이란 단어들은 히브리어 구약성경에 널리 사용되는 것이 아니다. 이 둘은 다니엘서와 에스겔서에만 나온다. 문자적으로 '진실한'은 '참된'이란 뜻이고 '의로운'은 '판단'이란 뜻이다. 따라서 이 단어들이 지닌 의미를 그 배경에 비추어 이해할 수 있다.

하나님은 무엇에 대해 궁극적으로 또 언제나 참되신가?

하나님의 섭리 사역을 '참되다'고 부르는 것은 그 사역이 견고하고 궁극적인 무언가에 부합한다는 것을 시사한다. 그리고 그분의 섭리 사역을 '판단'이라 부르는 것은 사람의 방식들 가운데 판단의 기준을 제공한다는 것을 시사한다. 하나님의 방식은 인간의 사건들을 평가하는 (어떤 기준에 따른) 판단의 역할을 한다. 그러므로 참됨과 판단은 둘 다 하나님의 사역과 방식이 언제나 옳다는 것을 보여주는 어떤 기준을 전제로 삼는다.

내가 쓴 책(The Justification of God)에서 나는 하나님이 궁극적으로 헌신하신 이 기준이 그분의 존재의 무한한 가치와 아름다움이라고 매우 상세하게 논의했다. 이는 때때로 그 자신의 '이름'으로 언급되기도 한다.[1] 그래서 여기서는 간략하게 논의할 것이다. 나의 논지는, 하나님의 의로움 또는 참됨 또는 공의는 근본적으로 그 자신의 신념, 곧 가장 고귀한 것(즉, 그 자신)을 가장 고귀하게 대우하겠다는 신념에 충실하시다는 것이다. 이것이 바로 바울이 하나님은 '그 자신'을 부인할 수 없다고 말했을 때 염두에 두었던 뜻이다. 그분은 언제나 그 자신의 무한한 가치와 아름다움에 참될 수밖에 없다.

우리가 그분을 부인하면, 그분도 또한 우리를 부인하실 것입니다.
우리는 신실하지 못하더라도, 그분은 언제나 신실하십니다.

---

1) John Piper, *The Justification of God: An Exegetical and Theological Study of Romans 9:1-23* (Grand Rapids, MI: Baker Academic, 1993), chap. 6.

그분은 자기를 부인할 수 없으시기 때문입니다(딤후 2:12-13, 새번역).

이는 "우리는 신실하지 못하더라도, 그분은 언제나 **우리에게** 신실하시다"라는 뜻일 수 없다. 왜냐하면 그분이 방금 "우리가 그분을 부인하면, 그분도 또한 우리를 **부인하실** 것입니다"라고 말씀하셨기 때문이다. 하나님이 무엇에 신실하신지는 다음 구절에 설명되어 있다. "그분은 언제나 신실하십니다. 그분은 **자기**를 부인할 수 없으시기 때문입니다." 하나님은 그 자신에게 신실하시다. 그분은 무한히 고귀하고 아름답고 아름다운 것, 말하자면, 그 자신의 완전하고 영광스러운 존재를 변호하고 드러내기로 확고하게 헌신되어 있으시다. 이는 하나님의 행동이 그 자신의 무한한 가치와 아름다움과 일치할 때 의롭게 행하시는 것이란 뜻이다. 만일 그분이 그 자신의 가치와 아름다움을 감소시키는 방식으로 행동하신다면, 그분의 행동은 '의롭지 못한' 것이다. 그것은 '옳지' 않다. 그것은 우주의 궁극적 기준인 하나님 그분에게 '참되지' 않다.

불의한 자는 어떻게 하나님의 의로움에 호소할 것인가?

하나님의 의로움에 대한 이런 이해는 구약성경에도 명백히 나타난다. 시편 143편을 생각해보라. 그 시편은 이렇게 시작한다.

> 여호와여, 내 기도를 들으시며
> 내 간구에 귀를 기울이시고
> 주의 진실과 **의**로 내게 응답하소서!
> 주의 종에게 심판을 행하지 마소서
> 주의 눈앞에는 의로운 인생이 하나도 없나이다(시 143:1-2).

첫 눈에는 어리둥절한 시편이다. 다윗이 도움을 호소하며 하나님께 "[그분의] 의로움으로" 응답해달라고 요청한다. 그런데 이어서 그는 하나님 앞에서 "의로운 인생이 하나도 없다"라고 고백한다. 아니, 의롭지 않은 사람이 어떻게 하나님께 그분의 의로움에 근거해 도움을 달라고 호소할 수 있는가? 이에 대한 가장 전형적인 대답은, 구약성경에 나오는 하나님의 의로움은 보통 이스라엘 또는 하나님의 언약에 대한 그분의 신실하심을 가리킨다고 주장하는 것이다. 달리 말해, 다윗이 사실상 이렇게 말하는 셈이다. "나에 대한 당신의 자비로운, 언약을 지키는 신실함으로 내게 응답하소서."

나는 하나님의 의로우심이 물론 다윗이 언약의 위반자가 되는 걸 막을 것이라는 데 동의하지만, 하나님의 의로움을 언약 준수로 '규정짓는' 것은 잘못이라고 생각한다. 그것이 의로움이 행하는 일 중 하나이긴 하지만 하나님의 의로움의 본질은 아니다. 하나님은 언약이 성립될 때 의롭게 되었던 분이 아니다. 의로움이 언약의 '기초'였다. 실은 하나님의 통치의 기초이다(시 89:14; 97:2). 그러므로 의로움은 언약 준수보다 더 기본적인 것이다. "[주께서는] 그 약속을 지키셨으니 참으로 주는 의로우신 분이십니다"(느 9:8, 현대인의 성경).

그러면 다윗 자신은 불의한데도 하나님께 그분의 의로우심을 그를 돕는 기초로 삼아달라고 호소하는 것을 어떻게 이해해야 할까? 그 실마리가 11절에 나온다. 여기서 하나님이 '그의 이름을 위하여' 행하시는 것과 '그의 의로' 행하시는 것이 병행 관계에 있음을 주목하라.

> 여호와여, **주의 이름을 위하여** 나를 살리시고
> **주의 의로** 내 영혼을 환난에서 끌어내소서(시 143:11).

다윗이 생각하기에, 하나님께서 '의로우심으로' 행동한다는 것은 곧 '자기 이름을 위해' 행동하신다는 뜻이었다. 달리 말하면, 하나님에게 '옳은' 것은 그 자신 밖의 어떤 기준을 따르는 것이 아니라 그 자신의 이름(그 자신의 본성 또는 성품 또는 본질 또는 가치 또는 아름다움)을 그의 행동의 궁극적 기준으로 삼는 것이다.

그런즉 의롭지 않은 다윗이 그를 돕는 근거로서 하나님의 의로우심에 호소할 수 있는 이유는, 다윗에게 필요한 자비와 용서가 다윗이나 언약에 대한 하나님의 신실함이 아니라 그 자신의 이름에 대한 하나님의 신실함에 뿌리박고 있기 때문이다. 이 때문에 다윗이 시편 25편 11절에서 이렇게 기도할 수 있는 것이다. "여호와여, 나의 죄악이 크오니 **주의 이름으로 말미암아** 사하소서." 하나님은 그의 이름의 고

귀함에 헌신하셨기 때문에 그들 자신에게서 눈길을 돌려 하나님의 무한한 가치를 희망의 기초로 삼는 이들을 돕고 싶어 하신다.

하나님의 의로움이 신약성경에는 어떻게 나타나는가?

불의한 자가 자비를 달라고 공의에 호소하는 것이 어떻게 정당한지를 이해하는 데 신약성경이 잃어버린 고리를 제공해준다. 시편 143편에 나오는 하나님의 공의를 이해하는 것이 우리가 그리스도 안에서 용서받는 일의 근거가 된다. "자녀들아, 내가 너희에게 쓰는 것은 너희 죄가 **그의 이름으로 말미암아** 사함을 받았음이요"(요일 2:12). 달리 말하면, 그리스도의 '이름'(그의 무한히 고귀한 인격과 흠 없는 대속 사역) 때문에 그를 믿는 우리가 용서를 받았다. 이 때문에 요한일서 1장 9절은 우리를 용서하시는 하나님을 신실하시고 '의로운' 분이라고 부르는 것이다. "우리가 우리 죄를 자백하면, 하나님은 신실하시고 의로우신 분이셔서, 우리 죄를 용서하시고, 모든 불의에서 우리를 깨끗하게 해주실 것입니다"(새번역).

바울은 로마서 3장에서, 그리스도께서 우리의 죄를 위해 죽으셨을 때 하나님을 하찮게 여기는 죄를 간과하심으로 하나님의 의로움을 입증하셨음을 보여줌으로써 이를 확증한다(롬 3:23). 하나님이 그저 자기 품위를 떨어뜨리는 죄를 간과하신다면, 어떻게 그 자신의 영광의 아름다움과 가치를 변호하는 면에서 의로울 수 있는가? 바울은 하나님이 그저 죄를 간과하시는 것이 아니라고 답변한다. 그분은 그리스도를 내어주셔서 죄를 위해 죽게 하셨고, 그럼으로써 그의 영광이 무한히 고귀하고 죄인을 의롭게 하시는 일이 공의롭다는 것을 보여주신다.

> 하나님께서는 이 예수를 속죄제물로 내주셨습니다. 그것은 그의 피를 믿을 때에 유효합니다. 하나님께서 이렇게 하신 것은, 사람들이 **이제까지 지은 죄를 너그럽게 보아주심으로써 자기의 의를 나타내시려는** 것이었습니다. 하나님께서 오래 참으시다가 지금 이 때에 **자기의 의로우심을 나타내신** 것은, 하나님은 의로우신 분이시라는 것과 예수를 믿는 사람은 누구나 의롭다고 하신다는 것을 보여 주시려는 것입니다(롬 3:25-26, 새번역).

하나님의 의로우심이 그리스도의 죽음으로 입증된 것은 그 죽음을 통해 하나님이 그의 이름과 그의 영광이 무한히 고귀하고 아름답다는 것을 보여주시기 때문이다. 이를 위해 그의 아들의 목숨을 희생시킬 정도였다! 하나님의 영광을 피조물의 영광과 바꾸어(롬 1:23) 하나님의 영광을 하찮게 여기는(롬 3:23) 죄는, 마치 그것(과 하나님의 이름)이 사소한 것처럼, 우주의 양탄자 아래로 쓸려 들어간 것이 아니다. 하나님의 의로움은 그리스도의 희생을 통해 변호되었다. 왜냐하면 그 희생을 통해 하나님의 영광의 무한한 가치가 변호되었기 때문이다. 달리 말하면, 그분의 의로움은 근본적으로 그 자신의 완전하고 영광스러운 존재의 가치와 아름다움에 대한 확고한 헌신이기 때문이다.

하나님의 모든 행위와 길은 의롭다

우리가 의로움을 이렇게 이해하면 왕들과 열방에 대한 하나님의 모든 섭리가 완전히 의롭다고 말할 수 있다. 그 모든 행위는 실존하는 최고의 기준, 즉 하나님 그분에게 걸맞는 것이다. 그분은 그 자신을 부인하실 수 없다(딤후 2:13). 하나님은 그의 이름과 그의 영광이 무한히 고귀하고 아름답지 않은 것처럼 도무지 행동하실 수 없고 또 행동하시지 않는다. 이는 다른 모든 것이 변하고 불확실한 것처럼 보일 때에도 우리의 발을 떠받치는 든든한 반석이다. 이것만은 확실하다. 하나님은 의로우신 분이다. 그리고 그분이 하시는 모든 행위도 의롭다.

> 그의 모든 길이 정의롭고(신 32:4).

> 여호와는 의로우사 의로운 일을 좋아하시나니(시 11:7).

> 하늘이 그의 공의를 선포하리니(시 50:6).

> 의와 공평이 그의 보좌의 기초로다(시 97:2).

> 그가 의로 세계를 판단하시며(시 98:9).

그의 의가 영원히 서 있도다(시 111:3).

여호와여 주는 의로우시고 주의 판단은 옳으니이다(시 119:137).

여호와께서는 그 모든 행위에 의로우시며(시 145:17).

우리의 하나님 여호와께서 행하시는 모든 일이 공의로우시나(단 9:14).

[하나님이] 정하신 사람으로 하여금 천하를 공의로 심판할 날을 작정하시고(행 17:31).

하나님께 불의가 있느냐? 그럴 수 없느니라!(롬 9:14).

그러므로 하나님의 모든 행위가 의롭고 그분의 길은 공의롭다.

8. 하나님의 목적은 지극히 높은 분이 이 모든 방식으로 다스리심을 사람들이 알고 기뻐하게 하는 것이다(단 4:17)

하나님이 바벨론의 왕을 낮추셔서 짐승처럼 되는 경험을 겪게 하신 것은 그 왕(과 우리)이 무언가를 '알고' 또 무언가를 '느끼게' 만들기 위해서였다.

또 그 마음은 변하여 사람의 마음 같지 아니하고 짐승의 마음을 받아 일곱 때를 지내리라 … 지극히 높으신 이가 사람의 나라를 다스리시며 자기의 뜻대로 그것을 누구에게든지 주시며 또 지극히 천한 자를 그 위에 세우시는 줄을 **사람들이 알게 하려 함이라** 하였느니라(단 4:16-17).

하나님은 세상이 그의 섭리의 범위를 '알게' 되길 바라신다. 즉, 섭리가 이 땅의 가장 큰 왕들과 나라들뿐만 아니라 가장 작은 왕들과 나라들까지 미친다는 것을 알리고 싶으시다. 하나님은 가장 큰 나라부터 가장 작은 나라까지 "지극히 높으신 이가 사람의 나라를 다스리신다"(단 4:17)는 것을 알려주신다. 사람들은 이 사실을 알 필요가 있다. "일곱 때를 지내리라 … **사람들이 알게 하려 함이라.**" 이 때문에 하나님이 어떤 사람들에게 섭리에 관한 책을 쓰라고 하시는 것이다. 하나님은 그의 섭리의 범위와 성격이 '알려지길' 기대하신다.

우리가 하나님의 섭리를 알면 기뻐하게 되길 바라신다

내가 느부갓네살의 이야기로부터 추론하는 것이 또 있다. 하나님은 우리에게 그의 섭리를 보여주셔서 그분과 우리가 함께 기뻐하기를 바라신다는 것이다. 이렇게 추론하는 이유는 느부갓네살의 경험이 하늘의 하나님을 찬양하는 것으로 끝나기 때문이다.

> 그 기한이 차매 나 느부갓네살이 하늘을 우러러 보았더니 내 총명이 다시 내게로 돌아온지라. 이에 **내가 지극히 높으신 이에게 감사하며 영생하시는** 이를 **찬양하고 경배하였나니** 그 권세는 영원한 권세요 그 나라는 대대에 이르리로다 … 그러므로 지금 나 느부갓네살은 하늘의 왕을 **찬양하며 칭송하며 경배하노니**(단 4:34, 37).

진정한 찬양은 불쾌한 경험이 아니라 기쁜 경험임을 우리가 알고 있다. 우리가 만일 우리가 찬양하는 대상을 불쾌하게 여기고 그를 찬양하길 좋아하지 않는다면, 우리는 위선자들이다. 이는 우리가 그저 그런 공연을 관람하고 사람들이 일어서니까 우리도 일어서서 박수를 치는 것과 같다. 진정한 찬양은 우리가 좋아서 행하는 것이다. 그렇지 않으면 진심으로 행하는 게 아니다.

우리는 3장에서 C. S. 루이스로부터 배운 것이 있다. "우리가 즐기는 것을 기쁘게 찬송하는 이유는 찬송이 그 즐거움을 표현할 뿐 아니라 그것을 완성하기 때문이라고 나는 생각한다. 찬송은 정해진 완성인 것이다."[2] 하나님이 느부갓네살로 하여금 낮아지는 경험을 겪게 하신 것은 그분의 섭리와 관련해 지겨움이나 무관심을 느

---

2) C. S. Lewis, *Reflections on the Psalms* (New York: Harcourt, Brace & World, 1958), 93–95.

끼게 만들기 위해서가 아니었다. 하나님은 느부갓네살의 신념과 더불어 그의 애정까지 바꾸고 계셨던 것이다.

이것이 하나님이 모든 일을 행하실 때 그의 백성을 위한 계획이다. 조만간에 우리가 그 모든 행위를 그분의 총체적인 구속사역과 관련시켜 볼 때는 그분의 섭리가 지닌 지혜와 공의와 선하심과 사랑을 기뻐하게 될 것이다. "여호와여, 주께서 행하신 일로 나를 기쁘게 하셨으니 주의 손이 행하신 일로 말미암아 내가 높이 외치리이다"(시 92:4). "여호와께서 우리를 위하여 큰 일을 행하셨으니 우리는 기쁘도다"(시 126:3).

시편 103편과 145편에서 다윗은 주님이 만드신 것들이 주님께 감사하는 모습을 그리고, 모든 피조물에게 주님을 송축하라고 권한다. 하나님의 섭리 사역에 전율하는 마음이 흘러넘치는 모습을 묘사하고 있는 것이다.

> 여호와의 지으심을 받고
> 그가 다스리시는 모든 곳에 있는 너희여,
> 여호와를 송축하라, 내 영혼아 여호와를 송축하라!(시 103:22).

> 여호와여, 주께서 지으신 모든 것들이 주께 감사하며
> 주의 성도들이 주를 송축하리이다!(시 145:10).

하나님이 만드신 것들은 마지못해 창조주를 찬송하고 있지 않다. 그들은 섭리의 하나님께 대한 찬사로 충만하다. 다윗은 열렬히 그들에 합류하고 싶다. 이것이 하나님의 모든 피조물을 향한 그분의 계획이다. 이것이 섭리의 목표이다. 사람이 하나님의 모든 길과 행위에 나타난 하나님의 영광을 기뻐하는 것이다.

9. 하나님은 우리가 하나님의 왕권을 순종하고 기뻐하지 못할 때는 사람이 아니라 짐승처럼 행하는 것임을 알기를 원하신다(단 4:32-33, 5:21)

"네[느부갓네살]가 사람에게서 쫓겨나서 들짐승과 함께 살면서 소처럼 풀을 먹을 것이

요, 이와 같이 일곱 때를 지내서 지극히 높으신 이가 사람의 나라를 다스리시며 자기의 뜻대로 그것을 누구에게든지 주시는 줄을 알기까지 이르리라" 하더라. 바로 그 때에 이 일이 나 느부갓네살에게 응하므로 내가 사람에게 쫓겨나서 소처럼 풀을 먹으며 몸이 하늘 이슬에 젖고 머리털이 독수리 털과 같이 자랐고 손톱은 새 발톱과 같이 되었더라(단 4:32-33).

하나님이 느부갓네살을 낮추신 목적은 우리가 "지극히 높으신 이가 사람의 나라를 다스리신다"는 것을 알게 할 뿐만 아니라 우리가 충격을 받아 '하나님의 통치를 알고 기뻐하지 않는 것은 짐승처럼 되는 것'임을 깨닫게 하는 것이다. 우리는 이런 모습이 얼마나 생생하고 굴욕적인지를 보고 느끼게끔 되어 있다. 느부갓네살이 소처럼 풀을 먹고, 머리털이 독수리의 털과 같았고, 손톱이 새의 발톱과 같았던 모습이다.

이는 단지 신체적 변화만 보여줄 뿐 아니라 그보다 훨씬 더 심각한 변화를 보여주는 이야기다. 느부갓네살이 짐승 같은 모습에서 되돌아온 것은 그의 손톱을 깎은 게 아니라 그의 총명이 회복된 것이었다.

그 기한이 차매 나 느부갓네살이 하늘을 우러러 보았더니 내 총명[앎의 능력]이 다시 내게로 돌아온지라. 이에 내가 지극히 높으신 이에게 감사하며 영생하시는 이를 찬양하고 경배하였나니, 그 권세는 영원한 권세요 그 나라는 대대에 이르리로다(단 4:34).

느부갓네살이 낮춰진 이야기의 취지는 우리가 똑같은 경로를 따르지 않도록 돕는 데 있다. 하나님은 우리가 하나님을 아는 인간 특유의 능력을 사용하지 못해서 짐승처럼 되지 말라고 우리를 경고하고 계시다. 특히 이 경우에는 하나님의 섭리의 진정한 뜻을 아는 능력을 말한다. 이는 단지 섭리와 교만에 관한 이야기일 뿐 아니라 섭리와 비인간화에 관한 이야기이기도 하다.

자살적인 아이러니: 하나님이 없이 중요한 존재라고 느끼는 것

하나님이 폭로하려 하시는 아이러니가 있는데, 그것은 자기예찬이 사실은 비인간화라는 것이다. 이는 자기예찬이 하나님을 폐위시키는 짓이란 중요한 진리에 하나님이 추가하시는 것이다. 그분은 자기예찬이 사람을 비인간화하는 것이란 추가적인 진리를 드러내고 계신다. 여기서 아이러니란, 인간의 자율성은 우리를 중요한 존재로 만드는 듯 보이지만 사실은 우리가 온전한 정신을 잃어버렸다는 것이다. 하나님으로부터 자유롭게 된다는 것은 기분 좋은 일처럼 들린다. 그러나 그 기분은 낙하산 없이 스카이다이빙하는 느낌일 뿐이다. 성령이 없이는 모든 인간이 이 거짓말에 속을 수밖에 없다. 이 거짓말과 정반대되는 진리는 바로 사람의 영광은 하나님이 '되는' 것이 아니라 하나님을 '아는' 것이라는 것이다. 느부갓네살의 굴욕은 이 진리를 생생하게 보여준다. 당신이 "지극히 높으신 이가 사람의 나라를 다스리신다는 것을 알기까지는" 당신의 총명을 잃었고 인간이 아니라 짐승처럼 된 것이다.

결국 짐승 같은 사람은 다른 인간들을 잘 대우하지 않는다. 그렇다고 섭리에 관해 옳은 생각을 가진 사람들이 항상 다른 이들을 마땅한 방식으로 잘 대우한다고 내가 주장하는 것은 아니다. 반면에 하나님의 섭리에 의해 낮아지지 않는 이들, 하나님을 높이는 진정한 인간성을 받아들이지 않는 이들은 결코 타인의 영원한 유익(최대의 유익)을 추구할 수 없을 것이다. 하나님은 느부갓네살이 참 지식에 이르기를 바랄 뿐만 아니라 그 지식의 열매(겸손, 믿음, 지혜, 공의, 사랑)가 맺어지길 바라신다. 인간됨의 최고의 존엄성은 바로 이런 것이다. 하나님의 무한한 '주권'을 아는 것, 그 주권의 합목적성의 영광과 은혜로움(이것이 그분의 섭리이다)을 아는 것, 그리고 이 영광으로 영혼이 만족하는 것, 아울러 이 은혜로 사랑의 용기를 얻는 것이다.

에워싸인 포로들을 위한 좋은 소식

우리가 이 진리를 보기 원하는 성경 저자는 다니엘만이 아니다. 다윗은 우리가 하나님의 가르침과 훈계에 등을 돌리면 "무지한 말이나 노새 같이 된다"라고 말한다(시 32:8-9). 이사야는 우리가 하나님의 진리를 받아들이지 않으면 소보다 더 어리석다고 말한다(사 1:3). 예레미야는 우리가 하나님의 규례를 거부하면 학과 산비둘기와 두루미보다 더 센스가 없다고 말한다(렘 8:7). 베드로와 유다는 알지 못하는 것을 비방하는 자들은 "이성 없는 짐승과 같다"라고 한다(유 10; 참고. 벧후 2:12). 그리고 바울은 빌립보 교인들에게 이렇게 경고한다. "개들을 삼가고 행악하는 자들을 삼가고

… 그들의 마침은 멸망이요, 그들의 신은 배요, 그 영광은 그들의 부끄러움에 있고 땅의 일을 생각하는 자라"(빌 3:2, 19).

우리를 인간답게 만드는 진리, 즉 '다니엘'이 가장 신경을 썼던 진리는 왕들과 열방을 다스리는 하나님의 보편적인 섭리였다. 그 이유는 아마 다니엘을 비롯한 유대인 포로들이 이방나라 바벨론의 뱃속에 갇힌 작고 보잘것없는 존재처럼 보였기 때문이었을 것이다. 그러나 사실, 열방은 물통 속의 물 한 방울에 불과하다. 언약을 지키는 당신의 하나님이 땅의 가장 막강한 왕을 다스리시고 그를 소처럼 지푸라기를 먹게 하신다는 진리를 아는 것이야말로 (당시에나 지금이나) 포로의 생존에 필수적이다. 이 진리는 믿는 포로들이 하나님의 이름을 모독하지 않게 막아줄 뿐만 아니라 그들의 영혼을 비인간화시키는 일을 방지해준다.

예수님이 다시 오실 때까지는 하나님의 백성에 대한 억압과 핍박의 계절이 늘 있어왔고 또 앞으로도 늘 있을 것이다. 쌍둥이처럼 붙어 다니는 큰 위험은 언제나 의심과 비인간화일 터이다. 인간들이 무자비한 우두머리에 의해 짐승과 같은 취급을 받을 때는(네로의 로마에서든, 나치의 강제수용소에서든, 대서양 노예무역의 중간 통로에서든), 그 가해자들이 마치 하나님은 하나님이 아닌 것처럼, 그리고 그들은 인간이 아닌 것처럼 살고 있는 것이다. 다니엘서는 그처럼 억압적인 환경에 몸담은 신자들을 위해 쓰인 책이다. 그리고 하나님을 높이고 영혼을 고상하게 하는 메시지는 바로 이것이다. 하나님이 그의 백성의 유익을 위해 우두머리들을 다스리신다는 것(롬 8:28, 36-37)과, 이성과 인간성을 잃은 자들은 우리가 아니라 세상의 느부갓네살들이라는 것이다.

실이 없으면 천도 없다

이번 장을 마무리하면서 한 발자국 물러나 자명하되 언급되지 않은 것을 주목하는 게 좋겠다. 하나님이 왕들을 폐하고 왕들을 세우시고(단 2:21), 나라들을 크게 만들고 나라들을 멸망시키시려면(욥 12:23) 수많은 인간의 결정들, 자연의 사건들, 헤아릴 수 없이 방대한 원인과 결과의 그물망을 편성하지 않으면 안 된다. 그런즉 순진하게도, 하나님이 과연 그 모든 실을 붙잡고 완벽하게 엮으실 수 있는지를 의심하면서 왕들과 열방에 대한 하나님의 섭리를 인정하려고 하지 말라.

그 실들 가운데는 삶과 죽음의 밝고 어두운 색채들이 있다. 과연 누가 그 손 안에 모든 존재의 호흡을 쥐고 계신 분의 심오한 지혜와 방대한 통치를 다 헤아릴 수 있겠는가? 이제 우리는 삶과 죽음에 대한 하나님의 섭리를 살펴보게 될 것이다.

5편

삶과 죽음을 다스리는 섭리

23.

진리의 목욕과 출생의 선물

우리는 삶과 죽음에 관해 자욱한 안개 같은 그릇된 생각에 둘러싸여 있다. 이는 눈에 보이지 않고 피할 수 없는 유독한 안개이다. 이 안개가 우리의 머리와 가슴에 침투한다. 이는 부분적으로는 사탄이("너희가 결코 죽지 아니하리라," 창 3:4), 부분적으로는 죄가("내일 죽을 터이니 먹고 마시자," 고전 15:32), 그리고 부분적으로는 문화가("우리는 다음과 같은 것을 자명한 진리라고 생각한다. 즉, 모든 사람은 평등하게 태어났고, 조물주는 몇 개의 양도할 수 없는 권리를 부여하였으며, 그 권리 중에는 생명과 자유와 행복의 추구가 있다…," 미국 독립선언문) 만든 것이다. 인생은 일차적으로 칠십 년에 걸친 이 증기의 호흡에 있다는 것, 몸이 죽을 때 인생이 끝난다는 것, 인생은 우리에게 속해서 우리 마음대로 살아도 좋다는 것 등 이런 생각들이 성경적인 관점으로 인생을 보기 어렵게 만든다. 세상의 환상에서 구출되어 하나님의 말씀의 상쾌한 공기로 진입한 경험이 없는 사람들에게는 23장-25장이 굉장한 충격을 줄 것이다.

성경적 진리로 목욕하고 들어가다

이 세상에서 우리가 걷는 곳이 온통 오도하는 안개로 가득 차 있다면, 이번 장을 시작할 때 정결케 하는 성경적 진리의 연못에 뛰어들어 잠시 물장구를 치는 것이 좋겠다. 어쩌면 생명의 광채가 상당한 기간에 걸쳐 형성된 어리석음의 안개를 뚫고 나갈지 모른다. 다음은 목욕하기에 안전한 장소가 되어줄, 성경적 진리를 담은 자그마한 연못이다.

"사망아, 너의 승리가 어디 있느냐? 사망아, 네가 쏘는 것이 어디 있느냐?" 사망이 쏘는 것은 죄요 죄의 권능은 율법이라. 우리 주 예수 그리스도로 말미암아 우리에게 승리를 주시는 하나님께 감사하노니(고전 15:55-57).

자녀들은 혈과 육에 속하였으매, 그[그리스도]도 또한 같은 모양으로 혈과 육을 함께 지니심은 죽음을 통하여 죽음의 세력을 잡은 자 곧 마귀를 멸하시며, 또 죽기를 무서워하므로 한평생 매여 종노릇 하는 모든 자들을 놓아 주려 하심이니(히 2:14-15).

주의 교훈으로 나를 인도하시고
후에는 영광으로 나를 영접하시리니
하늘에서는 주 외에 누가 내게 있으리요?
땅에서는 주 밖에 내가 사모할 이 없나이다.
내 육체와 마음은 쇠약하나
하나님은 내 마음의 반석이시요 영원한 분깃이시라(시 73:24-26).

아버지여, 내게 주신 자도 나 있는 곳에 나와 함께 있어 아버지께서 창세 전부터 나를 사랑하시므로 내게 주신 나의 영광을 그들로 보게 하시기를 원하옵나이다(요 17:24).

하나님이여 … 주의 인자하심이 생명보다 나으므로(시 63:1-3).

이는 내게 사는 것이 그리스도니 죽는 것도 유익함이라 … 내가 … 차라리 세상을 떠나서 그리스도와 함께 있는 것이 훨씬 더 좋은 일이라. 그렇게 하고 싶으나(고후 5:6,8).

몸은 죽여도 영혼은 능히 죽이지 못하는 자들을 두려워하지 말고(마 10:28).

예수를 죽은 자 가운데서 살리신 이의 영이 너희 안에 거하시면 그리스도 예수를 죽은 자 가운데서 살리신 이가 너희 안에 거하시는 그의 영으로 말미암아 너희 죽을 몸도 살리시리라(롬 8:11).

그는 만물을 자기에게 복종하게 하실 수 있는 자의 역사로 우리의 낮은 몸을 자기 영광의 몸의 형체와 같이 변하게 하시리라(빌 3:21).

그 바라는 것은 피조물도 썩어짐의 종 노릇 한 데서 해방되어 하나님의 자녀들의 영광의 자유에 이르는 것이니라(롬 8:21).

주께서 생명의 길을 내게 보이시리니, 주의 앞에는 충만한 기쁨이 있고 주의 오른쪽에는 영원한 즐거움이 있나이다(시 16:11).

우리가 성경적 진리의 연못에서 나올 때 하나님의 영이 그 진리가 우리 마음에 침투하게 하신다면, 다음 일곱 가지 향기가 우리의 마음을 관통할 것이다. 죽음은 실존하고 있지만 (1) 그리스도께서 그의 죽음과 부활로 죽음을 무찌르셨고, 따라서 (2) 그분을 소중히 여기는 사람들은 몸을 죽이는 것을 두려워할 필요가 없는데, 왜냐하면 (3) 그 순간에 우리가 그리스도와 함께 있을 것이며, 그분의 영광을 보고, 그분의 사랑을 맛보고, 편안하게 느낄 터인즉 그분이 나타나실 때까지 그럴 것이기 때문이고, 그때에는 (4) 그분이 우리의 몸을 죽은 자 가운데서 일으키셔서, (5) 우리에게 그분의 영광스러운 몸과 같은 몸을 주실 것이고, (6) 모든 창조세계를 우리의 영원한 거주지로 새롭게 하실 것이며, (7) 우리를 인도하사 그분의 영광스러운 존전에서 영원히 충만한 기쁨과 즐거움을 누리게 하실 것이다. 이것이 바로 상쾌한 진리이다.

죽음의 궁극적 목표와 패배

구속받은 자들은 죽음을 경험하고 죽음을 무찌른 주권자의 은혜의 영광을 찬송하는 노래를 영원토록 부를 것이다. 사도 요한은 환상 중에 이 주권자 앞에 죽은 자처럼 엎드려졌고, 그분은 이렇게 말씀하셨다.

> 두려워하지 말라. 나는 처음이요 마지막이니 곧 살아있는 자라. 내가 전에 죽었었노라, 볼지어다, 이제 세세토록 살아있어 사망과 음부의 열쇠를 가졌노니(계 1:17-18).

이는 영원히 그리스도의 영광을 나타내는 큰 부분이 될 것이다. 즉, 그분이 죽었다는 것, 그분이 현재 살아 계시다는 것, 그러므로 영원한 삶과 죽음의 열쇠가 그분의 손에 있다는 것이다. 우리는 영원토록 그의 죽음 및 죽음을 이긴 그의 승리를 노래할 것이다. "그들이 새 노래를 불러 이르되 … [주님은] 일찍이 죽임을 당하사 각 족속과 방언과 백성과 나라 가운데에서 사람들을 피로 사서 하나님께 드리시고"(계 5:9). "죽음의 고난 받으심으로 말미암아 영광과 존귀로 관을 쓰신 예수를 보니, 이를 행하심은 하나님의 은혜로 말미암아 모든 사람을 위하여 죽음을 맛보려 하심이라"(히 2:9). 아버지께서 특별한 기쁨으로 아들을 사랑하시는 것은 아들이 죽음을 견디고 또 무찔렀기 때문이다. "내가 내 목숨을 버리는 것은 그것을 내가 다시 얻기 위함이니 이로 말미암아 아버지께서 나를 사랑하시느니라"(요 10:17). 죄인들을 위해 겪은 이 고난과 죽음 때문에 아버지는 "그를 지극히 높여 모든 이름 위에 뛰어난 이름을 주셨던" 것이다(빌 2:9).

하나님의 아들이 지닌 영광은 죽음이 뚫고 들어와서 그를 낚아챈 것이 아니라 그 아들이 그 침입자를 이긴 것이다. 죽음이 그를 낚아채지 못했다. 죽음이 그의 계획을 방해하지 못했다. 그 아들이 죽음을 낚아챘다. 죽음은 그의 계획을 섬겼다. 그는 죽음을 파멸시켰다. 죽음이 그의 삶에 침입하는 것을 피해서 파멸시킨 것이 아니라, 그 자신이 죽음의 삶 속에 침입해서 속에서부터 그것을 죽이고 승리한 후 걸어 나옴으로써 파멸시켰던 것이다.

내가 내 목숨을 버리는 것은 그것을 내가 다시 얻기 위함이니, 이로 말미암아 아버지께서 나를 사랑하시느니라. 이를 내게서 빼앗는 자가 있는 것이 아니라 내가 스스로 버리노라. 나는 버릴 권세도 있고 다시 얻을 권세도 있으니(요 10:17-18).

너희가 이 성전을 헐라. 내가 사흘 동안에 일으키리라(요 2:19).

그리스도는 자진해서 죽음 속으로 걸어 들어갔다. 그리고 그는 자진해서 걸어 나왔다. 그는 죽을 때를 정했고(눅 13:32), 그는 살아날 때를 정했다(막 10:34). 죽음이 우위를 점한 적이 없었다. 세상에는 그렇게 보였을 뿐이다(고전 2:8). 이처럼 죽기로 결정한 것은 (12장에서 더 자세히 살펴본 것처럼) 죄와 죽음이 아담의 타락을 통해 세상에 들어온 '이후'(롬 5:12)가 아니라 "창세 **이전**"에 일어났던 일이다. 우리가 이 사실을 알고 있는 것은 무엇보다도 영원한 과거에 쓴 책, 곧 **"죽임을 당한** 어린 양의 생명책"(계 13:8)이 있었기 때문이다. 하나님의 어린 양이 죄인들을 위해 죽임을 당하고 따라서 죽음을 죽인다는 계획은, 마치 죄와 죽음이 첫째 계획을 무효로 만들었기 때문에 세운 둘째 계획이 아니었다. 그의 백성을 위해 죽고 또 죽음을 파멸시킨 일에서 가장 뚜렷이 나타난 그리스도의 영광을 찬송하는 것은 영원 전의 계획이었고, 하나님의 포괄적인 섭리로 실현된 모든 일의 목적이었다.

죽음의 실재와 혐오스러움

죽음이 망가뜨리고, 고뇌에 찌들고, 공포에 질린 창조세계가 어느 종착점을 향해 움직이는지를 놓치지 말자. 이 세계는 그리스도의 영광이 충만해지는 것을 향해 움직이고 있다. "만물이 다 그로 말미암고 **그를 위하여** 창조되었다"(골 1:16). 이 목표가 이뤄지지 않을 수 없는 것은 그리스도께서 이미 "모든 통치자와 권세의 머리"(골 2:10)이기 때문이다. 결국에는 아버지께서 **"만물을 그의 발아래에** 복종하게 하시고 그를 만물 위에 교회의 머리로 삼으셨다"(엡 1:22)는 것이 밝히 드러날 터이다.

그러나 그 동안에, 우리가 죽음과 고통의 두려움에 대해 순진해지고 그것을 잊어

버린다면, 우리는 얻는 게 하나도 없고 많은 걸 잃어버릴 것이다. 나는 수많은 사람이 겪는 죽음이란 끔찍한 경험을 가볍게 여기지 않으려고 지금 떨면서 이번 장을 쓰고 있다. 물론 신자들이 예수님의 품에 안길 때 경험하는 감미롭고 평온한 죽음도 있다. 나도 그런 모습을 본 적이 있다. 우리 집에서 한 블록 떨어진 요양원에 우리 교회에 몇십 년을 다닌 한 늙은 성도가 살고 있었다. 그는 생애의 마지막 순간에 평온하게 깨어있는 상태로 대화를 나누다 단 5초 만에 생을 마감했다. 참으로 놀랍고 아름다운 순간이었다. 그리고 드문 경우였다.

나는 또한 가장 노련하고 신실한 성도들이 고통당하는 모습을 보고 두려워한 적도 있었다. 우리 교회에서 이른바 큰 기도의 용사였던 루스가, 침대 둘레에서 음란한 인물들이 춤추는 끔찍한 환각에 시달려서 혀가 바짝 말라 흑색으로 변한 채 나에게 주님이 자기를 데려가게 해달라고 기도를 부탁했던 것이 기억난다. 그리고 어린 자녀 넷을 둔 한 젊은 엄마는 암에 걸려 마지막 삼십 분을 평온하게 죽지 못했고, 오히려 어린 자녀들이 옆방에서 소식을 기다리는 동안 고통에 너무나 시달린 나머지 경련을 일으키며 토하는 등 엉망진창이 된 상태로 숨을 거두었다. 그리고 간이 몸 밖에 달린 채 태어난 영아가 있었다. 포대기로 두르면 완전히 정상인 듯 보였지만 단 아홉 시간밖에 살지 못했다.

죽음의 공포를 보여주는 이런 경우들은 최대한의 도움을 받는 등 최상의 의료적 손길 아래서 일어났다. 이런 죽음은 해마다 백만 번도 넘게 발생하고, 대다수는 가장 가난한 지역들에서 의료의 도움이 없이 일어난다. 이런 대다수의 죽음과 달리, 내 친구들의 죽음은 희망을 품고 죽은 경우였다. 그들은 믿는 사람들이었다. 그들은 장차 얼굴을 맞대고 그리스도를 볼 것이라고 확신했던 믿음의 사람들이었다. 보통은 죽음이 아니라 죽어가는 것을 두려워했다. 그러나 해마다 죽는 수백만 명 중 대다수는 그렇지 않다. 그들의 고통은 영원히 겪는 더 나쁜 고통으로 이어질 뿐이다(마 25:46; 계 14:11). 우리가 그런 끔찍한 실재를 염두에 두기만 한다면, 이 세상에서 일어나는 불행의 행렬과 죄인들을 위해 그 불행을 견디신 그리스도의 사랑이 우리의 지혜와 깨어짐, 치유와 용기의 일부가 된다.

하나님이 모든 영혼을 만드셨고 소유하신다

하나님이 본래 생명의 소유주이시다. 그러므로 생명은 하나님이 주신 선물이다. 새로운 탄생으로 얻은 '영적인' 생명과 영혼의 창조로 얻은 '자연적' 생명 모두 그렇다. "아버지께서 자기 속에 생명이 있음같이 아들에게도 생명을 주어 그 속에 있게 하셨고"(요 5:26). 아들은 이 생명을 아버지께서 선택하시는 사람에게 준다. 이는 요한복음 17장 2절에 나오는 예수님의 기도에 나타난다. "아버지께서 아들에게 주신 모든 사람에게 영생을 주게 하시려고 만민을 다스리는 권세를 아들에게 주셨음이로소이다." 그리스도는 자기 목숨을 대가로 치르고서 믿는 죄인들을 위해 생명의 선물을 사셨다. 따라서 우리의 생명이 그분께 속해 있는 것이다. "**너희는 너희 자신의 것이 아니라** 값으로 산 것이 되었으니"(고전 6:19-20). "그가 우리를 대신하여 자신을 주심은 … 우리를 깨끗하게 하사 선한 일을 열심히 하는 **자기 백성이 되게** 하려 하심이라"(딛 2:14). "내가 너를 구속하였고 내가 너를 지명하여 불렀나니 **너는 내 것이라**"(사 43:1).

그러므로 예수님을 믿는 신자들은 이중적인 의미에서 그의 소유이다. 우리는 그분이 구속의 값을 치르고 샀을 뿐만 아니라 모든 인류와 나란히 영혼의 창조를 통해서도 그분의 소유가 된 것이다. 새로운 탄생으로 얻은 영적인 생명이 하나님의 선물이지만 각 영혼의 창조에 의한 자연적 생명도 마찬가지다. 누군가가 우리의 몸은 정자와 난자의 결합과 세포 증식을 통해, 단지 물리적 작용에 의해서만 존재하게 된다고 (성경의 뒷받침 없이) 주장할 수 있다. 그러나 예수님의 가르침(우리는 몸일 뿐 아니라 영혼이기도 하다, 마 10:28)을 받아들이는 이들이 보기에, 각 생명의 자연적 기원만 얘기하는 것은 빗나가는 소리에 불과하다. 만일 각 생명이 몸의 생명과 더불어 영혼의 생명이기도 하다면, 각 생명은 하나님이 창조하신 것이다. 인간들이 새로운 몸이 만들어지는 과정에는 참여할 수 있어도 영혼은 창조할 수 없다. 영혼은 오직 하나님이 창조하신다.

"**우리를 지으신** 여호와 앞에 무릎을 꿇자"(시 95:6)라는 시편 저자의 소환은 개별적 인간으로서 우리의 존재가 다만 사람이 아니라 하나님 덕분임을 인정하자는 요청이다. "주님께서 손으로 몸소 나를 창조하시고 나를 세우셨으니"(시 119:73, 새번역).

"여호와가 우리 하나님이신 줄 너희는 알지어다. 그는 우리를 지으신 이요, 우리는 그의 것이니"(시 100:3). 시편 저자들은 인간의 생명 전체(몸과 영혼)를 하나님의 작품으로, 그런즉 하나님의 소유로 보고 있다.

> 땅과 거기에 충만한 것과
> 세계와 그 가운데에 사는 자들은 다 여호와의 것이로다(시 24:1).

> 세계와 거기에 충만한 것이 내 것임이로다(시 50:12).

> 세계가 다 내게 속하였나니(출 19:5).

> 하늘과 모든 하늘의 하늘과 땅과 그 위의 만물은 본래 네 하나님 여호와께 속한 것이로되(신 10:14).

> 온 천하에 있는 것이 다 내 것이니라(욥 41:11).

> 주께서 내 내장을 지으시며 나의 모태에서 나를 만드셨나이다.
> 내가 주께 감사하옴은 나를 지으심이 심히 기묘하심이라.
> 주께서 하시는 일이 기이함을 내 영혼이 잘 아나이다(시 139:13-14).

모든 생명은 언제나 하나님의 선물이다

역사의 초창기부터 성경은 인간 자손을 하나님의 선물로 묘사한다. 자손 전반이 아니라 개개인이 모두 선물이라고 한다. 반면에 마치 하나님이 출산 설계만 하셨고 세계의 지탱과 지도 및 각 자녀에 대한 계획은 없이 그냥 흘러가게 내버려둔 것처럼 묘사하지 않는다. 하나님은 훨씬 더 직접적으로 개입하신다. 그분은 만물을 붙들고 계시고(히 1:3) 다함께 유지하고 계신다(골 1:17).

가인이 아벨을 죽인 후에 성경은 우리에게 이런 얘기를 들려준다. "아담이 다시 자기 아내와 동침하매, 그가 아들을 낳아 그의 이름을 셋이라 하였으니, 이는 '**하나님이 내게 가인이 죽인 아벨 대신에 다른 씨를 주셨다**' 함이며"(창 4:25). 여기서 '주셨다'는 단어는 "두다" 또는 "놓다" 또는 "세우다"란 뜻을 지닌 흔한 단어이다. 셋(Seth)이란 이름은 이 단어와 비슷하게 발음되기 때문에 이는 말장난인 듯하다. 그러나 중요한 점은 바로 하나님이 이 자녀를 생산케 하셨다(두셨다, 놓으셨다, 세우셨다, 주셨다)는 것이다.

하와가 아들 가인을 낳았을 때도 이렇게 알렸다. "주님의 도우심으로 내가 남자 아이를 얻었다"(창 4:1, 새번역). 문자적으로는 "내가 **주님과 함께** 한 남자를 얻었다"란 뜻이다. 이는 주님이 아버지라는 뜻이 아니다. 왜냐하면 그 앞에서 "아담이 자기 아내 하와와 동침하니 아내가 임신하여 가인을 낳았다"고 말하기 때문이다. 이는 주님이 이 임신과 출생을 유발하는 데 결정적 역할을 하셨다는 뜻이다.

이런 방식으로 성경은 모든 임신과 출생을 본다. 모든 출생은 하나같이 하나님의 선물이다. 욥이 자녀들을 잃었을 때 땅에 엎드려 하나님을 예배하며 "**주신 이도 여호와시요** 거두신 이도 여호와시오니, 여호와의 이름이 찬송을 받으실지니이다"(욥 1:21)하고 말했다. 그리고 영감을 받은 저자가 "이 모든 일에 욥이 범죄하지 아니하고 하나님을 향하여 원망하지 아니하니라"(1:22)고 덧붙였다. 하나님이 자녀들을 '주신' 것이나 '거두신' 것은 잘못이 아니었다. 그런데 주신 분은 바로 주님이었다. 욥은 물론이고 구약의 어떤 신자도 그 사실을 의심하지 않았다. 우리 역시 의심하면 안 된다.

"[하나님은] 임신하지 못하던 여자를 집에 살게 하사 자녀들을 즐겁게 하는 어머니가 되게 하시는도다"(시 113:9). "자식들은 여호와의 기업이요 태의 열매는 그의 상급이로다"(시 127:3).

임신과 출생은 하나님이 행하시는 일이다

모태를 열고 닫는 것, 생명을 주고 막는 것(또는 거두는 것)은 하나님의 오류가 없고 효능이 있는 특권으로 간주되었다. "라헬이 자기가 야곱에게서 아들을 낳지 못함을 보고 그의 언니를 시기하여 야곱에게 이르되 '내게 자식을 낳게 하라, 그렇지 아니하면 내가 죽겠노라.' 야곱이 라헬에게 성을 내어 이르되 '그대를 임신하지 못하게 하시는 이는 하나님이시니 **내가 하나님을 대신하겠느냐?**'"(창 30:1-2). 달리 말하면, 모태를 열고 닫는 것(임신을 허락하고 또 허락하지 않는 것)은 하나님께 달려 있었다는 것이다. 그것이 야곱의 견해였다. 하지만 야곱만의 견해가 아니었다.

한나가 남편 엘가나에게 자녀를 낳지 못했을 때 영감을 받은 사무엘서의 저자는 "여호와께서 그에게 임신하지 못하게 하셨다"(삼상 1:5)라고 말했다. 이는 형벌로 묘사되지 않았다. 그것은 하나님이 임신을 좌우하신다는 엄연한 사실이었다. 그러므로 한나는 하나님께 "주의 여종에게 아들을 주시도록"(삼상 1:11) 간절히 울부짖었다. 그리고 자비롭게도 "여호와께서 그를 생각하신지라. 한나가 임신하고 때가 이르매 아들을 낳았다"(삼상 1:19-20). 한나는 경배와 감사의 기도를 올려 드릴 때 생명을 주고 취하는 절대적인 권세와 권능을 하나님의 것으로 돌렸다.

> 풍족하던 자들은 양식을 위하여 품을 팔고
> 주리던 자들은 다시 주리지 아니하도다.
> 전에 임신하지 못하던 자는 일곱을 낳았고
> 많은 자녀를 둔 자는 쇠약하도다.
> **여호와는 죽이기도 하시고 살리기도 하시며**
> 스올에 내리게도 하시고 거기에서 올리기도 하시는도다(삼상 2:5-6).

한나가 자신의 경험으로부터 "여호와는 죽이기도 하시고 살리기도 하신다"는 포괄적인 진술로 일반화하는 것이 과장은 아니다. 그녀는 욥과 야곱과 마찬가지로 이것이 바로 하나님을 하나님으로 만드는 것임을 인정하고 있을 뿐이다. 하나님의 섭리는 이곳까지 미친다. 생명은 그의 손에 있다는 것이다.

하나님을 하나님으로 만드는 것

하나님의 하나님다움이 생명을 주기도 하고 취하기도 하는 그분의 권세와 능력을 포함한다고 내가 말하는 이유가 있다. 첫째, 우리가 이미 살펴본 표현들 때문이다. "주신 이도 여호와시요, 거두신 이도 여호와시오니." "내가 하나님을 대신하겠느냐?" 등. 둘째, 모세는 하나님의 하나님다움과 생명을 주고 또 취하는 일 사이의 연결고리를 더욱 강화하는 표현을 쓰고 있기 때문이다.

이제는 나 곧 내가 그인 줄 알라.
나 외에는 신이 없도다.
나는 죽이기도 하며 살리기도 하며
상하게도 하며 낫게도 하나니
내 손에서 능히 빼앗을 자가 없도다(신 32:39).

선지자 이사야 역시 하나님의 하나님다운 독특한 존재성(그의 유일무이한 특권)을 강조할 때 이런 방식으로 말한다(41:4; 43:10, 13, 25; 48:12; 51:12). 이사야와 모세는 '하나님은 어디까지나 하나님이시다'라는 점에 의견을 같이한다. 그분 밖에는 다른 신이 없다. 아무도 그분의 손에서 빼앗을 수 없다. 그러므로 삶과 죽음을 지배하는 절대적 권한은 하나님께, 오직 그분께만 속해 있는 것이다.

엘리사 시대의 이스라엘 왕이었던 요람은 야곱과 같은 반응(창 30:1-2)을 보였고 삶과 죽음에 대한 하나님의 권세에 대해 그와 똑같은 견해를 표명했다. 시리아의 군사령관 나아만은 문둥병자였다. 유대인 여종의 격려를 받아 그는 치유를 받으려고 이스라엘에 왔다. 그는 시리아의 왕이 보낸 편지를 들고 요람 왕에게 접근했다. 요람이 그 편지를 읽고는 "자기 옷을 찢으며 이르되 '내가 사람을 죽이고 살리는 하나님이냐?'" 하고 말했다(왕하 5:7). 왕의 생각에는, 한나와 욥과 야곱과 모세의 생각과 같이, 바로 그것이 하나님이 된다는 말의 뜻이었다.

하나님은 곧 그의 손에 생명을 쥐고 있는 분이다. 그분은 주기도 하고 취하기도 하신다. 그분은 모태를 열기도 하고 닫기도 하신다. 이런 것이 단지 섭리와 상관없는 자연적 작용이라는 생각은 하나님 중심의 세계관에 들어설 자리가 없다.

바울이 아레오바고에서 철학자들에게 참된 하나님의 본성을 명백히 알리려고 애쓴 적이 있다. 그때 그는 하나님이 "우주와 그 가운데 있는 만물을 지으셨다"(행 17:24)고 주장했을 뿐만 아니라 이 하나님이 전적으로 자존하시고 자기충족적인 분으로서 시시각각 창조주의 역할을 수행하신다고 주장했다.

"[하나님은] 무엇이 부족한 것처럼 사람의 손으로 섬김을 받으시는 것이 아니니, 이는 만민에게 생명과 호흡과 만물을 친히 주시는 이심이라"(행 17:25).

바울이 보기에는 이것이 바로 하나님이 하나님답다는 말의 뜻이었다. 즉, 하나님은 완전히 자기충족적이시고, 모든 생명을 그 안에 갖고 계시며, 모든 인간의 생명과 호흡의 궁극적이고 결정적인 원인자가 되는 분이다.

자손에 대한 틀림없는 약속

이것이 하나님의 약속, 곧 그분이 자손을 주겠다고 거듭해서 한 약속의 배후에 있는 실재이다. 다른 누구도 그런 약속을 할 수 없다. 그리고 그분은 자기가 한 약속을 스스로 이루신다.

하나님은 야곱에게 "내가 네게 허락한 것을 다 이루기까지 너를 떠나지 아니하리라"(창 28:15)고 말씀하셨다. 하나님의 약속은 운명이 초래할 것에 대한 단순한 예측이 아니다. 그 약속은 그분이 스스로 행하실 것에 대한 진술이다. "여호와께서 하신 말씀을 그가 이루신다는 증거이니라"(사 38:7). "내가 예로부터 처음 일들을 알게 하였고 내 입에서 그것들이 나갔으며, 또 내가 그것들을 **듣게 하였고** 내가 홀연히 **행하여** 그 일들이 이루어졌느니라"(사 48:3). "여호와께서 그의 입으로 내 아버지 다윗에게 말씀하신 것을 이제 그의 손으로 이루셨도다"(대하 6:4). "내가 내 말을 지켜 그대로 이루려 함이라"(렘 1:12).

그러므로 하나님이 아브라함에게 "내가 네 자손이 땅의 티끌 같게"(창 13:16) 하고, 하늘의 별처럼 많게 하며(창 15:5), "그 수가 많아 셀 수 없게"(창 17:6) 하고, 심지어 "네게서 민족들이 나게 하며 왕들이 네게로부터 나오게"(창 17:6) 하겠다고 말씀하실 때에도, 그의 아내 사라가 늘 임신하지 못했던 것(창 11:30)과 현재 아이를 낳을 나이가 훨씬 지난 것(창 18:11)이 중요하지 않았던 것이다. 그런 사실이 중요하지 않았던 것은 하나님은 하나님이시고, 다름 아닌 그분이 말씀하셨기 때문이다. 그래서 그 약속이 실현되었다.

그가 이르시되 "내년 이맘때 내가 반드시 네게로 돌아오리니 네 아내 사라에게 아들이 있으리라" 하시니(창 18:10).

여호와께서 아브라함에게 이르시되 "… 여호와께 능하지 못한 일이 있겠느냐?"(창 18:13-14).

여호와께서 말씀하신 대로 사라를 돌보셨고, 여호와께서 말씀하신 대로 사라에게 행하셨으므로, 사라가 임신하고 하나님이 말씀하신 시기가 되어 노년의 아브라함에게 아들을 낳으니(창 21:1-2).

이 이야기를 읽었을 때, 사도 바울은 그 밑바닥까지 꿰뚫어보았다. 말하자면, 하나님은 하나님이시고, 비록 인간의 자원이 전혀 존재하지 않을지라도, 그분이 기뻐하시는 곳에 생명을 주는 일을 막을 것이 하나도 없음을 보았다는 뜻이다.

"그[아브라함]가 믿은 바 하나님은 **죽은 자를 살리시며, 없는 것을 있는 것으로 부르시는** 이시니라"(롬 4:17).

그리고 주님이 그냥 불임 상태에 있는 사라를 발견하셨다고 우리가 생각하지 않도록, 사라는 그보다 더 깊고 옳은 견해를 갖고 있다. 주님은 그녀가 불임인 것을 '발견하신' 것이 아니다. 주님이 그녀를 불임으로 '만드셨다.'

"사래가 아브람에게 이르되 '여호와께서 내 출산을 허락하지 아니하셨으니'"(창 16:2). 그녀는 자연의 작용이 하나님의 섭리 안에 있다는 것을 알았다. 임신과 출생은 주님의 손 안에 있다.

우리가 성경 어디를 펼치든지 하나님이 모태를 닫고 또 여신다

우리는 성경에서 매우 세세하게 이 점을 이끌어낼 수 있다. 그러나 여기서는 다섯 가지 사례를 간략하게 언급하는 것으로 충분하겠다.

이삭:

이삭이 그의 아내가 임신하지 못하므로 그를 위하여 여호와께 간구하매 여호와께서 그의 간구를 들으셨으므로 그의 아내 리브가가 임신하였더니(창 25:21).

여호와께서 이삭에게 나타나 이르시되, "… 네 자손을 하늘의 별과 같이 번성하게 하며…"(창 26:2, 4).

야곱:

네 자손이 땅의 티끌 같이 되어 … 내가 네게 허락한 것을 다 이루기까지 너를 떠나지 아니하리라(창 28:14-15).

여호와께서 레아가 사랑 받지 못함을 보시고 그의 태를 여셨으나 라헬은 자녀가 없었더라(창 29:31).

하나님이 라헬을 생각하신지라, 하나님이 그의 소원을 들으시고 그의 태를 여셨으므로(창 30:22).

내가 야곱에게서 씨를 내며 유다에게서 나의 산들을 기업으로 얻을 자를 내리니(사 65:9).

룻:

이에 보아스가 룻을 맞이하여 아내로 삼고 그에게 들어갔더니, 여호와께서 그에게 임신하게 하시므로 그가 아들을 낳은지라(룻 4:13).

다윗:

솔로몬이 이르되 "… 주께서 그[다윗]에게 큰 은혜를 베푸셨고 주께서 또 그를 위하여 이 큰 은혜를 항상 주사 오늘과 같이 그의 자리에 앉을 아들을 그에게 주셨나이다"(왕상 3:6).

세례 요한:

천사가 그에게 이르되 "사가랴여, 무서워하지 말라. 너의 간구함이 들린지라. 네 아내 엘리사벳이 네게 아들을 낳아 주리니 그 이름을 요한이라 하라"(눅 1:13).

이 후에 그의 아내 엘리사벳이 잉태하고 다섯 달 동안 숨어 있으며 이르되 "주께서 나를 돌보시는 날에 사람들 앞에서 내 부끄러움을 없게 하시려고 이렇게 행하심이라" 하더라(눅 1:24-25).

이웃과 친족이 주께서 그를 크게 긍휼히 여기심을 듣고 함께 즐거워하더라(눅 1:58).

하나님께는 불가능한 출생이 없다

가장 극적인 사례는 예수님의 출생이다. 이는 출생의 과정을 다스리는 면에서 자연적 영역과 초자연적 영역에 대한 하나님의 절대 주권을 보여준다. 천사 가브리엘이 마리아에게 성교가 없이 아들을 갖게 될 것이라고 알려주었을 때, 마리아가 "나는 남자를 알지 못하니 어찌 이 일이 있으리이까?"(눅 1:34) 하고 겸손하게 말했다. 가브리엘의 답변은 깜짝 놀랄 만한 것이었다. "성령이 네게 임하시고 지극히 높으신 이의 능력이 너를 덮으시리니, 이러므로 나실 바 거룩한 이는 하나님의 아들이라 일컬어지리라"(눅 1:35).

가브리엘은 이 통보가 도무지 믿기 어려운 것임을 알았다. 그래서 그녀가 믿게 하려고 두 가지 도움을 제공했다. 첫째, 그는 그녀의 친척인 엘리사벳을 가리켰다. "보라, 네 친족 엘리사벳도 늙어서 아들을 배었느니라. 본래 임신하지 못한다고 알려진 이가 이미 여섯 달이 되었다"(눅 1:36). 둘째, 그는 모든 것을 다스리시는 하나님의 섭리에 따른 포괄적인 성경의 약속을 그녀에게 상기시켰다. "하나님께는 불가능한 일이 없다"(눅 1:37, 새번역).

생명이 올 때와 떠날 때를 하나님이 정하신다

성경적 세계관은 "하나님께는 불가능한 일이 없다"는 말씀에 뿌리를 두고 있다. 그래서 구약의 성도들, 신약의 성도들, 그리고 성경의 저자들 중에 하나님의 섭리, 곧 임신을 주관하고 죽음을 지배하는 그 섭리와 상관없이 생명이 탄생할 수 있다거나 세상에서 떠날 수 있다고 믿은 사람은 하나도 없다. 그것은 도무지 상상할 수 없었다. 하나님이 진정 하나님이시라면 생명은 그분에게 속해 있다. 그분이 모든 영혼을 창조하셨다. 그분이 시시각각 모든 생명을 붙들고 계신다. 그분이 생명이 탄생할 때와 끝날 때를 결정하신다.

> 그가 만일 뜻을 정하시고 그의 영과 목숨을 거두실진대
> 모든 육체가 다 함께 죽으며 사람은 흙으로 돌아가리라(욥 34:14-15).

> 하늘을 창조하여 펴시고, 땅과 그 소산을 내시며,
> **땅 위의 백성에게 호흡을 주시며,**
> **땅에 행하는 자에게 영을 주시는**
> 하나님 여호와께서 이같이 말씀하시되
> "나 여호와가…"(사 42:5-6).

주님이 주시고 주님이 거두어 가신다. 주님의 이름이 찬송을 받으소서(욥 1:21). 삶과 죽음이 걸려있을 때, 바로 이 고백이 하나님을 하나님으로 모시는 것이다. 그리고 이것이 하나님을 경배하고 그분의 주권적인 지혜와 선하심을 신뢰하는 모습이다. "주님의 이름이 찬송을 받으소서."

24.

거두신 이도 여호와시오니
여호와의 이름이 찬송을 받으실지니이다

앞장에서는 대체로 욥의 경배가 담긴 진술의 절반, 즉 "여호와께서 주셨다"(욥 1:21)는 섭리의 고백에 초점을 맞추었다. 수많은 아들들과 딸들이 "주어졌기" 때문에 이 섭리가 큰 기쁨을 유발한다는 것은 우리가 이미 살펴보았다. 유니세프(UNICEF)에 따르면, 세계적으로 매분 약 250명이, 매일 약 35만 명이, 매년 약 1억 2천 7백만 명이 태어난다고 한다. 이런 출생이 보통은 엄마의 고통을 수반하지만 다음과 같은 사실은 결코 드물지 않다. "여자가 해산하게 되면 그때가 이르렀으므로 근심하나 아기를 낳으면 세상에 사람 난 기쁨으로 말미암아 그 고통을 다시 기억하지 아니하느니라"(요 16:21).

그러나 우리는 생명을 주는 바로 그 섭리가 또한 그 선물을 거두어 간다는 것도 살펴보았다. 하나님은 모태를 열고 또 닫으신다(창 16:2; 20:18; 30:2; 삼상 1:5). 섭리가 임신과 출생과 생명을 산출하는 것은 감미로운 일이다. 반면에 섭리가 불임과 유산과 사산을 산출하는 것은 쓰라린 일이다.[1]

---

1) 룻기에서 이런 용어들이 초래하는 결과는 다음 책을 참고하라. John Piper, *A Sweet and Bitter Providence: Sex, Race, and the Sovereignty of God* (Wheaton, IL: Crossway, 2010).

불행을 초래하는 물리적이고 악마적인 원인들이 존재하지만 결정적이지 않다

나오미가 고국과 남편과 두 아들을 잃었을 때 진술하듯이("**여호와의 손이 나를 치셨으므로 나는 너희로 말미암아 더욱 마음이 아프도다**," 룻 1:13), 우리가 '쓰라린' 섭리를 거론할 때는 물론 다른 자연적 또는 악마적 원인들을 부인하는 것은 아니다. 그러나 물리적 및 악마적 원인들이 섭리의 지혜롭고 자비로운 목적을 좌절시킨다는 것은 우리가 부인한다. 죽음을 초래하는 물리적 및 악마적 원인들은 실제로 존재한다. 그러나 그런 원인들이 궁극적이거나 결정적이지는 않다(18-19장을 보라).

욥의 자녀 열 명이 모두 죽었을 때, 집을 무너뜨린 강풍은 진짜 물리적 바람이었고(욥 1:19), 그들을 덮친 돌들 역시 생명을 부수는 물리적인 중력으로 떨어진 진짜 물리적 돌들이었다. 그리고 욥의 몸이 온통 종기로 덮였을 때(2:7), 그것도 그 안에 물리적 벌레들이 기어 다니는 진짜 물리적 종기였다(7:5). 자연은 사탄과 마찬가지로 매우 활동적이었다. 이 이야기를 쓴 영감 받은 저자는 "**사탄**이… 욥을 쳐서 그의 발바닥에서 정수리까지 종기가 나게 한지라"(2:7)고 말한다. 이런 물리적 및 악마적 원인들은 실제로 존재했다. 그러나 그 원인들이 궁극적이거나 결정적인 것은 아니었다. 이런 것들이 하나님의 섭리의 지혜롭고 자비로운 목적을 좌절시키지는 못했다. 그 이야기의 본문에서 다음 네 가지 이유를 끌어낼 수 있기 때문이다.

1. 욥은 바람이 그의 자녀들의 목숨을 앗아갔다는 소식을 들었지만 이렇게 말했다. "주신 이도 **여호와**시요 거두신 이도 **여호와**시오니, 여호와의 이름이 찬송을 받으실지니이다"(1:21). 그리고 그 영감 받은 저자는 "이 모든 일에 욥이 범죄하지 아니하고 하나님을 향하여 원망하지 아니하니라"(1:22)고 말한다.

2. 욥이 그의 몸에 생긴 종기를 보고 또 하나님을 저주하고 죽으라는 아내의 도전을 들었을 때(2:9) 이렇게 응전했다. "우리가 하나님께 복을 받았은즉 화도 받지 아니하겠느냐?"(2:10). 그리고 그 영감 받은 저자는 다시금 이것이 죄스러운 반응이 아니라는 것을 확실히 밝혀준다. "이 모든 일에 욥이 입술로 범죄하지

아니하니라"(2:10).

3. 욥이 하나님에 대한 무분별한 비판 때문에 마침내 회개하기에 이르렀을 때 (42:6) 하나님께 이렇게 시인한다. "주께서는 무슨 일이든지 다 하실 수 있는 분이시므로, **주의 계획은 그 어느 것도 좌절될 수 없다**는 것을 나는 압니다"(42:2, 현대인의 성경).

4. 마지막으로, 이 이야기를 들려주는 영감 받은 저자는 욥기 42장 11절에서 이 모든 고통스러운 사건들에 대해 하나님의 영감을 받은(딤후 3:16) 해석을 내놓는다. "그의 모든 형제와 자매와 이전에 알던 이들이여 … **여호와께서 그에게 내리신 모든 재앙**에 관하여 그를 위하여 슬퍼하며 위로하고."

이처럼 욥의 쓰라린 경험(야고보는 그 목적이 "주는 가장 자비하시고 긍휼히 여기시는 이심"을 보여주는 것이라고 말한다)에 대해 길게 논하는 취지는 다음 두 가지를 보도록 돕기 위해서다. 첫째, 주님으로부터 오는 쓰라린 섭리를 경험하고 또 거론하는 것이 성경적이라는 점과 둘째, 주님의 목적을 궁극적이고 결정적인 것으로 취급하는 입장이 자연적 및 악마적 원인들의 실재 또는 무서움을 무효로 만들지 않는다는 점이다.

모든 생명에 대한 하나님의 권한을 보는 안목을 가져라

이제 모태를 열고 닫는 하나님의 섭리에 대한 강조에서 모든 생명과 죽음에 대한 하나님의 섭리로 전환했던 대목으로 되돌아가자. 하나님은 이 땅에서 생명이 시작할 때와 같이 생명이 끝날 때에도 생명의 소유권과 생명에 대한 특권을 똑같이 보유하고 계신다. 욥의 경배가 담긴 고백의 후반부는 전반부만큼 옳다. "주신 이도 여호와시요 **거두신 이도 여호와이시다**"(욥 1:21). 하나님이 생명의 창조주이자 지탱자로서 모든 생명을 소유하신 만큼(시 24:1-2; 욥 41:11; 행 17:25) 그분이 기뻐하실 때에 기뻐하시는 방식으로 생명을 주고 또 거두어 가실 수 있다. 이때 그분은 지혜와 선하심과 공의가 충만한 가운데 행하신다.

하나님이 "나는 죽이기도 하며 살리기도 한다"(신 32:29)고 주장하실 때는 그의 능력만 선언하는 것이 아니다. 그분은 그의 권한도 선언하고 계신다. 그분은 하나님이라는 독특한 신분으로, 언제나 완전한 의로움으로 행하신다고 선언하는 것이다(시 96:13; 사 5:16; 렘 4:2; 행 17:31; 계 19:11).

생명은 양도할 수 없는 권리인가?

당신은 내가 지난 장을 시작할 때 왜 미국 독립선언문을 인용했는지 궁금했을 것이다. 내가 그 선언문을 인용한 것은 우리 문화가 어떻게 날마다 우리의 생각을 삼켜버리는 그릇된 안개를 만드는지 보여주기 위해서였다. "우리는 다음과 같은 것을 자명한 진리라고 생각한다. 즉, 모든 사람은 평등하게 태어났고, 조물주는 몇 개의 양도할 수 없는 권리를 부여하였으며, 그 권리 중에는 생명과 자유와 행복의 추구가 있다…." 여기서 우리가 생명에 대한 양도할 수 없는 권리를 갖고 있다는 것이 하나님과 관련해서 그런지, 아니면 사람과 관련해서만 그런지를 곰곰이 생각해보는 사람은 그리 많지 않을 것이다.

내가 보기에, 대다수 현대인의 마음속에는 우리가 하나님과 관련하여 생명에 대한 권리를 갖고 있다는 생각이 깊이 자리 잡은 듯하다. 말하자면, 그분은 우리의 생명을 취할 권리가 없다는 것이다. 그리고 그분이 만일 존재한다면, 그는 우리의 생명을 보존하기 위해 가능한 일을 행할 의무가 있다. 대다수는 우리의 생명을 우리의 것으로 생각한다. 우리의 생명은 다른 누구에게도 속해 있지 않다. 그리고 아무도, 심지어 하나님조차, 내가 선택하지 않을 때 내 생명을 취할 권리가 없다. 내가 내 생명을 주관해야 한다. 그리고 만일 하나님을 포함한 누군가가 내 생명을 취한다면, 그는 부당한 짓을 행하는 것이다. 이것이 생명에 대한 "양도할 수 없는" 권리에 대해 우리가 무언중에 품고 있는 생각인 듯하다.

그러나 이는 하나님의 견해가 아니다. 성경의 견해가 아니다. 물론 인간이 **다른 인간들과 관련하여** 가진 생명의 권리라는 것은 있다. 어느 인간도 나의 생명을 취할 권리가 없다. 그런데 우리 각자가 가진 이 생명의 권리는 단지 동물보다 나은 유전적 우월성이 주는 결과가 아니다. 이 권리는 하나님의 계명 덕분이고, 하나님의 형상으로 창조된 존재로서 우리와 하나님의 관계에 뿌리박고 있다. 하나님은 "살인하지 말라"(출 20:13)고 명령하셨다. 그 계명과 함께 하나님은 인간에게 '다른 사람들과 관련하여' 생명의 권리를 부여하신 것이다. 이것이 독립선언문의 뜻이라고 나는 생각한다. "조물주는 몇 개의 양도할 수 없는 권리를 부여하였으며…."

이 계명과 권리 부여는 하나님의 형상으로 창조된 우리와 하나님의 관계에 뿌리를 박고 있었다. 이는 한 인간의 생명을 취하는 사람으로부터는 한 인간의 생명을 취해도 좋다는 사실에 의해 역설적으로 입증되었다.

> 내가 반드시 너희의 피 곧 너희의 생명의 피를 찾으리니 … 사람이나 사람의 형제면 그에게서 그의 생명을 찾으리라.
> 다른 사람의 피를 흘리면 그 사람의 피도 흘릴 것이니
> **이는 하나님이 자기 형상대로 사람을 지으셨음이니라**(창 9:5-6).

사람은 하나님의 형상으로 창조된 만큼 인간의 생명을 취하는 것이 너무나 심각한 죄라서 그 사람은 자기 생명을 잃게 될 것이다. 달리 말하면, 사형의 공정한 적용은 생명을 최소화하는 것을 반영하는 게 아니라 하나님의 형상을 지닌 인간 생명의 대단한 가치를 반영하는 것이다. 다른 인간들과 관련하여, 생명의 권리는 너무나 크고 소중해서 다른 사람으로부터 생명을 취한 자로부터 그 권리를 빼앗는 것으로만 제대로 존중받을 수 있는 것이다.

여기서 나의 취지는 사형 제도를 변호하는 것이 아니다. 성경적으로 또 경험적으로 말하면, 사례에 따라 사형의 정당성에 영향을 미치는 많은 요인들이 있다. 나의 취지는, 우리가 '다른 사람들과 관련된' 생명의 권리를 '하나님과 관련된' 생명의 권리와 혼동하면 안 된다는 것이다. 사람들과 관련해서는, 하나님이 친히 그 권리를 확립하셨다. 하나님 자신과 관련해서는, 하나님이 그렇게 하지 않으셨다. 우리는 하나님과의 관계에서 생명의 권리가 없다. 하나님이 우리 생명에 대한 절대적 권리를 갖고 계시다. 그분은 예수님이 마태복음 20장 15절에서 설정하신 원리

에 따라 생명을 주기도 하고 거두기도 하신다. "내 것을 가지고 내 뜻대로 할 것이 아니냐?"

우리는 생명이 사실상 하나님께 속해 있다는 것을 살펴보았다. 이 진리는 여러 성경 구절(41:11; 시 24:1; 행 17:25; 전 12:7; 사 57:16; 슥 12:1)에 근거를 둘 뿐만 아니라 욥기 12장 10절과 33장 4절에도 그 근거가 있다.

> 모든 생물의 생명과 모든 사람의 육신의 목숨이 다 그의 손에 있느니라(욥 12:10).

> 하나님의 영이 나를 지으셨고 전능자의 기운이 나를 살리시느니라(욥 33:4).

그러므로 한편 생명이 하나님께 속해 있고, 다른 한편, 우리는 하나님이 그의 영광을 위해 기뻐하시는 동안 사용하도록 청지기로 그것을 갖고 있는 만큼, 하나님이 그분의 뜻에 따라 언제든지 또 어떤 식으로든 생명을 취하실 수 있는 것이다. 그때 그분은 지혜와 선하심과 공의가 충만한 가운데 행하신다.

죽음을 다스리는 하나님의 권세에 대한 그리스도인의 이상한 반응

우리는 우리가 우리의 삶을 소유하고 있다고 주제넘게 생각하기 쉬운데, 이런 생각을 씻어내려면 성경에 나오는 집단들과 개인들의 이야기를 읽는 것이 좋다. 누군가 치명적인 대재앙들이 하나님의 섭리의 일부라고 말하면, 성경을 믿는다고 주장하는 그리스도인들 중에 얼마나 많은 사람이 분노의 반응을 보이는지 모른다. 그런 재앙들이 결국 하나님의 지혜롭고 공의롭고 선하고 합목적적인 주권의 통제를 받는다고 말한다고 그처럼 화를 내는 것은 참으로 놀라운 일이다. 예컨대, 2004년 12월 26일에 대규모 쓰나미가 인도네시아와 인도와 이웃 국가들에서 20만 명도 넘는 사람들을 죽였다. 그 직후가 아니라 며칠 후에(타이밍은 목회적으로 중요하다) 나는 다음 대목이 담긴 글을 썼다.

하나님은 욥기 38장 8절과 11절에서 욥에게 수사적 질문을 던지실 때("바다가 그 모태에서 터져 나올 때에 문으로 그것을 가둔 자가 누구냐?" … 이르기를 "네가 여기까지 오고 더 넘어가지 못하리니 네 높은 파도가 여기서 그칠지니라" 하였노라) 그분에게 쓰나미를 다스리는 권세가 있다고 주장하신다. 시편 89편 8-9절은 "여호와 만군의 하나님이여 … 주께서 바다의 파도를 다스리시며 그 파도가 일어날 때에 잔잔하게 하시나이다"라고 말한다. 그리고 예수님은 한때 치명적인 파도의 위협을 통제하셨던 그 능력을 오늘도 갖고 계신다. "예수께서 잠을 깨사 바람과 물결을 꾸짖으시니 이에 그쳐 잔잔하여지더라"(눅 8:24). 달리 말하면, 비록 사탄이 지진을 일으켰을지라도, 하나님이 파도를 멈추게 하실 수도 있었다.[2]

하나님은 단 한 마디로 파도를 멈출 수 있었지만 그렇게 하지 않았는데, 멈추지 않은 데는 그럴 만한 이유가 있었던 것이다. 그분은 변덕스럽게 또는 임의로 또는 목표 없이 행하시지 않는다. 그분이 무언가를 허용한다면 어떤 목적을 갖고 계신다. 이 관점은 분노의 반응을 이끌어냈다. 내가 받은 인상은 이렇다. 인간의 고통과 죽음을 유발하는 자연재앙이 일어날 때면 언제나 대다수 그리스도인이 '주님이 주셨고 이제 주님이 취하셨다'는 주장에 알레르기 반응을 보인다는 것이다. 마치 그들이 어디선가에서 하나님은 인간의 목숨을 취하지 않으신다고 배운 것만 같다. 마치 그들은 성경을 읽은 적이 없는 것처럼 보인다.

그런즉 하나님이 인간의 생명을 취할 권리가 있을 뿐 아니라 실제로 생명을 취하시는 모습을 보여주는 성경의 그림을 개관해보자.

타락할 때 모든 생명을 취하시다

첫째, 아담의 죄로 모든 인류가 타락했고 죽음이 세상에 들어왔으며, 그 결과 모든 인간은 하나같이 죽음의 정죄 아래 놓이게 되었다. "아담 안에서 모든 사람이 죽

---

[2] John Piper, "Tsunami, Sovereignty, and Mercy," Desiring God, December 29, 2004, https://www.desiringgod.org/articles/tsunami-sovereignty-and-mercy.

었다"(고전 15:22). 하나님은 아담에게 이렇게 경고하셨다. "선악을 알게 하는 나무의 열매는 먹지 말라 .네가 먹는 날에는 반드시 죽으리라"(창 2:17). 불순종했던 그 끔찍한 날에 죽음의 심판이 내려졌다(창 3). 그 선고의 집행은 연기되었지만 말이다. 그러나 죽음은 끊임없이 도래했다. "한 사람의 범죄로 말미암아 사망이 그 한 사람을 통하여 왕 노릇 하였은즉"(롬 5:17). 사망은 늙은이와 영아, 부자와 가난한 자, 남자와 여자, 모든 인종과 족속에 걸쳐 왕 노릇 하였다. 아기가 죽으면 천국에 가는지 여부[3]에 대해 당신이 무슨 입장을 갖고 있든지 간에 다음과 같은 성경적 진리는 변함이 없다. 즉, 모든 사람이 아담 안에서 죽고 영아들도 예외가 아니다.

그러므로 죽음에 대한 성경적 관점은 모든 인간이 죽는 것은 죄에 대한 하나님의 심판 때문이란 것이다. 창세기 2장 17절이 이렇게 말할 뿐 아니라 바울 역시 자연주의적 언어가 아닌 심판의 언어를 사용하고 있다. 죽음은 어떤 바이러스로부터 생긴 일종의 질병이 아니라는 말이다. 바울은 "한 사람[아담]의 범죄 행위 때문에 모든 사람이 **유죄판결**을 받았다"(롬 5:18, 새번역)라고 했다. 유죄판결 또는 정죄는 판사의 선고를 가리키는 법적인 용어이다. 이는 자연의 결과가 아니라 하늘의 법정에서 내린 하나님의 공정한 판결이다.[4] 이 교리는 신학적으로 또 역사적으로 기독교의 기본교리인지라, 오늘날 많은 그리스도인들이 죽음을 마치 세상에 대한 하나님의 계획에 완전히 생소한 것처럼 취급하는 모습은 이상하기 짝이 없다.

인간이 타락한 이후 죽음은 뜻밖의 사건이 아니고 단순히 자연의 한 측면도 아니다. 죽음은 엄연히 하나님의 심판이다. 우리가 흔히 듣듯이, 누군가 죽음은 인류를 향한 원초적인 계획이 아니라고 말할 수 있다. 다음과 같은 의미에서는 사실이

---

[3] 나의 견해는 아기가 죽으면 천국에 간다는 것이다. 그러나 영아들은 아담의 원죄에 참여하지 않는다는 감상적인 개념 때문에 이런 견해를 취하는 것이 아니다. 사실 바울이 로마서 5장 13-14절에서 다음과 같이 말할 때 영아들을 염두에 두고 있다고 나는 생각하고 싶다. "죄가 율법 있기 전에도 세상에 있었으나 율법이 없었을 때에는 죄를 죄로 여기지 아니하였느니라. 그러나 아담으로부터 모세까지 **아담의 범죄와 같은 죄를 짓지 아니한 자들까지도** 사망이 왕 노릇 하였나니 아담은 오실 자의 모형이라." 바울의 견해에 따르면, 모든 영아도 인류의 일부이기 때문에 죄가 모든 영아의 죽음의 원인이라고 한다. 나는 성경이 영아들이 최후의 심판에서 구출될 것을 가리킨다고 보는데, 나의 주장을 보려면 다음 글을 참고하라. John Piper, "Why Do You Believe That Infants Who Die Go to Heaven?," January 30, 2008, Desiring God, http://www.desiringgod.org/interviews/why-do-you-believe-that-infants-who-die-go-to-heaven.

[4] 하나님이 모든 인류가 아담과 연합되어 있다고 보셔서 그의 사형 선고가 그들에게 공정하게 내려진 것임을 가장 잘 설명한 글을 읽으려면 다음을 참고하라. Jonathan Edwards, *Original Sin*, ed. John E. Smith, vol. 3, *The Works of Jonathan Edwards* (New Haven, CT: Yale University Press, 1970).

다. 즉, 하나님이 사람을 남자와 여자로 창조하시고, 그들에게 땅에 번성하라고 말씀하시고(창 1:27-28), 창조세계를 "매우 좋다"(창 1:31)고 선언하실 때는 죽음이 이 좋음(선함)의 일부라는 뜻은 아니었다. 그러나 죽음이 원초적 계획이 아니었다고 말할 때, 이 말이 죽음이 하나님의 계획에 반해서 창조세계로 침입했고, 또 하나님이 외부 세력에 의해 이 원치 않은 침입자와 싸우지 않을 수 없게 되었다는 뜻이라면, 이는 지혜롭지 않고 성경에 충실하지 않은 것이다. 죽음은 하나님의 뜻에 반하는 것이 아니었다. 그분의 심판이었다.

물론 죽음은 하나의 적이다. "맨 나중에 멸망 받을 원수는 사망이니라"(고전 15:26). 그리고 죽음이 결국에는 하나님의 아들을 모독하는 것으로 입증될 터였다(빌 2:8). 그러나 우리가 한 성경적 진리를 이용해서 또 다른 성경적 진리를 상쇄하지 않도록 주의하자. 오히려 하나님이 함께 묶어놓으신 것을 함께 붙듦으로써 우리의 마음이 새롭게 되는 것(롬 12:2)을 경험하자. 하나님은 모든 인류에게 죽음의 심판을 내리시며, '그리고' 그분은 그 심판을 (사람과 그 자신의) 원수라고 부르신다. 사망은 하나님의 손에서 온 심판이며, '그리고' 사망은 사탄의 손 안에 있는 살인이다(요 8:44). 하나님은 생명의 소유주이자 세상의 심판자로서 죽음을 다스리며, '그리고' 하나님 아래서 사탄이 "죽음의 세력을 잡고 있다"(히 2:14). 십자가 죽음의 부끄러움이 하나님의 아들을 삼켜버렸으며(마 12:4), '그리고' 그 외견상의 패배에서 그리스도가 부끄러움을 개의치 않고(히 12:2), 죽음을 폐하셨고(딤후 1:10), 하나님의 은혜의 영광을 밝히 드러내셨다. 이는 만일 하나님이 온 피조세계를 죽음과 부패와 허무함에 굴복시키지 않았더라면 결코 가능하지 않았을 일이다(롬 8:20-21).

홍수로 숨 쉬는 모든 것을 취하시다

다음으로, 하나님께서 인류의 세계를 죽음에 처하게 하려고 보내신 홍수를 기억하고 섬뜩해지자. 이것 역시 인간의 죄악 때문에 내린 심판이었다.

주님께서는 사람의 죄악이 세상에 가득 차고, 마음에 생각하는 모든 계획이 언제나 악한 것뿐임을 보시고서, 땅 위에 사람 지으셨음을 후회하시며5) 마음 아파 하셨다. 주님께서는 탄식하셨다. "내가 창조한 것이지만 사람을 이 땅 위에서 쓸어버리겠다. 사람뿐 아니라 짐승과 땅 위를 기어 다니는 것과 공중의 새까지 그렇게 하겠다. 그것들을 만든 것이 후회되는구나"(창 6:5-7, 새번역).

여기서 내가 주장하는 바는 그 홍수가 세계적이었는지, 아니면 국지적이었는지에 달려있지 않다. 나에게는 성경이 그 홍수를 세계적인 것으로 다루는 듯 보이지만 말이다(창 6:13, 17; 8:21; 히 11:7; 벧후 2:5). 요점은 하나님이 남자와 여자와 어린이 등 수천 명, 아니 어쩌면 수백만 명의 목숨을 앗아가셨다는 것이다.

내가 창조한 사람을 내가 지면에서 쓸어버리되(창 6:7).

내가 온 인류를 없애 버리기로 작정하였다(창 6:13, 현대인의 성경).

---

5) 때로는 이 진술과 이와 비슷한 진술들 때문에, 하나님이 인간을 창조하셨을 때 죄가 세상에 들어올 것을 예견하지 못하셨다는 주장이 제기되곤 한다. 하나님이 장차 무슨 일이 벌어질지를 완전히 알고 계셨다면 어떻게 자신이 행한 일을 후회하실 수 있겠는가? 다음 세 가지 응답은 하나님이 모든 것을 미리 아신다는 성경의 가르침을 지지해 준다. (1) 성경에는 창세 이전에 하나님이 죄가 세상에 들어올 것을 예견하셨다는 것을 암시하는 내용이 있다(엡 1:4-7; 딤후 1:9; 계 13:8, 이 책의 13장을 보라). (2) '후회하다'는 단어(영어와 한국어)가 히브리어 단어는 지니지 않은 의미를 지닐 수 있다. 히브리어로는 "유감스럽게 느끼다" 또는 "마음을 바꾸다" 또는 "가엾게 여기다"란 뜻일 수 있다. 이 각각은 약간씩 다른 의미를 지닌다. (3) 가장 중요한 점은 이것이다. 하나님이 사울을 왕으로 세운 것을 "후회하셨다"는 이야기에서 우리가 그런 진술을 이해하는 법을 알게 된다. 사무엘상 15장 11절에서 하나님은 "내가 사울을 왕으로 세운 것을 후회하노니[창 6:6에 나온 단어] 그가 돌이켜서 나를 따르지 아니하며 내 명령을 행하지 아니하였음이니라"고 말씀하신다. 그러나 29절에서는 우리를 위해 분명히 하려는 듯이, 사무엘이 사울에게 이렇게 말한다. "이스라엘의 지존자는 거짓이나 변개함[앞의 것과 같은 단어; 뜻을 바꾸심, 새번역]이 없으시니 그는 사람이 아니시므로 결코 변개하지 않으심이니이다." 이 구절의 취지는 이런 것 같다. 어느 의미에서는 하나님이 그 자신의 어떤 행동에 대해 후회하시거나 유감스럽게 느끼시지만(11절), 또 다른 의미에서는 그분이 후회하시거나 유감스럽게 느끼지 않으신다는 것이다(29절). 그 차이는 하나님은 "사람이 아니라서 변개하지[후회하지] 않는 것"이라고 사무엘이 말한다. 달리 말하면, 11절에서 그분이 후회하는 방식은 사람이 후회하는 방식이 아니라는 뜻이다. 하나님과 사람의 차이점은 이것이다. 하나님은 완전한 예지에도 불구하고 후회하시는 데 비해, 대다수 사람은 예지가 없기 때문에 후회하게 된다는 것. 그러므로 나는 이런 결론을 내린다. 창세기 6장 6절은 하나님의 예지를 의문시하는 것이 아니라 우리의 이해를 훨씬 뛰어넘는 하나님의 감성적 삶의 복잡함을 보여준다고. 우리도 이와 비슷한 경험이 있다. 우리가 과거에 내린 어려운 결정을 뒤돌아보면 한편으로 유감스럽게 느끼면서도 다른 한편 그 결정을 지지하는 감정을 동시에 느끼게 되는 경우가 있다. 이 문제를 붙들고 씨름한 것을 보려면 다음 자료를 참고하라. John Piper, "God Does Not Repent Like a Man," Desiring God, November 11, 1998, http://www.desiringgod.org/articles/god-does-not-repent-like-a-man; John Piper, *The Pleasures of God: Meditations on God's Delight in Being God* (Colorado Springs, CO: Multnomah, 2012), 41-46.

> 내가 홍수를 땅에 일으켜 무릇 생명의 기운이 있는 모든 육체를 천하에서 멸절하리니 땅에 있는 것들이 다 죽으리라(창 6:17).

> 육지에 있어 그 코에 생명의 기운의 숨이 있는 것은 다 죽었더라. 지면의 모든 생물을 쓸어버리시니 곧 사람과 가축과 기는 것과 공중의 새까지라. 이들은 땅에서 쓸어버림을 당하였으되 오직 노아와 그와 함께 방주에 있던 자들만 남았더라(창 7:22-23).

이것은 인류(또는 적어도 그 거대한 부분)에 내린 심판이었다. 그 심판은 너무나 극심하고 철저해서 상상할 수 없을 정도였다. 우리가 목격한 가장 큰 허리케인과 쓰나미조차 그에 비하면 사소하다. 세계의 역사에서 이보다 더 삶과 죽음에 대한 하나님의 권한을 분명히 보여주는 사건은 거의 없다. 그 심판이 얼마나 끔찍한지를 강조하기 위해 하나님은 다시는 그와 같은 행동을 하지 않겠다고 약속하신다.

> 내가 다시는 사람으로 말미암아 땅을 저주하지 아니하리니, 이는 사람의 마음이 계획하는 바가 어려서부터 악함이라. 내가 전에 행한 것같이 모든 생물을 다시 멸하지 아니하리니(창 8:21).

그런데 하나님은 결코 홍수를 되풀이하지 않겠다는 서약을 하면서도 홍수의 실행에 대한 책임이 자신에 있음을 인정하신다. "내가 전에 행한 것같이 모든 생물을 다시 멸하지 아니하리니." 하나님이 친히 "모든 생물"을 멸하셨다고 말씀하신다. 이것은 단순한 자연 현상이 아니고 도덕법의 비인격적 작동도 아니다. 그것은 하나님의 심판이다. 한 인격(심판자)이 다른 인격들(각 사람)에게 내린 심판이다. 하나님은 은혜로 구원받은 여덟 명을 제외하고 모든 생물을 멸망시키셨다(벧전 3:20).

유월절에 장자를 취하시다

다음으로, 하나님이 그의 백성을 유월절을 통해 이끌어내서 홍해를 가르기 전에 이집트에 내린 결정적 심판이 우리의 머리에 떠오른다. 하나님은 이미 이집트 땅을 여러 재앙으로 황폐하게 만드셨다.6) 그러나 이후 그분은 이집트에서 삶과 죽음에 대한 절대적 권한이 자신에게 있음을 보여주셨다. 모세가 이집트에 도착해서 바로에게 이스라엘은 하나님의 선민인즉 더 이상 노예로 삼아서는 안 된다고 말하기도 전에, 하나님은 모세에게 이렇게 말하라고 하셨다.

> 너는 바로에게 이르기를 여호와의 말씀에 이스라엘은 내 아들 내 장자라, 내가 네게 이르기를 "내 아들을 보내 주어 나를 섬기게 하라" 하여도 네가 보내 주기를 거절하니 **내가 네 아들 네 장자를 죽이리라** 하셨다 하라(출 4:22-23).

그것은 진실한 진술이었다. 실제로 이집트에 내린 심판은 그보다 훨씬 나빴다. 출애굽기 11장 4-8절에서 모세는, 만일 이집트 지도자들이 이스라엘 백성을 보내지 않으면 "애굽 땅에 있는 모든 처음 난 것은 죽을 것"(5절)이라고 최후의 경고를 한다. 이 시점에 하나님은 훗날 유월절로 알려진 것을 세우신다. 하나님이 보내신 죽음의 천사가 그 땅을 두루 다닐 테고, 문 인방과 문설주에 유월절 양의 피가 있는 집(12:7)은 아무도 죽지 않을 것이었다.

> 내가 애굽 땅을 칠 때에 그 피가 너희가 사는 집에 있어서 너희를 위하여 표적이 될지라. 내가 피를 볼 때에 너희를 넘어가리니 재앙이 너희에게 내려 멸하지 아니하리라(출 12:13, 참고. 12:23).

마침내 그렇게 되었다. "밤중에 **여호와께서 애굽 땅에서 모든 처음 난 것을 다 치셨다**"(12:29). 이 사건은 이스라엘의 역사 내내 "여호와께서 애굽 사람과 이스라엘 사이를 구별하는"(출 11:7) 밤으로 기억되었다. 거기에 너무나 놀라운 교훈이 담겨있었다. 어린 양의 피가 가리키는 바는 모든 이집트 집들과 마찬가지로 이 피로 덮인 집들에도 죄가 있음을 보여주는 것이었다. 그러나 이 집들의 죄는 어린 양의 희생

---

6) 6장을 보라.

으로 덮여 있다. 이는 죽음의 선고가 넘어가는 것은 이스라엘 사람이 이집트 사람보다 더 나은 대우를 받을 자격이 있었기 때문이 아니라 하나님의 값없는 은혜 때문이었다(우리가 7장에서 본 것처럼)는 것을 보여준다.

이스라엘은 이집트에 내린 심판에 대해 시편으로 노래했다.

여호와께서 그들의 기력의 시작인 그 땅의 **모든 장자를 치셨도다**(시 105:36).

여호와께서 그가 기뻐하시는 모든 일을
천지와 바다와 모든 깊은 데서 다 행하셨도다…
그가 애굽의 처음 난 자를 사람부터 짐승까지 치셨도다(시 135:6, 8).

여기서 내가 말하려는 요점은 주님께서 "처음 난 자를 치셨다"는 것이다. 그들의 죽음은 어리석은 죄로 인한 자연스런 결과(흡연이 폐암을 유발하거나 이기심이 외로움을 초래하는 것과 같은)가 아니었다. 그것은 하나님의 심판이었다. 그리고 그분은 심판자일 뿐 아니라 집행자이기도 했다. "그는 모든 처음 난 자를 치셨도다."

이는 자녀들을 포함한 모든 인간의 생명이 하나님의 손 안에 있어 그분의 지혜에 따라 좌우된다는 것을 고통스럽게 또 생생하게 보여준다. 그때 죽은 장자가 성인이었을 수도 있다. 그러나 다수는 아이들이었을 것이다. 아마 수천 명 정도. 장자들이 죽은 것은 그들이 부모보다 더 나쁜 죄인이기 때문이 아니었다. 바로 왕의 장자도 죽었다(출 12:29). 하나님이 만일 마땅히 먼저 죽어야 할 사람들만 생각하셨더라면, 바로가 그 명단의 윗자리에 있었을 것이다. '바로'에게 내린 하나님의 심판은 그의 장자를 취하는 것이었다. 이는 그림처럼 생생한 책망이었다. 너는 나로부터 내 아들 이스라엘을 붙잡고 있다. 그러니 나도 너로부터 네 아들을 붙잡겠다(출 4:22-23을 보라).

하나님이 자유로이 이와 같은 생생하고 상징적인 심판을 실행할 수 있는 것은 장자의 생명이 그분께 속해 있기 때문이다. 그분이 모든 생명을 소유하신다. 영아들은 그들의 소유가 아니다. 영아들은 하나님의 소유이다. 하나님이 그들을 존재하게 하셨다(사 42:5; 행 17:25). 그분이 자유로이 그들의 존재를 붙들고 계시다(골 1:17; 히

1:3). 그들은 독자적으로 또는 자율적으로 존재하는 것이 아니다. 하나님이 그들을 취하시는 것은 도둑질이나 살인이 아니다. 그분이 자신의 것을 도로 찾는 것이다(눅 12:20). 그리고 기쁘게 바로잡아야 할 어떤 고난이 있다고 하나님이 생각하신다면, 그것은 부활 때에 바로잡힐 것이다(마 19:29; 눅 6:20-21; 14:14; 16:25).

정복할 때 가나안 족속들을 취하시다

다음으로, 하나님께서 이스라엘의 적들의 생명을 취하시는 모습을 살펴보자. 이런 실례는 이스라엘의 역사에 널려 있지만 가장 극적인 장면은 가나안 땅을 정복할 때이다. 하나님은 이미 수백 년 전에 아브라함에게, 이 족속들에 대한 심판이 지연될 것은 하나님이 초래할 멸망이 공적인 정당성을 얻을 만큼 그들의 죄가 아직 충분한 수준에 도달하지 않았기 때문일 것이라고 말씀하셨다. "네 자손[이스라엘]은 사대 만에 이 땅으로 돌아오리니 이는 아모리 족속의 죄악이 아직 가득 차지 아니함이니라"(창 15:16). 그때가 이르렀을 때, 하나님은 모세를 통해 이스라엘에게 이렇게 말씀하셨다. "내 사자가 네 앞서 가서 너를 아모리 사람과 … **나는 그들을 끊으리니** 너는 그들의 신을 경배하지 말며 섬기지 말며…"(출 23:23-24). 장차 이스라엘이 치를 전쟁이 많을 테지만, 하나님은 훨씬 앞서서 자신이 "그들을 끊겠다"는 것을 분명히 밝히신다. 그분은 그 땅의 아모리 족속을 비롯한 여러 족속들의 생명을 취하신다.

> 여호와께서 여호수아에게 이르시되 "그들로 말미암아 두려워하지 말라. 내일 이맘때에 **내가 그들을 이스라엘 앞에 넘겨주어 몰살시키리니**"(수 11:6).

> 그들의 마음이 완악하여 이스라엘을 대적하여 싸우러 온 것은 여호와께서 그리하게 하신 것이라. **그들을 진멸하여 바치게 하여** 은혜를 입지 못하게 하시고 여호와께서 모세에게 명령하신 대로 그들을 멸하려 하심이었더라"(수 11:20).

이 백성이 듣지 아니하였고 므낫세의 꾐을 받고 악을 행한 것이 **여호와께서 이스라엘 자손 앞에서 멸하신** 여러 민족보다 더 심하였더라(왕하 21:9).

네 하나님 여호와께서 네게 넘겨주신 모든 민족을 네 눈이 긍휼히 여기지 말고 진멸하며 그들의 신을 섬기지 말라. 그것이 네게 올무가 되리라(신 7:16).

하나님은 이스라엘에게(그리고 우리에게), 그 민족들에 내린 그분의 심판이 이스라엘의 우월한 의로움 때문이라 생각하지 말라고 경고하신다.

네 하나님 여호와께서 그들을 네 앞에서 쫓아내신 후에 네가 심중에 이르기를 "내 공의로움으로 말미암아 여호와께서 나를 이 땅으로 인도하여 들여서 그것을 차지하게 하셨다" 하지 말라. 이 민족들이 악함으로 말미암아 여호와께서 그들을 네 앞에서 쫓아내심이니라 … 여호와께서 이같이 하심은 네 조상 아브라함과 이삭과 야곱에게 하신 맹세를 이루려 하심이니라. 그러므로 네가 알 것은 네 하나님 여호와께서 네게 이 아름다운 땅을 기업으로 주신 것이 네 공의로 말미암음이 아니니라. 너는 목이 곧은 백성이니라… 네가 애굽 땅에서 나오던 날부터 이 곳에 이르기까지 늘 여호와를 거역하였으되(신 9:4-7).

하나님은 "그들을 이스라엘 앞에 넘겨주어 **몰살시킴**"으로써 그 민족들의 사악함을 심판하셨다(수 11:6). 그분은 전쟁터에서 수많은 생명을 취하셨다. 이는 창조주이자 지탱자이며 심판자이신 하나님의 특권이다. 주님은 출생을 통해 주시고, 전쟁을 통해 거두어 가신다. 그리고 그의 이름이 찬송을 받으신다.

하룻밤에 185,000명을 취하시다

나중에는 하나님이 그의 백성을 방어하기 위해 수많은 생명을 취하시고 또 그의 백성을 벌하시는 장면이 나온다. 예컨대, 예루살렘이 포위당했을 때 하나님은 충격적인 규모의 일격을 가하셨다. 그분이 무려 앗수르 군인 185,000명을 쓰러뜨리신 것이다. 그것도 전쟁 중이 아니라 그들이 잠자는 동안 그렇게 하셨다.

"그러므로 여호와께서 앗수르 왕을 가리켜 이르시기를, … 내가 나와 나의 종 다윗을 위하여 이 성을 보호하여 구원하리라" 하셨나이다 하였더라. 이 밤에 여호와의 사자가 나와서 앗수르 진영에서 군사 십팔만 오천 명을 친지라 아침에 일찍이 일어나 보니 다 송장이 되었더라(왕하 19:32, 34-35).

내가 이를 충격적이라고 말하는 이유는 그 숫자가 엄청나고 주님의 직접적인 조치가 극적일 뿐만 아니라 하룻밤 사이에 추정컨대 하나님이 앗수르에 약 십만 명의 과부와 아버지를 잃은 수십만 명의 자녀들을 만들었기 때문이다. 이는 숫자에 불과한 게 아니다. 그들은 진짜 가족을 가진 진짜 사람들이었다. 이는 하나님의 지혜와 공의와 선하심에 대한 큰 믿음을 요구한다. 하나님의 통치권이 하룻밤에 185,000명의 군인들을 죽일 수 있다면, 바로 그 통치권은 과부들과 아버지 없는 자녀들의 영원한 유익을 위해 그들에게 수많은 환경을 조성할 수 있다. 물론 그렇게 되려면 그들이 앗수르의 거짓 신들에게 등을 돌리고 이스라엘의 하나님께 나아와서 그분께 자비를 달라고 부르짖어야 할 것이다.

우리는 혹시 아버지들과 남편들을 죽이는 것이 앗수르의 아내들과 어머니들의 마음을 돌이키는 가장 효과적인 방법이 아니라고 생각할지 모른다. 하지만 우리가 그 사정을 전혀 모르는 수많은 경우에 공의와 자비가 무엇을 요구하는지 아는 것처럼 주제넘게 생각하지 않도록 조심해야 한다. 하나님은 우리가 다 알지 못할 만큼 많은 자비를 세상에 베푸셨고(행 14:17; 롬 2:4), 요한계시록 9장 20절과 16장 9절에 묘사된 자들에게 회개하라고 하시는 그분의 엄한 독촉은 결코 어리석지 않다. 라합이 이집트의 멸망에 대한 소식을 듣고 구원받았던 것을 기억하라(수 2:8-10; 히 11:31; 6장에 나오는 약 2:25).

심판할 때 무수한 이스라엘 사람을 치시다

하나님이 생명을 취하신 사건들 중에 가장 섬뜩한 장면은 이스라엘의 적을 멸망시킨 게 아니라 이스라엘 자체를, 특히 예루살렘을 벌하신 것일 테다.

혹 그들이 자식을 기를지라도 내가 그 자식을 없이하여 한 사람도 남기지 아니할 것이라(호 9:12).

내가 너희 중에 전염병 보내기를 애굽에서 한 것처럼 하였으며 칼로 너희 청년들을 죽였으며(암 4:10).

[그들이] 그 원수 앞에 사로잡혀 갈지라도 내가 거기에서 칼을 명령하여 죽이게 할 것이라(암 9:4).

내가 또 사람이나 짐승이나 이 성에 있는 것을 다 치리니 그들이 큰 전염병에 죽으리라(렘 21:6).

[주께서] 진노로 자신을 가리시고 우리를 추격하시며 죽이시고 긍휼을 베풀지 아니 하셨나이다(애 3:43).

여호와께서 [방문한 천사에게] 이르시되 "너는 예루살렘 성읍 중에 순행하여 그 가운데에서 행하는 모든 가증한 일로 말미암아 탄식하며 우는 자의 이마에 표를 그리라" 하시고 그들에 대하여 내 귀에 이르시되 "너희는 그를 따라 성읍 중에 다니며 불쌍히 여기지 말며 긍휼을 베풀지 말고 쳐서 늙은 자와 젊은 자와 처녀와 어린이와 여자를 다 죽이되 이마에 표 있는 자에게는 가까이 하지 말라. 내 성소에서 시작 할지니라" 하시매 그들이 성전 앞에 있는 늙은 자들로부터 시작하더라(겔 9:4-6).

내가 이 곳에서 유다와 예루살렘의 계획을 무너뜨려 그들로 그 대적 앞과 생명을 찾는 자의 손의 칼에 엎드러지게 하고 그 시체를 공중의 새와 땅의 짐승의 밥이 되게 하며 … 내가 그들이 그들의 아들의 살, 딸의 살을 먹게 하고 또 각기 친구의 살을 먹게 하리라(렘 19:7; 참고. 신 28:53).

너희가 아들의 살을 먹을 것이요 딸의 살을 먹을 것이며(레 26:29).

[내가 그들을] 세상 모든 나라 가운데 흩어서 그들에게 환난을 당하게 할 것이며 또 그들에게 내가 쫓아 보낼 모든 곳에서 부끄러움을 당하게 하며 말거리가 되게 하며 조롱과 저주를 받게 할 것이며 내가 칼과 기근과 전염병을 그들 가운데 보내 그들이 내가 그들과 그들의 조상들에게 준 땅에서 멸절하기까지 이르게 하리라(렘 24:9-10; 참고. 신 28:37; 렘 15:4).

하나님이 생명을 파멸시키려고 결정하실 때는 때때로 그의 심판을 단행하기 위해 사람의 죄악된 행위를 이용하시기도 한다. 이에 대해 우리가 어떻게 생각할지를 알려주신 것을 꼭 유념하라. 하나님께서 장차 이집트에 몸담을 이스라엘에 대한 그의 목적을 이루기 위해 요셉의 형들의 죄악된 행동을 통해 일하셨을 때, 그분이 요셉의 말을 통해 형들에게 하신 설명을 기억하라. "당신들은 나를 해하려 하였으나 하나님은 그것을 선으로 바꾸셨소"(창 50:20).

하나님의 목적이 인간의 죄악된 행동, 즉 그의 선한 목적을 이루고 있는 그들의 죄악된 행동을 포함하는 성경의 모든 경우에 대해 우리는 이렇게 생각해야 마땅하다(예컨대, 빌라도와 헤롯이 예수님의 너무나 끔찍하고 고귀한 사형을 집행했을 때, 행 4:27-28). 죄는 어디까지나 죄로 남는다. 심판도 어디까지나 심판으로 남는다. 인간들은 도덕적 책임을 지는 자들로 남는다. 그리고 하나님은 의로운 분으로 남는다.

25.

우리의 일을 완수하기까지
우리는 불멸의 존재이다

지난 장은 예루살렘과 이스라엘에 내린 하나님의 심판과 함께 끝났다. 이는 너무나 끔찍한 이야기라서 의문이 줄줄이 생긴다. 주님은 왜 이런 일을 행하셨는가? 우리는 그 문제를 여기서 다루고, 이어서 그것을 개인화하고, 이후 삶과 죽음을 주관하는 하나님의 섭리의 소중함을 붙잡게 될 것이다.

이스라엘에게 왜 그런 심판을 내리실까?

이스라엘에게 심판을 내리시는 이유에 대해 하나님은 이렇게 대답하신다.

여러 민족들이 이 성읍으로 지나가며 서로 말하기를 "여호와가 이 큰 성읍에 이같이 행함은 어찌 됨인고?" 하겠고, 그들이 대답하기는 "이는 그들이 자기 하나님 여호와의 언약을 버리고 다른 신들에게 절하고 그를 섬긴 까닭이라" 하셨다 할지니라(렘 22:8-9).

그들이 만일 이르기를 "우리 하나님 여호와께서 어찌하여 이 모든 일을 우리에게 행하셨느냐?" 하거든, 너는 그들에게 이르기를 "너희가 여호와를 버리고 너희 땅에서 이방 신들을 섬겼은즉 이와 같이 너희 것이 아닌 땅에서 이방인들을 섬기리라" 하라(렘 5:19).

여러 나라 사람들도 묻기를 "여호와께서 어찌하여 이 땅에 이같이 행하셨느냐? 이같이 크고 맹렬하게 노하심은 무슨 뜻이냐?" 하면, 그때에 사람들이 대답하기를 "그 무리가 자기 조상의 하나님 여호와께서 그들의 조상을 애굽에서 인도하여 내실 때에 더불어 세우신 언약을 버리고…"(신 29:24-25).

이 성전이 높을지라도 지나가는 자마다 놀라며 비웃어 이르되 "여호와께서 무슨 까닭으로 이 땅과 이 성전에 이같이 행하셨는고?" 하면 대답하기를 "그들이 그들의 조상들을 애굽 땅에서 인도하여 내신 그들의 하나님 여호와를 버리고 다른 신을 따라가서 그를 경배하여 섬기므로 여호와께서 이 모든 재앙을 그들에게 내리심이라 하리라" 하셨더라(왕상 9:8-9; 참고. 대하 7:20-22).

여기에 나온 대답은, '하나님이 그분께 신실한 것을 생명보다 더 중요하게 여기신다'라는 것이다. 거듭해서 하나님은 그분을 버리는 것이 곧 생명을 버리는 것임을 보여주신다. 이는 철저한 하나님 중심주의로서 오늘날 많은 교회에는 지적으로 또 감정적으로 생소하게 다가온다. 오늘날 다수의 설교자들과 교인들은 본능적으로 다른 방향으로 나아가는 듯하다. 그들은 이 땅에서의 삶을 가장 큰 가치로 여기고 하나님의 영예를 그 삶의 보조품 정도로 간주한다. 만일 하나님이 우리의 안락을 도모하지 않는다면 그분은 쓸모없는 존재이다. 이는 참으로 슬픈 현상이고 교회의 약점이다. 교회가 수행하는 선교에서도 마찬가지다.

하나님의 손이 한 명씩 취하시다

우리 대다수가 죽음의 슬픔을 경험하는 것은 전쟁이나 전염병의 통계 때문이 아니라 우리가 사랑하는 사람들을 하나씩 잃기 때문인 만큼, 우리는 하나님이 개개인의 목숨을 취하신다는 사실을 진지하게 고려해야 한다. 삶과 죽음을 다스리는 하나님의 섭리가 전쟁과 군중에 대한 큰 심판을 통해서만 행사된다고 생각하는 것은 잘못이다. 아니다. 모든 생명과 마찬가지로 모든 죽음도 하나같이 하나님의 손안에 있다. 그래서 야고보는 "주님께서 원하시면 우리가 살 것이다"(약 4:15)라고 말하는 것이다.

그러므로 성경은 이 보편적 사실이 개개인의 삶에서 명백히 드러나는 구체적인 이야기들을 통해 이 사실을 반복해서 우리에게 일깨워준다. 여기서는 몇 개만 언급할까 한다. 하나님이 실제로 개개인의 목숨을 취하신다고 영감어린 성경이 선언하는 소리를 들으면 정신이 바짝 들고 침착해진다.

유다의 아들, 엘:

유다의 장자 엘이 여호와가 보시기에 악하므로 여호와께서 그를 죽이신지라(창 38:7).

엘리의 아들들:

그들이 자기 아버지의 말을 듣지 아니하였으니 이는 여호와께서 그들을 죽이기로 뜻하셨음이더라(삼상 2:25).

사울 왕:

사울이 죽은 것은 여호와께 범죄하였기 때문이라 … 여호와께서 그를 죽이시고(대상 10:13-14).

아비가일의 미련한 남편, 나발:

여호와께서 나발을 치시매 그가 죽으니라(삼상 25:38).

손을 들어 하나님의 궤를 붙들었던 웃사:

여호와 하나님이 웃사가 잘못함으로 말미암아 진노하사 그를 그 곳에서 치시니 그가 거기 하나님의 궤 곁에서 죽으니라(삼하 6:7).

여로보암 왕과 그의 집안:

아비야 때에 여로보암이 다시 강성하지 못하고 여호와의 치심을 입어 죽었고(대하 13:20).

앗수르 왕, 산헤립:

여호와의 말씀이 "… 내가 그의 본국에서 그에게 칼에 죽게 하리라" 하셨느니라 … 앗수르 왕 산헤립이 떠나 돌아가서 니느웨에 거주하더니 그가 그의 신 니스록의 신전에서 경배할 때에 아드람멜렉과 사레셀이 그를 칼로 쳐 죽이고(왕하 19:6-7, 36-37).

아나니아와 삽비라:

베드로가 이르되 "… 어찌하여 이 일을 네 마음에 두었느냐? 사람에게 거짓말한 것이 아니요 하나님께로다. 아나니아가 이 말을 듣고 엎드러져 혼이 떠나니(행 5:3-5).

베드로가 [아내에게] 이르되 "너희가 어찌 함께 꾀하여 주의 영을 시험하려 하느냐? 보라, 네 남편을 장사하고 오는 사람들의 발이 문 앞에 이르렀으니 또 너를 메어 내가리라" 하니 곧 그가 베드로의 발 앞에 엎드러져 혼이 떠나는지라(행 5:9-10; 참고. 고전 11:30).

하나님께 영광을 돌리지 않은 헤롯:

헤롯이 영광을 하나님께로 돌리지 아니하므로 주의 사자가 곧 치니 벌레에게 먹혀 죽으니라(행 12:23).

사탄이나 운명보다 하나님이 취하시는 편이 낫다

우리가 어떤 경우를 생각하든지 간에 성경적 진리는 동일하다. 말하자면, 호흡하는 모든 피조물이 홍수로 몰살을 당하든지, 이집트의 모든 처음 난 것이 유월절에 죽임을 당하는지, 185,000명의 군대가 단 하룻밤에 파멸되든지, 가나안 족속들이 하나님의 정죄를 받아 죽임을 당하든지, 예루살렘 주민이 포위되어 굶어 죽든지, 욥의 열 자녀가 강풍에 쓰러지든지, 모든 숨이 하나님께로 되돌아오든지 간에, 성경은 동일한 진리를 말한다는 것이다. 즉, 하나님이 모든 생명의 창시자이시고(사 57:16; 슥 12:1), 죽음에서 구출해주시는 분이고(시 68:20), 모든 사람의 수명(시 139:16)과 죽는 순간(욥 1:21)을 결정하시는 분이란 진리이다. 장차 삶과 죽음을 다스리는 절대적 권세가 마지막으로 행사될 경우는 하나님이 최후의 날에 모든 생명을 죽은 상태에서 일으키시고("의인과 악인의 부활이 있으리라," 행 24:15), 각자의 영원한 운명을 배정하시는 것이다. "어떤 사람은 영원한 생명을 얻을 것이며, 또 어떤 사람은 수치와 함께 영원히 모욕을 받을 것이다"(단 12:2, 새번역; 참고. 요 5:28-29).

독자여, 내가 당신에게 묻고 싶은 바가 있다. 당신은 누구의 권세가 당신의 삶과 죽음을 좌우하길 원하는가? 당신이 사랑하는 이들의 운명이 누구의 손에 달려있기를 바라는가? 당신의 수명과 그들의 수명이 사탄의 손에 달려있기를 원하는가? 아니면, 막연한 운명의 손에? 아니면, 무분별하고 위태로운 자연 세력의 손에? 물론 그렇지 않을 것이다. 사실 이들의 손에 달려있는 것이 아니다! 모든 호흡은 하나님의 손안에 있다(욥 12:10; 사 42:5; 단 5:23; 행 17:25).

당신의 순교는 누구의 손안에 있기를 바라는가?

하나님이 모든 생명을 다스린다는 것은 나쁜 소식이 아니다. 이는 영광스러운 소식이다. 왜냐하면 그리스도 예수 안에서는 우리에게 유익하지 않는 일이 하나도 일어나지 않기 때문이다(롬 8:28-32). 죽음에 처할 때에도 우리는 "넉넉히 이기는 자들"(롬 8:35-39)이다. 역사가 막을 내릴 즈음이 되면 늘어나는 죽음의 계절이 지구촌을 휩쓸고(계 6:4, 8), 하나님은 성도들이 정복당하도록 허용하시고(계 13:7), 땅의 큰 권세들이 성도들의 피에 취하게 될 터인데(계 17:6), 당신은 어떤 믿음을 품을 것인가? 하나님이 당신의 목숨을 살려주실 것이란 믿음은 아니다. 그분은 그런 약속을 하지 않았다. "우리가 종일 주를 위하여 죽임을 당하게 되며…"(롬 8:36). 아니다. 하나님께서 완전한 지혜와 자비와 선하심으로 우리를 위해, 우리가 하나님을 영화롭게 할 죽음을 정해주실 것이란 믿음이다.

이것은 예수님이 베드로와 헤어지실 때 격려의 말로 그에게 주신 선물이다.

"[네가] 늙어서는 네 팔을 벌리리니 남이 네게 띠 띠우고 원하지 아니하는 곳으로 데려가리라." 이 말씀을 하심은 **베드로가 어떠한 죽음으로 하나님께 영광을 돌릴 것을 가리키심이러라.** 이 말씀을 하시고 베드로에게 이르시되 "나를 따르라" 하시니(요 21:18-19).

베드로의 죽음은 계획되고 정해진 것이었다. 그 죽음의 결정은 사탄의 손, 로마 당국의 손, 또는 운명의 손 안에 있지 않았다. 그것은 하나님의 손 안에 있었다. 당신의 죽음도 마찬가지다. 당신이 만일 그리스도를 위해 순교하게 된다면, 당신은 그 마지막 날들을 누가 주관하길 바라는가? 요한은 누가 주관할지에 대해 추호의 의심도 남기지 않았다. 종말이 오기 전에 하나님이 누가, 그리고 얼마나 많이 순교자로 쓰러질지 이미 계획하셨다고 그가 말했기 때문이다.

[하늘의 제단 아래서 순교자들이] 큰 소리로 불러 이르되 "거룩하고 참되신 대주재여, 땅에 거하는 자들을 심판하여 우리 피를 갚아 주지 아니하시기를 어느 때까지 하시려 하나이까?" 하니 각각 그들에게 흰 두루마기를 주시며 이르시되 "아직 잠시 동안 쉬되 **그들의 동무 종들과 형제들도 자기처럼 죽임을 당하여 그 수가 차기까지 하라**" 하시더라(계 6:10-11).

그처럼 삶과 죽음을 주관하는 자비로운 섭리는 각 세대에 예측할 수 없는 격동이 닥칠 때마다 의지할 만한 든든한 반석이다. 예수님이 우리의 생애 동안 돌아오시지 않는다면, 우리는 모두 죽을 것이다. 그분께 속해 있는 이들에게는 그 죽음의 타이밍과 결과가 진노가 아니라 자비이다.

우리의 일을 완수하기까지 우리는 불멸의 존재이다

그런 탄탄한 믿음은 지난 이천 년 동안 죽음에 직면한 선교사들에게 큰 용기를 주었다. 하나님의 섭리는 수천 년에 걸쳐 그리스도의 사자(使者)들에게 든든한 힘이 되어왔다. 하나님이 삶과 죽음을 주관하시고 언제나 그의 자녀들을 위해 자비를 베푸신다고 믿은 그들은 흔쾌히 위험한 선교사역을 받아들이고 죽음에 처해서도 흔들리지 않았다.

헨리 마틴은 인도와 페르시아에 간 선교사로 서른한 살(1812년 10월 16일)에 죽었는데, 1812년 1월에 일기장에 이렇게 썼다.

> 어느 모로 보나, 금년은 내가 여태껏 본 어느 해보다 더 위험할 것이다. 그러나 내가 살아있는 동안 페르시아어 신약성경을 완성할 수 있다면 그 이후의 삶은 덜 중요하게 될 것이다. 그러나 내가 살든지 죽든지 간에 그리스도께서 내 안에서 영화롭게 되길 바랄 뿐이다! 그분에게 내가 할 일이 있다면, 나는 죽을 수 없다![1]

이 문장은 종종 "내가 수행할 그리스도의 사역이 완수될 때까지 나는 불멸이다"라고 달리 표현되곤 했다. 이는 참으로 진실이다. 그리고 삶과 죽음이 주권자이신 하나님의 손 안에 있다는 마틴의 믿음에 분명히 기초해 있다. 진실로 그리스도의 모든 대의는 그의 손안에 있다. 그보다 칠년 전인 스물네 살 때 마틴은 이렇게 썼다.

> 만일 하나님이 계시지 않다면 이 세상이 어떻게 될까! 만일 하나님이 우주의 주권자가 아니라면 나는 얼마나 비참할까! 그러나 주님이 다스리시니, 온 땅아 기뻐할지어다. 그

---

[1] Henry Martyn, *Journal and Letters of Henry Martyn* (New York: Protestant and Episcopal for the Promotion of Evangelical Knowledge, 1851), 460.

리고 그리스도의 대의가 승리할 것이다. 아 내 영혼아, 그날을 내다보며 즐거워하여라.[2]

주권적인 총알

우리가 그리스도의 선교사역을 수행할 때 받는 가장 큰 도전은 때때로 최종 결과나 우리가 죽을 가능성이 아니라 오히려 우리 가족의 죽음이다. 다시 말하건대, 수천 명에 달하는 신실한 종들은 하나님의 섭리가 사랑하는 이들의 삶과 죽음을 주관한다는 확신을 품고 꿋꿋하게 사역을 수행해왔다.

지난 이십 년 내에 발생한 가장 충격적이고 잘 알려진 실례 하나를 들까 한다. 그것은 선교용 비행기를 격추시켜 한 젊은 엄마와 아기를 죽인 사고이다. 2001년 4월 20일, 페루 공군은 선교용 비행기를 마약용 비행기로 오인해서 사격을 개시했다. 서른다섯 살인 선교사 베로니카 바우어스는 조종사 케빈 도날드슨 뒤편에 앉아 일곱 달 된 딸, 채러티를 안고 있었다. 그리고 베로니카의 남편인 짐도 여섯 살 된 아들, 코리와 함께 타고 있었다. 조종사의 두 다리가 총에 맞았다. 그가 비행기를 급강하시킨 결과 놀랍게도 비행기가 강 위에 불시착해서 그들이 빠져나올 때 가라앉았다. 총알 하나는 짐의 머리 곁을 지나서 유리창에 구멍을 냈다. 또 다른 총알은 베로니카의 등을 관통해서 아기의 몸속에 멈추는 바람에 둘 다 사망했다.

이런 상황에서 젊은 남편은 무엇을 하는가? 그는 무엇을 믿고 또 말하는가? 그에게 하나님의 합목적적이고 자비로운 섭리를 받아들이지 말라고 말하고픈 그리스도인들이 무척 많다. 한 대중적인 저자는 그에게 이런 자문을 할 것이다.

> 한 개인이 또 다른 개인에게 고통을 가할 때는 [혹자가] 그 사건에서 "하나님의 목적"을 찾으면 안 된다 … 그리스도인들은 다른 누군가가 유발한 비극의 한복판에서 "하나님의 목적"을 자주 거론한다 … 그러나 이것을 나는 한 마디로 경건하게 헷갈린 사고방식으로 간주할 뿐이다.[3]

---

2) Martyn, *Journal and Letters of Henry Martyn*, 210.
3) Greg Boyd, *Letters from a Skeptic* (Colorado Springs, CO: Chariot Victor, 1994), 46–47.

달리 말해, 하나님이 베로니카와 채러티의 생명은 취하시고 짐과 코리를 남겨놓으신 데는 특별한 목적이 없었다는 뜻이다. 그렇다면 베로니카와 아기를 위한 추도예배에서 낭독한 엘리자베스 엘리엇과 스티브 세인트와 짐 바우어스의 추도사는 모두 "경건하게 헷갈린 사고방식"에 불과했고 위로와 힘을 줄 만한 근거가 없었다는 말인가?

이 책(특히 23-25장)의 요점들 중 하나는 '그렇지 않다'는 것이다. 우리가 곧 듣게 될 추도사는 헷갈리는 소리가 아니다. 성경적인 말이다. 그것은 슬픔의 파도가 당신에게 부딪힐 때의 희망의 반석이다. 추도 예배는 2001년 4월 29일에 미시간 주 프룻포트에 있는 갈보리교회에서 열렸다. 이제 아내와 딸을 잃어버린 젊은 남편과 여섯 살 된 아들인 코리가 맨 앞에 앉고 1,200명이 모인 자리에서 그 남편이 한 증언을 살펴보자.[4]

> 무엇보다도 나는 하나님께 감사드리고 싶습니다. 그분은 주권자이신 하나님입니다. 나는 지금 그 사실을 더욱 발견하는 중입니다 … 이것이 정말 로니와 채러티에 대한 하나님의 계획일 수 있을까? 코리와 나와 우리 가족에 대한 하나님의 계획일까? 내가 왜 그렇게 믿는지, 내가 왜 그렇게 믿게 되고 있는지를 여러분에게 말하고 싶습니다.

이어서 그는 사격 중에 또 사격 이후에 발생한 있을 법하지 않은 사건들의 긴 목록을 열거한 후, 하나님이 그의 아들을 십자가에 보내신 것을 언급한다. 다음은 하나님이 그의 소유에게 베푸시는 주권적인 돌봄을 신뢰하는 이들만 참으로 이해할 수 있는 몇몇 중요한 문장들이다.

> 로니와 채러티는 동일한 총알에 즉사했습니다. (여러분은 그것을 빗나간 총알이라 부르겠습니까?) 그리고 그것은 채러티 바로 앞에 있던 케빈[조종사]에게는 미치지 않았습니다. 채러티 안에 머물렀던 것입니다. 그것은 주권적인 총알이었습니다.

---

4) 여기에 실린 모든 인용문은 2001년 5월 12일에 다음 사이트에 올린 추도 예배의 전문에서 발췌한 것인데, 이후 그 전문이 삭제되었다. http://www.abwe.org/family/memorial/service_michigan.htm.

그는 그 비행기에 사격했던 이들을 용서한다고 말했다. "하나님께서 나를 용서하셨는데 내가 어떻게 용서하지 않을 수 있겠습니까?" 이어서 이렇게 덧붙였다.

그런 행동을 한 사람들은 하나님의 쓰임을 받았을 뿐입니다. 여러분이 이를 믿고 싶든 않든, 나는 그렇게 믿습니다. 그들은 이 사고를 통해 하나님의 목적을 이루기 위해 그분의 쓰임을 받았던 것입니다. 어쩌면 그리스도를 십자가에 달리게 하려고 하나님이 쓰셨던 로마 군인들과 비슷할 것입니다.

엘리자베스 엘리엇의 추도사와 시 한 편

스티브 세인트와 엘리자베스 엘리엇도 추도 예배에서 추도사를 낭독했다. 스티브는 1956년 1월 8일에 에콰도르에서 우아오라니 인디언들의 창에 죽임을 당한 다섯 선교사들 중 네이트 세인트의 아들이다. 엘리자베스 엘리엇은 짐 엘리엇 선교사의 아내였다.

스티브 세인트는 마이크에 다가가서 여섯 살인 코리, 엄마와 여동생을 잃은 코리를 내려다보며 이렇게 말했다.

코리야, 내 이름은 스티브란다. 이걸 알고 있니? 오래 전 내 몸집이 너랑 비슷했을 때 이와 비슷한 모임에 참석한 적이 있어. 나는 거기에 앉아 있으면서 무슨 일이 일어나고 있는지 제대로 알지 못했단다 … 그런데 있잖아, 지금은 내가 더 잘 이해하고 있어. 많은 어른들이 당시엔 내가 이해하지 못했던 말을 했단다. 그들은 비극이라 불리는 단어를 사용했지 … 그러나 이제는 내가 나이 먹은 남자이고, 지금은 사람들이 내게 와서 "아, 오래 전에 그 비극에 일어났던 때를 기억하오"라고 말하면, 코리야, 그들이 틀리다는 걸 내가 안단다.
내 아빠는 네가 엉클 케빈이라 부르는 사람과 같은 조종사였고, 아빠와 그의 좋은 친구들 네 명이 정글에 묻힌 직후라서 엄마가 내게 아빠가 다시는 집에 올 수 없다고 일러주었단다. 엄마는 그리 슬퍼하지 않았어. 그래서 내가 엄마에게 "아빠는 어디에 갔어요?"

하고 물었지. 엄마가 "예수님과 함께 살러 가셨어" 하고 말했단다. 그리고 있잖아, 바로 그곳이 엄마와 아빠가 예전에 우리 모두 가서 살고 싶다고 말해주셨던 곳이란다. 아빠가 우리보다 먼저 가셨으니 그건 좋은 일이잖아, 하고 내가 생각했어. 그리고 이걸 아니? 지금은 사람들이 "그건 비극이었소" 하고 말하면 그들이 틀리다는 걸 내가 안단다.

이후 그는 눈을 들어 사람들을 쳐다보며 불신 세상과 예수님의 제자들 간의 차이점을 말해주었다. "그들에게는 고통이 기본을 이루고 기쁨은 피상적인데, 이는 후자가 오래 지속되지 않기 때문입니다. 우리에게는 고통이 피상적이고 기쁨이 기본을 이룹니다."

엘리자베스 엘리엇은 그 가족에게 무슨 말을 할까? 그녀는 이미 그녀의 남편과 다른 네 명의 선교사들이 죽었을 때 모든 걸 다스리는 하나님의 섭리를 믿는다고 선언했었다. 그녀는 1958년에 출판된 책, 『전능자의 그늘』에서 세상은 이들의 죽음을 하나의 비극으로만 볼 수 있다고 말했었다. 그러나 그녀는 "세상은 짐 엘리엇의 신조의 두 번째 절에 담긴 진리를 알지 못했다"고 반론을 폈다.

그분은 자기가 잃을 수 없는 것을 얻기 위해 지킬 수 없는 것을 주는 바보가 아니다.[5]

이번에는 그녀가 무슨 말을 할까?

여러분은 하나님이 무슨 일을 하고 계시는지 의아해하는데, 물론 하나님은 절대로 실수하지 않으신다는 것을 우리가 압니다. 그분은 자기가 행하시는 일을 정확히 알고 계시며, 고난은 결코 헛되지 않습니다 … 짐, 그분이 당신에게 고난의 잔을 주셨고, 당신은 다음과 같이 말씀하신 주 예수님과 그 잔을 공유할 수 있습니다. "아버지께서 내게 주신 잔을 내가 받았습니다."

엘리자베스는 마르타 스넬 니콜슨(Martha Snell Nicholson)의 시(詩)로 마무리했는데

---

[5] Elisabeth Elliot, *Shadow of the Almighty: The Life and Testament of Jim Elliot* (New York: Harper & Brothers, 1958), 19.

그 마지막 2행 연구는 순금과 같다.

나는 하나님의 왕좌 앞에 그분의 거지로 서서
그분께, 내 것이라 부를 수 있는 아주 특별한 선물 하나를 달라고 구걸했다.

내가 그분의 손에서 그 선물을 받고 떠나려 할 때
"그런데 주님, 이건 가시라서 내 마음을 찔렀나이다" 하고 외쳤다.

그대가 나에게 주신 이것은 상처를 입히는 이상한 선물입니다. 그분이
"내 자녀야, 나는 좋은 선물을 준단다. 최고의 선물을 너에게 주었다" 하고 말씀하셨다.

나는 그걸 집에 가져갔고, 처음에는 그 날카로운 가시가 상처를 주었으나,
몇 년이 흐르면서 나는 마침내 그것을 점점 더 사랑하는 법을 배우게 되었다.

그분은 이 은혜를 더하지 않고는 결코 가시를 주시지 않는다는 것을 배웠다.
그분은 그 가시를 갖고 그의 얼굴을 가리는 베일을 찔러 제치신다는 것.

결국에는 이것이 하나님의 고통스러운 섭리가 지닌 최후의 자비이다. 그리스도의 얼굴을 "가리는 베일을 찔러 제치는 것." 하나님은 언제나 우리가 어떤 상실을 통해 그분을 더 깊이 알고 또 소중히 여기기를 바라신다. 하나님의 자녀에겐 정죄함이 없다는 확신, 제트 전투기에서 날아오는 독자적인 총알은 없다는 확신은 아무리 위험해도 하나님의 소명을 받아들일 용기를 우리에게 준다.

하나님이 우리를 세우심은 노하심에 이르게 하심이 아니요, 오직 우리 주 예수 그리스도로 말미암아 구원을 받게 하심이라. 예수께서 우리를 위하여 죽으사 우리로 하여금 **깨어 있든지 자든지** 자기와 함께 살게 하려 하셨느니라. 그러므로 피차 권면하고 서로 덕을 세우기를 너희가 하는 것같이 하라(살전 5:9-11).

우리 모두 삶과 죽음이 지금과 영원히 하나님의 손 안에 있다는 영광스러운 진리로 서로 권면하자. 하나님의 모든 것을 포괄하는, 자비로운 섭리는 우리가 사는 동안 우리의 힘이고, 우리가 죽을 때는 우리의 소망이다. 주님의 이름이 찬송을 받을지어다(욥 1:21).

6편

죄를 다스리는 섭리

26.

자연적인 인간의 의지와 행위

본서의 앞장들에서는 하나님께서 자연의 사건들, 사탄의 행동, 왕들의 행실, 나라들의 움직임, 삶과 죽음의 순간들 등 세세한 부분들을 다스리는 수많은 사례를 살펴보았다. 따라서 우리는 자연스레 하나님의 섭리가 모든 것을 포괄하고 모든 곳에 편만하다고 생각하게 된다. 달리 말해, 16-25장에 묘사된 하나님의 섭리의 범위와 성격을 살펴본 후에는 삶의 어느 영역도(아무리 평범하고 아무리 하찮게 보이는 영역도) 섭리의 결정적인 통치가 중단되거나 제한되는 곳이 없다고 기대하게 된다.

이번 장에서는 자연적인 인간의 의지와 행위에 초점을 맞출 터인데, 여기서도 그 기대가 충족되는 것을 알게 되리라. '자연적'이란 단어는 일반적인 인간의 성향과 선호와 결정을 의미하는 것으로서, 이는 그리스도인들이 성령의 영향을 받아 경험하는 것과 구별된다. 바울은 그리스도 밖에 있는 사람들을 "자연적인" 사람들이라 부른다. "자연에 속한 사람은 하나님의 영에 속한 일들을 받아들이지 아니합니다"(고전 2:14, 새번역). 어느 의미에서, 자연적인 사람들은 선한 결정과 선한 행실을 할 능력이 있고 그런 행실은 세상적인 방식으로 남들에게 유익을 준다(벧전 2:14). 그러나 또 다른 의미에서는, 불신자들이 언제나 하나님께 반역하는 행동을 취하기 때문에 모든 일에서 죄를 짓고 있다. "믿음을 따라 하지 아니하는 것은 다 죄니라"(롬 14:23). 이 때문에 내가 이번 장을 제3부의 6편("죄를 다스리는 섭리")에 포함시키는 것이다. 이번 장의 끝부분에 이르면 우리가 그런 의지와 행위를 방해하거나 성공시키는 수많은 환경을 주관하시는 하나님의 섭리로 간략하게 돌아갈 것이다.

하나님께서 바로의 마음을 돌려 요셉을 축복하게 하시다

이스라엘 민족의 역사, 곧 이집트에서의 초창기로부터 바벨론에서의 포로시대에 이르기까지, 하나님은 평범한 개개인과 왕들과 열방의 마음과 생각을 돌이켜 그들이 대적인 이스라엘에게 호의를 베풀게 하는 그의 능력과 기꺼운 마음을 보여주셨다. 요셉이 이집트에 노예로 팔려갔을 때, 그가 주인 보디발에게 받은 은혜(창 39:3-4)와 이후 감방에서 간수장에게 받은 은혜는 사회적 힘이나 인간 본성이 낳은 단순한 결과가 아니었다. 그것은 하나님께서 요셉의 체포자들의 마음과 생각에 일하셔서 생긴 성과였다.

> 여호와께서 요셉과 함께 하시고 그에게 인자를 더하사 **간수장에게 은혜를 받게 하시매** 간수장이 옥중 죄수를 다 요셉의 손에 맡기므로 그 제반 사무를 요셉이 처리하고(창 39:21-22).

하나님이 요셉에게 주신 이 "은혜"는 (보디발의 경우와 같이) 간수장이 요셉을 잘 대우하게 만든 그의 마음과 생각 속 성향이었다. 이는 하나님이 간수장의 마음과 생각(과 의지)에 작용하셔서 그가 요셉을 그렇게 대우하고픈 성향이 생겼다는 것을 의미한다. 그 효과는 깜짝 놀랄 만했다. 이를 보고 우리가 경이감을 느껴야 마땅하다. 간수장이 모든 죄수를 한 죄수의 손에 맡겼다니 말이다! 이처럼 믿기 어려운 신뢰의 그림은 하나님이 그의 백성의 대적들의 마음과 생각까지 얼마나 철저히 다스릴 수 있는지 보여주는 것이다. 그 초점은 요셉의 매력적인 인성이 아니라 하나님에게 맞춰져 있다. "여호와께서 요셉과 함께 하시고 그에게 인자를 더하사 간수장에게 은혜를 받게 하시매"(39:21).

그리고 요셉에 대한 바로의 성향을 다스리는 하나님의 섭리에서도 그와 똑같은 놀라운 영향을 엿볼 수 있다. 간수장은 요셉에게 '감옥' 전체를 주관하게 했다. 바로는 요셉에게 '나라' 전체를 주관하게 했다. 바로가 자기도 잘 몰랐던 요셉을 한없이 신뢰했다는 이야기는 우리를 깜짝 놀라게 하고 왜 그랬는지 의아하게 만들어야 마땅하다.

"너는 내 집을 다스리라. 내 백성이 다 네 명령에 복종하리니. 내가 너보다 높은 것은 내 왕좌뿐이니라." 바로가 또 요셉에게 이르되 "내가 너를 애굽 온 땅의 총리가 되게 하노라" 하고 자기의 인장 반지를 빼어 요셉의 손에 끼우고 그에게 세마포 옷을 입히고 금 사슬을 목에 걸고 자기에게 있는 버금 수레에 그를 태우매 무리가 그의 앞에서 소리 지르기를 "엎드리라" 하더라. 바로가 그에게 애굽 전국을 총리로 다스리게 하였더라. 바로가 요셉에게 이르되 "나는 바로라. 애굽 온 땅에서 네 허락이 없이는 수족을 놀릴 자가 없으리라" 하고(창 41:40-44).

이것은 세계에서 가장 강한 사람이 며칠 전만 해도 외국인 노예와 수감된 죄수였던 남자에 대해 내린 믿기 어려운 일련의 결정들이다. 이집트의 관점에서는 바로의 행위가 무모하게 보였다. 이를 어떻게 설명할 수 있을까? 사도행전 7장 9-10절에 나오는 스데반의 대답은 하나님이 이런 식으로 행동하도록 바로의 의지를 바꾸셨다는 것이다.

여러 조상이 요셉을 시기하여 애굽에 팔았더니, 하나님이 그와 함께 계셔 그 모든 환난에서 건져내사 애굽 왕 바로 앞에서 **은총과 지혜를 주시매**, 바로가 그를 애굽과 자기 온 집의 통치자로 세웠느니라.

하나님이 요셉에게 바로 앞에서 은총을 '주셨던' 것이다. 바로가 요셉을 그처럼 신뢰하며 그를 대우하기로 '결정한' 것은 하나님께서 '바로의 마음을 그런 결정에 쏠리게 하셨기' 때문이다. 이것이 바로 요셉의 형들이 마침내 아버지에게 보고한 내용이었다. 결국 야곱이 막내아들인 베냐민을 형들과 함께 되돌려 보내기로 결심했을 때, 그는 하나님께 바로의 마음을 (요셉에게 한 것처럼) 이번에는 그의 다른 아들들에게 쏠리게 하실 능력과 권한이 있다는 것을 알았다. "전능하신 하나님께서 그 사람 앞에서 너희에게 은혜를 베푸사 그 사람으로 너희 다른 형제와 베냐민을 돌려보내게 하시기를 원하노라"(창 43:14). 달리 말하면, 야곱은 하나님께서 바로의 마음속에 그의 아들들을 자비롭게 대우하겠다는 결의를 심어주시도록 기도하고 있었다. 또 다른 표현을 하자면, 그는 하나님께서 바로와 관련해 요셉의 형들에게 '은혜'를 '베푸시길' 기도하고 있었다. 야곱은 하나님께 이런 일을 행할, 즉 바로의 의지를 바꿀 권한과 능력이 있다고 믿었던 것이다.

하나님께서 이집트 사람들의 마음을 돌려 이스라엘 사람들에게 호의를 베풀게 하시다

이처럼 하나님에게 이집트 사람들의 마음을 움직이는 특권과 능력이 있다는 사실은 요셉의 시대에 이스라엘이 이집트에 도착했을 때뿐만 아니라 모세의 시대에 그들이 이집트를 떠날 때에도 뚜렷이 드러났다. 하나님의 목적은 이스라엘 사람들이 출애굽 당시 이집트를 떠날 때 이집트 사람들의 완악한 마음에 대한 심판의 일환으로 그들의 물건을 취하게 하는 것이었다(출 14:4). 그래서 모세가 이집트에 도착하기도 전에 하나님께서 그에게 이렇게 말씀하신 것이다.

내가 애굽 사람으로 이 백성에게 은혜를 입히게 할지라. 너희가 나갈 때에 빈손으로 가지 아니하리니, 여인들은 모두 그 이웃 사람과 및 자기 집에 거류하는 여인에게 은 패물과 금 패물과 의복을 구하여 너희의 자녀를 꾸미라. 너희는 애굽 사람들의 물품을 취하리라(출 3:21-22).

그래서 하나님이 말씀하신 대로 되었다.

이스라엘 자손이 모세의 말대로 하여 애굽 사람에게 은금 패물과 의복을 구하매, **여호와께서 애굽 사람들에게 이스라엘 백성에게 은혜를 입히게 하사** 그들이 구하는 대로 주게 하시므로 그들이 애굽 사람의 물품을 취하였더라(출 12:35-36).

하나님께서 이집트 사람들이 이스라엘에게 호감을 '갖게 하셨다.' 그분이 이스라엘의 지배자들에게 이스라엘을 호의적으로 대하고픈 마음을 주신 것이다. 당시는 이집트의 처음 난 것은 모두 죽은 반면 유대인의 아들들은 하나도 죽지 않은 사건이 일어난 직후였음을 기억하라. 그런즉 그런 재앙에 책임이 있는 듯 보인 이스라엘 백성에게 은과 금과 보석과 의복을 주는 것은 분명히 자연스런 반응이 아니었다.

오히려 분노와 보복이 이스라엘에 반대하는 대중 폭동으로 표출되는 모습을 상상하는 편이 더 쉽다. 그런데 그런 일이 발생하지 않았다. 그 이유를 성경은 이렇게 말한다. "여호와께서 애굽 사람들에게 이스라엘 백성에게 은혜를 입히게 하사"(출 12:36). 달리 말하면, 하나님께서 이집트 사람들의 마음을 돌이켜서 이스라엘과 싸우기보다 호감을 품게 하셨다는 것이다. 그래서 "애굽 사람들은 … 그 백성을 재촉하여 그 땅에서 속히 내보내려 했던" 것이다(출 12:33).

많은 나라와 다니엘의 주군들의 마음도 돌리시다

구약 역사의 끝에 나오는 이스라엘의 바벨론 포로시절에도 똑같은 그림이 그려진다. 이 결정적인 포로상태 이전에도 그때까지 다른 패배와 외국의 지배가 있어왔다. 그 기간 동안에도 하나님께서 이집트에서 요셉과 그의 형들을 위해 행하신 일을 이스라엘을 위해 행하신 적이 있다.

[주님께서] 그들을 뭇 나라의 손에 넘기시니,
그들을 미워하는 자들이 그들을 다스리게 되었습니다…
마침내 **주님께서는 그들을 사로잡아 간 자들이**
그들에게 자비를 베풀도록 하셨습니다(시 106:41, 46, 새번역).

이스라엘의 적들의 마음과 생각을 다스리는 하나님의 섭리는 그들의 마음을 돌이켜 파멸이 아니라 자비를 품게 하셨다. 그분은 바벨론에 포로로 잡혀 있던 다니엘에게도 똑같은 일을 행하셨다. "하나님이 다니엘로 하여금 환관장에게 은혜와 긍휼(히브리어로 시 106:46에 나온 자비와 같은 단어)을 얻게 하신지라"(단 1:9). 그리고 놀랍게도 이집트에서 바로와 요셉의 관계와 병행하여, 바로가 요셉에게 반응했던 것과 똑같은 방식으로 느부갓네살이 다니엘에게 반응했다.

> 이에 느부갓네살 왕이 엎드려 다니엘에게 절하고 명하여 예물과 향품을 그에게 주게 하니라 … 왕이 이에 다니엘을 높여 귀한 선물을 많이 주며 그를 세워 바벨론 온 지방을 다스리게 하며 또 바벨론 모든 지혜자의 어른을 삼았으며(단 2:46, 48).

다시금 이 장면을 보고 우리가 깜짝 놀라야 마땅하다. 아니, 몇 주 전만 해도 적국에서 잡혀온 포로에 불과했던 젊은 유대인 남자가 지금은 "바벨론 온 지방을 다스리는" 통치자가 되었다니! 이는 도무지 생각할 수 없는 일이다! 어떻게 그런 일이 발생할 수 있을까? 하나님이 다니엘로 하여금 느부갓네살에게 호의를 얻게 하셨다고 명시적으로 말하진 않지만, 하나님이 그를 왕에게 데려간 직속상관에게 호의를 얻게 하셨다고 분명히 말하고 있다(단 1:9). 이 경우와 바로의 요셉에 대한 반응의 병행관계는 참으로 놀랍기만 하다. 성경의 의도는, 우리가 그런 실마리를 발견할 때 하나님의 손길을 분별하게 하는 것이다. 다니엘이 바벨론에서 큰 권세를 얻게 된 것은 '하나님'께서 그에게 은총을 베푸셨기 때문이다. 하나님이 왕의 마음을 돌리신 것이다.

하나님이 적대감을 화목으로 바꾸시다

성경은 요셉과 모세와 다니엘과 같은 구체적인 실례를 보여줄 뿐만 아니라 우리 적의 마음을 다스리는 하나님의 섭리에 대해 일반적인 진술도 제공한다.

사람의 행위가 여호와를 기쁘시게 하면

그 사람의 원수라도 그와 더불어 화목하게 하시느니라(잠 16:7).

이 잠언의 저자는 우리로 하여금 의로운 사람은 결코 장기적인 원수가 없다고 추론하길 원치 않는다(시 44:22; 잠 25:26; 요 15:20; 롬 8:36). 그의 요점은 하나님이 그분을 기쁘게 하는 이들에게 이런 종류의 일을 행하신다는 것이다. 하나님은 그럴 수 있다. 그리고 그 일이 그의 사람들에게 가장 큰 유익을 초래한다면 그렇게 하실 것이다. 여기서의 요점은 이것이 하나님의 특권과 능력에 있다는 것이다. 그분은 자신이 기뻐할 때에 우리 대적의 마음을 적대감에서 화목함으로 돌이켜 주실 수 있고 또 그러실 것이다. 마음의 성향과 입과 손의 행실은 하나님의 섭리의 지배 아래 있다.

하나님이 두려움과 공포와 혼란을 느끼게 하시다

이는 이스라엘의 대적의 마음속에 '호의'를 생기게 하는 것뿐만 아니라 '두려움'과 '공포'를 생기게 하는 것에도 해당된다. 이스라엘이 요단을 건너 가나안에 들어갈 준비를 했을 때 하나님이 이렇게 약속하셨다. "오늘부터 내가 천하 만민이 너를 무서워하며 너를 두려워하게 하리니 그들이 네 명성을 듣고 떨며 너로 말미암아 근심하리라"(신 2:25). 그리고 실제로 그렇게 되었다. 예컨대, 여호수아가 아모리 족속에게 접근했을 때 "주님께서 이스라엘 군대 앞에서 그들을 혼란에 빠지게 하셨다"(수 10:10, 새번역). 훗날 기드온이 삼백 명을 데리고 수없이 많은 미디안 족속과 싸울 준비를 했을 때 "여호와께서 그 온 진영에서 친구끼리 칼로 치게 하셨다"(삿 7:22). 그리고 다윗 왕의 시대에는 "여호와께서 모든 이방 민족으로 그를 두려워하게 하셨다"(대상 14:17). 끝으로, 스가랴는 장차 하나님이 이와 비슷할 일을 행하실 것이라고 예언했다. "그날에 여호와께서 그들을 크게 요란하게 하시리니 피차 손으로 붙잡으며 피차 손을 들어 칠 것이며"(슥 14:13; 참고. 겔 30:13).

하나님은 대적들 속에 두려움을 심으셨다. 그분은 아모리 족속을 공포에 빠지게 하셨다. 그분은 군인들의 칼이 동료를 치게 하셨다. 그분은 많은 나라가 다윗을 두려워하게 하셨다. 그리고 먼 훗날에는 열방들 가운데 하나님이 공포를 불러일으키실 것이다. 이런 본문들의 함의는, 하나님은 인간 마음속에 감정을 불러일으킬 권한과 능력을 갖고 계시며, 이는 군대를 자멸시키는 것(삿 7:23-25)과 같이 하나님의 목적을 이루는 행동을 유발하는 효과가 있다는 것이다.

하나님이 이방 왕들을 그의 철퇴와 막대기로 삼다

하나님이 이스라엘의 대적들의 감정과 결정을 지도하시는 일은 그들을 다스리는 왕들과 지휘관들의 마음에까지 확장된다. 거듭해서 하나님은 이방 통치자들의 마음을 돌려 그의 명령을 수행하게 하셨다. 그리고 훗날 하나님은 다른 왕들의 마음을 움직여서 그분이 그의 철퇴와 막대기로 이용하셨던 바로 그 왕들의 죄악에 대해 심판의 일격을 가하셨다.

예컨대, 이스라엘이 하나님을 배척하고 다른 "연인들"을 좇아갔을 때 하나님은 이렇게 말씀하셨다. "내가 너의 즐거워하는 정든 자와 사랑하던 모든 자와 미워하던 모든 자를 모으되 사방에서 모아 너를 대적하게 할 것이요"(겔 16:37). 이는 하나님께서 그 연인들의 마음을 돌이켜 이스라엘과 싸우게 하셨다는 뜻이다. 이 본문은 그분이 예측하고 있었다고 말하지 않는다. 그분이 모으고 있었다고 말한다. 그들은 이스라엘을 대적하려고 결정하고 있었다. 이 결정이 바로 하나님의 모으심이었다.

구체적인 사례 하나는 르우벤 자손과 갓 사람과 므낫세 반 지파의 배신이었다. 그들이 "그들의 조상들의 하나님께 범죄하여 하나님이 그들 앞에서 멸하신 그 땅 백성의 신들을 간음하듯 섬긴지라. 그러므로 **이스라엘 하나님이 앗수르 왕 불의 마음을 일으키시며** 앗수르 왕 디글랏빌레셀의 마음을 일으키시매 곧 르우벤과 갓과 므낫세 반 지파를 사로잡아 할라와 하볼과 하라와 고산 강가에 옮긴지라"(대상 5:25-26). 하나님은 이런 일으킴과 이런 모음으로 이방 통치자들의 마음과 생각을 이끌어서 이스라엘에 심판을 내리신다.

하나님께서 바벨론 왕에게 이렇게 행하셨을 때는 바벨론을 그의 "철퇴"와 막대기라고 부르셨다.

너는 나의 철퇴 곧 무기라.

나는 네가 나라들을 분쇄하며 네가 국가들을 멸하며

네가 말과 기마병을 분쇄하며 네가 병거와 병거대를 부수며

네가 남자와 여자를 분쇄하며 네가 노년과 유년을 분쇄하며

네가 청년과 처녀를 분쇄하며 네가 목자와 그 양 떼를 분쇄하며

네가 농부와 그 멍엣소를 분쇄하며 네가 도백과 태수들을 분쇄하도록 하리로다

(렘 51:20-23).

내가 북쪽 모든 종족과 내 종 바벨론의 왕 느부갓네살을 불러다가 이 땅과 그 주민과 사방 모든 나라를 쳐서 진멸하여(렘 25:9).

느부갓네살이 이스라엘을 황폐하게 만들려는 목적에 하나님의 섭리가 작용했기 때문에 왕이 그의 "종"으로 불리기까지 한다. 느부갓네살은 자신의 계획을 따라 행동하고 있었지만 하나님의 계획을 이루고 있었던 것이다. 다시금 하나님이 그런 일을 '어떻게' 수행하시는지는 말해주지 않는다. 즉, 이방 왕이 책임 있는 의사결정자로서 행동하는 한편, 하나님이 어떻게 그의 의사결정을 지도하시는지는 우리가 모른다.

우리는 하나님이 느부갓네살을 무(無)도덕적인 로봇이 아니라 책임 있는 사람으로 간주하신다는 것을 안다. 왜냐하면 하나님이 그로 하여금 행하게 하신 바로 그 일에 나타난 그의 죄악에 대해 그의 책임을 묻고 또 그를 심판하시기 때문이다.

여호와께서 메대 왕들의 마음을 부추기사 바벨론을 멸하기로 뜻하시나니 … 너희 눈앞에서 그들이 시온에서 모든 악을 행한 대로 내가 바벨론과 갈대아 모든 주민에게 갚으리라. 여호와의 말씀이니라.

여호와의 말씀이니라.

온 세계를 멸하는 멸망의 산아, 보라 나는 네 원수라.

나의 손을 네 위에 펴서 너를 바위에서 굴리고 너로 불 탄 산이 되게 할 것이니…

땅이 진동하며 소용돌이치나니, 이는 여호와께서 바벨론을 쳐서 그 땅으로 황폐하여 주민이 없게 할 계획이 섰음이라(렘 51:11, 24-25, 29).

하나님이 이방 통치자들의 마음을 지배하시므로 그들을 그의 심판의 철퇴로 삼는 것이다. 그리고 하나님은 다른 통치자들도 지배하시기 때문에 그분이 그의 도구로 이용하신 이방 왕들의 죄악을 징계하는 데 그들을 활용하시는 것이다.

하나님이 고레스, 다리우스, 아닥사스다의 마음을 돌이키시다

이스라엘 역사에서 가장 놀라운 반전 중 하나는 포로시기의 끝 무렵에 하나님이 이방 왕들의 "마음을 돌이키신" 덕분이었다. 우리가 이를 20장에서 잠깐 언급했지만 이제 충분한 주의를 기울일만한 사건이다. 에스라서는 이렇게 시작된다.

바사 왕 고레스 원년에 여호와께서 예레미야의 입을 통하여 하신 말씀을 이루게 하시려고 바사 왕 고레스의 마음을 감동시키시매, 그가 온 나라에 공포도 하고 조서도 내려 이르되 "바사 왕 고레스는 말하노니 하늘의 하나님 여호와께서 세상 모든 나라를 내게 주셨고 나에게 명령하사 유다 예루살렘에 성전을 건축하라 하셨나니, 이스라엘의 하나님은 참 신이시라. 너희 중에 그의 백성 된 자는 다 유다 예루살렘으로 올라가서 이스라엘의 하나님 여호와의 성전을 건축하라. 그는 예루살렘에 계신 하나님이시라(스 1:1-3).

참으로 놀라운 반전을 통해 느부갓네살이 유대 성전에서 약탈한 금 그릇과 은 그릇들이 파괴되기 전에 이제는 다른 바벨론 왕에 의해 거기로 되돌려진다.

바벨론 왕 고레스 원년에 고레스 왕이 조서를 내려 하나님의 이 성전을 다시 건축하게 하고, 또 느부갓네살이 예루살렘 하나님의 성전 안에서 금, 은 그릇을 옮겨다가 바벨론 신당에 두었던 것을 고레스 왕이 그 신당에서 꺼내어 그가 세운 총독 세스바살이라고 부르는 자에게 내주고, 일러 말하되 "너는 이 그릇들을 가지고 가서 예루살렘 성전에 두고 하나님의 전을 제자리에 건축하라" 함매 이에 이 세스바살이 이르러 예루살렘 하나님의 성전 지대를 놓았고 그때로부터 지금까지 건축하여 오나 아직도 마치지 못하였다 하였사오니(스 5:13-16).

이보다 한걸음 더 나아간다. 바벨론이 페르시아에게 항복한 후에 다리우스는 포로들이 이스라엘로 복귀해서 성전을 재건축하는 것을 지지할 뿐 아니라 그 작업에 필요한 모든 경비를 페르시아의 자금으로 충당하도록 칙령을 내린다.

내가 이제 지시한다. 경들은 성전을 짓는 유다의 원로들을 도와라. 성전 공사에 드는 비용은 국고에서 댈 터이니 유프라테스 강 서쪽 지방에서 거둔 세금에서 그 비용을 어김없이 주어서 일이 중단되지 않게 하여라(스 6:8, 새번역).

성전 재건축이 완수되어 이스라엘 백성이 즐거운 기념식을 거행할 수 있었던 것도 하나님이 한 이방 왕의 마음을 다스린 섭리 덕분이었다.

즐거움으로 이레 동안 무교절을 지켰으니, 이는 **여호와께서 그들을 즐겁게 하시고 또 앗수르 왕의 마음을 그들에게로 돌려 이스라엘의 하나님이신 하나님의 성전 건축하는 손을 힘 있게 하도록 하셨음이었더라**(스 6:22).

끝으로, 그 다음 왕인 아닥사스다가 성전 예배를 위해 흘러넘치는 지원을 제공하자 백성은 주님이 마음을 돌이키는 놀라운 섭리를 행하신 것으로 인해 그분을 찬송했다.

나 곧 아닥사스다 왕이 유브라데 강 건너편 모든 창고지기에게 조서를 내려 이르기를 "하늘의 하나님의 율법 학자 겸 제사장 에스라가 무릇 너희에게 구하는 것을 신속히 시행하되 은은 백 달란트까지, 밀은 백 고르까지, 포도주는 백 밧까지, 기름도 백 밧까지 하고 소금은 정량 없이 하라"(스 7:21-22).

이와 함께 찬송이 하늘로 울려 퍼졌다.

우리 조상들의 하나님 여호와를 송축할지로다. 그가 왕의 마음에 예루살렘 여호와의 성전을 아름답게 할 뜻을 두시고(스 7:27).

하나님은 원하는 곳에서 왕의 마음을 돌이키신다

이것이 예루살렘의 회복을 위해 하나님이 내린 최후의 복은 아니지만(느 2:8) 통치자들의 마음을 돌리시는 하나님의 섭리가 지닌 권위와 능력을 보여주기에 충분하다. 이스라엘의 역사 내내 겪은 그런 경험에 의거해 현인들은 하나님의 영감을 받아 이런 잠언을 지었다.

왕의 마음은 흐르는 물줄기 같아서 주님의 손 안에 있다. 주님께서 원하시는 대로 왕을 이끄신다(잠 21:1, 새번역).

설사 누군가 이것이 항상 그런 것은 아니라는(즉, 왕의 마음이 주님의 손안에 있어 그분이 원하는 대로 돌아가지 않는 경우가 있다는) 주장을 펴고 싶을지라도, 이것이 언제는 참이고 언제는 참이 아닌지를 판단하는 기준을 제시하기가 어려울 것이다. 우리는 위에서 그리고 20장에서 왕들과 통치자들이 의롭게 행할 때뿐 아니라 죄악된 행동을 할 때에도 하나님이 그들의 마음을 돌리신다는 것을 살펴보았다. 그리고 이를 29장에서도 살펴보게 될 것이다. 그런즉 이것이 과연 왕의 마음이 주님의 손안에 있는지 여부를 결정하는 기준이 될 수는 없으리라.

그뿐만 아니라, 설사 주님이 때때로만 왕의 마음을 그의 손안에 붙잡고 원하시는 쪽으로 돌리신다 할지라도, 그분이 그렇게 하지 않을 때는 완전히 지혜롭고 전지한 목적을 위해 그러실 것이다. 그분은 왕이 행할 것을 이미 알고 계시고, 그분은 목적에 따라 그 일이 일어나도록[1] 또는 일어나지 않도록 허락하기로 정하실 것이다. 만일 하나님이 개입하셔서 왕의 마음을 다른 길로 돌리지 않으신다면(그렇게 할 권한

---

1) 13장에서 "계획된 허락"에 관해 논의한 것을 보라.

과 능력이 있는데도), 그런 선택이 왕의 결정을 좌우하게 될 것이다. 이는 하나님이 즉시 왕의 마음을 돌리시는 것만큼 왕의 행위를 다스리는 일이다.

그런데 잠언 21장 1절을 제한하는 것은 사실상 근거가 없다. 물론 잠언의 성격이 종종 보편적 진리이기보다 일반적 규칙이긴 하지만 항상 그렇지는 않은 것이 확실하다. 많은 잠언은 아예 예외가 없이 받아들이도록 되어 있다. 예를 들어보자.

주님을 경외하는 것이 지식의 근본이거늘…(1:7).

너는 마음을 다하여 여호와를 신뢰하고 네 명철을 의지하지 말라.
너는 범사에 그를 인정하라 그리하면 네 길을 지도하시리라(3:5-6).

여호와께서는 지혜로 땅에 터를 놓으셨으며 명철로 하늘을 견고히 세우셨고(3:19).

여호와를 경외하는 것은 악을 미워하는 것이라.
나는 교만과 거만과 악한 행실과 패역한 입을 미워하느니라(8:13).

거짓 입술은 여호와께 미움을 받아도
진실하게 행하는 자는 그의 기뻐하심을 받느니라(12:22).

여호와를 경외하는 것은 생명의 샘이니 사망의 그물에서 벗어나게 하느니라(14:27).

여호와의 이름은 견고한 망대라. 의인은 그리로 달려가서 안전함을 얻느니라(18:10).

공의와 정의를 행하는 것은
제사 드리는 것보다 여호와께서 기쁘게 여기시느니라(21:3).

잠언 21장 1절은 성경에 나오는 더 큰 주제의 일부로서, 우리로 하여금 마음을 돌리시는 하나님의 능력은 제약이 없다는 것을 보게 하려는 것이다. 그 주제란 왕의 마음은 '언제나' 하나님의 손 안에 있고, 하나님은 '언제나' 그 마음을 자기가 원하는 쪽으로 돌리신다는 것을 말한다. 이 잠언이 그 더 큰 주제를 떠오르게 하는 것은 시편 115편 3절과 시편 135편 6절에 나오는 표현과 사실상 동일하기 때문이다.

> 오직 우리 하나님은 하늘에 계셔서
> **원하시는 모든 것**을 행하셨나이다(시 115:3).

> 여호와께서 **그가 기뻐하시는 모든 일**을
> 천지와 바다와 모든 깊은 데서 다 행하셨도다(시 135:6).

> 왕의 마음은 흐르는 물줄기 같아서 주님의 손 안에 있다
> **주님께서 원하시는 대로** 왕을 이끄신다(잠 21:1, 새번역).

여기에 나오는 "[그분이] 원하시는 모든 것"(시 115:3), "그가 기뻐하시는 모든 일"(시 135:6), 그리고 "주님이 원하시는 대로"(잠 21:1)는 히브리어로 동일한 표현들이다.[2] 달리 말하면, 잠언 21장 1절에서 사용한 "주님이 원하시는 대로"란 어구는 그 잠언을 성경에 나오는 더 큰 주제와 나란히 놓게 하는데, 그 주제란 하나님은 "원하시는 모든 것"을 행하신다는 것, 또는 바울이 말하듯이 그분은 "**모든 일**을 그의 뜻의 결정대로 일하신다"(엡 1:11)는 것을 말한다. 그러므로 잠언 21장 1절을 제한시켜서 하나님의 섭리가 왕의 마음을 지배하지 않는 경우가 있다는 주장은 근거가 없다는 것이 나의 결론이다.

평범한 인간의 의지와 행위는 어떤가?

이번 장의 초점은 인간의 생각과 마음, 그리고 그 생각과 의향에서 흘러나오는

---

2) 여기서 "주님이 원하시는 대로"라는 동일한 어구가 시 115:3과 135:6에도 나온다.

행동을 다스리는 하나님의 섭리에 있다. 이제까지 우리는 통치자들의 마음과 생각에 주목해왔다. 우리의 결론은 하나님이 정말로 통치자들의 마음을 지도하시고 또 예외가 없는 듯 보인다는 것이다. 이는 20-22장에서 살펴본 그림을 확증해준다. 이번 장에서 통치자들의 '마음'과 '결정'을 다스리는 하나님의 섭리를 고찰함으로써 앞에서 살펴본, 왕들과 열방의 '사건'들에 대한 하나님의 섭리가 확증된다고 할 수 있다.

그러나 하나님의 섭리가 왕들의 마음과만 관련이 있고 우리와 같은 평범한 사람들의 마음과는 관련이 없다고 생각하는 것은 잘못일 터이다. 이 점을 가장 뚜렷이 볼 수 있는(그리고 가장 중요한) 경우는 우리가 그리스도인의 삶에 나타나는 구원받는 믿음과 믿음의 행실에 대한 하나님의 섭리를 다룰 때(제3부 7편과 8편)이다. 그러나 믿음과 그 열매뿐만 아니라 모든 인간의 의지와 행위를 다스리는 하나님의 결정적 섭리를 가리키는 것들이 성경에 나온다. 바울은 로마서 9장 16절에서 인간의 의지와 행위에 관해 하나의 기본적인 진술을 피력한다.

하나님은 방금 자기가 원하는 사람에게 긍휼을 베풀 자유가 있다고 천명하셨다. "내가 긍휼히 여길 자를 긍휼히 여기고 불쌍히 여길 자를 불쌍히 여기리라"(롬 9:15). 이는 가장 직접적으로 구원과 관련된 긍휼을 가리키고 있다. 그러나 이는 7장에서 살펴본 것처럼 그보다 더 포괄적인 것을 가리킨다. 왜냐하면 이 자유와 그것이 표출되는 방식이 하나님의 이름, "나는 스스로 있는 자이다"(출 3:14)에 뿌리박고 있기 때문이다. "나는 스스로 있는 자이다"는 "나는 긍휼이 여길 자를 긍휼히 여긴다"로 이어진다.

이후 인간의 의지와 행위에 관한 기본적인 진술이 나온다. 이는 15절에 나오는 하나님의 자유에서 추론된 것이다. "그러므로 그것은 사람의 의지나 노력에 달려 있는 것이 아니라, 하나님의 자비에 달려 있습니다"(롬 9:16, 새번역). 문자적으로 표현하면 이렇다. "그러므로 [하나님이 그의 자비를 어떻게 보여주실지는] 원하는 사람으로 말미암지 않고, 달리는 사람으로 말미암지 않고, 오직 자비를 보여주시는 하나님으로 말미암는다." 인간의 의지와 행위는 원하는 것과 달리는 것으로 묘사되어 있다. 그리고 요점은 이것이다. 인간의 의지와 행위가 하나님의 자비가 베풀어지는 방식을 좌우하는 결정적 요인이 아니라는 것. 인간의 의지나 행위가 아니라 (하나님이란 존재에 뿌리박은) 절대적 자유를 가진 하나님이 최종적인 결정자이시다.

야고보: 섭리를 보지 못할 때 생기는 자랑

누군가는 나와 의견을 달리하여, 로마서 9장 16절을 의지와 행위 전반에 관한 기본적인 진술로 받아들이지 않을 것이다. 우리가 여기에 머무는 동안, 바울이 이 진술을 하나님의 자유, 즉 선택이나 구원에 적용하는 것보다 더 깊고 더 포괄적인 그 자유에 뿌리박고 있다는 나의 입장을 정립할 수도 있다. 그러나 이보다는 야고보서의 한 대목으로 눈을 돌려서 인간의 의지와 행위가 구원의 과정을 넘어 광범위하게 다뤄지는 것을 보는 편이 더 유익할 듯하다. 야고보서 4장 13-16절은 일상생활의 가장 평범한 사안을 다루고 있다.

> 들으라, 너희 중에 말하기를 "오늘이나 내일이나 우리가 어떤 도시에 가서 거기서 일 년을 머물며 장사하여 이익을 보리라." 하는 자들아, 내일 일을 너희가 알지 못하는도다. 너희 생명이 무엇이냐? 너희는 잠깐 보이다가 없어지는 안개니라. 너희가 도리어 말하기를 "주의 뜻이면 우리가 살기도 하고 이것이나 저것을 하리라" 할 것이거늘, 이제도 너희가 허탄한 자랑을 하니 그러한 자랑은 다 악한 것이라.

우리가 18장과 21장에서 이 본문을 잠깐 언급했으나, 이 본문이 평범한 인간 생활을 다스리는 하나님의 섭리에 대해 지니는 함의가 너무나 중요해서 상세히 살펴볼 필요가 있다.

야고보의 취지는 우리로 하여금 자만하기 쉬운 우리의 속성을 극복하도록 돕는 것이다. "이제도 너희가 허탄한 자랑을 하니 그러한 자랑은 다 악한 것이라"(4:16). 이런 취지가 이 책에 적실한 이유는 야고보가 유념하는 자만이 바로 하나님의 편만한 섭리를 수용하지 못하고 또 우리의 태도와 말을 그 섭리와 조화롭게 만들지 못하는 잘못이기 때문이다. 그러면 무엇이 조화롭지 못한 것인가? 대답: 우리의 일상생활에서 우리의 의지와 행위가 결정적이라고 생각하는 주제넘음.

들으라, 너희 중에 말하기를 "오늘이나 내일이나 우리가 어떤 도시에 가서 거기서 일 년을 머물며 장사하여 이익을 보리라" 하는 자들아(4:13).

- **"오늘이나 내일이나…."** 우리가 둘 중 하나를 결정하겠다. 우리가 떠날 때는 '우리'가 선택할 사안이다.
- **"오늘이나 내일이나 우리가 가서…."** 또는 머물러서. 우리의 선택이다. 이것 또는 저것, 머무는 것 또는 가는 것 등.
- **"오늘이나 내일이나 우리가 어떤 도시에 가서…."** 이 도시 또는 저 도시. 이는 우리가 선택하겠다.
- **"거기서 일 년을 머물며…."** 또는 이 도시에서 저 도시로 돌아다니며. 서로 다른 상업 전략이다. 이런 종류 또는 저런 종류. 우리가 선택하겠다.
- **"거기서 일 년을 머물며 장사하여 이익을 보리라."** 우리는 이익을 남기는 법을 알고 있다. 이만큼 또는 저만큼. '우리'가 이익을 남기게 하겠다.

여기서 무엇이 문제인가? 13절은 무척 평범한 대화방식이다. 온 세상이 이렇게 생각하며 말하고 있다.

마치 내일을 알 수 있고 지탱할 수 있고 통제할 수 있는 것처럼 행동하지 말라

야고보는 이런 반응을 보인다. 첫째는 14절이다. "내일 일을 너희가 알지 못하는도다. 너희 생명이 무엇이냐? 너희는 잠깐 보이다가 없어지는 안개니라." 야고보의 첫 번째 사항은 그들이 방금 안다고 추정하고 계획을 세운 '모든 것'에 대해 사실은 완전히 무지하다는 사실에 초점을 둔다. "내일 일을 너희가 알지 못한다."

- 너희는 너희가 이런저런 도시를 향해 언제 떠나게 될지를 모른다.
- 그리고 너희가 떠날지라도 거기에 도달할지 여부는 너희가 모른다.

- 그리고 너희가 거기에 도달할지라도 거기서 일 년을 머물지 또는 일 분을 머물지는 너희가 모른다.
- 그리고 너희가 거기서 일 년을 머물지라도, 너희가 장사를 할지 또는 추락사고로 인해 마비된 상태로 몸져누울지는 모른다.
- 그리고 너희가 장사를 할지라도 너희가 이익을 남길지 또는 완전히 실패할지는 모른다.

이어서 야고보는 그들이 내일 일을 알지 못하는 이유들 중 하나에 주의를 집중시킨다. "너희 생명이 무엇이냐? 너희는 잠깐 보이다가 없어지는 안개니라."

그들은 추운 아침에 그들의 입에서 나오는 증기만큼 취약하고 일시적인 존재이다. 그들은 증기를 통제할 수 없다. 그리고 증기를 머물게 할 수 없다. 이는 그들의 능력 안에 있지 않다. 그리고 그들이 그것을 꾸미거나 지도할 수 있기 전에 그것은 사라져버린다.

그러므로 13절에 나오는 말("오늘이나 내일이나 우리가 어떤 도시에 가서 거기서 일 년을 머물며 장사하여 이익을 보리라")의 배후에는 우리가 맞을 미래의 삶을 알 수 있고 지탱할 수 있고 통제할 수 있다는 신념이 있는 것이다. 야고보는 그런 신념의 세 가지 요소 모두 틀렸다고 말한다. 내일은 알 수 없다. 인생은 한갓 증기일 뿐이다. 그리고 당신은 어떤 것에 대해서도 결정적 통제권을 갖고 있지 않다.

실종된 것: 불가지론도 숙명론도 아닌 섭리에 대한 믿음

혹자는 불가지론자와 숙명론자이면서도 이제까지는 야고보에 동의할 수 있다. 그러나 야고보는 그 자신의 입장을 전혀 다른 방향으로 설명한다. 불가지론도 숙명론도 아니고 섭리를 믿는 방향으로.

15절을 보라. "너희가 도리어 말하기를 '주의 뜻이면 우리가 살기도 하고 이것이나 저것을 하리라' 할 것이거늘." 우리는 이미 18장과 21장에서 "만일 주님의 뜻이라면 우리가 살 것이다"라는 말에 초점을 맞춘 적이 있다. 여기서는 "주의 뜻이면,

우리가 … **이것이나 저것을 하리라**"는 말에 초점을 맞추고 있다.

- "오늘이나 내일이나…." 너희가 오늘이나 내일 떠날지는 하나님이 결정하실 것이다.
- "…우리가 가서…." 또는 가지 않고. 이것도 하나님이 결정하실 것이다.
- "…어떤 도시에…" 이 도시인지 저 도시인지도 하나님이 결정하실 것이다.
- "…일 년을 머물며…." 또는 이 년이나 어느 기간. 이것도 하나님이 결정하실 것이다.
- "…거기서…." 또는 홍수로 피신하거나 쫓겨나거나 아예 가지 않거나. 이것도 하나님이 결정하실 것이다.
- "…장사하여…." 또는 추락해서 마비상태로 누울지 모른다. 이것도 하나님이 결정하실 것이다.
- "…이익을 보리라…." 아마도. 어쩌면 우리가 실패할지도 모른다. 이것도 하나님이 결정하실 것이다.

이것이 바로 야고보가 말하는 "이것이나 저것"의 뜻이다. "주의 뜻이면, 우리가 … 이것이나 저것을 하리라." 이는 일상생활에서 우리의 뜻과 행위가 결정적이지 않다는 뜻으로 나는 해석한다. 하나님의 뜻이 결정적이다. 이는 편만한 섭리이다. 이는 대다수 사람의 경험에 너무나 반하기 때문에 여기에 잠시 머물면서 이것이 얼마나 놀랍고 실제적인지를 분명히 하고 또 무슬림이 믿는 바와 얼마나 다른지를 살펴봐야겠다.

이슬람은 연계성을 만들지 않는다

이슬람이 하나님의 절대 주권을 믿고 있다는 것은 나도 안다. 야고보서 4장 13-17절을 따로 떼어놓으면 무슬림들에게 아무런 문제가 없을 것이다. 그래서 어느 성경 교리와 하나님의 어떤 속성이든 다른 성경 교리들과 하나님의 다른 속성들로부터 떼어놓고 생각하면 안 된다는 걸 늘 상기하는 게 매우 중요하다. 우리가 만일 하나님의 편만한 섭리를 성경에 나오는 더 온전한 하나님의 모습과 관련시키지 못한다면, 이는 우리를 희생적인 연인 대신에 자살 폭탄 테러범으로 만들 것이다.

그런즉 그런 비극을 방지하기 위해 더 큰 성경적 그림과의 네 가지 연계성을 생각해보자. 하나님의 편만한 섭리와 (1) 복음적 기쁨, (2) 희생적 사랑, (3) 대담무쌍한 증언, 그리고 (4) 믿음으로 세우는 계획 등과의 연계성이다.

1. 하나님의 섭리와 복음적 기쁨

그리스도인은 너무나 많은 곤경과 회의, 유혹과 죄를 거치기 때문에 우리가 "항상 기뻐하려면"(빌 4:4) 날마다 의식적으로 복음에 닻을 내릴 필요가 있다. 즉, 우리는 다음과 같은 사실을 계속 확신해야 한다. 우리의 죄가 예수님 덕분에 용서받았다는 것, 하나님은 예수님 때문에 우리의 반대편이 아니라 우리 편이시라는 것, 우리는 예수님의 죽음과 부활 때문에 진노를 받을 운명이 아니라 영원히 기뻐할 운명이라는 것이다.

달리 말하면, 본디오 빌라도 치하 예수님의 십자가 죽음은 상황이 낳은 임의의 역사적 우행이 아니라 하나님의 편만한 섭리가 낳은 결과였다는 것을 우리가 거듭해서 확신할 필요가 있다. 이는 누가가 사도행전 4장 27-28절에서 알려주는 바와 정확히 일치한다.

> 과연 헤롯과 본디오 빌라도는 이방인과 이스라엘 백성과 합세하여 하나님께서 기름 부으신 거룩한 종 예수를 거슬러 하나님의 권능과 뜻대로 이루려고 예정하신 그것을 행하려고 이 성에 모였나이다.

달리 말해, 빌라도와 헤롯과 유대인들과 군인들이 예수님을 죽음에 처하게 하려고 행했던 모든 것은 하나님이 계획하시고 예정하신 일이었다. 그러므로 우리는 "주님의 뜻이라서 그들이 살아서 '이것과 저것을 행했다'"라고 말해야 마땅하다. 예수님의 죽음은 임의의 사건이 아니었다. 그것은 우리의 영혼을 구원하기 위한 (그리고 우리의 한결같은 기쁨을 확보하기 위한) 주권적인 계획이었다.

2. 하나님의 섭리와 희생적 사랑

그리스도인은 이웃(마 19:19)과 원수(마 5:44)를 사랑하라는 부름을 받았다. 그런 사랑은 값비싼 것이다. 그리고 희생을 요구한다. 시간. 불편함. 노력. 돈. 평판이나 목숨을 잃을 위험. 그것은 당신이 좋아하지 않는 사람과 당신에게 나쁜 대우를 한 사람을 사랑하는 것일 수도 있다.

신약성경이 거듭 말하고 또 특히 베드로전서가 말하는 바는, 사람들에게 선행을 베풀고 또 그들을 사랑하되 고난을 무릅쓰고라도 그래야 한다는 것이다. 어떻게 그렇게 할 수 있을까? 베드로는 이렇게 두 번이나 대답한다. 우리의 사랑에 어떤 고난이 따를지라도 그것을 신실하신 창조주의 주권적인 뜻으로 받아들여야 한다고. 우리는 우리의 고난을 하나님의 편만한 섭리의 일부로 본다.

> 하나님의 뜻대로 고난을 받는 자들은 또한 선을 행하는 가운데에 그 영혼을 미쁘신 창조주께 의탁할지어다(벧전 4:19).

> 선을 행함으로 고난 받는 것이 하나님의 뜻일진대 악을 행함으로 고난 받는 것보다 나으니라(벧전 3:17).

고난은 닥칠 것이다. 특히 선행을 베풀고 원수를 사랑하기로 헌신한 이들에게는 더욱 그렇다. 그러나 용기를 내라. 하나님은 주권자이시다. 어떤 고난이라도 하나님의 자비로운 섭리가 없이는 당신에게 닥치지 않는다. 그분은 우리의 아버지이자(벧전 1:17) 우리의 창조주이시다(벧전 4:19). 그분은 신실하시다. 당신이 선을 행할 때 당신의 영혼을 신실한 창조주께, 그리고 그의 신실한 섭리에 의탁하라.

3. 하나님의 섭리와 대담무쌍한 증언

야고보가 야고보서 4장 13절("오늘이나 내일이나 우리가 가서")에서 묘사하는 모습으로 우리가 미래로 걸어 들어가면 두려움이 있을 수밖에 없을 터이다. 거기에는 작은 두려움도 있고 큰 두려움도 있을 것이다. 악성 종양, 인종적 증오로 산산조각 난 도시, 핵무기의 폭발, 테러범의 납치 등.

이런 상황에서 예수님은 우리에게 안전한 곳으로 움츠러들지 말고 전진해서 대담무쌍한 증언을 하라고 하신다. 그분은 어떻게 그런 증언을 지지하고 또 격려하시는가? 바로 하나님의 편만한 섭리를 상기시키면서 그렇게 하신다.

> 몸은 죽여도 영혼은 능히 죽이지 못하는 자들을 두려워하지 말고 … 참새 두 마리가 한 앗사리온에 팔리지 않느냐? 그러나 너희 아버지께서 허락하지 아니하시면 그 하나도 땅에 떨어지지 아니하리라 … 두려워하지 말라 너희는 많은 참새보다 귀하니라(마 10:28-29, 31).

숲속에 떨어져 죽는 새들을 다스리는 하나님의 편만한 섭리가 당신이 두려워하지 않을 수 있는 토대이다. 당신은 그분에게 소중하고 그분은 당신을 다스리는 주권자이시다. 세상에서 무슨 일이 벌어지든지, 당신의 가정에 무슨 일이 일어나든지 간에 두려워하지 말라.

4. 하나님의 섭리와 믿음으로 세우는 계획

그리스도인들은 계획을 세운다. 그들은 되는대로 살지 않는다. 바울은 생애 말년에도 스페인으로 갈 계획을 세우고 있었다(롬 15:24). 우리의 계획이 구체화될 때 우리는 숙명론자처럼 또는 그리스도인처럼 생각할 수 있다. 이렇게 말할 수 있다. "내가 '행운아'라면 내가 살 것이고 또 이런 일이나 저런 일을 할 것이다. '요행'으로, 내가 살면서 이런 일이나 저런 일을 할 수 있다. 숙명이 그렇다면 내가 살 것이고 또 이런 일이나 저런 일을 할 것이다." 또는 이렇게 말할 수 있다. "주님의 뜻이라면 내가 살기도 하고 이런 일이나 저런 일을 할 것이다."

행운과 요행과 숙명은 아무것도 아니다. 이런 것들은 그 어떤 계획의 토대도 아니다. 이런 것은 아무것도 아니라서 아무것도 할 수 없는 법이다. 이런 것들은 공허함과 무의미함을 묘사하는 한갓 단어일 뿐이다. 반면에 당신이 계획을 세울 때 "만일 주님의 뜻이라면' 내가 이것을 할 계획을 세운다"라고 말할 경우, 당신은 흔들리지 않는 토대 위에 당신의 인생을 세우는 것이다. 즉, 하나님의 주권적인 뜻과 그분의 편만한 섭리 위에 세운다는 말이다.

구약의 현인은 이렇게 말했다. "사람이 마음으로 자기의 길을 계획할지라도 그의 걸음을 인도하시는 이는 여호와시니라"(잠 16:9). "사람의 마음에는 많은 계획이 있어도 오직 여호와의 뜻만이 완전히 서리라"(잠 19:21). 계획을 세우는 것은 옳다. 계획을 세우지 않으면 일반적으로 뜻밖의 풍성한 열매를 얻는 것이 아니라 열매 없이 표류할 뿐이다. 그럼에도 불구하고 그리스도인다운 계획, 겸손한 계획은 항상 "만일 주님의 뜻이라면"을 포함한다.

우리가 모든 계획을 세울 때 하나님의 현명하고 선한 섭리에 의지한다면, 우리는 신실한 사람일 테고 평안을 누릴 것이다. 왜냐하면 우리의 계획 중 세세한 부분이 이뤄지지 않아도 하나님의 자비로운 섭리가 주관하고 있음을 우리가 알 터이기 때문이다. 하나님의 편만한 섭리 때문에 그리스도인들은 복음으로 기뻐하고, 희생적으로 사랑하고, 대담무쌍한 증언을 하며, 믿음의 계획을 세울 수 있다. 섭리는 우리를 숙명론자, 불가지론자, 또는 무슬림으로 만들지 않는다. 섭리는 홀로 서지 않는다. 섭리는 성경이 하나님과 그분의 길에 관해 말해주는 다른 모든 것과 관계를 맺으며 존재하고 있다.

하나님은 모든 일을 그의 뜻의 결정대로 일하신다

우리는 사람의 의지와 행위가 이 세상에서 발생하는 일에 결정적인 것이 아님을 살펴보았다. 하나님의 뜻이 결정적이다(롬 9:16). 그리고 (사람이 아닌) 하나님의 결정적인 지배력에 의해 인간들이 "살기도 하고 이런 일이나 저런 일을 한다"(약 4:15)는 것도 살펴보았다. 그렇다면 하나님의 섭리의 편만함은 인간의 의지에 의해 제한되지 않고 오히려 우리의 의지가 그 섭리 안에 포함되어 있는 듯하다. 이를 달리 표현하자면, 에베소서 1장 11절에 나오는 "모든 일"이 인간의 의지를 배제하는 것으로 보면 안 된다는 것이다.

모든 일을 그의 뜻의 결정대로 일하시는 이의 계획을 따라 우리가 예정을 입어 그[그리스도] 안에서 기업이 되었으니 이는 우리가 그리스도 안에서 전부터 바라던 그의 영광의 찬송이 되게 하려 하심이라(엡 1:11-12).

바울은 좀 더 구체적인 진리를 지지하기 위해 하나의 보편적 진리, 즉 하나님은 "모든 일을 그의 뜻의 결정대로 일하신다"(1:11)는 진리를 진술한다. 구체적인 진리란 하나님의 뜻대로 예정된 이들은 그들의 예정된 결말, 말하자면, 하나님의 영광의 찬송이 되는 것(1:12)에 도달할 것임을 말한다. 우리의 확실한 소망, 곧 우리가 끝까지 인내하여 영원히 하나님의 은혜의 영광을 찬송하는 그 예정된 목표를 이룰 것임을 지지해주는 것은 하나님의 섭리가 "모든 일을 행하신다"는 보편적 진리이다. 그러므로 "모든 일을 행하시는" 하나님의 손길은 우리의 의지에 의해 좌절될 수 없다. 오히려 우리의 의지가 그의 섭리 안에 포함된다.

에베소서 1장 11-12절의 초점은 하나님께서 그의 택한 백성의 예정된 목표를 이루시는 일(1:4)에 있지만, 여기서 나의 요점은 바울이 이 특정한 목표보다 더 큰 보편적 진리에 호소한다는 것이다. 바울은, 예정된 자들이 참고 견딜 것은 하나님이 그 백성의 의지를 다스려서 그들이 배교하는 걸 방지하기 때문이라고 주장하지 않는다. 아니다. 하나님의 예정된 백성이 참고 견딜 것은 하나님이 그 백성의 의지를 다스리는 것을 포함해 '모든 일'을 다스리기 때문이라고 그가 주장한다. 그러므로 바울의 마음에는, "모든 일", 곧 그리스도인들에게 적용되는 것보다 더 큰 그것이 '모든' 인간의 의지를 포함하고 있을 가능성이 많다. 만일 오늘날 세상에서 발생하는 대다수의 일을 좌우하는 수없이 많은 인간의 결정들이 "모든 일"에서 제외된다면, 하나님이 "모든 일을 그의 뜻의 결정대로 일하신다"는 바울의 말은 사실상 무의미할 것이다.

사람은 할 수 없어도 하나님은 하실 수 있다

예수님은 바울과 같은 방향을 가리키신다. 하나님의 편만한 섭리가 모든 인간 의지를 포함한다는 것. 어떤 부자 관리가 예수님께 영생을 상속받는 법에 관해 물었다. 예수님은 그 관리가 스스로를 의롭게 여기는 모든 자기주장을 꿰뚫어보시고 이렇게 말씀하셨다. "네게 있는 것을 다 팔아 가난한 자들에게 나눠 주라. 그리하면 하늘에서 네게 보화가 있으리라 그리고 와서 나를 따르라"(눅 18:22). 그 부유한 남자는 그 명령을 따르지 않고 슬픈 표정을 지으며 떠나갔다.

이에 반응하여 예수님은 제자들에게 이렇게 말씀하셨다. "재물이 있는 자는 하나님의 나라에 들어가기가 얼마나 어려운지 낙타가 바늘귀로 들어가는 것이 부자가 하나님의 나라에 들어가는 것보다 쉬우니라"(18:24-25). 이는 제자들에게 충격을 주었다. 그들은 예수님이 드신 낙타와 바늘귀의 비유에 담긴 의미를 알았다. 그래서 "그런즉 누가 구원을 얻을 수 있나이까?"(18:26) 하고 물었다. 이에 예수님은 이렇게 말씀하시지 않았다. "아, 너희가 오해하고 있구나. 그건 과장법일 뿐이야. 내 말을 지나치게 해석하지 말라." 아니다. 이와 반대로 예수님은 그들이 그 함의를 정확하게 이해했다고 인정하셨다. 이어서 "무릇 사람이 할 수 없는 것을 하나님은 하실 수 있느니라"(18:27)고 말씀하셨다.

그들은 "글쎄, 그렇다면 아무도 구원받을 수 없어. 그건 불가능해"라고 추론했다. 예수님은 "그게 바로 내가 말하고 있는 것이야" 하고 말씀하신 셈이다. 인간이 스스로 세상 사랑에서 예수님 사랑으로 바꿔보려고 의지를 발동해도 그런 일이 일어나지 않는다. 그건 불가능하다. 이것이 낙타와 바늘귀 비유의 요점이다! 불가능하다는 것.

그런데 예수님이 이렇게 말을 잇는다. "무릇 사람이 할 수 없는 것을 하나님은 하실 수 있느니라"(18:27). 하나님의 섭리는 인간 의지를 포함하고 있어서 인간 의지는 할 수 없을 때라도 하나님은 그의 명령("네게 있는 것을 다 팔아 가난한 자들에게 나눠 주라," 18:22)에 대한 순응을 불러일으킬 수 있다. 이 본문에서 하나님의 능력이 초점을 맞추는 곳은 바로 인간의 의지이다. 인간 의지 속에 일어나야 할 것이 있는데 "사람은 할 수 없기" 때문에 일어날 수 없는 것이 하나님의 섭리의 능력 안에 있다("하나님은 하실 수 있다")는 것이다. 다시금 우리는 다음 사실을 알게 되었다. 하나님의 섭리의 편만함은 인간 의지에 의해 제한되지 않고 오히려 우리의 의지가 그 섭리 안에 포함되어 있다는 것이다.

누가 성공과 실패를 결정적으로 좌우하는가?

나는 이번 장을 시작하면서 인간 마음을 다스리는 하나님의 섭리("주님이 원하시는 대로 이끄신다," 잠 21:1)에 초점을 맞추겠다고 언급했고, 마지막에는 인간의 선택에 성공을 부여하거나 하지 않는 환경을 지배하는 하나님의 섭리에 잠깐 초점을 맞추었다. 하나님이 세상에서 일어나는 일을 다스리는 방법은 인간 마음의 결정을 지배할 뿐만 아니라 그분이 허용하는 결정에 대해 성공을 주시거나 주지 않는 것이기도 하다.

요셉이 이집트에서 노예로 경험한 것에 대해 성경은 이렇게 말한다. "[그의 주인이] 여호와께서 그의 범사에 형통하게 하심을 보았더라"(창 39:3). "이는 여호와께서 요셉과 함께 하심이라 여호와께서 그를 범사에 형통하게 하셨더라"(창 39:23). 달리 말하면, 하나님의 섭리는 우리가 무엇을 할지에 대한 의사결정 과정에 미칠 뿐만 아니라 우리의 결정이 성공할지 여부를 좌우하는 환경에도 미치는 것이다.

예컨대, 재산과 가난함에 관한 한, 우리는 일과 저축과 투자에 대한 우리의 기민함이 성공 여부를 결정짓는다고 생각할지 모른다. 하나님은 그렇지 않다고 말씀하신다. "사람이 마음으로 자기의 길을 계획할지라도 그의 걸음을 인도하시는 이는 여호와시니라"(잠 16:9). 하나님은 당신이 탁월한 기획자가 되도록 허락하실지 몰라도 나중에 모든 것이 망하게(또는 망하지 않게) 하실 수도 있다. 우리가 아무리 기민하다 할지라도 "사람의 걸음은 여호와로 말미암나니 사람이 어찌 자기의 길을 알 수 있으랴?"(잠 20:24). 결국 "여호와는 가난하게도 하시고 부하게도 하시며 낮추기도 하시고 높이기도 하신다"(삼상 2:7; 참고. 시 113:7). 다윗도 기도로 이렇게 인정한다. "부와 귀가 주께로 말미암고 또 주는 만물의 주재가 되사 손에 권세와 능력이 있사오니 모든 사람을 크게 하심과 강하게 하심이 주의 손에 있나이다"(대상 29:12).

그런즉 제비뽑기로부터 전쟁의 승리에 이르기까지 인간의 모든 노력에서 하나님의 섭리가 결정적인 역할을 한다.

제비는 사람이 뽑으나 모든 일을 작정하기는 여호와께 있느니라(잠 16:33).

싸울 날을 위하여 마병을 예비하거니와 이김은 여호와께 있느니라(잠 21:31).

나는 하나님이라 나의 모든 목적을 이룬다

그러므로 나는 하나님의 섭리가 편만하다고 결론을 내린다. 그분의 섭리는 왕들로부터 거지들에 이르기까지 모든 인간의 의지와 행위를 지배한다. 그리고 그분의 섭리는 인간 의지와 행위가 성공을 거둘지 여부를 좌우하는 모든 환경을 감독한다. 이는 모든 일을 하나님의 뜻의 결정대로 행한다는 뜻이다(엡 1:11). 욥은 그의 모든 고난을 통해 이 교훈을 배웠다고 고백했다. 그 어떤 인간 의지와 그 의지를 둘러싼 환경도 하나님의 섭리를 제한할 수 없다. "주께서는 무슨 일이든지 다 하실 수 있는 분이시므로 주의 계획은 그 어느 것도 좌절될 수 없다는 것을 나는 압니다"(욥 42:2, 현대인의 성경).

우리가 앞에서 살펴보았듯이, 이것이 하나님이라는 용어의 부분적인 뜻이다. 이 때문에 이사야가 이렇게 말하는 것이다.

> 나는 하나님이라, 나 외에 다른 이가 없느니라.
> 나는 하나님이라, 나 같은 이가 없느니라.
> 내가 시초부터 종말을 알리며
> 아직 이루지 아니한 일을 옛적부터 보이고
> 이르기를 "나의 뜻이 설 것이니 내가 나의 모든 기뻐하는 것을 이루리라"
>
> (사 46:9-10; 참고. 43:13).

"나는 하나님이라." "내가 나의 모든 기뻐하는 것을 이루리라." 이것이 하나님이라는 용어의 뜻이다. 우리가 이번 장에서 살펴본 것은 이것이다. 언제나 성취되는 하나님의 목적은 모든 인간 의지와 행위를 포함하고, 또한 인간 의지와 행위가 성공할지 또는 실패할지를 좌우하는 모든 환경을 포함한다는 것이다. 섭리는 물론 그 환경이 "이런 일이나 저런 일"(약 4:15)로 이끌어줄지 여부도 지배한다.

너희 머리털 하나도 상하지 아니하리라

하나님의 편만한 섭리에 대해 이런 관점을 가진 사람들은 하나님의 사명이란 대의를 위해 기쁨과 회오가 수반되는 불굴의 용기를 얻게 된다. 그들은 그리스도의 십자가에서 최후의 판결을 본다. 즉, 모든 것을 다스리는 하나님이 우리 편이고 우리를 대적하지 않으신다는 것. 그리고 그들은 바울의 추론을 받아들인다. "만일 하나님이 우리를 위하시면 누가 우리를 대적하리요?"(롬 8:31). 원수가 우리를 온 종일 죽음에 처하게 할지라도(롬 8:36) "너희 머리털 하나도 상하지 아니하리라"(눅 21:18). 주권적 총알이 우리를 그리스도의 사랑에서 떼어놓지 못한다(롬 8:35). 우리의 일을 완수하기까지 우리는 불멸의 존재이다. 모든 필요가 충족될 것이다(마 6:33; 빌 4:19). 모든 적이 억제당할 것이다(시 23:5; 렘 29:11). 그래서 우리는 사랑이 요구하는 대가가 무엇이든 받아들이고, "여호와는 내 편이시라 내가 두려워하지 아니하리니 사람이 내게 어찌할까?"(시 118:6; 히 13:6도 보라)라고 말한다. 사람은 섭리의 자비로운 목적이 정해준 것밖에 할 수 없는 법이다.

27.

우리가 아는 것과 우리가 알 필요가 없는 것

　이제는 명시적으로 인간의 '죄악된' 선택과 그 결과를 다스리는 하나님의 섭리가 지닌 범위와 성격을 다룰 차례이다. 이것이 피할 수 없고 또 희망찬 주제인 것은 성경에 너무도 많은 예들이 나오기 때문이고, 그처럼 포괄적인 섭리가 절망에 빠져 무력한 죄인들과 가장 상처받은 희생자들에게 희망을 주기 때문이다. 이 이슈를 피할 수 없는 또 다른 이유는, 사람들이 하나님이 의로운 선택을 정하신다는 것보다 죄악된 선택을 정하신다는 것에 더 쉽게 걸려 넘어지기 때문이다.[1] 그래서 성경이

---

[1] 용어에 대해 한 마디 할까 한다. 하나님과 인간 선택의 관계를 묘사하는 어떤 동사 또는 동사군(群)이라도 저자를 오해받지 않게 해줄 수 없다고 나는 생각한다. 달리 말하면, 인간의 선택에 대한 하나님의 직접적 또는 간접적 또는 부재하는 영향과 관련해 우리가 어떤 견해를 갖고 있든지 간에, 그 관계를 묘사하려고 우리가 사용하는 단어들은 하나같이 오해받을 소지가 있다. 언어는, 우리가 독자들이 포함하길 원하거나 원치 않는 모든 의미와 함의를 포함하거나 배제시킬 수 있을 만큼 정확하지 않다. 그래서 인간의 선택과 관련하여 우리는 하나님이 유발하신다, 정하신다, 다스리신다, 명하신다, 산출하신다, 창시하신다, 지도하신다, 인도하신다, 불러일으키신다, 지배하신다, 결정하신다, 통제하신다, 규제하신다, 좌우하신다, 규정하신다 등 다양한 방식으로 말해도 무방하다. 이 가운데 어느 것도 오해를 피하지 못할 것이다. 그렇다고 내가 명료한 의사소통을 단념하겠다는 말은 아니다. 그래도 가능하다고 생각한다. 나는 그런 소통을 겨냥하고 있다. 나의 취지는 우리가 사용하는 언어의 뜻을 명료한 문장으로 분명히 해야 한다는 것이다. 여기에 이 책에서 줄곧 다양한 형태로 되풀이되는 가장 중요한 그런 문장들 중 하나가 있다. 내가 하나님과 인간 선택의 관계를 묘사하려고 사용하는 동사가 무엇이든지 간에, 나는 언제나 하나님이 "조치를 취하신다"(섭리)는 뜻으로 사용하는데, 이는 결코 하나님이 죄를 짓는다거나 사람이 자신의 선택에 대

만일 죄악된 선택에 대한 하나님의 섭리가 모든 것을 포함하고 또 희망찬 것임을 보여준다면, 의로운 선택에 대한 하나님의 섭리는 별로 문제가 되지 않을 것이다.

거룩하다, 거룩하다, 거룩하다

하나님이 인간의 죄악된 선택을 다스리거나 통제하신다는 생각은 그 자체가 당연히 하나님을 예배하는 자들로 경각심을 품게 하고 조심스럽게 만들 만하다. 왜냐하면 우리 예배의 중심에 하나님의 더할 나위 없는 거룩함, 그분의 초월적 순결함을 숭배하는 것이 있기 때문이다. 우리는 하늘의 완전한 존재들이 부르는 노래, 곧 "거룩하다 거룩하다 거룩하다 만군의 여호와여, 그의 영광이 온 땅에 충만하도다"(사 6:3)라는 찬송에 합류한다. "그들이 밤낮 쉬지 않고 이르기를 '거룩하다 거룩하다 거룩하다 주 하나님 곧 전능하신 이여, 전에도 계셨고 이제도 계시고 장차 오실 이시라'"(계 4:8)고 부르는 찬송을 우리도 기뻐한다. 우리는 혹시 어떤 거짓 교리가 하나님을 부정한 것에 연루시킬까봐 경각심을 품게 된다.

우리는 모세와 시편 저자들과 선지자들과 사도들과 함께 한 목소리로 이렇게 말한다. "그는 반석이시니 그가 하신 일이 완전하고 그의 모든 길이 정의롭고"(신 32:4). "여호와께서는 그 모든 행위에 의로우시며"(시 145:17). "의와 공의가 주의 보좌의 기초라. 인자함과 진실함이 주 앞에 있나이다"(시 89:14). "주는 죄악을 기뻐하는 신이 아니시니 악이 주와 함께 머물지 못하며"(시 5:4). "주께서는 눈이 정결하시므로 악을 차마 보지 못하시며 패역을 차마 보지 못하시거늘"(합 1:13). "여호와는 의로우사 불의를 행하지 아니하시고 아침마다 빠짐없이 자기의 공의를 비추시거늘"(습 3:5). "하나님은 빛이시라. 그에게는 어둠이 조금도 없으시다는 것이니라"(요일 1:5). "하나님은 악에게 시험을 받지도 아니하시고"(약 1:13). "사람은 다 거짓되되 오직 하나님은 참되시다 할지어다. 기록된 바 '주께서 주의 말씀에 의롭다 함을 얻으시고

해 책임이 없다는 것을 의미하지 않는다. 구체적으로 말하면, 하나님은 죄가 발생하도록 조치를 취하실 수 있되 그 자신이 죄를 짓지 않고 또 죄인의 책임을 제거하지 않으면서 그렇게 하실 수 있다. 이는 하나의 전제가 아니다. 이는 많은 성경 본문들에, 특히 28-33장에서 보게 될 본문들에 근거를 둔 결론이다.

판단 받으실 때에 이기려 하심이라' 함과 같으니라. 그러나 우리 불의가 하나님의 의를 드러나게 하면 무슨 말 하리요? [내가 사람의 말하는 대로 말하노니] 진노를 내리시는 하나님이 불의하시냐? 결코 그렇지 아니하니라. 만일 그러하면 하나님께서 어찌 세상을 심판하시리요?"(롬 3:4-6).

정말 그렇다. 우리가 모든 인간의 불의, 모든 인간의 죄와 잔인함, 그리고 모든 자연 재앙 앞에 설 때, 우리는 아브라함과 함께 "세상을 심판하시는 이가 정의를 행하실 것이 아니니이까?"(창 18:25) 하고 말하게 된다. 그리고 우리는 그렇다고 대답한다.

성경이 그걸 가르친다면 그건 옳다

우리는 어떻게 이 더할 나위 없이 거룩한 하나님을 알게 되는가? 우리가 가진 유일하게 명료하고 무오한 계시(啓示)는 그분의 영감 받은 말씀인 성경이다. 하나님이 그의 흠 없는 성품에 관한 무오한 계시를 주시지 않았다면, 신적인 공의와 선하심에 대한 우리의 모든 선언은 기껏해야 추측에 불과할 것이다. 어쩌면 옳을 것이다. 어쩌면 옳지 않을 것이다. 그러므로 성령이 성경에 나타난 하나님의 거룩함을 보고 또 사랑하는 능력을 주신 만큼, 성령의 조명을 받은 독자가 하나님의 섭리, 곧 인간의 죄악된 선택을 다스리는 섭리에 대한 (영감 받은) 묘사를 보고 경외하며 받아들일 수 있는 것이다.

영감 받은 성경 읽기에 내가 접근하는 방식은 한 대목의 진정한 뜻을 다른 대목의 진정한 뜻으로 묵살하는 것이 아니다. 내가 만일 두 대목이 서로 모순되는 듯한 것을 발견한다면, 내가 그것들 중 하나(또는 둘 다)의 뜻을 잘못 해석했거나 내가 사실은 모순이 아닌 것을 모순이라 부르고 있다고 가정한다. 다음에 나오는 내용은 죄악된 인간 선택을 다스리는 하나님의 섭리를 보여주는 많은 성경 사례들이다. 각 경우에 나는 "이것은 있을 수 없다"라고 가정하지 않는다. 그런 주장은 철학적인 속단이지 하나님이 할 수 있는 일에 대한 성경적 평가가 아니라고 생각한다.

내가 세운 가정은 이렇다. 만일 하나님이 인간의 죄악된 선택을 다스리신다고 성경이 명백하게 또 거듭해서 가르친다면, 그분은 부정해지거나 불의해지거나 불결해지거나 악해지지 않으면서 그렇게 하실 수 있다는 것이다. 만일 유한한 인간들이 치명적인 방사능에 오염되지 않으면서 유용한 에너지를 생산하려고 방사성 우라늄을 다루는 방법을 찾을 수 있다면, 무한히 지혜로운 하나님이 그의 지혜롭고 거룩한 목적을 이루실 때 오염이나 해로움 없이 치명적인 죄악을 다룰 수 있을 가능성이 많다. 만일 유한한 인간들이 스스로 바이러스에 감염되지 않으면서 새로운 질병의 치명적인 바이러스를 다룰 예방 백신을 찾고 있다면, 무한히 지혜롭고 선한 하나님이 죄에 전염되지 않으면서 죄의 질병을 다룰 수 있을 가능성이 많다. 이제 우리는 논리적 가능성이 아니라 성경의 가르침으로부터 그분이 그러실 수 있는지 여부를 발견하게 될 것이다.

또 다른 세계에 들어가다

우리가 성경에 들어갈 때는 우리의 세계와 매우 다른 하나님에 관한 사상의 세계에 들어간다. 처음부터 끝까지 신자들과 영감 받은 대변인들이 선과 악을 다스리는 하나님 앞에 주저 없이 절하는 세계이다. 선뿐만 아니라 악도 다스리는 하나님의 포괄적 섭리가 당연한 듯 너무나 많이 표현되고 있는 만큼, 우리는 하나님께서 그의 거룩한 목적에 따라 인간의 선택(선과 악)을 지도하는 절대적 권한과 능력을 갖고 계신 것으로 보는 사상의 세계에 있다는 걸 알게 된다. 이런 성경적 사고방식은, 하나님이 완전한 공의, 거룩함, 선하심, 지혜로 모든 인간의 선하고 악한 선택들을 지도하신다는 내장된 전제를 갖고 있는 듯하다. 이런 사고방식은 대체로 우리의 현대 세계에 생소한 것이다.

우리는 종종 "모순이다!"라고 외치지만 성경은 그렇게 보지 않는 경우가 많다. 많은 이들이 이렇게 주장한다. 인간은 무언가를 결정하는 순간에 (하나님이 아니라) 그 자신이 그 결정의 최종적이고 결정적인 원인을 제공해야 하는데, 그렇지 않으면 그 결정이 정당하게 칭송되거나 비난될 수 없다고 한다. 말하자면, 누구든지 도덕적 책임을 지려면 궁극적으로 인간 스스로 무언가를 결정해야 한다는 주장이다. 성경은 그런 생각에 동의하지 않는다.

이것은 획기적인 이슈이다. 우리가 만일 이런 생경한 가정(假定)을 성경에 가져간 다면, 우리는 성경의 일부를 신뢰할 가치가 없는 것으로 배척하든지 우리가 살펴볼 본문들을 우리의 가정에 맞춰 왜곡하게 될 것이다.

논리가 문제는 아니다

이 가정(궁극적인 자기결정이 도덕적 책임을 지는 데 반드시 필요하다)은 논리적 요구사항에 관한 것이 아니라 무한한 하나님의 지혜의 능력에 관한 것이다. 우리는 15장에서 잠깐 이를 주장한 적이 있다. 그 주장을 이 책의 이 대목에서 다시금 개진하는 것이 필요하다. 성경은 누구에게든지 사변의 삼각형을 믿으라고, 또는 다음과 같은 삼단논법이 타당하다고 믿으라고 요구하지 않는다.

전제 1: 소는 네 다리를 갖고 있다.
전제 2: 개는 네 다리를 갖고 있다.
결론: 그러므로 개는 소다.

이 삼단논법은 우리에게 논리적으로 타당하지 않은 만큼 하나님에게도 그러하다. 성경의 요구사항은 우리에게 다음과 같은 삼단논법 역시 타당하지 않은 것으로 보라는 것이다.

전제 1: 하나님은 모든 인간에게 그들의 도덕적 선택에 대해 책임을 묻는다.
전제 2: 존은 인간이다.
결론: 그러므로 존은 궁극적 자기결정권을 갖고 있다.

이 삼단논법이 타당하지 않은 것은 그 결론이 그 전제들에서 나오지 않기 때문이다. 이 두 전제들 중에 어느 것도 그 결론을 담고 있거나 그것으로 이끌지 않는다.

그 결론은 전제 1의 일부로 '가정되어' 있다. 그러나 이 가정은 논리의 요구사항이 아니다. 이는 어떤 철학적 '가정'에 의해 전제 1에 강요된 것이다. 즉, 도덕적 책임이 존재하려면 인간이 선택 행위를 할 때 최종적이고 결정적인 자기결정권을 갖고 있어야만 한다는 가정이다.

존재하지 않는 가정을 보는 것

성경은 그런 가정을 가르치지도, 공유하지도 않는다. 사람들은 그런 가정의 존재를 보여주기 위해 흔히 가리키는 성경 대목들이 있는데, 거기에는 그런 가정이 없다. 가령, 누군가가 요한계시록 22장 17절("**누구든지 생명의 물을 마시고 싶은 사람은** 와서 마음껏 마시십시오." 현대인의 성경)을 가리킨다 해도 여기에는 그런 가정이 없다. 누군가가 마태복음 23장 37절("예루살렘아 예루살렘아 … 암탉이 그 새끼를 날개 아래에 모음같이 내가 네 자녀를 모으려 한 일이 몇 번이더냐? 그러나 **너희가 원하지 아니하였도다**")을 가리키더라도 여기에 그런 가정이 없다. 누군가가 디모데전서 2장 4절("**하나님은** 모든 사람이 구원을 받으며 진리를 아는 데에 이르기를 **원하시느니라**")을 가리키거나, 베드로후서 3장 9절("오직 **주께서는** … 아무도 멸망하지 아니하고 다 회개하기에 이르기를 **원하시느니라**")을 가리키거나, 에스겔 33장 11절("주 여호와의 말씀이니라. 나의 삶을 두고 맹세하노니 나는 악인이 죽는 것을 기뻐하지 아니하고")을 가리킬지라도 마찬가지다. 이런 본문들은 인간이 선택 행위를 할 때 그에게 궁극적 자기결정권이 있다고 가정하지 않는다. 이 가정은 본문에서 끌어낸 것이 아니라 본문 속으로 집어넣은 것이다.

이 가정은 본문에 집어넣은 것이고 본래 거기에 있지 않다는 것을 우리가 알게 되는 이유는 다음 두 가지다. 요한계시록 22장 17절의 경우, '누구든지 마시고 싶은 사람'이란 말이 왜 한 사람은 이것을 원하고 또 다른 사람은 저것을 원하는지 그 '이유'를 말해주지 않는다. 즉, 원하는 행위의 궁극적인 또는 결정적인 원인이 무엇인지 알려주지 않는다. 그러므로 '누구든지 마시고 싶은 사람'이란 진술은 그리스도께 나아오겠다는 선택이 실제로 어떻게 이뤄졌는지에 대해 아무것도 말해주지 않는다. 그것이 결정적으로 자기결정에서 생겼을지 모른다. 또는 그것이 결정적으로 하나님에게서 왔을지 모른다. 이 진술로부터 어느 것이 사실이라고 '가정하는' 것은 잘못이다. 존재하지 않는 가정을 본문에 집어넣으면 안 된다.

에스겔 33장 11절, 마태복음 23장 37절, 디모데전서 2장 4절, 그리고 베드로후서 3장 9절의 경우에는 하나같이 하나님이나 그리스도가 누군가의 구원을 원하신다고, 그리고 그 구원이 이뤄지지 않는다고 말한다.[2] 달리 말하면, 하나님은 자신의 요망을 추진해서 그것을 성취하는 분이 아니다. 왜 그럴까? 가능한 한 가지 대답은 그분이 궁극적인 인간의 자결권에 방해를 받기 때문이란 것이다. 달리 말해, 하나님께서 사람에게 결정적인 자결권을 주신 나머지 (하나님이 아니라) 사람이 그리스도에게 나아오지 않겠다는 선택에서 결정적 원인을 제공할 수 있다는 뜻이다. 이것이 하나님의 요망이 실현되지 않는 이유에 대한 하나의 가능한 설명이다.

그러나 또 다른 가능한 설명이 있다. 이런 설명도 가능하다. 하나님이 그의 요망을 추진해서 그것을 성취하지 않는 이유는 사람들에게 궁극적인 자기결정 능력이 있기 때문이 아니라 하나님에게 그 요망을 성취하지 않을 만한 지혜롭고 거룩하고 선한 목적이 있기 때문이라고.[3] 두 가지 설명 중 어느 것이 옳은지는 그 본문들이 단지 사람의 의지가 회심의 순간에 결정적 요인임을 뜻한다는 '가정'으로 결정되는 것이 아니다. 그 본문들만 갖고 어느 한 쪽을 가정하는 것은 그 본문들에서 실제로 거기에 있는 것을 끌어내는 게 아니라 우리가 이미 가진 가정을 본문에 집어넣는 일이다.

궁극적인 인간의 자기결정을 성경적 사고방식의 특징으로 '가정하는' 것은 잘못이다. 궁극적 자기결정을 인간 의지의 특징으로 보는 것은 성경이 가르칠 수도 있고 그렇지 않을 수도 있다. 이 문제는 성경의 가르침에 근거해 결정할 필요가 있고, 우리가 본문에 가져가는 철학적 가정에 근거해 결정하면 안 된다. 본서는 성경이 가르치는 것에 관한 책이다. 이번 장(28-33장과 더불어)은 '성경은 죄악된 인간 의지를 다스리는 하나님의 섭리에 대해 무엇을 가르치는가?'라는 질문을 던진다. 이에 대

---

[2] 이 본문들은 36장과 44장에서 충분히 다룰 예정이다.
[3] 이 입장에 대한 충분한 설명과 성경적 변호를 보려면 다음 책을 참고하라. John Piper, *Does God Desire All to Be Saved?* (Wheaton, IL: Crossway, 2013). 애초에는 다음 책의 5장으로 출판되었다. *The Grace of God, the Bondage of the Will: Biblical and Practical Perspectives on Calvinism*, ed. Thomas Schreiner and Bruce Ware (Grand Rapids, MI: Baker, 1995).

해 나는 다음과 같은 것을 가르친다고 주장하는 바이다. 하나님은 무한한 지혜와 선하심과 거룩함과 공의를 지닌 분으로서 모든 인간의 선한 선택과 악한 선택을 다스리는 법을 알고 계시되, 그 자신이 죄를 짓지 않으면서 그리고 인간의 선호와 선택을 무(無)도덕적인 로봇 같은 행동으로 바꾸지 않으면서도 그렇게 하는 법을 알고 계시다는 것이다.

그러므로 이어지는 대목에서, 우리는 악에 대한 하나님의 궁극적인 통제가 하나님을 악한 존재로 만들거나 사람에게 도덕적 책임을 면제시켜준다고 가정하지 않도록 모든 노력을 기울일 필요가 있다. 우리가 물어야 할 질문은 '성경 본문은 실상(實相)에 대해 무엇을 가르치는가?' 하는 것이다. 우리가 본문에 철학적인 가정, 곧 하나님의 지혜와 선하심과 공의가 무엇을 해야 할지를 지시하는 그런 가정을 가져가지 않도록 조심하자.

하나님의 섭리가 인간의 책임을 어떻게 보존하는지는 우리가 알 필요가 없다

그렇다고 우리가 본문에 다가갈 때 하나님이 죄를 다스리되 '어떻게' 죄인이 되지 않는지를 알아야겠다고 요구해서도 안 된다. 그리고 하나님이 '어떻게' 인간의 죄악된 선택을 다스리되 사람을 로봇으로 바꾸지 않을 수 있는지 알려달라고 요구해서도 안 된다. 우리는 그 경위를 알 필요가 없다. 하나님은 그분이 어떻게 이런 일을 하시는지 그 신비를 알려줄 수도 있고 알려주지 않을 수도 있다. 만일 그분이 모든 것을 다스리는 그의 섭리가 모든 사람의 죄악된 선택을 포함한다는 걸 나타내신다면, 만일 그분이 지혜롭고 선하게, 공의롭고 거룩하게 그런 섭리를 행하신다는 걸 나타내신다면, 이런 계시는 우리가 그분을 신뢰하고 경배하기에 충분하다.

하나님이 우리에게 다음과 같은 말을 해주시는 것만으로 충분하다. "아무도 (절대로 아무도) 불공정하게 심판받는 일이 없을 것이다. 아무도 (절대로 아무도) 마땅하지 않은 방식으로 또는 정도로 벌을 받지 않을 것이다. 아무도 (절대로 아무도) 무한히 지혜롭고 선하고 공의롭고 거룩한 하나님께 '당신이 나를 불공정하게 대우했소'라고 진심으로 말할 수 없을 것이다." 그와 반대로 우리는 사도 바울과 함께 "그런즉 … 하나님께 불의가 있느냐? 그럴 수 없느니라!"(롬 9:14)고 선언한다.

걸림돌에서 피난의 반석으로

그동안 예비 작업을 했으므로 이제 우리의 마음과 생각이 다음 여섯 장, 곧 죄를 다스리는 하나님의 섭리에 대해 다루는 부분에서 성경에게 발언권을 줄 준비가 되었기를 바란다. 우리가 수십 년에 걸쳐 하나님의 말씀을 묵상하고 그분과 동행하면서 발견한 것이 있다. 성경에 충분히 계시된 하나님의 "헤아릴 수 없는 판단"과 그분의 "찾을 수 없는 길"(롬 11:33)이 종종 처음엔 충격을 주지만 나중에는 위로를 준다는 것이다.

하나님의 편만한 섭리는 그의 징계와 비슷하다. "무릇 징계가 당시에는 즐거워 보이지 않고 슬퍼 보이나 후에 그로 말미암아 연단 받은 자들은 의와 평강의 열매를 맺느니라"(히 12:11). 지난 50년에 걸쳐 나는 많은 간증을 꾸준히 들어왔는데, 그들은 이렇게 말하곤 했다. "처음에는 하나님의 섭리가 커다란 걸림돌이었으나 지금은 인생의 곤경과 슬픔 가운데 피난처와 안정과 힘을 제공하는 거대한 반석입니다."

이런 간증들이 이 책을 쓰고 싶은 열망의 불길을 계속 지펴주었다. 그런 간증이 앞으로 더욱 늘어나길, 그리고 첫 눈에는 큰 걸림돌을 안고 있는 듯 보이는 다음 여섯 장이 시간이 흐르면서 큰 악의 세상에서 큰 희망의 통로가 되길 기도한다. 걸림돌들은 큰 장애가 될 수도 있고, 아니면 은혜에 의해 모이면 진리와 사랑과 기쁨의 집에서 난공불락의 기둥들로 우뚝 세워질 수도 있다.

28.

요셉: 죄악된 행동에 담긴 하나님의 선한 의도

　하나님의 섭리가 온 세상에 편만하여 모든 것이 그의 궁극적 목표를 추구하는 방향으로 일어나고 또 구속받은 백성의 영원한 즐거움을 위해 그의 충만한 완전함을 전달하려 일어난다면, 나는 원칙적으로 성경에 기록된 죄악된 행동을 고찰함으로써 죄를 다스리는 그의 섭리를 예증할 수 있겠다. 하지만 우리가 하나님이 자신이 다스렸거나 야기했다고 명시적으로 말씀하시는 그런 죄악들에 초점을 맞춘다면 성경에 나타난 하나님의 의도에 더 잘 부합할 것이다. 그러므로 우리는 28-33장에서 이집트 노예 시절의 초창기부터 바벨론 포로 시절에 이르는 이스라엘 역사에서 그런 섭리를 보여주는 가장 두드러진 사례들에 초점을 맞출 것이다. 그 과정에서 신약성경과 우리 자신의 경험과의 명백한 연관성도 다루게 되리라.

　우리는 죄를 다스리는 하나님의 섭리에 대한 성경 묘사에서 단순히 이론적인 것은 하나도 없음을 알게 될 것이다. 성경 저자들은 죄를 다스리는 하나님의 합목적적 주권이란 이슈를 단지 어떤 신학적 관점을 입증하기 위해 제기하지 않는다. 오히려 인간의 교만을 낮추고, 인간의 경배를 심화시키고, 인간의 절망을 깨뜨리고, 인간의 믿음의 난파당한 배를 안정시키고, 인간 용기의 척추를 단단하게 하고, 인간적으로 나아갈 길을 못 보는 인간 마음에 사랑을 심기 위해 제기하는 것이다. 우리가 알게 되는 바는 희석되지 않은 진실이다. 하나님의 편만한 섭리를 소중히 여기고 선포하는 메시지는 미움과 사랑, 거짓과 진실, 살인과 자비, 살육과 친절, 저주와 복, 신비와 계시, 끝으로 십자가 죽음과 부활의 불길에서 연마된 것이었다. 내가 인간의 죄를 다스리는 하나님의 섭리를 다루는 것이 이처럼 끔찍하고도 희망찬 실재의 향기를 풍기게 되길 바란다.

"하나님은 그것을 선으로 바꾸사"

이제 성경에서 죄와 슬픔이 담긴 가장 유명하고 희망찬 이야기 중에 하나로 시작하자. 요셉이 형들의 죄악으로 인해 노예가 된 것을 수단으로 삼아 하나님이 스스로 선택한 백성을 굶주림에서 구출하는 이야기(창 47:1-12)는 하나님의 섭리와 관련해 성경 전체에서 가장 중요한 진술 중 하나를 담고 있다. 그 진술은 이야기의 끝 무렵에 요셉이 형들에게 한 것이다. **"당신들은 나를 해하려 하였으나 하나님은 그것을 선으로 바꾸사** 오늘과 같이 많은 백성의 생명을 구원하게 하시려 하셨나니"(50:20). 우리는 이 진술을 꼼꼼하게 살펴보고 이것이 왜 그토록 중요한지를 논의할 터인데, 먼저는 이 진술이 그 이야기에 어떻게 들어맞는지 분명히 짚고 넘어가자.

편애, 질투, 미움, 탐욕이 구원의 움직임을 촉발하다

가나안 땅에 기근이 닥칠 조짐이 보이기 전에 야곱의 열두 아들들 사이에 다툼이 일어나고 있었다. 요셉에 대한 미움이 점점 커진 것은 다음 두 가지 때문이었다. 하나는 아버지가 요셉을 더 사랑함으로 편애한 것이었고, 다른 하나는 형들이 언젠가 자기에게 절할 것임을 예측한 요셉의 꿈이었다.

그[요셉]의 형들이 아버지가 형들보다 그를 더 사랑함을 보고 그를 미워하여 그에게 편안하게 말할 수 없었더라. 요셉이 꿈을 꾸고 자기 형들에게 말하매 그들이 그를 더욱 미워하였더라 … 그의 형들이 그에게 이르되 "네가 참으로 우리의 왕이 되겠느냐? 참으로 우리를 다스리게 되겠느냐?" 하고 그의 꿈과 그의 말로 말미암아 그를 더욱 미워하더니 (창 37:4-5, 8).

그래서 하나님이 이 가족을 다가오는 기근에서 구출하게 될 일련의 사건은 아버지의 편애와 형들의 질투 및 미움을 포함한 뒤엉킨 죄악들을 통해 촉발되었던 것이다. 이 미움은 살인 직전까지 갔다. 요셉이 들판에서 일하는 형들에게 보내졌다.

요셉이 그들에게 가까이 오기 전에 그들이 요셉을 멀리서 보고 죽이기를 꾀하여 서로 이르되 "꿈꾸는 자가 오는도다. 자, 그를 죽여 한 구덩이에 던지고 우리가 말하기를 악한 짐승이 그를 잡아먹었다 하자 그의 꿈이 어떻게 되는지를 우리가 볼 것이니라" 하는지라(37:18-20).

르우벤이 개입해서 그들에게 그의 피를 흘리지 말고 그를 구덩이에 던져 넣자고 설득했는데, 이는 나중에 그를 구출하고 싶었기 때문이었다(37:22). 르우벤이 멀리 있는 동안에 살해 계획이 탐욕의 힘에 의해 대체되었는데, 살인은 재정적 이득을 전혀 주지 않기 때문이었다.

그들이 앉아 음식을 먹다가 눈을 들어 본즉 한 무리의 이스마엘 사람들이 길르앗에서 오는데 그 낙타들에 향품과 유향과 몰약을 싣고 애굽으로 내려가는지라. 유다가 자기 형제에게 이르되 "우리가 우리 동생을 죽이고 그의 피를 덮어둔들 무엇이 유익할까? 자, 그를 이스마엘 사람들에게 팔고 그에게 우리 손을 대지 말자. 그는 우리의 동생이요 우리의 혈육이니라" 하매 그의 형제들이 청종하였더라. 그때에 미디안 사람 상인들이 지나가고 있는지라. 형들이 요셉을 구덩이에서 끌어올리고 은 이십에 그를 이스마엘 사람들에게 팔매 그 상인들이 요셉을 데리고 애굽으로 갔더라(37:25-28).

이후 형들은 요셉의 겉옷을 동물 피로 적셔서 그들의 행적을 은폐했고 아버지에게 요셉이 사나운 동물에 희생되었다고 설득했다. 형들은 요셉과 아버지에게 이런 죄악들을 저질러서 결국 그들이 기근에서 구출되는 것으로 귀결될 일련의 놀라운 사건들을 촉발하게 되었다.

당혹스런 신실함으로 점철된 13년의 세월

십삼 년 동안, 요셉은 이집트에서 처음에는 노예로(창 37:36) 이후에는 죄수로(39:20) 지냈다. 형들이 요셉을 팔았을 때 그는 열일곱 살이었다(37:2). 그가 "왕의 죄수를 가두는 곳"에서 서른 살이 되었을 때 그의 인생에 놀라운 반전이 일어났다. 요셉이 다가오는 기근에 관한 바로의 꿈을 해석하자 바로가 그를 "애굽 온 땅의 총리가 되게"(41:41) 한 것이다. 요셉은 칠 년에 걸친 풍년 동안 충분한 곡식을 모았다가 칠년에 걸친 흉년 동안 버틸 수 있게 하는 책임을 떠맡았다.

풍년이 이어진 칠 년 동안 곡식을 저장한 후 드디어 기근이 시작됐다. 그리고 이 년이 지난 다음 요셉의 형들이 도움을 받으려고 이집트에 온다. 그들의 식량이 바닥나고 있었다. 요셉은 이제 서른아홉 살이다. 그들이 요셉을 못 본 지도 무려 이십이 년이나 되었다. 당연히 그를 알아보지 못한다. 마침내 요셉이 자신을 그들에게 밝힌다.

보냄을 받다

우리가 아직 이 아름다운 이야기의 취지를 파악하지 못했다면, 내레이터가 이 순간 그 취지를 명백히 밝힌다. 그의 형들이 "그 앞에서 놀라서 대답하지 못하더라"(창 45:3). 요셉은 그들의 마음속에 있는 것을 어느 정도 분별할 수 있었고, 그는 그들에게 그동안 일어났던 일과 관련해 하나님의 섭리에 대한 그의 해석을 들려주었다.

당신들이 나를 이곳에 팔았다고 해서 근심하지 마소서, 한탄하지 마소서. **하나님이 생**

명을 구원하시려고 나를 당신들보다 먼저 보내셨나이다. 이 땅에 이 년 동안 흉년이 들었으나 아직 오 년은 밭갈이도 못하고 추수도 못할지라. **하나님이 큰 구원으로 당신들의 생명을 보존하고 당신들의 후손을 세상에 두시려고 나를 당신들보다 먼저 보내셨나니, 그런즉 나를 이리로 보낸 이는 당신들이 아니요 하나님이시라**(45:5-8).

요셉은 꿈을 해석하는 능력뿐만 아니라 섭리를 해석하는 능력까지 받았던 것이다. 그의 해석에 나오는 핵심 단어는 '보냄을 받았다'는 단어이다. 이 단어가 세 번이나 나온다.

하나님이 생명을 구원하시려고 나를 당신들보다 먼저 보내셨나이다(45:5).

하나님이 큰 구원으로 당신들의 생명을 보존하고 당신들의 후손을 세상에 두시려고 나를 당신들보다 먼저 보내셨나니(45:7).

나를 이리로 보낸 이는 당신들이 아니요 하나님이시라(45:8).

이는 시편 저자가 요셉이 노예로 팔려갈 때의 하나님의 섭리에 대해 해석한 것과 똑같다.

그가 또 그 땅에 기근이 들게 하사
그들이 의지하고 있는 양식을 다 끊으셨도다.
그가 한 사람을 앞서 보내셨음이여
요셉이 종으로 팔렸도다(시 105:16-17).

죄악에 의해 보냄을 받다

우리는 이제 앞에서 언급한 중요한 진술(창 50:20)에 가까워진 편이다. 그 진술이 창세기 45장 8절에 함축되어 있음을 볼 수 있다. "나를 이리로 보낸 이는 당신들이 아니요 하나님이시라." 이는 무슨 뜻인가? 그들의 의도가 장래의 구출을 위해 '보내는' 것이 아니었다는 뜻이다. 그들의 의도는 구원을 위해 보내는 게 아니라 이기적인 이익을 위해 '파는' 것이었다. 그러나 이 죄악된 매매에서 하나님의 의도는 매우 달랐다. 그 의도는 죄악된 것이 아니었고 구원하는 것이었다. 그들의 매매는 "은 이십 세겔"(37:28)을 획득하려는 정욕에 이끌렸다. 반면에 하나님의 보내심은 선택한 백성을 위한 사랑에 이끌렸다(39:21).

요셉이 형들에게 베푼 은혜로운 배려("근심하지 마소서, 한탄하지 마소서," 45:5)로부터 그들이 죄를 짓지 않았다는 것을 추론하는 것은 잘못이다. 그 이유는 다음 세 가지다. 첫째, 그 이야기가 전개되는 방식을 보면, 그 의향이 형들을 미움과 살의와 탐욕이 가득한 자들로 묘사하고 그들의 죄가 요셉을 납치해 노예로 파는 것에서 절정에 이르는 것임을 알 수 있기 때문이다. 둘째, 경건한 후회와 회개에 관한 구약과 신약의 가르침은 그것이 생명과 희망과 자유로 이끌어야지 지속적인 괴로움과 원한과 자기혐오로 이끌면 안 된다는 것이기 때문이다(시 51; 고후 7:8-10). 요셉이 형들의 자기비난을 무마시키려 했다고 해서 당시에 죄가 없었다고 생각하면 안 된다. 셋째, 그들이 취한 행동을 창세기 50장 20절에서 "못할 짓"이라 부르기 때문이다. "나에게 못할 짓을 꾸민 것은 틀림없이 형들이오"(공동번역).

당신들은 죄악된 의도를 품었으나 하나님은 거룩한 의도를 품었소

하나님의 의도에 관한 요셉의 진술은 성경 전체에서 하나님의 섭리에 관한 가장 중요한 진술 중 하나이다. 이 열두 형제들의 아버지인 야곱이 죽었다. 이제 야곱이 죽었기 때문에 열한 명은 그들이 저지른 죄 때문에 요셉이 그들에게 복수할까봐 두려워한다. 그래서 그들은 아버지의 이름으로 탄원하게 된다.

요셉에게 말을 전하여 이르되 "당신의 아버지가 돌아가시기 전에 명령하여 이르시기를 너희는 이같이 요셉에게 이르라. 네 형들이 네게 악을 행하였을지라도 이제 바라건대 그들의 허물과 죄를 용서하라 하셨나니, 당신 아버지의 하나님의 종들인 우리 죄를 이제 용서하소서"(창 50:16-17).

요셉은 눈물을 흘렸다(50:17). 그리고 형들이 친히 와서 요셉 앞에 엎드려 자비를 베풀어달라고 호소했다. 그때 요셉이 이렇게 말한다.

"두려워하지 마소서. 내가 하나님을 대신하리이까? **당신들은 나를 해하려 하였으나 하나님은 그것을 선으로 바꾸사** 오늘과 같이 많은 백성의 생명을 구원하게 하시려 하셨나니, 당신들은 두려워하지 마소서. 내가 당신들과 당신들의 자녀를 기르리이다" 하고 그들을 간곡한 말로 위로하였더라(50:19-21).

"당신들은 나를 해하려 하였으나 하나님은 그것을 선으로 바꾸사." 이 진술을 그토록 중요하게 만드는 것은 '의도했다'라는 동일한 동사가 전반부와 후반부에 모두 사용되었다는 점이다. 당신들은 의도했다. 하나님은 의도했다. 그리고 직접 목적어도 똑같이 사용되었다. "당신들은 악을 의도했으나 … 하나님은 그것을 의도하셨다 …" '그것'이란 단어가 히브리어에는 접미사로 나오고 제3인칭 여성 단수형이다. 이는 선행사가 여성 단어인 '악'임을 의미한다. 그래서 이렇게 번역할 수 있다. "당신들은 나에 대해 악을 의도했다." "하나님은 선을 위해 그것을[바로 그 악을] 의도하셨다." 이는 완벽한 병행관계이다.

당신	하나님
의도했다	의도했다
악	그것
나에 대해	선을 위해

한 행동 안에서 신적 의지와 인간 의지가 교차하다

그러므로 본문은 이렇게 말하지 않는다. "당신들로서는 나에 대해 악을 '의도했으나' 하나님은 그것을 선을 위해 '이용하셨다.'" 그들은 그들의 죄악된 행동을 '의도했다.' 하나님은 그의 구원 계획을 '의도하셨다.' 그들의 결정은 그들이 세운 죄악된 계획에 따라 그들에 의해 의도된 것이었다. 그런데 그들의 결정은 하나님의 구원 계획에 따라 그분에 의해 의도된 것이었다(참고. 사 10:5-7; 미 4:11-12).

여기에 신적 의지와 인간 의지의 교차점이 있다. 한 죄악된 결정과 그들의 실행 속에 우리의 의도와 하나님의 의도가 담겨 있다. 이 경우에는 그 교차가 구체적으로 죄악된 인간 의지와 관련이 있다. 내가 이미 말했듯이, 우리는 신적인 것과 인간적인 것의 교차라는 이 신비를 굳이 이해할 필요가 없다. 하지만 우리가 반드시 긍정해야 할 것이 있다. 인간의 죄악된 의지는 그것이 실행된 뒤에 하나님에 의해 이용되거나 관리되는 게 아니고, 오히려 이 죄악된 의지 자체가 의로운 구원의 목적을 위해 하나님에 의해 의도되었다는 것이다. 그럼에도 불구하고 하나님이 이 죄악된 인간 의지를 의도하거나 원하시되 그분은 죄를 짓지 않은 채 완전한 지혜와 의로움과 선하심으로 선한 목적을 이루려 하시고, 그 자신이 모든 면에서 선을 행하시면서 그렇게 하신다는 것이다.

그렇다면 창세기 50장 20절("당신들이 의도했다"와 "하나님이 의도하셨다")에서 인간 의지와 신적 의지는 어떤 관계에 있는가? 이에 대한 답을 찾으려면 다음 사실을 고려하는 것이 좋다. 하나님의 의지에 따른 행동(그의 의향과 의도와 결정)은 이전의 그의 뜻과 목적에 부합한다는 사실이다. 그분의 의지에 따른 행동은 실행 순간에 임의로 생기는 게 아니라 이전의 지혜에 의해 계획된 것이고, 이 지혜는 다함께 그의 완전히 공의롭고 은혜로운 목표를 달성하기에 적합한 수많은 요인들(과거, 현재, 미래의)을 고려한다. "과연 그가 하시는 일은 모두 참되며, 그의 모든 길은 공의로우니"(단 4:37, 새번역).

따라서 하나님께서 "선을 위해 그것[형들이 또한 의도했던 노예상태]을 의도하시기" 전에 그의 지혜가 그 순간 "선을 위한 의도"를 품게 할 뜻과 목적을 제공했던 것이다. 내가 이렇게 말하는 것은 이사야서 46장 9-10절 때문이다.

나는 하나님이라 나 외에 다른 이가 없느니라.

나는 하나님이라 나 같은 이가 없느니라.

내가 시초부터 종말을 알리며

아직 이루지 아니한 일을 옛적부터 보이고

이르기를 "나의 뜻이 설 것이니

내가 나의 모든 기뻐하는 것을 이루리라" 하였노라

(사 46:9-10).

하나님의 신성 자체("나는 하나님이라!" 46:9)가 그분이 자기의 뜻과 목적에 따라 성공리에 행하신다는 것을 의미한다. 그분은 자신의 뜻과 목적을 틀림없이, 믿을 만하게, 확실하게 이루신다. "나의 뜻이 설 것이니 내가 나의 모든 기뻐하는 것을 이루리라." 때때로가 아니다. 아마도가 아니다. 언제나. 확실히.

그래서 우리는 중요한 순간, 곧 요셉의 형들이 그를 이십 세겔에 팔아버림으로써 살인 대신에 탐욕을 좇기로 결정하는 순간에 도달한다. 이 중요한 순간 이전에 하나님이 그의 지혜와 의논하셨다. 그래서 하나님은 형들이 탐욕에 따른 죄악된 선택을 하도록 조치를 취하기로 하셨다. 그러므로 형들의 의지가 아니라 하나님의 의지가 궁극적으로 결정적 역할을 하게 된다. 하나님이 궁극적 지배력을 갖고 계신다. 형들이 아니라 하나님이 궁극적인 자결권을 갖고 계신다.

이 일이 '어떻게' 작동하는지는 나도 모른다. 두 가지 의지(하나는 인간적이고 죄악된 의지, 다른 하나는 신적이고 의로운 의지)에 따른 행동이 어떻게 함께 작동해서 죄악된 행동을 불러일으킨 결과 형들은 죄를 짓고 하나님은 죄가 없게 되는 것일까? 나는 모른다. 그리고 앞에서(27장) 주장했듯이 아무도 그런 것은 모른다. 하나님만 빼놓고.

창세기 50장 20절(당신들은 나에 대해 악을 의도했으나 하나님은 선을 위해 그것을 의도하셨다)에 비춰보면, 성경 바깥으로부터 어떤 전제, 곧 하나님이 계획하신 죄악된 행동에 대해 인간들은 책임을 질 수 없다는 전제를 끌어오는 것은 주제넘은 짓일 테다. 그들은 용서받을 필요가 있었다(창 50:17). 그리고 하나님은 그의 뜻에 따라 그들이 악한 행동을 취하도록 계획하셨다. 그럼에도 불구하고, 하나님은 죄를 짓지 않으셨고, 그의 완전한 거룩함을 더럽히지 않았으며, 그의 완전한 선하심도 손상시키지 않으셨다.

사백 년이 흐른 후 미움을 다스리는 또 하나의 섭리가 나타나다

　성경을 읽어보면 여러 세대가 비교적 조용히 지나간다. 하나님은 요셉의 형들이 품은 죄악된 미움을 통해 이스라엘을 굶주림에서 구원하셨다. 그러나 세월이 흐르면서 이 구원이 노예상태로 변하게 된다. 놀랍게도, 새로운 구출이 필요한 때에 이르면 다시금 죄악된 미움을 통해, 이번에는 이스라엘에 대한 바로의 미움을 통해 구출이 이뤄질 것이다. 사실 우리가 이스라엘 역사에서 펼쳐지는 하나님의 섭리를 고찰하면 죄악의 대상이 되는 것을 통해 구원이 이뤄지는 패턴을 간파할 수 있고, 그 절정은 바로 예수님이 역대 최고의 구출을 실현하시는 모습이다.

　이제 다음 장에서는 바로의 미움과 완악함을 다룰 터인데, 둘 다 하나님으로부터 온 것이다.

29.

이스라엘과 바로, 하나님과 무력한 백성에게 일어난 일

출애굽 사건에 나타난 하나님의 섭리를 계속 다루는 데는 그만한 이유가 있다. 먼저 하나님이 죄악된 목적을 이루도록 인간의 마음을 돌리시고 완악하게 하신다는 단도직입적 진술 때문이고, 아울러 사도 바울이 바로를 완악케 하시는 하나님의 자유를 자비를 베푸시는 그분의 자유에 대한 패러다임으로 삼기 때문이다. "그런즉 하나님께서 하고자 하시는 자를 긍휼히 여기시고 하고자 하시는 자를 완악하게 하시느니라"(롬 9:18). 이처럼 바울이 이스라엘의 출애굽에 나타난 하나님의 섭리를 이해하고 적용한 사례는 죄를 다스리는 하나님의 섭리에 관한 성찰에서 이 구약 사건을 지극히 중요한 위상으로 끌어올린다.

인간의 미움을 통해 모세가 졸지에 명망을 얻다

이스라엘이 요셉을 통해 구출된 후 이집트에 사는 동안 많은 세월이 흐른다. 초창기에 이스라엘이 누렸던 은총은 수증기처럼 증발하고 말았다.

요셉을 알지 못하는 새 왕이 일어나 애굽을 다스리더니 그가 그 백성에게 이르되 "이 백성 이스라엘 자손이 우리보다 많고 강하도다. 자, 우리가 그들에게 대하여 지혜롭게 하자, 두렵건대 그들이 더 많게 되면 전쟁이 일어날 때에 우리 대적과 합하여 우리와 싸우고 이 땅에서 나갈까 하노라" 하고(출 1:8-10).

요셉이 받았던 은총은 유대인에 대한 미움으로 대체되었다. 이스라엘을 구출하기 위한 요셉의 등장과 모세의 등장은 놀라운 유사점이 있다. 인간적으로 보면 요셉과 모세 둘 다 인생을 구원자로 출발하지 않았다. 열일곱 살의 요셉은 형들의 미움을 받아 위기에 처했고, 모세는 영아시절에 유대인 남자 아기들을 죽이라고 명령했던 바로의 미움을 받아 위기에 처했다(출 1:16). 요셉과 모세는 둘 다 가장 위태로운 순간에 별안간 이집트 왕궁에 진입했는데, 전자는 공동통치자로서 후자는 입양된 손자로서 그랬다. 양자 모두에게 이것은 구원자의 역할에 이르는 전혀 뜻밖의 행로였다.

그러나 여기서는 하나님의 섭리를 다루고 있는 만큼, 이와 관련된 가장 중요한 유사점은 요셉과 모세 둘 다 인간의 미움에 따른 죄악된 행동을 통해 이집트의 탁월한 위상으로 높여졌다는 것이다. 그리고 무엇보다 더 놀라운 점은, 두 경우 모두 이 인간의 미움이 하나님의 뜻에 의해 생겼다는 사실이다. 요셉의 경우는 창세기 45장 7절과 50장 20절, 시편 105편 17절을 중심으로 상세히 살펴보았다. 이제는 시편 105편 23-26절을 중심으로 모세의 경우를 살펴보자.

이에 이스라엘이 애굽에 들어감이여,
야곱이 함의 땅에 나그네가 되었도다.
여호와께서 자기의 백성을 크게 번성하게 하사
그의 대적들보다 강하게 하셨으며
또 그 대적들의 마음이 변하게 하여
그의 백성을 미워하게 하시며 그의 종들에게 교활하게 행하게 하셨도다.
그리하여 그는 그의 종 모세와 그의 택하신 아론을 보내시니.

요셉은 형들의 미움을 통해 구원자가 되었다. 모세는 이집트인들의 미움을 통해 구원자가 되었다. 요셉의 형들의 죄에 대해서는 "하나님이 선을 위해 그것을 의도하셨다"(창 50:20)라고 기록되어 있다. 이집트에 있던 모세의 대적들에 대해서는 "[하나님이] 그 대적들의 마음이 변하게 하여 그의 백성을 미워하게 하셨다"(시 105:25)라고 기록되어 있다.

미움을 다스리는 섭리에 대해 어떤 반응을 보여야 할까?

시편 저자가 하나님이 "그 대적들의 마음을 변하게 하여 그의 백성을 미워하게 하셨다"고 말할 때 그들의 마음을 다른 감정에서 미움으로 바꾸었다는 뜻인지, 다른 대상으로부터 이스라엘로 돌이키게 했다는 뜻인지 명시하지 않는다.

문법적으로는 둘 다 가능하다. 어느 경우이든, 하나님이 이집트인들의 죄악된 미움을 다스려서 그의 백성이 미움을 받도록 조처하신다는 것이다.

만일 내가 이스라엘 사람이었다면 이렇게 말해도 옳았을 것이다. "하나님의 궁극적이고 결정적인 섭리 때문에 우리가 이집트인들의 미움을 받았다." 그리고 이집트인들에게 죄가 없다고 말할 수 없었을 것이다. 아울러 하나님에게 죄가 있다거나 그분이 잔인하다고 말할 수도 없었을 것이다.

하나님이 자기 백성을 그런 고통스런 곤경에 처하도록 계획하신 이유에 대해 내가 당혹스러워하는 것은 정당할지 몰라도, 하나님을 비판하거나 그분에게 악의의 동기를 씌우는 것은 정당하지 못할 터이다. (여러 세기가 지난 후) 내가 사도 바울과 함께 "우리가 사방으로 우겨쌈을 당하여도 싸이지 아니하며 답답한 일을 당하여도 낙심하지 아니하며"(고후 4:8)라고 말해도 무방할 것이다. 또는 예레미야의 충고를 좇아도 괜찮을 것이다.

혼자 앉아서 잠잠할 것은
주께서 그것을 그에게 메우셨음이라.
그대의 입을 땅의 티끌에 댈지어다.

혹시 소망이 있을지로다…
이는 주께서 영원하도록 버리지 아니하실 것임이며 (애 3:28-29, 31).

나는 하나님께 어떻게 그분이 마음을 돌이켜 나를 미워하게 하실 수 있는지, 그것도 그분의 손을 증오에 찬 손으로 바꾸지 않고서 그럴 수 있는지 그 신비를 밝혀 달라고 요구하지 않겠다. 나는 그분을 그런 인간의 한계를 지닌 한갓 사람으로 (민 23:19; 삼상 15:29) 추정하지 않겠다. 오히려 모세와 함께 "감추어진 일은 우리 하나님 여호와께 속하였다" (신 29:29)라고 말하겠다. 아울러 "주의 생각이 매우 깊으시니이다!" (시 92:5)라고 고백하고, "그의 판단은 헤아리지 못할 것이며 그의 길은 찾지 못할 것이로다!" (롬 11:33)라고 천명하겠다.

그리고 나는 오늘날 시편 105편 25절 ("[하나님이] 그 대적들의 마음이 변하게 하여 그의 백성을 미워하게 하시며")을 읽는 사람으로서 이 시편이 어떻게 시작해서 어떻게 끝나는지 주목하고 싶다. 이 시편 저자는 하나님께 흠을 잡으려는 마음이 조금도 없다.

여호와께 감사하고 그의 이름을 불러 아뢰며
그가 하는 일을 만민 중에 알게 할지어다!
그에게 노래하며 그를 찬양하며
그의 모든 기이한 일들을 말할지어다!
그의 거룩한 이름을 자랑하라
여호와를 구하는 자들은 마음이 즐거울지로다! (105:1-3).

그의 백성이 즐겁게 나오게 하시며
그의 택한 자는 노래하며 나오게 하시고
여러 나라의 땅을 그들에게 주시며
민족들이 수고한 것을 소유로 가지게 하셨으니
이는 그들이 그의 율례를 지키고
그의 율법을 따르게 하려 하심이로다. 할렐루야! (105:43-45).

이집트인들의 마음을 돌이켜 이스라엘을 미워하게 하신 하나님의 이상한 섭리는 신적인 지혜와 능력과 언약 준수의 사랑이란 더 큰 그림의 일부였다. 우리가 이를 볼 수 없을 때는 잠잠히 기다릴 뿐이다(시 62:1). 우리가 볼 수 있을 때는 "하나님께 감사하고" 또 "그의 이름을 부른다"(시 105:1).

미움과 완악함의 관계

우리는 시편 105편 25절을 출애굽을 통한 하나님의 구출 과정에서 하나의 동떨어진 행위로 봐서는 안 된다. 하나님이 취한 이 행위, 곧 바로의 마음을 완악하게 하는 행위는 출애굽 이야기에서 거듭거듭 반복되곤 했다. 바로의 마음은 모세의 명령대로 이스라엘 민족을 풀어주기보다는 그들을 계속 노예로 잡고 있으려는 목적 때문에 완악해졌다.

완악하게 하는 행위가 그 이야기에서 너무나 편만하고 또 하나님의 자유에 대한 바울의 이해에서 매우 중요하기 때문에, 이제 6장과 7장에서 살펴본 것보다 더 상세하게 고찰하고자 한다.

이를 6장과 7장에서 논의할 때는 바로의 마음을 완악케 하는 하나님의 섭리의 목표와 그 신적 행위가 로마서 9장에 나오는 바울의 사상에 미친 영향에 초점을 두었다. 여기서는 그 신적 행위의 '사실'과 '성격'에 초점을 두려고 한다. 이처럼 상세하게 살펴볼 필요가 있는 하나의 이유는, 많은 사람이 바로의 자율적인 완악함에 주목한 나머지 마치 하나님의 완악케 하심이 바로의 자기결정에 대한 단순한 반응인 것처럼, 그리고 마치 하나님의 그런 "반응" 때문에 바로의 악한 의지가 부정되는 것처럼 여기기 때문이다.

우리가 그 본문들을 면밀히 살펴보면 둘 다 진실이 아니라는 것이 입증된다. 하나님은 단순히 반응만 하시는 것이 아니다. 그리고 하나님의 완악케 하심은 바로의 악한 의지를 분명히 긍정하고 있다.

하나님이 완악케 하심 vs 스스로 완악케 됨

당시에 일어나던 일을 상기해보라. 하나님은 바로에게 그의 백성을 풀어주도록 명령하기 위해 모세와 아론을 보내셨다. 바로가 거듭해서 거부하는 바람에 하나님은 이집트에서 갈수록 더 많은 기적(열 가지 재앙과 바다를 가르는 위대한 구출 등)을 일으키셔서 그분이 하나님이고 반역하는 바로는 아무것도 아님을 보여주신다. 출애굽기가 바로의 마음을 완악케 해서 그 백성을 풀어주지 않는 모습을 언급하는 대목이 무려 열여덟 번이나 된다. 한 번은 출애굽기가 홍해에서 이집트 사람들의 마음을 완악하게 했다고 언급하는데(14:18), 그들 중에 아마 바로도 포함되었을 것이다. 완악해짐(hardening)이 때로는 하나님이 완악케 하심으로, 때로는 바로가 스스로 완악케 됨으로 묘사되어 있고, 때로는 수동태 동사와 함께 누가 완악케 하는지를 명시하지 않고 있다(예, "바로의 마음이 완악해졌다"). 당신이 이 구절들을 문맥에 비추어 볼 수 있도록 도표로 그려보았다.

하나님이 완악케 하심	완악해짐	스스로 완악케 됨
4:21	7:13	8:15
7:3	7:14	8:32
9:12	7:22	9:34
10:1	8:19	
10:20	9:7	
10:27	9:35	
11:10		
14:4		
14:8		
14:17		

완악케 할 계획과 그 목적

출애굽 이야기에서 우리가 관찰해야 할 매우 중요한 사항이 하나 있다. 모세가 하나님의 명령(이스라엘을 보내주라는 것)을 받고 바로와 대면하기 위해 이집트에 도착하기도 전에 하나님은 바로의 마음을 완악하게 할 계획을 세우셨다는 사실이다. 이런 취지를 담은 가장 초창기 진술은 출애굽기 4장 21절이다. "여호와께서 모세에게 이르시되 '네가 애굽으로 돌아가거든 내가 네 손에 준 이적을 바로 앞에서 다 행하라. 그러나 **내가 그의 마음을 완악하게 한즉** 그가 백성을 보내 주지 아니하리니'." 바로를 완악하게 하려는 하나님의 계획을 언급하는 다음 구절은 출애굽기 7장 3절이다.

> 여호와께서 모세에게 이르시되 … "내가 네게 명령한 바를 너는 네 형 아론에게 말하고 그는 바로에게 말하여 그에게 이스라엘 자손을 그 땅에서 내보내게 할지니라. **내가 바로의 마음을 완악하게 하고** 내 표징과 내 이적을 애굽 땅에서 많이 행할 것이나 바로가 너희의 말을 듣지 아니할 터인즉…(7:1-4).

두 차례나 하나님은 왜 바로의 마음을 완악하게 해서 그 백성을 보내주지 않게 할 계획을 세우셨는지 그 이유를 명시적으로 말씀하신다.

> 여호와께서 모세에게 이르시되 "바로에게로 들어가라. 내가 그의 마음과 그의 신하들의 마음을 완강하게 함은 **나의 표징을 그들 중에 보이기 위함이며** 네게 내가 애굽에서 행한 일들 곧 내가 그들 가운데에서 행한 표징을 네 아들과 네 자손의 귀에 전하기 위함이라. 너희는 내가 여호와인 줄을 알리라"(10:1-2).

> 여호와께서 모세에게 이르시기를 "바로가 너희의 말을 듣지 아니하리라. **그러므로 내가 애굽 땅에서 나의 기적을 더하리라**" 하셨고(11:9).

하나님은 모세를 이집트에 보내실 때 바로의 무릎을 꿇게 하려면 얼마나 많은 재앙이 필요할지 의아해 하셨던 것이 아니다. 애초부터 하나님의 계획은 "내 표징과 내 이적을 애굽 땅에서 많이 행하는"(7:3) 것이었다. 이는 첫 번째 재앙을 내리기 전에 말씀하신 것이다. 이것이 하나님이 완악하게 하시는 목적이었다. "내가 그의 마음과 그의 신하들의 마음을 완강하게 함은 나의 표징을 그들 중에 보이기 위함이며"(10:1).

그러므로 완악케 하는 목적은 이스라엘의 장래 역사와 세계의 장래 역사를 향한 이적과 출애굽 자체의 목적과 연관되어 있었다. 하나님이 바로의 마음을 완악케 하시는 것은 (1) 그분이 이적을 많이 행하시기 위해서다(7:3; 10:1; 11:9). 그분이 이적을 많이 행하시는 것은 (2) 바로를 그의 자리에 두고, (3) 이집트인들에게 그분이 절대적 여호와임을 보여주시고, (4) 그 자신을 대대로 이스라엘 예배의 중심으로 세우시고, (5) 그 이름이 온 천하에 전파되게 하기 위해서다.

1. "내가 나의 표징을 보일 것이다"(출 10:1).

2. "내가 애굽 사람들의 마음을 완악하게 할 것인즉 그들이 그 뒤를 따라 들어갈 것이라 **내가 바로와 그의 모든 군대와 그의 병거와 마병으로 말미암아 영광을 얻으리니**"(출 14:17).

3. "내가 바로와 그의 병거와 마병으로 말미암아 영광을 얻을 때에야 **애굽 사람들이 나를 여호와인 줄 알리라**" 하시더니(출 14:18; 참고. 11:9).

4. "[내가] 나의 표징을 그들 중에 보이기 위함이며 네게 내가 애굽에서 행한 일들 곧 내가 그들 가운데에서 행한 표징을 **네 아들과 네 자손의 귀에 전하기 위함이라**"(출 10:1-2).

5. "내가 너[바로]를 세웠음은 나의 능력을 네게 보이고 **내 이름이 온 천하에 전파되게 하려 하였음이니라**"(출 9:16).

완악케 하시는 하나님의 손길 아래서 스스로 완악케 되다

내가 말하려는 요점은 하나님이 바로의 마음을 완악케 하시는 것이 바로가 스스로 완악해짐에 대한 단순한 반응이 아니었다는 것이다. 그것은 애초부터 세운 계획이었다. 그뿐만 아니라, 바로가 완악케 되는 것, 그리고 스스로 완악해지는 것조차 하나님이 완악케 하심의 원인이 아니라 그 결과이다. 많은 사람이 이를 부인하며 이렇게 지적한다. 하나님께서 바로의 마음을 완악하게 하셨다는 명시적 진술은 처음으로 출애굽기 9장 12절, 즉 바로가 이미 두 번이나 그 자신의 마음을 완악하게 한(8:15, 32) '뒤에' 나온다는 것이다. 이로부터 하나님이 완악케 하시는 것이 바로가 스스로 완악해진 것에 따른 결과라고 추론한다.

그러나 이 추론은 심각한 문제를 안고 있다. 우리가 살펴보았듯이, 모세가 바로와 만나기 '전에' 하나님이 모세에게 "내가 그의 마음을 완악하게 할 것이다"(4:21)라고 말씀하셨다. 그런데 우리가 아직 살펴보진 않았으나 매우 중요한 점은 (출애굽기의 저자인) 모세가 바로의 완악함을 묘사할 때 이 약속을 네 번이나 언급한다는 것이다. 달리 말하면, 네 차례나 모세는 바로가 완악하게 되는 것이 "주님께서 말씀하신 대로" 일어나고 있다고 말하는 것이다. 그리고 성경이 "주님께서 말씀하신 대로"라고 말할 때는 주님이 실제로 말씀하신 게 무엇인지를 기억하는 것이 매우 중요하다. 주님이 말씀하신 것은 "내가 그의 마음을 완악하게 할 것이다"였다. 그분은 "그가 그 자신의 마음을 완악하게 할 것이다"라고 말씀하시지 않았다. "주님께서 말씀하신 대로"가 네 차례 나오는 본문은 다음과 같다.

첫 번째 재앙 이전: "그러나 **주님께서 말씀하신 대로 바로가 고집을 부리고** 그들의 말을 듣지 않았다"(7:13, 새번역).

첫 번째 재앙 이후: "그런데 이집트의 마술사들도 자기들의 술법으로 그와 똑같이 하니, **주님께서 말씀하신 대로 바로가 고집을 부리면서** 그들의 말을 듣지 않았다"(7:22, 새번역).

두 번째 재앙 이후: "바로는 한숨을 돌리게 되자, **주님께서 말씀하신 대로 또 고집을 부리고** 그들의 말을 듣지 않았다"(8:15, 새번역).

세 번째 재앙 이후: "마술사들이 바로에게 그것은 신의 권능이 아니고서는 할 수 없는 일이라고 말하였다. 그러나 **주님께서 말씀하신 대로 바로는 여전히 고집을 부리고**, 그들의 말을 듣지 않았다(8:19, 새번역).

다시 말하건대, 주님이 말씀하신 것은 "내가 그의 마음을 완악하게 한즉 그가 백성을 보내 주지 아니하리니"(4:21, 참고. 7:3)였다. 놀라운 점은 출애굽기 8장 15절에서 바로가 스스로 완악해지는 것의 유래를 하나님이 완악케 하신 것에서 찾는다는 사실이다. "주님께서 말씀하신 대로 또 고집을 부리고." 말하자면, 바로가 그의 마음을 완악하게 한 것은 "[주님께서] 그의 마음을 완악하게 할 것"이라고 말씀하셨던 그대로였다.

요점은 이것이다. 바로가 자기 마음을 완악하게 했든지(8:15), 아니면 그의 마음이 "완악해졌던지"(8:19) 간에 "주님께서 말씀하신 대로" 완악해지는 일이 일어나는 중이란 것이다. 그리고 주님이 말씀하신 바는 "내가 그의 마음을 완악하게 할 것"이란 것이었다. 이는 "스스로를 완악하게 하는 것"과 "완악해지는 것"의 배후에는 완악하게 하려는 하나님의 계획과 목적이 있었다는 것을 의미한다. 하나님이 완악케 하심은 바로가 스스로를 완악케 하는 것에 대한 반응으로 묘사되어 있지 않다. 오히려 거꾸로다. 바로가 스스로를 완악케 하는 것이 하나님이 완악케 하신 것의 결과로 묘사되어 있다.

바로가 완악해지는 이야기에서 바울이 포착한 것

이 드라마에서 결정적 요인은 바로의 자기결정권이 아니라 하나님이 이전에 품은 궁극적 목적, 즉 그의 능력을 드러내고 그의 이름을 널리 전파하려는 것이었다(출 7:3; 9:16; 10:1-2; 11:9; 14:17-18). 바로 이것을 사도 바울이 알아차린다. 바울은 하나님의 영광(이름)의 풍성함을 널리 전파하려는 그분의 신념이 그의 행동을 지배하며, 그분이 결코 인간의 행동에 그저 반응하는 것이 아님을 깨닫는다. 그분은 언제나 그의 뜻의 결정에 따라 자유로이 행하신다(엡 1:11). 이 자유를, 바울은 하나님이 "하고자 하시는 자"를 긍휼히 여기고 또 완악하게 하신다는 말로 표현한다. 바울이 바로와 연관시켜 진술하는 본문은 이렇다.

> 성경이 바로에게 이르시되 "내가 이 일을 위하여 너를 세웠으니 곧 너로 말미암아 내 능력을 보이고 내 이름이 온 땅에 전파되게 하려 함이라" 하셨으니, 그런즉 하나님께서 하고자 하시는 자를 긍휼히 여기시고 하고자 하시는 자를 완악하게 하시느니라(롬 9:17-18).

바울이 18절에서 행하고 있는 일은 먼저 로마서 9장 15-16절로 되돌아가서 긍휼을 베푸시는 하나님의 자유를 요약하는 것이다. "내가 긍휼히 여길 자를 긍휼히 여기고 불쌍히 여길 자를 불쌍히 여기리라"(9:15). 그래서 그는 18절에서 "그런즉 하나님께서 하고자 하시는 자를 긍휼히 여기시고 하고자 하시는 자를 완악하게 하시느니라"고 말하는 것이다. 달리 말해, 그는 하나님은 자유롭게 긍휼을 베풀 수 있는 분임을 강조한다. 이어서 바울은 출애굽 이야기로부터 하나님은 자유로이 완악하게 할 수 있는 분임을 이끌어낸다. 출애굽기 9장 16절을 (롬 9:17에서) 인용한 후 그는 완악하게 할 수 있는 하나님의 자유를 요약한다. "하나님께서 하고자 하시는 자를 완악하게 하시느니라."

이를 긍휼을 베푸는 하나님의 자유와 완악하게 하는 그분의 자유로 내가 묘사하는 까닭이 있다. 누구의 마음을 완악하게 하고 누구에게 긍휼을 베풀지를 선택하는 점에서 하나님은 그 자신 이외의 무엇에도 제약을 받지 않기 때문이다. 그분은 "그의 뜻의 결정[또는 계획]"을 따를 뿐이다(엡 1:11). 이것이 결정적 요인이다. 사람 속의 어떤 것, 선하거나 나쁜 것, 과거, 현재, 또는 예견된 것 등 그 무엇도 누구를 완악하게 하고 또 누구에게 긍휼을 베풀지를 좌우하지 못한다.

물론 모든 인간은 원래 긍휼을 받을 자격이 없고 심판을 받아야 마땅하다. 따라서 혹자는 인간의 죄성이 완악하게 되는 원인이라고 말할 수 있다. 그런데 이것이 문제가 아니다. 문제는 '어째서 누군가가 완악하게 될 수 있는가?'가 아니다. 문제는 '둘 다 죄인이라 자격이 없는데 어째서 저 사람이 아니라 이 사람이 완악하게 되는가?' '어째서 한 죄인은 완악하게 되고 다른 죄인은 긍휼을 받게 되는가?' 하는 것이다. 바울은 이렇게 대답한다. "하나님께서 하고자 하시는 자를 긍휼히 여기시고 하고자 하시는 자를 완악하게 하시느니라"(롬 9:18).

응답받을 수 없는 요구사항

그분이 완악하게 하고자 하는 자를 완악하게 한다는 말은 하나님이 누가 반역과 불신과 고집을 경험하게 된 나머지 마땅히 정죄 받을지를 자유로이 결정하신다는 뜻이다. 하나님이 완악하게 하신다고 인간이 잘못을 저지를 수 없는 것이 아니다. 전자는 오히려 인간의 잘못을 확실하게 만들 뿐이다. 여기에 낯익은 신비가 있다. 그렇게 해서 하나님에 대해 완악하게 된 사람들이 유죄 판결을 받는다는 것. 그들은 정말로 잘못이 있다. 그들은 진정 심판을 받아야 마땅하다. 하나님께는 불의가 없다(롬 9:14). 그리고 누가 그런 상태에 빠질 것이고 또 누가 긍휼을 받아 거기서 구출될지를 결정한 분은 하나님이셨다. 만일 우리가 '어떻게' 이럴 수 있는지, 즉 하나님이 누가 완악하게 될지를 자유로이 선택하나 그들에게 죄가 있음을 설명해달라고 요구한다면, 우리는 아마 이생에서 실망하게 될 것이다. 나는 그런 설명을 제공하지 않는다. 다만 말씀에서 보는 것을 말할 뿐이다. 하나님이 완악하게 하고자 하는 사람을 완악하게 하시고, 또한 사람에게 책임이 있다는 것. 하나님이 완악하게 한다고 해서 사람의 죄책이 사라지지 않는다. 전자가 오히려 사람의 죄책을 확실하게 만들 뿐이다.

무조건적 선택을 지지하는 일곱 가지 증거

"하나님이 완악하게 하고자 하는 자를 완악하게 하신다"(롬 9:18)는 말이 하나님은 누가 완악하게 될 것이고 누가 그렇지 않을 것인지를 자유로이 또 무조건 결정하신다는 뜻이라 했는데, 그 증거가 무엇인가? 여기서 '무조건'이란 말은 자격이 없다는 조건이 존재하지 않는다는 뜻이 아니고, 사람 속의 어떤 것(과거, 현재, 또는 미래의)도 그런 하나님의 결정에 영향을 미칠 수 없다는 뜻이다. 이제 내가 로마서 9장의 문맥에 근거해 일곱 가지 증거를 간략하게 가리킬 터인데, 이 증거들이 다함께 인간 고집의 죄를 다스리는 편만한 섭리로 어떻게 엮여지는지 보게 되기를 바란다.

  1. **이것이 그 말의 가장 자연스러운 뜻이다.** "그는 완악하게 하고자 하는 자를 완악하게 하신다"는 어구는 (우리의 뜻이 아닌) 그분의 뜻이 그분이 누구를 완악하게 하실지를 결정하는 요인이라 말한다. 물론 우리의 의지는 반역을 행하고 하나님에 대해 완고하다. 그러나 이 말의 자연스런 뜻은 하나님의 의지가 우리의 의지 아래와 뒤에서 결정적 역할을 하되 우리 의지의 중요성을 무효로 만들지 않는다는 것이다.

  2. **긍휼과의 병행관계는 완악케 하시는 하나님의 행위가 긍휼을 베푸시는 행위만큼 무조건적임을 보여준다.** 18절은 "하나님께서는 긍휼히 여기시고자 하는 사람을 긍휼히 여기시고 완악하게 하시고자 하는 사람을 완악하게 하십니다"(새번역)라고 말한다. 그런즉 우리가 긍휼히 여기시는 하나님의 행위가 무조건적이라 믿는다면, 그 병행어구를 해석하는 가장 자연스러운 방식은 완악케 하시는 행위도 무조건적이라고 보는 것이다. 다시 말하건대, 요점은 하나님이 우리의 죄악된 모습을 보신다는 것과 따라서 우리가 심판 받아야 마땅함을 부인하는 것이 아니다. 요점은 모든 사람이 똑같이 절망적인 상태에 빠져있기 때문에 사람 속의 어떤 것도 왜 누구는 긍휼을 받고 또 다른 사람은 완악케 함을 받는지를 설명할 수 없다는 것이다.

  3. **이것은 사실 바울이 15절**("내가 긍휼히 여길 사람을 긍휼히 여기고 불쌍히 여길 사람을 불쌍히 여기겠다." 새번역)**에서 하나님의 말씀으로부터 추론하는 것이다.** 바울은 이로부터 16절을 이끌어낸다. "그러므로 그것은 사람의 의지나 노력에 달려 있는 것이 아니라 하나님의 자비에 달려 있습니다." 만일 "내가 긍휼히 여길 사람을 긍휼히 여긴다"는 말이 이런 뜻이라면, 아마도 "그가 완악하게 하시고자 하는 사람을 완악하게 하십니다"란 말은 "그것은 사람의 의지나 노력에 달려 있는 것이 아니라 완악하게

하시는 하나님에 달려 있습니다"라는 뜻일 것이다.

4. 야곱과 에서의 병행관계가 긍휼과 완악케 함이 무조건적이라는 것을 보여준다. 바울이 11-13절에서 이렇게 말했다. "그 자식들이 아직 나지도 아니하고 무슨 선이나 악을 행하지 아니한 때에… 리브가에게 이르시되 '큰 자가 어린 자를 섬기리라' 하셨나니 기록된 바 '내가 야곱은 사랑하고 에서는 미워하였다' 하심과 같으니라." 달리 말하면, 그 맥락은 바울에게 하나님의 주권적 사랑과 긍휼의 측면뿐만 아니라 하나님의 주권적 미움과 완악케 하심의 측면까지 다루도록 요구하고 있다. 13절에 나오는 야곱과 에서의 병행관계는 완악케 함과 긍휼이 무조건적인 것임을 보여준다.

5. 로마서 9장 19절에 제기된 반론과 그에 대한 바울의 대답은 바울이 하나님의 주권을 다룬 방식이 오늘날 많은 사람이 다루는 방식과 다르다는 것을 보여준다. 바울은 그 자신의 입장에 대한 반론을 이렇게 제기한다. "그러면 그대는 내게 이렇게 말할 것입니다. '그렇다면 어찌하여 하나님께서는 사람을 책망하시는가? 누가 하나님의 뜻을 거역할 수 있다는 말인가?'"(새번역). 그런데 이에 대해 오늘날 많은 사람은 "하나님이 책망하시는 것은 인간이 궁극적 자기결정권을 갖고 있고 그것을 이용해 하나님을 반역했기 때문이다"라고 말한다. 그런즉 하나님이 완악케 하심은 자유롭고 무조건적인 것이 아니라 사람이 스스로 결정한 완악함이 그 원인이라고 말한다.

만일 바울이 이런 사고방식에 동의했다면 19절의 반론에 대해 그런 식으로 쉽게 대답할 수 있었을 것이다. 반대자가 바울의 말("[하나님이] 완악하게 하고자 하는 사람을 완악하게 하신다")을 듣고 나서 "그렇다면 어찌하여 하나님께서는 사람을 책망하시는가? 누가 하나님의 뜻을 거역할 수 있다는 말인가?"라고 응답한다. 그러면 이 반론에 대해 바울이 얼마나 쉽게 궁극적인 인간의 자결권에 호소하며 대답할 수 있었겠는가! 그러나 그렇게 하지 않았다. 틀린 대답이기 때문이다. 이는 바울의 가르침을 뒤집어놓는 것이다. 바울의 요점은, 사람 속의 어떤 것도 어째서 한 사람은 완악해지는데 다른 사람은 긍휼을 얻는지를 설명할 수 없다는 것이다. 그 구별은 온전히 하나님께 있지 사람에게 있지 않다. 그래서 바울은 19절에 담긴 그릇된 정신을 간파하고 그 의문을 외면한 것이다. "이 사람아 네가 누구이기에 감히 하나님께 반문하느냐?"(9:20).[1]

6. 21절은 바울이 긍휼과 완악케 함을 무조건적인 것으로 보고 있음을 보여주는데, 이유인즉 그가 긍휼을 베풀고 완악케 하는 대상이 모두 똑같은 진흙 한 덩이에서 나오는 것이라 말하기 때문이다. "토기장이가 진흙 한 덩이로 하나는 귀히 쓸 그릇을, 하나는 천히 쓸 그릇을 만들 권한이 없느냐?" 여기서 강조점은 하나님이 무엇을 하실지를 결정하는 것이 진흙의 성격이 아니었다는 것이다. 결정 요인은 토기장이의 자유롭고 지혜롭고 주권적인 뜻이었다. 하나님은 긍휼히 여기고자 하는 사람을 긍휼히 여기시고, 완악하게 하고자 하는 사람을 완악하게 하신다. 똑같은 진흙 한 덩이로부터 나오는 자들을.

7. 로마서 11장 7절은 이렇게 말한다. "그런즉 어떠하냐? 이스라엘이 구하는 그것을 얻지 못하고 오직 택하심을 입은 자가 얻었고 그 남은 자들은 우둔하여졌느니라." 달리 말하면, 누가 완악하게 되고 누가 그렇게 되지 않는지를 결정하는 것은 [하나님의] 선택이지, 우리 편에서 사전에 자진하거나 앞장서는 것에 달려있지 않다는 것이다. "오직 택하심을 입은 자가 얻었고 그 남은 자들은 우둔하여졌느니라"는 어구는 로마서 9장 18절("하나님께서 하고자 하시는 자를 긍휼히 여기시고 하고자 하시는 자를 완악하게 하시느니라")과 병행한다.

신비는 여전히 남아있다

다시 말하건대, 내가 긍휼을 베푸시고 완악케 하시는 하나님의 자유를 믿는 일곱 가지 이유를 제시했다고 해서 신비가 사라진 것은 아니다. 오히려 나는 신비를 진

---

1) 롬 9:20-23에 관한 논의는 7장을 참고하라.

술한 셈이다. 하나님이 누구에게 긍휼을 베푸시고 누구를 완악하게 하실 지를 선택하는 것은 무조건적으로 이뤄진다. 사람 속의 어떤 것도 한 사람이 완악하게 되고 다른 사람이 긍휼을 얻는 것에 대한 기준을 제공하지 못한다. 그 구별은 하나님의 뜻에 있다. 그 구별은 사람에게 있지 않다. 하지만 완악해진 사람들은 그 마음의 반역적인 상태로 인해 정말로 죄가 있고 심판을 받아야 마땅하다. 그들 자신의 양심이 그들을 공정하게 정죄할 것이다. 그들이 만일 멸망한다면 그것은 진정한 죄와 진정한 죄책 때문일 것이다. 하나님이 어떻게 자유로이 완악케 하시면서도 인간의 책임을 물으시는지는 우리가 모른다.

완악케 하심과 장엄한 거룩하심

이번 장은 이스라엘 존재의 근본을 이루는 사건인 출애굽에 초점을 맞추었다. 이스라엘은 이집트에서 '미움'을 받아 절박한 상황에 처하게 되었고, 그들은 바로의 마음이 '완악해졌기' 때문에 많은 이적을 통해 구출을 받았다. 우리가 살펴보았듯이, 미움과 완악해짐 둘 다 모든 걸 포괄하는 하나님의 섭리로 초래되었던 것이다. 이집트 사람들의 미움은 죄였다. 그리고 바로의 완고한 마음도 죄였다. 그럼에도 불구하고 "그 대적들의 마음이 변하게 하여 그의 백성을 미워하게 하신"(시 105:25) 하나님, 그리고 바로의 마음을 완악하게 하신 하나님은 죄를 짓지 않으셨고 그의 장엄한 거룩하심을 타협하지도 않으셨다. 이와 반대로 그분은 찬송을 불러일으키는 분이 되셨다.

> 여호와여 신 중에 주와 같은 자가 누구니이까?
> 주와 같이 거룩함으로 영광스러우며 찬송할 만한 위엄이 있으며
> 기이한 일을 행하는 자가 누구니이까?(출 15:11).

섭리는 격려의 토대이다

하나님께서 그의 백성에 대한 미움을 통해 이뤄지는 그처럼 놀라운 구원의 실례들을 기록하시는 이유가 있다고 믿는다. 그 가운데 하나는 고통스럽고 죄악된 환경이 통제 밖에 있는 것이 아니라 하나님이 그런 미움의 발생과 몰락을 다스리고 계신다는 사실로 우리를 격려하기 위해서다. 사실 그분이 증오에 찬 환경을 다스리시되 그로 인해 더 큰 구원이 도래하도록 다스리는 것을 볼 수 있다.

이는 실로 성경에 나오는, 의도적으로 계획된 고무적인 패턴처럼 보인다. 요셉(28장에서 공부한 인물)과 모세의 이야기 이외에도 에스더서에 나오는 이야기, 즉 모르드개가 이방의 왕궁에서 높은 자리로 올리워서 유대인에 대한 하만의 미움을 극적으로 반전시키고 이스라엘을 구출할 수 있었던 이야기를 상기해보라. 그리고 그 패턴이 어떻게 예수님에 대한 미움(눅 19:14; 요 7:7; 15:18)에서 절정에 이르러 그의 십자가 죽음(그리고 놀랍게도 우리의 구원)을 초래하는지 상기해보라. 미움을 받고 죽임을 당하는 사건을 통해 구원이 성사된다니 얼마나 놀라운가! 이것이 바로 그리스도인이 최종 구원에 이르는 길이 될 것이다. "너희가 내 이름으로 말미암아 모든 사람에게 미움을 받을 것이나 끝까지 견디는 자는 구원을 얻으리라"(마 10:22).

이 길은 이미 구약에 예견되어 있으며, 시편 44편 22절이 하나의 예다.

우리가 종일 주를 위하여 죽임을 당하게 되며
도살할 양같이 여김을 받았나이다.

바울은 이 구절을 로마서 8장 36절에서 그리스도인의 경험으로 인용했다.

기록된 바
"우리가 종일 주를 위하여 죽임을 당하게 되며
도살당할 양 같이 여김을 받았나이다" 함과 같으니라.

이처럼 미움을 통해 구출 받는 패턴에 속하는 하나님의 백성을 성경은 기본적으로 어떻게 격려하는가? 하나의 대답은 이렇다. 기본적인 격려(다른 많은 격려의 토대)는 하나님의 포괄적 섭리가 대적들의 미워하는 능력을 포함해 가장 작고 또 가장 큰 대적들을 다스린다는 것이다. 로마서 8장에서 바울은 고난을 당하는 신자들을 격려한다. 그때 거론하는 약속은 하나님이 그들의 유익을 위해 '모든 것'이 협력하게 하신다는 것이다(롬 8:28). 그리고 이 "모든 것"이 "환난이나 곤고나 박해나 기근이나 적신이나 위험이나 칼"(롬 8:35) 배후의 증오에 찬 의향을 포함한다고 분명히 밝힌다. 심지어는 우리가 마치 도살을 당할 양과 같을지라도 "이 모든 일에 우리를 사랑하시는 이로 말미암아 우리가 넉넉히 이기느니라"(롬 8:37)고까지 말한다.

우리가 받는 격려의 든든한 토대는 모든 것을 다스리시는 하나님의 섭리이다. 우리가 요셉과 함께 감옥에 있을 때나, 우리의 아기가 모세와 함께 악어가 득실거리는 강에 떠내려가는 파피루스 바구니 속에 있을 때나, 우리가 바로의 멸시를 받을 때나, 우리가 바울과 함께 합계 195대의 매를 맞을 때나(고후 11:24), 우리가 예수님과 함께 십자가에 매달릴 때나, 핍박자의 미움까지 다스리는 하나님의 현명하신 섭리는 우리의 믿음을 강철처럼 강하게 해주고 우리 앞에 있는 기쁨을 위해 모든 것을 견디도록(히 12:2) 도와주게 되어 있다.

우리는 신비를 헤아리지 말고 진실을 확신해야 한다

이제까지 미움을 다스리고(시 105:25) 완악함을 다스리는(출 4:21) 하나님의 섭리가 뜻밖의 일이 아니라는 것을 충분히 살펴보았다. 이제 당신이 그런 본문들을 향해 반사적으로 이렇게 말하기 시작하길 바란다. "그렇다, 당혹스러운 하나님의 섭리가 있는 건 사실이다. 그렇다, 하나님은 이런 섭리를 행하는 방법, 즉 선한 사람들이 자기네 의지를 미워하게 강요하지 않고, 죄의 대한 책임을 감소시키지 않고, 그분 자신의 흠 없는 거룩함과 선하심과 공의를 손상시키지 않으면서 그럴 수 있는 방법을 알고 계시다." 하나님께서 인간이 죄악을 저지를 때 그의 마음을 '어떻게' 다스리시는지는 우리가 도무지 알 수 없다. 하지만 그런 일을 하신다는 사실은 거듭해서 진술되어 있다.

우리가 미움에 둘러싸여 있을 때 우리를 지탱하는 것은 하나님의 섭리를 '설명하는' 능력이 아니라 하나님의 섭리가 존재한다는 엄연한 '진실'이다. 그리고 이 진실은, "하나님 아버지의 손"[2]에 의하지 않고는 아무것도(절대로 아무것도) 우리에게 일어날 수 없다고 우리가 믿는 만큼 우리를 지탱해줄 것이다. 이 때문에 성경에 하나님의 섭리에 관한 이야기는 풍부하지만 그 섭리가 '어떻게' 작동하는가 하는 신비에 대한 설명은 그렇지 않은 것이다. 우리의 믿음에 필요한 것은 그 신비를 헤아리는 일이 아니라 그 진실을 확신하는 일이다.

출애굽과 포로 사이에

우리가 인간의 죄를 다스리는 하나님의 섭리의 범위와 성격을 이해하려고 계속 노력하면, 하나님이 이스라엘 국가를 창설할 때 큰 죄를 그의 목적에 맞게 이용하셨듯이 장차 바벨론의 예루살렘 멸망을 통해 이스라엘을 심판하실 때 큰 죄를 그의 목적에 맞게 이용하시는 모습을 볼 수 있을 것이다. 죄를 다스리시는 하나님의 섭리를 가장 뚜렷하게 보여주는 실례를 꼽자면 이스라엘의 영광스러운 출애굽과 비극적인 바벨론 포로를 들 수 있다. 이는 마치 하나님께서 "내가 너의 자비로운 창조를 위해 죄를 이용하겠고, 내가 너의 공정한 파멸을 위해 죄를 이용하겠다"라고 말씀하시는 것 같다.

이제 32장과 33장은 예루살렘의 비극적인 멸망을 다스리는 하나님의 섭리에 초점을 맞출 것이다. 그러나 출애굽과 포로 사이에도 인간의 죄를 다스리는 하나님의 섭리는 중단 없이 계속 이어진다. 30장과 31장은 두 종류의 죄에 초점을 두려 하는데, 하나는 가족이 가족에게 저지르는 죄이고, 다른 하나는 기만과 속임의 죄이다. 내가 이 두 가지를 선택한 이유는 성경이 이런 슬픔을 명백히 하나님 탓으로 돌리기 때문이고 우리의 경험에 비춰볼 때 우리에게도 절실한 문제이기 때문이다.

---

[2] 하이델베르크 교리문답의 질문 27에 대한 멋진 대답을 기억하라(1장 참고). "당신은 하나님의 섭리를 어떻게 이해하는가?" 답변: 하나님의 전능하신, 모든 곳에 현존하는 능력이 만물을 그분의 손으로 만드셨으니, 그분이 여전히 모든 피조물과 함께 하늘과 땅을 붙들고 계시고, 식용 식물과 풀, 비와 가뭄, 풍성한 해와 메마른 해, 고기와 음료, 건강과 질병, 부유함과 가난함 등 진정 우연이 아닌 '아버지의 손에 의해' 생긴 모든 것을 다스리고 계시다.

30.

결손 가정들

가정의 슬픔은 가장 무거운 슬픔이다. 우리는 다른 누군가의 가정이 무너질 때 큰 연민을 품을 수 있다. 우리는 우는 자들과 함께 울 수 있다. 이는 그리스도인다운 심성을 반영하는, 그리스도를 닮은 아름다운 모습이다(막 8:2; 눅 7:13). 그런데 본인 가정의 물리적 붕괴와 특히 영적 몰락은 우리 가슴에 큰 바위가 짓누르듯 억장이 무너진다. 많은 이들은 그런 불행을 다스리는 하나님의 포괄적 섭리를 위로나 격려를 주는 게 아니라 더 무거운 짐으로 느낀다. 반면에 다른 이들에게는, 가정을 다스리는 섭리가 (모든 궁극적 실재가 그렇듯이) 정신을 바짝 들게 하면서도 사탄의 생각, 죄 많은 사람, 또는 냉혹한 숙명이 지배할 때보다 훨씬 더 많은 희망을 준다.

예수님은 무슨 말씀을 하실까?

예수님은 그를 따르는 자들에게 장차 가족이 분열될 것이라고 경고하실 때 대단히 투박하셨다.

내가 세상에 화평을 주려고 온 줄로 아느냐? 내가 너희에게 이르노니 아니라 도리어 분쟁하게 하려 함이로라. 이후부터 한 집에 다섯 사람이 있어 분쟁하되 셋이 둘과, 둘이 셋과 하리니 아버지가 아들과, 아들이 아버지와, 어머니가 딸과, 딸이 어머니와, 시어머니가 며느리와, 며느리가 시어머니와 분쟁하리라 하시니라(눅 12:51-53).

형제가 형제를, 아버지가 자식을 죽는 데에 내주며 자식들이 부모를 대적하여 죽게 하리라. 또 너희가 내 이름으로 말미암아 모든 사람에게 미움을 받을 것이나 끝까지 견디는 자는 구원을 받으리라(막 13:12-13).

하나님의 포괄적 섭리가 불순종하는 자녀들의 삶까지 지배하는가? 사사 시대의 끝 무렵 하나님이 선지자 사무엘을 곧 일으키실 즈음에 일어난 한 이야기가 답변을 준다. 당시에는 엘리가 하나님의 제사장이었고 슬프게도 그의 아들 홉니와 비느하스는 악명 높은 부도덕으로 하나님의 회막을 더럽히고 있었다.

엘리가 매우 늙었더니 그의 아들들이 온 이스라엘에게 행한 모든 일과 회막 문에서 수종 드는 여인들과 동침하였음을 듣고 그들에게 이르되 "너희가 어찌하여 이런 일을 하느냐? 내가 너희의 악행을 이 모든 백성에게서 듣노라. 내 아들들아 그리하지 말라. 내게 들리는 소문이 좋지 아니하니라. 너희가 여호와의 백성으로 범죄하게 하는도다. 사람이 사람에게 범죄하면 하나님이 심판하시려니와 만일 사람이 여호와께 범죄하면 누가 그를 위하여 간구하겠느냐? 하되 그들이 자기 아버지의 말을 듣지 아니하였으니, **이는 여호와께서 그들을 죽이기로 뜻하셨음이더라**(삼상 2:22-25; 참고. 수 11:20).

왜 아들들이 말을 듣지 않을까?

여기서 엘리의 아들들이 사악했음은 의문의 여지가 없다. 그들은 그들의 길을 바꾸고 "주님께" 범죄하지 말라는 아버지의 경고에 순종하기 위해 주님의 도움을 받을 자격이 없었다. 실은 아버지가 그들에게 바꾸라고 요청했으나 그들은 "아버지의 말을 듣지 않으려 했다." 영감 받은 저자는 그 이유를 이렇게 말한다. "이는 여호와께서 그들을 죽이기로 뜻하셨음이더라"(2:25). '이는'(왜냐하면)이란 단어가 그들이 순종하지 않은 이유를 제공한다. 하나님께서 그들을 죽이기로 의도하셨기 때문이었고, 실제로 그들은 동일한 날에 죽임을 당했다(삼상 2:34; 4:11).

여기서 우리가 던질 질문은 그 아들들이 이미 하나님에 대해 오만한 죄를 범해서 그분에게 그런 벌을 받을 만했는지 여부가 아니다. 그들은 그런 죄를 범했다. 오히려 중요한 점은, 저자가 그들의 '최후의 고집과 불순종'을 하나님의 손안에 두려고 무척 애쓰고 있다는 것이다. 하나님은 이들을 회개와 순종의 길로 돌이키는 데 필요한 것이 무엇인지 알고 계셨고, 그분은 그런 일이 일어나도록 허용하지 않기로 정하셨다. "그들이 자기 아버지의 말을 듣지 아니하였으니, 이는 여호와께서 그들을 죽이기로 뜻하셨음이더라"(2:25). 그들은 말을 듣지 않았다. 그들이 계속 불순종하고 있었다. 왜 그랬을까? 왜냐하면 회개와 용서가 없게 하고 다만 이른 죽음으로 처벌하기로 하나님이 정하셨기 때문이다.

왜 젊은 왕이 말을 듣지 않을까?

아버지의 충고를 귀담아 듣기 싫어하는 엘리 아들들의 죄악된 모습은 르호보암이 (아버지 솔로몬의 죽음 이후) 백성을 친절하게 대하라고 충고했던 이스라엘 원로들의 지혜를 귀담아 듣기 싫어한 모습(대하 10:7)과 비슷하다. 그 대신 그는 젊은이들의 어리석음을 좇는 바람에 나라가 둘로 쪼개져서 여로보암이 열 족속을 이끌고 르호보암에서 떨어져 나갔다.

어째서 이런 일이 발생했는가? 왜 르호보암이 백성의 유익을 위해 현명하게 행동하지 않았을까? 이에 대한 답변은 엘리의 아들들의 경우와 같이 궁극적으로 하나님의 섭리였다. "왕이 이같이 백성의 말을 듣지 아니하였으니 **이 일은 하나님께로 말미암아 난 것이라.** 여호와께서 전에 실로 사람 아히야로 하여금 느밧의 아들 여로보암에게 이르신 말씀을 응하게 하심이더라"(대하 10:15; 참고. 왕상 12:15, 24). 하나님의 목표는 그 나라를 솔로몬의 아들의 손에서 떼어내는 것이었다(왕상 11:11). 이를 이루신 방법이 마치 엘리의 아들들이 아버지의 말을 귀담아 듣지 않는 것처럼, 르호보암이 원로들의 지혜를 귀담아 듣지 않도록 조치하는 것이었다(이와 비슷한 경우가 대하 25:20에도 나온다).

두 경우(엘리의 아들들과 르호보암)를 보면 하나님의 심판에 정신을 바짝 차리게 된다. 후자의 경우, 이스라엘이 두 나라로 분열되는 바람에 수세기 동안 파괴적인 영향을 미쳤다. 전자의 경우에는 개인적인 사건에 더 가까웠으나, 하나님이 엘리의 아들들에게 회개와 용서를 허용하지 않기로 결정하셨기에 어쩌면 더 파괴적이었을지 모른다. 불순종과 죽음은 기정사실이었다.

그리스도인과 무관한 이야기가 아니다

이는 참으로 무서운 전망이다. 어쩌면 우리가 언젠가 죄를 범한 후 하나님이 "이제 너에게는 회개도 없고 용서도 없게 될 거야"라고 말씀하실지 모른다. 오늘날에도 우리 그리스도인들은 이를 하나의 경고로 받아들여야 한다. 예컨대, 요한일서 5장 16절에서 이를 보게 된다.

누구든지 형제가 사망에 이르지 아니하는 죄 범하는 것을 보거든 구하라. 그리하면 사망에 이르지 아니하는 범죄자들을 위하여 그에게 생명을 주시리라. 사망에 이르는 죄가 있으니 이에 관하여 나는 구하라 하지 않노라.

이는 죽음에 이르게 하는 '특정한 죄'가 있다는 뜻이 아니다. 마치 일단의 죄들은 용서받을 수 있고 다른 일단의 죄들은 그렇지 못한 것처럼 말이다. 오히려 하나님이 이렇게 말씀하실지 모르는 어느 시점이 온다는 것이다(이는 하나님만 알고 계시다). "이제 그만. 나는 너에게 회개를 허락하지 않겠으니 네가 용서를 저버린 셈이다."
이것이 에서의 경우에 일어났던 일이다.

너희는 하나님의 은혜에 이르지 못하는 자가 없도록 하고 또 쓴 뿌리가 나서 괴롭게 하여 많은 사람이 이로 말미암아 더럽게 되지 않게 하며 음행하는 자와 혹 한 그릇 음식을 위하여 장자의 명분을 판 에서와 같이 망령된 자가 없도록 살피라. 너희가 아는 바와 같이 그가 그 후에 축복을 이어받으려고 눈물을 흘리며 구하되 버린 바가 되어 회개할 기회를 얻지 못하였느니라(히 12:15-17).

에서가 찾을 수 없었던 것은 "회개할 장소"였다. 그는 요한의 표현을 빌리자면, "사망에 이르는 죄"(요일 5:16)라 불릴 수 있는 지점까지 도달했던 것이다. 어떤 회개도 주어지지 않을 것이었다. 그러므로 용서도 없을 것이었다. 우리는 앞으로 8편에서 하나님께서 그의 자녀들의 삶에서 어떻게 이런 것이 일어나지 않도록 막으시는지 살펴볼 것이다(예, 유 24-25). 하나님이 그렇게 하실 때 사용하는 도구 중 하나는 우리가 성경의 경고를 심각하게 여기도록 하는 것이다. 엘리 아들들의 이야기가 요한일서 5장 16절과 히브리서 12장 17절과 더불어 그런 경고를 준다.

두로와 시돈이 회개했을 것이다

하나님이 엘리의 아들들(또는 에서)에게 회개함을 주지 않기로 정하셨다고 내가 말했다. 그리고 하나님은 한 사람을 회개하게 하는 데 필요한 것이 무엇인지 알고 계신다고 말했다. 그분은 필요한 것을 가져오시거나 가져오지 않으실 수 있다. 이런 생각이 어떤 독자들에게는 생소할지 모르겠다. 즉, 하나님이 회개를 허락하시고 회개를 초래하는 데 필요한 것이 무엇인지 알고 계시지만 한 사람을 회개로 인도할 수도 그러지 않을 수도 있다는 생각 말이다. 그래서 여기에 잠시 머물면서 엘리의 아들들의 불순종과 관련된 하나님의 섭리("이는 여호와께서 그들을 죽이기로 뜻하셨음이더라," 삼상 2:25)가 지닌 함의를 곰곰이 생각해보자.

예수님에 따르면, 하나님은 사람들을 회개에 이르게 하는 데 무슨 사역이 필요한지 알고 계시지만, 그런 사역을 보여주지 않음으로써 그들 중 일부를 회개하지 않은 완악한 상태로 내버려두신다. 이것이 우리가 엘리의 아들들의 경우에 살펴본 것이다. 예수님의 기적에 관한 다음 이야기에서 두로와 시돈이란 도시들이 엘리의 아들들과 비슷하다.

예수께서 권능을 가장 많이 행하신 고을들이 회개하지 아니하므로 그 때에 책망하시되 "화 있을진저 고라신아 화 있을진저 벳새다야 너희에게 행한 모든 권능을 두로와 시돈에서 행하였더라면 그들이 벌써 베옷을 입고 재에 앉아 회개하였으리라. 내가 너희에게 이르노니 심판 날에 두로와 시돈이 너희보다 견디기 쉬우리라. 가버나움아 네가 하늘에까지 높아지겠느냐? 음부에까지 낮아지리라. 네게 행한 모든 권능을 소돔에서 행하였더라면 그 성이 오늘까지 있었으리라. 내가 너희에게 이르노니 심판 날에 소돔 땅이 너보다 견디기 쉬우리라" 하시니라(마 11:20-24).

예수님은 만일 자기가 고라신과 벳새다에서 행했던 일을 두로와 시돈에서 행했더라면 그들이 회개했을 것임을 알고 계시다. 그럼에도 불구하고 그런 일이 거기서 행해지지 않았다. 이 점은 하나님이 하나님이심(그리고 예수님이 하나님이심)이 무슨 뜻인지를 고려하지 않는 독자들에게는 이중적으로 깜짝 놀랄 일이다. 첫째, 예수님은 인간들이 어떤 환경 아래 무엇을 할지를 알 수 있는 분이다. 그래서 두로와 시돈이 회개했을 것이라고 말씀하시는 것이다. 그분은 이를 알고 계시다. 우리는 모른다. 둘째, 그런데도 당시에 예수님은 두로와 시돈을 회개케 할 수 있을 사역을 거기서 행하시지 않는다.

예수님과 그의 아버지는 언제 또 어디서 그들의 사역을 행하시는지에 대한 이유를 갖고 계시다. 하나님은 무한히 지혜롭고 공의롭고 선하시다. 우리는 두로와 시돈의 주민들만큼 자격이 없는데도 하나님이 우리에게 회개를 허락하셨으니 우리가 놀라움을 금치 못해야 마땅하다. 예수님은 "긍휼히 여기시고자 하는 사람을 긍휼히 여기실"(롬 9:18) 자유가 있다. "내 것을 가지고 내 뜻대로 할 것이 아니냐?"(마 20:15).

죽은 사람이 회개하는 것에 대한 희망은?

우리는 놀라움을 금치 못하는 반응과 더불어 그리스도 밖에 있는 사람들에 대한

'희망'을 품어야 마땅하다. 그들이 궁극적인 자결권을 갖고 있어서가 아니다. 이는 우리에게 희망을 별로 주지 못한다. 왜냐하면 우리의 가족을 포함한 모든 사람이 죄로 죽었고(엡 2:5), 성령의 일을 깨달을 수 없고(고전 2:14), 하나님의 법에 굴복할 수 없고(롬 8:7), 사탄에게 사로잡혀 있기 때문이다(딤후 2:26). 사람들이 만일 궁극적 결정권이 있어야만 스스로 회개할 수 있다면, 우리는 구원의 희망을 품을 수 없다. 오히려 하나님이 사람들을 회개에 이르게 하는 법을 알고 계시고, 그분이 정하실 때 그런 일이 일어나기 때문에 우리는 희망을 품어야 마땅하다. 아무것도 그분을 막을 수 없다. 죄의 패턴이 아무리 길어도 막을 수 없다. 최악의 죄를 저질러도 막을 수 없다. 그분이 속박을 깨뜨리기로, 그리고 회개가 일어나도록 결정하신다면 그렇게 될 것이다. 이를 디모데후서 2장 24-26절에서 보게 된다.

> 주의 종은 마땅히 다투지 아니하고 모든 사람에 대하여 온유하며 가르치기를 잘하며 참으며 거역하는 자를 온유함으로 훈계할지니, 혹 하나님이 그들에게 회개함을 주사 진리를 알게 하실까 하며 그들로 깨어 마귀의 올무에서 벗어나 하나님께 사로잡힌 바 되어 그 뜻을 따르게 하실까 함이라.

회개는 하나님의 선물이다. 그분이 줄 수도 있고 주지 않을 수도 있다. 아무도 회개함을 받을 자격이 없다. 그분은 회개함을 두로와 시돈에 주지 않았고 엘리의 아들들에게도 주지 않으셨다. 그러나 수많은 사람들에게는 주셨다. 그분이 회개함을 자신이 기뻐하는 누구에게나 주실 수 있다는 것은, 그분이 회개를 허락하기로 결정하시면 (어느 식구 속에 있는) 그 어떤 죄, 그 어떤 반역도 회개함을 주시는 섭리의 지배에서 벗어날 수 없다는 뜻이다.

그러므로 구원의 사역과 관련해 우리가 받은 거룩한 소명은 다음과 같다. 로마서 10장 1절에 나오는 바울의 기도("내 마음에 원하는 바와 하나님께 구하는 바는 … 곧 그들로 구원을 받게 함이라")처럼 기도하는 것, 하나님이 "살아있고 항상 있는 하나님의 말씀으로"(벧전 1:23) 거듭나게 하시므로 복음을 전하는 것, 그리고 하나님께서 회개함을 허락하시도록 누구에게나 친절하고 끈기 있게 악을 견디며 우리의 대적을 온유하게 바로잡는 것(딤후 2:24-26)이다. 이것이 우리의 소명, 우리의 확신, 그리고 우리의 희망이다.

하나님의 마음에 맞는 남자의 슬픔

엘리의 아들들의 죄와 죽음이 이스라엘에서 유일하게 두드러진 결손 가정의 모습은 아니었다. 가장 유명한 불화는 다윗의 아들 압살롬이 아버지에게 반역한 사건이었다. 처음부터 끝까지 가슴 아픈 사건이고, 끝에 나오는 다윗의 울부짖음은 종종 내 마음을 깊이 흔들어놓는다. 반역이 진압되고 압살롬이 죽었다는 보고가 다윗에게 전해지자 이런 일이 일어난다.

왕의 마음이 심히 아파 문 위층으로 올라가서 우니라 그가 올라갈 때에 말하기를 "내 아들 압살롬아 내 아들 내 아들 압살롬아! 차라리 내가 너를 대신하여 죽었더면, 압살롬 내 아들아 내 아들아" 하였더라(삼하 18:33).

그런데 이 비극적이고 죄악된 사건들은 하나님의 섭리와 상관없이 발생한 것이 아니었다. 다윗이 밧세바와 간음하고 그녀의 남편이 죽도록 조치를 취한 후에 나단 선지자가 다윗에게 와서 이렇게 말했다.

"그러한데 어찌하여 네가 여호와의 말씀을 업신여기고 나 보기에 악을 행하였느냐? 네가 칼로 헷 사람 우리아를 치되 암몬 자손의 칼로 죽이고 그의 아내를 **빼앗아 네 아내로 삼았도다**. 이제 네가 나를 업신여기고 헷 사람 우리아의 아내를 빼앗아 네 아내로 삼았은즉 **칼이 네 집에서 영원토록 떠나지 아니하리라**" 하셨고 여호와께서 또 이와 같이 이르시기를 "보라 **내가 너와 네 집에 재앙을 일으키고** 내가 네 눈앞에서 네 아내를 빼앗아 네 이웃들에게 주리니 그 사람들이 네 아내들과 더불어 백주에 동침하리라. 너는 은밀히 행하였으나 나는 온 이스라엘 앞에서 백주에 이 일을 행하리라 하셨나이다"(삼하 12:9-12).

다윗이 죄를 지은 결과로 그에게 일어난 모든 재앙을 곰곰이 생각해보면 그 중대한 재앙들이 "내가 너와 네 집에 재앙을 일으킬 것"(12:11)이란 하나님의 말씀으로 인해 더욱 돋보인다. 이런 재앙들은 단지 인간의 죄가 낳은 자연스런 결과가 아니었다. 그 재앙들은 하나님의 손이 내린 신적 심판이었다. "내가 너에게 재앙을 일으키겠다."

하나님이 시므이의 저주를 불러일으키다

압살롬이 주도한 반란이 계속되는 동안 다윗은 모든 수준에서 가슴이 찢어지는 갈등을 다루지 않으면 안 되었다. 그 가운데 하나는 사무엘하 16장 5-7절에서 하나님이 명령하신 것으로 묘사하는 갈등인데, 다윗이 압살롬의 음모로 인해 눈물을 흘리며 예루살렘을 떠날 때 시므이가 그에게 저주를 퍼붓는 장면이다.

> 다윗 왕이 바후림에 이르매 거기서 사울의 친족 한 사람이 나오니 게라의 아들이요 이름은 시므이라. 그가 나오면서 계속하여 저주하고 또 다윗과 다윗 왕의 모든 신하들을 향하여 돌을 던지니 그때에 모든 백성과 용사들은 다 왕의 좌우에 있었더라. 시므이가 저주하는 가운데 이와 같이 말하니라. "피를 흘린 자여, 사악한 자여, 가거라, 가거라."

다윗의 지휘관 중 하나인 아비새가 "이 죽은 개가 어찌 내 주 왕을 저주하리이까? 청하건대 내가 건너가서 그의 머리를 베게 하소서"(삼하 16:9)라고 말했다. 다윗은 이를 허락하지 않았다. 그는 자기가 받고 있던 미움에서 섭리의 손길을 보았기 때문이다.

> 다윗이 아비새와 모든 신하들에게 이르되 "내 몸에서 난 아들도 내 생명을 해하려 하거든 하물며 이 베냐민 사람이랴! **여호와께서 그에게 명령하신 것이니** 그가 저주하게 버려두라"(문자적으로는, "그를 내버려두라. 그리고 그가 저주한 것은 주님이 그에게 말씀하셨기 때문이다", 삼하 16:11).

다윗은 시므이의 저주에서 하나님의 섭리를 간파한다. 이때 그가 사용하는 언어는 예레미야 3장 37절의 언어와 비슷하다.

주의 **명령**이 아니면 누가 이것을 능히 **말하여** 이루게 할 수 있으랴?

다윗의 말인즉 주님이 시므이에게 '말씀하셨기' 때문에 시므이가 다윗을 저주하고 있다는 것이다. 그렇다고 하나님이 시므이의 귀에 다윗을 저주해야 한다고 속삭이셨다는 뜻은 아니다. 하나님은 드러내놓고 시므이에게 죄를 범하라고 명령하는 분이 아니다. 인간들을 향한 하나님의 '계시된' 뜻(그들에게 행하라고 말씀하시는 것)은 언제나 "너희는 거룩하라. 이는 나 여호와 너희 하나님이 거룩함이니라"이다(레 19:2; 참고. 벧전 1:16).

그럼에도 불구하고, 하나님의 '주권적인' 뜻이 만일 누군가로 그의 '계시된' 뜻과 상반되는 행동을 하도록 명령한다면(하나님이 우리의 구원을 위해 그의 아들이 죽임을 당하도록 그 뜻을 정하셨을 때처럼, 행 2:23; 4:27-28), 그분은 언제나 그 주권적인 뜻이 실현되게 하시되 인간의 의지가 진정한 선택을 내리고 도덕적 책임을 지는 방식으로 그렇게 하신다. 하나님은 결코 시므이의 귀에 그분이 도덕법을 중지시키는 중이니 이제 주님이 기름 부은 자를 저주하는 게 의로울 것이라고 속삭이지 않았다. 여기서 "주님이 그에게 말씀하셨다"(삼하 16:11)는 말은, 하나님이 창조주의 목소리로 말씀하사 그가 의도한 결과가 이뤄지게 하셨다는 뜻일 가능성이 많다. 이런 의미에서, 하나님의 '말씀하심'은 곧 그의 '불러일으키심'이다. 이것이 다음과 같은 예레미야의 말이 지닌 뜻이다. "화와 복이 지존자의 '입'으로부터 나오지 아니하느냐?"(애 3:38). 이는 계시된 명령의 입이 아니라 주권적 명령의 "입"을 말한다.[1]

시므이는 자기가 다윗을 저주한 것이 '죄'이고 자기에게 책임이 있다는 것을 공개

---

1) 내가 하나님의 '계시된 뜻'과 '주권적 뜻'의 차이점을 더욱 충분히 설명하고 변호한 글을 보려면 27장 각주 3을 참고하라. 이 구별은 성경에 근거를 두고 있다. 이를 가장 간단하게 아는 방법은, 하나님의 '계시된' 뜻은 "너는 살인하지 말라"(출 20:13)인 데 비해 그의 '주권적인' 뜻은 예수님의 경우에 그의 아들이 죽임을 당하는 것임을 주목하는 것이다. "법 없는 자들의 손에 의해"(행 2:23) "그가 상처를 입고 고통을 당한 것은 내[하나님의] 뜻이었다"(사 53:10, 현대인의 성경). 달리 말하면, 죄에 해당하는 것, 따라서 하나님의 '계시된 뜻'과 상반되는 것이 발생되게 하는 것이 종종 하나님의 뜻이다.

적으로 분명히 고백한다. 압살롬의 반역이 진압되자 다윗이 예루살렘으로 복귀했다. 그는 돌아오는 길에 시므이를 만났다.

> 왕의 가족을 건너가게 하며 왕이 좋게 여기는 대로 쓰게 하려 하여 나룻배로 건너가니 왕이 요단을 건너가게 할 때에 게라의 아들 시므이가 왕 앞에 엎드려 왕께 아뢰되 "내 주여 원하건대 내게 죄를 돌리지 마옵소서. 내 주 왕께서 예루살렘에서 나오시던 날에 종의 패역한 일을 기억하지 마시오며 왕의 마음에 두지 마옵소서. 왕의 종 내가 범죄한 줄 아옵기에 오늘 요셉의 온 족속 중 내가 먼저 내려와서 내 주 왕을 영접하나이다" 하니(삼하 19:18-20).

그러므로 시므이가 진짜 죄를 지었고 그는 참으로 죄가 있다는 것이 나의 결론이다. 그가 호소하는 바는 하나님의 섭리가 그의 죄책을 제거했다는 것이 아니다. 오히려 다윗에게 그가 실제로 지은 죄와 죄책을 용서해달라는 간청이다. 하나님의 섭리가 그의 백성을 향한 미움과 저주를 불러일으킬 때, 이는 죄짓는 사람을 도덕적 책임이 없는 로봇으로 만들지 않는다.

용서받은 왕에게 닥치는 한없는 악의 물결

다윗이 시므이 같은 인물과 부딪힌 경우에 하나님의 섭리를 읽는 법을 배웠던 것은 아마 하나님이 나단 선지자를 통해 다윗이 남은 생애 동안 범죄의 대상이 될 것임을 선포했기 때문이었을 것이다. 이는 다윗이 밧세바와 간음하고 그녀의 남편 우리아를 살해한 죄에 대한 하나님의 징계의 일부였다. 나단을 통해 다윗에게 전해진 하나님의 말씀은 이미 인용한 바 있다.

> 칼이 네 집에서 영원토록 떠나지 아니하리라 하셨고 … 보라 내가 너와 네 집에 재앙을 일으키고 내가 네 눈앞에서 네 아내를 빼앗아 네 이웃들에게 주리니 그 사람들이 네 아내들과 더불어 백주에 동침하리라. 너는 은밀히 행하였으나 나는 온 이스라엘 앞에서

백주에 이 일을 행하리라 하셨나이다(삼하 12:10-12).

"내가 일으키고." "내가 빼앗아." "내가 주리니." "내가 행하리라." 하나님이 재앙을 불러일으키는 섭리를 주창하실 때는 우리만큼 비위가 약하시지 않다. "내가 너와 네 집에 재앙을 일으키겠다"(삼하 12:11). 압살롬이 형제인 암논을 살해하는 것(삼하 13:28-29)과 솔로몬이 형제인 아도니야를 살해하는 것(왕상 2:23-25)과 같은 재앙. 압살롬이 아버지에게 일으킨 무장 반란과 요압이 압살롬을 죽인 것(삼하 18:14)과 같은 재앙. 하나님이 약속하셨듯이(삼하 12:12), 압살롬이 옥상에 장막을 치고 온 이스라엘 무리의 눈앞에서 그 아버지의 후궁들과 더불어 동침하는 것(삼하 16:22)과 같은 재앙.

다윗이 이런 불행을 안고 사는 법을 배웠던 것은 그 집안의 슬픔을 유발하는 데 하나님이 개입하지 않았다고 믿었기 때문이 아니라 다음과 같이 믿었기 때문이다.

여호와의 모든 길은 그의 언약과 증거를 지키는 자에게 인자와 진리로다.
여호와여 나의 죄악이 크오니 주의 이름으로 말미암아 사하소서(시 25:10-11).

하나님의 '모든' 길은 한결같은 사랑이다. '일부'만 그런 것이 아니다. 다윗의 가정이 겪는 파탄의 '모든' 길도 그렇다. 이는 예레미야가 훗날 예루살렘이 고통 받는 와중에 "주님의 사랑과 긍휼이 아침마다 새롭습니다"(애 3:23, 새번역)라고 고백하는 것과 같다. 아침마다. 그리고 여기서 주목할 점이 있다. 이것이 "그의 언약과 증거를 지키는 자에게" 해당한다고 말하는 것과 이어서 "여호와여 **나의 죄악이 크오니** 주의 이름으로 말미암아 사하소서"(시 25:11)라고 기도하는 것이 다윗의 마음속에서 모순이 아니라는 점이다. 언약을 지킨다는 것이 죄가 없는 것을 의미하지 않는다. 다윗과 그의 집안에 임한 하나님의 무겁고 가혹하고 고통스런 섭리의 와중에도 다윗은 하나님이 그에게 인자하고 신실하시다는 것을 믿었고, 그 자신이 큰 죄악을 용서받은 언약 준수자라는 것을 믿었다.

우리를 일깨우는 섭리 사역에서 벗어나는 가정은 없다

그리스도의 십자가의 이쪽 편에서도 그리스도인이 끊임없는 역경과 슬픔을 견디려면 그런 확신이 필요하다. 우리는 "우리가 하나님의 나라에 들어가려면 **많은** 환난을 겪어야 할 것이라"(행 14:22)는 것을 안다. 그러나 우리가 환난을 견디고 번영하는 것은 사람이나 사탄이나 숙명이 이 세상에서 또는 우리의 삶에서 죄와 악에 대한 결정적 통제권을 갖고 있다고 생각하기 때문이 아니다. 오히려 우리가 달려가고 기뻐하는 것은 우주의 주권자이신 하나님, 곧 예수 그리스도 안에서 그의 사랑을 입증하신 분, 다윗의 집안과 같은 황폐한 가정을 포함해 모든 것을 다스리시는 분을 신뢰하기 때문이다. 우리는 이런 믿음으로 앞을 향해 달려간다. 하나님의 모든 길은 그리스도 예수 안에 있는 자들에게 한결같은 사랑이자 신실함(롬 8:28-39)이란 믿음과, 새로운 탄생이란 불가능한 일을 포함해 사람에게 불가능한 일이 하나님께는 가능하다(막 10:27)는 믿음이다.

소중한 가정에서 고귀한 말씀으로

가정이 우리에게 소중하다면 하나님의 말씀은 그분께 소중하다. 우리는 하나님의 섭리가 어떻게 제사장과 왕의 결손 가정을 다스리는지 살펴보았다. 이제는 그의 섭리가 어떻게 그의 말씀을 배척하고 왜곡하고 억압하는 모습을 다스리는지 살펴보게 될 것이다. 하나님의 거룩한 말씀이 모욕을 받는데도 불구하고 하나님의 포괄적인 섭리가 이 진리, 곧 "하나님의 말씀은 매이지 아니한다"(딤후 2:9)는 진리를 보장한다고 우리가 확신해도 좋다.

31.

마음의 기만과 둔함

하나님이 때때로 그의 죄 많은 백성을 심판하실 때 특히 적합한 심판을 제공하는 어떤 죄악된 행동이 발생하도록 조치하신다는 것을 살펴보았다. 예컨대, 다윗이 은밀하게 밧세바와 간음했기 때문에 하나님은 그의 아들 압살롬이 바로 그 지붕 위에서 다윗의 아내들과 동침할 것이라고 천명하신다. 그분은 이를 나단 선지자를 통해 다윗에게 말씀하신다.

> 내가 네 눈앞에서 네 아내를 빼앗아 네 이웃들에게 주리니 그 사람들이 네 아내들과 더불어 백주에 동침하리라. 너는 은밀히 행하였으나 나는 온 이스라엘 앞에서 백주에 이 일을 행하리라. (삼하 12:10-12)

하나님의 말씀을 허락하지 않는 섭리

이번 장에서는 특정한 죄에 대해 하나님의 말씀을 허락하지 않는 섭리에 초점을 맞추려고 한다. 달리 표현하면, 하나님은 그의 말씀을 원치 않는 이들을 그의 말씀을 박탈하는 것으로 처벌하신다고 할 수 있다. 그리고 그 박탈은 거짓 목자들의 직무 태만, 인간의 우둔한 청취, 거짓 선지자들의 기만 등 다양한 형태를 띠게 된다.

예컨대, 하나님의 말씀을 흠모하지 않고 신실한 목양을 소중히 여기지 않는 곳에서는 이런 일이 벌어진다.

주 여호와의 말씀이니라. "보라, 날이 이를지라.
내가 기근을 땅에 보내리니 양식이 없어 주림이 아니며
물이 없어 갈함이 아니요,
여호와의 말씀을 듣지 못한 기갈이라"
(암 8:11).

보라 내가 한 목자를 이 땅에 일으키리니 그가 없어진 자를 마음에 두지 아니하며 흩어진 자를 찾지 아니하며 상한 자를 고치지 아니하며 강건한 자를 먹이지 아니하고 오히려 살진 자의 고기를 먹으며 또 그 굽을 찢으리라.

화 있을진저, 양 떼를 버린 못된 목자여,
칼이 그의 팔과 오른쪽 눈에 내리리니
그의 팔이 아주 마르고
그의 오른쪽 눈이 아주 멀어 버릴 것이라
(슥 11:16-17).

목자가 하나님의 양떼를 먹이지 않는 것은 죄악이다. 그런데 하나님은 양떼에게 설교를 거부하고 진리를 가르치길 거절하는 목자들을 주심으로 그들을 심판하실 수 있다. 이는 구약성경과 신약성경에 반복해서 나온다.

그들의 마음을 굳어지게 하시고
그들에게 저주가 내리게 하소서(애 3:65, 현대인의 성경).

31. 마음의 기만과 둔함   499

여호와께서 이르시되, 가서 이 백성에게 이르기를
"너희가 듣기는 들어도 깨닫지 못할 것이요
보기는 보아도 알지 못하리라 하여
이 백성의 마음을 둔하게 하며
그들의 귀가 막히고 그들의 눈이 감기게 하라.
염려하건대 그들이 눈으로 보고 귀로 듣고
마음으로 깨닫고 다시 돌아와 고침을 받을까 하노라"(사 6:9-10).

그들이 알지도 못하고 깨닫지도 못함은 그들의 눈이 가려서 보지 못하며 그들의 마음이 어두워져서 깨닫지 못함이니라(사 44:8).

그들이 보고 깨달을까 염려해서

이것이 선지자 시대에 하나님이 이스라엘에 내린 심판이었다. 그러나 이는 선지자 시대뿐만 아니라 예수님이 오셨을 때도 마찬가지였다. 그는 큰 반대에 직면했다(요 1:11). 그리고 사도 요한에 따르면, 이는 궁극적으로 인간의 자결권 때문이 아니라 성경을 성취하려는 하나님의 계획 때문이라고 한다.

[예수께서] 이렇게 많은 표적을 그들 앞에서 행하셨으나 그를 믿지 아니하니 **이는 선지자 이사야의 말씀을 이루려 하심이라**. 이르되,

"주여 우리에게서 들은 바를 누가 믿었으며 주의 팔이 누구에게 나타났나이까?"[사 53:1] 하였더라.

그들이 능히 믿지 못한 것은 **이 때문이니**[예언을 성취하려는 하나님의 목적 때문이니] 곧 이사야가 다시 일렀으되

"그들의 눈을 멀게 하시고 그들의 마음을 완고하게 하셨으니

이는 그들로 하여금 눈으로 보고 마음으로 깨닫고 돌이켜

내게 고침을 받지 **못하게 하려 함이라**"[사 6:10] 하였음이더라(요 12:37-40).

때때로 예수님은 사람들이 깨닫지 못하게 하려고 고안한 방식으로 말씀하기로 정하기도 했다.

그때에 예수께서 대답하여 이르시되 "천지의 주재이신 아버지여 **이것을 지혜롭고 슬기 있는 자들에게는 숨기시고** 어린 아이들에게는 나타내심을 감사하나이다. 옳소이다, 이렇게 된 것이 아버지의 뜻이니이다"(마 11:25-26).

제자들이 예수께 나아와 이르되 "어찌하여 그들에게 비유로 말씀하시나이까?" 대답하여 이르시되 "천국의 비밀을 아는 것이 너희에게는 허락되었으나 **그들에게는 아니되었나니** 무릇 있는 자는 받아 넉넉하게 되되 없는 자는 그 있는 것도 빼앗기리라"(마 13:10-12).

제자들이 이 비유의 뜻을 물으니 [예수께서] 이르시되 "하나님 나라의 비밀을 아는 것이 너희에게는 허락되었으나 다른 사람에게는 비유로 하나니 이는 그들로 보아도 보지 못하고 들어도 깨닫지 못하게 하려 함이라"(눅 8:9-10).

예수님의 말씀과 전략에 담긴 하나님의 섭리의 범위를 최소화하지 않도록 주의하라. 물론 예수님은 중립적인 사람들이 아니라 심판을 받아 마땅한 죄 많은 이들을 다루고 있는 게 사실이다. 그러나 중립적인 사람은 아예 없다는 사실을 꼭 유념하라. 우리 모두 죄 많은 자들이라서 심판을 받아야 마땅하다. 아무도 하나님에게서 진리를 받을 '자격'이 없다. 우리가 제3부 7편(34-38장)에서 살펴볼 것이 있다. 만일 순종적으로 또 감사함으로 하나님의 말씀을 받는 "어린 아이들"이 실제로 존재한다면, 그것은 하나님이 그들로 그렇게 하게 해주셨기 때문이다(마 16:17). 그런데 우리가 최소화하면 안 되는 것은 예수님이 진리를 숨기고 계시다는 사실이다(마 11:25; 13:11; 눅 8:10). 예수님이 "이것을 지혜롭고 슬기 있는 자들에게는 숨기시는"(마

11:25) 아버지의 전략에 합류할 때는 완고하고 죄 많은 불신자들의 상태를 확증하며 굳히고 있는 것이다.

하나님이 그들에게 미혹을 보내시다

이는 마지막 날에 관한 바울의 예언에도 나타난다.

그 불법자의 나타남은 사탄의 작용에 따른 것인데, 그는 온갖 능력과 표징과 거짓 이적을 행하고, 또 온갖 불의한 속임수로 멸망을 받을 자들을 속일 것입니다. 그것은, 멸망을 받을 자들이 자기를 구원하여 줄 진리에 대한 사랑을 받아들이지 않기 때문입니다. 그러므로 **하나님께서는 미혹하게 하는 힘을 그들에게 보내셔서, 그들로 하여금 거짓을 믿게 하십니다**. 그것은, 진리를 믿지 않고 불의를 기뻐한 모든 사람들에게 심판을 내리시려는 것입니다(살후 2:9-12, 새번역; 참고. 계 17:16-17).

여기서 바울이 소개하는 하나님의 섭리의 범위는 진리를 숨기는 것을 넘어 미혹을 보내는 것(2:11)까지 이르는 듯하다. 내가 "이르는 듯하다"고 말하는 이유는 하나님이 '어떻게' 이 미혹을 보내시는지 우리가 모르기 때문이다. 어쩌면 그분이 많은 진리를 허락하지 않음으로써 이런 미혹을 보내는 것일 수도 있다. 하지만 정확히 '어떻게' 그렇게 하시는지는 우리가 모른다.

그러나 이 본문에서 하나님의 섭리의 범위를 분별하는 데 가장 중요한 어구는 아마 "[그래서] 그들로 하여금 거짓을 믿게 하십니다"(2:11)란 표현일 것이다. 이는 하나님이 미혹을 보내시는 의도와 목적을 표현한다. 그분의 목표는 그들로 진리를 믿지 않고 거짓을 믿게 하는 것이다. "진리를 사랑하길" 거부하고(2:10) "거짓을 믿기를" 선호하는 것(2:11)은 죄이다. 하나님은 그의 섭리로 이런 사람들이 공정하게 정죄를 받도록(2:12) 결정하셨을 뿐만 아니라, 그들의 정죄를 공정하게 만드는 바로 그 불신의 죄를 그들이 지은 것으로 확정을 받게 하셨다.

하나님의 진실함에 대한 의문은 어떻게 되는가?

하나님이 미혹을 보내시는 것(살후 2:11)은 하나님이 절대로 거짓말하지 않는다는 성경의 가르침과 모순되는가?

하나님의 종이요 예수 그리스도의 사도인 나 바울이 사도 된 것은 하나님이 택하신 자들의 믿음과 경건함에 속한 진리의 지식과 영생의 소망을 위함이라. 이 영생은 **거짓이 없으신 하나님**이 영원 전부터 약속하신 것인데(딛 1:1-2, 참고. 롬 3:3-4; 히 6:17-18; 딤후 2:12-13).

이 의문을 더욱 절실하게 만드는 것은 성경 구절들이 하나님은 사람들이 속임을 당하도록 주선하신다고 묘사한다는 점이다. 이는 전쟁 전략으로 하나님이 적을 속이는 매복을 이용하도록 명령하시는 장면(예, 수 8)에 나타날 뿐만 아니라, 하나님이 죄 많은 사람들이 속게 하셔서 그들에게 심판을 내리려는 경우에도 나타난다. 예컨대, 에스겔서 14장 6-11절에서 하나님이 이렇게 말씀하신다.

그런즉 너는 이스라엘 족속에게 이르기를, 주 여호와의 말씀에 너희는 마음을 돌이켜 우상을 떠나고 얼굴을 돌려 모든 가증한 것을 떠나라. 이스라엘 족속과 이스라엘 가운데에 거류하는 외국인 중에 누구든지 나를 떠나고 자기 우상을 마음에 들이며 죄악의 걸림돌을 자기 앞에 두고 자기를 위하여 내게 묻고자 하여 선지자에게 가는 모든 자에게는 나 여호와가 친히 응답하여 그 사람을 대적하여 그들을 놀라움과 표징과 속담 거리가 되게 하여 내 백성 가운데에서 끊으리니 내가 여호와인 줄 너희가 알리라. **만일 선지자가 유혹을 받고 말을 하면 나 여호와가 그 선지자를 유혹을 받게 하였음이거니와** 내가 손을 펴서 내 백성 이스라엘 가운데에서 그를 멸할 것이라. 선지자의 죄악과 그에게 묻는 자의 죄악이 같은즉 각각 자기의 죄악을 담당하리니 이는 이스라엘 족속이 다시는 미혹되어 나를 떠나지 아니하게 하며 다시는 모든 죄로 스스로 더럽히지 아니하게 하여 그들을 내 백성으로 삼고 나는 그들의 하나님이 되려 함이라. 주 여호와의 말씀이니라.

사람은 그의 마음에 우상을 받아들임으로써 스스로 하나님을 떠나게 된다(14:7). 바로 그 사람이 우상을 사랑하면서도 마치 하나님을 이용하려는 듯 하나님께 "물어보려고" 선지자를 찾아간다. 하나님은 그 선지자를 통해 그에게 응답을 주신다(14:7). 말하자면, 그 사람이 선지자를 통해 속임을 받도록 조치하신다는 뜻이다. "만일 선지자가 유혹을 받고 말을 하면 나 여호와가 그 선지자를 유혹을 받게 한 것이다"(14:9). 그래서 "선지자의 죄악과 그에게 묻는 자의 죄악이 같은즉 각각 자기의 죄악을 담당하리라"(14:10). 하나님이 속임수를 통해 이런 벌을 내리시는 목적은 "이스라엘 족속이 다시는 미혹되어 나를 떠나지 아니하게 하기"(14:11) 위해서다.

거짓말하는 영을 보내시다

이것이 어떻게 "거짓이 없으신 하나님"(딛 1:2)과 조화를 이루는지 내가 보여주기 전에 한 가지 예를 더 생각해보자. 바로 (이스라엘의) 아합 왕과 (유다의) 여호사밧 왕이 선지자 미가와 만나는 장면이다(왕상 22). 당시의 이슈는 이 왕들이 함께 올라가서 길르앗 라못에서 시리아인들과 싸워야 하는지 여부이다. 그들이 주님께 물어보았고, 시드기야(22:11)가 이끄는 사백 명의 선지자들은 "올라가소서, 주께서 그 성읍을 왕의 손에 넘기시리이다"(22:6; 22:12도 보라)라고 말한다. 이것이 거짓 예언인 이유는 주님이 바로 이 전쟁에서 아합이 죽임을 당하도록 예정하셨고 또 그의 피를 무죄한 나봇이 죽임을 당했던 바로 그곳에서 개들이 핥게 하려고 작정하셨기 때문이다(왕상 21:19; 22:17, 34, 38). 거짓 예언은 아합에 대한 하나님의 심판을 이루도록 계획된 것이었다.

이 거짓 예언의 합창에 한 예언자가 포함되지 않았다. 바로 미가이다. 미가는 아합의 압력을 받자 진실, 곧 아합의 패배를 예언했다. "내가 보니 온 이스라엘이 목자 없는 양 같이 산에 흩어졌는데…"(왕상 22:17). 이어서 미가는 왜 사백 명의 선지자들이 아합과 여호사밧을 속였는지 그 이유를 흘끗 들여다보게 해준다.

미가야가 이르되 "그런즉 왕은 여호와의 말씀을 들으소서. 내가 보니 여호와께서 그의 보좌에 앉으셨고 하늘의 만군이 그의 좌우편에 모시고 서 있는데, 여호와께서 말씀하시기를 '누가 아합을 꾀어 그를 길르앗 라못에 올라가서 죽게 할꼬?' 하시니 하나는 이렇게 하겠다 하고 또 하나는 저렇게 하겠다 하였는데, 한 영이 나아와 여호와 앞에 서서 말하되 '내가 그를 꾀겠나이다.' 여호와께서 그에게 이르시되 '어떻게 하겠느냐?' 이르되 '내가 나가서 거짓말하는 영이 되어 그의 모든 선지자들의 입에 있겠나이다.' 여호와께서 이르시되 '너는 꾀겠고 또 이루리라. 나가서 그리하라' 하셨은즉 이제 여호와께서 거짓말하는 영을 왕의 이 모든 선지자의 입에 넣으셨고 또 여호와께서 왕에 대하여 화를 말씀하셨나이다"(왕상 22:19-23).

하늘에서 일어난 교류의 장면은 욥기 1장 6절에 나오는 하늘의 장면과 다르지 않다. "하루는 하나님의 아들들이 와서 여호와 앞에 섰고 사탄도 그들 가운데에 온지라." 욥기 1장에서 일어난 교류의 결과는 하나님의 허락을 받고 사탄이 하나님의 존전에서 나가서 욥의 자녀들을 죽인 것이었는데(욥 1:12, 19), 욥은 이를 사실상 하나님이 그의 자녀들을 가져가신 것으로 보았다. "가져가신 자도 **여호와**시니"(욥 1:21, 현대인의 성경). 그리고 영감 받은 저자는 욥이 이렇게 말한 것이 죄가 아니었다고 한다(욥 1:22; 참고. 42:11).[1)]

열왕기상 22장에서 일어난 교류의 결과는 "한 영"이 스스로 "거짓말하는 영이 되어 그의 모든 선지자들의 입에 있겠나이다"(22:22)라고 자진한 것이었다. 그 결과, 하나님은 아합의 죄로 인해 그를 죽일 생각이었는데, 사백 명의 선지자들은 아합으로 하여금 시리아인들에게 승리할 것으로 생각하도록 그를 속이게 되었다. 그런즉 하나님이 아합에 대한 그의 심판을 이루기 위해 "거짓말하는 영"의 기만을 이용하신 셈이다.

---

1) 이와 비슷한 방식으로 하나님이 사탄을 이용해 다윗을 시험하고 마침내 이스라엘 백성에게 심판을 내리신 것 같다. 이는 대상 21:1과 삼하 24:1을 비교하면 알 수 있다. "사탄이 일어나 이스라엘을 대적하고 다윗을 충동하여 이스라엘을 계수하게 하니라"(대상 21:1). "여호와께서 다시 이스라엘을 향하여 진노하사 그들을 치시려고 다윗을 격동시키사 '가서 이스라엘과 유다의 인구를 조사하라' 하신지라"(삼하 24:1). 전자는 다윗이 인구조사를 하도록 사탄이 충동했다고 한다. 후자는 주님이 다윗을 격동시켰다고 한다. 둘 다 맞다. 한 경우에서만 중개 수단을 언급하지 않은 채 그 격동의 유래를 하나님의 결정에서 찾고 있다.

하나님은 거짓이 없다

이제 다시 그 의문으로 되돌아가자. 하나님이 진리를 사랑하길 거부하는 이들에게 미혹케 하는 힘을 보내시는 것(살후 2:10-11), 또는 그분이 우상숭배에 대한 심판으로 선지자를 속이시는 것(겔 4:9), 또는 그분이 아합에 대한 심판으로 "거짓말하는 영"을 보내시는 것은 하나님은 "거짓이 없다"(딛 1:2)는 성경의 가르침과 모순되는가?

한편으로, 내가 26-30장에서 제시한 성경 본문들이 하나님은 스스로 죄를 짓지 않으면서도 죄를 유발시킬 수 있는 분임을 입증했다고 말할 수 있겠다. 이건 사실이다. 그 원리를 여기에 적용하면 "하나님은 스스로 속이는 자가 되지 않으면서도 속임을 유발시킬 수 있는 분"이라고 말할 수 있다. 그래도 이 진술은 여전히 문제가 있다. 하나님이 속임에 개입하는 것과 관련하여 그분 자신이 "나 여호와가 그 선지자를 유혹을 받게 하였다"(겔 14:9)고 말씀하시기 때문이다. 달리 말하면, 본문은 단지 하나님이 죄(거짓을 믿는 것)를 유발시켰다고 말하지 않고, 그 과정에서 디도서 1장 2절에 따르면 하나님이 결코 하시지 않는 일, 즉 기만 또는 거짓말을 도구로 이용하셨다고 말한다는 것이다.

하나님은 사람이 아니라 후회하거나 거짓말을 하지 않으신다

얼핏 모순처럼 보이는 이 문제에 대한 해결의 실마리를 사무엘상 15장에서 찾을 수 있을지 모르겠다. 당시는 하나님이 사울에게 아말렉 족속을 파멸시키되 아각 왕까지 죽이라고 명령했던 상황이었다(삼상 15:3). 그런데 사울이 불순종했고 그 사실을 알고 있었다(삼상 15:9, 24). 이 불순종과 관련하여 하나님의 말씀이 사무엘에게 임했다. "내가 사울을 왕으로 세운 것을 후회하노니 그가 돌이켜서 나를 따르지 아니하며 내 명령을 행하지 아니하였음이니라"(삼상 15:11). 이와 비슷하게 그 이야기의 끝 무렵에도 하나님이 사울을 왕으로 삼은 것을 "후회하셨다"고 한다. "사무엘이 죽는 날까지 사울을 다시 가서 보지 아니하였으니 이는 그가 사울을 위하여 슬퍼함이었고 여호와께서는 사울을 이스라엘 왕으로 삼으신 것을 후회하셨더라"(삼상 15:35).

이 대목을 읽은 일부 독자들은 하나님이 사울을 왕으로 삼으실 때 사울이 어떤 인물이 될지를 알지 못했다고 생각한다. 만일 사울이 장차 변질될 것을 그분이 미리 아셨더라면 왜 후회한다고 말씀하시는 것인가? 이에 대한 답변을 나는 여러 곳에서 제시한 바 있다.[2] 그 답변의 일부는 현재 다루는 질문, 즉 열왕기 22장, 에스겔 14장, 데살로니가후서 2장에서 하나님이 과연 거짓말을 하고 계시는지와 관련이 있다.

사무엘상 15장에는 하나님이 사울을 왕으로 삼으신 것을 후회하신다고 두 번이나 말하고 있지만, 그 본문에는 또한 놀랍게도 사무엘이 사울에게 이렇게 말하는 장면이 나온다.

> 사무엘이 그에게 이르되, 여호와께서 오늘 이스라엘 나라를 왕에게서 떼어 왕보다 나은 왕의 이웃에게 주셨나이다. **이스라엘의 지존자는 거짓이나 변개함[후회함]이 없으시니 그는 사람이 아니시므로 결코 변개하지[후회하지] 않으심이니이다** 하니(삼상 15:28-29).

사무엘상 15장의 저자가 29절(하나님은 후회하지 않으신다)을 쓸 때 실수로 11절과 35절(하나님은 후회하셨다)과 모순되게 했다고 나는 생각하지 않는다. 이 진술들은 너무나 가깝고 또 너무나 비슷해서 일부러 그렇게 쓰지 않았다고 생각하기가 어렵다. 여기서 핵심적인 문장은 사무엘이 29절에서 말하는 것("이스라엘의 지존자는 거짓이나 변개함[후회함]이 없으시니 **그는 사람이 아니시므로** 결코 변개하지[후회하지] 않으심이니이다")이다. 이는 하나님이 "후회하실지" 몰라도 사람처럼(사람이 후회하듯이) 후회하지 않으신다는 뜻이라 생각한다.

인간의 후회는 부분적으로 지식의 결여에 기인한다. 그러나 하나님의 후회는 그렇지 않다. 하나님은 "시초부터 종말을 알리는"(사 46:10) 분이다. 인간의 죄를 미리

---

[2] 하나님의 "후회"와 하나님이 거짓말을 하시는지 여부에 대해 내가 다룬 글 세 편을 소개하고 싶다. 모두 Desiring God 웹사이트에 실려 있다. "God Does Not Repent Like a Man," November 11, 1998; https://www.desiringgod.org/articles/god-does-not-repent-like-a-man; "The Repentance of God, March 30, 1987, https://www.desiringgod.org/articles/the-repentance-of-god; and "Does God Lie?," July 23, 2008, https://www.desiringgod.org/articles/does-god-lie.

아시는 것이 야훼, 곧 "나는 스스로 있는 자이다"(요 13:19)란 이름의 부분적인 뜻이다.[3] 그러므로 나는 사무엘상 15장으로부터, 하나님은 후회하시되 그의 완전한 신적 예지를 타협하지 않는 방식으로 그렇게 하신다는 것을 이끌어낸다. 어떻게 그렇게 하시는지는 우리가 모른다. 사울의 실패에 대한 "후회"에 내재된 하나님의 슬픔은 사울이 애초에 선택받았을 때 하나님 특유의 방식으로 이미 존재했던 것으로 추정할 수 있다.

이 점을 하나님의 기만행위에 적용하다

하나님의 후회와 그의 진실함의 연관성은 사무엘상 15장 29절에 뚜렷이 나타난다. "이스라엘의 영광이 되신 하나님은 거짓말을 하거나 마음이 변하는 일이 없소"(현대인의 성경). 그러므로 우리가 하나님의 속임에 관해 생각할 때도 그의 후회에 관해 생각하는 방식을 적용할 수 있다. 하나님의 후회가 마치 그의 신적인 전지함을 타협하는 듯 보이는 것처럼, 그분이 거짓말하는 영을 보내시는 것(왕상 22:22), 또는 그분이 선지자를 속이시는 것(겔 14:9), 또는 그분이 미혹을 보내시는 것(살후 2:11)이 하나님의 진실함("거짓이 없으신 하나님", 딛 1:2)을 타협하는 듯이 보인다. 그러나 사무엘상 15장 29절의 취지는 인간의 죄악된 거짓말이나 후회처럼 보이는 하나님의 모습이 사실은 그렇지 않다는 것이다. 하나님은 후회하시긴 하지만 그의 신적 예지가 타협되는 방식으로 후회하시는 것이 아니다. 하나님이 거짓말하는 영을 보내시고 선지자를 속이시고 미혹을 보내시긴 하지만 그의 신적인 진실함이 타협되는 방식으로 그렇게 하시는 것이 아니다.

하나님이 '어떻게' 속임수를 이용하는 그의 섭리가 죄악된 것이 아니도록 하는지는 우리가 모른다. 다만 그분이 속임수로 사람들을 심판하는 섭리를 행하실 때, 그분의 영광이 그의 행동을 지도하시되 죄로부터 자유로운 행동을 하게 하신다는 것

---

[3] 요한복음 13장 19절이 어떻게 그리스도의 신성과 그의 예지와 연결시키는지를 보라. 이는 예지야말로 하나님의 선하심의 일부임을 보여준다. John Piper, "Is the Glory of God at Stake in God's Foreknowledge of Human Choices?," Desiring God, July 3, 1998, https://www.desiringgod.org/messages/is-the-glory-of-god-at-stake-in-gods-foreknowledge-of-human-choices.

만 안다. "이스라엘의 영광이 되신 하나님은 … 사람이 아니시기 때문이다"(삼상 15:29). 하나님께서는 사람의 후회와 사람의 속임과 같지 않은 그런 종류의 후회와 속임이 있는 것이다. 그런 후회와 속임은 유한함이나 죄로 촉발되거나 그런 지도를 받지 않는다. 오히려 무한한 지혜에 뿌리박고 있다. 완전한 공의의 지도를 받는다.

기만과 눈가림의 죄를 다스리는 하나님의 섭리는 유다가 거짓 사도로 속임수를 쓴 지 삼년 후에 심판과 구원의 절정에 도달하게 된다. 예수님은 장차 무슨 일이 일어날지를 완전히 아시는 가운데 유다를 열두 명 중 하나로 선택하셨다(요 6:64, 13:11). 하나님이 지정하신 기만과 숨김이 계속 반복되다가(마 11:25; 행 4:27-28; 13:27) 마침내 하나님의 아들이 십자가에 달리셨다. 이런 식으로 하나님은 모든 기만을 죄인들을 위한 위대한 구원의 행위로 바꾸신 것이다. 예수님의 죽음은 기만과 거짓으로 획책된 것이었다(마 26:60). 그리고 그 죽음에 의해 그분은 모든 약속이 참되다는 것을 그의 피로 인증하셨다(고후 1:20). 하나님의 손과 하나님의 계획이 이런 거짓의 획책을 수행했으나(행 4:27-28) 그분 자신은 진실한 분이셨다. 진실로 모든 입이 "사람은 다 거짓되되 오직 하나님은 참되시다"(롬 3:4) 고백하게 하라.4)

하나님의 눈동자가 유린당하다

우리는 이제까지 야곱의 가족이 이집트에서 보존된 것(28장), 이스라엘이 출애굽을 통해 국가로 창조된 것(29장), 제사장과 왕들의 집안이 몰락한 것(30장), 그리고 이스라엘이 말씀의 기근을 통해 심판받은 것(31장)을 살펴보았다. 이제는 예루살렘의 멸망을 통해 이스라엘의 참사가 최고조에 달하는 장면을 고찰할까 한다. 놀랍지 않게도, 이스라엘의 가장 캄캄한 시기에 하나님의 섭리가 우리 시대를 위해 확고한 희망을 제공하는 모습을 보게 될 터이다.

---

4) 이밖에도 여러 대목들이 하나님의 진실함을 확증한다. "하나님은 사람이 아니시니 거짓말을 하지 않으시고 인생이 아니시니 후회가 없으시도다. 어찌 그 말씀하신 바를 행하지 않으시며 하신 말씀을 실행하지 않으시랴?"(민 23:19). "여호와의 말씀은 정직하며 그가 행하시는 일은 다 진실하시도다"(시 33:4). "하나님의 도는 완전하고 여호와의 말씀은 진실하니"(삼하 22:31). "하나님의 말씀은 다 순전하며"(잠 30:5). "여호와의 말씀은 순결함이여 흙 도가니에 일곱 번 단련한 은 같도다"(시 12:6).

32.

그분이 근심하게 하시나
긍휼이 여기실 것이다

나는 5장에서 이런 주장을 편 적이 있다. 오늘날에도 하나님의 자비로운 섭리로 인해 그분이 수건을 벗기시고(고후 3:14), 완악한 마음을 제거하시고(롬 11:25), 이스라엘 백성에게 회개와 메시아이신 예수에 대한 믿음(행 5:31; 고후 3:16)을 허락하실 때는 그들에게 그리스도를 드높이는 미래가 있을 것이란 주장이다. 그러나 바벨론이 예루살렘을 유린한 이후 상당한 기간 동안에는 미래가 있다고 믿는 것이 거의 불가능했다.

어떻게 이런 일이 벌어질 수 있었는가? 이곳은 이스라엘의 하나님이 그의 이름을 두려고 선택했던 장소였다(느 1:9). 예루살렘을 향한 하나님의 사랑은 이스라엘의 노래들 가운데 울려 퍼지곤 했다.

예루살렘아 내가 너를 잊을진대
내 오른손이 그의 재주를 잊을지로다!
내가 예루살렘을 기억하지 아니하거나
내가 가장 즐거워하는 것보다 더 즐거워하지 아니할진대

내 혀가 내 입천장에 붙을지로다!(시 137:5-6).

슬프다 이 성이여,
전에는 사람들이 많더니 이제는 어찌 그리 적막하게 앉았는고!
전에는 열국 중에 크던 자가 이제는 과부 같이 되었고
전에는 열방 중에 공주였던 자가 이제는 강제 노동을 하는 자가 되었도다.

밤에는 슬피 우니 눈물이 뺨에 흐름이여,
사랑하던 자들 중에 그에게 위로하는 자가 없고
친구들도 다 배반하여 원수들이 되었도다(애 1:1-2).

물론 끔찍한 고통과 죽음과 국외 추방을 수반한 이 도시의 멸망은 장차 하나님의 심판이 바벨론에 내리게 할 것이다. 이 도시와 그 백성은 "[하나님의] 눈동자"였다(슥 2:8). 그렇다. 그러나 먼저 이스라엘은 이것이 하나님의 심판임을 배워야 할 것이었다. 예루살렘이 유린을 당하는 동안에도 섭리는 중단되지 않았다.

"나밖에 신이 없느니라"

무려 사백 년 동안(신명기 28장 49-57절까지 거슬러 올라가는) 하나님은 이스라엘이 이 고통스런 섭리, 곧 예루살렘의 유린을 이해하도록 준비시켜왔었다. 이미 사백 년 전에 이사야가 이스라엘의 유수와 구출에 관해 명명백백하게 예언했다. 그는 둘 다 하나님의 섭리에 기인한다고 했다. 이사야는 선과 악을 다스리는 절대적 지배권이 하나님 되심을 의미하는 것이라고 주장하는데, 무엇보다도 이 점이 그를 선지자들 가운데 가장 두드러지게 한다.

이사야 45장에서 하나님은 먼 훗날에 있을 페르시아 왕 고레스를 거론하신다. 고레스는 이스라엘의 체포자인 바벨론 사람들을 이기고 유대인을 본국으로 송환시키게 될 것이었다. 이 모든 일에서 하나님은 이방 왕인 고레스를 "내가 그의 오른손을 붙든"(사 45:1) 자로 묘사한다. 하나님이 그의 목적을 위해 이 이방 왕을 도구로 쓰시는 목적은 "네 이름을 부르는 자가 나 여호와 이스라엘의 하나님인 줄을 네가 알게 하는 것"(45:3)이라고 한다. 하나님이 고레스를 쓰시는 것은 페르시아가 아니라 이스라엘을 위해서임을 그에게 분명히 밝히신다. "내가 나의 종 야곱, 내가 택한 자 이스라엘 곧 너를 위하여 네 이름을 불러 너는 나를 알지 못하였을지라도 네게 칭호를 주었노라"(45:4).

이후 하나님의 섭리가 모든 자연과 역사를 포괄한다는 진술이 나온다. 하나님은 고레스에게 말씀하실 때 이스라엘의 하나님이 많은 신들 중 하나라는 인상을 남기지 않으려 하신다. 그분은 진정 유일한 하나님이시다. 그리고 하나님의 주장인즉 세상에서 일어나는 일을 다스리는 절대적 지배권은 오직 그런 신, 곧 그 자신에게만 속한다고 말씀하신다.

> 나는 여호와라, 나 외에 다른 이가 없나니
> 나밖에 신이 없느니라.
> 너는 나를 알지 못하였을지라도 나는 네 띠를 동일 것이요.
> 해 뜨는 곳에서든지 지는 곳에서든지
> 나밖에 다른 이가 없는 줄을 알게 하리라.
> 나는 여호와라, 다른 이가 없느니라.
> 나는 빛도 짓고 어둠도 창조하며
> 나는 평안도 짓고 환난도 창조하나니
> 나는 여호와라, 이 모든 일들을 행하는 자니라 하였노라
>
> (45:5-7).

여기에 비슷한 표현이 네 번이나 나온다. "다른 이가 없나니." "나 외에 신이 없느니라." "나밖에 다른 이가 없는 줄." "다른 이가 없느니라." 이것이 바로 주님이 고레스와 이스라엘이 마음에 새기기를 원하는 바이다. 이어서 하나님의 섭리에 관한 두 개의 포괄적인 진술이 나온다.

나는 빛도 짓고 어둠도 창조하며

나는 평안도 짓고 환난도 창조하나니(45:7).

왜 창조하고 짓고 만든다는 용어를 사용하는가?

이 두 쌍은 양극단을 묘사한다. 빛은 어둠의 정반대이고 평안은 환난의 정반대이다. 요점은 고레스에게 그릇된 생각을 떨쳐버려야 한다고 말하는 듯하다. 즉, 빛과 빛 속에서 일어나는 모든 일의 배후에 한 신이 있고, 어둠과 어둠 속에서 일어나는 모든 일의 배후에 또 다른 신이 있다는 생각 말이다. 이와 비슷하게, 고레스는 이스라엘의 하나님이 좋은 일이나 나쁜 일 중 하나만 만들 수 있다고 생각해서도 안 된다. 아니다. 이스라엘의 하나님은 모든 것 배후에 계시다. 그분에게는 경쟁자가 없다. 하나님은 좋은 일로 최선을 다하는 한편 다른 심술궂은 존재는 나쁜 일로 그분을 좌절시키고 있는 것이 아니다.

여기서 "평안"과 "환난"으로 번역된 히브리어 단어들은 인간의 행동(예, 평화로운 행위 또는 적대적인 행위)과 자연의 현상(예, 추수 또는 가뭄)을 모두 포함한다. 인간의 행위가 사람들을 빈곤하게 또는 비참하게 만들 때에는 평안(히브리어 '샬롬'의 의미에서)이 없다. 그리고 환난의 개념은 자연 재앙에 국한되지 않고 도덕적인 악도 포함한다. 이 단어들을 자연적 작용에만 국한시킨 나머지 하나님이 인간의 행동을 다스리지 않는다고 말하는 것은 이 단어들의 실질적인 뜻에 걸맞지 않고 고레스에게 깊은 인상도 주지 못했을 것이다. 고레스의 행동 자체를 하나님이 통제하신다고 45장 1절이 말하기 때문이다. 더구나 "환난"으로 번역된 히브리어 단어가 이사야서에 열네 번 사용되었는데, 그 중에 한 번만 빼고 모두 도덕적으로 악한 인간 행위를 가리키고 있다. 그리고 그 예외적인 경우도 자연이 아닌 사람이 유발한 재앙을 언급하고 있다(31:2).

빛과 어둠과 평안과 환난을 '짓고' '창조하고' '만든다'는 표현은 관리하거나 지도한다는 개념을 넘어선다. 마치 하나님이 "나는 일단 악이 존재하면 그것을 바꿀 수 있으나 악이 발생하도록 할 수는 없다"고 말하는 것처럼 생각하면 안 된다. 이미 존재하는 악을 관리한다는 개념, 또는 이미 존재하는 것을 지도한다는 개념은 이런 인상을 줄 수 있다. 여호와가 유일한 하나님일지 몰라도 그는 이미 존재하는 것만 갖고 일할 수 있는 신에 불과하다는 인상이다. 만일 빛이 존재한다면 그는 그것과 함께 일할 수 있다. 그러나 만일 어둠이 존재한다면 그는 어둠과 함께 일해야 한다. 평안과 환난도 마찬가지다. 만일 하나님에게 어느 하나가 주어진다면, 그는 자기 목적을 위해 그것을 운영할 수 있다고 생각하는 사람도 있을 수 있다. 그런데 이사야는 섭리를 그런 식으로 이해하는 것을 배제시키려고 한다.

'짓다' '창조하다' '만들다'와 같은 용어는 이미 존재하는 것을 관리하거나 지도하는 일과 매우 다른 개념을 전달한다. 이런 용어는 '하나님이 존재하는 것을 결정하는 분'이란 개념을 전달한다. 달리 말하면, 하나님은 창조주이신 만큼 쓸모 있는 것을 관리하는 일에 국한되는 분이 결코 아니다. 이 세계와 창조주의 관계를 생각해 보면, 이사야는 하나님이 쓸모 있는 무엇이든 찾고 계신 분이라고 생각하는 것 자체가 잘못이라고 말할 터이다. 창조주는 그 자신이 먼저 제자리에 두려고 지정하지 않은 것을 "찾는" 분이 아니다. 이것이 바로 '창조하다' '짓다' '만들다'와 같은 용어를 사용하는 취지이다. 그런즉 이사야는 고레스에게 이렇게 말하는 셈이다. 우주에는 오직 유일한 하나님만 계시고, 유일한 하나님이란 호칭의 뜻은 그분이 자연적 사건과 인간 행동의 세계와 관계를 맺으시되 단지 관리자로서가 아니라 (창조자처럼) 관리할 모든 것을 결정하는 분으로 그렇게 하신다는 것이다.

하나님이 없이는 재난도 없다

이스라엘이 예루살렘의 멸망과 관련된 하나님의 섭리를 이해하도록 하나님이 준비시킨 또 다른 예는 이사야와 동시대 사람인, 선지자 아모스의 사역이었다. 아모스는 재난을 다스리는 하나님의 섭리에 대한 이사야의 관점을 공유했다. 이사야 45장 5-7절과 같은 방향을 가리키는 것은 아모스서 3장 6절이다.

여호와의 행하심이 없는데 재앙이 어찌 성읍에 임하겠느냐?

이 수사적 질문은 헷갈리게 만들기 위한 것이 아니다. 이 질문 앞에 나오는 여섯 개의 수사적 질문들(3:3-6)처럼 그 답변은 명백하고 그 취지도 분명하다. 이런 질문들은 마치 누군가 나에게 농담조로 스파게티를 좋아하는지 묻고 내가 "교황은 가톨릭신자인가?"라고 대답하는 것과 같다. 이는 퀴즈가 아니다. 내가 스파게티에 대해 어떻게 느끼는지에 대한 강한 진술이다. 아모스는 수수께끼를 제기하는 게 아니라 무언가를 단언하는 중이다. "여호와께서 행하시지 않았다면 재앙이 성읍에 임하지 않는다"는 것.

이것은 한 선지자가 어떤 포괄적 진리를 특정한 재앙에 적용하는 경우이다. 아모스는 글을 기록한 초창기 선지자들 중 하나였다. 그는 유다 왕 웃시야와 이스라엘 왕 여로보암 시대에 활동한 선지자였다(1:1). 그는 이스라엘의 불의(5:7, 15, 24; 6:12)와 사치(3:15) 때문에 하나님이 재앙을 불러오실 것이라고 경고했다. 이스라엘은 하나님이 선택한 백성임에도 불구하고(그리고 그 때문에) 이런 일이 발생할 것이다.

> 내가 땅의 모든 족속 가운데 너희만을 알았나니
> 그러므로 내가 너희 모든 죄악을 너희에게 보응하리라…
> 여호와의 행하심이 없는데 재앙이 어찌 성읍에 임하겠느냐?(3:2, 6).

아모스는 일반적인 진리로부터 구체적인 사례로 추론을 전개한다. 주님이 행하시지 않았다면 재앙이 성읍에 임하지 않기 때문에, 그런즉 이스라엘아, 너희 재앙이 주님으로부터 오는 것임을 확실히 알아라. 모든 재앙이 주님에게서 오는 것이기 때문에 이 재앙도 주님에게서 오는 것이다. "여호와의 행하심이 없는데 재앙이 어찌 성읍에 임하겠느냐?" = "여호와의 행하심이 없으면 재앙이 성읍에(어느 성읍에든!) 임하지 않는다."

인간의 수많은 결정이 재앙을 창조하다

더구나 이스라엘의 재앙은 지진이나 홍수나 가뭄이 아니다. 자연 재앙이 아니라는 말이다. 그것은 이스라엘을 둘러싸고 그들을 약탈하는 "대적"이다. "이 땅 사면에 대적이 있어 네 힘을 쇠하게 하며 네 궁궐을 약탈하리라"(암 3:11). 이것은 이 재앙이 하나님의 섭리에 좌우되는 수많은 인간 결정을 포함하고, 이는 공의로운 처벌이란 그분의 목적을 달성하게 된다는 뜻이다. "내가 너희 모든 죄악을 너희에게 보응하리라"(3:2). 이런 결정들은 믿음이 없는 대적들의 마음속에서 내려지고 있고, 믿음에 근거하지 않는 것은 다 죄인 만큼 그런 결정들은 모두 죄악된 것임을 의미한다(롬 14:23; 참고. 히 11:6).

하지만 수백만의 죄된 결정들이 신적 섭리의 손안에서 확고히 내려지는 모습을 본다고 해서 그런 손이 따라서 더러워진다는 뜻은 아니다. 우리는 이를 살펴보았고 또 다시 살펴볼 것이다. 주님은 그의 지혜로 열방의 계획에 영향을 미치지만 그래도 "주님은 의로우시다"(애 1:18). (우리가 살펴볼 것처럼) 아모스와 이사야와 예레미야는 하나같이 현대인의 정서, 즉 인간의 결정이 하나님이 지정하신 재앙의 일부임을, 또는 재앙이 섭리의 일부임을 부인하는 그런 정서를 지지하지 않았을 것이다.

하나님이 정하신 군사적 명령만 이뤄진다

(우리와 이스라엘을 위해) 이사야와 아모스가 길을 예비한 만큼 이제는 예레미야애가에 나타난 예레미야의 증언을 살펴보자. 그것은 대량 학살과 섭리와 깜짝 놀랄만한 희망에 대한 증언이다. 하나님의 섭리에 대한 예레미야의 포괄적 견해는 놀랄 만큼 이사야와 비슷하다. 모든 것(전쟁에서의 좋고 나쁜 모든 명령)이 "지존자의 입으로부터" 나온다.

> 주의 명령이 아니면 누가 이것을 능히 말하여 이루게 할 수 있으랴?
> 화와 복이 지존자의 입으로부터 나오지 아니하느냐?
> 살아있는 사람은 자기 죄들 때문에 벌을 받나니 어찌 원망하랴?
> (애 3:37–39).

"주의 명령이 아니면 누가 이것을 능히 말하여 이루게 할 수 있으랴?"는 수사적 질문은 "아무도 그럴 수 없다"는 대답을 기대한다. 화자(예레미야)가 우리의 대답을 기대하는 수사적 질문을 사용한다는 것은 이를 자명하게 여긴다는 것을 보여준다. 누구라도 이에 대답할 수 있다. 현대적 관용어는 "그건 누워서 떡먹기다"일 것이다. 그것이 예레미야의 견해이다. 주님이 어떤 행동이 일어나도록 명령하지 않았다면, 어떤 인간의 말이 그것이 일어나도록 명해도 그것이 일어나지 않는다. 이는 모든 것을 포괄하는 놀라운 사실이다. 이 진술에 제한을 두려고 하는 세 가지 견해에 대해 생각해보라.

구체적인 적용을 제한으로 보는 잘못

첫째, 때때로 사람들은 문맥이 초점을 제공하므로 우리가 문맥의 초점을 넘지 말아야 한다고 말함으로써 모든 것을 포괄하는 진술에 제한을 가한다. 이 본문에는 문맥적 초점이 두 개 있다. 하나는 예레미야가 '예루살렘'에 닥친 환난에 관해 얘기하고 있다는 것이다(1:7, 8, 17; 2:10). 다른 하나는 예레미야가 주로 하나님이 죄를 벌하시기 때문에 닥친 환난에 대해 생각하고 있다는 것이다. 이는 예레미야애가 3장 39절에서 볼 수 있다. "살아있는 사람은 자기 죄들 때문에 벌을 받나니 어찌 원망하랴?"

그래서 일부 사람은 37절("주의 명령이 아니면 누가 이것을 능히 말하여 이루게 할 수 있으랴?")이 인간의 입이 말한 '모든 것'에 관한 포괄적 진술이 아니라, 바벨론 사람들이 그 도시를 유린할 때 그들의 입에서 나오는 말에 관한 진술일 뿐이라고 말할 것이다. 그러면 이런 뜻이 될 것이다. "주님이 그가 사랑하는 도시가 이런 식으로 처벌받도록 명령하지 않으셨다면, 이 공격하는 바벨론 사람들 중 누가 예루살렘을 치도록 명령해서 그것이 이뤄지게 하겠는가?" 그런즉 예레미야애가 3장 37절은 그런 뜻일 뿐이고 그 이상은 아니라고, 이것이 문맥에 따른 직접적인 적용이기 때문이라고 그들이 말할 것이다.

이 접근에는 적어도 두 가지 문제가 있다. 하나는, 우리가 보편적 진술을 그런 식으로 사용하지 않는다는 것이다. 그리고 예레미야가 그렇게 사용했다고 생각할 만한 이유가 전혀 없다. 이를테면 우리가 이런 말을 할 수 있다. "햇빛이 모든 나라에 비치지 않는가? 그런데, 아 중국이여, 그대는 하나님의 은총을 받지 못한 것인가?" 그때 누군가가 이렇게 말한다고 하자. "이 두 수사적 질문의 초점은 중국과 그 나라에 햇빛을 주시는 하나님의 복에 있다. 그러므로 그것이 이 질문들의 의도이다. 따라서 아무도 햇빛이 다른 나라들에도 비치는지 여부에 관한 저자의 믿음에 대해 아무것도 추론하면 안 된다." 그러면 우리가 "그건 터무니없는 소리다"라고 응답하리라.

그것이 터무니없는 이유는 그 질문의 취지가 하나의 보편적 주장으로 시작해서 이를 중국에 '적용하는' 것이지 이를 중국에 '국한시키는' 것이 아니기 때문이다. 보편적 진술을 특정한 사례에 적용할 때는 그런 진술이 이렇게 작동하는 법이다. 우리는 어떤 진술을 구체적인 사례에 적용함으로써 그 진술의 보편성을 상쇄시키는 것이 아니다. 예레미야애가에서 구체적 사례는 예루살렘이고, 그 속의 대다수 주민들에게 이 재난은 하나님의 처벌의 일부였다. 그러나 예레미야는 한 보편적 진술을 수사적 질문의 형태로 적용하고 있다. "주의 명령이 아니면 누가 이것을 능히 말하여 이루게 할 수 있으랴?" 그는 수사적으로 만든 주장과 함께 시작한다. '인간이 어떤 말을 해서 어떤 사건이 일어난다면, 그것은 하나님이 그것이 일어나도록 조치하시기 때문이다.' 이 보편적 주장은 이어서 예루살렘이 하나님께 처벌받는 경험에 적용된다.

다음 절에서 그 범위가 확증되다

예레미야의 포괄적 주장을 제한하려는 시도에 대한 두 번째 논평은 그 다음 절이 그 진술을 반복하고 그 보편성을 다시 강조한다는 점이다. "화와 복이 지존자의 입으로부터 나오지 아니하느냐?"(애 3:38). 어떤 제한도 없다. 모든 화와 복이 다 하나님의 입에서 나온다. 하나님의 '입'에 대한 언급은 앞 절에 나오는 '명령'이란 단어와 묶어준다. "주의 **명령**이 아니면 누가 이것을 능히 말하여 이루게 할 수 있으랴?"(3:37). 사람들이 셀 수 없이 많은 개념과 계획과 말을 (좋은 일과 나쁜 일을 위해) 생각하고 발설하지만 그 가운데 어느 것이 실현되는가? 예레미야는 그것이 궁극적으로 하나님의 '입' 내지는 '명령'에 달려있다고 말한다. 이것이 하나님의 섭리이다. 또는 하나님의 명령이라 해도 무방하다.

이는 예레미야가 잠언 19장 21절을 표현하는 방식이다. "사람의 마음에는 많은 계획이 있어도 오직 여호와의 뜻만이 완전히 서리라." 예레미야애가 3장 37절이 말하듯이, 많은 계획이 "발표되지만" 어느 것이 실제로 실현되는가? 잠언은 "주님의 뜻만이 이뤄진다"고 말한다. 예레미야는 "주님이 명령하시는 것이 이뤄진다"고 말한다. 예레미야애가 3장 37절에 나오는 "주의 명령"이란 어구는 하나님이 능동적으로 그의 목적이나 명령을 실행하시는 것을 가리킨다. 또는 이사야서 46장 10절은 이렇게 말한다. "나의 뜻이 설 것이니 내가 나의 모든 기뻐하는 것을 이루리라."

재앙만인가, 도덕적 악도 포함되는가?

모든 "화와 복"(애 3:38)을 주관하는 하나님의 섭리에 관한 예레미야의 포괄적 주장을 제한시키려는 시도에 대한 세 번째 논평은, 일부 사람들이 '화(禍)'란 단어를 인간의 나쁜 선택(죄)보다 나쁜 사건(재앙)에 국한시키려 한다는 것이다. 이런 견해는 예레미야애가 3장 38절과 이사야서 45장 7절("나는 빛도 짓고 어둠도 창조하며 나는 평안도 짓고 환난[또는 악도 창조하나니")에 관한 주석들에 거듭해서 나타난다.

이런 구별을 짓는 목적은 도덕적 악을 명령하거나 의도하는 책임에서 하나님을 면제시키기 위해서다. 이런 목적 배후에는 하나님이 도덕적 악이 발생하도록 조치하시면 그분이 악하다는 '가정'이 깔려있다. 나는 그 가정을 공유하지 않는다. 사람들이 그 가정을 성경에 가져가는 것이지 그것을 성경에서 끌어내는 게 아니다. 성경은 하나님이 절대로 악하지 않고 또 악을 행하지 않는다고 가르친다. '아울러' 성경은 하나님이 악이 행해지도록 조치하신다고 가르친다(이는 좀 더 자세히 살펴볼 예정이다). 그러므로 나는 둘 다 수용한다.

이것은 모순이 아니다. 하나님이 '어떻게' 둘 다 행하실 수 있는지를 계시하지 않았다면 우리가 굳이 알 필요가 없다. "감추어진 일은 우리 하나님 여호와께 속하였거니와"(신 29:29). 이 세상에서는 우리 사방에서 셀 수 없이 많은 일들이 작동하지만 우리는 그것들이 '어떻게' 작동하는지 도무지 설명할 수 없다. 사실 사물이 작동하는 방식에 관한 '궁극적' 설명에 관한 한, 우리는 '그 어느 것'도 작동하는 방식을 모른다고까지 나는 말하고 싶다. 말하자면, 우리가 어떤 것에 대해 설명하는 말을 누군가가 듣고 "그런데 그것은 어떻게 작동하는가?"라고 그 토대에 대해 언제나 정당하게 물을 수 있다. 우리가 설명한 것의 아래편에는 항상 또 다른 층이 있기 마련이다.

만일 상식이 우리에게 이것을 가르쳐주지 않았다면, 양자역학의 도래가 분명히 우리의 설명이 지닌 한계를 폭로해야 마땅하다. 물론 궁극적 의미에서 모든 것이 어떻게 작동하는지를 우리가 모른다고 해서 달에 가는 것 또는 40억 달러 예산의 해저유동터널 건설 또는 질병에 대한 치료책 모색 또는 노트북 켜는 것을 중단할 필요는 없다. 또한 하나님이 어떻게 죄를 짓지 않으면서 죄를 통치하시는지를 우리가 모른다고 해서 그의 거룩하심을 기뻐하고 그의 주권에 머리를 숙이고 그의 약속을 신뢰하는 일을 중단할 필요가 없다.

예루살렘을 심판하시는 하나님의 목적은 죄악된 행위를 포함한다

"화와 복이 지존자의 입으로부터 나온다"(애 3:38)는 예레미야의 주장을 제한하려는 세 번째 시도에는 또 다른 문제가 있다. '화'라는 단어를 예루살렘에 닥친 재앙에 국한시키면서 그것이 도덕적 악을 포함하지 않기를 바라지만 사실은 그렇게 되지 않는다. 예루살렘에 닥친 불행은 사람들이 범한 잔혹행위를 포함하고 그들의 행동은 죄악된 것이다. 예컨대 다음 대목을 보라.

> 네 모든 원수들은 너를 향하여
> 그들의 입을 벌리며 비웃고 이를 갈며 말하기를
> "우리가 그를 삼켰도다.
> 우리가 바라던 날이 과연 이 날이라!
> 우리가 얻기도 하고 보기도 하였다" 하도다.
> 여호와께서 이미 정하신 일을 행하시고
> 옛날에 명령하신 말씀을 다 이루셨음이여
> 긍휼히 여기지 아니하시고 무너뜨리사
> 원수가 너로 말미암아 즐거워하게 하며

네 대적자들의 뿔로 높이 들리게 하셨도다…

여호와여 보시옵소서!

주께서 누구에게 이같이 행하셨는지요?

여인들이 어찌 자기 열매 곧 그들이 낳은 아이들을 먹으오며

제사장들과 선지자들이 어찌 주의 성소에서 죽임을 당하오리이까?

(렘 2:16-17, 20).

여기서 바벨론 군대가 예루살렘을 향해 비웃고 이를 갈면서 그들이 오랫동안 갈망했던 이스라엘의 멸망을 마침내 이루었다고 흡족해하는 모습을 보게 된다. 이는 죄악된 짓이다. 그리고 장차 주님의 벌을 받을 것이다(3:64-66). 그러나 현재로서는 이것이 하나님이 "작정하셨고" 또 "명령하셨던" 일이다.

여호와께서 이미 **정하신** 일을 행하시고

옛날에 **명령하신** 말씀을 다 이루셨음이여(2:17).

"명령하셨다"는 단어가 예레미야애가에 세 번 나온다. 이곳 이외에 예레미야애가 1장 17절에 나온다.

시온이 두 손을 폈으나

그를 위로할 자가 없도다.

여호와께서 야곱의 사방에 있는 자들에게 **명령하여**

야곱의 대적들이 되게 하셨으니

예루살렘은 그들 가운데에 있는 불결한 자가 되었도다.

1장 17절에서 주님이 주신 명령은 2장 17절에 나온 명령과 동일하다. 이는 바벨론이 예루살렘을 황폐하게 하는 것이 하나님의 목적임을 표현하는 말이다. 이는 이 단어가 사용된 다른 한 군데에서 언급된 명령이다.

주의 **명령**이 아니면 누가 이것을 능히 말하여 이루게 할 수 있으랴?(3:37).

이는 "말해진" 것("누가 이것을 능히 말하여 이루게 할 수 있으랴?")이 바벨론 사람들이 표현한 계획을 가리킨다는 뜻이다. 다음과 같은 계획이다.

그들의 입을 벌리며 비웃고 이를 갈며 말하기를
"우리가 그를 삼켰도다.
우리가 바라던 날이 과연 이 날이라!
우리가 얻기도 하고 보기도 하였다"(2:16).

그러므로 바벨론이 예루살렘을 파멸시킬 계획을 세웠다고 말했으나, 예레미야에 따르면, 그 계획은 오직 하나님의 명령으로만 실현되었다고 한다. 이것이 예레미야가 예레미야애가 3장 38절에서 말하는 것의 의미이다. 지존자의 입으로부터 "화와 복이 나온다"는 것. 그 '입'(즉, 하나님의 명령)은 그런즉 바벨론 사람의 죄, 곧 그들이 예루살렘에 대한 하나님의 심판을 수행할 때 범했던 죄를 다스리는 그의 포괄적인 섭리를 표현한다.

하나님에 대한 반역의 울부짖음이 아니라
그의 공의 아래서의 번민의 울부짖음

적의 악행에 나타난 하나님의 섭리는 예레미야애가 2장 20절에서도 볼 수 있다.

여호와여 보시옵소서!
주께서 누구에게 이같이 행하셨는지요?
여인들이 어찌 자기 열매 곧 그들이 낳은 아이들을 먹으오며
제사장들과 선지자들이 어찌 주의 성소에서 죽임을 당하오리이까?

여기서 이스라엘 여인들은 너무나 절박하여 그들의 자녀들을 먹고 있다(4:10도 보라). 이는 절박하고 처절하고 끔찍한 짓일 뿐 아니라 죄악된 행위이기도 하다. 하나님은 이스라엘이 우상숭배를 계속 고집하면 이런 일이 벌어질 것이라고 경고했었다(레 26:29; 신 28:53-57; 렘 19:9; 겔 5:10).[1] 이에 대해 예레미야는 주님께 "[당신이] 누구에게 이같이 행하셨는지요?"라고 말한다. 그는 이 죄악되고 무서운 짓을 하나님의 조치로까지 거슬러 올라간다. 당신이 이런 '조치'를 취했습니다. 이는 이 책의 영감 받은 저자가 저지른 죄악된 실수가 아니다. 이것은 "화와 복이 지존자의 입으로부터 나온다"(애 3:38)는 말과 똑같다. 이는 동떨어진 실수가 아니다. 이것이 예레미야애가 전체의 주제이다.

> 주께서 야곱의 모든 거처들을 삼키시고 긍휼히 여기지 아니하셨음이여,
> 노하사 딸 유다의 견고한 성채들을 허물어…
> 맹렬한 진노로…맹렬한 불이 사방으로 불사름 같이 야곱을 불사르셨도다…
> 원수 같이 그의 활을 당기고…
> 눈에 드는 아름다운 모든 사람을 죽이셨음이여…
> 딸 시온의 장막에 그의 노를 불처럼 쏟으셨도다.
> 여호와께서 시온에서 절기와 안식일을 잊어버리게 하시며…
> 궁전의 성벽들을 원수의 손에 넘기셨으매…(2:2-4, 6-7).

예레미야의 울부짖음은 불의한 하나님에 반항하는 반역의 울부짖음이 아니라 하나님의 공의 아래서의 번민의 울부짖음이다.

> 여호와는 의로우시도다.
> 그러나 내가 그의 명령을 거역하였도다(1:18).

> 예루살렘이 크게 범죄함으로 조소거리가 되었으니(1:8).

---

1) 예루살렘 주민들이 그들의 자녀를 먹는 문제는 너무나 끔찍해서 33장에서 더 자세히 다룰 것이다.

> 우리의 머리에서는 면류관이 떨어졌사오니
> 오호라 우리의 범죄 때문이니이다(5:16).

> 딸 시온아 네 죄악의 형벌이 다하였으니(4:22).

그러므로 나는 예레미야애가 3장 37-39절에 근거해, 그리고 그 책 전체의 맥락에 비추어 하나님의 섭리가 선과 악을 다스린다고 결론짓는 바이다. 선과 악을 번영과 재앙의 사건으로 간주하든지 도덕적 선과 도덕적 악에 대한 인간의 결정으로 간주하든지 상관없이 말이다. 하나님은 이 세상에서 일어나는 일, 선과 악을 모두 지배하신다(전 7:14도 보라). 그리고 그분은 스스로 악하게 되지 않으면서 그렇게 하신다. "여호와는 의로우시도다"(애 1:18).

대량 학살을 시의 형식으로 빚어내다

우리가 모든 성경책 중에 가장 슬픈 이 책을 떠나기 전에 어쩌면 선과 악을 다스리는 하나님의 섭리보다 더 놀라운 것을 살펴보지 않을 수 없다. 말하자면, 성경의 다른 어디에도 없고 오직 여기에만 있는 것, 즉 예레미야가 희망과 그 놀라운 근거를 표현하는 대목이다.

놀랍게도 예레미야애가는 정교하게 다듬어진 책이다. 내가 '놀랍게도'라고 말하는 이유가 있다. 보통은 그런 번뇌와 전율을 쏟아 부을 때는 아무도 그 토로가 정교하게 빚어진 시(詩)의 둑을 통해 흘러갈 것을 예상하지 않는다. 그런데 그렇게 흘러간다. 모두 다섯 장이다. 첫째와 둘째와 넷째 장은 히브리어 알파벳의 숫자대로 스물두 연으로 나눠진다. 각 연은 다른 철자로 시작한다. 달리 말하면, 번뇌가 실린 이합체 시가 세 편 있다는 뜻이다.

제3장은 가장 강렬한 개인적 감정을 담고 있으면서도 더욱 치밀하게 구성되어 있다. 여기에도 스물두 연이 나오지만 각 연은 정확히 3행을 갖고 있고, 각 연의 세 행은 모두 동일한 철자로 시작한다. 한 연이 히브리어 알파벳의 각 철자로 시작하

는 것이다. 끝으로, 제5장은 길이가 스물두 행이지만 이합체가 아닌 유일한 장이다.

왜 이런 형식일까? 왜 시인들이 스스로 그토록 어려운 제약을 짊어질까? 만일 진정한 자발성을 발휘할 장소가 어디라도 있다면, 그것은 번뇌가 흘러넘치는 바로 이곳이다. 어째서 그 마음을 그토록 엄격한 시적 형식에 묶어놓는 것일까? 어째서 고통에 그처럼 정교한 모양을 부여하려고 그토록 열심히 노력하는 것일까? 나는 확실히 모르겠다. 그래도 내 생각을 말할까 한다.

혹시 정교하게 구성된 형식은 창조주의 손안에 있는 궁극적 실재가 이와 비슷하다는 것을 전달하려는 것이 아닐까? 이 책의 형식은 우리에게, 실재는 선과 악(끔찍한 악, 말로 표현할 수 없는 악)을 포함하고 있으나 그 모두가 역사를 주관하는 완전한 시인(Poet)의 무한히 지혜롭고 강력하고 선한 손안에서 움직이고 있다고 말하는 것이 아닐까?

(불행의 와중에도) 주님의 긍휼이 아침마다 새로우니

시적 형식에 담긴 의미를 그렇게 내 나름대로 생각해보았다. 이를 염두에 두면서 예레미야가 그의 희망을 어떻게 표현하는지 생각해보자. 제3장은 중앙이다. 그 양쪽에 두 장씩 배치되어 있다. 내가 언급했듯이 가장 철저한 구조를 가진 장이기도 하다. 각각 3행씩으로 된 스물두 연을 가진(따라서 66절) 이합체이고, 각 연의 3행은 각각 히브리어 알파벳의 동일한 철자로 시작한다. 가장 잘 조율된 바로 이 대목에서 우리는 책 전체에서 어조와 초점이 가장 삐걱거리며 바뀌는 것을 경험하게 된다. 대량 학살과 탄식의 한복판에 이런 내용이 나온다.

> 내 고초와 재난 곧 쑥과 담즙을 기억하소서.
> 내 마음이 그것을 기억하고 내가 낙심이 되오나
> 이것을 내가 내 마음에 담아 두었더니
> 그것이 오히려 나의 소망이 되었사옴은

여호와의 인자와 긍휼이 무궁하시므로
우리가 진멸되지 아니함이니이다.
이것들이 아침마다 새로우니
주의 성실하심이 크시도소이다.
내 심령에 이르기를 "여호와는 나의 기업이시니
그러므로 내가 그를 바라리라" 하도다.

기다리는 자들에게나 구하는 영혼들에게
여호와는 선하시도다.
사람이 여호와의 구원을 바라고 잠잠히 기다림이 좋도다
(3:19-26).

이는 예루살렘에서 일어날 수 있는 가장 끔찍한 참사가 궁극적으로 하나님이 그의 백성을 다루신 방식에 기인한다고 말했던 바로 그 저자이다(2:20). 그리고 여기서는 하나님의 인자와 긍휼이 새롭게 나타나지 않고는 '단 하루도 그냥 지나가지 않았다'고 말하고 있다. "여호와의 인자와 긍휼이 무궁하시므로 … 이것들이 아침마다 새로우니 주의 성실하심이 크시도소이다"(3:22-23). 아침마다 빠짐없이!

예레미야가 "화와 복이 지존자의 입으로부터 나온다"고 말할 때는 그것들이 '순서에 따라' 나온다는 것이 아니라 '동시에' 나온다는 뜻임이 분명하다. 예루살렘의 경우, 물론 포로생활과 슬픔의 시절 다음에 회복과 기쁨의 시절이 따라올 것임이 훗날 사실로 판명될 것이다. 그러나 또한 최악의 참사가 벌어지는 동안에도 "아침마다" 하나님의 긍휼이 새롭게 나타났다는 것도 사실이다.

주님은 나의 전부이시다

이를 살펴보는 한 가지 방식은 예레미야가 "여호와는 나의 기업이시다"(애 3:24)라고 말하고 있음을 주목하는 것이다. 이는 하나님의 백성이 최악의 아침을 맞이할 때에도 여전히 사실이다. 그리고 많은 성도들의 증언에 따르면, 주님은 최악의 시기에도 '여전히' 우리의 전부이실 뿐 아니라 그런 때에 가장 생생하게 '느껴지는' 분이라고 한다.

사도 바울 역시 최악의 위기에 처했을 때 이런 것을 경험했다.

형제들아 우리가 아시아에서 당한 환난을 너희가 모르기를 원하지 아니하노니, 힘에 겹도록 심한 고난을 당하여 살 소망까지 끊어지고 우리는 우리 자신이 사형 선고를 받은 줄 알았으니, 이는 우리로 자기를 의지하지 말고 오직 죽은 자를 다시 살리시는 하나님만 의지하게 하심이라(고후 1:8-9).

바울과 그의 동료들을 그들 능력의 한계까지 몰고 가서 죽음을 눈앞에 두게 하신 하나님의 의도(분명 사탄의 의도는 아니었기에)는 "우리로 자기를 의지하지 말고 오직 죽은 자를 다시 살리시는 하나님만 의지하게" 하려는 것이었다. 달리 말하면, 그 끔찍한 날들의 불행은 아침마다 새로운 긍휼과 동시에 존재했다. 새로운 긍휼은 바울이 무덤 너머에 계신 하나님을 더 생생하게 의식하게 되고 그 모든 환난을 통하여 하나님의 돌보심을 더 깊이 신뢰하게 된 것이었다.

우리가 수행할 수 없는 감정 차원의 기적

바벨론의 살육과 예루살렘이 자초한 대량 학살의 참사를 감안하면 이것은 감정적으로 불가능한 일로 보일 것이다. 어떻게 아침마다 새로운 긍휼이 있을 수 있는가? 사실 우리와 같은 타락한 인간은 슬픔을 이런 식으로 경험하는 것이 불가능하다. 이 때문에 예레미야애가가 다음 기도로 끝나는 것이다. "여호와여 우리를 주께로 돌이키소서. 그리하시면 우리가 주께로 돌아가겠사오니 우리의 날들을 다시 새롭게 하사 옛적 같게 하옵소서"(애 5:21). 달리 말하면, 우리가 하나님이 정하신 불행의 와중에 하나님께 소망을 두는 데 필요한 그런 마음의 돌이킴은 어느 인간도 하나님이 돌이키지 않고는 경험할 수 없는 하나의 기적이다.

그가 버릴지라도 긍휼히 여기실 것이라

예레미야는 하나님이 보내신 참사의 와중에서 놀랍게도 희망을 표현한 후 하나님의 영감을 받은 이 책의 중심부인 예레미야애가 3장 31-33절에서 그 희망의 놀라운 '근거'를 말한다. 이는 성경 어디에서도 찾아볼 수 없는 것이다. 우리는 왜 입을 땅의 티끌에 대면서도(3:29) 여전히 하나님이 우리를 위하신다는 희망을 품어야 하는가?

> 이는 주께서 영원하도록 버리지 아니하실 것임이며
> 그가 비록 근심하게 하시나
> 그의 풍부한 인자하심에 따라 긍휼히 여기실 것임이라.
> 주께서 인생으로 고생하게 하시며
> 근심하게 하심은 본심이 아니시로다(3:31-33).

이 놀라운 주장은 왜 하나님이 영원히 버리지 아니하실지 그 이유를 두 가지 차원으로 얘기한다. 첫째, 하나님이 영원히 버리지 아니하실 이유는 근심 이후에 긍휼히 여기시는 것이 "그의 풍부한 인자하심에 따른"(3:32) 것이기 때문이다. 마지막 단어는 파괴적인 심판이 아니라 용서하는 긍휼이다. 어느 것도 다른 것을 상쇄시키지 않는다. 그러나 예레미야는 하나님의 풍부한 인자하심이 최종 결론이 될 것이라고 선언한다. 하나님은 주권적인 언약의 특권을 발휘하여 그의 백성을 그에게로 되돌리실 것이다. 장차 그분이 예레미야애가 5장 21절의 기적을 수행할 새로운 언약이 있게 되리라. "여호와여 우리를 주께로 돌이키소서. 그리하시면 우리가 주께로 돌아가겠사오니"(참고. 신 30:6; 렘 32:39-41; 겔 36:26-27).

하나님이 예루살렘을 괴롭히심은 본심이 아니다

그리고 주님이 왜 영원히 버리지 아니하실 것인지, 또 그분이 그들을 가혹하게 다루시는 것이 왜 최종 결론이 아닌지를 주장하는 말의 또 다른 차원, 더 깊은 차원이 있다.

> 그가 비록 근심하게 하시나
> 그의 풍부한 인자하심에 따라 긍휼히 여기실 것임이라.
> **주께서 인생으로 고생하게 하시며**
> **근심하게 하심은 본심이 아니시로다**(3:31–33).

이 주장은 성경의 많은 곳에 내재되어 있으나 이와 비슷한 어구는 어디에도 없다. 예레미야는 하나님이 여러 차원 또는 여러 층의 동기를 갖고 계시다고 명시적으로 밝힌다.

하나님은 실제로 인생으로 "고생하게" 하시고 "근심하게" 하신다("주께서 인생으로 고생하게 하시며," 3:32). 이는 동기의 한 차원이다. 그리고 하나님이 이렇게 하실 동기가 유발되었을 때에도 그분은 "의로우시다"(1:18)라고 예레미야가 말한다. 그런데 하나님이 고생하게 하시고 근심하게 하실 때에는 이것이 "본심이 아니다"라고 예레미야가 말한다. "본심"이란 말은 하나님 속의 헤아릴 수 없는 신비를 가리킨다. 하나님을 두 마음을 품은 분이나 다중 인격체로 생각하는 것은 신성모독일 것이다. 또한 하나님을 매 순간 진리와 의로움의 길을 완벽하게 보는 분이 아니라 그 자신과 싸우는 분으로 생각하는 것도 신성모독일 것이다.

예레미야는 신성모독을 하고 있지 않다. 오히려 그는 하나님이 행하시는 일을 비판하지 않는 한편, 하나님의 어떤 행동들은 최종적인 목적, 즉 보다 궁극적으로 겨냥하고 보다 진심으로 원하는 그런 목적을 이루기 위한 수단이라고 말하는 중이다. 이는 고생과 근심이 당시에는 하나님이 원하시는 것이라는 뜻이다. 이런 것들은 수단으로 안성맞춤이다. 그리고 이런 것들은 하나님의 완전한 마음이 안성맞춤으로 승인하시는 것이다.

그러나 하나님의 전반적인 역사관과 그의 본성 전체에 비춰보면, 그의 궁극적 목표에 더 걸맞은 상위의 행동들이 있다. 고생과 근심을 유발하는 것은 죄에 대한 하나님의 공의와 거룩함을 표현한다는 점에서 그 나름의 자리가 있다. 그러나 하나님의 본성에 더 가까운 것은 "그의 풍부한 인자하심"(3:32)이다. 이 때문에 하나님은 장차 새로운 언약을 만들어서 그분께 속한 백성, 곧 구속받고 새롭게 되고 정결해지고 신실한 백성으로 하여금 이 사랑을 즐거워하게 하실 것이다.

그리스도의 고난과 영광을 흘끗 보다

더 깊고 더 중심적인 동기가 예레미야가 품은 희망의 토대이다. 그리고 그는 육신을 입은 예수 그리스도를 보진 못했으나 사도 베드로가 다음과 같이 말한 선지자들 중 하나였다. "[선지자들이] 자기 속에 계신 그리스도의 영이 그 받으실 고난과 후에 받으실 영광을 미리 증언하여 누구를 또는 어떠한 때를 지시하시는지 상고하니라"(벧전 1:11). 우리가 그리스도의 고난의 이편에 서서 볼 때, 예레미야가 그 희망의 근거를 하나님의 속 깊은 마음에 두기 직전에 한 말, 즉 예레미야애가 3장 30절을 통해 그가 그 고난을 가리키고 있음을 놓치기가 어렵다. 그는 고난 받는 자들에게 "어쩌면 희망이 있을지 모른다"(3:29, 새번역)라고 조언한다. 그리고 그 희망에 이르는 길에 이런 일이 생긴다.

> 자기를 치는 자에게 뺨을 돌려대어 치욕으로 배불릴지어다(3:30).

성경 전체를 관통하는 패턴은 하나님의 백성이 영광에 이르는 길에서 고난을 통과해야 한다는 것이다. 이 패턴이 예수 그리스도 안에서 끔찍함과 영광의 정상에 도달했다. "이에 예수의 얼굴에 침 뱉으며 주먹으로 치고 어떤 사람은 손바닥으로 때리며"(마 26:67). 예수님이 받은 고난과 이후의 영광은 우리가 고난을 받는 중에 품을 희망의 완전한 패턴과 완전한 토대가 되었다.

예레미야가 이런 모습을 얼마나 많이 일별했는지는 우리가 모른다. 그러나 예레미야가 유독 하나님의 마음에서 나오는 것과 나오지 않는 것을 흘끗 들여다보도록, 그리고 그것이 그리스도의 성육신의 목적과 놀랍게 부합할 것임을 알도록 허락받은 것은 성경의 경이로운 점이다. 고생과 근심은 하나님의 본심이 아니다. 오히려 그의 마음에서 나오는 것은 긍휼과 인자하심이다. 그러므로 우리는 이렇게 말해도 좋다. "하나님이 그 아들을 세상에 보내신 것은 세상을 심판하려 하심이 아니요, 그로 말미암아 세상이 구원을 받게 하려 하심이라"(요 3:17).

천사들이 밟기를 두려워하는 곳은?

우리는 예루살렘이 포위를 당한 처참한 상황을 너무 빨리 지나갔다. "여호와여 보시옵소서 … 여인들이 어찌 자기 열매 곧 그들이 낳은 아이들을 먹으오며 제사장들과 선지자들이 어찌 주의 성소에서 죽임을 당하오리이까?"(애 2:20). 수년 동안 이 대목이 때로는 나의 마음을 너무나 무겁게 했다. 이는 세상에서 일어나는 아이들의 고난이란 더 큰 이슈의 일부이다. 이 문제에 직면하여 우리는 하나님의 포괄적인 섭리에 관해 어떻게 생각할 것인가? 어쩌면 천사들이 밟기 두려워하는 곳에 가는 듯하다. 이에 관해 다음 장에서 곰곰이 생각해보자.

33.

하나님이 특히 혐오하신 사악함

우리는 27장 앞부분에서 하나님은 때때로 적합한 심판을 받게 하려고 특정한 종류의 죄악된 행동이 발생하도록 조치해서 그의 백성을 심판하신다는 것을 살펴보았다. 예컨대, 다윗의 간음은 그분에게 거슬리는 간음으로 처벌을 받았다(삼하 12:11-12). 성경 전체에서 하나님은 처벌이 범죄에 상응하되 가혹한 정도뿐 아니라 종류도 그런 것이 적절하다고 말씀하신다.

그러나 다른 해가 있으면 갚되 생명은 생명으로, 눈은 눈으로, 이는 이로, 손은 손으로, 발은 발로, 덴 것은 덴 것으로, 상하게 한 것은 상함으로, 때린 것은 때림으로 갚을지니라(출 21:23-25).

너희가 비판하는 그 비판으로 너희가 비판을 받을 것이요 너희가 헤아리는 그 헤아림으로 너희가 헤아림을 받을 것이니라(마 7:2).

여호와께서 만국을 벌할 날이 가까웠나니

네가 행한 대로 너도 받을 것인즉 네가 행한 것이 네 머리로 돌아갈 것이라(옵 15).

그가 저주하기를 좋아하더니 그것이 자기에게 임하고,
축복하기를 기뻐하지 아니하더니 복이 그를 멀리 떠났으며(시 109:17).

내가 너에게 피를 만나게 한즉 피가 너를 따르리라 네가 피를 미워하지 아니하였은즉 피가 너를 따르리라(겔 35:6).

네 칼이 여인들에게 자식이 없게 한 것같이 여인 중 네 어미에게 자식이 없으리라(삼상 15:33).

하나님은 가장 저급한 타락을 어떻게 심판하실까?

하나님은 사람들 가운데 그의 공의를 종종 이렇게 실행하신다. 가장 소름끼치는 인간의 죄악 중 하나는 자기 자녀를 불에 태워 제물로 바치는 것이다. 율법은 무죄한 피를 흘리지 말라고 경고했다(신 19:10). 이는 어떤 범죄도 저지르지 않은 성인(신 19:13; 삼상 19:5), "죄 없는 가난한 자"(렘 2:34), 그리고 아이들의 피를 흘리는 것을 포함했다.[1] 그리고 가장 저급한 사악함으로 보이는 것은 자녀의 희생이었다.

그들이 그들의 자녀를
악귀들에게 희생 제물로 바쳤도다.
무죄한 피 곧 그들의 자녀의 피를 흘려
가나안의 우상들에게 제사하므로 그 땅이 피로 더러워졌도다(시 106:37-38).

---

[1] 이로부터 "무죄한"이란 단어가 죄가 없다는 뜻이 아님을 알 수 있다. 모든 사람이 죄를 가진 상태로 태어난다. "무죄한 피"는 사람의 처벌을 받을 이유가 없는 사람의 피를 의미한다. 즉, 사람이 내리는 어떤 처벌이라도 받을 만한 범죄를 사람에게 저지르지 않은 경우를 말한다.

이런 정도의 사악함을 하나님이 특별히 혐오하셨다.

그러므로 여호와께서 자기 백성에게 맹렬히 노하시며 자기의 유업을 미워하사(시 106:40).

그러면 하나님은 자기 자녀를 희생 제물로 바치는 행위를 어떻게 벌하실까? 그분은 레위기 26장과 신명기 28장에 나오는 언약적인 위협을 통해 경고하시며 시적(詩的) 공의의 끔찍한 형식으로 그들에게 분노를 쏟겠다고 말씀하신다. 그들로 자기 자녀의 살을 먹게 하겠다고 하셨다.

너희가 이같이 될지라도 내게 청종하지 아니하고 내게 대항할진대 내가 진노로 너희에게 대항하되 너희의 죄로 말미암아 칠 배나 더 징벌하리니, 너희가 아들의 살을 먹을 것이요 딸의 살을 먹을 것이며(레 26:27-29).

네가 네 하나님 여호와의 말씀을 청종하지 아니하고 네게 명령하신 그의 명령과 규례를 지키지 아니하므로 이 모든 저주가 네게 와서 너를 따르고 네게 이르러 마침내 너를 멸하리니 … 네가 적군에게 에워싸이고 맹렬한 공격을 받아 곤란을 당하므로 네 하나님 여호와께서 네게 주신 자녀 곧 네 몸의 소생의 살을 먹을 것이라(신 28:45, 53).

이후 에스겔과 예레미야가 발한 긴급한 경고가 나오고, 그들은 이런 위협이 그들 시대에 실현되는 것을 볼 수 있었다.

네 모든 가증한 일로 말미암아 내가 전무후무하게 네게 내릴지라. 그리한즉 네 가운데에서 아버지가 아들을 잡아먹고 아들이 그 아버지를 잡아먹으리라. 내가 벌을 네게 내리고 너희 중에 남은 자를 다 사방에 흩으리라(겔 5:9-10).

너희 유다 왕들과 예루살렘 주민아 여호와의 말씀을 들으라. 만군의 여호와 이스라엘의 하나님이 이같이 말씀하시되 "보라 내가 이 곳에 재앙을 내릴 것이라. 그것을 듣는 자의 귀가 떨리니 이는 그들이 나를 버리고 이 곳을 불결하게 하며 … 무죄한 자의 피로 이곳에 채웠음이며 또 그들이 바알을 위하여 산당을 건축하고 자기 아들들을 바알에게 번제로 불살라 드렸나니 … 그러므로 보라 … 그들이 그들의 원수와 그들의 생명을 찾는 자에게 둘러싸여 곤경에 빠질 때에 내가 그들이 그들의 아들의 살, 딸의 살을 먹게 하고 또 각기 친구의 살을 먹게 하리라" 하셨다 하고(렘 19:3-6, 9).

이후 그런 일이 실제로 벌어졌다

이후 도무지 생각할 수 없는 일이 실제로 벌어졌다. 심판이 내려졌고, 그들이 포위되어 굶어죽게 되자 자기 자녀를 죽이고 그 살을 먹게 되었다.

> 주님, 살펴 주십시오.
> 주님께서 예전에 사람을 이렇게 다루신 적이 있으십니까?
> 어떤 여자가 사랑스럽게 기른 자식을 잡아먹는단 말입니까?(애 2:20, 새번역).

> 내 백성의 도성이 망할 때에
> 자애로운 어머니들이 제 손으로 자식들을 삶아서 먹었다.
> 주님께서 진노하셔서 타오르는 분노를 퍼부으셨다.
> 시온에 불을 지르고 그 터를 사르셨다(애 4:10-11, 새번역).

하나님은 이른바 예배 행위로 자녀들을 살해하는 행습을 너무나 혐오하신 나머지 다음과 같은 충격적인 말씀으로 대응하신 것이다. "내가 그들이 그들의 아들의 살, 딸의 살을 먹게 하고 또 각기 친구의 살을 먹게 하리라"(렘 19:9).

자녀들아! 자녀들아!

만일 이것이 단지 사악한 부모가 자신의 썩어가는 양심이 풍기는 도덕적 악취를 참아야 할 문제일 뿐이라면, 우리는 손으로 입을 가리고 침묵한 채 떨면서 주님의 섭리를 인정해야 할지 모른다.

그러나 문제를 더 복잡하게 만드는 것은 자녀들이다. 우리가 자녀들에 대해 어떻게 생각해야 할까? 자녀들의 고난과 죽음에 대해서는? 우리는 제5편에서 이 문제를 직면해야 했다. 하나님께서 창세기 6장에서 홍수로 수많은 자녀들의 생명을 앗아가셨다는 것을 우리가 안다. 그리고 그분은 출애굽기 12장 29절에서 유월절에 죽음의 천사를 보내셔서 모든 장자를 죽이셨다. "밤중에 여호와께서 애굽 땅에서 모든 처음 난 것 곧 왕위에 앉은 바로의 장자로부터 옥에 갇힌 사람의 장자까지와 가축의 처음 난 것을 다 치시매."[2] 물론 무력한 자녀들의 고통은 새로운 것이 아닐지라도 부모의 사악함이 저지른 참사는 예루살렘의 고난에서 다시 최저점을 찍었다.

우리의 초점 렌즈를 넓히자: 죽음의 기원

우리는 아이들의 고난과 죽음을 어떻게 이해할 것인가? 이에 대한 부분적인 성경의 대답은 바울의 로마서에 나온 것, 즉 아담이 지은 최초의 죄인 영적 범죄를 인간의 죽음과 고난이란 신체적 결과와 연결시키는 것에서 찾을 수 있다. 바울은 아담의 죄를 인간 죽음의 역사와 연결시킨다. "그러므로 한 사람으로 말미암아 죄가 세상에 들어오고 죄로 말미암아 사망이 들어왔나니, 이와 같이 모든 사람이 죄를 지었으므로 사망이 모든 사람에게 이르렀느니라"(롬 5:12). 바울의 설명에 따르면, 하나님은 아담이 모든 인류를 대표하는 것으로 보았기에 그의 모든 후손을 죄인으로 간주하셨다고 한다. "한 사람이 순종하지 않음으로 말미암아 많은 사람이 죄인으로 판정을 받았는데"(5:19, 새번역). 바울은 이런 죄인의 판정을 운명이나 신체적 유산의

---

2) 맨 처음 유월절 밤에 닥친 자녀들의 운명에 관해 내가 말한 내용은 24장을 참고하라.

결과로 보지 않고 하나님이 내린 법적 정죄로 보았다. "그런즉 한 범죄로 많은 사람이 정죄에 이른 것같이"(5:18).

고난과 죽음이 초래된 것은 자연적인 결과가 아니었다. 그것은 하나님의 심판이었다. "심판은 한 사람으로 말미암아 정죄에 이르렀으나"(5:16). 그리고 그 법적 정죄의 결과와 그 심판의 판결이 바로 죽음이 모든 인간 위에 군림하는 것이었다. "한 사람의 범죄로 말미암아 사망이 그 한 사람을 통하여 왕 노릇 하였은즉"(5:17). "한 사람의 범죄를 인하여 많은 사람이 죽었은즉"(5:15). "죄가 사망 안에서 왕 노릇 한 것같이"(5:21).

바라는 가운데 굴복하다

이것이 바로 바울이 로마서 8장 20-22절에서 파괴적이고도 영광스러운 소망을 말하는 것의 배경이다.

피조물이 허무한 데 굴복하는 것은 자기 뜻이 아니요 오직 굴복하게 하시는 이로 말미암음이라. 그 바라는 것은 피조물도 썩어짐의 종 노릇 한 데서 해방되어 하나님의 자녀들의 영광의 자유에 이르는 것이니라. 피조물이 다 이제까지 함께 탄식하며 함께 고통을 겪고 있는 것을 우리가 아느니라.

여기서 "허무한 데 굴복하는 것"은 우리가 로마서 5장 12-21절에서 살펴본 것이다. 죄가 세상에 들어왔을 때, 죽음이 정죄와 심판으로서 세상에 들어왔다. 죽음은 동떨어진 심판으로 존재하지 않는다. 죽음의 서곡은 창세기 3장 14-19절에 묘사된 대로 많은 고통이 따르는 삶이다. 바울은 이제 로마서 8장에서 그 그림을 넓혀서 죄 때문에 하나님의 심판 아래 있는 온 피조세계를 포함하고 있다.

온 피조세계가 "허무한 데 굴복했다"(롬 8:20). 아무것도 깨어진 세계에서 벗어날 수 없다. 본래의 선함은 하나님께서 피조세계를 "매우 좋다"(창 1:31)고 선언하신 날부터 오염되고 말았다. 만물이 거듭해서 좌절감을 준다. 당신이 하나를 고쳤다고 생각하면 또 다른 것이 고장 난다. 한 관계가 치유되는 순간 또 다른 관계가 깨어진다. 한 질병을 통제하는 순간 또 다른 질병이 발생한다. 한 사고를 피하는 순간 또 다른 사고가 다른 방향에서 닥친다.

바울은 피조세계의 타락한 상태를 "썩어짐의 종 노릇"(롬 8:21)으로 묘사한다. 이는 노예상태이다. 피조세계는 기꺼이 굴복한 것이 아니다(8:20). 굴복하게 하신 분은 하나님이었다. 우리가 이를 아는 것은, 하나님이 굴복하게 하신 것은 "그 바라는 것은 피조물도 썩어짐의 종 노릇 한 데서 해방되는"(8:21) 것이라고 바울이 말하기 때문이다. 이는 사탄의 계획이 아니고 아담의 계획도 아니었다. 그것은 하나님의 계획이었다. 이 때문에 내가 로마서 8장 20-22절을 파괴적이고도 영광스러운 소망이라 부른 것이다. 허무함과 썩어짐과 고난과 죽음으로 정죄 받은 것은 파괴적이다. 그러나 그 굴복이 해방에 이르는 길이라는 약속은 영광스러운 소망을 준다.

현재의 고난은 "해산의 고통"(8:22, 새번역)과 비슷하다. 기쁨을 주는 무언가가 곧 피조세계에서 태어나려 한다는 뜻이다. 굴복과 정죄가 최종 결론이 아니었다. 그 굴복은 "바라는 가운데" 일어난 것이다. 그것은 해산의 고통이었다. "피조물도 썩어짐의 종 노릇 한 데서 해방될 것이다"(8:21). 첫째, 하나님의 자녀들이 그리스도에 대한 믿음을 통해 의롭게 되고(5:1), 이후 그들은 새로운 부활의 몸을 입고(8:23) 영화롭게 될 것이다(8:30). 그리고 온 피조물이, 마치 하나님 앞에서 영원한 기쁨을 위한 완벽한 거처가 되는 것처럼, 그 자녀들의 경우처럼 영화롭게 될 것이다. "피조물도 썩어짐의 종 노릇 한 데서 해방되어 하나님의 자녀들의 영광의 자유에 이르는 것이니라"(8:21).

도덕적 악은 왜 신체적 고통의 심판을 받는가?

현재로는 세계가 하나님의 심판 아래 있다. 세계는 자연적인 타락(롬 8:20-23)과 도덕적 타락(롬 1:24, 25, 28)에 굴복한 상태이다. 이는 자연 재앙, 질병, 고통, 죽음과 같은 물리적 참상을 포함한다. 이는 자연적 원인과 인간의 잔인함에 기인하는 자녀들의 고통과 죽음을 포함한다.

당신은 '하나님은 왜 도덕적 악을 신체적 고통으로 심판하시는가?'라는 질문을 던진 적이 있는가? 잠시 죄가 세상에 들어오기 전에 에덴동산에 있던 아담과 하와를 상상해보라. 모든 것이 완벽하다. 그런데 그들이 금지된 과일을 먹는다(창 2:17; 3:6). 하나님이 자연세계에 저주를 내리신다. 몸과 땅과 식물과 같은 물리적인 것들이 썩어짐의 종이 된다(창 3:14-19; 롬 8:20). 그런데 왜 그런가? 물리적인 것들은 죄를 짓지 않았다. 죄는 아담의 마음과 하나님 사이에 존재했다. 그 죄는 최초의 아내 학대가 아니었다. 이는 하나의 결과로서 곧 발생했다(창 3:12). 하지만 그것은 최초가 아니었다. 최초의 것은 하나님 학대였다. 그리고 그것은 신체적인 것이 아니라 영적인 학대였다.

아담이 하나님을 때렸다. 하지만 그의 주먹으로 때린 것이 아니다. 그의 마음으로 때렸다. 그는 사실상 이렇게 말한 셈이다. "나는 당신이 최상의 삶을 제공한다고 더 이상 믿지 않소. 최상의 삶이 무엇인지를 내가 당신보다 더 잘 안다고 생각하오. 나는 당신의 사랑을 거부하오. 당신의 지혜도 거부하오, 당신이 나에게 모든 것을 공급하는 가장 지혜로운 아버지라는 것도 부인하오. 나는 이 관계에서 나 자신을 주권자로 선출하오. 이를 나 나름의 방식으로 하겠소." 그것은 사람이 하나님의 위대함과 아름다움과 존귀함을 조롱하는 짓이었고, 하나님의 무한한 가치에 비해 너무나 터무니없는 짓이었다.

하나님을 학대하는 범죄 때문에 잠을 설치는 사람이 있는가?

그런데 문제는 이것이다. 타락한 인간들은 그 범죄의 중대성을 알아차리지 못한다. 하나님은 타락한 사람들의 마음에 너무도 하찮은 존재라서 그 무한한 범죄가 하나님을 최고의 보배로 모시지 않는 모든 인간의 마음을 날마다 지배하는데도 그들이 조금도 잠을 설치지 않는다. 하나님은 이를 알고 계시다. 그분은 타락의 순간부터 이렇게 될 것임을 알고 계셨다.

이것이 하나님이 도덕적 악을 신체적 고통으로 심판하시는 이유들 중 하나라고 나는 생각한다. 타락한 사람들은 하나님을 고귀하게 여기지 않지만 고통에서 자유로운 것은 귀하게 생각한다. 그러므로 하나님은 그들에게 하나님을 하찮게 여기는 범죄를 가리키기 위해 그 범죄를 신체적 고통과 슬픔으로 심판하시는 것이다. 그분은 온 피조물을 허무함과 썩어짐에 굴복시키셨다. 달리 말하면, 하나님은 누구나 이해할 수 있는 언어로 회개를 촉구하고 계신다. 바로 고통과 죽음의 언어이다.

모든 재앙은 회개의 촉구이다

이를 누가복음 13장 1-5절에서 볼 수 있다.

그때 마침 두어 사람이 와서 빌라도가 어떤 갈릴리 사람들의 피를 그들의 제물에 섞은 일로 예수께 아뢰니 대답하여 이르시되 "너희는 이 갈릴리 사람들이 이같이 해 받으므로 다른 모든 갈릴리 사람보다 죄가 더 있는 줄 아느냐? 너희에게 이르노니, 아니라, 너희도 만일 회개하지 아니하면 다 이와 같이 망하리라. 또 실로암에서 망대가 무너져 치어 죽은 열여덟 사람이 예루살렘에 거한 다른 모든 사람보다 죄가 더 있는 줄 아느냐? 너희에게 이르노니, 아니라, 너희도 만일 회개하지 아니하면 다 이와 같이 망하리라."

사람들이 두 가지 참사, 곧 인간의 잔인함(빌라도의 무자비함)이 낳은 것과 자연적 원인(탑의 붕괴)으로 인한 것을 들고 예수님께 다가간다. 그들은 예수님이 인간의 특정한 죄와 특정한 고통 사이에 연관을 지을 것으로 예상하고 있었다. 만일 어떤 사람들이 그런 잔인함이나 재난을 체험한다면, 그들이 다른 이들보다 더 나쁜 죄인들임에 틀림없다고 그들이 가정했던 것이다. 그 두 경우에 대해 예수님은 아니라고 말씀하신다.

그들의 고통을 특정한 죄, 즉 그들을 더 나쁜 죄인들로 만들 그런 죄와 연관시키는 대신, 예수님은 그들의 고통을 보편적인 인간 죄성과 연관시키고 그들의 고통을 우리 모두가 깨어나서 회개해야 한다는 촉구로 해석하신다. 두 경우 모두에 대해 그분은 "너희도 만일 회개하지 아니하면 다 이와 같이 망하리라"(13:3, 5)고 말씀하신다.

이는 깜짝 놀랄 만한 일이다. '다'라는 단어를 주목하라. 너희도 '다' 이와 같이 망하리라. 만일 회개하지 아니하면. 달리 말해, 세상에서 고통이 있는 곳이 어디든지 (자연적인 원인에 기인하든 인간의 잔인함으로 인한 것이든 상관없이) 우리 모두는 그 촉구를 들어야 한다. 회개하라는 촉구이다. 어떻게 이럴 수 있는가? 그런 임의의 재난이나 인간이 유발한 재난이 어떻게 모든 인간에게 회개하라는 촉구일 수 있을까?

하나님이 신체적 고통을 도덕적 범죄의 비유로 삼으셨다

이에 대한 부분적인 대답은 우리가 로마서 5장과 8장에서 살펴본 바와 같다. 하나님이 친히 신체적 고통을 하나님께 대항하는 범죄의 끔찍함을 보여주는 하나의 표지판 내지는 비유(굉장히 현실적인 드라마)로 삼으셨다는 것. 이 때문에 예수님은 열여덟 명의 몸을 부순 탑의 임의적 붕괴와 빌라도가 저지른 소름끼치는 행위를 두고 두 사건 모두 '모든' 사람에게 회개하라는 하나님의 촉구라고 말씀하실 수 있는 것이다. 우리는 모두 죄인이라서 이처럼 부서지고 무자비하게 당한 사람들의 운명에 처해질 만하다. 그런 고통과 죽음을 바라볼 때 우리가 느끼는 충격은 그런 사건이 발생했다는 사실이 아니라 그것이 아직 '우리'에게 일어나지 않았다는 사실 때문이라야 한다. 이것이 요점이다. 우리에게는 여전히 회개할 수 있는 과분한 시간이 남아있다.

그런데도 그들이 회개하지 않았다

성경의 마지막 책인 요한계시록 역시 고통과 죽음의 언어로 회개를 촉구한다. 세상이 최후의 "해산"의 고통(롬 8:22)으로 흔들릴 때, 하나님과 그의 천사들이 세상에 무서운 고통과 죽음을 쏟아 붓는다. 이것이 분명히 아이들과 성인들 모두의 생명을 앗아갈 것임은 환상에서 "사람 삼분의 일이 죽임을 당하니라"(계 9:18)고 밝히기 때문이다. 누가복음 13장 1-5절에 나오는 예수님의 말씀과 비슷하게 여기서도 이 세계적인 고난의 목표가 회개라고 세 번이나 말한다.

> 이 세 재앙 곧 자기들의 입에서 나오는 불과 연기와 유황으로 말미암아 사람 삼분의 일이 죽임을 당하니라 … 이 재앙에 죽지 않고 남은 사람들은 **손으로 행한 일을 회개하지 아니하고** 오히려 여러 귀신과 또는 보거나 듣거나 다니거나 하지 못하는 금, 은, 동과 목석의 우상에게 절하고(계 9:18, 20).

> 사람들이 크게 태움에 태워진지라. 이 재앙들을 행하는 권세를 가지신 하나님의 이름을 비방하며 또 **회개하지 아니하고** 주께 영광을 돌리지 아니하더라(계 16:9).

> 사람들이 아파서 자기 혀를 깨물고 아픈 것과 종기로 말미암아 하늘의 하나님을 비방하고 그들의 행위를 **회개하지 아니하더라**(계 16:10-11).

아이들도 분노의 드라마에서 휩쓸려간다

내가 로마서 5장과 8장, 누가복음 13장 1-5절, 그리고 요한계시록의 이런 본문들을 주목하게 하는 취지는 자기 자녀를 먹는 도덕적 참상(렘 19:9)과 자녀들에게 닥치는 말할 수 없는 고통과 죽음에 대해 하나님의 포괄적인 관점을 제공하려는 것이다. 그 관점이 우리에게 보여주는 바는, 세상에 그런 도덕적 비극, 고난, 죽음이 존재하는 이유 중 하나는 더욱 터무니없는 비가시적인 실재의 터무니없는 가시적 드라마를 제공하기 위해서다.

터무니없는 드라마는 세기마다 계속되는 세계적인 고난과 죽음의 드라마이다. 드라마로 나타나는 비가시적 실재는 보편적인 인간이 아담과 하와처럼 하나님을 취급하는 모습이다. 즉, 모든 것을 공급하는 아버지, 자비로운 창조주, 너무나 지혜로운 상담사, 전능한 보호자, 늘 함께하는 기쁨, 무한히 고귀한 보배인 하나님을 무시하고 하찮게 여기고 경멸하는 모습이다.

타락한 인간은 하나님을 이렇게 취급하는 짓이 일으키는 분노를 느끼지 못한다.

이 보편적인 인간의 스캔들 때문에 잠을 설치는 사람은 극소수에 불과하다. 반면에 우리는 신체적 고통과 상실은 얼마나 절절히 느끼는가! 우리는 이 언어, 곧 고통과 죽음의 언어를 알고 있다. 이는 우리로 분노케 하고 종종 하나님께 대해 그렇게 만든다. 성경은 우리가 이 고통의 언어를 해석하도록 돕기 위해 기록되었다. 이는 회개에의 촉구라고 예수님이 말씀하셨다. 대량 학살과 "임의의" 참사를 볼 때는 하나님의 음성을 들어라. "너희도 만일 회개하지 아니하면 다 이와 같이 망하리라"(13:3, 5). 아이들도 이런 학살에서 휩쓸려가고 만다. 하나님을 하찮게 여기는 짓은 그만큼 끔찍하다. 아이들의 고통 역시 그 터무니없는 드라마의 일부이다. 그들의 고통 역시 회개에의 촉구이다.

죽는 영아들은 영원한 기쁨을 물려받을까?

아이들의 고난과 죽음은 어떻게 의롭게 다뤄질까? 하나님의 공의가 마침내 심판의 날에 드러나는 것을 내가 숙고한 결과, 하나님이 심판의 기준을 실행하시되 이 세상에서 죽는 영아들이 정죄에서 구원받도록 문을 열어주시는 모습을 보게 된다. 나는 모든 인간이 하나같이 잉태되는 순간부터 죄인임을 부인하지 않는다. "내가 죄악 중에서 출생하였음이여, 어머니가 죄 중에서 나를 잉태하였나이다"(시 51:5). 나는 모든 인간이 아담의 불순종에 의해 "판정된 죄인"(롬 5:19)임을 믿는다. 하나님이 어떤 아이의 생명을 취하시든지 그것이 불의하지 않다고 믿는다(욥 1:21-22). 그분이 생명을 소유하시는 만큼(시 100:3) 원하실 때 그것을 취하실 수 있다(단 5:23).

그럼에도 불구하고, 바울이 말하는 심판의 기준을 계기로 나는 하나님이 영아 시절에 죽는 이들을 선택하셔서 장차 구원하실 것이라고 생각하게 되었다. 이 기준은 로마서 1장 19-20절에 표현되어 있다.

> 이는 하나님을 알 만한 것이 그들[모든 사람] 속에 보임이라. 하나님께서 이를 그들에게 보이셨느니라. 창세로부터 그의 보이지 아니하는 것들 곧 그의 영원하신 능력과 신성이 그가 만드신 만물에 분명히 보여 알려졌나니, 그러므로 그들이 핑계하지 못할지니라.

33. 하나님이 특히 혐오하신 사악함   543

"**그러므로** 그들이 핑계하지 못할지니라"는 말은 하나님의 심판의 원칙을 보여주는데, 그것은 바울이 거론하는 지식에 접근하지 못하는 사람은 "핑계할 것이 있을" 것이라는 뜻이다. 그 접근은 자연에 나타난 객관적인 계시(이는 충분하다)와 하나님이 계시하신 것을 보고 추론할 수 있는 관찰자의 선천적 능력을 모두 포함한다.[3] 20절에 나오는 "분명히 보여 알려졌나니"라는 말은 이 선천적 능력이 정신적 성찰을 통한 인식을 포함한다는 뜻이다.

나의 주장인즉, 영아들은 정신적 성찰을 통한 인식 능력이 없기 때문에 하나님의 계시에 접근할 수 없고, 따라서 심판의 날에 하나님이 핑계할 것이 있는 존재로 대우하실 것이라는 것이다. 이는 무죄하다는 의미가 아니라 (원죄 때문에) 하나님이 제정하신 심판의 원칙에 따라 그분이 이생에서 일반 계시에 접근할 수 없는 이들을 정죄하지 않으실 것이라는 의미이다. 하나님이 이런 영아들을 '어떻게' 구원하실지는 추측만 할 수 있을 뿐이다. 그러나 그것은 예수님의 피와 의로움을 하나님의 용납을 받는 유일한 근거로 여겨 영화롭게 하는 방식으로(롬 3:24-25), 그리고 믿음을 이 은혜를 즐거워하는 유일한 수단으로 여겨 영화롭게 하는 방식으로(롬 3:28; 5:1) 이뤄질 것이다.[4]

---

[3] '선천적 능력'이란 용어는 이 역량을 '도덕적 능력'과 구별하기 위해 사용했다. 후자는 타락한 사람들이 갖고 있지 않은 것이고 도덕적 책임의 전제조건이 아니다. '도덕적 능력'은 하나님의 영광이 지닌 아름다움을 있는 그대로 보고 그 가치로 인해 그것을 존귀하게 여기게 되는 능력이다. 그러나 우리의 선천적 상태는 눈이 멀어서 그런 도덕적 능력이 결여되어 있다(고후 4:4). 선천적 무능력과 도덕적 무능력 간의 구별에 대해 더 알고 싶으면 다음 글을 참고하라. Sam Storm, "The Will: Fettered Yet Free," Desiring God, September 1, 2004, https://www.desiringgod.org/articles/the-will-fettered-yet-free. 아울러 '무능력'이란 용어를 '선천적'과 '도덕적'이란 대조적인 수식어와 함께 생각해보면 그 뜻이 분명해진다. 조나단 에드워즈는 양자를 이렇게 구별한다. "우리가 '선천적으로' 어떤 것을 할 수 있는 능력이 없다고 말할 때는 우리가 원해도 그것을 할 수 없는 경우인데, 그 이유는 흔히 본성이라 부르는 것이 그것을 허용하지 않기 때문이거나, 의지 바깥에 있는 어떤 결함이나 장애물 때문이다. 이는 이해의 능력, 몸의 체질, 또는 외부의 물체 속에 있다. '도덕적' 무능력은 이런 것들 중 어느 것에도 있지 않고, 의향의 결여 또는 반대 의향의 힘 또는 의지의 행위를 유도하고 촉발할 만한 충분한 동기의 부족 또는 그와 반대되는 동기의 힘에 있다. 또는 둘 다 용해되어 하나가 될 수 있다. 한 마디로 말하면, 도덕적 무능력은 의향의 반대 또는 부족에 있다고 할 수 있다. 왜냐하면 한 사람이 동기의 부족이나 반대 동기의 만연으로 말미암아 그런 것을 원하거나 선택할 능력이 없을 때는 그 사람이 그런 환경에서 또 그런 견해의 영향을 받아 어떤 의향의 부족이나 반대 의향의 만연으로 말미암아 그럴 수 없다는 것과 마찬가지이기 때문이다." Jonathan Edwards, *Freedom of the Will*, ed. Harry S. Stout and Paul Ramsey, vol. 1, *The Works of Jonathan Edwards* (New Haven, CT: Yale University Press, 2009), 159-60.

[4] 영아 구원에 관한 이 입장을 더 자세히 변호한 글로는 다음을 추천한다. Matt Perman, "What Happens to Infants Who Die?," Desiring God, January 23, 2006, https://www.desiringgod.org/articles/what-happens-to-infants-who-die.

끝으로 나의 세속성을 반성한다

이제 6편에서 인간의 죄악된 선택과 그 결과를 다스리는 하나님의 섭리의 성격과 범위에 초점을 맞춘 것을 마무리할 때이다. 이 장들은 나에게 내 삶의 매우 심각한 문제를 직면케 한다. 나는 하나님의 실재가 얼마나 방대한지를 잊어버린 채 흐릿한 세속성의 안개 속에서 걷고 있지 않은가? 나는 하찮은 흥분거리에 마취된 채 이 세상에서 가장 끔찍하고도 영광스러운 것을 보지 못하고 또 느끼지 못하는 것은 아닌가? 나는 하나님의 포괄적인 섭리를 의식하면서 전율과 기쁨에 찬 삶을 영위하는 영적 능력을 잃어버리지 않았는가?

나는 하나님의 섭리에도 '불구하고'가 아니라 그 '때문에' 풍성한 소망을 품은 채, 날카로운 모서리를 지닌 고난과 죽음을 보고, 그런 처지에 있는 자들에게 적절한 공감을 느끼고(히 13:3), 연민의 눈물과 함께 그들을 가까이 하는가? 나는 하나님의 포괄적인 섭리를 통해 그분의 지혜와 능력과 선하심을 맛보고 직시하되 흔들리지 않는 소망을 품고, 되돌릴 수 없는 치유를 확신하며, 하늘로 향하는 험악한 항해를 위해 진리의 바닥짐을 챙기는 가운데 그렇게 하는가?

나는 바로 이 하나님, 즉 그의 길이 완벽하고, 고난과 죄를 다스리는 그의 편만한 섭리가 나에게(그리고 나를 통해) 반석, 방패, 지팡이, 향기, 침대, 보배, 기쁨이 될 그분을 그토록 깊이 또 친밀하게 알게 될까? 나는 단연코 그리스도의 십자가, 즉 최악의 인간 죄와 최대의 신적 사랑이 섭리의 계획과 손에 의해 완전한 공의와 긍휼과 함께 합쳐진 그곳을 바라볼 것인가?(행 4:27-28). 나는 이 포괄적인 섭리가 없으면 복음도 없다는 것을 깨닫게 될까? 그리하여 나는 하나님의 섭리가 모든 것을 다스리기에 기뻐하고 즐거워할 것인가?

하나님이 도와주신다면, 즉 하나님이 섭리로 또 전능한 능력으로 도와주신다면, 나는 기꺼이 그렇게 할 것이다. 이제 이 필수적인 하나님의 도움을 살펴볼 차례이다.

7편

회심을 다스리는 섭리

34.

회심 이전 우리의 상태

26장은 평범한 자연적인 인간의 의지와 행위에 초점을 맞추었다. 27-33장은 죄악된 의지와 행위에 대한 섭리로 초점을 좁혔다. 이처럼 폭넓은 초점과 좁은 초점에 맞추어 살펴본 결과는 다음과 같다. 삶의 어떤 영역이든, 어떤 인간의 의지나 행위이든, 하나님의 장엄하신 섭리가 궁극적이고 결정적인 지배권을 행사하길 중단하거나 그 지배권이 제한받는 곳은 하나도 없다는 깨달음이고, 이로 말미암아 우리는 정신을 바짝 차리고 또 소망을 품게 된다는 것이다.

하나님의 백성의 삶에 나타나는 하나님의 섭리

"평범한 자연적인 인간 의지"란 어구는 대양과 같은 인간 행위를 구원의 믿음, 회개, 기독교적 믿음의 행위(고후 5:7)에 대한 하나님의 섭리로부터 구별하기 위해 사용한 것이다. 이제는 후자를 다루려고 한다. '평범한' 인간 의지와 '기독교적' 의지를 구별하는 배후에는 하나님이 그의 백성의 삶에서 (다른 이들의 삶과는 달리) 독특한 방식으로 일하신다는 확신이 있다. 진정한 그리스도인의 경우 하나님의 섭리는 거침없이 구원하는 섭리이다.

하나님은 그의 백성(그의 신부인 교회, 엡 5:25-27)이 다음과 같이 되도록 "조치를 취하신다." 그들로 그리스도를 믿게 하고, 죄를 회개하고, 입양된 자녀로서 용서와 칭의와 하나님과의 화해를 경험하고, 믿음으로 행하고, 그리스도의 형상으로 변화되어 가고, 사랑과 선행의 삶을 영위하고, 죽은 자의 부활에 이르고, 영광 중에 온전해지고, 새로운 창조세계에 거주하고, 점증하는 기쁨으로 하나님을 최고로 모심으로써 영원토록 그분을 영화롭게 하게 하신다. 이 책의 나머지 부분은 이 주장의 성경적 토대를 제공하는 것을 목표로 삼는다. 말하자면, 사람이 아니라 하나님이 그리스도인 존재의 기원과 보존과 완성에 결정적 영향을 미친다는 것이다. 사람은 궁극적 자기결정권을 갖고 있지 않다. 오직 하나님만 갖고 계시다. 그리스도에게로 회심하는 순간, 믿음으로 인내하는 순간마다 하나님의 섭리가 우리 그리스도인의 존재를 지탱하는 결정적 요인이다.

물론 우리는 우리의 회심, 보존, 그리고 영원한 기쁨에 도달함의 일부로 많은 것을 행하라는 명령을 받았다(39장을 보라). 우리는 구원을 받는 과정에서 수동적인 존재가 아니다. 그러나 우리가 성경에서 배우는 바는 우리의 행위가 하나님이 결정적 요인으로 작용하시는 기적의 행위라는 것이다. 우리가 기적을 행하지 않으면 최종적인 구원도 없을 것이다.[1] 그런데 결국 우리는 너무나 감사하면서 "내가 한 것이 아니요, 오직 나와 함께 하신 하나님의 은혜로라"(고전 15:10)고 고백할 것이다.

이는 하나님께서 그의 백성을 구속하시고 새롭게 하시는 섭리를 우리가 처음 살펴보는 것은 아니다. 제2부는 11-14장에서 최고조에 달했는데, 거기서 하나님이 예수 그리스도를 통해 그의 신부인 교회를 구원하신(그리고 구원하고 계시는) 그 섭리의 '목표'를 추적한 바 있다. 그런즉 우리는 이미 하나님이 그 자신을 위해 구속된 백성을 창조하시는 섭리를 한번 훑어본 셈이다. 당시에 우리의 목표는 하나님의 섭리의 '목표'를 분명히 하는 일이었다. 나머지 부분에서 우리가 초점을 맞출 주제는 하나님이 그의 백성을 구원하고 또 모든 역사와 피조물이 그 위대한 목표를 섬기도록

---

[1] John Piper and David Mathis, eds., *Acting the Miracle: God's Work and Ours in the Mystery of Sanctification* (Wheaton, IL: Crossway, 2013).

하시는 그 섭리의 '성격'과 '범위'이다.

우리는 그 목표를 여러 방식으로 진술했다. 예컨대, 모든 섭리 사역은 처음부터 끝까지 다음과 같은 궁극적 목표를 갖고 있다. **새 하늘과 새 땅에서 지금부터 영원토록 그리스도를 즐거워하고 찬송하고 반영하는 것을 그 아름다움으로 삼는 자격 없는 백성, 그 백성을 하나님이 아름답게 하심으로써 기쁘게 그 자신의 은혜를 영화롭게 하시는 것이다.** 우리는 이 주장을 분명히 하고 또 지지하기 위해 무려 열두 장(3-14)을 할애했다. 이어지는 내용에서 다루는 섭리의 궁극적 목표는 하나님의 백성을 회심시키고 변화시키는 섭리의 성격과 범위에 관한 논의와 결코 무관하지 않을 것이다.

그런데 이런 의문이 든다. 인간 의지가 발동되는 중요한 순간에, 한 사람이 어둠의 영역에서 그리스도의 나라로 옮기는 때(골 1:13), 마음이 믿음으로 인내하는 쪽으로 기울어질 때(요 8:31), 거룩함을 추구하려는 선한 동기가 승리할 때(히 12:14) 등 이런 중요한 순간에 회심과 인내와 거룩함을 불러일으키는 '결정적 요인'은 '하나님'인가, 아니면 '사람'인가?

구원의 섭리의 중간에서 시작하자

우리가 하나님이 그의 백성을 구원하시는 섭리의 범위와 성격에 주목할 때, 나는 중간에서 시작하려고 한다. 말하자면, 나는 하나님의 선택과 관련된 영원한 과거에서 시작하여 회심의 시점에 이르는 하나님의 섭리를 추적하지 않을 것이다. 그리고 나는 영화라는 최종 결과에 관련된 영원한 미래에서 시작하여 회심까지 되돌아오는 하나님의 섭리를 추적하지 않을 것이다. 나는 의식적인 구원의 경험이 시작되는 곳, 구원의 믿음이 존재케 되는 지점에서 시작할 생각이다. 이 출발점을 잡은 이유는 시간 이전의 선택과 먼 미래의 영화는 종종 더 이론적으로 느껴지고, 따라서 당장의 긴급성이 없이 추상적 용어로 논의될 소지가 많기 때문이다. 나의 첫 질문은 '당신의 회심 때 무슨 일이 일어났는가?'이다.

만일 내가 당신을 쳐다보며 "당신은 그리스도인입니까? 당신은 예수님을 믿는 구원의 신앙을 갖고 있습니까?"라고 묻는다면 어떨까? 그리고 만일 당신이 "예, 그렇습니다"라고 대답하고, 내가 "어떻게 믿게 되었습니까? 당신이 어떻게 하나님보다 다른 것을 더 좋아하는 사람이 되길 그만두고 그리스도를 보배로 여기게 되었습니까?"라고 묻는다면? 당신은 나에게 진정한 성경적 답변을 줄 수 있는가? 이는 이론적인 것이 아니다. 이는 긴급한 문제이다. 대다수 사람에게 이 질문은 선택의 문제보다 더 긴급하게 다가올 것이다. 무언가 중대한 것이 걸려있는 듯이 느껴진다. 사실 그렇다.

나는 당신이 무엇을 기억하는지 묻는 게 아니다

내가 지금 당신에게 당신의 회심을 둘러싼 사건들을 기억하는지 묻고 있지 않다는 점을 주목하라. 나는 나에게 일어난 사건들을 기억하지 못한다. 나의 어머니에 따르면, 여섯 살이었던 내가 플로리다의 한 모텔에 있을 때 엄마에게 가서 내 죄를 용서받고 천국에 가서 예수님과 함께 있고 싶다고 말했다고 한다. 그리고는 내가 침대 곁에 꿇어앉아 엄마와 함께 기도하면서 주님께 나를 구원해달라고 요청했다고 한다. 나는 이것이 전혀 기억나지 않는다.

내가 당신에게 어떻게 믿음을 갖게 되었는지 물을 때는 당신이 당신의 상황(젊을 때인지 늙은 때인지, 최근인지 먼 과거인지)에 대해 무엇을 기억할 수 있는지 묻고 있는 게 아니다. 그런 사실은 귀한 추억으로 남아있든지 까맣게 잊어버렸을 것이다. 우리 회심의 진정성은 기억하는지 여부에 달려있지 않다. 만일 그렇다면, 치매에 걸린 사람들은 절박한 영적 곤경에 처할 것이다. 구원은 행위로 얻는 것이 아니다. 여기에는 기억하는 행위도 포함된다.

하나님이 당신을 믿음으로 인도하실 때 사용하신 인간 상황보다 훨씬 더 중요한 것은 당신이 죽음에서 생명으로 옮겨지는 순간 하나님이 어떻게 관여하셨는가(엡 2:5) 하는 것이다. 그리고 우리는 그것을 기억이 아니라 성경으로부터 배운다. 사실 많은 사람은 그들의 회심 때 정말로 일어난 사건을 성경에서 보게 되면 그들에게 일어났다고 생각하는 것의 여러 측면을 없애야 한다.

때때로 우리는 극적인 회심 이야기(예컨대, 마약과 성 중독에서 그리스도 안에 있는 자유와 순결함으로 돌아선 것)를 놀랍게 여기고, 나와 같은 회심 이야기(내가 기억도 못 하는 여섯 살 때의 사건)는 지루하게 여기곤 한다. 이것이 문제이다. 내가 섬겼던 교회에서 청소년 부를 맡았던 현명한 리더 한 명은 교회에서 자란 청소년들에게 이렇게 말하길 좋아 했다. "죽은 상태에서의 부활은 '절대로' 지루하지 않다! 여러분의 회심도 마찬가지 다." 그런 사고방식이 지닌 기본적인 문제는 이것이다. 회심의 기적이 지닌 중요도 가 성경보다 우리 환경에 더 뚜렷하게 드러난다고 생각하는 것. 그건 옳지 않다.

당신에게 일어난 일을 어디서 배울 것인가?

사실 나는 이렇게 말하는 것을 좋아한다. 성경으로부터 죄의 권세(롬 6:17), 어둠의 속박(요 3:19), 영적 죽음의 절망(엡 4:18), 그리고 회심되지 못한 마음의 무능력(롬 8:7)을 알게 되는 사람은 자신의 놀라운 체험(스물여섯 살 때의) 때문에 놀라는 사람보다 그의 회심(여섯 살 때의)에 대해 더욱 놀라게 될 것이라고. 우리가 회심 때 우리에게 정 말로 일어난 일을 알고 싶다면 기억보다 성경이 더 필요하다.

그래서 그의 백성을 구원하실 때의 하나님의 섭리의 범위와 성격을 이해하기 위 해 나는 중간에 있는 그리스도에게로의 회심과 함께 시작하는 것이다. 바로 당신이 그리스도께 회심한 사건(어쩌면 미래에 일어날)이다. "그 사건은 어떻게 일어났는가? 그 것은 어떻게 일어날 것인가? 한 사람이 어떻게 하나님보다 다른 것을 더 좋아하는 사람이 되길 그만두고 그리스도를 보배로 여기게 되었을까?"

구원의 섭리의 배경을 묘사하다

우리의 회심 때 일어났던 하나님의 구원의 섭리를 이해하고 아연케 되려면, 하 나님이 우리의 삶에 뚫고 들어오시기 전에 우리가 얼마나 절망적이고 무서운 상태 에 있었는지를 분명히 보고 또 깨달을 필요가 있다. 그래서 이번 장의 나머지 부분은 우리로 하여금 하나님의 구원의 섭리의 배경, 즉 우리가 죄에 속박된 상태가 얼마나 심각했는지를 알게 하는 데 할애하려 한다. 여섯 살 된 아이는 회심하기 이전의 곤경이 얼마나 심각했는지를 충분히 알지 못한다. 마약과 섹스와 범죄에서 가장 극적으로 해방된 회심자도 마찬가지다. 경험이 우리 곤경의 깊이를 가르쳐주진 못한다. 오직 하나님만 그러실 수 있다. 그리고 그분은 그의 말씀과 영으로 그렇게 하신다.

죄의 종

바울은 하나님의 해방 사역 이전 우리의 상태를 죄의 노예상태로 묘사한다. "하나님께 감사하리로다, 너희가 본래 죄의 종이더니 너희에게 전하여 준 바 교훈의 본을 마음으로 순종하여"(롬 6:17). "하나님께 감사하는 것"은 하나님이 해방자이시기 때문이다. 마치 우리가 스스로를 해방시킨 것처럼 "우리에게 감사하는 것"이 아니다. 우리가 죄의 노예상태가 무슨 뜻인지를 안다면 왜 바울이 "하나님께 감사하리로다"라고 말했는지 알 수 있다.

허물로 죽은 상태

바울은 또한 회심 이전의 상태를 허물로 죽은 상태로 묘사한다.

그는 허물과 죄로 죽었던 너희를 살리셨도다. 그때에 너희는 그 가운데서 행하여 이 세상 풍조를 따르고 공중의 권세 잡은 자를 따랐으니 곧 지금 불순종의 아들들 가운데서 역사하는 영이라. 전에는 우리도 다 그 가운데서 우리 육체의 욕심을 따라 지내며 육체와 마음의 원하는 것을 하여 다른 이들과 같이 본질상 진노의 자녀이었더니(엡 2:1–3).

죄로 죽은 상태. 마귀를 따르던 상태. 불순종의 아들들. 육체의 욕심에 지배되던 상태. 본질상 진노의 자녀. 이는 함정에 빠진 우리의 상태를 처절하게 묘사한 대목이다. "죽은 상태"는 우리가 영적 실재의 아름다움과 가치와 매력을 느끼지 못하는 것을 의미한다. 영적 부활(바울이 말하듯이, 살아나게 되는 것)이 없다면 우리는 그리스도 및 그의 사역과 길을 매력적인 것으로 인지하지 못한다. 그런데 우리는 "죽은 상태"로만이 아니라 "불순종의 아들들"과 "본질상 진노의 자녀"로도 묘사되어 있다. 나는 다음 비유를 너무 멀리까지 밀어붙이고 싶지 않지만, 우리 부모 중 하나는 불순종이고 다른 하나는 진노라서 우리 자신과 우리 본성을 그냥 내버려두면 우리의 영적 DNA는 '불순종'이고 우리의 운명은 하나님의 '진노'로 끝날 것처럼 보인다.

어둠을 사랑하는 것

달리 말해, 우리는 그냥 죄를 짓지 않고 죄를 사랑했다. 이는 우리의 본성 속에 있다. 그래서 예수님이 구원하러 오신 세상을 이렇게 묘사했던 것이다.

> 그 정죄는 이것이니 곧 빛이 세상에 왔으되 사람들이 자기 행위가 악하므로 빛보다 **어둠을 더 사랑한 것이니라**. 악을 행하는 자마다 **빛을 미워하여** 빛으로 오지 아니하나니 이는 그 행위가 드러날까 함이요 진리를 따르는 자는 빛으로 오나니 이는 그 행위가 하나님 안에서 행한 것임을 나타내려 함이라 하시니라(요 3:19-21).

하나님이 우리의 삶에 뚫고 들어오시기 전 우리의 문제는 우리에게 충분한 빛이 없었던 게 아니라 우리가 어둠을 사랑한 것이었다. 우리는 빛에 대해 죽어 있었고 본질상 어둠을 너무 좋아해서 빛으로 나오려 하지 않았던 것이다. 하나님이 개입하셔서 우리가 "[우리의] 행위가 하나님 안에서[또는 하나님에 의해] 행한 것"(3:21)이라고 말할 수 있을 때까지 그랬다.[2]

---

2) 요한복음 3장 21절 후반절(헬라어 원문)을 더 문자적으로 번역하면 "하나님 안에서 행해진"이 되지만 그 의미는 "하나님에 의해 행해진"과 비슷하고, 이는 하나님이 빛으로 나아온 사람 대신에 그 행위를 했다는 뜻이 아니라 사람이 취한 행위가 하나님의 주권적 은혜에 의해 가능케 되고 또 실행되었다는 뜻이다. 왜냐하면 "하나님 안에서 행해진"이란 말은 "하나님과 관련하여" 또는 "하나님의 지배 안에서" 또는 "하나님과 연합하여"라는 뜻이며, 이 모

하나님의 진노 아래

그때까지는 우리가 죄의 노예상태로 죽었을 뿐만 아니라 하나님의 두렵고 의로운 진노 아래 있기도 했다. 하나님은 우리에게 화가 나셨고, 그분이 우리에게서 받으셨던 모욕에 대한 정당한 벌이 두려움과 절망을 안겨주며 우리 위를 맴돌고 있다. 사람들이 하나님의 진노의 의로움에 반론을 제기했을 때, 바울은 하나님이 우리에게 진노를 퍼붓는 것이 의로운 행위라고 응답했다.

그러나 우리 불의가 하나님의 의를 드러나게 하면 무슨 말 하리요? [내가 사람의 말하는 대로 말하노니] 진노를 내리시는 하나님이 불의하시냐? 결코 그렇지 아니하니라 만일 그러하면 하나님께서 어찌 세상을 심판하시리요?(롬 3:5-6).

하나님이 인류에게 품은 진노를 해소하는 방책이 하나 있다. 하나님은 그것을 예수의 죽음에서 보셨다. 어떻게? 그리스도를 그의 백성의 자리에 두고 처벌하심으로써.

> 그는 실로 우리의 질고를 지고
> 우리의 슬픔을 당하였거늘
> 우리는 생각하기를 그는 징벌을 받아
> 하나님께 맞으며 고난을 당한다 하였노라.
> 그가 찔림은 우리의 허물 때문이요
> 그가 상함은 우리의 죄악 때문이라.
> 그가 징계를 받으므로 우리는 평화를 누리고
> 그가 채찍에 맞으므로 우리는 나음을 받았도다.
> 우리는 다 양 같아서 그릇 행하여 각기 제 길로 갔거늘

두는 그 행위가 취해지는 데 하나님이 중요한 작용을 하셨음을 가리킨다. 하나님의 결정적 영향을 보여주는 한 비유는 요한복음 15장 5절일 것이다. "나는 포도나무요 너희는 가지라. 그가 내 안에, 내가 그 안에 거하면 사람이 열매를 많이 맺나니 나를 떠나서는 너희가 아무 것도 할 수 없음이라." "안에" 거한다는 말은 가지에 어떤 열매(행위)가 나타나든지 그것은 진정 포도나무 덕분이라는 뜻이다.

여호와께서는 우리 모두의 죄악을 그에게 담당시키셨도다

(사 53:4-6).

"하나님께 맞는다"(53:4)는 말은 하나님이 벌을 내리고 계셨다는 뜻이다. 그런데 그분이 벌하시는 죄는 그리스도의 죄가 아니었다. "여호와께서는 **우리 모두의 죄악을 그에게 담당시키셨도다**"(53:6). 우리는 이를 대속(substitution)이라 부른다. 그리스도께서 하나님의 진노 아래 있는 우리를 그 자신으로 대체해서 그 진노를 해소하셨다. 말하자면, 하나님의 분노의 잔을 다 마신 것이다(사 51:17; 마 26:39). 이 때문에 바울이 "그러므로 이제 그리스도 예수 안에 있는 자에게는 결코 정죄함이 없나니"(롬 8:1)라고 말하는 것이다. 왜 그런가? "하나님께서는 자기의 아들을 죄된 육신을 지닌 모습으로 보내셔서, 죄를 없애시려고 그 육신에다 죄의 선고를 내리셨기"(롬 8:3, 새번역) 때문이다. 누구의 육신에? 그리스도의 육신이다. 누구의 죄인가? 우리의 죄이다. 이것이 형벌적 대속이다. 그리스도께서 우리 자리에서 형벌을 당하셨다. 그리스도께서 우리의 정죄를 담당하신 것이다. "그리스도께서 우리를 위하여 저주를 받은 바 되사 율법의 저주에서 우리를 속량하셨으니"(갈 3:13). 이것이 믿음으로 그리스도 안에 있는 모든 이들을 위해 하나님의 진노를 제거한 구원의 섭리가 이룬 결정적 사역이다.

그래서 이제는 하나님의 전능하고 무서운 진노로부터 벗어나는 길이 하나 생겼는데, 이는 땅의 모든 사람 사이에 있는 유일한 길이다. 우리가 그리스도를 신뢰하도록 우리를 변화시키는 회심이다.

아들을 믿는 자에게는 영생이 있고 아들에게 순종하지 아니하는 자는 영생을 보지 못하고 도리어 **하나님의 진노가 그 위에 머물러 있느니라**(요 3:36).

바울은 이렇게 말한다.

그러면 이제 우리가 그의 피로 말미암아 의롭다 하심을 받았으니 더욱 그로 말미암아 [**하나님의**] **진노하심에서** 구원을 받을 것이니(롬 5:9).

진노 아래 있으면서 우리의 죄를 사랑하다

그런즉 우리가 그리스도에게로 회심하기 전 우리의 상태는 이중적으로 혐오스러웠다. 우리는 우리의 죄로 인해 하나님의 진노 아래 있었다. 그리고 우리가 우리의 죄를 너무나 사랑해서 그리스도의 영광을 맛볼 수 없었다. 내가 '그럴 수 없다'는 표현을 사용하는 것은 바울이 회심하기 이전의 우리에 대해 그렇게 말하기 때문이다.

> 육에 속한 사람은 하나님의 성령의 일들을 받지 아니하나니 이는 그것들이 그에게는 어리석게 보임이요. 또 그는 그것들을 **알 수도 없나니** 그러한 일은 영적으로 분별되기 때문이라(고전 2:14).

"육에 속한 사람"은 하나님의 영이 뚫고 들어와 우리를 "자연적인" 상태 너머로 데려갈 때까지 우리 모두가 해당했던 평범한 사람이란 뜻이다. 이 육에 속한(또는 자연적인) 사람은 그리스도의 영광이 진정 무엇인지를 "알 수 없다." 자연적인 마음에게는 그리스도가 영광스러운 구원자요 최고의 보배가 아니다. 그리고 그분이 이룬 최대의 업적, 즉 대속적 죽음으로 진노로부터 구원시킨 일은 어리석은 것에 불과하다. 바울은 로마서 8장 6-8절에서 자연적인 사람을 "영의 생각"이 아닌 "육신의 생각"을 가진 자로 언급하면서 이와 똑같은 것을 말한다.

> 육신의 생각은 사망이요 영의 생각은 생명과 평안이니라. 육신의 생각은 하나님과 원수가 되나니 이는 하나님의 법에 굴복하지 아니할 뿐 아니라 **할 수도 없음이라**. 육신에 있는 자들은 하나님을 기쁘시게 **할 수 없느니라**.

우리가 사랑하지 않는 것을 사랑하는 일은 불가능하다

이 두 가지 '할 수 없는 일'에는 구원의 믿음도 포함된다. 왜냐하면 하나님의 말씀에 굴복하는 것은 믿음이 행하는 일이기 때문이고, 히브리서 11장 6절이 "믿음이 없이는 하나님을 기쁘시게 하지 못한다"(히 11:6)라고 말하기 때문이다. 로마서 8장의 다음 구절은 "만일 너희 속에 하나님의 영이 거하시면 너희가 육신에 있지 아니하고 영에 있나니"(8:9)라고 말한다. 하지만 이 두려운 "할 수 없는 일"에서 탈출할 수 있는 희망이 있다. 그러려면 하나님의 영이 우리의 삶 속에 들어오셔야 한다.

인간적으로 말하면 우리는 희망이 없었다. 죄의 종. 허물로 죽은 상태. 영적 실재를 달콤한 것으로 맛볼 수 없는 상태. 하나님께 굴복할 수 없고 그분을 기쁘게 할 수 없는 상태. 본질상 진노의 자녀들. 바울은 우리의 상태를 이렇게 요약했다.

> 그때에 너희는 그리스도 밖에 있었고 이스라엘 나라 밖의 사람이라. 약속의 언약들에 대하여는 외인이요 세상에서 소망이 없고 하나님도 없는 자이더니… 그들의 총명이 어두워지고 그들 가운데 있는 무지함과 그들의 마음이 굳어짐으로 말미암아 하나님의 생명에서 떠나 있도다(엡 2:12, 4:18).

그리고 예수님은 그분을 위해 자기 재산을 포기하지 않으려는 젊은이를 다루실 때 절대적으로 "불가능한 일"로 우리의 상태를 요약하셨다.

> "다시 너희에게 말하노니 낙타가 바늘귀로 들어가는 것이 부자가 하나님의 나라에 들어가는 것보다 쉬우니라" 하시니 제자들이 듣고 몹시 놀라 이르되 "그렇다면 누가 구원을 얻을 수 있으리이까?" 예수께서 그들을 보시며 이르시되 "사람으로는 할 수 없으나 하나님으로서는 다 하실 수 있느니라"(마 19:24-26).

우리가 죄에 속박되어 있는 정도와 우리 힘으로 이 속박을 극복하는 게 불가능함은 성경에 나타난 하나님의 계시와 우리의 눈을 열어주는 성령의 사역이 없이는 볼 수도 없고 느낄 수도 없다. 여섯 살 된 아이와 이전의 마약 중독자가 그들의 경험에 기초해 그리스도가 없는 그들의 진정한 상태를 흘끗 볼 수는 있어도(이는 무시무시한 일견이다), 우리는 오직 하나님의 말씀으로만 '할 수 없는 일'과 '불가능한 일'이란 말의 정도를 가늠할 수 있다.

이런 말은 우리가 사슬에 묶여서 절박하게 하고 싶은 일(예수님을 믿고 사랑하는 것)

을 하지 못한다는 뜻이 아니다. 이와 정반대다. 그 사슬은 우리의 간절한 소원을 이루지 못하게 하는 외적인 것이 아니라 내적인 것이다. 그 사슬이 바로 우리의 간절한 소원이다. 우리가 어둠 속에 머물러 있는 것은 빛으로 향하는 문이 닫혀 있기 때문이 아니다. 우리가 어둠 속에 머물러 있는 것은 우리가 "어둠을 사랑하고" 또 "빛을 미워하기" 때문이다(요 3:19-20). 그 '할 수 없는 일'은 우리가 사랑하지 않는 것을 사랑하고 우리가 미워하지 않는 것을 미워하는 일이 불가능함을 말한다. 우리는 상황의 종이 아니라 죄의 종이었다. 즉, 우리는 우리가 가장 좋아하는 것의 종이었고, 우리는 그리스도보다 죄를 더 좋아했다.

중요한 질문으로 되돌아가서

그래서 나는 당신에 다시 묻는다. 당신은 어떻게 예수님을 믿는 신앙을 갖게 되었는가? 당신이 어떻게 하나님보다 다른 것을 더 좋아하는 사람이 되길 그만두고 그리스도를 보배로 여기게 되었는가? 우리가 만일 이 질문에 부정확하게 대답한다면, 우리는 실제로 일어나지 않은 일을 믿게 되든지 실제로 일어난 일을 믿지 못하는 셈이 되리라. 그래서 다음 장에 다루는 내용이 중요하다. 당신이 그리스도를 믿는 신앙을 갖게 한 하나님의 섭리는 어떤 범위와 성격을 지니고 있는가?

35.

하나님이 사람들을 신앙으로 인도하시는 방법: 세 가지 그림

우리가 이제 초점을 맞출 주제는 영원토록 "그의 은혜의 영광을 찬송하며"(엡 1:6) 살게 될 한 백성을 창조하고 보존하고 온전케 하시는 하나님의 섭리의 범위와 성격이다. 이 섭리가 영원에 뿌리박고 있는 것은 우리가 영원토록 찬송할 그 은혜는 "[하나님이] **영원 전부터** 그리스도 예수 안에서 우리에게 주신 은혜"(딤후 1:9)이기 때문이다. 그러나 내가 34장에서 말했듯이, 나는 하나님의 섭리가 시작된 영원 전이나 그 섭리가 끝날 영원한 영화에서 시작하지 않고, 오히려 섭리가 우리의 그리스도로의 회심 때 우리 삶에 침투하는 중간에서 시작하고 있다.

그래서 다음과 같은 질문을 던지는 것이다. 당신을 그리스도를 믿는 신앙으로 인도하는 하나님의 섭리는 어떤 범위와 성격을 갖고 있는가? 경험이 이것을 가르쳐줄 수 없다. 오직 성경만이 가르칠 수 있다. 가슴의 통증은 심부전의 성격과 범위 또는 외과의사가 심장절개수술 때 하는 일에 대해 가르칠 수 없다. 오직 의사들만 그걸 설명할 수 있다. 우리가 심부전을 앓고 있음을 알고 심장수술을 성공적으로 마치면 이는 실제 경험에 변혁적인 영향을 미치게 된다. 이유인즉 의사들이 우리보다 훨씬 더 많이 알고 우리보다 훨씬 많은 것을 할 수 있기 때문이다. 하나님의 말씀과 영도 마찬가지다. 하나님이 홀로 죄의 질병의 성격과 범위를 알고 계시다. 그리고 그분만이 그의 섭리가 어떻게 우리를 신앙으로 인도하게 작동하는지를 알고 계시다. 그분이 우리에게 이 위대한 사역에 대해 충분히 알려주시는 것은 우리의 오만한 콧대를 꺾고, 그의 은혜를 드높이고, 우리에게 소망을 주고, 우리의 순종을 북돋우고, 우리를 끝까지 보존하기 위해서다. 그 위대한 섭리 사역이 우리가 이번 장과 다음 장에서 살펴볼 주제이다.

하나님은 우리를 어떤 상태에서 구원하시는가?

사람들을 신앙으로 인도하는 하나님의 섭리에 대한 세 가지 성경적 묘사가 그리스도와 무관한 우리의 "죽은" 상태와 관련이 있다. 지난 장에서 살펴본 것, 그리스도로의 회심 이전 모든 사람에 대한 성경의 묘사를 상기해보라. "여러분도 전에는 허물과 죄로 **죽었던** 사람들입니다"(엡 2:1, 새번역). 이 죽은 상태는 그리스도의 진리와 아름다움을 보지 못하는 상태(고후 4:4)를 포함한다. "그들이 보아도 보지 못하며"(마 13:13). 이는 하나님이 그리스도 안에서 성령으로 전달하시는 것들을 이해하지 못하는 무능력을 포함한다. "육에 속한 사람은 하나님의 성령의 일들을 받지 아니하나니 … 그것들을 **알 수도 없나니**"(고전 2:14). 달리 말하면, 이 죽은 상태는 바로 하나님께 굴복할 수 없고 또 "하나님을 기쁘시게 할 수 없는"(롬 8:7-8) "마음이 굳어진"(엡 4:18) 상태이다.

우리가 앞장에서 살펴본 것은 또한 이 "할 수 없는 일"이 우리가 정말로 하고 싶은 일(하나님께 굴복하는 것)을 못 하게 하는 속박이 아니라는 것이다. 오히려 그것은 우리가 얼마나 하나님께 굴복하길 원치 않는가 하는 힘이 만든 속박이다. 우리의 선한 의지가 바깥에서 갇힌 것이 아니고 우리의 반역적인 의지야말로 안에서 형성된 감옥이다. 우리의 속박은 우리의 마음이 하나님에 대한 굴복보다 자기예찬을 선호하는 압도적인 힘이다. 우리의 완고하고 반역적이고 불순종하고 죽은 마음이 과연 예수님을 신뢰하고 고귀하게 여길 수 있는 희망이 조금이라도 있을까? 만일 있다면, 그것은 너무나 파격적인 것이라서 우리가 새로운 탄생, 또는 무덤에서 나오라는 생명의 부름, 또는 새로운 창조라 부를 수 있는 것이 우리에게 일어나야 할 것이다.

새로운 탄생

사람들을 신앙으로 인도하는 하나님의 섭리에 대한 세 가지 묘사 중 하나는 '새로운 탄생'의 그림이다. 만일 우리의 첫 번째 탄생(우리의 육신적 어머니에 의한 육신적 탄생)이 영적으로 어두운 상태라면, 새로운 탄생, 즉 죽음을 생명으로, 눈 먼 상태를 시력으로, 완고한 반역을 부드러운 굴복으로 대체하는 일종의 기적이 없으면 우리는 절망적이다. 예수님은 새로운 탄생이 하나님의 나라를 볼 수 있는 유일한 희망이라고 가르치셨다.

> 진실로 진실로 네게 이르노니 사람이 거듭나지 아니하면 하나님의 나라를 볼 수 없느니라 … 육으로 난 것은 육이요 영으로 난 것은 영이니 내가 네게 거듭나야 하겠다 하는 말을 놀랍게 여기지 말라. 바람이 임의로 불매 네가 그 소리는 들어도 어디서 와서 어디로 가는지 알지 못하나니 성령으로 난 사람도 다 그러하니라(요 3:3, 6-8).

여기서 "육으로 난 것은 육이요 영으로 난 것은 영이다"라는 예수님의 말씀은 우리가 우리의 첫 번째 탄생으로는 영적인 생명을 갖지 못했다는 뜻이라고 나는 해석한다. 우리의 "영"은 죽은 상태였다. 또한 하나님을 알고 사랑하는 것에 관한 한 그 유용성이 존재하지 않았을 것이다. 우리는 단지 "육신"에 불과했다. 우리가 하나님과의 관계에서 구원받을 수 있는 역량이 없었다는 의미에서 그랬다. 인간의 뇌를 포함한 육신은 놀라운 것일 수 있다. 육신이 컴퓨터를 발명할 수 있고 질병에 대한 치료책을 찾을 수 있고 랜드로버를 화성에 보낼 수 있다. 그러나 육신은 그리스도의 아름다움을 이해하거나 기쁘게 하나님의 말씀에 순복할 수 없다. 이런 의미에서 아무도 생명을 갖고 있지 않았다.

예수님은 "생명을 주는 것은 영이다. 육은 아무 데도 소용이 없다"(요 6:63, 새번역)

라고 말씀하셨다. 이것이 바로 하나님의 영이 새로운 탄생 때 하는 일이다. 생명을 주는 것이다. 그래서 예수님이 "영으로 난 것은 영이다"(3:6)라고 말씀하실 때 그 의미는 "하나님의 영이 우리의 영에 생명을 주시므로 그것이 이제는 살아있는 실체가 된다"는 것이다. 우리는 죽음에서 일어나듯이, 그리스도의 진리와 아름다움에 대해 깨어나는 것이다.

그분은 불고 싶은 대로 분다

이어서 예수님은 새로운 탄생에서의 성령의 사역을 바람이 부는 것에 비유하신다. "바람이 임의로 불매 네가 그 소리는 들어도 어디서 와서 어디로 가는지 알지 못하나니 성령으로 난 사람도 다 그러하니라"(요 3:8). 요점은 이 새로운 탄생이 우리의 통제 하에 있지 않다는 것. "그분은 불고 싶은 대로 분다." 우리가 바라는 대로 불지 않는다. 내가 '그분'이라 부르는 것은 예수님이 성령을 어떤 사물이나 단순한 힘이 아니라 인격으로 묘사하시기 때문이다(요 14:15-18, 26).

요한복음 3장 8절의 취지는 성령이 자기가 선택하는 누구에게나 자유로이 생명을 주신다는 것이다. 그분은 우리의 통제 하에 움직이지 않는다. 우리가 죽은 상태인데 어떻게 그분의 행동을 유발할 수 있겠는가? 성령으로 난 사람들은 생명의 기적을 체험한다. 마치 한 사람이 무더위 속에 꼼짝하지 않고 서 있으면서 아무것도 하지 않았는데 별안간 시원한 바람이 뺨에 느껴지는 것과 같다. 또는 마치 당신이 대낮의 햇빛을 받아 눈먼 상태로 서 있는데 별안간 아무런 연유도 없이 당신이 볼 수 있게 되는 것과 같다. 기적이 일어난 것이다. 그러나 "당신은 바람이 어디서 와서 어디로 가는지 알지 못한다." 성령은 이처럼 자유롭게 생명을 주시는 분이다.

우리에게 할 수 없는 일을 하라고 명령하는 것

만일 당신이 "만일 성령이 거듭나게 하시는 분이라면, 예수님이 어떻게 우리에게 거듭나라고 명령하실 수 있는가?"라고 생각한다면 두 개의 답변을 내놓을 수 있다. 하나는, 모든 인간이 하나같이 사랑스러운 것을 사랑하고, 즐거워할 만한 것을 즐거워하고, 흠모할 만한 것을 흠모하고 무한히 가치 있는 것을 경배하고, 무한히 지혜롭고 선한 권위에 순복하는 것이 옳고 선하고 적절하다. 회심하지 않고는 우리가 이 모든 것을 싫어한다는 사실은 그런 것을 하지 않는 핑계가 될 수 없다. 내가 하나님을 높이기보다 나 자신을 높이길 선호해서 사랑하고 즐거워하고 흠모하고 경배하고 하나님께 순복할 능력이 없다고 해도, 나의 의무가 줄어들지 않는다. 비록 나의 이기심이 나로 하여금 옳은 것을 행하지 못하게 할지라도, 나는 옳을 것을 행할 의무가 있다. 이것이 첫 번째 답변이다. 예수님은 나에게 옳은 일을 행하는 사람이 되라고 명령할 모든 권한이 있고, 비록 내가 나쁜 것을 좋아해서 그렇게 못할지라도 그러하다. 달리 말하면, 거듭나는 일이 비록 그걸 일어나게 하는 섭리의 기적이 필요할지라도, 예수님이 나에게 거듭나라고 말씀하시는 것은 옳다는 뜻이다.

두 번째 답변은, 어떤 종류의 명령은 바로 그 명령받은 반응을 불러일으킨다는 것이다. 우리는 지금 "만일 성령이 거듭나게 하시는 분이라면, 예수님이 어떻게 우리에게 거듭나라고 명령하실 수 있는가?"라는 질문에 답하는 중이다. 달리 말해, 죽은 상태에 있는 사람에게 태어나라고 말하는 것은 무의미하지 않은가? 또는 새로운 탄생의 비유로 되돌아가면, 아직 태어나지 않은 아이에게 조산술 매뉴얼을 주는 것은 아무 소용이 없다. 아이는 스스로를 분만시킬 수 없다. 그는 분만되는 것이다. 그렇다면 아직 태어나지 않은 아기에게 태어나라고 명령하는 것이 무슨 의미가 있는가?

생명을 주시는 하나님의 부르심

이에 대한 답변은 사람들을 신앙으로 인도하는 하나님의 섭리에 대한 두 번째 성경적 묘사에서 찾을 수 있다. 바로 '하나님의 부르심'이다. 요점은 하나님이 요청하는 그것을 창조하는 종류의 부르심이 있다는 것이다. 이 때문에 아기에게 태어나라고 요청하거나 죽은 사람에게 일어나라고 요구하는 것이 난센스가 아니다. 예컨대, 예수님이 죽은 지 나흘이나 된 나사로의 무덤 앞에 서서 이런 종류의 요청을 하셨다.

> [예수께서] 이 말씀을 하시고 큰 소리로 "나사로야 나오라" 부르시니 죽은 자가 수족을 베로 동인 채로 나오는데 그 얼굴은 수건에 싸였더라(요 11:43-44).

어느 의미에서는 죽은 사람에게 무덤에서 나오라고 명하는 것은 완전히 무의미하다. 마치 아직 태어나지 않은 아기에게 출생 매뉴얼에 나온 지침을 따르라고 말하는 게 무의미한 것과 같다. 그러나 만일 그 부르심 자체가 죽은 자에게 생명을 주는 창조의 능력을 갖고 있다면 그건 무의미하지 않다. 성령이 불고 싶은 대로 불어 새로운 생명을 주듯이, 예수님의 명령도 그분이 원하는 곳에 내려져서 생명을 준다.

사도 바울은 불신자의 상태를 나사로의 상태와 비슷하게 본다. 우리는 죽은 상태이다. 또는 겉으로 보면 잠자는 상태이다. 당신은 잠자는 사람을 어떻게 깨우는가? 그에게 일어나라고 말한다. 순종을 불러일으킬 만큼 큰 소리로 명령해야 한다. 사람들이 영적 죽음에서 일어나는 모습을 바울은 이런 식으로 본다.

> 잠자는 자여, 깨어서
> 죽은 자들 가운데서 일어나라.
> 그리스도께서 너에게 비추이시리라(엡 5:14).

죽음은 잠과 비슷하다. 그처럼 "잠자는 자"에게 "죽은 자들 가운데서 일어나라"고 말하는 것은 얼마나 무의미한가. 하지만 바울은 이 도시 저 도시를 다니며 복음을 전할 때 바로 이런 일을 했던 것이다. 그는 이렇게 외쳤다. "잠자는 자여, 깨어나라! 죽은 자들 가운데서 일어나라! 네 눈을 열어라. 그러면 그리스도의 빛이 네 영혼에 비치리라!"

부르심 속 부르심

바울이 이렇게 생각하는 것을 알게 되는 연유는 고린도전서 1장 22-24절에 나오는 하나님의 부르심에 관한 중요한 본문 때문이다.

유대인은 표적을 구하고 헬라인은 지혜를 찾으나 우리는 십자가에 못 박힌 그리스도를 전하니, 유대인에게는 거리끼는 것이요 이방인에게는 미련한 것이로되, 오직 부르심을 받은 자들에게는 유대인이나 헬라인이나 그리스도는 하나님의 능력이요 하나님의 지혜니라.

이 본문에 두 종류의 부르심이 있다는 것을 주목하라. 23절에서 바울이 "우리는 그리스도를 전한다"라고 말한다. 즉, 그는 유대인과 이방인 앞에 서서 좋은 소식, 곧 복음은 모든 믿는 자에게 구원을 주시는 하나님의 능력이라는 소식(롬 1:16)을 반포하고 있다. 그의 음성은 하나의 부르심이다. "네가 만일 네 입으로 예수를 주로 시인하며 또 하나님께서 그를 죽은 자 가운데서 살리신 것을 네 마음에 믿으면 구원을 받으리라"(롬 10:9). 그래서 "주 예수를 믿으라. 그리하면 너와 네 집이 구원을 받게 될"(행 16:31) 것이다.

이어서 바울은 대체로 이 부르심이 조롱의 반응을 불러일으킨다고 말한다. 그리스도를 전하는 것이 "유대인에게는 거리끼는 것이요 이방인에게는 미련한 것"이다(고전 1:23). 그들은 바울이 전파하는 부르심을 듣지만 그것을 거부한다.

그런데 이후 놀라운 말이 나온다. 바울의 부르심을 듣는 유대인과 이방인 중에 복음을 거리끼거나 미련한 것으로 듣지 않고 하나님의 능력과 지혜로 듣는 한 그룹이 있다. 그들의 눈은 십자가의 영광에 열려 있고, 그들의 마음은 하나님의 말씀에 순복하게 된다. 이 사람들은 누구인가? 무엇이 이런 차이를 만들었는가? 바울은 그들이 "부르심을 받았다"고 대답한다. "오직 부르심을 받은 자들에게는 유대인이나 헬라인이나 그리스도는 하나님의 능력이요 하나님의 지혜니라"(1:24).

달리 말하면, 복음전도의 외적이고 일반적인 부르심이 있다. 그리고 또 다른 종류의 부르심이 있다. 첫째 종류의 부르심은 그것이 요청하는 바를 창조하지 않는다. 반면에 둘째 종류의 부르심은 그것을 창조한다. 첫째 종류의 부르심은 청중에게 자기가 들은 진리를 믿을 책임을 부과한다. 둘째 종류의 부르심은 그 믿음 자체를 창조한다. 이 둘째 부르심은 효과가 있다. 이는 그것이 명령하는 바를 창조한다. 이는 예수님이 나사로를 부르신 것과 동일하다. "죽은 자여, 살아나라!"(참고. 요 11:43).

부르심은 구원의 믿음을 창조한다

이런 종류의 부르심과 구원의 믿음 간의 연관성은 로마서 8장 28–30절에서 볼 수 있다.

우리가 알거니와 하나님을 사랑하는 자 곧 그의 뜻대로 부르심을 입은 자들에게는 모든 것이 합력하여 선을 이루느니라. 하나님이 미리 아신 자들을 또한 그 아들의 형상을 본받게 하기 위하여 미리 정하셨으니 이는 그로 많은 형제 중에서 맏아들이 되게 하려 하심이니라. 또 미리 정하신 그들을 또한 부르시고 **부르신 그들을 또한 의롭다 하시고 의롭다 하신 그들을 또한 영화롭게 하셨느니라.**

30절은 부르심을 받은 모든 사람이 의롭게 된다고 말한다. 부르심을 받은 '일부' 사람이 의롭게 된다고 말하지 않는다. "부르신 그들을 또한 의롭다 하신다"고 말한다. 이는 이 부르심의 효과에 대해 무엇을 암시하는가? 그 부르심은 언제나 구원의 믿음을 수반한다는 뜻이다. 우리가 이를 알게 되는 까닭은 바울의 저술에서 칭의는 언제나 또 오직 믿음으로만 가능하기 때문이다. "사람이 의롭다 하심을 얻는 것은 율법의 행위에 있지 않고 **믿음으로** 되는 줄 우리가 인정하노라"(롬 3:28). "그러므로 우리가 **믿음으로** 의롭다 하심을 받았으니 우리 주 예수 그리스도로 말미암아 하나님과 화평을 누리자"(롬 5:1). "사람이 의롭게 되는 것은 율법의 행위로 말미암음이 아니요 오직 예수 그리스도를 **믿음으로** 말미암는 줄 알므로"(갈 2:16; 참고. 3:8, 24).

그런즉 바울이 "부르신 그들을 또한 의롭다 하신다"고 말할 때는 그 부르심이 항상 믿음을 가져오는 점에서 효과가 있다는 뜻이다. 이는 복음전도의 일반적인 부르심이 아니다. 이는 복음전도를 통한 하나님의 꺾을 수 없는 부르심으로서 그것이 명령하는 바를 창조한다. 이 부르심은 눈멀고 죽은 마음을 살려내서 그리스도의 십자가를 지혜와 능력으로 보고 포용하게 만든다(고전 1:24). 하나님의 구원의 섭리에 따른 이 전능하고 놀라운 사역은 그리스도인이 되는 데 중심을 차지하기 때문에 초기 그리스도인들은 사실상 "부름 받은 자"를 그리스도인의 또 다른 이름으로 삼았을 정도다(롬 1:7; 9:24; 고전 1:2, 8-9; 히 9:15; 벧전 2:9; 5:10; 벧후 1:3; 유 1).

새로운 탄생도 구원의 믿음을 창조한다

신약성경에는 그리스도가 없으면 "죽은" 우리의 상태와 관련해 사람들을 신앙으로 인도하는 하나님의 섭리를 묘사하는 그림이 세 가지 있다고 말했다. 그 가운데 둘을 살펴보았다. 새로운 탄생과 죽음에서 생명으로 부르는 하나님의 부르심이다. 하나님의 부르심과 믿음의 창조 간의 연관성도 살펴보았다. 그러나 나는 새로운 탄생과 믿음의 창조 간의 명시적 연관성을 끌어내지는 않았다. 그래서 그 연관성을 분명히 말하는 두 대목을 생각해보자.

요한은 요한일서에서 "예수께서 그리스도이심을 믿는 자마다 하나님께로부터 난 자"(요일 5:1)라고 말한다. 여기에 나오는 "믿는"이란 동사는 현재 시제라서 예수님에 대한 지속적인 신뢰를 가리킨다. "난"이란 동사는 완료 시제라서 지속적인 영향을 미치는 과거의 행동을 가리킨다. 이는 새로운 탄생이 믿음을 가져오는 것이지 그 반대가 아니라는 뜻이다. 태어나지 않은 아기는 태어나기로 선택할 수 없다. 탄생은 선물이다. 그리고 죽은 사람들은 살기 위해 믿음의 조건을 충족할 수 없다. 생명은 믿음의 선물을 가져온다. 만일 우리가 믿는다면 우리는 다시 태어난 것이지 그 반대는 성립하지 않는다.

이를 요한복음 1장 11-13절에서 볼 수 있다.

[예수님이] 자기 땅에 오매 자기 백성이 영접하지 아니하였으나, 영접하는 자 곧 그 이

름을 믿는 자들에게는 하나님의 자녀가 되는 권세를 주셨으니, 이는 혈통으로나 육정으로나 사람의 뜻으로 나지 아니하고 오직 하나님께로부터 난 자들이니라.

12절에서 하나님의 자녀가 되는 권세를 받은 이들은 그리스도를 '영접하고' 또 그 이름을 '믿는' 자들이다. 그래서 하나님의 자녀가 되는 것(그의 가족의 일원으로 태어나는 자)은 믿는 것과 연관되어 있다. 어떻게 연관되어 있는지(어느 것이 어느 것을 유발하는지)는 말하지 않지만 양자가 연관되어 있다고 말한다.

당신이 만일 그리스도를 '영접하면,' 당신이 만일 그의 이름을 '믿으면,' 당신은 하나님의 자녀이다. 말하자면, 당신은 거듭나서 영원히 하나님의 가족에 속하게 되는 것이다. 그런즉 하나님의 자녀가 되는 것은 우리의 믿는 행위와 연관되어 있다.

그 다음에 나오는 13절이 양자가 어떻게 연관되는지를 보여준다. 어느 것이 다른 것을 발생시키는지를 알려준다. 하나님께로부터 태어나는 것이 믿는 것을 발생시킨다. 또는 믿는 것이 새로운 탄생을 발생시킨다.

13절에서 거듭나는 것은 먼저 우리의 믿는 행위가 아니라 하나님의 낳는 행위와 연관되어 있다. "이는 혈통으로나 육정으로나 사람의 뜻으로 나지 아니하고 오직 **하나님께로부터** 난 자들이니라." 13절이 강조하는 바는 새로운 탄생의 사건은 일반적인 인간 매체가 아니라 하나님이 유발하는 것이라는 점이다.

요한은 다음과 같이 이 사실을 삼중적으로 분명히 밝힌다. 부정적 진술이 세 번 나온다. (1) 혈통이 아니고, (2) 육정이 아니고, (3) 사람의(문자적으로는 남자의, 즉 남편의) 뜻이 아니다. 달리 말하면, '하나님' 가족의 일원이 되는 것은 어떤 인간 가족에 속해 있는지와 확실히 연관이 '없다'는 점을 강조한다. 물론 유대인 가족을 포함해서 그렇다. 두 번째 태어나는 것은 당신이 첫 번째 누구에게서 태어났는지에 달려 있지 않다.

"혈통이 아니다"는 두 사람이 두 혈족으로부터 함께 묶어지는 것과는 무관하다는 뜻이다. 그들의 연합이 하나님의 자녀를 만들지 못한다. "육정이 아니다"는 인성은 어디까지나 인성(육신)일 뿐 하나님의 자녀를 생산할 수 없다는 뜻이다. 예수님이 요한복음 3장 6절에서 "육으로 난 것은 육이다"라고 말씀하신 것을 기억하라. 육신은 오직 육신만 생산할 수 있다. 육신은 하나님의 자녀를 생산할 수 없다. 육신은 새로운 탄생을 유발할 수 없다. "사람의 뜻이 아니다"는 남편이 아무리 거룩해도 그가 하나님의 자녀를 생산할 수 없다는 뜻이다.

새로운 탄생을 유발하는 결정적 요인은 사람이 아니라 하나님이다

이처럼 부정된 세 가지 인간 요인들의 대안은 바로 하나님이다. "이는 혈통으로나 육정으로나 사람의 뜻으로 나지 아니하고 오직 **하나님께로부터** 난 자들이니라"(13절). 모든 인간 매체를 지배하는 결정적인 주체는 하나님이다. 그리스도를 영접하고 그의 이름을 믿은 사람들은 '하나님에게서' 태어났다. 그들은 거듭난 사람들이다.

그러므로 요한복음 1장 12-13절은 강조점을 새로운 탄생이 사람이 아닌 '하나님의 사역'이라는 데 두는 것이다.

그러면 요한은 우리의 '믿는' 행위와 하나님의 '낳는' 행위 간의 관계를 어떻게 이해하는가? 하나님의 낳는 것이 우리의 믿는 것을 유발하는가, 아니면 우리의 믿는 것이 하나님의 낳는 것을 불러오는가? 새로운 탄생이 믿음을 생기게 하는가, 아니면 믿음이 새로운 탄생을 생기게 하는가?

답변은 분명하다. 이 구절들의 취지는 인간적 요인들이 하나님의 자녀를 생산할 수 있음을 부인하려는 것이다("아니고 … 아니고 … 아니다"). 인간이 아니라 오직 하나님만 할 수 있다. 사람이 믿는 것이 아니라 하나님이 낳는 일이 새로운 탄생을 불러일으키는 데 결정적이다.

이것이 요한이 요한일서 5장 1절에서 말한 것이다. "예수께서 그리스도이심을 믿는 자마다 하나님께로부터 난 자니." 혈통이 아니고, 육정이 아니고, 사람의 뜻이 아니라 하나님께로부터 났다.[1]

---

[1] 새로운 탄생에 대해 훨씬 자세히 다룬 글을 소개한다. John Piper, *Finally Alive: What Happens When We Are Born Again* (Fearn Rosh-shire, UK: Christian Focus, 2009). 앞의 여섯 단락은 pp. 117-18에서 각색한 것이다.

성령이 복음을 통해 새로운 탄생을 불러일으키다

하나님은 섭리의 지혜로 그리스도의 복음을 통해 사람들을 새로 태어나게 하고 그리스도를 믿게 한다. 달리 말하면, 하나님의 뜻은 믿음이 새로운 탄생의 기적을 통해 창조될 뿐만 아니라 그리스도를 높이는 진리를 들음으로써 창조되게 하는 것이다. 하나님의 영이 영혼에 새로운 생명과 새로운 시각을 줄 때(요 6:63), 그의 목표는 그 영혼으로 하여금 그리스도를 참되고 영광스러운 구원자이자 주님이며 보배로 보게 하는 것이다. 이는 성령이 그리스도를 드러내는 말씀을 통해 생명을 주신다는 뜻이다. 그분은 눈먼 사람의 눈을 열어 아무것도 못 보게 하는 것이 아니다. 그분은 복음전파를 통해 그 영혼 앞에 십자가에 죽은 그리스도를 두고 그 맹안을 열어 그것을 보게 한다. 베드로와 요한은 이 점을 분명히 밝힌다. 예컨대, 베드로의 말을 들어보라.

> 너희가 거듭난 것은 썩어질 씨로 된 것이 아니요 썩지 아니할 씨로 된 것이니, **살아있고 항상 있는 하나님의 말씀**으로 되었느니라. 그러므로 "모든 육체는 풀과 같고 그 모든 영광은 풀의 꽃과 같으니 풀은 마르고 꽃은 떨어지되 오직 주의 말씀은 세세토록 있도다" 하였으니, 너희에게 전한 복음이 곧 이 말씀이니라(벧전 1:23-25).

베드로는 새로운 탄생이 "살아있고 항상 있는 하나님의 말씀"을 통해 일어난다고 말한 후 "너희에게 전한 복음이 곧 이 말씀이니라"고 그 말씀을 정의한다. 그 복음은 무엇을 담고 있는가? 베드로가 방금 이렇게 썼다. "그[하나님]의 많으신 긍휼대로 **예수 그리스도를 죽은 자 가운데서 부활하게 하심으로 말미암아** 우리를 거듭나게 하사 산 소망이 있게 하시며"(1:3). 그리고 이렇게 말한다. "너희가 알거니와 너희 조상이 물려준 헛된 행실에서 대속함을 받은 것은 은이나 금같이 없어질 것으로 된 것이 아니요 오직 흠 없고 점 없는 어린 양 같은 그리스도의 보배로운 피로 된 것이니라"(1:18-19).

복음이 담고 있는 내용은 바로 이것이다. 그리스도께서 죄인들을 위한 대속 제물로 십자가에 죽으시고 죽은 자 가운데서 부활하셨다는 것. 이 복음이 전파될 때 성령이 (바람이 불고 싶은 대로 불 듯, 자유로이) 새로운 탄생을 유발시킨다. 우리는 새로운 눈과 새로운 순종의 마음으로 십자가에 죽고 부활하신 그리스도의 진리와 영광을 보게 된다. 그리고 그 순간 성령과 그 말씀이 믿음을 창조한다.

하나님의 뜻으로 거듭나는 것

야고보는 이렇게 말한다.

그[하나님]가 그 피조물 중에 우리로 한 첫 열매가 되게 하시려고 자기의 뜻을 따라 진리의 말씀으로 우리를 낳으셨느니라(약 1:18).

"자기의 뜻을 따라"라는 어구는 (요 1:13과 마찬가지로) 하나님이 이 탄생의 결정적 요인임을 강조한다. "우리의 뜻"이 아니라 "그분의 뜻"에 따라 탄생되었다는 것. 그리고 베드로전서 1장 23절의 경우와 마찬가지로 하나님이 유발하신 탄생은 "진리의 말씀"인 복음으로 일어나는 것이다(엡 1:13; 참고. 골 1:5).

그래서 신약성경 저자들이 믿음을 일깨우는 새로운 탄생이 하나님의 섭리 덕분임을 강조할 때, 생명을 주는 이 굉장한 기적이 사람의 행위와 무관하게 일어난다는 뜻으로 말한 것이 아니다. 복음이 전파되고 들려지고 믿어지지 않는 곳에서는 새로운 탄생도 없는 법이다. 구원에 이르는 믿음은 성령에 의해 생길 뿐 아니라 하나님의 말씀을 들음으로써 생기는 것이다. 바울은 이 점을 힘써 분명히 밝힌다.

그런즉 그들이 믿지 아니하는 이를 어찌 부르리요? 듣지도 못한 이를 어찌 믿으리요? 전파하는 자가 없이 어찌 들으리요? 보내심을 받지 아니하였으면 어찌 전파하리요?… 그러므로 믿음은 들음에서 나며 들음은 그리스도의 말씀으로 말미암았느니라(롬 10:14-15, 17).

그런데 우리가 살펴보았듯이, 고린도전서 1장 22-24절은 "들음"이 믿음을 생산하지 못하고 오히려 조롱을 초래하는 경우가 많다고 한다. 그런즉 들음이 필요하지만 충분하진 않다. 불고 싶은 대로 부는 성령의 영광스러운 사역이 생명과 새로운 탄생을 주시는 경우에만 그 말씀을 들을 때 그리스도를 그 참되고 영광스러운 모습 그대로 볼 수 있는 것이다. 이런 방식으로 하나님은 그의 죄 많은 백성을 향한 자비로운 섭리로 구원의 믿음을 불러일으키시는 것이다.

새로운 창조

신약성경에는 그리스도가 없으면 "죽은" 우리의 상태와 관련해 사람들을 신앙으로 인도하는 하나님의 섭리를 묘사하는 그림이 세 가지 있다고 내가 말했다. 그 가운데 둘은 살펴보았다. 새로운 탄생과 하나님의 부르심이다. 둘 다 영적인 죽음이 있던 곳에서 생명을 창조한다. 그리고 둘 다 생명을 주면서 구원의 믿음이 생기게 한다. 이 세 가지 그림 중 세 번째는 회심을 새로운 창조로 묘사하는 그림이다.

고린도후서 2장 4-6절에서 바울은 새로운 창조의 기적과 무관한 사람들을 눈먼 상태, 물리적 사물에 대해서가 아니라 그리스도의 영광에 대해 눈먼 상태로 묘사한다. 이 눈먼 상태는 하나님이 우리에게 생명을 주실 때까지 우리 모두 빠져 있던 죽은 상태의 일부이다. 그런데 사람들을 신앙으로 인도하는 하나님의 섭리에 대한 세 번째 묘사는 '새로운 탄생'의 그림이나 죽음에서 '불러내는' 그림이 아니라 "빛이 비쳐라!"는 전능한 말씀과 함께 일어나는 '새로운 창조'의 그림이다.

> 그들의 경우를 두고 말하면, 이 세상의 신[사탄]이 믿지 않는 자들의 마음을 어둡게 하여서, 하나님의 형상이신 그리스도의 영광을 선포하는 복음의 빛을 보지 못하게 한 것입니다. 우리는 우리 자신을 전하는 것이 아니라, 예수 그리스도를 주님으로 선포합니다. 우리는 예수로 말미암아 우리 자신을 여러분의 종으로 내세웁니다. "어둠 속에 빛이 비쳐라" 하고 말씀하신 하나님께서, 우리의 마음속을 비추셔서, [예수] 그리스도의 얼굴에 나타난 하나님의 영광을 아는 지식의 빛을 우리에게 주셨습니다(고후 4:4-6, 새번역).

4절과 6절 사이의 병행관계를 주목하라.

4절: 하나님의 형상이신	그리스도의 영광을 선포하는	복음의 빛
6절: 예수 그리스도의 얼굴에 나타난	하나님의 영광을 아는	지식의 빛

4절에는 빛에 대해 눈먼 상태가 나온다. 그리고 6절에서 하나님은 창세기 1장에서 태초에 빛을 창조하셨던 방식("어둠 속에 빛이 비쳐라"는 명령)을 되풀이하여 그 눈먼 상태를 이기신다. 그분이 "우리의 마음속을 비추셔서 예수 그리스도의 얼굴에 나타난 하나님의 영광을 아는 지식의 빛을 우리에게 주셨습니다." 그런즉 이 본문에서 그리스도께로 회심하는 사건에 대한 성경의 그림은 바로 새로운 창조의 그림인 것이다(참고. 고후 5:17; 갈 6:15; 엡 4:24; 골 3:10).

우리가 믿고 구원을 받으려면 무엇을 봐야 하는가?

하나님이 어떻게 우리를 죽음과 불신의 눈먼 상태에서 생명과 믿음의 실재 속으로 인도하셨는지와 관련해 고린도후서 4장 4-6절보다 더 중요한 진술은 상상하기 어렵다. 새로운 창조의 기적이 일어나기 전에 우리가 안고 있던 문제의 본질은 그리스도를 하나님의 아름다운 형상으로 볼 수 없었다는 것이다. 과거에 우리가 어쩌다 성경이나 복음전도자의 말을 통해 그리스도를 방관했을 때는 그분을 하나의 신화 또는 흥미로운 역사적 인물 또는 거슬리거나 어리석거나 지겹거나 하찮은 인물로 보았을 것이다. 그분은 하나님의 무한히 고귀한 아름다움을 입고 우리 마음속에서 밝게 빛나지 않았다. 그러나 우리가 만일 그리스도를 있는 그대로 믿고 영접하려면 바로 이 모습을 보지 않으면 안 된다. 그리고 이것은 하나님이 누군가를 그리스도에 대한 신앙으로 인도하실 때 자비로운 섭리로 창조하시는 것이다.

믿음을 창조하는 섭리에 전적으로 의존하다

우리가 현재 초점을 맞추고 있는 질문은 '하나님의 섭리가 어떻게 그의 백성이 그리스도에 대한 믿음을 갖도록 조치하시는가?' 하는 것이다. 이번 장에서는 그리스도가 없으면 죽은 우리의 상태와 관련된 그런 섭리에 대한 세 가지 성경적 그림을 살펴보았다. '새로운 탄생'은 하나님이 영적 생명이 없는 곳에 그런 생명을 주시는 그림이다(요 3:6-8). '하나님의 부르심'은 하나님이 죽은 자를 일깨워서 십자가에 죽은 그리스도가 하나님의 지혜와 능력임을 보게 하시는 그림이다(고전 1:24). '새로운 창조'는 하나님이 영혼의 어둠을 이기고 그리스도의 얼굴에 나타난 하나님의 영광을 아는 지식의 빛을 주시는 그림이다(고후 4:6).

각각의 경우, 우리의 질문에 대한 답변은 이것이다. 하나님의 섭리가 그의 백성이 스스로 할 수 없는 일을 그들을 위해 행함으로써 그들을 그리스도에 대한 믿음으로 인도한다는 것. 우리는 우리 자신의 탄생을 유발할 수 없다. 우리는 우리 자신의 부활을 유발할 수 없다. 그리고 우리는 우리 자신의 창조를 유발할 수 없다. 이런 것들은 우리에게 또 우리를 위해 행해져야 하는 신적인 기적이다. 우리로 하여금 영적 실재에 대해 살아나고 그리스도의 영광을 보게 해서 구원의 믿음으로 그분을 영접하게 하는 것은 전적으로 하나님의 은혜이다. 또는 구원의 믿음은 섭리의 '선물'이라고 할 수 있다. 이것이 다음 장에서 살펴볼 주제이다.

36.

구원에 이르는 믿음:
섭리의 선물

앞장의 결론에서 우리는 하나님이 다음 세 가지 방법으로 그의 백성이 구원의 믿음에 이르도록 조치하신다고 말했다. (1) 그들로 다시 태어나게 하심으로써(벧전 1:3), (2) 그들을 어둠에서 불러내어 놀라운 빛으로 들어가게 하심으로써(벧전 2:9), 그리고 (3) 그들의 마음속에 빛을 창조해서 그들로 복음 속 예수 그리스도의 진리와 영광을 보게 하심으로써(고후 4:6). 그분은 이런 일을 "하나님의 말씀을 통해"(벧전 1:23; 약 1:18도 보라) 행하시되, 구원의 믿음의 결정적 요인은 하나님의 자비로운 섭리이지만 그런 믿음은 복음을 전하고 듣는 인간 작용이 없이는 생기지 않게 하신다(롬 10:17).

회개와 믿음은 섭리의 선물이다

앞장의 끝부분에서 이런 결론을 표현하는 또 다른 방식은 구원의 믿음이 섭리의 '선물'이라 말하는 것이라고 했다. 이제는 회개도 마찬가지라고 더하고 싶다. 회개란 마음의 변화로서 믿음(행 19:4)과 죄에 대한 후회(고후 7:9)를 포함하고 변화된 삶을 불러오는 것을 말하며, 후자는 "회개의 합당한 열매"(마 3:8)로 묘사된다. 믿음과 회개는 하나님이 주시는 값없는 선물이다. 우리는 마치 우리에게 궁극적 자기결정권이 있는 것처럼 믿음과 회개를 획득할 수 없고 그럴 자격도 없으며 불러일으킬 수도 없다. 이는 우리가 믿음을 가진 첫날부터 아침마다 일어날 때 예수님을 믿게 해주신 하나님께 흘러넘치는 감사를 드려야 한다는 뜻이다. 바울은 그의 교회들의 믿음으로 인해 하나님께 감사하는데(골 1:3-4), 그들 역시 하나님께 감사해야 마땅하다.

무궁무진한 성경 대목

다음 대목은 믿음과 회개가 하나님의 선물이란 주장을 뒷받침하는 성경적 증거이다. 이는 우리 자신이 아니라 하나님이 우리가 회심하는 순간 우리의 믿음을 발생시킨 결정적 요인이란 뜻이다. 이는 에베소서 2장 4-10절로부터 분명해진다.

긍휼이 풍성하신 하나님이 우리를 사랑하신 그 큰 사랑을 인하여 허물로 죽은 우리를 그리스도와 함께 살리셨고 (너희는 은혜로 구원을 받은 것이라) 또 함께 일으키사 그리스도 예수 안에서 함께 하늘에 앉히시니, 이는 그리스도 예수 안에서 우리에게 자비하심으로써 그 은혜의 지극히 풍성함을 오는 여러 세대에 나타내려 하심이라. 너희는 그 은혜에 의하여 믿음으로 말미암아 구원을 받았으니, 이것은 너희에게서 난 것이 아니요 하나님의 선물이라. 행위에서 난 것이 아니니 이는 누구든지 자랑하지 못하게 함이라. 우리는 그가 만드신 바라. 그리스도 예수 안에서 선한 일을 위하여 지으심을 받은 자니 이 일은 하나님이 전에 예비하사 우리로 그 가운데서 행하게 하려 하심이니라.

이 대목은 무궁무진하게 풍성하다. 바울이 그렇게 말한다. 하나님이 불러오는 구원은 이런 목적을 갖고 있다. "이는 그리스도 예수 안에서 우리에게 자비하심으로써 그 은혜의 **지극히** 풍성함을 오는 여러 세대에 나타내려 하심이라"(2:7). 이는 참으로 믿기 어렵다! 이를 가슴깊이 새겨라. 유한한 인간이 그리스도 안에 있는 지극히 풍성한 은혜를 발견하고 즐거워하려면 영원한 시간이 필요하리라. 이것이 섭리가 하나님의 백성을 위해 계획한 것이다. 그리스도의 무궁무진한 풍성함이 갈수록 더 우리 앞에 펼쳐짐에 따라 영원토록 늘어나는 행복이다!

하나님이 우리를 그리스도와 함께 살리셨다

하나님은 그의 백성이 장차 이런 미래를 틀림없이 경험하도록 어떻게 조치하시는가? 바울이 제시하는 중요한 답변은 "허물로 죽은 우리를 [하나님이] 그리스도와 함께 살리셨다"(엡 2:5)는 것이다. 그런데 바울은 그분이 또한 "함께 일으키사 그리스도 예수 안에서 함께 하늘에 앉히셨다"(2:6)고 덧붙이기 전에 매우 이례적인 일을 한다. 이는 전례가 없는 것은 아니지만 무척 이례적이다. 그는 괄호 속에 주석을 삽입한 뒤에 다시 그 문장을 이어간다. 바울은 우리가 죽었을 때 그분이 우리를 그리스도와 함께 살리셨다고 말한다. 이어서 문장 중간에 괄호를 열고 "너희는 은혜로 구원을 받은 것이라"고 말한다. 그런 다음 그 문장을 다시 이어가며 "[그리스도와] 함께 일으켰다"고 한다. 왜 그랬을까?

은혜에 관한 필수불가결한 것

바울이 "허물로 죽은 우리를 [하나님이] 그리스도와 함께 살리셨고"라고 말한 직후에 "너희는 은혜로 구원을 받은 것이라"를 삽입한 이유는 우리가 (그가 여기서 사용하는 용어인) '은혜'에 관한 필수불가결한 사항을 보길 원했기 때문이라고 생각한다. 바울은 이 은혜가 정말로 값없다는 것과 우리가 유발한 것이 아님을 보기를 원한다. 그래서 이를 명백히 밝히는 지점에 그것을 삽입한 것이다. 우리는 죽은 상태이다. 하나님이 우리를 살리셨다. 그것이 은혜이다. 죽은 사람들은 스스로를 살릴 수 없다. 죽은 사람들은 그들의 영적 부활에 아무것도 기여할 게 없다. 그들은 그리스도 안에 있는 새로운 생명의 0.001퍼센트도 불러일으킬 수 없다. 이것이 바로 바울이 삽입하는 내용이며 우리가 은혜에 관해 알아야 할 것이다. 죽은 상태에 있던 내가 만일 나의 영적 부활에 기여했다면, 그 은혜는 은혜가 아니다.

우리가 이것을 아는 것이 중요한 이유는 다음 질문, 즉 하나님은 어떻게 죄 많고 허물로 죽은 백성이 구원의 믿음에 이르도록 조치를 취하시는가 하는 질문에 답하려고 애쓰고 있기 때문이다. 이는 바울이 8-9절에서 답하고 있는 질문이다. 그리고 우리가 꼭 알아야 할 바는 바울이 이제 5절에 끼워 넣은 어구("너희는 은혜로 구원을 받은 것이라")를 반복하고 있다는 점이다. 그는 5절에서 얼마나 파격적인 은혜인지를 분명히 한 후 이제는 그것을 사용해 우리가 어떻게 믿음에 이르게 되었는지를 묘사한다. "너희는 그 은혜에 의하여 **믿음으로 말미암아** 구원을 받았으니." 바울은 5절에 나온 은혜의 파격적인 뜻을 명백히 밝힘으로써 8절에 나온 "믿음으로 말미암아"란 말이 우리가 믿음으로 스스로를 영적인 죽음에서 일으켰다는 뜻으로 오해하지 않도록 막아준다.

은혜에 의해 믿음으로 말미암아

에베소서 2장 8절에 나오는 "믿음으로 말미암아"는 하나님이 믿음을 생기게 하심으로써 우리를 죽은 상태에서 일으키셨다(즉, 그분이 우리를 구원하셨다)는 뜻이다. 죽은 사람은 자기 믿음을 유발할 수 없다. 하나님이 죽은 사람들을 일으키셨고, 그분은 믿음을 그의 기적의 일부로 삼으신다. 어떻게? 8절의 나머지 부분이 답변을 준다. "이것은 너희에게서 난 것이 아니요 [그것은] 하나님의 선물이라." ('그것은'은 영어성경에 나옴-역주.) 바울이 "이것은 너희에게서 난 것이 아니라"고 말할 때 "이것"은 무엇을 가리키는가? 그리고 "그것은 하나님의 선물이라"고 말할 때 "그것"은 무엇을 가리키는가? 8절의 헬라어에서는 '은혜'와 '믿음'이 모두 여성 명사이다. "은혜에 의하여 믿음으로 말미암아 구원을 받았으니." 그러나 '이것'은 중성 대명사이고 '그것'은 헬라어에 없다. 그래서 문자적으로는 "이것은 너희에게서 난 것이 아니고, [그러나] 하나님의 선물이다"가 된다.

신약의 헬라어에서 보통은 대명사가 그 선행사의 성(性)과 일치한다. 그러나 '이

것'은 중성인데 '은혜'와 '믿음'은 여성이다. 그러면 '이것'은 무엇을 언급하는 것일까? 무엇이 과연 "너희에게서 난 것이 아니라 하나님의 선물"일까? 나는 두 가지를 제안하는 바이다.

첫째, '이것'의 중성은 이후의 단어인 '선물'(중성 명사)에게서 취한 것이라고 제안한다. 이는 헬라어에서 이례적이 아니다. 이는 "견인"(attraction)이라 불린다. 말하자면, 대명사의 성이 그 선행사인 은혜와 믿음과 일치하기보다는 앞으로 견인되어 그 술어("이것은 … 하나님의 선물이라")와 일치한다는 뜻이다.

둘째, '이것'이란 단어는 하나님의 단일한 행동의 일부로서 은혜와 믿음을 함께 언급하는 것이라고 제안한다. "은혜에 의하여 믿음으로 말미암아 구원을 받았으니." 그 행동 전체를 '이것'이 가리킨다는 뜻이다. 따라서 은혜에 의하여 믿음으로 말미암아 일어나는 것, 곧 죽은 상태에서 구원받는 사건 전체가 "너희에게서 난 것이 아니라" 바로 "하나님의 선물"이라는 것이다.

우리를 일으키시고 구원하시고 지으시다

에베소서 2장 10절이 우리가 올바른 방향으로 가고 있음을 확증해주는 것은 바울이 이처럼 일으켜지고(2:5) 구원받은(2:8) 새 사람들을 "하나님이 만드신 바[작품]이고 그리스도 예수 안에서 지으심을 받은 자"로 묘사하기 때문이다. 일으켜지고 구원받은 사람들을 하나님의 작품이요 창조라고 부르는 것은 사람이 아니라 하나님이 이 모든 일을 발생시키셨음을 강조한다.

이 대목에 나오는 세 개의 서술이 사람이 아니라 하나님이 회심의 결정적 요인이셨음을 역설한다. (1) 우리가 죽은 상태일 때 그리스도와 함께 일으켜져서 하늘에 앉게 되었다(2:5-6). (2) 우리가 "은혜에 의해 믿음으로 말미암아" 구원을 받았는데 믿음을 일깨운 것을 포함한 모든 과정이 우리에게서 난 것이 아니라 하나님의 선물이다(2:8). (3) 우리는 그리스도 예수 안에서 선한 일을 위해 지으심을 받았다는 의미에서 하나님의 작품이다(2:10). 부활은 우리에게서 난 것이 아니다. 믿음을 통한 구원 역시 우리 자신에게서 나지 않았다. 창조 또한 우리 자신에게서 난 것이 아니다. 이것이 바로 '은혜'란 단어의 뜻이다. 우리는 그것을 받을 자격이 없었다. 그리고 우리가 그것을 유발하지도 않았다. 그러므로 바울이 9절에서 말하듯이, 우리가 우리의 부활(2:5)과 구원(2:8), 또는 창조(2:10)와 관련해 불가결한 역할을 한 것처럼 자랑할 여지가 없는 것이다. 우리의 역할은 이런 부활과 구원과 창조 이후에 시작될 뿐이다. 우리는 "선한 일을 위해"(2:10) 일으켜지고 구원받고 창조되었다.

두 가지 선물: 믿음과 고난

에베소서 2장 4-10절은 구원의 믿음을 선물로 주신 하나님의 섭리를 분명히 하는 데 매우 중요하지만 그런 언어를 사용하는 곳은 이 본문만이 아니다. 예컨대, 바울은 빌립보서 1장 27-30절에서 하나님이 우리에게 두 가지 선물, 곧 믿음과 고난을 주셨다고 한다.

> 오직 너희는 그리스도의 복음에 합당하게 생활하라. 이는 내가 너희에게 가 보나 떠나 있으나 너희가 한마음으로 서서 한 뜻으로 복음의 신앙을 위하여 협력하는 것과 무슨 일에든지 대적하는 자들 때문에 두려워하지 아니하는 이 일을 듣고자 함이라. 이것이 그들에게는 멸망의 증거요 너희에게는 구원의 증거니, 이는 하나님께로부터 난 것이라. 그리스도를 위하여 너희에게 은혜를 주신 것은 다만 그를 믿을 뿐 아니라 또한 그를 위하여 고난도 받게 하심이라.

29절은 홀로 내가 강조하는 요점을 말할 수 있다. 문자적으로는 "그를 믿는 것은 그리스도를 위해 너희에게 주어진 것이다"가 된다. 믿는 것은 하나의 선물이다. 하지만 29절이 홀로 서는 것으로 보지 말자. 이 문장이 '왜냐하면'(개정개역에는 없음-역주)으로 시작되는 것을 주목하라. 따라서 이는 그 앞의 내용, 즉 빌립보 교인들이 반대에 직면해서 복음을 위해 한마음으로 두려움 없이 굳게 서는 것은 "그들에게는 멸망의 증거요 너희에게는 구원의 증거니, 이는 하나님께로부터 난 것이라"는 바울의 놀라운 주장에 대한 근거를 제공한다.

하나님께로부터 난 증거

복음을 위해 두려움 없이 한 마음으로 서는 그들의 용기가 어째서 "하나님께로부터 난 증거"인가? 이는 빌립보서 1장 29절이 답변해준다. 복음을 위해 두려움 없이 한마음으로 서는 그들의 용기가 하나님께로부터 난 증거인 까닭은 하나님께서 빌립보 교인들에게 두 개의 선물, 곧 믿음과 고난을 주셨기 때문이다. 그들의 믿음은 그들에게 대적들 앞에서 고난을 견디는 데 필요한 연합과 대담무쌍함을 준다. 그리고 이 믿음과 고난이 하나님의 선물이란 사실은 어째서 반대에 직면해서 한마음으로 용기를 발휘하는 것이 '하나님께로부터 난' 증거인지 그 이유를 설명해준다.

내가 여기서 문맥을 거론하는 이유는 구원의 믿음이 하나님의 선물임을 주장하는 것이 그저 학문적 게임이 아님을 보게 하기 위해서다. 바울에게 이 진리는 실생활에 주변적인, 사소하거나 무관한 것이 아니었다. 그는 빌립보 교인들이 그들의 고난 중에 하나님이 어떻게 일하시는지 보기를 원했다. 그리고 그의 설명인즉 그들이 고난을 받는 중에 하나님이 친히 그들과 그들의 대적을 위해 행한 증거("하나님께로부터 난 증거")를 만드셨다는 것이다. 그리고 이 증거를 제대로 이해하려면 우리의 믿음이 하나님의 선물이란 진리를 무시하거나 거부하면 안 된다. 하나님은 그의 섭리로 그의 백성이 구원의 믿음을 선물로 받도록 조치하신다.

하나님으로부터 난 너희는 그리스도 예수 안에 있다

회개가 하나님의 선물임을 살펴보기 전에, 하나님이 그의 백성에게 믿음을 주신다는 사실을 부각시키는 또 하나의 대목을 간략하게 고찰하자. 바울은 고린도전서의 앞부분에서 우리 자신이나 다른 인간을 자랑하는 것이 위험하다는 점을 보여주려고 애쓴다. 하나님은 그의 백성을 구원하시되 "아무 육체도 하나님 앞에서 자랑하지 못하게 하려"(고전 1:29) 하신다고 한다. 하나님이 이를 행하신 한 가지 방법은 구원의 영예를 위해 확률이 가장 적은 후보들을 스스로 선택하시는 것이다.

그러나 하나님께서 세상의 미련한 것들을 택하사 지혜 있는 자들을 부끄럽게 하려 하시고, 세상의 약한 것들을 택하사 강한 것들을 부끄럽게 하려 하시며, 하나님께서 세상의 천한 것들과 멸시 받는 것들과 없는 것들을 택하사 있는 것들을 폐하려 하시나니 (1:27-28).

그런데 일단 하나님이 그의 백성을 선택하신 다음, 그들이 어떻게 그리스도와 연합하여 그리스도가 그들의 의로움과 칭의의 근거가 된 것인가? 답변은, 하나님이 친히 그의 백성을 그리스도와 연합시키는 책임을 다 짊어지셨다는 것이다. 바울은 이렇게 표현한다.

너희는 하나님으로부터 나서 그리스도 예수 안에 있고 예수는 하나님으로부터 나와서 우리에게 지혜와 의로움과 거룩함과 구원함이 되셨으니 기록된 바 "자랑하는 자는 주 안에서 자랑하라" 함과 같게 하려 함이라(1:30-31).

하나님이 모든 일을 행하셔서 우리가 우리 자신이 아닌 주님 안에서 자랑하도록 확실히 하셨다. 그분은 그리스도가 우리의 지혜와 의로움과 거룩함과 구원함이 되게 하실 뿐만 아니라 우리가 그리스도에게 연합되어 그분이 그 모든 것이 되도록 하신 것을 확실히 알게 하신다. 하나님은 그분이 친히 우리에게 그리스도와의 연합을 '주신' 것을 우리로 알게 하신다. "하나님으로부터 난" 우리는 그리스도 예수 안에 있다. 이는 우리가 행한 일이 아니다. 우리가 스스로 그리스도와 연합하는 것이 아니다.

물론 하나님이 우리를 그리스도에게 연합시키는 것은 '믿음을 통해서'다. 이는 특히 빌립보서 3장 9절에서 볼 수 있다. 우리가 "그[그리스도] 안에서 발견되려 함이니 내가 가진 의는 율법에서 난 것이 아니요 오직 **그리스도를 믿음으로 말미암은 것이니**." 그러나 바울이 주 안에서 자랑하는 것을 제외한 모든 자랑을 배제할 때 강조하는 바는 믿음을 통한 그리스도와의 연합이 너희가 아니라 "하나님으로부터" 났다는 사실이다. 믿음을 '행하는' 사람은 당신이지만, 믿음의 행위와 그리스도와의 연합을 '주시는' 분은 하나님이시다.

하나님이 회개함을 주실지 모른다

이제 하나님의 선물인 회개로 눈을 돌리자. 믿음이 처음부터 끝까지 하나님의 값없는 선물인 것처럼 회개도 마찬가지다. 앞에서 나는 회개란 마음의 변화로서 믿음(행 19:4)과 죄에 대한 후회(고후 7:9)를 포함하고 변화된 삶을 불러오는 것을 말하며, 후자는 "회개의 합당한 열매"(마 3:8)로 묘사된다고 했다. 그래서 회개가 없이 하나님이 믿음을 주시는 것은 불가능하고 거꾸로도 마찬가지다. 하나는 다른 하나가 없이 결코 존재할 수 없다.

그럼에도 불구하고, 바울은 회개를 하나님의 선물로 가르친다는 것을 우리가 매우 실제적으로 보게 될 것이다. 이 가르침은 바울이 디모데에게 보낸 목회적인 권면에 뿌리박고 있는데, 그 권면은 마귀의 올무에 빠져 그 포로상태에서 구출될 필요가 있는 사람들에게 사역하는 법에 관한 것이다. 바울이 품는 최종적인 희망(우리가 사랑하는 이들에 대해 품는 희망)은 하나님이 회개함을 주실지 모른다는 것이다.

> 주님의 종은 다투지 말아야 합니다. 그는 모든 사람에게 온유하고, 잘 가르치고, 참을성이 있어야 하고, 반대하는 사람을 온화하게 바로잡아 주어야 합니다. 그렇게 하면, 아마도 하나님께서 그 반대하는 사람들을 회개시키셔서, 진리를 깨닫게 하실 것입니다. 그들은 악마에게 사로잡혀서 악마의 뜻을 좇았지만, 정신을 차려서 그 악마의 올무에서 벗어날 것입니다(딤후 2:24-26, 새번역).

"하나님이 혹시 그들에게 회개함을 주실지 모른다"(개정개역). 그분은 주실 수도 있고 그렇지 않을 수도 있다. 하나님은 자유로운 분이다. 그분은 아무에게도 회개의 선물을 빚지지 않았다. 설사 우리의 죄가 우리로 진리에서 떠나게 하고 제정신을 잃게 하고 마귀의 올무에 빠져 마귀가 좋아하는 것을 좋아하게 한다 해도, 하나님은 회개함을 주셔서 우리를 구원할 의무가 없다. 그분이 자비롭게 그러실 수 있지만 아무도 그것을 하나의 권리로 요구할 수 없다. 그것은 온통 자비일 따름이다.

진리는 반드시 필요하고 하나님이 결정적인 분이다

그러나 이 선물은 신실한 가르침의 유효성에서 분리될 수 없다. 이 대목이 사람들을 회개로 인도하는 데 하나님의 쓰임을 받고 싶은 사람에게 적실한 것은 우리가 어떻게 가르치는지가 정말로 중요하다고 바울이 명백히 말하기 때문이다. 하나님은 사람들을 회개로 인도하는 데 선생의 가르침의 내용과 그의 성품을 사용하신다. 이 때문에 그는 우리가 "다투지 말고 온유해야" 한다고 말하는 것이다. 우리는 노련하게 또 인내하면서 가르쳐야 한다. 우리는 온유하게 대적들을 바로잡아야 한다(딤후 2:24-26). 왜 그런가? 왜냐하면 이런 수단을 통해 "혹시 하나님이 회개함을 주실지" 모르기 때문이다.

어떤 이들은 26절에 묘사된 그런 상태에 있는 것이 얼마나 두려운지(우리의 영적 의식을 잃고, 마귀의 올무에 빠져서 그의 뜻을 좇는 것)를 인식하고 있다. 그들에게는 인간들이 스스로 해방되기 위해 그들 자신의 회개를 유발하는 결정적 요인을 제공해야 한다는 가르침보다 25절에 나오는 바울의 약속이 훨씬 더 희망을 준다. 그것이 우리의 희망이고, 그것이 우리의 진지하고 지속적인 기도이다. 바울도 그랬다. "내 마음에 원하는 바와 하나님께 구하는 바는 이스라엘을 위함이니 곧 그들로 구원을 받게 함이라"(롬 10:1).

하나님은 모든 사람이 구원받기를 원하신다

당신이 "아마도 하나님께서 그 반대하는 사람들을 회개시키셔서 진리를 깨닫게 하실 것입니다"라는 바울의 말을 들으면 디모데후서 2장 4절에 나오는 말("하나님은 모든 사람이 구원을 받으며 진리를 아는 데에 이르기를 원하시느니라")이 생각날지 모르겠다. 이 두 본문 사이의 연관성은 매우 중요하다. 사람들이 "구원을 받으며 진리를 아는 데에 이르기를 원하시는"(딤전 2:4) 하나님의 요망과 "사람들을 회개시키셔서 진리를 깨닫게 하시는"(딤후 2:25) 하나님의 선물을 주목하라.

이 병행관계가 왜 그토록 중요한가? 왜냐하면 많은 사람이 디모데전서 2장 4절

("하나님은 모든 사람이 구원을 받으며 진리를 아는 데에 이르기를 원하시느니라")을 하나의 논거로 사용해서 하나님이 어떤 사람들은 회개해 구원받도록 선택하시는 반면 다른 이들은 구원하려고 선택하지 않으신다는 것은 있을 수 없다고 주장하기 때문이다. 그런데 이것이 바로 디모데후서 2장 25절이 말하는 것이다. "하나님이 혹시 그들에게 회개함을 주실지 모른다." 그분은 일부에게 회개함을 주신다. 이 두 본문의 표현이 비슷하기 때문에 디모데전서 2장 4절에 근거해 하나님은 회개함을 일부에게만 주기로 선택하실 수 없는 분이라고 주장하는 이들에게 바울이 어떻게 대답할지를 짐작할 수 있다.

그는 이런 식으로 대답할 것이다. 하나님은 모든 사람이 구원받기를 원하시는 것(딤전 2:4)이 사실이지만 그 요망이 모든 사람을 위한 결정적 행동의 차원까지 오르지 않는다고. 하나님은 한 차원에서 어떤 것을 원하실 수 있고 또 다른 차원에서는 그 요망에 따라 행동하지 않기로 선택하실 수 있다. 그분은 한 차원에서는 모든 사람이 구원받기를 원하시고, 그분은 또 다른 차원에서는 일부에게 회개함을 주셔서 구원받게 하신다.

하나님의 요망의 차원에서 본 에스겔, 신명기, 예레미야애가

모두가 구원받기를 바라시는 하나님의 요망을 이렇게 보면 에스겔 18장 32절과 33장 11절 같은 본문을 이해하는 데 도움이 된다.

주 여호와의 말씀이니라. 죽을 자가 죽는 것도 내가 기뻐하지 아니하노니 … 주 여호와의 말씀이니라. 나의 삶을 두고 맹세하노니 나는 악인이 죽는 것을 기뻐하지 아니하고 악인이 그의 길에서 돌이켜 떠나 사는 것을 기뻐하노라. 이스라엘 족속아, 돌이키고 돌이키라. 너희 악한 길에서 떠나라. 어찌 죽고자 하느냐?

하나님은 악인의 죽음을 기뻐하지 않으신다. 하지만 신명기 28장 63절은 하나님이 그의 죄 많은 백성에게 내릴 심판을 예견하는 모습을 그리면서 "여호와께서 너희에게 선을 행하시고 너희를 번성하게 하시기를 기뻐하시던 것같이 이제는 여호와께서 너희를 망하게 하시며 멸하시기를 기뻐하시리니"라고 말한다.

나는 성경에 모순이 있다고 비판하기보다는 우리가 겸허하게 이를 하나님의 복합성 때문이라고 생각하는 게 옳다고 본다. 이 본문들은 이렇게 말한다. 어느 의미나 차원에서는 하나님이 악인의 죽음을 기뻐하지 않고 그들의 구원을 기뻐하시고, 또 다른 의미나 차원에서는 하나님이 그들의 멸망을 기뻐하신다고. 하나님은 자신이 악인에게 내리는 심판의 지혜와 공의로움을 부정하지 않으신다. 사실 그분이 온 하늘을 소환해서 악인에 대한 심판이 도래한 것을 기뻐하게 하실 날이 올 것이다(계 18:20, 참고. 시 48:11; 58:10; 96:11-13; 계 19:1-3).

그러므로 내가 이 본문들에서 배우는 바는, 하나님의 마음속에 그의 나라에 대적하는 반역을 범한 이들을 살려주고 싶은 심정이 있다. 그러나 그의 동기는 복합적이다. 그 마음속의 모든 요소가 효과적인 선택의 차원까지 오르는 것은 아니다. 하나님의 크고 신비로운 마음속에는 일종의 진정한 갈망과 요망이 있고, 이런 것들은 그분의 성품에 관해 참된 것을 말해준다. 하지만 하나님의 모든 요망이 그의 행동을 지배하는 것은 아니다. 하나님은 인간의 마음이 도무지 생각할 수 없는 계획을 통하여 깊고 깊은 지혜를 따라 행하신다(롬 11:33-36; 고전 2:9). 하나님의 마음속 애정이 그런 속성과 강도와 균형을 갖고 있는 데는 거룩하고 공정한 이유들이 있는 것이다.

이 본문들(겔 18:32; 33:11; 딤전 2:4)은 하나님이 세상의 구원을 원하시는 진정한 연민으로 그들을 사랑하신다는 것을 보여준다. 그러나 이 사실이 우리가 이번 장에서 살펴보는 것, 즉 구원의 믿음은 은혜의 값없는 선물이고 하나님이 창세 이전에 어떤 반역자들을 살려주실지 결정하셨다는 것과 상충되지 않고 후자를 파기하지 않는다.[1]

이것은 이중인격 때문이 아니다. 이는 예레미야가 예레미야애가 3장 32-33절에서 하나님의 마음을 거론한 방식이다.

---

[1] 나는 다음 책에서 겔 18:32와 33:11을 더 자세하게 다뤘다. John Piper, *The Pleasures of God* (Colorado Springs, CO: Multnomah, 2012), 13-33. 이를 각색한 것이 이 단락이다.

그가 비록 근심하게 하시나

그의 풍부한 인자하심에 따라 긍휼히 여기실 것임이라.

주께서 인생으로 고생하게 하시며

근심하게 하심은 **본심**이 아니시로다.

여기서 "하나님의 마음"이 바라는 것의 두 가지 차원을 보게 된다. 근심하게 하시길 바라지 않는 차원과 실제로 근심하게 하시는 차원이다. 이와 비슷하게, 하나님의 마음이 모든 사람의 구원을 원하는 한편, 그와 동시에 일부에게만 회개함을 주시는 측면이 있는 것이다.

생소한 가정(假定)의 위험

이는 성경이 우리에게 무엇을 가정할지 말지를 말하도록 허용하기보다 우리가 생소한 가정을 성경에 가져갈 때 일어나는 일의 좋은 본보기다. 우리가 만일 성경에 이런 가정, 즉 '하나님이 모든 사람이 구원받기를 원하신다면 그는 회개의 선물을 어느 누구에게도 거절할 수 없다'는 가정을 가져간다면, 우리는 성경을 잘못 해석하게 될 것이다. 그 가정은 성경 어디에서도 가르치지 않는다. 논리 법칙들이 요구하는 것도 아니다. 이와 반대로, 바울은 매우 명백하게 "혹 하나님이 그들에게 회개함을 주실까 한다"(딤후 2:25)고 말함으로써 이런 가정을 세우지 않도록 도와준다.

풍성한 긍휼, 큰 사랑, 구원의 은혜

나는 이번 장에서 살펴본 것으로부터 이런 결론을 내리는 바이다. 믿음과 회개는 모두 하나님의 값없는 선물들이고, 둘 다 우리의 죄 때문에 하나님이 아무에게도 빚진 것이 아니고, 그분이 긍휼과 사랑과 은혜로 많은 이들에게 주시는 것이라고. 내가 '긍휼'과 '사랑'과 '은혜'을 말하는 이유는 하나님이 사람들을 죽음에서 생명으로 인도하고 그들에게 믿음을 주시는 그 선물을 묘사할 때 바울이 그 단어들을 사용기 때문이다. 에베소서 2장 4-5절에서 말한 것을 상기해보라. "**긍휼**이 풍성하신 하나님이 우리를 사랑하신 그 큰 **사랑**을 인하여 허물로 죽은 우리를 그리스도와 함께 살리셨고 (너희는 **은혜**로 구원을 받은 것이라)." 하나님의 풍성한 '긍휼'과 큰 '사랑'과 구원의 '은혜' 때문에 (모두가 아니라) 일부가 그리스도와 함께 살리심을 받았다.

알미니안들은 선행 은총에 대해 어떻게 생각하는가?

이번 장을 끝내기 전에 하나님의 은혜에 관해 꼭 다뤄야 할 중요한 이슈가 있다. 앞 단락의 내용으로부터 분명해 보이는 것은 에베소서 2장 4-5절에 언급된 풍성한 긍휼과 큰 사랑과 구원의 은혜가 모든 사람에게 베풀어지는 게 아니라는 것, 즉 "그리스도와 함께 살리심을 받은" 것은 일부 사람에게만 해당된다는 것이다. 만일 하나님의 긍휼과 사랑이 모든 사람을 살리셨다면, 모든 사람이 "그리스도 예수 안에서 함께 하늘에 앉히게"(엡 2:6) 되었을 것이다. 모두 구원을 받게 될 것이다. 아무도 하나님의 진노 아래 멸망하지 않을 것이다. 그러나 바울은 하나님이 모든 사람을 살리신다고 가르치지 않는다. 에베소서 5장 6절은 "하나님의 진노가 불순종의 아들들에게 임한다"라고 한다.

그런데 하나님의 은혜에 대한 흔한 견해들 가운데 교회와 그리스도의 선교에 해롭고 잘못된 것이라고 내가 생각하는 견해가 있다. 이 견해를 다루는 것이 중요한 이유는 그것이 널리 퍼져있기 때문만이 아니라 바울의 목표, 즉 우리의 회심과 관련해 인간의 자기결정에 대한 모든 자랑을 배제시키려는 목표에 거슬리는 성향을 갖고 있기 때문이다. 나는 지금 역사적 알미니안 및 웨슬리파 신학자들이 '선행 은총'이란 용어를 사용하는 방식을 염두에 두고 있다. 나는 신학적 딱지 때문에 어떤 사람을 옳거나 그르다고 생각하지는 않는다. 이 경우에는 이 용어를 선행 은총을 이해하는 방식에 대한 약칭으로 사용할 뿐이다. 우리가 옳거나 그른지 여부는 우리의 딱지가 아니라 우리의 견해가 성경이 가르치는 것인지 여부에 달려 있다.

'선행 은총'(prevenient grace)은 매우 좋은 용어이다. 선행이란 "이전에 오다"라는 뜻이다. 이는 구원의 믿음에 앞서야 하는 하나님의 은혜를 가리키는 데 사용된다. 앞서야 하는 이유는 인간이 죄로 너무나 망가지고 예속되어서 신적 개입이 없이는 아무도 구원받을 수 없기 때문이다. 여기까지는 우리가 동의한다. 구원의 믿음이 생기려면 그런 은혜가 정말로 필요하다.

차이점은 이 신적 은혜가 인간의 마음속에서 무슨 일을 행하는지와 그 은혜가 사람의 의지와 어떤 관계에 있느냐 하는 데 있다. 이제 에베소서 2장 4-10절을 다루는 시점에 그 이슈를 다루는 것이 왜 중요한지를 당신이 알 수 있을 것이다. 왜냐하면 바울이 다음 구절로 바로 그 이슈를 다루고 있기 때문이다. "너희는 그 은혜에 의하여 믿음으로 말미암아 구원을 받았으니 이것은 너희에게서 난 것이 아니요 하나님의 선물이라"(2:8).

그들이 말하는 선행 은총

역사적 알미니안들은 선행 은총에 대해 무슨 말을 하는가? 최대한 공정하기 위해 역사적 알미니안으로 자처하는 존경받는 신학자[2]가 그 자신의 말로 이 질문에 대답하도록 할까 한다. 로저 올슨은 선행 은총에 대해 이렇게 말한다.

누구든지 회개와 믿음으로 그리스도께 나아온다면, 그것은 오직 하나님의 "선행 은총"이 그렇게 할 수 있는 능력을 주셨기 때문이다.[3]

알미니안주의는 언제나 구원의 주도권이 하나님의 것이라고 주장해왔다. 이것은 "선행 은총"이라 불리고, 이는 능력을 부여하는 것이되 저항할 수 있는 것이다.[4]

[웨슬리는] 영적 무력함이란 의미의 전적 타락을 포함한 원죄를 긍정했다. 그러나 그는

---

2) Roger Olson, *Arminean Theology: Myths and Realities* (Downers Grove, IL: IVP Academic, 2006).
3) Roger Olson, *Against Calvinism* (Grand Rapids, MI: Zondervan, 2011), 66.
4) Olson, *Against Calvinism*, 169.

또한 의지의 자유를 회복시키는 선행 내지는 능력 부여의 은총이란 하나님의 보편적 선물을 긍정했다.[5]

고전적 알미니안 신학은 … 복음에 대해 회개와 믿음으로 반응하는 죄인의 능력을 선행 은총의 덕분으로 돌렸다. 이는 성령이 죄인의 영혼에 역사하는 조명하고, 깨닫게 하고, 부르고, 능력을 부여하는 힘으로서 … 그들로 구원의 은혜를 자유로이 선택하게(또는 거부하게) 해준다.[6]

알미니안 신학에서는 부분적 중생이 회심에 앞서지만, 그것은 완전한 중생이 아니다. 그것은 일깨우고 능력을 주는 것이지만 저항할 수 없는 힘은 아니다 … [선행 은총은] 구원을 받거나 받지 않을 자유로운 의지를 실제로 주는 하나님의 막강한, 끌어당기고 설득하는 능력이다.[7]

성경은 다른 방향을 가리킨다

내가 제기하는 의문은 은혜가 이런 식으로 우리의 믿음을 불러일으킨다는 견해가 성경적인가 하는 것이다. 나는 성경적이라고 생각하지 않는다. 우리가 앞장에서, 특히 에베소서 2장 4-10절에서 살펴본 것은 그런 견해가 잘못되었음을 보여준다고 생각한다. 우리가 이미 살펴본 것과 다음 장에서 살펴볼 바는, 하나님의 은혜가 우리를 "부분적 중생"(올슨의 용어)의 지점까지 끌어올린 채 거기서 멈추고 그 결과를 우리의 '궁극적 자기결정'에 맡기는 것 '이상'의 일을 한다는 것이다. 후자의 용어는 올슨의 것이 아니라 나의 것이지만 공정하고 계몽적인 용어라고 생각한다. 선행 은총이 "그들로 구원의 은혜를 자유로이 선택하게(또는 거부하게) 해준다"고 올슨이

---

5) Olson, *Against Calvinism*, 129.
6) Olson, *Against Calvinism*, 67. 알미니안 견해에 따르면, 선행 은총이 주는 능력은 믿는 능력 또는 믿지 않는 능력이다.
7) Olson, *Against Calvinism*, 171.

말하는 것은 회심의 순간에 취할 최종적인 행위가 하나님의 결정적인 지배 아래 있지 않다는 뜻이다. 바로 그 순간에 우리가 궁극적인 자기결정권을 갖고 있다는 뜻이다. '궁극적인'이란 말은 회심의 시점(즉, 구원의 믿음이 생길지 말지 하는 시점)에 우리가 믿을지 말지를 결정적으로 좌우하는 우리의 자결적인 의지 바깥에 아무것도 없다는 뜻이다.

내가 성경에 근거해 보여주려는 견해는 하나님이 우리의 회심과 관련하여 우리가 믿을지 말지를 결정하도록 우리의 의지를 사용할 수 있게 해주는 역할 '이상'을 담당하신다는 것이다. 나의 주장인즉, 하나님은 우리의 모든 저항을 극복하고, 우리 마음의 눈을 열어주고, 그리스도를 너무나 생생하고 아름답고 멋지게 만들어서 우리의 의지가 기쁘게 그리스도를 구원자이자 주님이며 보배로 영접하게 해주신다는 것이다.

둘 중 어느 것이 하나님의 은혜가 우리를 구원의 믿음으로 인도하시는 경위에 대한 성경적 견해인가? 하나님의 은혜는 우리로 "구원의 은혜를 자유로이 선택하게(또는 거부하게)" 해주는가? 말하자면, 하나님의 은혜는 우리의 회심과 관련해 우리를 '궁극적 자기결정권'을 갖는 입장에 서게 하는가? 아니면 그 은혜는 우리의 모든 반역과 어두움을 극복하여 우리가 그리스도의 아름다움에 이끌려서 진리를 수용하도록 해주는가?

네 동사가 걸림돌이다

우리가 살펴보았듯이, 성경은 은혜가 회심에 미치는 영향에 대한 역사적 알미니안 입장에서 멀어지게 한다고 나는 생각한다. 더 중요한 것은 우리가 초점을 두고 있는 에베소서 2장의 본문이 이 견해와 어울리지 않는다는 점이다. 바울은 4-5절에서 "긍휼이 풍성하신 하나님이 우리를 사랑하신 그 큰 사랑을 인하여 허물로 죽은 우리"를 위해 행하시는 일을 묘사하려고 네 개의 동사를 사용한다.

첫째, 그분은 "우리를 그리스도와 함께 **살리셨다**"(2:5). 살리시는 일, 이것은 그분이 죽은 죄인들을 위해 행하시는 일이다. 그분이 그들을 살리신다. 그러나 이 살리시는 일이 부분적 중생이 아니라는 점, 즉 그 목적이 마치 '살아있는' 이들의 일부는 믿음과 천국으로 귀결되는 한편, 다른 이들은 불신과 지옥으로 귀결되는 것과 같은 그런 게 아니라는 점을 주목하라. 그렇지 않다. 바울은 "[그분이] 우리를 **그리스도와 함께** 살리셨다"고 말한다. 이것은 사람들을 중간 상태에 둔 채 그들의 선택에 따라 살게 또는 죽게 하는 반쪽짜리 부활이 아니다. 그런 개념은 바울의 마음속에 없다. "그리스도와 함께" 살리심을 받는다는 것은 곧 그분의 생명과 같은 영생을 받는 것이다.

이후 두 번째 동사인 '구원받았다'가 나온다. "너희는 은혜로 구원을 받은 것이라"(2:5). "구원을 받았다"는 것은 "죄로부터 충분한 자유가 주어져서 당신이 살든지 죽든지를 선택한다"라는 뜻이 아니다. 이 동사와 그 시제 모두 은혜에 의해 결정적으로 일어난 큰 사역을 가리킨다. 그것은 죽은 상태에서의 부활(2:5)이고 그리스도 안에서의 새로운 창조(2:10)이다. 이 말은 한 사람이 불신을 선택할 수 있게 해주는 부분적 중생을 가리키지 않는다.

세 번째 동사인 '일으켜졌다'는 방금 언급되었다. 하나님이 "[그리스도와] 함께 우리를 일으키셨다"(2:6). 이는 "그리스도와 함께 **살리셨다**"는 동사를 강화하는 역할을 한다. 그리스도와 함께 살리심은 구체적으로 그의 부활에서 그와 하나가 되는 연합이다. 그리고 그리스도의 부활이 지닌 영광스러운 뜻은 그분이 결코 다시 죽을 수 없다는 것이다. "이는 그리스도께서 죽은 자 가운데서 살아나셨으매 다시 죽지 아니하시고 사망이 다시 그를 주장하지 못할 줄을 앎이로라"(롬 6:9). 그것은 우리가 이미 그분과 결정적으로 공유한 그 부활이다(골 3: 1-3).

끝으로, 바울이 사용하는 네 번째 동사는 '앉혔다'이다. "그와 함께 우리를 앉히셨다"(엡 2:6). 하나님이 "그리스도 예수 안에서 함께 하늘에 앉히시니." 에베소서 2장 5절과 8절에 나오는 하나님의 전능하신 은혜는 그의 백성을 죄로부터 구출하되 믿음과 불신, 그리고 지옥과 천국 사이의 중간 지점까지만 구출하는 것이 아니다. 이는 바울이 가르치는 바가 아니다. 하나님이 은혜로 구원하실 때는 그리스도와 함께 우리를 살리시고, 그리스도와 함께 죽은 상태에서 우리를 일으키시고, 하늘에 그리스도와 함께 우리를 앉히신다. 우리에게 멸망할 자유가 주어지지 않는다. 오히려 우리에게 영원한 집, 곧 하늘에 그리스도와 함께 앉는 집이 주어진다.

성령으로 아니하고는 누구든지 예수를 주시라 할 수 없느니라

하나님이 스스로 선택한 자를 회심시키실 때는 결정적으로 또 영구적으로 그렇게 하신다는 논점을 지지하기 위해 우리가 다른 본문들도 인용할 수 있다. 하나만 더 언급할까 한다. 이 본문을 선택하는 이유는 그 본문 안에 이 논점을 분명히 하는 연관성이 있기 때문이다. 바로 고린도전서 12장 3절이다.

> 그러므로 내가 너희에게 알리노니, 하나님의 영으로 말하는 자는 누구든지 예수를 저주할 자라 하지 아니하고, 또 성령으로 아니하고는 누구든지 예수를 주시라 할 수 없느니라.

"성령으로 아니하고는 누구든지 예수를 주시라 할 수 없느니라." 물론 요점은 아무도 스스로 이것을 말하고 진심으로 그럴 수 없다는 것이다. 귀신들이 "예수는 주님이다"라고 말할 수 있다. 예컨대, 마가복음 1장 24절에서 한 더러운 귀신이 예수님 앞에서 이렇게 외친다. "나는 당신이 누구인 줄 아노니 하나님의 거룩한 자니이다." 바울의 취지는 그리스도를 당신의 삶의 주인으로 고백하는 진정한 믿음은 성령의 사역이 없이는 불가능하다는 것이다.

그런데 누군가 이렇게 말했다고 가정해보라. "바울의 말은 성령의 영향이 회심의 순간에 결정적이란 뜻이 아니다. 그의 말은 성령이 인간 의지 속의 모든 장애물을 극복하고 효과적으로 그 사람을 구원의 믿음에 이르게 한다는 뜻이 아니다. 오히려 그 의미는 성령으로부터 오는 선행 은총이 모든 회심에 필요하지만 그 어떤 특정한 회심도 확보하진 않는다는 것이다. 바울의 말은 성령이 예수의 주되심에 대한 죄악된 저항을 충분히 제거해서 그 사람이 이제는 자유로이 회심의 시점에 그 자신의 믿음의 결정적 요인이 될 수 있다는 뜻이다. 그리고 성령은 모든 사람에게 이런 일을 행하신다."

바울은 과연 이런 식으로 생각하는가? 이것이 진정 그의 말의 뜻인가?

그렇지 않다. 이것은 바울이 하는 말의 뜻이 아니다. 이는 고린도전서 12장 3절의 전반부와 후반부를 비교하면 알 수 있다. 전반부에서는 "하나님의 영으로 말하는 자는 누구든지 예수를 저주할 자라 하지 아니한다"고 말한다. 후반부에서는 "성령으로 아니하고는 누구든지 예수를 주시라 할 수 없느니라"고 말한다. 여기서 바울은 "성령에 의해" 말하는 두 가지 경우를 묘사하고 있다. 첫째 경우에는 만일 한 사람이 성령에 의해 말한다면 "예수는 저주를 받아라"라고 말하는 게 불가능하다고 한다. 둘째 경우에는 만일 한 사람이 성령에 의해 말하고 있다면 "예수는 주님이시다"라고 말할 수밖에 없다고 한다. 두 경우 모두에 "성령에 의해"라는 똑같은 어구가 사용되었다.

두 진술 모두 똑같은 어구, "성령에 의해"를 사용한다는 사실의 함의를 생각해보라. 첫째 경우에는 "성령에 의해"가 결정적으로 유효한 영향을 미친다. 말하자면, 이 영향을 받는 사람은 "예수는 저주를 받아라"라고 도무지(진심으로) 말할 수 없다. 그런즉 바울이 생각하기에, "성령에 의해" 말한다는 것은 성령의 결정적으로 유효한 작용을 가리킨다. "성령에 의해" 말한다는 것은 성령이 우리에게 어느 길로든(예수님을 저주하거나 그를 믿는 것) 갈 수 있는 자유를 주었다는 뜻이 아니다. 그런 선행 은총의 개념, 즉 당신을 죄와 불신에서 중도로 불러내어 당신이 예수님을 저주받을 자로 부르는 자기결정 능력을 갖게 한다는 개념은 바울의 머릿속에 있는 것이 아니다.

그러므로 "성령에 의해"라는 어구가 그 구절의 후반부에서 전혀 다른 의미를 지닌다는 견해는 아예 근거가 없다. 바울이 "성령으로 아니하고는 누구든지 예수를 주시라 할 수 없느니라"고 말할 때는 동일한 의미를 지닌 동일한 어구를 사용하고 있다. '성령에 의해' 말한다는 것은 성령의 결정적으로 유효한 영향을 받아 말한다는 뜻이다. 이것이 이 어구가 그 구절의 전반부에서 지니는 의미이고, 이 어구가 후반부에서 그런 의미를 갖고 있지 않다고 생각할 이유가 없다.

그러므로 하나님의 은혜가 그의 백성을 예수님을 믿는 구원의 신앙에 이르기까지 '시종' 효과적으로 인도하지 않고 '어느 지점까지만' 인도하여 그들이 예수님을 저주하거나 송축할 수 있게 한다는 생각은 바울의 가르침이 아니다.

나의 견해와 알미니안 견해의 차이점

그러므로 나의 견해와 역사적 알미니안 신학의 차이점은 전자는 '전적 타락'을 믿고 후자는 그렇지 않다는 것이 아니다. 그리고 전자는 '은혜가 믿음에 선행해야 한다'고 믿고 후자는 그렇지 않다는 것도 아니다. 오히려 그 차이점은 이것이다. 내가 성경에서 보는 바는, 하나님의 구원의 은혜가 단지 그리스도를 영접하거나 배척할 수 있는 그런 자유의지를 회복시키는 게 아니라, 우리의 어둔 눈을 열어 예수님의 놀라운 진리와 아름다움과 고귀함을 보게 하고 그분을 저항할 수 없게 해서 기쁘게 그분을 우리의 구원자이자 주님이며 보배로 영접하게 한다는 것이다. 하나님은 우리를 구원의 믿음까지 이르게 해서 우리로 예수님을 영접하게 하신 그분께 모든 영광을 돌리게 하신다.

영원한 과거로 돌아가서

이번 장을 마무리하는 시점에 이르자 우리 마음속에 한 가지 질문이 전면에 떠오른다. 만일 하나님이 우리가 살펴본 대로 무조건적인 구원 사역(새로운 탄생, 새로운 창조, 죽음에서 생명으로 부르심, 믿음의 선물, 회개의 선물)을 수행하신다면, 그분은 언제 이런 일을 수행하기로 결정하셨을까? 우리를 위한 하나님의 이런 활동은 결코 우리의 주도권에 달려있지 않다. 물론 우리의 반응에 달려있는 하나님의 은혜의 다른 활동들은 존재한다(예, "[하나님이] 더욱 큰 은혜를 주시나니, 그러므로 일렀으되 '하나님이 교만한 자를 물리치시고 겸손한 자에게 은혜를 주신다' 하였느니라," 약 4:6). 그러나 우리가 고찰하고 있는 하나님의 활동은 그렇지 않다. 만일 하나님이 우리의 주도권에 반응하여 이런 구원의 행위를 하시는 게 아니라면, 과연 무엇이 그분의 행동을 촉구하고 또 언제 그런 일이 시작되었을까? 이것이 다음 장에서 살펴볼 주제이다.

37.

선택의 뿌리로 되돌아가다

우리가 처음에 회심을 다스리는 하나님의 섭리를 다룰 때 하나님의 영원한 계획에서 시작하지 않았다. '당신은 어떻게 믿게 되었는가? 또는 당신은 어떻게 믿게 될 것인가?'라는 질문과 함께 중간에서 시작했다. 달리 말하면, 우리는 가장 직접적이고 긴급한 질문과 함께, 즉 하나님의 구원의 섭리가 우리의 실존과 교차하는 지점에서 시작한 것이다. 당신이 그리스도를 믿은 순간인 당신의 회심에 결정적인 역할을 한 존재는 당신인가, 아니면 하나님인가?

그러나 성경이 우리의 구원을 묘사하는 방식을 감안하면, 우리가 비록 그리스도인 존재의 중간에 시작해도 구원 섭리의 영원한 뿌리로 되돌아가지 않을 수 없다. 이번 장에서는 하나님의 현존하는 구원의 섭리가 우리를 시간대에서 벗어나 영원한 뿌리로 이끌어가게 할 생각이다. 이것은 이 책의 범위가 요구하는 자의적인 움직임이 아니다. 이는 하나님의 백성을 믿음으로 인도하는 그분의 섭리의 실체와 표현이 요구하는 것이다. 실은 '하나님의 백성'이란 어구에 뿌리박고 있다. 하나님이 '그의 백성'을 믿음으로 인도하신다고 말하는 것은 그들이 믿음을 갖기 전에 그분의 소유였다는 뜻을 함축한다. 이것이 무슨 뜻인가? 그리고 우리가 과연 그런 식으로 말해야 하는가?

새 언약의 함의를 숙고하다

이번 장의 계획은 다시금 새 언약의 성격과 제정을 흘끗 들여다보고(렘 31:31-34), 이를 계기로 선택의 소중한 뿌리로 되돌아가는 것이다. 제2부 3편(11-14장)에서 우리는 새 언약의 내부 계획과 역사적 제정을 추적했다. 그 언약이 본질적으로 약속하는 바는, 하나님이 그의 백성에게 요구하는 모든 것을 반드시 그들이 충족시킬 수 있도록 해서 그들의 죄가 용서받고, 순종하는 삶을 살고, 영원히 그의 임재를 즐거워하게 할 것이란 것이다.

> 여호와의 말씀이니라. 보라 날이 이르리니 내가 이스라엘 집과 유다 집에 새 언약을 맺으리라 … 내가 나의 법을 그들의 속에 두며 그들의 마음에 기록하여 나는 그들의 하나님이 되고 그들은 내 백성이 될 것이라. 여호와의 말씀이니라. 그들이 다시는 각기 이웃과 형제를 가리켜 이르기를 "너는 여호와를 알라" 하지 아니하리니 이는 작은 자로부터 큰 자까지 다 나를 알기 때문이라. 내가 그들의 악행을 사하고 다시는 그 죄를 기억하지 아니하리라. 여호와의 말씀이니라(렘 31:31, 33-34).

예수님은 이 언약을 성취하기 위해 죽기 전날 밤에 "이 잔은 **내 피로 세우는 새 언약**이니 곧 너희를 위하여 붓는 것이라"(눅 22:20)고 말씀하셨다. 하나님은 그의 백성의 죄에 대한 예수님의 피로 드리는 제사에 기초하여 모든 힘을 가동시켜서 한 백성을 죽음에서 불러내고, 그들을 믿음으로 인도하고, 그들의 반역을 극복하고, 그들로 그의 길로 걷도록 해주고, 그들을 악한 자로부터 지켜주고, 그들을 마침내 영광으로 인도하며, 우주를 그의 자녀들을 위해 새롭고 영광스러운 거처로 만드신다. 달리 말하면, 하나님이 새 언약의 약속들을 성취하기 위해 행하시는 모든 일은 예수님의 죽음이 확보한 것이었다.

로마서 8장 32절의 논리

이를 가장 포괄적으로 보여주는 본문은 로마서 8장 32절이다. "자기 아들을 아끼지 아니하시고 우리 모든 사람을 위하여 내주신 이가 어찌 그 아들과 함께 모든 것을 우리에게 주시지 아니하겠느냐?" 우리가 바울의 수사적 질문을 그가 의도하는 선언으로 바꾸자면 이렇게 될 것이다. "하나님이 자기 아들을 아끼지 아니하시고 그의 백성을 위해 내주셨으니 그분이 이제는 그들이 최종 운명에 이르는 데 필요한 모든 것을 주실 것이 확실하다." 달리 말하면, 하나님이 그의 백성을 위해 가장 어려운 일(즉, 자기 아들을 아끼지 않으신 것)을 행하셨다는 것은 그분이 새 언약의 다른 모든 약속에 완전히 헌신하셨음을 보여준다.

하나님은 그들의 돌 같은 마음을 제거하실 것이다(겔 11:19). 그분은 그들에게 새 마음을 주시고(겔 36:26) 그들 속에 새 영을, 심지어 그의 영을 주실 것이다(겔 36:27). 그분은 그들의 마음에 할례를 베푸셔서 그들로 주님을 사랑하게 하실 것이다(신 30:6). 그분은 그들의 죄를 용서하실 것이다(렘 31:34). 그분은 그들의 마음에 그의 법을 기록하실 것이다(렘 31:33). 그분은 그들의 하나님이 되실 것이다(렘 31:33). 그들은 모두 그분을 개인적으로 알 것이다(렘 31:34). 그분이 다시는 그들을 떠나지 않고 그들에게 선한 일을 행하실 것이다(렘 32:40).

우리가 제2부 3편에서 새 언약의 성격과 제정을 추적했던 만큼 여기서 다시 그럴 필요는 없다. 내가 여기서 그것을 언급하는 이유는 하나님이 그의 백성을 믿음으로 인도하고, 그들 속에서 새로운 거룩함을 개발하고, 마침내 그들을 영광에 이르게 하시는 그 모든 섭리의 행위를 분명히 알게 하기 위해서다. 이것이 로마서 8장 32절의 논리가 가리키는 요점이다. 그분은 자기 아들을 아끼지 않으셨다. 그러므로 그분은 우리의 믿음, 우리의 거룩한 삶, 우리의 영광이 틀림없이 실현되도록 확실히 조치하실 것이다. "하나님의 모든 약속은 그리스도 안에서 '예'가 됩니다"(고후 1:20, 새번역).

이것이 바로 성경에서 가장 소중하고 매력적인 약속 중 하나인 로마서 8장 28절의 요점이다. "우리가 알거니와 하나님을 사랑하는 자 곧 그의 뜻대로 부르심을 입은 자들에게는 모든 것이 합력하여 선을 이루느니라." 그 "선"은 우리가 기쁘게 예수 그리스도와 일치하게 되는 최종적인 영광이다. 이 확신의 근거는 하나님의 영원한 계획과 모든 것을 지배하는 그분의 섭리이다.

[롬 8:28이 옳은 이유는] 하나님이 미리 아신 자들을 또한 그 아들의 형상을 본받게 하기 위하여 미리 정하셨으니, 이는 그로 많은 형제 중에서 맏아들이 되게 하려 하심이니라. 또 미리 정하신 그들을 또한 부르시고 부르신 그들을 또한 의롭다 하시고 의롭다 하신 그들을 또한 영화롭게 하셨느니라(롬 8:29-30).

29절 맨 앞에 나오는 '왜냐하면'(개정개정에는 없음-역주)은 다음 내용이 로마서 8장 28절의 토대임을 보여준다. 그것이 옳은 이유는 하나님이 미리 아신 자들을 그분이 예정하셨기 때문이다. 그리고 예정하신 자들을 그분이 영광에 이르도록 시종 인도하실 것이다.

미리 아신 자들을 그분이 예정하셨다

29절에 나오는 '미리 아셨다'는 단어를 잘못 해석하지 않도록 주의하라. 로마서 8장 29-30절이 주려는 확신과 안전보장이, 마치 29절이 "하나님이 **그들 스스로 결정한 믿음**을 미리 아신 자들을 영화롭게 하려고 예정하셨다"라는 뜻인 것처럼, 미리 아신 우리 믿음의 실에 매달려 있다고 생각한다면, 이는 심각한 잘못일 것이다.

34-36장에서 나는 궁극적으로 스스로 결정한 믿음과 같은 것은 없음을 보여주려고 애썼다. 즉, 믿음이 생기는 순간 하나님이 아니라 사람이 결정적 요인으로 작용하는 믿음은 없다는 것이다. 구원에 이르는 믿음은 하나님의 선물이다. 하나님은 자신이 창조하는 것을 미리 아셨다. 로마서 8장 28-30절의 요점은 전능하신 하나님이 그의 백성을 반역에서 영원한 영광으로 인도하시는 일을 실패하지 않을 테고 또 실패할 수 없다는 것이다. 반드시 일어나야 할 모든 것(그들의 믿음, 그들의 거룩함, 그들의 인내)을 그분이 그들을 '위해' 또 그들 '안에서' 확실히 이루실 것이다. 이는 그분이 자기 아들을 아끼지 않으신 사실만큼 확실하다.

하나님이 그의 백성이 존재하기 전에 그리고 그들이 믿음을 갖기 전에 그들을 '미리 아셨다'는 것은 그분이 그들을 그의 소유로 분명히 보시고 따라서 그들을 선택하셨다는 것을 가리킨다. 예컨대, '알다'로 번역된 히브리어 단어가 창세기 18장 18-19절에서는 '선택하다'로 번역되어 있다.

아브라함은 강대한 나라가 되고 천하 만민은 그로 말미암아 복을 받게 될 것이 아니냐? 내가 그로 그 자식과 권속에게 명하여 여호와의 도를 지켜 의와 공도를 행하게 하려고 그를 택하였나니[문자적으로, 알았나니], 이는 나 여호와가 아브라함에 대하여 말한 일을 이루려 함이니라.

"선택하다"는 또한 아모서 3장 2절에 나오는 "알다"의 뜻임이 분명하다. "내가 땅의 모든 족속 가운데 너희[이스라엘]만을 **알았나니**." 하나님이 이처럼 각별한 방식으로 누군가 또는 어느 그룹을 알 때는 '선택하다'와 '특별한 소유로 바라보다'라는 이중적 의미가 함축되어 있다. 이 두 번째 의미는 시편 1편 6절에서 볼 수 있다. "무릇 의인들의 길은 여호와께서 인정하시나[아시니] 악인들의 길은 망하리로다." 분명히 하나님은 악인에 '관해' 알고 계신다. 그분은 그들이 존재한다는 것과 그들에 관한 모든 것을 알고 계신다. 반면에 "의인의 길"은 그분이 인정하고 사랑하시는 것으로 알려져 있다. 그분이 교만한 자에 대해 말씀하시는 것처럼 악인을 "멀리서" 알고 계신다고 말해도 무방하리라. "여호와께서는 높이 계셔도 낮은 자를 굽어살피시며 멀리서도 교만한 자를 아심이니이다"(시 138:6).

선택은 불가피하고 소중한 실재이다

분별력 있는 독자들은 이 책의 여러 장에 걸쳐, 특히 최근의 장들에서(앞 단락에서조차) 내가 반복해서 하나님의 섭리가 '그의 백성'을 믿음으로 인도하시고, '그의 백성'에게 회개의 선물을 주시고, '그의 백성'을 위해 독특하게 그리스도를 피의 제물로 바치신다는 것을 언급했음을 알아챘을 것이다. 물론 많은 독자들에게 이런 식의 논의가 이상하게 들리고 심지어 그릇되게 들릴 수 있다는 것을 나도 이해한다. 왜냐하면 이는 사람들이 믿음을 갖기도 전에 그리고 그들이 회개하기도 전에, 하나님이 그분의 소유이고 믿음과 회개를 주실 대상이며 그들을 위해 그리스도가 독특한 방식으로 죽을 개개인들을 마음에 두고 계신다는 뜻이기 때문이다. 많은 사람이 사실은 그렇지 않다고, 하나님이 장차 믿음과 회개를 주실 특정한 사람들을 마음에 두신 것이 아니라고 가르쳐왔다는 것을 나도 안다.

여기서 우리가 부딪히는 것은 '선택'의 문제이다. 하나님이 과연 사전에, 심지어 창세 이전에(엡 1:4), 자기가 믿음과 회개함을 줄 사람들을 선택하셨는가 하는 문제이다. 선택의 실재가 신약성경에 널리 퍼져있기 때문에 이는 단지 신학적 문제가 아니라 성경적인 문제이다. 예컨대, 예수님은 "청함[1])을 받은 자는 많되 **택함을 입은** 자는 적으니라"(마 22:14)고 말씀하셨다. 그리고 "**선택받은 사람들**을 위하여, 하나님께서 그[환난의] 날들을 줄여 주실 것이다"(마 24:22, 새번역). 그리고 "그는 자기 천사들을 큰 나팔 소리와 함께 보낼 터인데, 그들은 하늘 이 끝에서 저 끝까지 사방에서 그가 **선택한 사람들**을 모을 것이다"(마 24:31, 새번역). 그리고 "하물며 하나님께서 그 밤낮 부르짖는 **택하신 자들**의 원한을 풀어 주지 아니하시겠느냐?"(눅 18:7). 그리고 "너희가 나를 택한 것이 아니요 내가 너희를 **택하여** 세웠나니"(요 15:16)라고 하셨다.

그리고 바울은 "누가 능히 하나님께서 **택하신 자들**을 고발하리요?"(롬 8:33)라고 말했다. 그리고 "이스라엘이 구하는 그것을 얻지 못하고 오직 **택하심을 입은** 자가 얻었고 그 남은 자들은 우둔하여졌느니라"(롬 11:7). 그리고 "하나님께서 세상의 미련한 것들을 **택하사** 지혜 있는 자들을 부끄럽게 하려 하시고 세상의 약한 것들을 **택하사** 강한 것들을 부끄럽게 하려 하시며"(고전 1:27)라고 말했다. 그리고 하나님은 "창세 전에 그리스도 안에서 우리를 택하사 우리로 사랑 안에서 그 앞에 거룩하고 흠이 없게 하시려고"(엡 1:4) 하셨다.

그리고 야고보는 "하나님이 세상에서 가난한 자를 **택하사** 믿음에 부요하게 하시

---

1) '청함[부름]을 받은'이란 단어는 앞에서 고전 1:24에 근거해 논의한 유효한 부르심을 언급하는 것이 아니다. 오히려 복음을 전파할 때 모든 사람에게 나가는 일반적인 부름을 가리킨다. 이것이 혼인 잔치에 초대하는 맥락이 의미하는 바이다(마 22:1-14).

고 또 자기를 사랑하는 자들에게 약속하신 나라를 상속으로 받게 하지 아니하셨느냐?"(약 2:5)라고 말했다. 그리고 베드로는 "너희는 **택하신** 족속이요 왕 같은 제사장들이요 거룩한 나라요 그의 소유가 된 백성이니"(벧전 2:9)라고 말했다. 그리고 요한은 이렇게 말한다. "어린 양은 만주의 주시요 만왕의 왕이시므로 그들을 이기실 터이요 또 그와 함께 있는 자들 곧 부르심을 받고 **택하심을 받은** 진실한 자들도 이기리로다"(계 17:14).

여기서 나의 의도는 선택에 관한 성경적 가르침을 완전히 또는 체계적으로 다루는 것이 아니다. 오히려 내가 그동안 언어를 왜 이런 식으로 사용했는지 간단하게 설명하는 것이다. 이 때문에 나는 반복해서 "하나님이 '그의 백성'을 구원의 믿음으로 인도하실 것이다" 또는 "하나님이 '그의 백성'에게 회개의 선물을 주실 것이다" 또는 "이런 식으로 생각하는 성경적 근거가 무엇인가?"와 같은 말을 한 것이다.

믿음에 이르는 새 마음, 누구를 위해서?

내가 이번 장을 새 언약을 뒤돌아보며 시작한 것은 새 언약의 성격 자체가 이 질문에 대한 부분적인 답변이라 생각하기 때문이다. 새 언약이 만일 하나님이 "새 마음을 너희에게 주되 너희 육신에서 굳은 마음을 제거하고 부드러운 마음을 줄 것이라"(겔 36:26)고 약속한다면, 이는 하나님이 이런 일을 행하실 사람들과 그렇게 하지 않을 사람들이 있다는 것을 의미한다. 굳은 마음을 제거한다는 것은 회개하고 믿기를 거부하는 완고한 마음을 없앤다는 뜻이다. 그래서 회개하고 믿는 것은 새 언약에 약속된 영적인 심장 이식을 앞설 수 없다. 그러므로 이 심장 이식은, 믿음이 있기 전에 하나님이 누가 새로운 마음을 받고 또 누가 받지 않을지를 선택하셨다는 것을 의미한다.

이미지를 살짝 바꾸어 이렇게 말할 수도 있다. 하나님은 다음과 같은 세례 요한의 말대로 실제로 하실 수 있다고. "하나님이 능히 이 돌들로도 아브라함의 자손이 되게 하시리라"(눅 3:8). 그리고 그분이 돌같이 굳은 마음에서 아브라함의 자손을 창조하실 때(롬 9:7-8; 갈 3:7)는 죽어서 반응이 없는 어떤 "돌들"을 그분의 것으로 선택하셨다는 것이 분명하다. 그리고 이 선택과정에서 하나님은 현명한 계획도 없이 변덕스럽게 행하시지 않는다. 그러므로 이 선택은 어떤 계획의 일부임이 틀림없다.

영생을 얻도록 작정된 자가 믿었다

내가 이런 식으로("하나님은 '그의 백성'이 구원의 믿음을 갖도록 조치하셨다") 글을 쓴 이유는 신약성경에 이런 사고방식을 잘 보여주는 명시적인 가르침들이 있기 때문이다. 예컨대, 사도행전 13장 48절을 보라. "이방인들이 듣고 기뻐하여 하나님의 말씀을 찬송하며 **영생을 주시기로 작정된 자는 다 믿더라.**" 누가는 그냥 이렇게 말할 수도 있었다. "이방인들이 듣고 기뻐하여 하나님의 말씀을 찬송하며 **많은 이들이 믿었다.**" 그러나 그 대신에 "**영생을 주시기로 작정된 자는 다 믿더라**"고 말했다.

이는 누가가 믿도록 지정된 그룹에게 생긴 믿음을 거론하는 것이 중요하다고 생각한다는 뜻이라고 본다. 이런 이유로 나는 그런 방식으로 글을 쓴 것이다. 누가가 본보기를 보인 셈이다. 이방인들은 그냥 믿은 것이 아니다. 그들은 믿도록 지정된 그룹에 속해 있었기 때문에 믿은 것이다. 이것이 바로 내가 하나님이 '그의 백성'이 구원의 믿음을 갖도록 조치하실 것이라고 말할 때의 뜻이다. "그의 백성"은 믿도록 지정된 사람들이다. 하나님이 그 지정을 하셨다. 그리고 하나님이 믿음을 주신다. 그의 백성이 믿도록 조치하시는 하나님의 섭리는 이를 위해 그들을 선택하신 것을 포함한다.

예상치 못한 선택의 보물 상자: 요한복음

내가 이런 식으로 얘기하는 것을 지지하고 설명해주는 가장 놀라운 대목은 예상치 못한 요한복음에 나온다.[2] 내가 예상치 못했다고 말하는 이유는, 이 복음서가

---

2) 다음 단락들 중 일부는 내가 쓴 다음 글에 바탕을 두고 있다. "Before You Believed, You Belonged," Desiring God, January 14, 2018, https://www.desiringgod.org/articles/before-you-believed-you-belonged.

복음을 제시할 때 무척 단순하고 놀랍도록 보편적인 것으로 알려져 있기 때문이다. 이 두 가지 평판은 모두 사실이다. "하나님이 세상을 이처럼 사랑하사 독생자를 주셨으니 이는 그를 믿는 자마다 멸망하지 않고 영생을 얻게 하려 하심이라"(요 3:16)는 말은 정말 단순하고 놀랍지 않은가?

    요한복음은 크고 무거운 선택 교리와 하나님이 '그의 백성'을 믿음으로 인도하시는 불가항력의 섭리를 무척 강조하는 책으로 알려져 있지 않다. 그런데 바로 이런 것이 단순하고 놀라운 생명의 말씀과 나란히 등장한다. 내가 이런 식으로 글을 쓰게 된 연유는 오랫동안 하나님이 그의 백성을 구원하시는 방식에 대한 요한의 관점에 푹 젖어있었기 때문이다.

"그들은 아버지의 것이었는데 내게 주셨으며"

이제 요한복음 17장에 나오는 예수님의 기도로 시작하자.

> 세상 중에서 **내게 주신** 사람들에게 내가 아버지의 이름을 나타내었나이다. **그들은 아버지의 것이었는데 내게 주셨으며** … 내가 그들을 위하여 비옵나니 내가 비옵는 것은 세상을 위함이 아니요 **내게 주신** 자들을 위함이니이다 **그들은 아버지의 것이로소이다** (17:6, 9).

여기에 굉장한 진술이 두 개 나온다. 하나는 하나님이 제자들을 예수에게 주셨다는 진술이다. 다른 하나는 하나님이 그들을 예수님에게 주기 전에 그들은 '이미 하나님의 것'이었다는 진술이다. 아버지가 그들을 예수님에게 주신다는 것은 신실한 제자도를 통해 회개하고 예수님에게 향하는 경험을 가리킨다. 이 일이 일어나기 전에 이들은 이미 하나님의 사람들이었다. "그들은 아버지의 것이었는데 내게 주셨으며"(17:6). 나도 이런 식으로 글을 쓰고 있다. 하나님은 한 백성을 갖고 계시다. 그들은 그분의 것이다. 그리고 그분이 그들을 예수님에게 주셨다. 잠시 후에 이 대목으로 되돌아올 예정이다.

믿음을 갖기 전에 아버지께 속한다는 것

아버지께서 사람들을 예수에게 주시기 '전에' 그들이 아버지께 속해 있었다고 예수님이 말한 경우가 적어도 세 번 더 있다.

너희가 **내 양이 아니므로** 믿지 아니하는도다(요 10:26).

하나님께 속한 자는 하나님의 말씀을 듣나니 너희가 듣지 아니함은 하나님께 **속하지** 아니하였음이로다(8:47).

무릇 **진리에 속한** 자는 내 음성을 듣느니라(18:37).

이 세 개의 어구("내 양이," "하나님께 속한," "진리에 속한")는 각각 아버지께서 그들을 예수님에게 주시기 전의 사람들을 묘사한다.

- 사람들은 믿기 '전에' "예수님의 양이든지" 아니든지 둘 중 하나이다. 왜냐하면 그들이 "믿지 않는" 것은 그의 양에 속하지 않아서 그렇다고 예수님이 말씀하시기 때문이다(10:26).

- 사람들은 "하나님의 말씀을 듣기" '전에' "하나님께 속해" 있었다. 왜냐하면 사람들이 듣지 않는 것은 "하나님께 속하지 않아서 그렇다고 예수님이 말씀하시기 때문이다(8:47).

- 그리고 사람들은 "내 음성을 듣기" '전에' "진리에 속해" 있었다. 왜냐하면 그들이 듣는 것은 "진리에 속해" 있어서 그렇다고 예수님이 말씀하시기 때문이다 (18:37).

그런즉 이 세 구절이 아버지께서 제자들을 예수님에게 주시기 전에 그들이 아버지께 속해 있었다고(17:6) 묘사하는 본문들이다.

그는 모든 신자를 위해 기도하고 있었다

잠시 이 점을 곰곰이 생각해보자. 요한복음 17장에서 예수님은 현재 그를 믿는 사람들(17:9)과 장차 "그들의 말로 말미암아 나를 믿을 사람들"(17:20)을 위해 기도하는 중이었다. 달리 말하면, 그는 그리스도인이 된 우리 모두를 위해 기도하고 계셨던 것이다.

그러므로 예수님께서 그에게 속하는 이들에 관해 말하는 내용은 곧 우리에 관해 말하는 것이다. 이제 우리 개개인에게 적용해보자. 당신은 어떻게 예수님께 속하게 되었는가? 요한복음 17장 6절과 9절에서 예수님은 아버지 하나님이 당신을 예수님에게 '주셨기' 때문이라고 한다. 그리고 아버지는 어떻게 당신을 그의 아들에게 주실 수 있었는가? 예수님은 9절에서 '왜냐하면' 당신이 이미 아버지께 속해 있었기 때문이라고 대답하신다. "내가 그들을 위하여 비옵나니 … 내게 주신 자들을 위함이니이다. 그들은 아버지의 것이로소이다."

모든 사람이 그분에게 속해 있었는가?

우리가 예수에게 주어지기 전에 아버지께 속해 있다는 말은 무슨 뜻인가? 이는 하나님께서 우리를 포함한 모든 인간을 소유한다는 뜻일까? 이는 누구나 아버지께 속해 있기 때문에 우리도 아버지께 속해 있다는 뜻일까? 그렇지 않을 것이다. 왜냐하면 아버지께 속해 있는 이들은 "하나님께 속한" 자들일 테고, 예수님은 요한복음 8장 47절에서 "하나님께 속하지 않은" 자들이 있다고 말씀하시기 때문이다. 그래서 "하나님께 속하는" 것이 모든 인간을 포함할 수 없다. 그래서 예수님에게 주어지기 전에 하나님께 속해 있음이 모든 사람을 포함하지 않는 것이다.

그렇다면 그것은 누구를 포함하는가? 이를 보다 개인적인 질문으로 바꾸면 이렇다. 그것은 왜 나를 포함하는가? 나는 어째서 아버지께서 나를 아들에게 주시기 전에 아버지께 속한 사람들 가운데 있는 것일까? 그것은 내가 어떤 자질이 있어서 하나님이 이 자질을 보시고 예수님에게 주실 그룹에 내가 속하도록 선택하셨기 때문일까? 그분은 내가 기꺼이 예수님에게 나아가거나 예수님을 믿을 것을 보시고, 그 때문에 나를 그분의 소유 중 일부가 되도록 포함시켰기 때문일까?

그렇지 않다. 예수님이 요한복음 6장 44절에서 "나를 보내신 아버지께서 이끌지 아니하시면 아무도 내게 올 수 없다"고 말씀하시기 때문이다. 달리 말하면, 예수님에게 기꺼이 나아가는 일은 하나님이 내 속에서 '보신' 것이 아니라 하나님이 내 속에서 '일하신' 것이다. 아무도 스스로 예수님께 기꺼이 나아올 수 없다. 아버지께서 이끌어주신 사람들만 나아올 수 있다.

하나님은 모든 사람을 예수님에게 이끄실까?

그러나 단지 일부만 기꺼이 나오려고 하는데 아버지께서 모든 인간을 이끌어내실 가능성은 있는가? 아니, 예수님이 요한복음 12장 32절에서 모든 사람을 그 자신에게 이끌겠다고 말씀하시지 않았던가? 글쎄, 사실은 그렇지 않다. 정확히 말하면, 그런 뜻이 아니다. 그분은 "내가 땅에서 들리면 **모두**를 내게로 이끌겠노라"고 말씀하신다. 이는 그의 양떼인 모든 사람(요 10:16), 또는 하나님의 자녀인 모든 사람(요 11:52), 또는 아버지께 속한 모든 사람(요 17:6)을 의미할 수 있다.

사실 예수님이 "나를 보내신 아버지께서 이끌지 아니하시면 아무도 내게 올 수 없다"고 말씀하실 때는 아버지의 이끄심이 예외 없이 모든 사람에게 적용된다는 뜻이 아님을 우리가 안다. 우리가 이것을 아는 이유는 요한복음 6장의 뒷부분에서 예수님이 그 뜻을 명시적으로 설명하시기 때문이다.

그러나 너희 중에 믿지 아니하는 자들이 있느니라 하시니, 이는 예수께서 믿지 아니하는 자들이 누구며 자기를 팔 자가 누구인지 처음부터 아심이러라. 또 이르시되 그러므로 전에 너희에게 말하기를 "내 아버지께서 오게 하여 주지 아니하시면 누구든지 내게 올 수 없다 하였노라" 하시니라(6:64-65).

이는 44절("나를 보내신 아버지께서 이끌지 아니하시면 아무도 내게 올 수 없다")에 대한 설명이다. 그런데 지금은 예수님께서 유다를 믿지 않으려는 자의 본보기로 제시하신다. 이어서 그분은 "이 때문에 [44절에서] 내가 너희에게 내 아버지께서 오게 하여 주지 아니하시면 누구든지 내게 올 수 없다고 했다"고 말씀하심으로써 유다의 불신을 설명하신다. 달리 말하면, 유다가 믿지 않은 것은 "내 아버지께서 오게 하여 주지 아니하시면 누구든지 내게 올 수 없기" 때문이라는 것이다. 이는 유다에게 이것이 허락되지 않았다는 뜻을 내포한다. 또는 예수님이 앞서 언급한 44절의 표현을 사용하자면, '아버지께서 유다를 이끌지 않으셨다'고 할 수 있다.

이는 모든 인간이 아버지께 이끌려 예수님에게로 나아가는 것이 아니라는 뜻이다. 그러므로 요한복음 12장 32절은 그런 뜻이 아니다. 유다는 아버지의 이끌림을 받지 않았다. 그래서 예수님에게 기꺼이 나아오는 것은 하나님이 모두를 이끄신 후에 몇몇 그룹에서 '발견하게' 되는 어떤 것이 아니다. 오히려 예수님에게 기꺼이 나아오는 것은 하나님이 어떤 그룹 속에 '두시는' 어떤 것이고, 이는 하나님이 어떤 그룹 속에서 예수님에게 기꺼이 나아오려는 모습을 보았기 때문에 그들을 그의 소유로 선택하신 것이 아니라는 뜻이다. 인간들이 예수님에게 나아오려는 어떤 자발성을 갖고 있든지 간에 그것은 사전에 아버지께 속하게 되는 '근거'가 아니라 그분께 속한 '결과'이다. 그러므로 아버지는 한 백성이 예수님에게 나아오기 전에 이미 그들을 소유하고 계신 셈이다.

자격이 없음에도 불구하고

다시 개인적인 질문을 던져보자. 예수님께 속한 여러분 모두에게 묻건대, 당신은 어째서 하나님이 당신을 예수님에게 주시기 전에 하나님께 속한 사람들 중에 있게 되었는가? 당신이 기꺼이 믿고 싶었기 때문이 아니다. 하나님이 기꺼이 당신이 믿도록 허락하셨기 때문이다. 당신을 예수님에게로 이끄셨기 때문이다.

달리 말하면, 하나님은 당신이 그분께 속하도록 '자유로이 당신을 선택하셨다.' 값없는 은혜의 행위로, 당신에게 하나님의 선택을 받을 만한 자격이 있었던 게 아니다. 나도 마찬가지였다! 그 선택은 자격이 없음에도 불구하고 내려졌다. 우리는 나아오길 원치 않았다. 우리는 어둠을 사랑했고 빛을 미워했으며 빛으로 나아오려 하지 않았다(요 3:19-20). 하나님은 우리의 이런 면을 (훨씬 이전에, 딤후 1:9) 알고 계셨음에도 불구하고 어둠을 사랑하는 사람들 일부를 그분의 것이 되도록 선택하셨다. 그 다음에 우리를 우리의 반역과 죄책에서 구원하기 위해 우리를 예수님에게 주셨다. "그들은 아버지의 것이었는데 내게 주셨으며"(요 17:6).

그러면 아버지께서 예수님에게 주신 우리는 무엇을 바랄 수 있을까? 예수님은 이렇게 말씀하신다. "아버지께서 내게 주시는 자는 다 내게로 올 것이요 내게 오는 자는 내가 결코 내쫓지 아니하리라"(요 6:37). 아버지께서 우리를 예수님에게 주셨다는 사실은 우리가 예수님에게 나아오리라고 보증한다. 그분이 주신 모든 사람이 예수님에게 나아온다. 그리고 우리가 나아올 때는 예수님께서 우리를 영접하신다. 영원히. 그는 우리를 결코 내쫓지 않으실 것이다. 그는 우리를 내쫓는 대신에 우리를 살리기 위해 우리를 위해 죽으신다. "나는 내 양을 알고 양도 나를 아는 것이 … 나는 양을 위하여 목숨을 버리노라"(요 10:14-15).

그의 신부, 그의 양떼를 위해 죽으시다

이 때문에 내가 앞에서 하나님이 "그의 백성을 위해 독특하게" 그리스도를 피의 제물로 바치셨다고 말한 것이다. 어느 의미에서는 예수님이 모든 사람을 위해 죽으셨다(요일 2:2). 하나님께서 외아들을 주신 것은 그를 믿는 자는 누구든지 영생을 얻게 하기 위해서다(요 3:16). 그리스도께서 십자가에서 이룬 구원의 업적은 누구에게나 차별 없이 값없이 주어진다. "목마른 자도 올 것이요 또 원하는 자는 값없이 생명수를 받으라"(계 22:17).

그러나 그리스도는 모든 사람을 위해 '똑같은 방식으로' 죽은 것이 아니다. 이것이 디모데전서 4장 10절의 요점이다. "우리가 모든 사람 **특히** 믿는 사람의 구주이신 살아계신 하나님께 소망을 두므로…"(새번역). 무언가 독특하고 확실한 것이 하나님의 택한 백성을 위한 그리스도의 죽음을 통해 이뤄졌다. 이는 예수님이 다음 말씀을 하실 때 가리키고 있는 그 백성이다. "나는 내 양을 알고 양도 나를 아는 것이 아버지께서 나를 아시고 내가 아버지를 아는 것 같으니 **나는 양을 위하여 목숨을 버리노라**"(요 10:14-15).

이것이 바로 다음과 같은 바울의 말이 지닌 뜻이다. "그리스도께서 **교회를** 사랑하시고 **그 교회를 위하여** 자신을 주심같이 하라. 이는 곧 물로 씻어 말씀으로 깨끗하게 하사 거룩하게 하시고"(엡 5:25-26). 그리고 이처럼 하나님의 선민을 위해 십자가가 특별하고 확실한 업적을 세웠기 때문에 로마서 8장 32절의 논리가 타당한 것이다. "자기 아들을 아끼지 아니하시고 **우리 모든 사람**을 위하여 내주신 이가 어찌 그 아들과 함께 모든 것을 우리에게 주시지 아니하겠느냐?" 만일 "우리 모든 사람"이란 어구가 선택된 자들(우리가 다음 구절, "누가 능히 하나님께서 택하신 자들을 고발하리요?"에서 그렇게 불리듯)이 아니라 인류 전체를 가리킨다면, 32절의 후반부가 바울이 승인하지 않을 방향으로 바뀌고 만다. 그는 "어찌 그 아들과 함께 모든 것을 우리에게 주시지 아니하겠느냐?"라고 묻는다. 그렇다면 우리가 이제 이것을 인류 전체에게 적용할 필요가 있다. 그런데 이는 인류 전체에게 적용되지 않는다. 이는 정죄 받을 수 없는 사람들(8:34)과 그리스도의 사랑에서 끊어질 수 없는 사람들(8:35)에게만 적용될 뿐이다. 선택된 자들(8:33)에게만 하나님이 "모든 것," 말하자면 그들의 최종 영광에 이르는 데 필요한 모든 것(8:30)을 주실 터이다.

그의 백성에게 보증된 이루 헤아릴 수 없는 혜택

이제 다시 요한복음에 나오는 예수님의 가르침으로 돌아가자. 예수님은 그의 양 떼를 위해 목숨을 버리셨다(요 10:14-15). 아버지께서 우리를 예수님에게 주셨다(17:6). 그분은 우리를 그에게 이끌어주셨고(6:44) 우리는 그에게 나아왔다(6:37). 그분은 우리를 지키셨다(17:12). 그리고 그분은 결코 우리를 내쫓지 않으실 것이다(6:37). 아무도 우리를 그의 손에서 빼앗을 수 없다(10:28-29). 그리고 그분은 마지막 날에 우리를 죽은 상태에서 일으키실 것이다(6:39). 바로 이런 끊임없는 하나님의 작업이 그분은 그의 백성을 최종 목표에 이르게 하려고 모든 섭리를 수행하신다는 내 말의 뜻이다.

그리고 나의 주장인즉, 이 섭리가 '그의 백성'을 위해 수행된다는 나의 반복된 언급은 바로 요한이 하나님의 구원 사역을 묘사하는 방식에 근거를 두고 있다는 것이다. 우리가 방금 앞 단락에서 묘사한 모든 혜택은 신자들을 위해 보증된 것인데, 이 유인즉 우리가 예수님에게 속하기 '전에' 하나님께 속해 있었기 때문이다(17:6, 9). 우리는 진리를 듣기도 '전에' 아버지께 속해 있었다(8:47, 18:37). 우리는 믿기도 '전에' 아버지께 속해 있었다(10:26). 우리는 아들에게 이끌리기 '전에' 아버지께 속해 있었다(6:44, 65). 우리가 믿기도 전에 그의 백성이었던 것이다.

우리가 왜 그리스도인 경험의 중간에서 시작했는가?

나는 34장에서 우리가 영원한 과거에서 시작하여 앞으로 나가기보다는 그리스도인인 우리 존재의 '중간'에 뛰어들고 있다고 말했다. 그래서 34-36장에서는 섭리가 어떻게 하나님의 백성을 구원의 믿음으로 인도했는지에 초점을 맞추었다. 그런데 그런 언어('그의 백성'을 믿음으로 인도했다)를 사용하다보니 이제는 그리스도인 경험의 중간으로부터 거꾸로 섭리의 사전 계획으로 돌아가게 되었다. 이는 하나님이 한 백성을 죄로부터 구원하려고 선택하는 계획, 곧 '선택'의 계획을 말한다. 구원의 섭리에 따른 이 계획은 영원한 과거로 되돌아가게 된다. "곧 **창세 전에** [하나님이] 그리스도 안에서 우리를 택하셨다"(엡 1:4).

그리스도인 경험의 중간에서 시작한 연유는 하나님의 섭리라는 실재가 멀거나, 이론적이거나, 학문적이거나, 단순한 신학적 분석이나 논쟁의 문제가 아니라는 것을 분명히 하기 위해서다. 사람들은 매우 중요한 질문을 제쳐놓기보다는 먼 과거에 일어난 선택에 관한 논쟁을 제쳐놓기가 더 쉬운 법이다. 아주 중요한 질문이란 '당신은 어떻게 믿음을 갖게 되었는가?' '하나님은 그 사건에 어떻게 개입하셨는가?' '새로운 생명을 불러일으키는 데 결정적인 영향을 미친 것은 당신인가, 아니면 하나님인가?' '하나님이 당신의 회개와 믿음으로 인해 모든 영광을 받으실까, 아니면 당신이 당신의 회개와 믿음에 대한 결정적 영예를 얻어야 한다는 불편한 느낌(또는 확신)을 품을 것인가?'와 같은 것들이다. 그래서 나는 학문적인 것으로 쉽게 제쳐놓을 먼 과거의 실재(선택과 같은)로 시작하지 않고 이런 질문들을 앞쪽에 놓고 싶었던 것이다.

우리가 물론 이제 그것이 학문적인 문제가 아니라는 것을 알았다. 우리의 생명이 선택에 달려있다. "이방인들이 듣고 기뻐하여 하나님의 말씀을 찬송하며 영생을 주시기로 작정된 자는 다 믿더라"(행 13:48). "그들은 아버지의 것이었는데 내게 주셨으며"(요 17:6). 그리고 이 선택은 그리스도 안에 있는 저 높은 우리의 안전보장을 위해 헤아릴 수 없이 깊은 뿌리를 제공해준다. 바로 이것이 바울이 로마서 8장에서 펼치는 최상의 논리의 영광스러운 흐름이 가리키는 요점이다.

> 하나님이 … 미리 정하신 그들을 또한 부르시고 부르신 그들을 또한 의롭다 하시고 의롭다 하신 그들을 또한 영화롭게 하셨느니라 … 만일 하나님이 우리를 위하시면 누가 우리를 대적하리요? … 누가 능히 하나님께서 택하신 자들을 고발하리요? … 누가 우리를 그리스도의 사랑에서 끊으리요? … 다른 어떤 피조물이라도 우리를 우리 주 그리스도 예수 안에 있는 하나님의 사랑에서 끊을 수 없으리라(8:29, 31, 33, 35, 39).

이 거대한 안전보장은 섭리의 영원한 계획에 뿌리를 두고 있다. 이는 먼 과거의 일일 수 있다. 많은 사람이 이에 대해 논쟁할 수 있다. 다수가 이것을 이론적이거나 학문적인 문제로 취급할 수 있다. 그러나 실은 그렇지 않다. 이는 영광스러운 실재이다. 이는 소중한 진리이다. 이는 우리와 직접 관련된 일이다. (당장의) 우리의 믿음이 하나님의 영원한 계획에 대한 그의 신실함에 달려있기 때문이다. 하나님이 우리를 선택하신 목적에 충실한 만큼 우리는 안전하다. "곧 창세 전에 [하나님이] 그리스도 안에서 우리를 택하사 … 그의 은혜의 영광을 찬송하게 하려는 것이라"(엡 1:4-6).

다음으로 중요한 질문

이 모든 것은 다음으로 중요한 질문으로 이어진다. 우리는 현재 하나님의 섭리의 중간 지점에, 말하자면 영원한 과거의 선택과 영원한 미래에 하나님과 누릴 최종 영광(롬 8:17) 사이에 있다. 중요한 질문은 '현재와 그때 사이에 있는 우리의 미래는 어떻게 되는가?'이다. 우리는 섭리가 어떻게 전능하게 또 틀림없이 우리를 구원의 믿음으로 인도했는지 살펴보았다. 그런데 우리가 과연 끝까지 완주할 수 있을까? 하나님의 백성이 충족해야 할 요구사항들이 있지 않은가? "거룩함이 없으면 천국도 없다"는 진술은 참이 아닌가? 그렇다, 그건 옳다(히 12:14). 그렇다면 이제 우리의 안전보장은 어디에 있는가? 하나님께서 우리를 믿음으로 인도할 때 수행하셨던 바로 그 구원의 섭리가 과연 우리를 지켜주고 또 변화시킬 것인가? 이것이 제3부 8편에서 다룰 주제이다.

8편

그리스도인의 삶을 다스리는 섭리

38.

용서, 칭의, 순종

우리는 회심에 관여한 하나님의 섭리(제3부 7편)에 초점을 두고 다음과 같은 긴급한 질문들, 즉 '당신은 어떻게 예수님을 믿게 되었는가?' 또는 '당신은 어떻게 믿게 될 것인가?' '당신이 회심하는 순간에 결정적 영향을 미친 것은 하나님이었는가, 아니면 당신이었는가?' 등을 물으면서 시작했다. 35장과 36장의 답변은 '하나님'이었다. 구원에 이르는 믿음과 회개는 우리가 받을 자격이 없는 하나님의 값없는 선물이다. 우리 삶의 그 시점(회심의 시점)에 서서 우리는 성경에 의해 시간적으로 뒤돌아보게 되어 하나님이 변덕스럽게 또는 순간적인 충동으로 또는 계획과 선견이 없이 행동하고 계셨던 게 아니었음을 알게 되었다.

우리는 하나님이 "그의 뜻의 결정대로 일하시는 이의 계획을 따라"(엡 1:11) 우리의 의지가 아니라 '그분'의 의지의 결정적 충동으로 행동하셨다는 것을 알게 되었다. 달리 말해, 우리의 회심에 관여한 하나님의 섭리의 뿌리는 영원 전까지 되돌아가는 것이다. 하나님은 "창세 전에 그리스도 안에서 우리를 택하셨다"(엡 1:4). 우리의 삶에 일어난 회심의 섭리는 오늘 우리에게 영원한 안정감을 선사하는데, 그것은 그 계획이 하나님만큼 멀리 되돌아가기 때문이다. 하나님께서 스스로 선택한 자들에게 주시는 구원의 사랑은 시작이 없었던 것처럼 끝도 없는 것이다. 하나님께서 이 신비를 우리에게 밝히신 것은 끊임없는 역사적 불행의 한복판에서 우리의 확신이 흔들리지 않게 하기 위해서다. 섭리의 영원한 뿌리(선택에 관한 성경적 가르침의 진리)가 계시된 것은 우리를 겸손하게 또 희망차게 만들고, 그리스도의 그의 백성을 향한 희생적 사랑을 본받아 파격적으로 위험을 감수하게 만들기 위해서다(히 12:1-2).

미래의 섭리를 내다보며

이제 8편(38-43장)에서 우리는 방향을 돌려서 앞을 내다본다. 회심의 시점에 서서 선택에 관여한 구원의 섭리의 뿌리를 되돌아보던 데서 방향을 돌려 회심과 영원한 영광 사이에 있는 하나님의 구원의 섭리를 내다보는 것이다. 만일 하나님이 영원 전에 그의 선민을 구원할 계획을 세우셨다면, 그리고 만일 그분이 새 언약의 성취를 통해 우리를 믿음으로 인도하셨다면("내가 … 그 몸에서 돌 같은 마음을 제거하고 살처럼 부드러운 마음을 주어," 겔 11:19), 그분은 우리에게 무엇을 명령하시고 또 우리를 위해 무엇을 행하시겠다고 약속하셔서 우리가 모든 위험에 대비해 깨어있고 확신을 품게 하실 것인가? 섭리는 어떻게 모든 선민이 하나님의 존전에서 충만한 기쁨을 경험하고 그분의 오른쪽에서 영원한 즐거움을 누리도록(시 16:11) 조치할 것인가?

다수가 경계와 안전보장의 역설에 당혹스러워한다

하나님이 이 순례 길에서 우리를 위해 무엇을 행하겠다고 약속하시는지를 이해하려면 먼저 그분이 우리에게 무엇을 명령하시는지 알아야 한다. 우리를 위해 행하실 하나님의 '약속'과 그의 명령을 순종할 우리의 '노력' 간의 관계에 대한 잘못된 선입견을 규정할 수 있다면 상당한 도움이 될 것이다. 이 말을 하는 이유는 하나님이 우리를 영광으로 인도하는 방법의 핵심에 많은 사람이 이해할 수 없는 역설이 있기 때문이다.

한편, 우리는 하나님이 그의 백성에게 명령하시는 것(굳게 잡아라, 히 4:14; 견디라, 막 13:13; 싸우라, 딤전 6:12; 힘쓰라, 눅 13:24; 달려가라, 빌 3:12; 낙심하지 말라, 갈 6:9; 죽도록 충성하라, 계 2:10; 하나님이 주시는 모든 은혜의 수단을 이용해 끝까지 견디고 구원받아라, 고후 9:8)을 찾아보려고 한다. 다른 한편, 우리는 하나님이 이런 씨름에서 멀리 떨어진 채 그 결과를 관망하시는 분이 아님을 발견하려고 한다. 오히려 그분은 우리가 죄(롬 6:14)와 사탄(요일 4:4; 5:18)을 이기도록, 그리고 아무것도 우리를 그리스도의 사랑에서 끊을 수 없도록(롬 8:35-37; 42장을 보라) 조치하기 위해 그 씨름 안에서 또 그 씨름을 통해(고전 15:10; 빌 2:13; 골 1:29) 일하고 계신다.

그리스도인의 삶의 가장 큰 어려움 중 하나는 경계심과 확신을 품고 하나님의 심각한 명령과 우리를 집으로 인도하시겠다는 하나님의 확실한 약속 둘 다를 받아들이는 것이다. 절망과 주제넘음이 우리로 하여금 이 역설의 기적 속에 살지 못하게 하는 두 개의 큰 적이다. 절망은 오직 명령에만 초점을 맞춘 채 우리가 명령받은 그런 거룩함 속에서 견인할 희망이 없다고 느낀다. 주제넘음은 오직 하나님의 공급에만 초점을 맞춘 채 명령에 대한 무관심을 합리화한다. 절망과 주제넘음은 모두 위태롭다. 하나님은 우리에게 그의 섭리가 어떻게 우리를 끝까지 지켜줄지를 보여주셨다. 그리고 이는 우리가 그의 명령을 소홀히 하는 모습을 포함하지 않는다. 영광에 이르는 길은 그분이 보여주신 길이다. 이밖에 다른 길은 없다. 이것을 제3부 8편에서 살펴볼까 한다.

우리의 순종과 하나님의 능력부여의 배후

우리의 견인을 위한 하나님의 섭리의 대책은 견인하라는 명령이나 우리를 도울 하나님의 능력으로 시작되지 않는다. 하나님의 명령에 대한 우리의 순종과 우리가 순종하도록 돕겠다는 하나님의 약속은 둘 다 예수 그리스도의 피로 단번에 보증되었다. 그리고 그 단번의 보증은 우리가 처음 예수 그리스도를 우리의 주님이자 구원자이며 보배로 믿었던 순간에 우리에게 적용되었다.

그래서 우리 편에서 어떤 순종의 몸짓이나 하나님 편에서 순종케 하는 능력부여가 있기도 전에 두 개의 거대한 사건이 발생해서 그의 능력부여와 우리의 몸짓을 가능케 한다. 첫 번째 사건은 그리스도의 죽음과 부활이다. 두 번째 사건은 우리의 회심이다. 후자는 하나님이 그리스도가 사신 것을 죄의 용서를 통해 우리에게 적용하시고 또 그리스도의 의로움을 칭의를 통해 우리에게 전가하실 때 일어난다. 이런 사건이 없으면 하나님의 은혜가 성화의 능력으로 그의 백성에게 흘러가지 않을 것이다. 그리고 모든 순종이 실패하고 말 것이다. 그리고 아무도 구원받지 못할 것이다.

단번에 사셨다

십자가에서 하나님은 그의 백성을 단번에 사셨다. "너희는 너희 자신의 것이 아니라 값으로 산 것이 되었으니"(고전 6:19-20; 참고. 7:23). 그것은 완전한 구입이었다. 주 예수님이 죽으실 때 "다 이루었다"(요 19:30)고 말씀하셨다. 이 영광스러운 진술에는 적어도 이런 것이 포함되어 있었다. "내가 나의 백성의 죄를 용서하기 위해 치른 값에 더할 것이 아무것도 없다." 그 값은 그의 목숨이었다. "하나님이 **자기 피로** 사신 교회를…"(행 20:28). 우리가 살펴보았듯이, 이것은 하나님이 약속하신 대로 새 언약의 제정이었다. "내가 그들의 악행을 사하고 다시는 그 죄를 기억하지 아니하리라"(렘 31:34). 예수님은 그의 피와 새 언약의 연관성을 분명히 밝힌다. "이것은 죄 사함을 얻게 하려고 많은 사람을 위하여 흘리는 바, 나의 피 곧 언약의 피니라"(마 26:28).

물론 하나님의 백성(바울이 사도행전 20장 28절에서 말하듯이 피로 사신 "하나님의 교회")이 믿을 때까지는 죄 용서를 누릴 수 없는 게 사실이다. "그[그리스도]를 **믿는** 사람들이 다 그의 이름을 힘입어 죄 사함을 받는다"(행 10:43; 참고. 2:38). 그러나 그 위대한 사역이 십자가에서 완수되었다는 것을 강조하는 게 중요하다. "[그리스도께서] 오직 자기의 피로 영원한 속죄를 이루사 단번에 성소에 들어가셨느니라"(히 9:12). 그 속죄가 바로 죄 사함이다(골 1:14). 그 속죄는 결정적으로 구입되고 또 보증되었다. 이 구입과 보증은 우리의 회심 때에 일어나지 않는다. 그것은 역사상 단번에 일어났다.

우리의 허물 때문에 찔리셨다

하나님께서 그리스도를 우리를 위한 대속물로 삼으신 것은 그분의 위대한 사역이었다. 하나님은 그리스도를 치셨고, 그리스도를 찌르셨고, 그리스도를 징계하셨고, 우리의 죄악을 그리스도에게 담당시키셨다.

> 그는 실로 우리의 질고를 지고
> 우리의 슬픔을 당하였거늘
> 우리는 생각하기를 그는 징벌을 받아
> 하나님께 맞으며 고난을 당한다 하였노라.
> 그가 찔림은 우리의 허물 때문이요
> 그가 상함은 우리의 죄악 때문이라.
> 그가 징계를 받으므로 우리는 평화를 누리고
> 그가 채찍에 맞으므로 우리는 나음을 받았도다.
> 우리는 다 양 같아서 그릇 행하여
> 각기 제 길로 갔거늘
> 여호와께서는 우리 모두의 죄악을 그에게 담당시키셨도다
> (사 53:4-6).

"이와 같이 그리스도도 많은 사람의 죄를 담당하시려고 [아버지에 의해] 단번에 드리신 바 되셨고"(히 9:28). "[그리스도께서] 친히 나무에 달려 그 몸으로 우리 죄를 담당하셨으니"(벧전 2:24). 이런 방식으로, 그리스도를 믿게 되는 모든 사람의 죄악이 (우리가 존재하기도 전에) 징벌을 받았고, 하나님의 심판에 따른 저주로부터의 구속이 단번에 확보되었다. "그리스도께서 우리를 위하여 저주를 받은 바 되사 율법의 저주에서 우리를 속량하셨으니"(갈 3:13). 우리가 마땅히 받았어야 할 정죄를 그리스도께서 담당하셨던 것이다. "하나님은 … 자기 아들을 죄 있는 육신의 모양으로 보내어 육신에 죄를 정하사"(롬 8:3). 이것이 단번에 사신 사건 또는 용서를 확보한 사건이었다. 이는 우리의 회심 때가 아니라 십자가에서 일어난 것이다.

단번에 제공된 완전한 의

이와 마찬가지로 우리가 믿음을 통해 받는 의로움도 십자가에서 단번에 성취되었다. 물론 우리는 처음 믿는 순간에 (그 이전이 아니라) 의롭게 되었다. 칭의는 그리스도의 완전한 의(義)에 기초해 그리스도에 대한 믿음을 통해 하나님이 우리를 의롭다고 간주하시는 것이다. 하나님이 우리를 의롭게 하시는 행위는 우리가 그리스도를 믿는 순간에 일어난다. "우리가 **믿음으로** 의롭다 하심을 받았으니"(롬 5:1). "사람이 의롭다 하심을 얻는 것은 율법의 행위에 있지 않고 **믿음으로** 되는 줄 우리가 인정하노라"(롬 3:28). "사람이 의롭게 되는 것은 율법의 행위로 말미암음이 아니요 오직 예수 그리스도를 **믿음으로** 말미암는 줄 알므로"(갈 2:16; 참고. 3:8; 롬 4:5).

그러나 의로움이 단번에 성취된 것(그리스도의 완전한 순종), 즉 하나님이 칭의에서 우리의 것으로 간주하시는 그 의로움은 우리가 존재하기 오래 전에 단번에 완수된 것이었다. "[그리스도가] 사람의 모양으로 나타나사 자기를 낮추시고 죽기까지 복종하셨으니 곧 십자가에 죽으심이라"(빌 2:8). 마치 아담의 죄가 우리가 태어나기 오래 전에 범해져서 우리의 것으로 간주된 것처럼, 그리스도의 죄 없음도 우리가 태어나기 오래 전에 나타나서 믿음을 통해 우리의 것으로 간주된 것이다. "한 사람이 순종하지 아니함으로 많은 사람이 죄인 된 것같이 한 사람이 순종하심으로 많은 사람이 의인이 되리라"(롬 5:19). 우리의 칭의의 기초인 그리스도의 순종은 우리가 존재하기 전에 단번에 완수되었다.

그리스도에게 연합되어 그분 안에서 의로운 자로 간주되다

그리스도의 의와 우리의 의 사이의 연결고리는 우리와 그리스도의 연합이며, 이는 우리가 그분 안에서 믿음으로 경험하는 것이다. 바울은 그 연합을 묘사하면서 그의 목적을 이렇게 표현한다. "[내가] 그 안에서[그리스도와의 연합 안에서] 발견되려 함이니 내가 가진 의는 율법에서 난 것이 아니요 오직 그리스도를 믿음으로 말미암은 것이니 곧 믿음으로 하나님께로부터 난 의라"(빌 3:9). 의로움은 믿음에, 그리고 우리가 "그리스도 안에" 있는 것에 달려있는 만큼 믿음은 우리가 그리스도와의 연합을 경험하는 길(참고. 갈 3:26)이라고 추론할 수 있다.

그런즉 예수님의 삶과 죽음으로 완전한 의로움이 단번에 성취된 역사적 시점이 있고, 이 의로움이 우리의 것으로 간주되는(칭의) 순간이 있는 것이다. 이 두 사건은 이제 수천 년의 세월로 분리되어 있지만 믿음을 통한 우리와 그리스도의 연합에 의해 묶어지게 된다. "하나님이 [이천 년 전에 골고다에서] 죄를 알지도 못하신 이를 우리를 대신하여 죄로 삼으신 것은 [우리가 예수님을 믿는 순간에] 우리로 하여금 그 안에서 하나님의 의가 되게 하려 하심이라"(고후 5:21).

우리 밖에서

그러므로 나는 이런 결론을 내리는 바이다. 오직 믿음으로 죄를 용서받고 의롭게 간주되는 것은 우리가 믿는 순간에 우리에게 일어나는 일이지만, 그것을 사고 확보하고 준비하는 일은 우리가 존재하기 오래 전에 예수님의 삶과 죽음을 통해 성취되었다(아니, 완수되었다)는 것. 내가 신학생 시절에 처음으로 충격을 받았던 적이 기억난다. 바로 한 상담학 교수가 너무도 진지하게 마르틴 루터의 글에서 "우리 밖에서(extra nos)"란 라틴어 문구를 인용했을 때였다. 그 교수는 우리에게 이 영광스러운 진실을 느껴보라고 호소했다. 우리를 사는 일, 우리를 용서하려고 값을 치르는 일, 우리의 의로움을 준비하는 일이 '우리 밖에서' 일어났다는 것이다. 그것은 우리 '안에' 있는 것이 아니라 우리 '밖에서" 역사상 단번에 일어났던 사건이었다. 그것은 변할 수 없고, 고정되어 있고, 효과를 발휘하는 사건이다. 이는 매우 소중한 깨달음이었다.

용서받은 죄를 죽이고 또 내 것이 된 거룩함을 추구하다

그의 자녀들을 회심에서 영광으로 안전히 인도하는 하나님의 섭리를 이해하려면 하나님의 용서와 칭의의 대책이 그 토대를 이룬다는 이유로 내가 이에 초점을 맞춘 이유가 무엇인가? 그 이유는, 그리스도인의 삶에서 성공적으로 죽일 수 있는 죄는 용서받은 죄밖에 없기 때문이다. 달리 표현하면, 하나님을 기쁘시게 하는 실질적인 거룩함은 우리가 이미 거룩하기 때문에 추구하는 거룩함밖에 없다.

이것은 우리를 영광으로 인도하는 하나님의 섭리에 부합하는 방식으로 살아가는데 매우 중요하기 때문에 이제 설명을 해볼까 한다. 나는 그리스도인들이 그들의 죄를 죽이려고 싸우는 중임이 '틀림없다'고 가정한다. '싸워야 한다'가 아니라 싸우는 중임이 '틀림없다'고. 그리고 우리는 거룩함을 향해 달려가고 있음에 틀림없다. 죄를 죽이고 있음에 '틀림없다'는 것은 로마서 8장 13절에 나온다. 바울은 로마에 있는 교회(불신자가 아니라 그리스도인들)에게 이렇게 말한다. "너희가 육신대로 살면 반드시 죽을 것이로되 영으로써 몸의 행실을 죽이면 살리니"(롬 8:13). 여기서 염두에 두고 있는 죽음과 삶은 영원한 것이다. 우리가 이를 아는 것은 누구나 죄를 죽이든지 죽이지 않든지 간에 자연스럽게 죽기 마련이기 때문이다. 그리고 대다수 사람은 그들이 죄를 죽음에 처하게 하든지 않든지 간에 자연스럽게 계속 살아간다. 그래서 그리스도인들이 하나님과 영원히 살고 싶다면 '반드시' 죄와 싸워서 죄를 죽여야 한다.

이와 비슷하게, 그리스도인들은 거룩함을 추구하고 있음이 '틀림없다.' 히브리서 12장 14절이 "모든 사람과 더불어 화평함과 거룩함을 따르라. 이것이 없이는 아무도 주를 보지 못하리라"고 말하기 때문이다. 우리가 만일 이생에서 주님을 닮아가는 데 주의를 기울이지 않았다면 생애의 마지막에 주님을 친구와 구원자와 보배로 보지 못할 것이다. 만일 우리가 거룩한 삶으로 주님을 높이는 데 주의를 기울이지 않았다면 그렇게 될 것이다.

필연적 순종이 믿음으로 의롭게 되는 것과 모순되는가?

많은 사람이 이런 말을 들으면 내가 이제 오직 믿음으로만 용서받고 의롭게 된다는 가르침과 모순되기 시작했다고 생각한다는 것을 나도 알고 있다. 내가 이제 행위로 의롭게 된다고 가르치기 시작했다고 생각하는 것이다. 죄를 죽이는 행위와 거룩함을 추구하는 행위로 말이다.

바로 이런 오해 때문에 내가 하나님의 용서와 칭의의 대책이 그리스도인이 죄를 죽이고 거룩함을 추구하는 일의 토대가 된다고 분명히 말했던 것이다. 왜냐하면 우리가 영원히 살고 싶고(롬 8:13) 주님을 보려면(히 12:14), 하나님이 둘 다를 행하라고 명령하고 계시기 때문이다. 죄를 죽이고 거룩함을 추구하되 이신칭의(以信稱義)와 모순되지 않는 방식으로 그렇게 하는 열쇠는 우리가 성공적으로 죽일 수 있는 죄는 용서받은 죄밖에 없다는 점을 아는 것이다. 그리고 하나님을 기쁘시게 하는 실질적인 거룩함은 우리가 이미 거룩하기 때문에 추구하는 거룩함밖에 없다.

우리는 그리스도를 믿는 순간 그분과 연합하게 되는데, 그런 경우에 그분이 단번에 용서를 사셨다는 것은 우리가 언제든지(과거와 현재와 미래에) 짓는 모든 죄가 예수님의 피로 덮인다는 것을 의미한다. 그러므로 우리가 죽이기로 결단하는 모든 죄는 용서받은 죄인 것이다. 그리고 내가 '오직' 용서받은 죄만 성공적으로 죽일 수 있다고 말하는 이유는, 우리가 우리의 죄를 이런 식으로 보지 않는다면 죄를 죽이려는 우리의 노력이 죄를 죽임으로써 하나님의 용납을 얻으려는 노력이 될 수밖에 없기 때문이다. 그러나 만일 우리가 죄를 죽임으로써 하나님의 용납을 얻으려고 노력한다면, 우리는 그리스도를 하나님이 우리의 죄를 위해 치른 충분한 단번의 값으로 믿지 않는 셈이다. 우리가 죄를 죽임으로 하나님께 순종하려고 애쓰고 있을지라도 사실은 그리스도를 부인하고 있는 것이다.

이는 치명적인 잘못이다. 이것은 하나님의 섭리가 그의 자녀들을 영광으로 인도하는 방식과 일치하지 않는다. 그러므로 나는 귀중한 가르침, 즉 그리스도가 사셨기 때문에(엡 1:7) 오직 믿음으로만 우리가 죄 사함을 받는다는 가르침과 모순을 일으키고 있는 것이 아니다. 우리는 '반드시' 죄를 죽여야 한다. 그리고 우리가 성공적으로 죽일 수 있는 죄는 용서받은 죄밖에 없다.

이는 죄를 죽이는 것의 뒷면인 거룩함을 추구하는 것에도 해당된다. 하나님을 기쁘시게 하고 천국으로 인도하는 유일한 실질적 거룩함은 우리가 이미 거룩하기 때문에 추구하는 거룩함이다. 또는 우리가 수행할 수 있는, 하나님을 기쁘시게 하는 의로움의 유일한 열매(빌 1:11)는 이미 의롭게 된 것이 낳는 의로운 열매라고 말할 수 있다. 또는 유일하게 성공적인 성화의 길은 칭의의 들판을 구불구불하게 통과하는 길이라고 할 수 있다. 그 이유는 죄를 죽이는 것과 관련해 앞의 단락에서 살펴본 것과 동일하다. 우리가 거룩함이나 의로움이나 성화를 추구하되 이것을 우리가 (그리스도 안에서 믿음으로 의롭게 됨으로써, 히 10:10) 이미 거룩하고 의롭고 성화되었다는 확신에 기초해 그렇게 하지 않는다면, 이런 식으로 거룩해지려는 우리의 노력은 거룩함을 추구함으로써 하나님의 용납을 얻으려는 시도가 될 수밖에 없을 것이다.

그러나 우리가 만일 거룩함을 추구함으로써 하나님의 용납을 얻으려고 한다면, 우리는 그리스도를, 하나님이 오직 믿음으로 우리의 것으로 간주하는 그 완전한 의를 단번에 제공하는 분으로 믿고 있지 않는 셈이다. 왜냐하면 그리스도에 근거하여 우리는 이미 하나님의 용납을 (99퍼센트가 아닌) 100퍼센트 받았기 때문이다. 이것이 바로 믿음으로 의롭게 된다는 말의 뜻이다.

이런 식으로 그리스도를 부인하는 것은 치명적이다. 이는 하나님의 섭리가 그의 자녀들을 영광으로 인도하는 방식과 일치하지 않는다. 그러므로 나는 귀중한 가르침, 즉 칭의는 그리스도의 완수된 순종에 근거하여 (롬 5:19) 오직 믿음으로만 (롬 4:5) 가능하다는 가르침과 모순을 일으키고 있는 것이 아니다. 우리는 '반드시' 거룩함을 추구해야 한다 (히 12:14). 그리고 하나님을 기쁘시게 하고 천국으로 인도하는 유일한 거룩함은 우리가 이미 거룩하기 때문에 추구하는 거룩함이다.

너희는 진정 누룩이 없기 때문에 누룩을 제거하라

사도 바울이 고린도전서 5장 7절에서 고린도 교회에 다음과 같이 말할 때, 당신은 그의 입에서 이런 소리가 들리는 것을 알 수 있다. "너희는 누룩 없는 자인데 새 덩어리가 되기 위하여 묵은 누룩을 내버리라. 우리의 유월절 양 곧 그리스도께서 희생되셨느니라." 당신이 스스로 그 문맥을 자세히 공부할 수 있다. 여기서 내가 주목하고 싶은 것은 매우 이상한 기독교 특유의 논점이다. 한편으로, 그들은 "묵은 누룩을 내버리라"는 말을 듣는다. 다른 한편으로, 그들은 그들 속에 어떤 누룩도 없다는 말을 듣는다. "너희는 누룩 없는 자이다."

당신은 이미 거룩하기 때문에 거룩해져라. 당신의 죄가 이미 지워졌기 때문에 위협하는 죄를 죽이라. 이것이 무슨 뜻인가? 이어지는 기본 절(節)이 그 답변을 가리킨다. "왜냐하면 우리의 유월절 양, 곧 그리스도께서 희생되셨기 때문이다." 이 때문에 그들은 "진정 누룩이 없는" 것이다. 이는 그리스도의 피와 의로움 때문에 당신이 진정 그리스도 안에서 용서받고 의롭게 되었다는 뜻이다. 이것이 하나님과 함께하는 당신의 위상이다. 그런즉 당신의 죄가 용서받았기 때문에 죄를 죽이고, 당신이 거룩하기 때문에 거룩함을 추구하라.

피로 산 약속이 없으면 사랑도 없다

나는 다음 질문에 답하려고 애썼다. '그의 자녀들을 회심에서 영광으로 안전히 인도하는 하나님의 섭리를 이해하려면 하나님의 용서와 칭의의 대책이 그 토대를 이룬다는 이유로 내가 이에 초점을 맞춘 이유가 무엇인가?' 나의 첫 번째 답변은 이랬다. 만일 우리가 이미 용서받고 의롭게 되었다는 확신 안에 서 있지 않다면, 우리는 거룩함과 죄 죽이기를 하나님의 용납을 받는 수단으로 변질시킬 수밖에 없을 것이라는 것. 그런 삶은 그리스도를 부인하고 영광이 아닌 멸망으로 끝나고 만다.

우리의 노력을 우리를 영광으로 인도하는 하나님의 섭리에 맞추는 토대인 용서와 칭의에 초점을 두는 또 다른 이유가 있다. 그 이유는 하나님의 약속들이 성경에서 거듭하여 값비싼 사랑의 행위를 지탱해주는 수단으로, 그것들이 없으면 이른바 그리스도인다운 삶이 실패로 끝날 수밖에 없는 것으로 제시되어 있다는 것이다. 그리고 이 약속들은 그리스도의 피와 의로움이 없이는 유효할 수 없다. "하나님의 모든 약속은 그리스도 안에서 '예'가 됩니다"(고후 1:20, 새번역). 하나님이 그의 선민을 위해 "자기 아들을 아끼지 아니하셨다"는 것은 그분이 "그 아들과 함께 모든 것을 우리에게 주실 것"임을(롬 8:32), 즉 그분이 그들의 영원한 유익을 위해 모든 약속을 지키실 것임을 의미한다.

이런 것들이 우리가 거듭났다는 것을 입증해주는 값비싼 사랑의 행위를 지탱하는 약속들이다. "우리는 형제를 사랑함으로 사망에서 옮겨 생명으로 들어간 줄을 알거니와 사랑하지 아니하는 자는 사망에 머물러 있느니라"(요일 3:14). 사랑은 그리스도인에게 선택사안이 아니다. 사랑은 우리에게 영생이 있음을 입증해준다. 사랑이 없으면 우리에게 영생이 없음이 입증된다.

신약성경에서 하나님은 거듭해서 그의 약속들을 통하여, 즉 소망을 통하여 우리의 사랑을 유발시키고 또 사랑할 능력을 부여하신다. 이에 관해 내가 쓴 책이 있다. 『장래의 은혜: 믿음으로 살아가는 그리스도인에게 보장된 하나님의 선물』(좋은 씨앗)이다. 이 책이 포착하려는 진리는 이것이다. "믿음은 바라는 것들의 실상이요 보이지 않는 것들의 증거니"(히 11:1). 그리고 "믿음으로 아브라함[그리고 다른 모든 성도들]은 부르심을 받았을 때에 순종하여"(히 11:8). 달리 말하면, 믿음을 지탱해주고 소망을 주는 약속들이야말로 죄를 죽이고 거룩함을 추구하는 노력과 같은 순종의 열쇠가 된다는 것이다.

약속들이 어떻게 사랑할 능력을 주는가?

이런 약속들이 없다면 하나님이 사랑할 능력을 주시는 중요한 길이 차단되어 버린다.

> 잔치를 베풀거든 차라리 가난한 자들과 몸 불편한 자들과 저는 자들과 맹인들을 청하라 그리하면 그들이 갚을 것이 없으므로 네게 복이 되리니 이는 의인들의 부활 시에 네가 갚음을 받겠음이라 하시더라(눅 14:13-14).

예수님은 약속을 수단으로 삼아 이런 희생적인 사랑을 하도록 동기를 부여하신다. "이는 의인들의 부활 시에 네가 갚음을 받겠음이라." 이 약속이 확실한 이유는 오직 그리스도의 십자가, 죄의 용서, 그리고 믿음으로 의롭게 된다는 진리 때문이다.

예수님은 이렇게 다시 말씀하신다.

> 나로 말미암아 너희를 욕하고 박해하고 거짓으로 너희를 거슬러 모든 악한 말을 할 때에는 너희에게 복이 있나니 기뻐하고 즐거워하라 하늘에서 너희의 상이 큼이라(마 5:11-12).

우리가 만일 나쁜 대우에 분노로만 반응한다면 어떻게 악을 선으로 갚겠는가? 그럴 수 없을 것이다. 그런즉 악을 선으로 갚는 열쇠는 박해를 받을 때 기쁨과 즐거움으로 반응하는 것이다. 그런데 이것이 어떻게 가능할까? 약속 때문이다. "하늘에서 너희의 상이 큼이라."

이것이 또한 베드로가 박해받는 신자들에게 악을 선으로 보답하라고 권면했던 방식이다. "악을 악으로, 욕을 욕으로 갚지 말고 도리어 복을 빌라. 이를 위하여 너희가 부르심을 받았으니 이는 복을 이어받게 하려 하심이라"(벧전 3:9). 그러면 이생에서 당신이 받는 고난 너머에 당신을 위해 준비된 복이 있다고 어떻게 확신할 수 있는가? 하나님이 그것을 약속하셨기 때문이다. 그리고 그 모든 약속들은 용서와 칭의로 그 효능이 나타나는 그리스도의 피로 보증되었다.

지탱하는 섭리의 중심 사역

다음 장에서는 하나님이 실제로 어떻게 죄를 죽이고 거룩함을 추구하는 변화된 삶을 요구하시는지 살펴볼 것이다. 그리고 하나님이 어떻게 그리스도의 피가 산 죄사함과 그분이 이룬 의로움에 근거하여 우리의 순종을 불러일으키시는지 살펴볼 것이다.

우리가 이번 장에서 살펴본 바는, 죄 죽이기와 거룩함의 추구를 천국에 이르는 길로 삼는 하나님의 계획이 우리의 모든 죄를 용서하기 위한 그분의 단번의 대책 또는 우리가 하나님의 용납을 100퍼센트 받은 것에 기초해 그리스도의 의를 전가하시는 것과 상충되지 않는다는 것이다.

그와 반대로, 용서와 칭의는 그리스도인의 삶에 필수불가결한 출발점이다. 그리고 이 둘은 그리스도인이 취하는 모든 순종의 행위에 영속적인 토대가 된다. 양자가 없으면 우리의 경험에 두 개의 재난이 발생한다. 첫째, 우리는 하나님이 치른 완전한 값을 보충하여 하나님의 용납을 받으려 함으로써 그분을 모욕하게 된다. 둘째, 우리는 하나님의 약속들에 대한 소망의 확실한 토대를 잃고 만다. 이 두 경우 모두에서 하나님을 기쁘시게 하는 순종이 약해지기 마련이다.

그러나 우리가 보게 될 것은 하나님을 기쁘시게 하는 순종이 하나님이 그의 자녀들을 영원한 완성과 기쁨으로 인도하는 그 섭리의 길에 있는 선택사안이 아니라는 점이다. 그러므로 (우리의 용서와 칭의를 보증하는) 그의 아들의 피와 의로움을 제공하시는 하나님의 영광스러운 사역은 우리를 그분 앞에서 영광으로 인도하도록 계획된 가장 위대한 섭리 사역임이 입증된다. 그래서 '그의 자녀들이 회심에서 영광에 이르게 하기 위해 하나님의 섭리가 행한 것이 무엇인가?'라는 질문에 대한 답변은 바로 십자가이다. 우리는 그리스도인의 순종과 견인을 그 토대 위에 세운다. 그렇지 않으면 우리가 실패하게 된다.

39.

하나님의 전략: 명령과 경고

우리가 하나님의 편만하고 전능하고 꺾일 수 없는 섭리를 생각할 때 자칫 피상적인 추론을 할 수도 있다. 그분이 그의 백성에게 어떤 결단이나 노력이나 인내를 요구하지 않고 회심에서 영광으로 인도하실 것이라는 추론이다. 이는 잘못된 추론이다. 신약성경은 전혀 다른 그림을 그려준다.

전심으로 거룩함을 추구하라

물론 나는 이번 장에서 무슨 말을 할지 알고 있었다. 그래서 앞장에서 오해를 피하기 위해 그리스도인의 결단과 노력과 인내의 토대를 그리스도의 완수된 사역에 두었던 것이다. 달리 말하면, 하나님이 어떻게 그의 백성이 그리스도를 본받게 하셔서 회심에서 영광으로 안전하게 움직이게 하시는지 물으면서 내가 제시한 기본적인 답변은 이랬다. 그 토대는 바로 그리스도께서 단번에 완전한 용서를 사셨고 완전한 의로움을 줄 수 있는 대책을 마련하신 것이라고.

그 토대를 제자리에 두는 가운데, 우리는 '하나님이 어떻게 그의 백성이 그리스도를 본받게 하셔서 회심에서 영광으로 안전하게 움직이게 하시는가?'라는 질문에 또 다른 성경적 답변을 추가할 수 있다. 여기서 초점을 맞출 답변은 이것이다. 하나님이 우리를 영광으로 인도하시는 방법은 거룩함을 전심으로 추구하는 일에 우리의 전부를 관여시키라고 명령하신 것이다. "모든 사람과 더불어 화평함과 거룩함을 따르라. 이것이 없이는 아무도 주를 보지 못하리라"(히 12:14).

이를 다양한 방식으로 표현할 수 있다. 예컨대, 하나님은 "미리 아신 자들을 또한 그 아들의 형상을 본받게 하기 위하여 미리 정하셨고"(롬 8:29), 이어서 그 목표에 이르는 수단으로서 우리에게 "오직 주 예수 그리스도로 옷 입고"(롬 13:14) 또 그리스도를 본받으라고(고전 11:1; 빌 2:5; 살전 1:6) '명령하셨다'고 말할 수 있다. 그 자신이 용서하고 의롭게 하신 백성에게 거룩함을 추구함으로써 천국을 추구하라는 하나님의 명령은 우리를 거룩하게 하고 영광에 이르게 하는 그분의 전략의 일부이다. 이번 장은 섭리의 이 전략에 관해 다룬다. 즉, 하나님이 어떻게 회심한 백성을 그리스도를 본받게 하고 최종적인 영화(榮化)에 이르게 하는지 살펴보는 것이다.

풍부한 명령과 믿음의 삶

신약성경은 그리스도의 추종자들에게 주는 수백 개의 명령으로 온통 뒤덮여있다. 내가 쓴 책, 『예수님이 세계에 요구하시는 것』(What Jesus Demands from the World, Crossway, 2006)은 네 복음서에 나오는 수백 개의 명령과 암묵적인 명령을 종합하려고 애쓴 결과이다. 내가 이 작업을 한 이유는 예수님이 이 땅을 떠나시기 전에 제자들에게 하신 마지막 말씀이 바로 "너희는 가서 모든 민족을 제자로 삼아 아버지와 아들과 성령의 이름으로 세례를 베풀고 **내가 너희에게 분부한 모든 것**을 가르쳐 지키게 하라"(마 28:19-20)는 것이었기 때문이다.

예수님이 최후의 말씀에서 초점을 두신 것은 그가 하늘의 아버지나 성령의 사역이나 그 자신에 관해 가르친 영광스러운 진리, 또는 그가 십자가에서 이룬 일, 또는 부활의 승리가 아니었다. 그분이 마지막에 하신 일은 그의 '명령'에 초점을 두는 것이다. 그리고 우리에게 그 '모든' 명령을 열방에 가르치라고 말씀하신다. 아니, 정확히 말하면, 우리가 모든 민족에게 그가 명령한 모든 것을 "지키도록" 가르쳐야 한다. 그래서 이 책의 취지는 선교사들과 우리 모두가 바로 그런 일을 하도록 돕는 것이다. 그분이 우리에게 명령하신 '모든' 것은 무엇인가? 그리고 우리는 어떻게 그것을 가르쳐서 사람들이 실제로 그 모든 명령을 '지킬' 수 있게 하겠는가?

내가 이것을 언급하는 이유는 당신으로 하여금 하나님의 방대한 명령 전략, 즉 그의 백성이 그리스도의 마음을 본받게 해서 마침내 영화에 이르게 하시는 그 전략을 주목하게 하기 위해서다. 바울의 저술에 사백 개가 넘는 명령이, 그리고 야고보서에 오십 개가 넘는 명령이 나온다. 나는 하나님이 현명하지 못한 선생이라고 믿지 않는다. 그분은 그의 말씀을 온갖 명령으로 소금에 절이듯 절이는 실수를 하지 않으셨다. 물론 간청이 명령보다 더 나은 때가 분명히 있다(몬 8-9). 그러나 하나님은 우주의 주님이신 만큼 우리보다 그런 균형을 더 잘 아신다. 하나님이 신약성경에서 은혜의 복음을 수많은 명령으로 오염시키신 것이 아니다. 그분이 우리의 주의를 믿음으로 사는 데서 딴 곳으로 돌리신 게 아니다. 그분은 우리를 바른 길로 인도하셨다.

"우리가 믿음으로 행하고"(고후 5:7) 또 "믿음으로 사는 것"(갈 2:20, 바른성경)은 변함없이 옳다. 우리는 "성령을 따라 행하고"(갈 5:16), 하나님의 "영으로 인도함을 받고"(롬 8:14), "성령의 열매"를 맺고(갈 5:22), "성령을 따라 살고"(갈 5:25, 바른성경), "성령을 위하여 심고"(갈 6:8), "성령이 주시는 새 정신으로" 섬긴다(롬 7:6, 새번역). 우리는 새 언약 아래 살고 있다. 그러나 그 언약의 표지는 명령의 부재가 아니라 명령에 순종하는 (피로 산) 능력이다. "내 영을 너희 속에 두어 너희로 내 율례를 행하게 하리니, 너희가 내 규례를 지켜 행할지라"(겔 36:27).

은혜를 더하게 하려고 우리가 명령을 무시하겠는가?

만일 우리가 이런 하나님의 섭리의 전략, 곧 그의 아들의 신부를 아름답게 해서 (엡 5:26-27) 최후의 찬란한 모습을 위해 준비시키는 전략을 이해하려면, 우리는 신약성경에 나오는 풍부하고 다양한 명령의 실례들을 살펴볼 필요가 있다. 아울러 그 명령들에 수반되는 경고도 고찰할 필요가 있다. 내가 염두에 두는 명령들은 선택사안이 아니다. 아무도 "나는 믿음으로 의롭게 되었은즉 하나님의 명령을 순종할 필요가 없다"고 말해서는 안 된다. 이런 태도는 그 사람의 마음에 칭의의 믿음의 참된 본질이 침투하지 않았다는 증거이다.

이미 1세기에 바울은 칭의에 관한 그의 가르침을 왜곡하는 현상을 다루어야 했다. "그러면 우리가 무엇이라고 말을 해야 하겠습니까? 은혜를 더하게 하려고, 여전히 죄 가운데 머물러 있어야 하겠습니까?"(롬 6:1, 새번역). 그날 이후 많은 그리스도인들은 주제넘게도 하나님보다 더 지혜로운 체하면서 칭의로부터 거룩함의 추구에 대한 잘못된 함의를 끌어내곤 했다. 예컨대, 거룩함의 추구는 다가올 시대에 그리스도와 함께하는 데 꼭 필요하지 않다는 함의이다.

따라서 우리가 이제 신약성경에 나오는 보다 두드러지는 명령들과 그에 수반되는 경고들을 살펴보도록 하자. 이를 통해 내가 하나님의 명령과 경고 전략이라 부르는 것, 곧 그의 백성이 그리스도를 본받게 하고 또 그들을 영광으로 인도하는 그 섭리의 전략을 알게 될 것이다.

우리의 믿음을 굳게 지키라는 명령

우리는 복음을 믿을 뿐만 아니라 계속 믿는 것이 반드시 필요하다.

형제들아 내가 너희에게 전한 복음을 너희에게 알게 하노니, 이는 너희가 받은 것이요 또 그 가운데 선 것이라. **너희가 만일 내가 전한 그 말을 굳게 지키고 헛되이 믿지 아니하였으면 그로 말미암아 구원을 받으리라**(고전 15:1-2).

우리가 만일 복음에 대한 믿음을 버린다면, 우리가 한때 가졌던 믿음이 어떤 종류이든 간에 그것이 우리를 구원하지 못할 것인데, 그 믿음은 "헛된" 것이기 때문이라고 한다. 물론 이런 말을 하는 취지는 우리를 깨어있게 만들기 위해서다. "너희가 만일 내가 전한 그 말을 굳게 지킨다면"이란 어구는 우리를 미지근하게 만들기 위해서가 아니라 정신을 바짝 차리게 하기 위해서 하는 말이다. 그 목적은 골로새서 1장 21-23절에 나오는 것과 비슷하다.

> 전에 악한 행실로 멀리 떠나 마음으로 원수가 되었던 너희를 이제는 그의 육체의 죽음으로 말미암아 화목하게 하사, 너희를 거룩하고 흠 없고 책망할 것이 없는 자로 그 앞에 세우고자 하셨으니, **만일 너희가 믿음에 거하고** 터 위에 굳게 서서 너희 들은 바 복음의 소망에서 흔들리지 아니하면 그리하리라.

만일 우리가 믿음에 거하고 복음의 소망에서 흔들리지 않는다면, 우리는 마침내 그리스도 앞에 기쁘게 세워지게 될 것이다. 히브리서의 저자는 이렇게 말한다.

> 그리스도는 하나님의 집을 맡은 아들로서 그와 같이 하셨으니[신실하셨으니] **우리가 소망의 확신과 자랑을 끝까지 굳게 잡고 있으면** 우리는 그의 집이라(히 3:6; 참고. 3:12-14).

이 저자는 우리 그리스도인의 존재가 굳게 잡음에 달려있다고 말함으로써 하나님의 전략에 대해 의심의 여지를 없애버린다. '만일 우리가 우리의 확신을 굳게 잡고 있으면' 우리는 하나님의 집이다. 이는 하나님의 영의 거처이고 그의 보배의 상속자들이란 뜻이다. 그리고 이 전략은 우리를 기사로 만들기보다 열심히 참고 견디게 하려는 것이다. "우리가 간절히 원하는 것은 너희 각 사람이 **동일한 부지런함을 나타내어** 끝까지 소망의 풍성함에 이르러 게으르지 아니하고, 믿음과 오래 참음으로 말미암아 약속들을 기업으로 받는 자들을 본받는 자 되게 하려는 것이니라"(히 6:11-12).

열심의 정반대는 그리스도인의 삶에서 흘러 떠내려가는 것이다. "그러므로 우리는 들은 것에 더욱 유념함으로 우리가 **흘러 떠내려가지** 않도록 함이 마땅하니라"(히 2:1). "예전의 그리스도인들" 대다수는 별안간 떠나기보다는 믿음으로부터 흘러 떠내려갔다. 예수님이 말씀하셨듯이, 조금씩 "그들은 이생의 염려와 재물과 향락에 기운이 막혀" 버렸다(눅 8:14). 이처럼 흘러 떠내려갈 위험에 대한 하나님의 치료책 중 하나는 우리를 진지하게 또는 방심하지 않게 만들기 위해 주신 풍부한 경고들이다. 또는 예수님의 말씀처럼 "깨어 있게"(막 13:37) 하는 경고들이다.

우리가 주님을 부인하면 주님도 우리를 부인하시리라

예수님이 그를 부인하지 말라고 또 부끄러워하지 말라고 경고하신 것을 좇아 바울은 디모데와 그의 교회에 이렇게 경고한다.

> 우리가 주와 함께 죽었으면 또한 함께 살 것이요, 참으면 또한 함께 왕 노릇 할 것이요, **우리가 주를 부인하면 주도 우리를 부인하실 것이라**. 우리는 미쁨이 없을지라도 주는 항상 미쁘시니[신실하시니] 자기를 부인하실 수 없으시리라(딤후 2:11-13).

어떤 이들은 이 말을 "우리가 믿음이 없더라도" 하나님은 "계속 신실하셔서" 우리를 구원하실 것이라는 뜻으로 해석하려고 한다. 하지만 우리가 22장에 살펴보았듯이, 이는 그런 말이나 뜻이 아니다. 오히려 "우리가 주를 부인하면 주도 우리를 부인하실 것이라"고 말한다. 그리고 하나님의 "신실하심"은 그 자신의 이름에 신실하시다는 것이다. "그분은 자기를 부인하실 수 없기" 때문이다.

바울은 예수님이 이미 말씀하셨던 것을 표현하는 중이다. "누구든지 사람 앞에서 나를 부인하면 나도 하늘에 계신 내 아버지 앞에서 그를 부인하리라"(마 10:33). "누구든지 이 음란하고 죄 많은 세대에서 나와 내 말을 부끄러워하면 인자도 아버지의 영광으로 거룩한 천사들과 함께 올 때에 그 사람을 부끄러워하리라"(막 8:38). 이것들은 암묵적인 명령들이다. 예수님을 부인하지 말라! 예수님을 부끄러워하지 말라! 예수님이 최고로 귀한 분임을 굳게 붙잡아라! 그리고 이런 암묵적인 명령들은 매우 심각한 경고들을 수반한다.

그리스도인의 방어 전략: 죄를 죽이는 것

이런 심각한 경고들은 방어 자세를 취해 죄를 죽이라는 명령과 공격 자세를 취해 사랑을 추구하라는 명령에 똑같이 수반된다.

우리는 이미 38장에서 죄를 죽이지 못하면 죽음에 처하게 된다는 것을 살펴보았다. "너희가 육신대로 살면 반드시 죽을 것이로되 영으로써 몸의 행실을 죽이면 살리니"(롬 8:13). 이 죽음과 생명은 영원한 것들이다. 당신의 삶에서 죄와 싸우는 대신 죄와 화해하게 되면 멸망에 이를 수밖에 없다. 사도 요한이 그 이유를 제시한다. "하나님께로부터 난 자마다 죄를 짓지 아니하나니, 이는 하나님의 씨가 그의 속에 거함이요. 그도 범죄하지 못하는 것은 하나님께로부터 났음이라"(요일 3:9).

이 말이 우리가 이생에서 완전한 상태에 이를 수 있다는 뜻이 아님을 우리는 알고 있다. 요한은 완벽주의를 반대하기 위해 무척 애쓴다. "만일 우리가 죄가 없다고 말하면 스스로 속이고 또 진리가 우리 속에 있지 아니할 것이요"(요일 1:8). 오히려 그 취지는 "그리스도 예수의 사람들은 육체와 함께 그 정욕과 탐심을 십자가에 못 박았다"(갈 5:24)는 것이다. 진정한 죽음이 일어났다. 진정한 새로운 본성이 생성되었다. 그리고 이 새로운 본성의 표지는 죄를 미워하는 것이다. 이는 죄와 화해할 수 없다. 이 본성은 항상 죄의 유혹을 이길 수는 없을지 몰라도 "죄짓는 것을 습관으로" 삼을 수 없다. 하나님의 씨앗이 그 속에 거하기 때문이다. 여기에 진정 새로운 존재가 있다. "그러므로 땅에 있는 지체를 죽이라"(골 3:5)는 명령은 "너희가 죽었다"(골 3:3)는 사실에 기반을 두고 있다. 새로운 당신이 존재하는 것이다. 아직도 죽여야 할 땅에 속한 것들이 있을 수 있다. 그러나 진정한 당신은 죄를 미워하고 의를 사랑한다.

반역적인 몸의 눈을 멍들게 하라

그래서 우리를 거룩하게 만들려는 하나님의 섭리의 전략은 우리를 수동적으로 만드는 게 아니다. 사도 바울은 그 자신을 죄 죽임의 모델로 제시한다.

운동장에서 달음질하는 자들이 다 달릴지라도 오직 상을 받는 사람은 한 사람인 줄을 너희가 알지 못하느냐? 너희도 상을 받도록 이와 같이 달음질하라. 이기기를 다투는 자마다 모든 일에 절제하나니, 그들은 썩을 승리자의 관을 얻고자 하되 우리는 썩지 아니할 것을 얻고자 하노라. 그러므로 나는 달음질하기를 향방 없는 것같이 아니하고 싸우기를 허공을 치는 것같이 아니하며, 내가 내 몸을 쳐 복종하게 함은 내가 남에게 전파한 후에 자신이 도리어 버림을 당할까 두려워함이로다(고전 9:24–27).

'치다'라는 단어는 매우 다채롭고 구체적인 단어인 헬라어 단어(휘포피아조)를 번역한 것으로서 "눈을 까맣게 하다, 눈을 멍들게 하다, 얼굴을 때리다"란 뜻이다.[1] 이 것은 예수님이 음욕에 대해 경고하실 때 사용하셨을 법한 그런 종류의 단어이다. "만일 네 오른 눈이 너로 실족하게 하거든 빼어 내버리라. 네 백체 중 하나가 없어지고 온 몸이 지옥에 던져지지 않는 것이 유익하며"(5:29).

파격적인 언어가 이 지점에서 예수님과 바울이 공유하는 유일한 것이 아니다. 예수님은 음욕과 싸우지 못하면 지옥에 떨어질 것이라고 경고하신다. 그리고 바울은 "내가 … 버림을 당할까 두려워해서" 나 자신의 눈을 멍들게 한다고 말했다. 바울은 표류하는 사람도, 수동적인 사람도 아니었다. 그는 하나님의 섭리가 구사하는 명령과 경고 전략에 맞춰 처신했다.

전략이 구체화되다

죄에 관한 명령은 그냥 "죄를 죽이라"는 말과 같은 일반적인 수준에 머물지 않는다. 그 명령들은 매우 구체화되고 경고들도 마찬가지다. 예컨대, 야고보는 혀로 짓는 죄를 집중적으로 다루면서 "누구든지 스스로 경건하다 생각하며 자기 혀를 재갈 물리지 아니하고 자기 마음을 속이면 이 사람의 경건은 헛것이라"(약 1:26)고 말한다. 깜짝 놀랄 일이다. 재갈을 물리지 않은 혀는 구원받지 못한 사람을 가리킨다고

---

[1] William Arndt, Frederick W. Danker, and Walter Bauer, *A Greek-English Lexicon of the New Testament and Other Early Christian Literature* (Chicago: University of Chicago Press, 2000), 1043.

한다. 이는 하나님의 말씀이다. 이를 듣고 우리가 벌벌 떨어야 마땅하다.

예수님은 사물을 하나님보다 더 사랑하고 사물에 하나님의 약속보다 더 의존하는 우리의 성향을 집중적으로 다루신다. 그래서 "이와 같이 너희 중의 누구든지 자기의 모든 소유를 버리지 아니하면 능히 내 제자가 되지 못하리라"(눅 14:33)고 말씀하신다. 물론 이 경고의 목적은 우리 마음을 진지하게 살펴서 혹시 우리에게 우리의 소유가 그리스도보다 더 소중하지 않은지 성찰하게 하는 것이다. 이것은 우리와 사물 간의 관계에서 우리로 그리스도를 사랑하고 그리스도를 닮게 하려는 하나님의 전략의 일부이다. 이는 편안한 말씀이 아니다. 그러나 우리를 영광으로 인도하는 하나님의 섭리의 일부이다.

바울은 세 번씩이나, 우리가 회개하지 않고 계속 추구하면 우리를 하나님의 나라에 들어가지 못하게 할 일련의 죄악들을 열거한다.

> 불의한 자가 하나님의 나라를 유업으로 받지 못할 줄을 알지 못하느냐? 미혹을 받지 말라. 음행하는 자나 우상 숭배하는 자나 간음하는 자나 탐색하는 자나 남색하는 자나 도적이나 탐욕을 부리는 자나 술 취하는 자나 모욕하는 자나 속여 빼앗는 자들은 하나님의 나라를 유업으로 받지 못하리라(고전 6:9-10).

> 너희도 정녕 이것을 알거니와 음행하는 자나 더러운 자나 탐하는 자 곧 우상 숭배자는 다 그리스도와 하나님의 나라에서 기업을 얻지 못하리니(엡 5:5).

> 육체의 일은 분명하니 곧 음행과 더러운 것과 호색과 우상 숭배와 주술과 원수 맺는 것과 분쟁과 시기와 분냄과 당 짓는 것과 분열함과 이단과 투기와 술 취함과 방탕함과 또 그와 같은 것들이라. 전에 너희에게 경계한 것 같이 경계하노니, 이런 일을 하는 자들은 하나님의 나라를 유업으로 받지 못할 것이요(갈 5:19-21).

이 목록들이 충격을 주는 이유는 그 죄악들이 우리 대다수가 직접적으로 익숙해져 있는 기괴한 방탕함(섹스 파티)과 흔해빠진 죄들(탐욕, 분쟁, 원수 맺는 것, 분열 등)을 포함하고 있기 때문이다. 요점은 어떤 죄든지 만일 우리가 그것을 차단하지 않고, 그것에 면죄부를 주고, 그것을 하나님에 대한 반역으로 기꺼이 간직하고 있다면, 그것은 (그것이 하나님보다 더 좋아하는 것, 곧 죄이기 때문에) 우리를 멸망시킬 것이다.

공격 자세를 취하다: 사랑의 추구

지금까지는 하나님의 백성이 죄에 대해 방어 자세를 취하게 하는 하나님의 섭리의 전략을 집중적으로 다뤘다. 그러나 하나님이 명령과 경고 전략을 통해 주로 추구하시는 바는 우리로 사랑을 추구하게 하는 것, 즉 공격 자세를 취하게 하는 데서 더욱 분명히 드러난다. 내가 '거룩함'이나 '순종'을 말할 수 있었는데도 '사랑'을 말하는 데는 그만한 이유가 있다. 사랑이야말로 거룩함의 본질이고 순종의 총합이기 때문이다.

바울이 데살로니가전서 3장 12-13절에서 드리는 기도는 사랑과 거룩함의 관계를 잘 보여준다.

> 또 주께서 우리가 너희를 사랑함과 같이 너희도 피차간과 모든 사람에 대한 **사랑**이 더욱 많아 넘치게 하사 너희 마음을 굳건하게 하시고, 우리 주 예수께서 그의 모든 성도와 함께 강림하실 때에 하나님 우리 아버지 앞에서 **거룩함**에 흠이 없게 하시기를 원하노라.

그들을 사랑으로 가득 채우셔서 그들이 거룩함에서 굳건하게 되게 하옵소서. 거룩함은 하나님의 무한한 가치에 부합하는 마음과 삶의 질이다.[2] 사랑은 거룩함이 타인과의 관계에서 취하는 형태이다. 바울은 기꺼이 사랑을 그의 모든 노력의 목적으로 명명한다. "이 교훈의 목적은 청결한 마음과 선한 양심과 거짓이 없는 믿음에서 나오는 **사랑**이거늘"(딤전 1:5).

그리고 바울은 사랑을 하나님의 모든 명령의 총합으로 삼음으로써 예수님의 말

---

[2] 이 정의에 대한 변호와 설명은 다음 책을 참고하라. John Piper, *Acting the Miracle: God's Work and Ours in the Mystery of Sanctification* (Wheaton, IL: Crossway, 2013), 33-36.

씀을 반영한다. "간음하지 말라, 살인하지 말라, 도둑질하지 말라, 탐내지 말라 한 것과 그 외에 다른 계명이 있을지라도 네 이웃을 네 자신과 같이 사랑하라 하신 그 말씀 가운데 다 들었느니라"(롬 13:9; 참고. 마 22:39-40).

사랑은 모든 형태의 행위 중에서 가장 중요한 그리스도의 휘장이다. "너희 모든 일을 사랑으로 행하라"(고전 16:14). 그리스도인의 자세와 행동이 지닌 이 편만한 자질은 예수님이 그리스도를 닮은 모습의 본질적 의미로 삼은 것이다.

> 새 계명을 너희에게 주노니 서로 사랑하라. 내가 너희를 사랑한 것같이 너희도 서로 사랑하라. 너희가 서로 사랑하면 이로써 모든 사람이 너희가 내 제자인 줄 알리라(요 13:34-35; 참고. 15:12, 17).

> 그리스도께서 너희를 사랑하신 것같이 너희도 사랑 가운데서 행하라. 그는 우리를 위하여 자신을 버리사 향기로운 제물과 희생제물로 하나님께 드리셨느니라(엡 5:2).

사랑은 구원에 이르는 믿음의 필수적인 휘장이다. "그리스도 예수 안에서는 할례나 무할례나 효력이 없으되 **사랑으로써 역사하는 믿음**뿐이니라"(갈 5:6). 칭의에 효력이 있는 믿음은 바로 사랑의 생산에 효과적인 믿음이다. 사랑의 열매가 없으면 믿음의 나무가 죽은 줄을 우리가 안다. 야고보가 말했듯이 "이와 같이 행함이 없는 믿음은 그 자체가 죽은 것이라"(약 2:17). 그리고 야고보는 사랑을 최고의 행위로 본다(약 2:8).

명령과 경고로 사랑을 추구하게 하는 섭리

그리스도처럼 사랑하는 백성을 만드는 하나님의 섭리는 계속해서 명령과 경고의 전략을 구사한다. 예컨대, 요한일서에서 둘 다 볼 수 있다. 먼저 명령이 나온다. "우리가 이 계명을 주께 받았나니 하나님을 사랑하는 자는 또한 그 형제를 사랑할지니라"(요일 4:21). 그리고 경고가 나온다. "우리는 형제를 사랑함으로 사망에서 옮겨 생명으로 들어간 줄을 알거니와, 사랑하지 아니하는 자는 사망에 머물러 있느니라"(요일 3:14). "사랑하지 아니하는 자는 하나님을 알지 못하나니 이는 하나님은 사랑이심이라"(요일 4:8; 참고. 4:20). 우리가 만일 사랑하지 않는다면, 우리는 거듭난 것이 아니고 하나님을 알지 못한다고 한다.

바울도 똑같은 전략을 따른다. 이런 명령을 한다. "네 이웃을 네 자신과 같이 사랑하라"(롬 13:9). "사랑에는 거짓이 없나니 악을 미워하고 선에 속하라"(롬 12:9). 이런 경고를 한다. "내가 내게 있는 모든 것으로 구제하고 또 내 몸을 불사르게 내줄지라도 사랑이 없으면 내게 아무 유익이 없느니라"(고전 13:3). 더 나쁜 경고도 있다. "사랑이 없으면 내가 아무 것도 아니요"(고전 13:2). 그리고 매우 구체적인 경고도 있다. "누구든지 자기 친족 특히 자기 가족을 돌보지 아니하면 믿음을 배반한 자요 불신자보다 더 악한 자니라"(딤전 5:8). 불신자보다 더 악한 자라니! 자기 가족에게 실질적 사랑을 보여주는 백성을 만드는 하나님의 전략은 엄중한 경고, 곧 그들이 그렇게 하지 않으면 구원받은 것이 아니라는 경고까지 포함한다.

예수님도 이런 식으로 자주 말씀하셨다. 그분은 억제되지 않은 정욕이 우리를 지옥에 떨어뜨릴 것이고(마 5:27-30) 탐욕이 제자의 길을 막는다(눅 14:33)고 말씀하셨을 뿐만 아니라 사랑에 관해서도 똑같이 말씀하셨다. 예컨대, 그분은 최후의 심판을 묘사하는 대목에서 굶주린 자, 목마른 자, 나그네, 헐벗은 자, 병든 자, 또는 옥에 갇힌 자에게 연민을 베풀지 않는 제자들은 "영원한 불에 들어가리라"고 말씀하셨다(마 25:41-46).

그리고 예수님은 용서하지 않는 정신에 관해서도 똑같은 말씀을 하셨다.

너희가 사람의 잘못을 용서하면 너희 하늘 아버지께서도 너희 잘못을 용서하시려니와, 너희가 사람의 잘못을 용서하지 아니하면 너희 아버지께서도 너희 잘못을 용서하지 아니하시리라(마 6:14-15).

일부 사람은 이런 주장을 폈다. 하나님이 용서하지 않는 사람을 용서하길 싫어하시는 것은 영원한 분리에 대한 경고가 아니라 일시적인 교제의 단절만 의미할 뿐이라고 한다. 물론 만일 우리가 회개한다면, 우리가 일시적으로 용서하지 않은 잘못에 대해 하나님이 용서하실 것이다. 그러나 이것이 그 말씀의 취지가 아니다. 그 취지는 마태복음 18장 21-35절에 나오는 비유와 동일하다. 사악한 종이 그의 동료를 용서하려 하지 않을 때, 예수님이 이렇게 말씀하셨다. "주인이 노하여 그 빚을 다 갚도록 그를 옥졸들에게 넘기니라. 너희가 각각 마음으로부터 형제를 용서하지 아니하면 나의 하늘 아버지께서도 너희에게 이와 같이 하시리라"(18:34-35). 여기서 예수님의 위협을 약화시키려고 할 필요가 없다. 마치 그분이 제자들을 이런 식으로 촉구하는 것이 그의 나머지 가르침이나 신약성경의 나머지 부분에 생소한 것처럼 생각할 필요가 없다는 말이다. 사실 이런 경고는 도처에 널려있다.

끝까지 견디는, 그리스도를 닮은 그리스도인들을 창조하는 하나님의 섭리의 전략은 내가 '명령과 경고 전략'이라 부른 것을 포함한다. 말하자면, 하나님은 우리에게 전심으로 거룩함을 추구하는 일에 우리의 전부를 관여시키라고 명령하심으로써 우리를 영광으로 인도하신다. 그리고 거룩함의 추구에 실패하면 영원한 멸망에 빠진다는 경고로 이 전략을 굉장히 심각한 것으로 만드신다.

명령과 경고의 전략을 보여주는 마지막 본보기

신약성경에 나오는 명령과 경고 전략의 범위를 보여주는 여러 본보기를 소개하면 이렇다.

좁은 문으로 들어가라. 멸망으로 인도하는 문은 크고 그 길이 넓어 그리로 들어가는 자가 많고 생명으로 인도하는 문은 좁고 길이 협착하여 찾는 자가 적음이라(마 7:13-14).

나의 이 말을 듣고 행하지 아니하는 자는 그 집을 모래 위에 지은 어리석은 사람 같으리니 비가 내리고 창수가 나고 바람이 불어 그 집에 부딪치매 무너져 그 무너짐이 심하니라(마 7:26-27).

나더러 "주여, 주여" 하는 자마다 다 천국에 들어갈 것이 아니요, 다만 하늘에 계신 내 아버지의 뜻대로 행하는 자라야 들어가리라(마 7:21).

아버지나 어머니를 나보다 더 사랑하는 자는 내게 합당하지 아니하고 아들이나 딸을 나보다 더 사랑하는 자도 내게 합당하지 아니하며(마 10:37).

자기의 육체를 위하여 심는 자는 육체로부터 썩어질 것을 거두고 성령을 위하여 심는 자는 성령으로부터 영생을 거두리라(갈 6:8).

그가 빛 가운데 계신 것 같이 우리도 빛 가운데 행하면 우리가 서로 사귐이 있고 그 아들 예수의 피가 우리를 모든 죄에서 깨끗하게 하실 것이요(요일 1:7).

"그를 아노라" 하고 그의 계명을 지키지 아니하는 자는 거짓말하는 자요 진리가 그 속에 있지 아니하되(요일 2:4; 참고. 요 14:15; 15:10).

이 세상도, 그 정욕도 지나가되 오직 하나님의 뜻을 행하는 자는 영원히 거하느니라(요일 2:17).

이번 장의 취지는 이것이다. 하나님이 한 백성을 성화시켜서 최후의 영화에 이르게 하는 섭리의 전략은 명령들과 경고들을 포함한다는 것이다. '명령들'이란 단어에는 이른바 "은혜의 수단들"을 사용하라는 성경의 교훈들이 내재되어 있다. 우리는 그것들을 "섭리의 수단들"이라 불러도 무방하다. 섭리의 이 측면만 다룬 책들도 있다.[3] 나는 그 원리만 확증하려고 노력할 뿐이다. 구원하고, 성화시키고, 보존하는 섭리가 명령과 경고를 사용한다는 것. 그러나 하나님이 명령하시는 섭리의 수단들은 성경에 대한 묵상(시 1:2, 골 3:16), 기도(엡 6:18), 지역교회의 멤버십(마 18:17; 고전 12:12; 5:2), 공동 예배(엡 5:19; 히 10:25), 세례와 성만찬에의 참여(마 28:19-20; 고전

---

3) 특히 다음 책들을 보라. David Mathis, *Habits of Grace: Enjoying Jesus Through the Spiritual Disciplines* (Wheaton, IL: Crossway, 2016). Donald Whitney, *Spiritual Disciplines for the Christian Life* (Colorado Springs, CO: NavPress, 2014).

11:23-26), 그리고 다른 신자들과의 상호 권면과 격려(히 3:12-13)를 포함한다.

이 모든 방법을 통해, 하나님은 우리에게 전심으로 순종과 거룩함과 사랑을 추구하는 일에 우리의 전부를 관여시키라고 명령하심으로써 우리를 영광으로 인도하신다. 그리고 만일 우리가 순종하지 않는다면, 우리는 하나님을 알지 못하는 것이라고(요일 2:4) 경고하신다. 그리고 만일 우리가 거룩함을 추구하지 않는다면 주님을 보지 못할 것이라고(히 12:14) 경고하신다. 그리고 만일 우리가 사랑하지 않는다면 죽음에 머물러 있는 것이라고(요일 3:14) 경고하신다. 이것이 그의 백성이 최후의 영화에 이르도록 준비시키고 보존하시는 하나님의 명령과 경고 전략이다.

좁은 문으로 들어가기를 힘쓰라

하나님이 우리를 전심으로 사랑을 추구하라고 부르신다는 것을 달리 표현하자면 예수님의 말씀을 인용할 수 있다. "좁은 문으로 들어가기를 힘쓰라. 내가 너희에게 이르노니 들어가기를 구하여도 못하는 자가 많으리라"(눅 13:24). 또는 히브리서 10장 36절을 인용해도 좋겠다. "너희에게 인내가 필요함은 너희가 하나님의 뜻을 행한 후에 약속하신 것을 받기 위함이라."

그리스도인이 최후의 영광에 들어가는 방법을 묘사하려고 예수님이 사용하시는 단어는 '힘쓰라'이다. "들어가기를 힘쓰라." 헬라어 단어(아고니제스데)는 '고민하다,' '몸부림치다,' '싸우다,' '씨름하다'라는 뜻을 지니고 있다. 만일 당신이 신앙생활을 문제와 몸부림과 죄와의 싸움이 없는 것으로 간주한다면, 당신은 그리스도인다운 삶을 살고 있지 않을지 모른다. 만일 당신이 생각하는 하나님의 섭리가 그저 그의 약속과 능력으로 우리를 도울 뿐 명령과 경고와 위협을 주지 않는 것으로 여긴다면, 당신의 견해가 구체적인 성경의 가르침보다 의심스러운 신학적 추론에 의해 더 형성되었을 가능성이 많다.

살아계신 하나님에게서 떨어져 나가는 사람들은 어떻게 되는가?

이번 장에는 믿는다고 고백하는 신자들이 그리스도를 부인할 수 있고 또 실제로 부인한다는 가슴 아픈 사실이 내재되어 있다. 예수님은 씨 뿌리는 비유에서 이에 관해 말씀하셨다.

> 바위 위에 있다는 것은 말씀을 들을 때에 기쁨으로 받으나 뿌리가 없어 잠깐 믿다가 시련을 당할 때에 배반하는 자요. 가시떨기에 떨어졌다는 것은 말씀을 들은 자이나 지내는 중 이생의 염려와 재물과 향락에 기운이 막혀 온전히 결실하지 못하는 자요(눅 8:13-14).

바울은 그를 버린 그의 동반자들을 한 명 이상 언급한다. 데마는 함께 복음을 전하던 동료 일꾼이었는데(골 4:14; 몬 24) "이 세상을 사랑하여 나를 버리고 데살로니가로 갔다"(딤후 4:10)고 바울이 마지막 편지에서 말한다. 이런 일은 개별적 경우에만 일어나는 게 아니라 큰 배교의 움직임에서도 발생한다(딤후 1:15).

히브리서 3장 12절은 이와 동일한 슬픈 배교의 현실에 초점을 맞추고 이를 경고의 계기로 삼는다. "형제들아 너희는 삼가 혹 너희 중에 누가 믿지 아니하는 악한 마음을 품고 살아 계신 하나님에게서 떨어질까 조심할 것이요." 신약성경의 저자들은 이런 식으로 교회에 말한다. 청중 가운데 일부가 "거짓 형제들"인 줄 알면서도 그들은 관대함을 발휘하여 그 청중을 "형제들"이라고 부른다(고후 11:26).

그러나 히브리서와 신약성경의 다른 책들 모두 참으로 "그리스도 안에" 있는 사람들은 결코 그리스도를 완전히 버리지 않을 것이라고 증언한다. 내가 '완전히'란 단어를 사용하는 것은 한시적인 믿음의 퇴보는 일어나기 때문이다. 이 때문에 성경에 베드로의 부인에 관한 이야기가 실려 있는 것이다. 비록 베드로가 한시적으로 믿음이 떨어지겠지만, 그리스도께서 어떻게 그의 소유를 보존하시는지 보여주기 위해서다. 예수님은 시몬 베드로에게 이렇게 말씀하셨다.

> 시몬아, 시몬아, 보라 사탄이 너희를 밀 까부르듯 하려고 요구하였으나, 그러나 내가 너

를 위하여 네 믿음이 떨어지지 않기를 기도하였노니 너는 돌이킨 후에 네 형제를 굳게 하라(눅 22:31-32).

베드로의 믿음이 떨어지겠지만 '완전히' 떨어지지는 않을 것이다. 왜 그럴까? 예수님이 기도로 그를 붙잡고 지켜주셨기 때문이다. 이는 요한복음 17장 12절에서 말씀하신 바와 같다. "내가 그들과 함께 있을 때에 내게 주신 아버지의 이름으로 그들을 보전하고 지키었나이다." 베드로가 확실히 회개할 것을 예수님이 알고 계셨다. 그래서 "너는 돌이킨 후에…"라고 말씀하신 것이다. '만일'이 아니라 '후에'라고 하셨다. 예수님이 그를 위해 기도하셨고, 아버지께서 그 기도를 들으셨다.

로마서 8장 30-35절에 따르면, 이것은 하나님이 택한 모든 사람에게 해당되는 것의 예고편이다.

또 미리 정하신 그들을 또한 부르시고 부르신 그들을 또한 의롭다 하시고 의롭다 하신 그들을 또한 영화롭게 하셨느니라. 그런즉 이 일에 대하여 우리가 무슨 말 하리요? 만일 하나님이 우리를 위하시면 누가 우리를 대적하리요? … 누가 능히 하나님께서 택하신 자들을 고발하리요? 의롭다 하신 이는 하나님이시니 누가 정죄하리요? 죽으실 뿐 아니라 다시 살아나신 이는 그리스도 예수시니 그는 하나님 우편에 계신 자요 **우리를 위하여 간구하시는** 자시니라. 누가 우리를 그리스도의 사랑에서 끊으리요?

여기서 바울은 의롭다 하신 모든 이들이 영화롭게 될 것이라는 확신의 여러 토대를 제시한다. 참으로 의롭게 된 사람은 믿음으로 인내하여 영화롭게 되는 데 실패하지 않는다. 단 한 명도. 이것이 "의롭다 하신 그들을 또한 영화롭게 하셨느니라"는 말의 의미이다. 그런데 여기서 바울은 또한 하늘에서 우리를 위해 드리는 예수님의 기도가 그런 안전보장의 일부임을 보여준다. "그리스도 예수시니 그는 하나님 우편에 계신 자요 우리를 위하여 간구하시는 자시니라." 그리스도께서 베드로의 한시적 실패에도 불구하고 그를 지키셨다. 그분은 하나님이 택한 모든 사람을 지키신다.

견인은 우리가 그분의 것임을 증명한다

이제 히브리서 3장 12절에 나오는 경고로 되돌아가자. 히브리서 저자는 참으로 그리스도 안에 있는 자는 아무도 "살아계신 하나님에게서 떨어지지" 않을 것이라고 분명히 말한다. 그는 3장 14절에서 "우리가 시작할 때에 확신한 것을 끝까지 견고히 잡고 있으면 그리스도와 함께 참여한 자가 되리라"고 말한다. 여기서 동사의 시제들이 매우 중요하다. 그는 "우리가 시작할 때에 확신한 것을 끝까지 견고히 잡고 있으면 그리스도와 함께 **참여할** 자가 되리라"고 말하지 않는다. 오히려 "우리가 시작할 때에 확신한 것을 끝까지 견고히 잡고 있으면 그리스도와 함께 **참여한** 자가 되리라"고 말한다. 이는 견인이 우리를 그리스도 안으로 데려가는 게 아니라 우리가 이미 그리스도 안에 참여한 자가 되었다는 것을 증명한다는 뜻이다.

사도 요한은 배교에 대해서도 이렇게 묘사했다. 배교가 참으로 "우리에게 속한" 자들, 즉 참으로 거듭나서 하나님의 가족에 속한 자들에게는 일어나지 않는다.

> 아이들아, 지금은 마지막 때라. 적그리스도가 오리라는 말을 너희가 들은 것과 같이 지금도 많은 적그리스도가 일어났으니, 그러므로 우리가 마지막 때인 줄 아노라. 그들이 우리에게서 나갔으나 우리에게 속하지 아니하였나니, 만일 우리에게 속하였더라면 우리와 함께 거하였으려니와 그들이 나간 것은 다 우리에게 속하지 아니함을 나타내려 함이니라(요일 2:18-19).

조금도 방심하지 말고 확신을 품으라

이처럼 믿는다고 고백하는 신자들도 떨어져 나가서 멸망 당할 수 있는 만큼, 하나님의 전략은 우리에게 이를 경고하고, 우리로 믿음의 싸움에 온전히 참여하도록 명령하는 것이다. 이런 사실들은 우리로 정신을 차리고 깨어 있게 해야 마땅하다. 그러나 하나님은 그의 자녀들 중 아무도 믿음의 파선을 당하도록 허락하지 않고 또 그들 모두를 틀림없이 영광에 이르게 하실 것이다. 이 사실은 우리가 그분을 최고의 보배로 모시고 그분의 길로 걷는 가운데 우리로 확신과 담대함을 품게 해야 마땅하다.

다음 장에서 살펴볼 바는, 하나님의 섭리가 구사하는 명령과 경고 전략이 전능하신 능력 부여와 강한 확신과 무한한 기쁨과 함께 간다는 것이다. 그러나 현재로서는 다음과 같은 엄연한 진리를 최소화하지 말자. "너희가 내 이름으로 말미암아 모든 사람에게 미움을 받을 것이나 끝까지 견디는 자는 구원을 받으리라"(막 13:13).

40.

그분이 부르신 그들을 또한 영화롭게 하시다

하나님의 모든 계획이 없다면, 앞에서 다룬 하나님의 섭리의 명령과 경고 전략이 이런 인상을 줄지 모른다. 하나님의 뜻은 그의 백성으로 하여금 그들이 끝까지 견뎌서 구원받을 것이란 확신을 품게 하는 것이 아니라는 인상이다. 그런 인상은 매우 잘못된 것이다. 하나님은 우리를 하나님의 모든 계획이 없이 그냥 내버려두지 않으셨다.

당신의 보존을 위해 필요한 모든 것

"하나님의 모든 계획"이란 어구는 사도행전 20장에 나오는 바울의 에베소 장로들에 대한 설교에서 가져왔다. 그는 "이는 내가 꺼리지 않고 하나님의 **뜻**을 다 여러분에게 전하였음이라"(행 20:27)고 말했다. '뜻'이란 헬라어 단어는 어떤 계획이나 목적을 가리키는 것으로서, 사도행전 4장 28절에서는 헤롯과 빌라도가 예수를 죽음에 처하게 하는 죄악된 행위에 나타난 하나님의 '계획'을 묘사하는 데 사용되었다. 그들은 "하나님의 권능과 뜻[계획]대로 이루려고 예정하신 그것을 행하려고 이 성에 모였나이다."

하나님은 그의 백성을 위한 '계획'을 갖고 계시다. 바울은 그 모든 계획을 꺼리지 않고 전해주었다고 말한다. 이는 무슨 뜻인가? 우리는 하나님의 무한한 생각과 그 모든 판단이 "헤아리지 못할"(롬 11:33; 엡 3:8) 것임을 알고 있다. 그렇다면 '모든' 계획이란 무슨 뜻인가? 바울은 사도행전 20장 20절과 27절에 동일한 언어를 사용함으로써 그 뜻을 보여준다. 두 구절 모두 "거리낌이 없이[꺼리지 않고] 전해주었다"고 말한다. 20절에서는 바울이 "유익한 것은 무엇이든지" 거리낌이 없이 전했다고 한다. 27절에서는 꺼리지 않고 "하나님의 모든 계획"을 전해주었다고 한다.

이로부터 "하나님의 모든 계획"은 바울이 적어도 다음과 같은 것을 지칭한다고 나는 결론짓는다. 너희가 구원받는 데 필요한 모든 것, 하나님을 기쁘시게 하는 신앙생활을 하는 데 필요한 모든 것, 끝까지 견디는 데 필요한 모든 것을 너희에게 전해주었다는 것이다. 그래서 내가 하나님의 모든 계획이 없다면, 하나님의 명령과 경고 전략이 그의 백성으로 하여금 그들이 끝까지 견뎌서 구원받을 것이란 확신을 품게 하는 것이 아니라는 인상을 줄지 모른다고 말할 때는 하나님의 계획에 무언가 매우 중요한 것이 있다는 뜻이다. 그래서 이번 장에서 시작하여 43장까지 이것을 분명히 다룰 필요가 있겠다.

모든 것은 계획에 따라 일어나고 있다

하나님의 섭리는 계획에 따라 움직인다. 그것은 우연하거나 임의의 것이거나 변덕스러운 것이 아니다. 하나님은 순간적인 충동으로 결정을 내리시지 않는다. 그분은 "모든 일을 그의 뜻[계획]의 결정대로 일하신다"(엡 1:11). 그 뜻 또는 계획은 창세 이전까지 거슬러 올라간다(마 25:34; 엡 1:4; 딤후 1:9). 하나님은 자신이 어떻게 행할지에 대해 당황하는 적이 없다. 그 계획에는 구멍이 없다. 빠뜨리는 것도 없다.

하나님은 "많은 아들들을 이끌어 영광에 들어가게 하시는 일에서" 자신이 어떻게 하실지 알고 계시다. 그 계획은 명령과 경고 전략을 포함하지만 그보다 훨씬 더 많은 것을 내포한다. 그리고 이 '더 많은 것'이 없이는 우리가 그의 백성을 보존하고 성화시키고 영원한 영화에 들어가게 하시는 하나님의 지혜와 능력과 확실한 업적을 이해하지 못할 것이다. 이제 그 '더 많은 것'을 살펴보려고 한다.

당혹스러움에서 아름다움으로

그 '더 많은 것'의 핵심은 이것이다. 하나님은 그냥 거룩함을 요구만 하지 않고, 그의 백성에게 그것을 '약속하시고,' 그들을 위해 그것을 '사셨고,' 그들의 마음과 삶 속에 '그것을 불러일으키신다.' 그러므로 하나님이 그의 백성에게 영광에 이르는 길에서 요구하시는 거룩함은 절대로 확실하다. 그것은 실패할 수 없는 일이다. 우리는 신약성경에 근거해 이를 세 단계로 설명하게 될 것이다. 우리에게 주어진 거룩함의 '약속'(이번 장), 우리를 위한 거룩함의 '구입'(41장), 그리고 우리 안에서 거룩함의 '실행'(42-43장) 등이다. 이 각각은 모두가 볼 수 있도록 성경에 명백히 계시되어 있다.

이 명백한 계시의 목적은 기쁘게, 확신에 차서, 전심으로, 깨어서 거룩함(히 12:14)과 영광(롬 2:6-7)을 추구하게 하는 것이다. 왜냐하면 하나님이 그 사실을 너무도 확실하게 만드셨기 때문이다. 이는 바울이 빌립보서 3장 12절에서 한 말과 같다. "내가 이미 얻었다 함도 아니요 온전히 이루었다 함도 아니라 오직 **내가 그리스도 예수께 잡힌 바 된 그것을** 잡으려고 달려가노라." 바울이 그리스도를 그의 상급으로 붙잡으려고 애쓰는 것은 그리스도께서 그를 붙잡았기 때문이다. 이것은 많은 사람이 이해하지 못하는 성화의 신비이다. 우리가 그리스도께 속했다는 '확신'이 우리로 하여금 '깨어서' 그리스도를 붙잡으려고 애쓰게 만든다! 나는 당신이 이것을 당혹스러운 진리가 아니라 아름다운 진리로 알게 되기를 기도한다. 이것이 설사 혼동의 수수께끼로 시작할지라도 그리스도를 위한 에너지로 끝나기를 기도하는 바이다.

깨어 있게 하는 명령, 확신을 주는 약속

하나님의 섭리가 그의 백성을 영광으로 인도하는 방식에 일부 사람이 당황하는 이유는 그분이 그들에게 굳게 붙잡고 거룩하라고 명령하고 나서 이 일이 틀림없이 이뤄지게 하겠다고 말씀하시기 때문이다. 이것이 당황케 하든지 말든지 어쨌든 성경이 가르치는 것이다. 그 명령은 깨어 있도록 만든다. 그리고 그 약속은 확신을 불러일으킨다. 하나님의 계획에 따르면, 명령은 하나님이 약속을 지키시는 수단인 셈이다. 그분은 우리가 반드시 견인에 참여하게 하신다. 이는 불확실한 것이 아니다.

만일 하나님이 어떤 것을 처리하겠다고 약속하시면, 우리는 그것을 처리할 필요가 없다고 생각하는 경향이 있다. 사실은 그렇지 않다. 하나님은 우리가 그것을 처리하는 것을 그분이 그것을 처리하는 방식의 일부로 계획하셨다. "싸울 날을 위하여 마병을 예비하거니와 이김은 여호와께 있느니라"(잠 21:31). 하나님은 말이 없이도 승리를 얻을 수 있다. 그러나 이것이 그분의 방식이 아니다. 그분이 성화시키거나 영화롭게 하시는 방식도 마찬가지다.

보존에 관한 최고의 대목

하나님이 우리에게 필요한 모든 것을 주시고 우리를 틀림없이 영광에 이르게 하실 것임을 가장 명백하게 약속하는 대목은 로마서 8장 28-39절이다. 이 대목은 환난, 곤고, 박해, 기근, 적신, 위험, 칼 등에 직면한 하나님의 자녀들에게 두려움이 없는 확신을 주기 위한 것이다(8:35).

그 맥락은 모든 사람의 세계적 고난과 허무함과 썩어짐에 굴복하는 피조물의 신음이다(8:18-25).[1] 이런 맥락에서 바울은 그리스도인들이 기도하는 법에 관해 무척 난처해질 수 있다고 말한다. 예컨대, 우리는 타락한 모든 세상 사람들과 함께 질병에 시달릴 때 과연 필요한 은혜를 위해 기도해야 할까, 아니면 구체적인 치유를 위

---

1) 이 구절들에 대한 충분한 논의는 29장을 보라.

해 하나님을 붙잡아야 할까? 이것이 "우리는 마땅히 기도할 바를 알지 못하나"(8:26)라는 말의 맥락이다. 이와 같은 보편적 고난과 난처한 기도 상황의 맥락에서 바울은 사실상 "우리가 기도하는 법은 모를지 몰라도 분명히 아는 것이 있다!"라고 말한다. "우리가 [분명히] 알거니와 하나님을 사랑하는 자 곧 그의 뜻대로 부르심을 입은 자들에게는 모든 것이 합력하여 선을 이루느니라"(8:28). 이것이 바로 성경 전체에서 가장 숭고한 대목, 즉 신자들이 사탄과 죄, 질병과 온갖 방해에 직면해도 품을 수 있는 절대적 확신에 관한 대목의 출발점이다.

온 우주가 신음하고 있다. 신자들도 고통과 난처한 상황을 공유한다. 우리는 종종 어떻게 기도할지 모른다. 그러나…

우리가 알거니와 하나님을 사랑하는 자 곧 그의 뜻대로 부르심을 입은 자들에게는 모든 것이 합력하여 선을 이루느니라. 하나님이 미리 아신 자들을 또한 그 아들의 형상을 본받게 하기 위하여 미리 정하셨으니, 이는 그로 많은 형제 중에서 맏아들이 되게 하려 하심이니라. 또 미리 정하신 그들을 또한 부르시고 부르신 그들을 또한 의롭다 하시고 의롭다 하신 그들을 또한 영화롭게 하셨느니라.
그런즉 이 일에 대하여 우리가 무슨 말 하리요? 만일 하나님이 우리를 위하시면 누가 우리를 대적하리요? 자기 아들을 아끼지 아니하시고 우리 모든 사람을 위하여 내주신 이가 어찌 그 아들과 함께 모든 것을 우리에게 주시지 아니하겠느냐? 누가 능히 하나님께서 택하신 자들을 고발하리요? 의롭다 하신 이는 하나님이시니 누가 정죄하리요? 죽으실 뿐 아니라 다시 살아나신 이는 그리스도 예수시니 그는 하나님 우편에 계신 자요 우리를 위하여 간구하시는 자시니라. 누가 우리를 그리스도의 사랑에서 끊으리요 환난이나 곤고나 박해나 기근이나 적신이나 위험이나 칼이랴? 기록된 바 "우리가 종일 주를 위하여 죽임을 당하게 되며 도살 당할 양 같이 여김을 받았나이다 함과 같으니라."
그러나 이 모든 일에 우리를 사랑하시는 이로 말미암아 우리가 넉넉히 이기느니라. 내가 확신하노니 사망이나 생명이나 천사들이나 권세자들이나 현재 일이나 장래 일이나 능력이나 높음이나 깊음이나 다른 어떤 피조물이라도 우리를 우리 주 그리스도 예수 안에 있는 하나님의 사랑에서 끊을 수 없으리라(8:28-39).

내가 생각하기에는(그리고 경험하기로도), 이것이 세상에서 가장 위대한 책의 가장 위대한 편지의 가장 위대한 장의 가장 위대한 대목이다. 그러나 이것이 이 논의의 요점은 아니다.

모든 것이 합력하여 누구의 선을 이루는가?

여기서 요점은 하나님이 하나님을 사랑하는 자 곧 그의 뜻대로 부르심을 입은 자들의 선을 위해 모든 것을 행하신다는 것이다(롬 8:28). 모든 것을 포괄하는 이 약속의 수혜자는 모든 사람을 포함하지 않는다. 그들은 두 가지 특징이 있다. 하나는 우리에게서, 다른 하나는 하나님에게서 나온다. 전자는 하나님을 사랑하는 것이다. 후자는 우리가 고린도전서 1장 22-24절에서 본 하나님의 부르심, 우리를 죽음에서 일깨워서 그리스도 안에 있는 새 생명으로 인도하는 그 부르심이다.[2] 그런즉 이 약속은 하나님이 우리의 영원한 선을 위해 필요한 모든 것을 행하시겠다는 그분의 전적 헌신을 담고 있다.

하나님의 목적의 사슬에 달린 어떤 고리도 끊어지지 않으리라

우리는 이것을 그 다음에 나오는 주장에서 보게 된다. 바울은 28절의 크나큰 약속을 (8:29-30절에 나오는) 다음 주장, 즉 영원 전(미리 아심)에 시작해서 영원한 미래(영화롭게 하심)에 이르기까지 하나님이 그 길의 각 단계마다 그의 백성을 영광에 이르게 하기로 헌신하셨다는 주장으로 뒷받침한다.

하나님이 미리 아신 자들을 또한 그 아들의 형상을 본받게 하기 위하여 미리 정하셨으니 … 또 미리 정하신 그들을 또한 부르시고 부르신 그들을 또한 의롭다 하시고 의롭다

---

[2] 35장을 보라. 거기서 우리는 하나님의 "부르심"이 그리스도 안에 있는 새로운 피조물을 존재케 하는, 생명을 주는 소환임을 살펴보았다.

하신 그들을 또한 영화롭게 하셨느니라.

이 황금 사슬의 특징은 어느 고리도 끊어지지 않는 것이다. 아무도 떨어져 나가지 않는다. 미리 아신 자는 누구나 미리 정하신 자가 된다. 부르신 자는 누구나 의롭다 하신 자가 된다. 의롭다 하신 자는 누구나 영화롭게 하신 자가 된다. 이보다 더 명백하고 더 영광스러운 것은 거의 없다. 확신을 품자! 흔들리지 말자! 용기를 품자!

이 사슬에서 "부르신 자들"에 대한 언급(8:30, "부르신 그들을 또한 의롭다 하시고 의롭다 하신 그들을 또한 영화롭게 하셨느니라")은 거꾸로 28절로, 곧 부르신 자들에게 주는 약속(부르심을 입은 자들에게는 모든 것이 합력하여 선을 이루느니라)으로 연결된다. 이로 말미암아 바울이 이 사슬에서 묘사하고 있는 것이 바로 28절에서 약속했던 "선"이라는 것을 알 수 있다. 하나님은 우리의 '선'을 위해 모든 것을 행하신다. 그리고 그 '선'은 그리스도의 형상을 본받는 것(8:29)이고 틀림없는 영화(8:30)이다.

하나님이 우리를 위하신다는 확실한 징표

이어서 바울은 우리의 확신을 지지하는 이 크나큰 토대로부터 한 걸음 물러나서 "그런즉 이 일에 대하여 우리가 무슨 말 하리요?"(롬 8:31)라고 묻는다. 이는 그처럼 탄탄한 영광의 약속에 반응하기에 충분히 좋은 말이 거의 없다는 뜻이다. 그러나 그 자신의 질문에 대한 답을 그가 갖고 있다. 우리는 이렇게 말할 것이다. "만일 하나님이 우리를 위하시면 누가 우리를 대적하리요?" 이는 우리가 알 수 있듯이, 만일 전능하시고, 모든 것을 계획하시며, 모든 것을 이루시는 하나님이 우리의 해로움이 아니라 선(善)에 헌신하셨다면, 그 어떤 대적도 우리를 영광으로 인도하는 그 사슬을 끊을 수 없다는 뜻이다.

그러나 전능하신 하나님이 우리를 위하시고 우리로 그리스도를 본받게 하고 우리를 영광으로 인도하는 데 필요한 모든 것을 행하기로 결단하셨음을 아무도 의심하지 않게 하려고, 바울은 우리에게 로마서가 여덟 장에 걸쳐 무엇에 관해 말해왔는지 다시 한 번 생각하라고 권면한다. 하나님이 우리의 정죄를 담당하고(8:3) 우리의 의가 되도록(5:19) 그의 아들을 주셨다는 것이다. 그래서 바울은 그것을 다시 말하고 그리스도의 죽음과 로마서 8장 28절의 약속 간의 불가분의 관계를 드러낸다.

> 자기 아들을 아끼지 아니하시고 우리 모든 사람을 위하여 내주신 이가 어찌 그 아들과 함께 모든 것을 우리에게 주시지 아니하겠느냐?(8:32).

이는 어쩌면 성경에서 가장 중요한 구절일 것이다. 적어도 이것은 하나님 백성의 마음속에 그분이 우리를 위하고 우리를 영광으로 인도하기 위해 그분의 무한한 지혜와 능력을 사용하실 것이라는 확신을 심어주기 위한 말이다. 이 구절의 논리는 명확하고 강하다. 자기 아들을 아끼지 않은 일은 하나님이 여태껏 행하셨던 일 중에 가장 어려운 일이다. 그분이 "우리 모두를 위해"(하나님을 사랑하고 그의 뜻대로 부르심을 입은 자들을 위해, 8:28) 가장 어려운 일을 행하셨은즉 그분이 우리를 영광 중에 계신 그분께로 이끌기 위해 행하시지 않을 일이 하나도 없다는 것을 우리가 안다. 그 어떤 것도 그의 아들을 내놓는 일보다 더 어렵지 않다. 그분이 바로 그 일을 하신 것이다. 바로 우리를 위해. 따라서 그분은 "우리에게 모든 것을 주시지" 않을 수 없다. 말하자면, 우리로 그의 아들의 형상을 본받게 하고(8:29) 이어서 영화롭게 되게 하는데(8:30) 필요한 모든 것을 주신다는 뜻이다.

영광의 약속, 그리스도를 본받으라는 조항을 우회하지 않다

로마서 8장 31-39절의 나머지 부분은 아무것도 우리를 "그리스도의 사랑"에서 끊을 수 없다(8:35)는 주장에 깊이와 넓이를 더한다. 로마서 8장 28-39절의 주안점은 이번 장의 목적에 비춰볼 때 "부르신 그들을 … 또한 영화롭게 하셨느니라"(8:30)는 말이다. 하나님은 회심한 모든 사람이 다 영광에 이르도록 조치를 취하신다. 우리의 영화(榮化)는 너무도 확실해서 그것이 미래에 일어날 일임에도 바울은 그것이 이미 이뤄진 것처럼 말한다.

이는 거룩함과 사랑의 면에서 그리스도를 닮으라는 하나님의 요구를 우회하는 약속이 아니다. 우리로 그리스도를 본받게 하겠다는 하나님의 약속이 바로 예정이 보장하는 바이다. 미리 아신 모든 사람은 "그 아들의 형상을 본받게 하기 위하여 미리 정해진"(8:29) 이들이다. 이런 일은 우리의 부르심, 우리의 칭의, 그리고 마침내 우리의 영화를 통해 일어난다(8:30). 이것은 우리의 삶에 다음과 같은 의미를 지닌다. 믿음 안에서 강하라. 하나님이 우리를 위하시고 우리를 영광에 이르게 하실 것임을 확신하고 흔들리지 말라. 두려움을 품지 말라. 기쁨에 충만해라. 다른 이들을 위한 용감한 사랑이 흘러넘치게 하라.

영원한 안전보장은 예방접종과 같지 않다

바울이 로마서 8장 28-39절에서 행한 일을 또 다른 방식으로 생각할 수 있다. 바울은 하나님의 신실하심을 확증했다고 말이다. 바울이 말한 모든 내용으로 보면, 우리가 그리스도를 본받는 것과 우리가 영화롭게 되는 것에는 기계적이거나 자연적이거나 자동적인 면이 전혀 없는 것이 분명하다. 많은 사람은 영원한 안전보장에 대해 기계적이거나 생물학적 개념을 갖고 있다. 그들은 예방접종이 작동하는 방식과 비슷하게 '한번 구원받으면 언제나 구원받는다'라고 생각한다. 이렇게 생각하는 것이다. "내가 구원을 받았을 때 하나님은 내가 정죄 받지 않도록 예방접종을 하셨다. 그것은 질병을 예방하는 항체가 피 속에 있듯이 내장되어 있다."

바울이 로마서 8장 28-39절로 주는 확신에 대해 그런 식으로 생각하는 것은 잘못이다. 모든 것은 내장된 영적 항체가 아니라 하나님께 달려있다. 만일 하나님이 여기서 하신 약속에 신실하지 않다면, 우리는 멸망되고 말 것이다. 우리가 믿음으로 인내하는 것, 우리가 그리스도를 본받는 것, 우리의 최후의 영화는 모두 하나님이 신실하신지 여부에 의존해 있다. 날마다 그리고 영원히 그렇다.

나는 종종 사람들에게 '당신은 내일 아침 그리스도인으로 일어날 것임을 어떻게 아는가?'라고 묻는다. 최종 답변은, 하나님이 당신을 그리스도인으로 일어나게 하실지 여부에 달려있다는 것. 하나님은 신실하실 것이다. 하나님이 당신을 지켜주실 것이다. 모든 것이 하나님의 자기 약속에 대한 신실하심에 달려있다. "그분이 부르신 그들을 … 또한 영화롭게 하셨느니라."

우리를 부르신 하나님은 신실하시다

바울이 이런 식으로 생각한다는 사실을 우리가 아는 이유가 있다. 그가 두 번씩이나 우리를 거룩한 자들로 보전되게 하시겠다고 약속하신 하나님의 신실함에 주목시키기 때문이다.

주께서 너희를 우리 주 예수 그리스도의 날에 책망할 것이 없는 자로 끝까지 견고하게 하시리라. **너희를 불러 그의 아들 예수 그리스도 우리 주와 더불어 교제하게 하시는 하나님은 미쁘시도다**(고전 1:8-9).

평강의 하나님이 친히 너희를 온전히 거룩하게 하시고 또 너희의 온 영과 혼과 몸이 우리 주 예수 그리스도께서 강림하실 때에 흠 없게 보전되기를 원하노라. **너희를 부르시는 이는 미쁘시니** 그가 또한 이루시리라(살전 5:23-24).

두 본문 모두 우리가 그리스도 앞에 안전하게 또 거룩하게 도달하는 일은 하나님의 신실하심에 달려있다고 말한다. 그리고 고린도전서 1장 9절은 이를 그분의 명시적인 부르심과 연결시킨다. "너희를 불러 그의 아들 예수 그리스도 우리 주와 더불어 교제하게 하시는 하나님은 미쁘시도다." 그 뜻은 이렇다. 우리의 부르심에 내장되어 있는 것이 하나의 약속, 즉 로마서 8장 30절의 약속("그분이 부르신 그들을 … 또한 영화롭게 하셨느니라")이라는 것. 바로 이것을 바울이 다음과 같이 빌립보 교인들에게 말할 때 염두에 두고 있었음이 틀림없다. "너희 안에서 착한 일을 시작하신 이가 그리스도 예수의 날까지 이루실 줄을 우리는 확신하노라"(빌 1:6). 바울이 그런 확신을 품을 수 있었던 것은, 하나님이 시작하신 일이 그들을 부르신 것이고 "너희를 부르신 하나님이 신실하시기" 때문이다.

"내가 그들이 나를 떠나지 않게 하리라"

하나님의 신실하심에 대한 이런 확신의 뿌리는 구약성경까지 거슬러 올라가고 특히 새 언약의 약속까지 복귀한다. 현재의 논점과 가장 관련 있는 약속은 예레미야서 32장 40절이다. 거기서 하나님은 이렇게 말씀하신다.

내가 그들에게 복을 주기 위하여 그들을 떠나지 아니하리라 하는 영원한 언약을 그들에게 세우고 나를 경외함을 그들의 마음에 두어 나를 떠나지 않게 하고.

하나님의 자녀들이 그리스도인다운 삶을 살지 못할 가능성은 다음 두 가지다. 하나는 우리가 하나님으로부터 떠나는 것이다. 그리고 다른 하나는 하나님이 우리로부터 떠나시는 것이다. 놀랍게도 예레미야는 그날(새 언약의 날)이 이르면 두 가지 모두 일어나지 않을 것이라고 말한다. 하나님은 "[우리에게] 복을 주기 위하여 [우리를] 떠나지 아니하리라"고 한다. 그리고 그분은 우리 안에서 일하셔서 "[우리가] [그분을] 떠나지 않게 하시겠다"고 한다. 이것이 바로 앞의 질문, '당신은 내일 아침 그리스도인으로 일어날 것임을 어떻게 아는가?'에 대한 답변이다. 그리고 이것은 또한 '하나님이 어떻게 그의 백성을 영원한 영광으로 이끄시는가?'에 대한 답변이기도 하다.

"그들을 내 손에서 빼앗을 자가 없느니라"

예수님은 다음 말씀으로 이와 똑같은 약속을 주셨는데, 이는 많은 그리스도인들이 큰 갈등과 두려움이 엄습할 때 흠모하는 말씀이다.

내 양은 내 음성을 들으며 나는 그들을 알며 그들은 나를 따르느니라. 내가 그들에게 영생을 주노니 영원히 멸망하지 아니할 것이요 또 그들을 내 손에서 빼앗을 자가 없느니라. 그들을 주신 내 아버지는 만물보다 크시매 아무도 아버지 손에서 빼앗을 수 없느니라. 나와 아버지는 하나이니라(요 10:27-30).

그분은 그의 양들에게 영생을 주신다. 그분은 그들이 영원히 멸망하지 않을 것이라고 약속하신다. 영원히. 그들은 영광에 이르게 될 것이다. 이어서 그분은 장차 바울이 말할 방식과 비슷하게 말씀하신다. 그들을 내 손에서 빼앗을 자가 없다(10:28). 아무도 그들을 아버지의 손에서 빼앗을 수 없다(10:29). 바울은, 아무것도 우리를 그리스도의 사랑에서 끊을 수 없고, 아무것도 우리를 그리스도 안에 있는 하나님의 사랑에서 끊을 수 없다고 말했다(롬 8:35-39). 예수님과 바울과 예레미야는 똑같은 논지를 펴고 있다. 하나님은 그의 백성을 위해 견인과 거룩함과 영화를 약속하고 계시다는 것. 그들은 반드시 그들의 유산을 받을 것이다.

인치심을 받고 보증을 받다

바울은 그리스도인의 유산이 성령의 인치심으로 '보증'을 받았다고 말한다.

그[그리스도] 안에서 너희도 진리의 말씀 곧 너희의 구원의 복음을 듣고 그 안에서 또한 믿어 약속의 성령으로 인치심을 받았으니 이는 우리 기업의 보증이 되사 그 얻으신 것을 속량하시고 그의 영광을 찬송하게 하려 하심이라(엡 1:13-14).

여기에는 하나님이 우리의 유산(하나님의 나라, 고전 6:9-10; 엡 5:5)을 누릴 수 있도록 우리를 틀림없이 인도하실 것이란 확신을 주는 두 개의 은유가 있다. 바로 '인치심'(날인)의 이미지와 '보증'(담보)의 이미지이다. 후자의 헬라어가 '보증'으로 번역된 것은 나머지를 보장하는 어떤 실체의 첫 담보를 가리키기 때문이다.

그런즉 성령은 여기서 우리가 받을 최후의 유산을 이중적으로 보증하는 존재로 묘사되어 있다. 그분은 하나님의 소유임을 표시하는 날인과 비슷하다. 그리고 그분은 그의 현존과 능력이 초래할 완전한 수확을 담보하는 첫 열매이다. 바울은 지금 새 언약의 내적 작용을 끌어내고 있다. 하나님은 "내 영을 너희 속에 두어 너희로 내 율례를 행하게 하겠다"(겔 36:27)라고 약속하셨다. 이 말씀의 취지는 이것이다. "그리스도 안에서, 나는 너희가 스스로 유산을 획득하도록 내버려두지 않았다. 너희 속에 내 영을 두어 이것을 이루게 할 것이다."

"주께서 내 곁에 서서"

바울은 하나님의 나라에 들어가기 위해 주님의 보존을 받은 매우 개인적인 체험을 이야기했다. 그는 법정에 나간 것을 감사하는 마음으로 회상했다.

내가 처음 변명할 때에 … 주께서 내 곁에 서서 나에게 힘을 주심은 나로 말미암아 선포된 말씀이 온전히 전파되어 모든 이방인이 듣게 하려 하심이니 내가 사자의 입에서 건짐을 받았느니라. 주께서 나를 모든 악한 일에서 건져내시고 또 그의 천국에 들어가도록 구원하시리니 그에게 영광이 세세무궁토록 있을지어다. 아멘(딤후 4:16-18).

"사자의 입"은 순교를 가리키는 듯하다. 그런데 바울이 가장 감사하는 일과 확신하는 일은 주님이 "나를 그의 천국에 들어가도록 구원하실 것"이라는 것이다. 순교는 이를 방해하는 걸림돌이 아니다. 순교가 아니라 불신과 죄가 우리를 그 나라에 못 들어가게 하는 것이다. 그래서 바울이 "주께서 나를 **모든 악한 일**에서 건져내시고 또 그의 천국에 들어가도록 구원하실" 것이라고 말할 때는 그가 순교를 당하지 않을 것이라는 뜻이 아니라 그 어떤 악한 행위도 그의 믿음을 무너뜨리거나 그의 순종을 약화시키지 못할 것이란 확신을 표명한 것이다. 그는 모든 악한 행위(그 자신의 것과 타인의 것)로부터 보호를 받을 것이다. 이는 우리의 유산을 보증하는(엡 1:14) 성령의 사역이다(살후 2:13).

순종의 요건은 폐지되지 않고 순종이 약속되어 있다

앞장에서 나는 그의 백성을 회심에서 영광으로 인도하는 하나님의 섭리의 전략이 명령과 경고를 포함한다는 것을 보여주려고 애썼다. 그분의 계획은 우리의 전부가 전심으로 거룩함을 추구하는 일에 관여하게 하는 것이다. 명령과 경고라는 전략이 그 자체로는 성공하지 못할 것이다. 그 자체로는 우리가 끝까지 견뎌서 구원받을 수 있다(막 13:13)는 확신을 우리에게 주기 힘들다. 하나님은 이런 전략이 홀로 그 일을 수행할 것으로 기대하신 적이 없다. 그의 백성을 영광으로 인도하는 하나님의 섭리에는 훨씬 더 많은 것이 있다.

이번 장은 이 '더 많은 것'의 첫 번째 부분이다. 우리가 신약성경에 근거해 이 '더 많은 것'을 세 단계로 설명하게 될 것이라고 말했다. 우리에게 주어진 거룩함의 '약속', 우리를 위한 거룩함의 '구입', 그리고 우리 안에서 거룩함의 '실행'이다. 이번 장은 거룩함의 약속과 그 목적인 영원한 영광을 보여주었다. 주안점은 "하나님이 부르신 그들을 … 또한 영화롭게 하셨다"(롬 8:30)는 것이다. 참으로 그리스도께 회심하고 구원의 믿음을 갖게 된 사람은 아무도 멸망당하지 않을 것이다.

우리가 39장에서 살펴본, 영광에 이르는 데 필요한 요건들 중 하나도 철회되지 않았다. 그것이 하나님이 확신을 주시는 방법은 아니다. 순종의 요건은 폐지되지 않았다. 순종은 오히려 약속되어 있다. "또 내 영을 너희 속에 두어 너희로 내 율례를 행하게 하리니 너희가 내 규례를 지켜 행할지라"(겔 36:27). 그리스도를 본받으라는 하나님의 명령은 취소되지 않았다. 그것은 예정되어 있다. "하나님이 미리 아신 자들을 또한 그 아들의 형상을 본받게 하기 위하여 미리 정하셨으니"(롬 8:29). 실패의 두려움은 의무사항을 폐지한다고 해결되지 않는다. "너희를 부르시는 이는 미쁘시니 그가 또한 이루시리라"(살전 5:24).

그 모든 하나님의 위엄이 당신을 끝까지 지키신다

하나님이 우리에게 명령하시는 것을 우리 속에 창조하실 것이란 이런 약속들은 너무나 장엄하고 위대해서 유다로 하여금 성경에서 가장 고상한 축도 중 하나를 올려드리게 한다.

능히 너희를 보호하사 거침이 없게 하시고 너희로 그 영광 앞에 흠이 없이 기쁨으로 서게 하실 이 곧 우리 구주 홀로 하나이신 하나님께 우리 주 예수 그리스도로 말미암아 영광과 위엄과 권력과 권세가 영원 전부터 이제와 영원토록 있을지어다. 아멘(유 24-25).

당신이 오늘 아침 그리스도인으로 일어난다면 이런 느낌을 품어야 마땅하다. 영광, 위엄, 권력, 권세가 당신이 잠자는 동안 당신을 위해 일하고 있었다는 느낌. 당신이 장차 기쁨으로 하나님을 만나도록 하나님이 줄곧 지켜주실 것을 약속하셨다. 하나님은 신실하시다. 그분은 그 일을 이루실 것이다. 그러나 이것이 전부가 아니다. 그분은 그것을 약속하셨을 뿐만 아니라 그것을 구입하셨다. 이제 이에 관해 살펴보자.

41.

선행에 대한 열정

그의 백성을 회심에서 영광으로 인도하시는 하나님의 섭리는 명령과 경고를 발해 우리로 전심으로 거룩함을 추구하게 하는 것을 포함한다(39장). 그러나 성화시키는 하나님의 섭리의 놀라운 점은 그의 백성이 이런 명령들을 지키지 못하는 일이 없도록 조치한다는 것이다. 이생에서 완전한 경지에 이르게 하는 게 아니라(마 6:12; 빌 3:12; 요일 1:8) 진지한 의향을 품고 일정한 승리를 누리게 한다는 것이다(마 7:18, 롬 6:14; 히 12:14; 요일 3:9; 5:4, 18). 달리 말하면, 하나님은 그의 백성에게 순종을 요구하되 그분이 그것을 확실하게 이루신다는 뜻이다. 우리의 안전보장은 인간 조건의 부재에 있지 않고 신적 능력의 현존에 있다. 하나님은 그분이 명령하신 것을 창조하신다.

그리스도는 용서와 영생 이상의 것을 사셨다

이 순종을 낳는 능력을 하나님이 우리에게 '약속하셨고', 우리를 위해 '사셨고', 우리 안에서 '실행하셨다.' 40장에서는 약속에 초점을 맞추었다. 이번 장에서는 구입에 초점을 맞춘다. 즉, 그리스도의 죽음이 우리에게 요구된 삶의 변화를 확보하는 데 효과를 발휘한 것에 초점을 둔다는 말이다.

그리스도의 십자가와 그분이 거기서 성취한 것에 관해 생각하는 우리 대다수는 **죄 용서**와 영생의 선물에 대해 생각한다. "우리는 그리스도 안에서 그의 은혜의 풍성함을 따라 그의 피로 말미암아 속량 곧 죄 사함을 받았느니라"(엡 1:7). "하나님이 세상을 이처럼 사랑하사 독생자를 주셨으니 이는 그를 믿는 자마다 멸망하지 않고 **영생**을 얻게 하려 하심이라"(요 3:16). 우리는 또한 완전한 순종의 삶이 완수되는 것을 생각할 수도 있다. 그리스도가 "자기를 낮추시고 죽기까지 복종하셨으니 곧 십자가에 죽으신"(빌 2:8) 것은 "한 사람이 순종하심으로 많은 사람이 의인이 되게"(롬 5:19) 하기 위해서였다.

그러나 많은 그리스도인이 생각하지 않는 것이 있다. 그리스도의 피가 칭의뿐만 아니라 성화도, 죄 사함뿐만 아니라 신실한 순종도, 영생뿐만 아니라 선행도, 최후의 영화뿐만 아니라 현재의 변화도 샀고 또 확보했다는 사실이다. 천국에 이르게 하는 실질적인 거룩함(히 12:14), 하나님의 나라에 들어가게 하는 순종(고전 6:9-10), 모든 좋은 나무를 특징짓는 열매(마 7:18), 그리고 새로운 탄생을 보여주는 사람들에 대한 사랑(요일 3:14) 등 이 모든 것들은 예정되었고(롬 8:29) 약속되었을(겔 36:27) 뿐만 아니라 확보되기도 했다. 이 모두는 하나님의 백성을 위해 하나님의 아들이 그 피로 사신 것들이다.

용서받는 것과 순종하는 것을 잇는 고리: 피

새 언약에서 (피로 산) 용서의 약속과 하나님이 그 백성의 순종을 불러오겠다는 약속 간의 연관성을 생각해보라. 최후의 만찬에서 예수님은 그 자신의 피를 새 언약의 값으로 밝히셨다. "이 잔은 **내 피로 세우는 새 언약**이니 곧 너희를 위하여 붓는 것이라"(눅 22:20). 그는 그의 피와 새 언약으로 약속된 죄 용서를 서로 연결하셨다. "이것은 **죄 사함을 얻게 하려고** 많은 사람을 위하여 흘리는 바 나의 피 곧 언약의 피니라"(마 26:28).

우리가 예레미야서 31장 31-34절에 나오는 새 언약의 약속을 읽어보면 죄 사함이 단지 언약의 여러 유익 중 하나가 아니라 다른 유익들의 근거라는 것을 알게 된다.

> 여호와의 말씀이니라. 보라, 날이 이르리니 내가 이스라엘 집과 유다 집에 새 언약을 맺으리라 … 내가 나의 법을 그들의 속에 두며 그들의 마음에 기록하여 나는 그들의 하나님이 되고 그들은 내 백성이 될 것이라. 여호와의 말씀이니라. 그들이 다시는 각기 이웃과 형제를 가리켜 이르기를 "너는 여호와를 알라" 하지 아니하리니 이는 작은 자로부터 큰 자까지 다 나를 알기 때문이라. [왜냐하면] 내가 그들의 악행을 사하고 다시는 그 죄를 기억하지 아니하리라. 여호와의 말씀이니라.

여기서 용서의 약속이 어떻게 그 앞의 내용에 대한 근거 내지는 기반이 되는지 주목하라. "[왜냐하면] 내가 그들의 악행을 사할 것이기 때문이다." 이는 하나님이 "내가 그들의 마음에 법을 기록하게 될 것은 내가 그들의 죄를 용서할 것이기 때문이다"라고 말씀하시는 것이다. 그러므로 예수님의 피는 죄 사함을 통해 "내가 그들의 마음에 법을 기록할 것"이란 약속을 사는 셈이다. 이것은 하나님이 우리가 마음으로부터 그의 말씀을 순종하게 하실 것이라는 약속이다. "내 영을 너희 속에 두어 너희로 내 율례를 행하게 하리니 너희가 내 규례를 지켜 행할지라"(겔 36:27).

피로 산 성화를 통해 구원받다

사실 바울은 "하나님의 모든 약속은 그리스도 안에서 '예'가 된다"(고후 1:20, 새번역)라고 말한다. "그리스도 안에서." 왜냐하면 "우리는 **그리스도 안에서** 그의 은혜의 풍성함을 따라 그의 피로 말미암아 속량 곧 죄 사함을 받았기"(엡 1:7) 때문이다. 용서는 새 언약이 주는 모든 유익의 근거이자 보증이다. 그리스도는 그의 백성을 향한 하나님의 모든 약속의 보증수표를 획득하셨다. 그리고 이는 우리의 순종, 우리의 성화, 우리의 선행, 우리의 사랑, 우리의 거룩함을 불러오겠다는 약속을 포함하고, 이런 것들이 없이는 우리가 주님을 보지 못할 것이다(히 12:14).

그러므로 성화가 구원의 필연적 일부라는 사실은 하나님의 백성에게 구원이 불확실하거나 불안전하다는 뜻이 아니다. 이는 피로 산 약속, 곧 하나님이 "그들에게 한 마음을 주고 그 속에 새 영을 주며 그 몸에서 돌 같은 마음을 제거하고 살처럼 부드러운 마음을 주어 내 율례를 따르며 내 규례를 지켜 행하게 하겠다"(겔 11:19-20)는 약속만큼 확실하다. 그리고 바울이 데살로니가후서 2장 13절에 말하듯이, 성화가 구원의 필연적 일부임을 분명히 알라. "하나님이 처음부터 너희를 택하사 **성령의 거룩하게 하심**과 진리를 믿음으로 구원을 받게 하심이니." 새 언약에 약속된 거룩함은 구원의 보조물이 아니다. 그것은 구원 그 자체의 일부이다. 그리고 그리스도께서 거룩함을 확보하기 위해 죽으셨으므로 이는 확실하다.

우리의 영화에 필요한 모든 것은 확실하다

하나님의 모든 약속(우리의 순종을 유발하겠다는 약속을 포함한)이 그리스도의 피로 보증되었다는 사실은 이미 앞장에서 로마서 8장 32절의 놀라운 논리로 확증되었다. "자기 아들을 아끼지 아니하시고 우리 모든 사람을 위하여 내주신 이가 어찌 그 아들과 함께 모든 것을 우리에게 주시지 아니하겠느냐?" 이 '모든 것'은 하나님의 백성에게 그의 아들을 아끼지 않으신 것만큼 확실하다. 우리 죄인들을 위해 그의 아들을 아끼지 않으신 것은 가장 어려운 일이었다. 우리를 영광에 이르게 하는 데 필요한 다른 모든 것은 그에 비하면 쉬운 편이다.

로마서 8장 32절에 나오는 '모든 것'이 로마서 8장 28절(하나님이 우리의 선을 위해 모든 것을 행하신다는 것)에 나오는 '모든 것'과 비슷하다는 것을 살펴보았다. 로마서 8장 32절에서 확보된 것은 28절에 나오는 '선'을 이루는 데 필요한 모든 것이다. 그리고 그 '선'은 8장 29-30절에 그리스도를 본받는 것과 최후의 영화로 묘사되어 있다. 달리 표현하자면, 하나님이 자기 아들을 아끼지 않으신 것이 우리를 그리스도를 본받게 하고 영광에 이르게 하겠다는 하나님의 모든 약속을 보증했다는 뜻이다. 이는 곧 그리스도의 피가 성화(이생에서 구원에 이르는 길이고 구원이 나타나는 모습)를 샀고 또 확보했다는 뜻이다.

용서는 사랑하는 능력을 풀어준다

우리가 바울의 사고방식과 일치한다는 것을 확인해주듯 로마서 8장 3-4절은, 그리스도께서 우리의 정죄를 담당하셔서 우리가 성화 가운데, 즉 사랑 안에서 행할 수 있게 했다고 말한다. 하나님이 주시는 순종의 능력은 십자가에서 확보된 용서가 풀어놓은 것이다.

율법이 육신으로 말미암아 연약하여 할 수 없는 그것을 하나님은 하시나니 곧 죄로 말미암아 자기 아들을 죄 있는 육신의 모양으로 보내어 육신에 죄를 정하사 육신을 따르지 않고 그 영을 따라 행하는 우리에게 율법의 요구가 이루어지게 하려 하심이니라.

우리는 그 논리를 이렇게 재진술할 수 있다. 그리스도께서 율법이 요구하는 정죄를 우리를 '위해' 받으신 것은 그분이 율법이 명하는 성화를 우리 '안에서' 이루기 위해서다. 하나님께서 그리스도를 우리의 정죄 받은 자리에 두셨을 때, 그분은 천국을 확보할 뿐 아니라 거룩함을 확보하기 위해 그 일을 행하신 것이다. 보다 정확하게 말하면, 우리의 삶이 낙원에 있는 것을 확보할 뿐 아니라 우리의 사람들에 대한 사랑을 확보하기 위해 그렇게 하신 것이다.

내가 거룩함보다 사랑을 거론하는 것이 더 정확하다고 말하는 이유가 있다. 바울이 마침내 하나님이 우리의 정죄를 그의 아들 위에 두심으로 확보하신 "율법의 의로운 요구"를 묘사할 때, 그 의로운 요구의 총합이 바로 사랑이기 때문이다. 바울은 로마서 13장 8-10절에 이렇게 쓰고 있다.

남을 사랑하는 자는 율법을 다 이루었느니라 … [모든 계명은] "네 이웃을 네 자신과 같이 사랑하라" 하신 그 말씀 가운데 다 들었느니라. 사랑은 이웃에게 악을 행하지 아니하나니 그러므로 사랑은 율법의 완성이니라.

그래서 로마서 8장 4절에 나오는 "율법의 의로운 요구"가 "네 이웃을 네 자신과 같이 사랑하라"는 말씀으로 요약되었다고 보는 것이다. 이는 바로 그것이 없이는 우리에게 생명이 없는 사랑이다. 요한이 "사랑하지 아니하는 자는 사망에 머물러 있느니라"(요일 3:14)고 말하기 때문이다. 그러므로 생명을 보여주고 천국으로 인도하는 그 사랑, 곧 다른 이들에 대한 사랑은 우리를 위해 그리스도의 죽음이 확보한 것이다. 하나님께서 우리의 정죄를 그리스도에게 담당시켰을 때(롬 8:3) 그분의 목적은 지옥을 닫을 뿐 아니라 사랑을 유발하기 위한 것이었다.

흠 없는 삶을 위해 하나님과 화해하다

바울은 골로새서 1장 21-22절에서 다른 표현으로 똑같은 논지를 편다. 그는 우리가 하나님과 화목하게 된 것은 우리를 거룩하고 흠 없는 자들로 만들기 '위해서'라고 말한다. "그리스도의 죽음"으로 하나님과 화목하게 된 것은 '하나님 앞에서 우리를 거룩하게 세우기' 위한 것이다.

> [하나님이] 전에 악한 행실로 멀리 떠나 마음으로 원수가 되었던 너희를 이제는 그의 육체의 죽음으로 말미암아 화목하게 하사 너희를 거룩하고 흠 없고 책망할 것이 없는 자로 그 앞에 세우고자 하셨으니.

우리는 화목케 하는 그리스도의 죽음이 이생에서의 우리의 거룩함보다 '마지막 날'에 우리가 하나님 앞에 완전하게 되는 것을 확보한다고 바울이 말하는 것으로 생각하고 싶을 수 있다. 그러니까 "의인의 영들이 온전하게 될"(히 12:23) 죽는 순간 또는 재림 때에 눈 깜짝할 사이에 일어나는 일을 가리킨다고 생각할 수 있다. 그러나 이를 최후의 순간에 국한시킬 가능성은 별로 없다.

그 이유는 골로새서 1장 22절에서 우리의 화해의 목적을 묘사할 때 사용되는 그 표현이 이생에서 우리의 거룩함을 묘사하기 위해 사용되고 있기 때문이다. 바울은 하나님이 우리를 그 자신과 화목하게 하신 것은 "[우리를] 거룩하고 흠 없고 책망할 것이 없는 자로 그 앞에 세우기 위해서"라고 말한다. 이것이 또한 빌립보서 1장 9-10절에 나오는 바울의 기도의 목적이기도 하다. 여기서는 '이생에서' 우리의 사랑과 분별력이 곧 하나님이 우리를 "그리스도의 날까지 허물없이" 만드는 방법이라고 한다.

> 내가 기도하노라. 너희 사랑을 지식과 모든 총명으로 점점 더 풍성하게 하사 너희로 지극히 선한 것을 분별하며 또 진실하여 허물없이 그리스도의 날까지 이르고.

달리 말하면, 하나님의 섭리에서 우리를 주님 앞에 최후의 완전한 모습으로 인도하는 과정의 일부가 바로 '현재' 우리의 사랑이 지식과 분별력으로 풍성해져서 점점 더 지극히 선한 것을 인식하는 능력이 커지는 것이라고 한다. 이것은 그리스도의 날에 진실하고 허물없는 상태로 발견되기에 이르는 필연적인 통로이다.

그래서 바울이 골로새서 1장 21-22절에서 하나님이 그리스도의 죽음으로 우리를 그 자신과 화목하게 하신 것은 "[우리를] 거룩하고 흠 없고 책망할 것이 없는 자로 그 앞에 세우기 위해서"라고 말할 때, '위해서'란 말로 표현된 이 화목의 의도가 성도들의 최후의 완전함에 국한될 가능성이 별로 없다. 오히려 그것은 바울이 그 마지막 날의 완전함에 이르는 통로로 생각하는 현재의 불완전한 허물없음의 길을 포함할 가능성이 더 많다. 그리고 혹시 바울이 점진적인, '불완전한 허물없음'의 견지에서 생각했다는 것을 의심하는 사람이 있다면 빌립보서 2장 14-15절에 나오는 바울의 말을 생각해보라.

> 모든 일을 원망과 시비가 없이 하라. 이는 너희가 **흠이 없고 순전하여** 어그러지고 거스르는 세대 가운데서 하나님의 흠 없는 자녀로 세상에서 그들 가운데 빛들로 나타내게 [하려 함이라].

이것은 바울이 빌립보서 1장 9-10절에서 기도하는 내용, 곧 "진실하여 허물없이 그리스도의 날까지 이르게" 해달라는 것으로서 이미 일어나고 있는 일을 가리킨다. 사실 바울은 회개하지 않고 죄 가운데 살다가 별안간 심판의 날에 완전해지는 그런 그리스도인의 삶의 개념을 갖고 있지 않다. 십자가가 성취하고 겨냥하는 것은 단지 최후의 완전함이 아니라 선택을 확증하고(벧후 1:10), 생명을 보여주고(요일 3:14), 그리스도를 영화롭게 하는(살후 1:11-12) 점진적인 거룩함이다. 그리스도는 이를 위해 죽으셨다.

선행에 대한 열정

사도 바울의 또 다른 본문에 따르면, 그리스도의 자기희생은 독특한 방식으로 우리를 성화시키기 위한 것이라고 한다. 그 목적은 단지 거룩함이나 사랑이나 선행이 아니라 선행에 대한 '열정'이라고 말한다.

> 그[그리스도]가 우리를 대신하여 자신을 주심은 모든 불법에서 우리를 속량하시고 우리를 깨끗하게 하사 선한 일을 열심히 하는 자기 백성이 되게 하려 하심이라(딛 2:14).

여기서 그리스도가 자신을 주신 목적이 어떤 것'으로부터' 속량하고 또 어떤 것을 '위한' 것임을 주목하라. 그분은 우리를 불법'으로부터' 속량하기 위해, 그리고 열정을 '위해' 그 자신을 주셨다.

이는 의미심장하다. 왜냐하면 여태까지 우리는 십자가가 그 본래의 목적인 거룩함과 사랑의 선행을 실제로 '어떻게' 창조하는지 확실히 지적하지 않았기 때문이다. 여기에 그것을 가리키는 것이 있다. 그리스도의 피가 선행을 창조하는 효과를 발휘할 때는 우리의 열정을 회피하지 않는다. 그것은 우리의 의지와 우리의 열정을 우회하지 않는다. 오히려 후자를 확보하고 일깨운다. 나는 39장에서 하나님의 명령이 우리를 전심 어린 거룩함의 추구에 관여시키려 한다고 말했다.

이제 우리는 이 '전심 어린 추구'가 무엇이라 불리는지 그리고 어디서 오는지를 알 수 있다. 그것은 '열정'이라 불린다. 그리고 그것은 예수의 죽음에서 온다.

보배로운 피로 헛된 행실에서 대속함을 받다

바울은 예수님의 죽음을 통해 우리의 순종, 우리의 성화, 우리의 그리스도를 본받음, 우리의 거룩함, 그리고 우리의 사랑을 사신 것을 간파하는 유일한 사람이 아니다. 베드로가 첫 번째 편지에서 이와 똑같은 것을 가르친다.

외모로 보시지 않고 각 사람의 행위대로 심판하시는 이를 너희가 아버지라 부른즉 너희가 나그네로 있을 때를 두려움으로 지내라. 너희가 알거니와 너희 조상이 물려 준 **헛된 행실에서 대속함을 받은 것은** 은이나 금 같이 없어질 것으로 된 것이 아니요 오직 흠 없고 점 없는 어린 양 같은 그리스도의 보배로운 피로 된 것이니라(벧전 1:17-19).

두 명의 사도들이 각각 믿는 바가 그토록 일치하되 매우 다른 말로 가르치고 있음을 발견하는 일은 참으로 아름답고 심오하다. 베드로는 "그리스도의 보배로운 피로" 우리가 "우리 조상이 물려 준 행실"에서 대속함을 받았다고 말한다. 어떤 생활방식에서 해방되었다는 말은 보기 드문 표현이다. 그러나 우리가 여태껏 살펴본 것이 있어서 별로 놀라지 않는다. 그의 아들이 피를 흘리게 하신 하나님의 목적은 대속이었다. 그리고 그 대속의 목적은 헛되고 막다른 생활방식에서 해방시키는 것이었다.

헛된 행실에서 해방되는 것을 뒤집으면 우리가 열심히 선행을 하도록 해방되는 것이 된다. 베드로전서 1장 18절에 나오는 "대속함을 받다"와 디도서 2장 14절에 나오는 "속량하다"에 사용된 헬라어 단어(뤼트론)는 동일하다.

바울과 베드로는 한 목소리로 말한다. 그리스도는 우리의 칭의와 최종 영화를 위해 죽으셨을 뿐 아니라 이생에서 우리의 성화를 위해서도 죽으셨다고. 가장 실제적이고 현세적인 의미의 거룩함과 사랑은 피로 산 것이다.

순종을 일으키려고 죄를 담당하시다

그리고 베드로전서 2장 24-25절에서 베드로는 이를 또 다른 방식으로 말한다.

[그리스도가] 친히 나무에 달려 그 몸으로 우리 죄를 담당하셨으니 이는 우리로 죄에 대하여 죽고 의에 대하여 살게 하심이라. 그가 채찍에 맞음으로 너희는 나음을 얻었나니, 너희가 전에는 양과 같이 길을 잃었더니 이제는 너희 영혼의 목자와 감독 되신 이에게 돌아왔느니라.

베드로는 두 가지 방식으로 똑같은 논지를 편다. 그리스도께서 죄를 담당하는 대속적 죽음을 당하신 것은 우리가 "의에 대하여 살게" 하기 위해서였다고. 그분이 우리의 죄를 담당하신 것은 우리가 죄로 인해 정죄 받지 않게 할 뿐만 아니라 그와 정반대로 의로운 삶으로 충만케 하기 위해서였다. 의에 대하여 산다는 것은 바울이 말한 선행에 대한 열정을 품는다는 뜻이다. 둘 다 죄를 담당하는 그리스도의 죽음이 확보한 것이다.

베드로가 논지를 펴는 두 번째 방식은 이사야서 53장 5절에서 취한 이미지를 사용하는 것이다. "그가 채찍에 맞음으로 너희는 나음을 얻었나니." 베드로의 생각의 흐름을 보면, 이는 신체적 질병으로부터의 치유를 가리키지 않는다(물론 그런 의미를 지닐 수도 있지만, 마 8:17). 그것은 그리스도의 상처에서 흐르는 피로 죄가 치유되는 것을 가리킨다. 이는 24절과 25절의 연관성을 통해 알 수 있다. "그가 채찍에 맞음으로 너희는 나음을 얻었나니, [왜냐하면] 너희가 전에는 양과 같이 길을 잃었더니 이제는 너희 영혼의 목자와 감독 되신 이에게 돌아왔느니라[돌아왔기 때문이라]."

베드로는 그게 무슨 뜻인지를 설명하는 것이다. 그리스도인들이 그리스도의 상처로 치유를 받았다는 것은 그들이 길을 잃었다가 되돌아왔다는 사실을 언급한다. "너희 영혼의 목자와 감독[그리스도]" 아래 있다는 것은 잘되었다는 뜻이다. "양과 같이 길을 잃었다"는 것은 베드로전서 1장 18절에 나오는 "헛된 생활방식"을 가리키는 듯하다. 그 본문과 똑같은 논지를 펴고 있는 셈이다. 그리스도의 상처(그리스도의 보배로운 피)는 이런 목적과 효과를 갖고 있다. 즉, "헛된 행실"로부터 해방시키고 헛된 "방황"에서 돌아오게 하는 것이다. 그리스도께서 죽음으로 사신 것은 예수님을 지도하고 보호하는 목자와 감독으로 삼는 새로운 생활방식이다.

섬기는 삶을 위한 평온한 양심

현재 우리가 살펴보는 것을 확증해주고 또 그것을 다른 방식으로 표현하는 신약의 저자 한 명을 더 고찰하려고 한다.

> 염소와 황소의 피와 및 암송아지의 재를 부정한 자에게 뿌려 그 육체를 정결하게 하여 거룩하게 하거든, 하물며 영원하신 성령으로 말미암아 흠 없는 자기를 하나님께 드린 그리스도의 피가 어찌 너희 양심을 죽은 행실에서 깨끗하게 하고 살아계신 하나님을 섬기게 하지 못하겠느냐?(히 9:13-14).

이 본문의 주된 주장은 이렇다. "그리스도의 피가 너희 양심을 죽은 행실에서 깨끗하게 하고 살아계신 하나님을 섬기게 할 것이다." 여기서 그리스도의 피는 이중적인 목적과 효과가 있다. 그 피는 어떤 것을 깨끗하게 하고 또 어떤 것을 가동시킨다. 그것은 "죽은 행실"이 주는 더럽히고 낙심시키고 마비시키는 효과를 깨끗이 없애준다. 오직 예수님의 피만이 이 일을 필요한 방식으로 행할 수 있다. 물론 우리에게 깨끗한 양심을 주는 방식으로 사는 것은 좋다. 그러나 죄는 너무나 교묘하고 그 오염시키는 효과가 너무도 만연되어 있어서, 우리의 죄가 예수님의 피로 정결케 되었다는 확신이 없으면 우리의 죄악된 행위가 우리를 죽일 것이다.

그런데 이것이 주안점이 아니다. 주안점은 더러운 양심이 깨끗하게 되고 죽은 행실이 폐위되면 **살아계신 하나님을 섬기는 삶**이 창조된다는 것이다. 이것이 하나님이 양심을 깨끗케 하시는 목적이다. 하나님이 그리스도의 희생을 통해 지향하는 목적은 평온한 양심이 아무것도 하지 않는 것이 아니다. 살아계신 하나님을 섬기는 일이 정결해진 양심의 목표이다. 그리고 정결해진 양심은 그리스도의 피가 낳는 효과이다. 그러므로 그리스도는 살아계신 하나님을 섬기는 삶을 창조하기 위해 죽으신 셈이다.

기독교 특유의 섭리

우리가 만일 하나님의 섭리가 그의 백성을 회심에서 영광으로 인도하는 일과 관련된 그분의 모든 뜻을 보지 못한다면, 우리는 그 중에 일부를 취해 그것을 오용해서 상처를 입을 가능성이 많다. 39장은 하나님의 뜻(그의 목적, 전략)의 일부가 명령과 경고를 통해 우리를 전심으로 거룩함의 추구에 관여시키는 것임을 분명히 했다. 그러나 이 전략을 기독교 특유의 것으로 만드는 것은 이 전심 어린 거룩함의 추구가 그리스도의 말씀을 통해 '약속되었고', 그리스도의 피로 '산 것이며', 그리스도의 영으로 우리 안에서 '실행되었다'는 사실이다. 우리는 그의 말씀이 주신 약속(40장)과 그의 피가 산 것(41장)을 살펴보았다. 이제 다음 두 장은 그의 영이 실행하신 것을 살펴보게 될 것이다.

42.

하나님이 기뻐하시는 일을 우리 안에서 행하시다

　이번 장과 다음 장에서는 하나님이 그의 백성 속에서 순종을 불러일으키신다(42장)는 성경의 가르침과 그분이 '어떻게' 믿음을 통해 그리고 성령으로 그 일을 행하시는지(43장)에 초점을 두려고 한다. 하나님의 섭리가 지닌 이 측면은 하나님의 사역과 우리의 의지가 만나는 직접적인 접촉점이다. 혹시 하나님의 섭리가 일으키려는 변화가 단지 우리가 수용하거나 거부할 하나의 제안에 불과하지 않은지 의심한 적이 있다면, 그분이 다음과 같은 점을 분명히 하실 것이다. 우리를 변화시키려는 그분의 섭리가 하나의 제안이 아니라 하나의 실행사항이라는 점이다.

방향 감각을 잃지 말자

　첫째, 이 책의 흐름을 분명히 숙지하자. 제3부 7편과 8편에서는 그의 타락하고 자격 없는 백성을 불신에서 끌어내어 구원의 믿음으로 인도하는 하나님의 섭리의 성격과 범위를 살펴보면서 그것이 거룩한 삶으로 열매를 맺고, 이는 영원한 영광으로 인도한다는 것을 고찰했다. 달리 말하면, 우리는 하나님이 그의 섭리를 통해 어떻게 창조와 역사와 구속의 궁극적 목적을 성취하시는지에 초점을 맞춘 것이다.

이 책의 제2부에서는 섭리의 궁극적 목표가 **하나님의 백성이 하나님의 탁월하심을 즐거워하고 반영하는 것을 통해 그분의 영광이 높아지고 또 그 영광이 드러나는 것**이라고 결론지었다.

좀 더 정확히 말하면, 섭리의 궁극적 목표는 **예수 그리스도로 말미암아 자격 없는 백성을 아름답게 함으로써, 즉 하나님의 아름다움을 즐거워하고 반영하는 것으로 아름답게 되는 그 백성을 통해 하나님의 은혜가 영광스럽게 되는 것이다. 또는 하나님은 그의 손으로 행하신 일에 전율을 느끼실 것인즉**(사 62:4-5, 렘 32:41; 습 3:17; 마 25:21, 23), 섭리의 궁극적 목표는 **그의 백성이 그의 영광스러운 이름을 행복해하고 거룩하게 되는 모습을 보는 가운데 하나님이 흘러넘치는 기쁨을 맛보시는 것**이라고 할 수 있다.

즐거워하고 반영하는 것, 행복과 거룩함

우리가 하나님 섭리의 궁극적 목적을 어떤 말로 묘사하든지 간에, 그 말은 반드시 그의 백성이 그리스도를 높이고(살후 1:10, 12), 은혜를 찬송하고(엡 1:6), 하나님을 영화롭게 하는(빌 2:11) 거룩함과 행복을 포함하게 되어 있다. 앞 단락에서 나는 섭리의 목표가 하나님의 백성이 그분의 탁월하심을 '즐거워하고 반영하는' 운명을 포함한다고 말했다. 이 두 단어는 그리스도인의 행복과 거룩함에 상응한다. 그리스도인이 하나님 안에서 거룩해지고 행복해지는 것은 별개의 실재들이 아니다. 하나님에게 느끼는 행복이 곧 거룩함의 핵심이다.

이는 거룩함이 죄의 정반대이고, 죄는 하나님보다 다른 것을 선호하는 것임을 생각하면 알 수 있다. 그러므로 거룩함은 하나님을 (그의 최고의 아름다움과 고귀함 때문에) 모든 것보다 선호하는 것이고 그 선호에 따라 행동하는 것이다. 그렇다면 하나님에게 느끼는 행복은 모든 것보다 하나님을 선호함을 강렬하게 경험하는 것이 아니고 무엇이겠는가? 그러므로 하나님을 우리의 최고의 보배로 삼는 행복이 곧 거룩함의

핵심인 것이다.[1]

당신이 만일 '하나님에게 느끼는 행복'이 너무 가볍다고 생각한다면 그 말을 '하나님을 소중히 여기는 것'으로 바꿔도 좋다. 죄는 하나님보다 어떤 것을 소중히 여기는 것이다. 거룩함은 죄의 정반대이다. 그러므로 하나님을 모든 것보다 소중히 여기는 것이 거룩함의 핵심인 것이다. 예수님이 이렇게 말씀하셨다. "아버지나 어머니를 나보다 더 사랑하는 자는 내게 합당하지 아니하고 아들이나 딸을 나보다 더 사랑하는 자도 내게 합당하지 아니하며"(마 10:37). 달리 말하면, 우리의 마음이 만일 "이 땅에 있는 우리의 최고 보물이 예수님보다 더 귀하다"고 말하는 성향과 타협한다면, 우리는 그리스도인이 아니다.

아침에 주의 인자하심이 우리를 만족하게 하소서

그런 경우에는 '우리'가 그리스도인이 아닐뿐더러 '하나님'도 영광을 받지 못하신다. 그처럼 창조주보다 피조물을 선호하는 마음은 하나님께 영광을 돌리는 것이 불가능하다. 하나님 그분보다 그의 선물에 더 만족하는 마음은 하나님을 영화롭게 할 수 없는 법이다. "아침에 주의 인자하심이 우리를 만족하게 하사 우리를 일생 동안 즐겁고 기쁘게 하소서"(시 90:14). 이 기도는 인간의 행복을 위하여 드린 것만이 아니다. 이는 또한 하나님의 영광을 위하여 드린 것이기도 하다. 왜냐하면 하나님은 우리가 그분에게 가장 만족할 때 우리에게서 가장 영광을 받으시기 때문이다. 하나님을 지겨워하는 것은 그분의 아름다움을 떨어뜨린다. 하나님께 만족하는 것은 그분의 아름다움을 드높인다.

그러므로 우리가 하나님의 궁극적 목표가 반드시 그의 백성이 그리스도를 높이

---

[1] 거룩함의 핵심이 사랑이라 말하는 것은, 성경적으로 보기만 한다면, 틀리지 않다. 하나님에 대한 사랑은 본질적으로 하나님이 하나님이시기에 느끼는 행복이다. 말하자면, 인간의 거룩함의 핵심은 하나님을 소중히 여기고, 하나님을 보배로 간주하고, 하나님을 흠모하고, 하나님 안에서 만족하고, 하나님을 최고로 고귀한 분으로 즐거워하는 것이다. 이 인간의 거룩함의 수평적 차원은 하나님을 모든 것보다 귀하게 여기는 마음에서 흘러나오고 그 마음과 일치하는 방식으로 느끼고 생각하고 행동하는 것이다. 그런즉 인간의 거룩함의 핵심은 수직적으로 또 수평적으로 하나님을 우리의 최고 보배로 삼는 행복(또는 하나님에 대한 사랑)이다.

고, 은혜를 찬송하고, 하나님을 영화롭게 하는 거룩함과 행복을 포함한다고 말할 때는 그의 백성이 하나님에게서 느끼는 거룩한 행복을 떠나서는 그리스도가 높여지지 않고, 은혜가 찬송을 받지 않고, 하나님이 영화롭게 되지 않을 것이라고 말하는 셈이다.

이번 장의 초점: 하나님이 실행하시는 우리의 순종

이 때문에 제3부 7편과 8편이 우리를 성화시키는 유력한 섭리를 다룬 것이다. 하나님은 그의 백성이 그의 영광을 즐거워하고 반영하도록 조치를 취하신다. 만일 그의 백성이 그리스도를 본받게 되지 않으면 하나님의 섭리는 그 목표에 도달하지 못할 것이다. 내가 '유력한'이란 단어를 사용하는 것은 구원과 성화와 영화를 이루는 섭리가 영원에서 영원까지 그리고 그 중간의 모든 단계마다 늘 성공하게끔 되어 있기 때문이다.

우리의 거룩함(우리가 그리스도를 본받는 것)은 영원 전부터 예정된 것임을 살펴보았다("하나님이 미리 아신 자들을 또한 그 아들의 형상을 본받게 하기 위하여 미리 정하셨으니, 롬 8:29)." 이는 하나님께서 새 언약으로 '약속하신' 것이다("내 영을 너희 속에 두어 너희로 내 율례를 행하게 하리니," 겔 36:27). 우리의 거룩함에 대한 보증은 십자가 위에서 '산' 것이다("[그리스도께서] 우리를 깨끗하게 하사 선한 일을 열심히 하는 자기 백성이 되게 하려 하심이라," 딛 2:14). 하나님의 진노와 우리의 죄라는 장애물은 그리스도의 피에 의해 제거되었다("[그리스도가] 친히 나무에 달려 그 몸으로 우리 죄를 담당하셨으니," 벧전 2:24). 그리고 하나님은 '명령'과 '경고'를 통해 우리가 전심으로 거룩함을 추구하게 하셨다("모든 사람과 더불어 화평함과 거룩함을 따르라. 이것이 없이는 아무도 주를 보지 못하리라," 히 12:14). 이것이 내가 말하는 우리를 '성화시키는 유력한' 섭리의 뜻이다. 이는 하나님의 궁극적 목적을 보장하게끔 되어 있다. 그 목적이란 '하나님의 백성이 하나님의 탁월하심을 즐거워하고 반영하는 것을 통해 그분의 영광이 높아지고 또 그 영광이 드러나는 것'이다.

하나님의 백성이 변화되어 그리스도를 높이는 일을 보장하는 하나님의 섭리는 아직 완수되지 않았다. 이런 변화를 예정하고, 약속하고, 사고, 명령할 뿐만 아니라 하나님이 그것을 실행하신다. 이것이 이번 장의 주제이다.

"내가 너희로 내 율례를 행하게 하리니"

그리스도께서 최후의 만찬에서 "이 잔은 내 피로 세우는 새 언약이니"(눅 22:20)라고 말씀하신 것은 역사상 새 언약의 약속을 지킬 결정적인 순간이 도래했다는 선언이었다. 우리가 현재 초점을 맞추고 있는 것은 하나님께서 그의 백성이 그분을 순종하도록 조치를 취하실 것이라는 약속이다. "내가 나의 법을 그들의 속에 두며 그들의 마음에 기록하여"(렘 31:33). "내 영을 너희 속에 두어 너희로 내 율례를 행하게 하리니 너희가 내 규례를 지켜 행할지라"(겔 36:27). 달리 말하면, 하나님은 자기가 명령하는 것을 창조하실 것이다. 이것은 예수님이 언약의 피로 보증하신 것이다.

성령의 열매

바울은 이처럼 순종을 일으키는 섭리 사역을 여러 방식으로 묘사한다. 그 중에 하나는 성령의 열매라는 이미지를 사용하는 것이다.

> 너희가 만일 성령의 인도하시는 바가 되면 율법 아래에 있지 아니하리라. 육체의 일은 분명하니 … 이런 일을 하는 자들은 하나님의 나라를 유업으로 받지 못할 것이요. 오직 성령의 열매는 사랑과 희락과 화평과 오래 참음과 자비와 양선과 충성과 온유와 절제니 이 같은 것을 금지할 법이 없느니라(갈 5:18-19, 21-23).

세 가지를 주목하라. 첫째, 육체의 일에 지배받는 자들은 "하나님의 나라를 유업으로 받지 못할 것이다." 둘째, 사랑과 희락과 화평 등 성령의 열매로 사는 자들은 "율법 아래 있지 않고" 그 대신 "금지할 법이 없는" 방식으로 살아가고 있다. 그들은 사랑을 통해(롬 13:8, 10) 율법의 의로운 요구를 이루고 있고(롬 8:4) 그 결과 "하나님의 나라를 유업으로 받을 것이다." 셋째, 이런 생활방식이 곧 "성령의 열매"이다. 즉, 하나님이 이 새로운 삶을 창조하는 결정적 원인이시다.

이것은 주님에게서 나온다

성령으로 인한 삶의 변화는 새 언약에 약속되어 있고 예수의 피로 산 것이다.

또 새 영을 너희 속에 두고 새 마음을 너희에게 주되 너희 육신에서 굳은 마음을 제거하고 부드러운 마음을 줄 것이며, 또 내 영을 너희 속에 두어 너희로 내 율례를 행하게 하리니 너희가 내 규례를 지켜 행할지라(겔 36:26-27).

바울은 새 언약의 성령 약속과 성령이 신자들 속에서 행하는 성화 사역을 분명히 연결시킨다. 그는 그 자신의 사도 사역을 새 언약의 사역으로, 즉 신자들을 그리스도의 형상으로 변화시키는 성령 사역을 섬기는 일로 보고 있다.

그[하나님]가 또한 우리를 새 언약의 일꾼 되기에 만족하게 하셨으니 율법 조문으로 하지 아니하고 오직 영으로 함이니 율법 조문은 죽이는 것이요 영은 살리는 것이니라 … 주는 영이시니 주의 영이 계신 곳에는 자유가 있느니라. 우리가 다 수건을 벗은 얼굴로 거울을 보는 것같이 주의 영광을 보매 그와 같은 형상으로 변화하여 영광에서 영광에 이르니 곧 주의 영으로 말미암음이니라(고후 3:6, 17-18).

"율법 조문은 죽이는 것이요 영은 살리는 것이니라." 율법 조문은 옛 언약, 곧 그 계명이 마음이 아니라 돌에 기록된 그 언약을 가리킨다. 당시에는 순종이 명령되었을 뿐 창조되지는 않았다. 이는 모세가 신명기 29장 4절에 말했던 바와 같다. "그러나 깨닫는 마음과 보는 눈과 듣는 귀는 오늘 여호와께서 너희에게 주지 아니하셨느니라."

그러나 새 언약의 시대가 열린 지금은 성령께서 그리스도를 통해 "생명을 주시고," 마음을 죄의 속박에서 해방시키시고, 신자를 그리스도의 형상으로 변화시켜 "영광에서 영광에 이르게" 하신다. 그리스도의 영광을 보고 또 그의 형상으로 변화되는 과정은 "주의 영으로 말미암는" 것이라고 바울이 말한다. 달리 말하면, 그 변화는 "성령의 열매"이다. 이는 하나님이 그의 약속을 지키는 것이다. "내 영을 너희 속에 두어 너희로 내 율례를 행하게 하리니"(겔 36:27).

하나님의 감동으로 자원하여 행하다

여기에 성령이 사랑의 열매를 낳는 것과 이것이 우리의 자원하는 마음과 어떤 관계에 있는지를 보여주는 스냅사진이 있다. 바울은 고린도 교인들에게 이렇게 말한다.

> 너희를 위하여 같은 간절함을 **디도의 마음에도 주시는** 하나님께 감사하노니, 그가 권함을 받고 더욱 간절함으로 **자원하여** 너희에게 나아갔고(고후 8:16-17).

디도가 고린도 교인들을 위해 느끼는 간절한 마음은 갈라디아서 5장 22절에 나오는 사랑과 자비와 양선의 열매와 일치한다. 바울은 명시적으로 "하나님"이 그 간절함을 디도의 마음에 "주셨다"고 말한다. 이는 "내 영을 너희 속에 두어 너희로 내 율례를 행하게 하리니"(겔 36:27)라는 새 언약의 약속을 보여주는 하나의 본보기이다.

그런데 디도가 그의 마음속 하나님의 사역을 어떻게 '경험하게' 되는지를 주목하라. 그는 그것을 속박이나 조종 또는 그가 원치 않는 일을 강제로 시키는 것으로 경험하지 않는다. 오히려 그것을 그가 행하고 '싶은' 것으로 경험한다. 그가 느끼는 사랑의 성향은 정말로 그 자신의 성향이다. 그가 "자원하여" 그렇게 하는 것이다. 이는 하나님이 주신 것, 곧 새로운 성향이다. 나중에 우리는 하나님과 우리 사이의 교류에 대해 보다 자세히 살펴볼 것이다. 그러면 하나님이 이 기적을 '유발하셨고' 디도가 그 기적을 '행했다'는 사실을 알게 되리라.

하나님은 자기가 기뻐하는 일을 우리 가운데 행하신다

신약성경에서 하나님이 신자들의 순종을 유발하신다는 것을 가장 명료하게 진술하는 본문 중 하나는 히브리서 13장 20-21절이다.

> 양들의 큰 목자이신 우리 주 예수를 영원한 언약의 피로 죽은 자 가운데서 이끌어 내신 평강의 하나님이 모든 선한 일에 너희를 온전하게 하사 자기 뜻을 행하게 하시고 그 앞에 즐거운 것을 예수 그리스도로 말미암아 우리 가운데서 이루시기를 원하노라. 영광이 그에게 세세무궁토록 있을지어다. 아멘.

이는 신자들의 삶에서 피로 산, 새 언약의 순종을 불러일으키신다는 놀라운 진술로서 다음 다섯 가지 사항을 살펴볼 필요가 있다.

첫째, 저자는 "영원한 언약의 피"에 주목하게 한다. 이 피는 하나님이 예수님을 죽은 자 가운데서 일으킬 때 사용하신 도구이다. "영원한 언약의 피"는 "우리 주 예수를 죽은 자 가운데서 이끌어 내셨다"를 수식한다. 하나님은 십자가 위에서 완수된 사역을 '통해서' 그리스도를 부활로 영화롭게 하신다(바울이 빌 2:9에서 말하듯이). 그래서 부활의 승리와 하나님이 부활한 그리스도를 통해 이루시는 모든 것은 피로 산 것이다.

둘째, 예수님의 언약의 피로 그를 일으키신 하나님은 이제 신자들을 "모든 선한 일"에 온전하게 하사 자기 뜻을 행하게 하신다. 이 '모든 선한 일'은 로마서 8장 32절에 나오는 '모든 것'과 비슷하고, 후자는 하나님이 자기 아들을 아끼지 아니하시고 우리를 위하여 내주셨으니 이로써 선택받은 자들이 시련을 견디고 그리스도를 본받고 영화롭게 되는 데 필요한 '모든 것'을 보장했다고 한다.[2] 이와 똑같은 실재가 히브리서 13장 21절을 쓴 저자의 마음속에 있다. 하나님이 당신에게 그의 뜻을 행하는 데 필요한 모든 것을 구비시키실 것이다.

셋째, 이 구비작업은 너무나 결정적이고 효과적이라서 저자는 하나님이 그분의

---

[2] 롬 8:32에 관한 충분한 논의는 37장을 참고하라.

뜻을 행하도록 구비시키신다는 진술을 넘어서서 하나님이 실제로 우리 가운데 그의 뜻을 '행하신다'고 말한다. 하나님이 "모든 선한 일에 너희를 온전하게 하사 자기 뜻을 행하게 하시고 그 앞에 즐거운 것을 … 우리 가운데서 **이루시기를** 원하노라." "자기 뜻을 행하게"란 어구에 나오는 '행하다'라는 단어는 "우리 가운데서 이루시기를"에 나오는 '이루다'라는 단어와 동일한 어원을 갖고 있다. 그래서 이는 더욱 놀랍게 들리는 것이다. "하나님이 모든 선한 일에 너희를 온전하게 하사 자기 뜻을 **행하게** 하시고 그 앞에 즐거운 것을 … 우리 가운데서 **행하시기를** 원하노라." 우리가 고린도후서 8장 16-17절에 나오는 디도의 경우를 살펴보았듯이, 하나님이 우리 안에서 그의 뜻을 행하시는 것은 우리의 행위에 대한 대치가 아니라 우리의 행위를 선물로 주시는 것이다. 우리는 기적을 행한다. 하나님이 그것을 유발하신다.

넷째, 하나님은 "그 앞에 즐거운 것을 **예수 그리스도로 말미암아** 우리 가운데서 [행하신다]." 이는 20절의 초반부, 즉 예수님이 그 자신의 피로 일으킴을 받고 "양들의 큰 목자"로 세워지는 부분으로 되돌아간다. 그래서 우리가 그의 피의 효능, 그의 부활의 함의, 또는 우리의 큰 목자의 일상적 도움과 돌봄 등 어디에 초점을 맞추든지 간에, 요점은 하나님이 "예수 그리스도를 통해" 우리 가운데서 그의 뜻을 행하신다는 것이다. 예수님의 피와 부활과 목양이 없으면 그리스도인의 순종도 없을 것이다.

다섯째, 이 본문은 하나님이 이렇게 행하시는 궁극적인 목적과 함께 끝난다. "[그분이] 그 앞에 즐거운 것을 예수 그리스도로 말미암아 우리 가운데서 이루시기를 원하노라. **영광이 그에게 세세무궁토록 있을지어다.** 아멘." 하나님이 '예수 그리스도를 통해' 우리 가운데서 그의 뜻을 행하시는 것은 우리의 순종 및 그 순종으로 이끈 모든 것으로 인해 '예수님이 영광을 받게 하기 위해서'다. 이는 섭리의 궁극적 목적(그의 백성의 변화를 통해 그리스도가 영광을 받는 것)을 또 다른 방식으로 표현한 것이다.

히브리서 13장 20-21절과 더불어 바울이 고린도후서 3장에서 새 언약을 신자들의 삶에 적용한 대목이 분명히 밝히는 것이 있다. 그것은 하나님이 그의 백성에게 요구하시는 변화는 그들과 관련해 예정되고(롬 8:29), 그들에게 약속되고(겔 36:27), 그들을 위해 산 것(딛 2:14)일 뿐만 아니라 그들 속에서 실행되는 것(히 13:21)이라는 사실이다. 하나님의 섭리가 예정된 순종에서 성취된 순종에 이르기까지 그 모든 과정을 주관한다.

전가된 순종 위에 세운 요구된 순종

우리가 다음 장에서 하나님이 어떻게 "그 앞에 즐거운 것을 우리 가운데서 [행하시는가]" 하는 질문을 다루기 전에 잠시 뒤로 물러나서 하나님이 우리의 변화에 두는 우선순위를 오해하지 않도록 분명히 하자. 이 변화(하나님이 명하시고 창조하시는 그리스도를 본받는 일)가 요구되는 이유는 칭의에서 우리에게 전가된 의로움이 우리를 즉시 하나님의 영원한 은총 속으로 데려가기에 불충분하기 때문이 아니다. 우리가 믿음을 통해 그리스도와 연합하는 순간에 죄를 담당한 그의 징벌과 완전한 순종이 우리의 것으로 간주된다. 하나님은 그 순간에 그리고 영원히 100퍼센트 우리를 위하고 우리를 대적하지 않으신다(롬 8:31). 그분의 손에서 우리에게 임하는 환난(행 14:22에 따르면 환난이 많다) 중 어느 것도 그분이 우리에게 등을 돌렸기 때문에 일어나는 게 아니다. 그 환난들은 정결케 하는 사랑이지 징벌적인 진노가 아니다. "주께서 그 사랑하시는 자를 징계하시고 그가 받아들이시는 아들마다 채찍질하심이라"(히 12:6).

열매 없는 믿음은 볼 수 없고, 실은 존재하지 않는다

하나님이 그의 백성에게 변화(거룩함과 사랑에 있어서 그리스도를 본받는 것)를 요구하시는 이유는 그들의 믿음을 그리스도의 아름다움과 고귀함을 공적으로 보여주는 것으로 삼기 위해서다. 가시적 순종을 요구하는 것은 창조와 구속에 있어서 하나님의 전반적인 목적의 일부이다. 하나님은 그의 영광을 가리기 위해 가시적이고 물질적인 우주를 창조하신 것이 아니다. "하늘이 하나님의 영광을 선포하고 궁창이 그의 손으로 하신 일을 나타내는도다"(시 19:1). 이것이 처음부터 하나님의 생각이었다. 이것이 그의 목적이다. 눈에 보이는 것은 하나님에 관한 무언가를 전달하기 위해 눈에 보인다. 식사 시간의 음식과 혼인 침상에서의 섹스는 하나님께 감사하기 위해 창조되었다(딤전 4:1-5). 이는 남몰래 감사하기 위한 것이 아니다(고후 1:11).

하나님의 목적은 공적으로 그의 이름이 영광을 받는 것이다. "창세로부터 그[하나님]의 보이지 아니하는 것들 곧 그의 영원하신 능력과 신성이 그가 만드신 만물에 분명히 보여 알려졌나니"(롬 1:20). 하나님의 백성이 순종하는 것도 마찬가지다. "이같이 너희 빛이 사람 앞에 비치게 하여 그들로 너희 착한 행실을 보고 하늘에 계신 너희 아버지께 영광을 돌리게 하라"(마 5:16). 거룩함과 사랑의 가시적 열매가 없는 믿음은 "등불을 … 말 아래에 두는 것"(마 5:15)과 같을 것이다. 이것이 등불의 존재 이유가 아니다. 순종도 마찬가지다.

사실 사랑의 열매가 없는 믿음은 눈에 보이지 않는 것만이 아니다. 그것은 아예 존재하지 않는다. 하나님께서 믿음의 가시적 열매를 맺도록 명령하고 또 창조하시는 것은 믿음을 가시적으로 만들 뿐만 아니라 그 실체를 확인하기 위해서다. 야고보는 이렇게 말한다. "이와 같이 행함이 없는 믿음은 그 자체가 죽은 것이라 … 영혼 없는 몸이 죽은 것같이 행함이 없는 믿음은 죽은 것이니라"(약 2:17, 26). 이는 사랑이 없는 믿음은 죽었다는 뜻이다. 살아있는 믿음을 나타내는 행위들의 본질이 사랑이기 때문이다(약 2:8).

믿음은 사랑을 통해 일한다

사랑이 없는 믿음이 죽은 이유는 구원의 믿음은 사랑을 생성하는 그런 실체이기 때문이다. 그렇다고 믿음이 존재하는 곳이면 어디서나 성령이 그냥 사랑을 존재하게 한다는 뜻이 아니다. 양자가 저절로 연결되는 게 아니다. 오히려 믿음 자체는 사랑을 통하여 일한다. 이것이 바울이 갈라디아서 5장 6절에서 강조하는 매우 중요한 점이다. "그리스도 예수 안에서는, 할례를 받거나 안 받는 것이 문제가 되는 것이 아닙니다. 가장 중요한 것은, 믿음이 사랑을 통하여 일하는 것입니다"(새번역). 여기서 바울의 논점은 사랑이 의롭게 하는 믿음의 효과에 더해진다는 것이 아니라, 의롭게 하는 믿음은 언제나 사랑을 불러오는 그런 믿음이라는 것이다.

바울은 디모데전서 1장 5절에서도 똑같은 논점을 이야기한다. "이 교훈의 목적은 청결한 마음과 선한 양심과 **거짓이 없는 믿음에서 나오는** 사랑이거늘." 그는 "믿음의 역사"(살전 1:3; 살후 1:11)란 어구를 사용할 때와 부활한 예수의 말씀, 곧 신자들은 "나를 믿어 거룩하게 되었다"(행 26:18)란 취지로 하신 말씀을 인용할 때에 그와 같은 믿음과 행위의 관계를 생각하고 있다. 히브리서의 저자도 이른바 믿음의 장에서 그와 똑같은 확신을 표명한다. "믿음으로 아브라함은 부르심을 받았을 때에 순종하여"(히 11:8).

하나님의 용납을 받은 것: 우리 순종의 뿌리

우리가 다음 장에서 하나님이 '어떻게' 믿음을 통해 우리의 순종을 이루시는지를 살펴보기 전에, 현재 우리의 논점은 하나님이 그의 백성에게 요구하시는 가시적인 변화는 하나님이 100퍼센트 우리를 위하게 되는 근거가 아니란 것이다. 그 근거는 그리스도의 피와 의로움이다. 그리고 그리스도에게 연합되는 유일한 수단(그리하여 그리스도 안에서 하나님이 100퍼센트 우리를 위하게 되는)은 믿음이지 믿음 더하기 행위가 아니다. 우리가 오직 믿음으로 그리스도와 연합하는 그 출발점에서 우리가 행하는 모든 선한 일은 하나님의 용납을 받은 '결과'이지 그 용납을 받기 위한 '수단'이 아니다. 우리가 하나님의 용납을 받은 것은 순종의 '뿌리'이지 순종의 '열매'가 아니다.

우리를 하나님의 은총 속으로 데려가는 이 믿음은 사랑의 열매를 맺는다. 이처럼 열매를 맺는 믿음과 사랑의 관계는 구원에 이르는 믿음의 보이지 않는 실체를 '드러내고' 또 '확증해준다.' 비가시적인 믿음과 가시적인 사랑 간의 강력한 관계[이를 "믿음의 순종"이나 "믿음의 역사"(롬 1:5; 16:26; 살전 1:3)라고 불러도 좋다]는, 히브리서 13장 21절에서 살펴보았듯이, 하나님이 '어떻게' 우리 안에서 우리의 순종을 실행하시는지를 설명하는 데 큰 도움이 된다.

43.

믿음으로 죄를 죽이고 사랑을 창조하다

앞장에서는 하나님이 "그 앞에 즐거운 것을 … 우리 가운데서 [행하신다]"(히 13:21)는 것을 알게 되었다.

그리스도인의 순종은 곧 "성령의 열매"이다(갈 5:22). 그리스도를 닮아가는 것은 "영이신 주님께서 하시는 일"이다(고후 3:18). 이는 "내 영을 너희 속에 두어 너희로 내 율례를 행하게 하리라"(겔 36:27)는 새 언약의 약속이 성취된 것이다.

하나님은 섭리의 궁극적 목표(그의 탁월하심을 즐거워하고 반영함으로써 그의 영광을 드러내는 한 백성을 창조하고 변화시키는 것)를 추구하실 때 아무것도 우연에 맡기지 않으신다.

이사야서에 나오는 하나님의 위대한 선언은 지금도 변함없이 진실이다. "나의 뜻이 설 것이니 내가 나의 모든 기뻐하는 것을 이루리라"(사 46:10).

지난 장의 끝부분에서 하나님이 우리를 변화시키려는 목적을 성취하시는 데 믿음이 필수적임을 살펴보았다. 이제 이 과정이 어떻게 작동하는지 알아보려고 한다.

듣고 믿는 것을 통해 성령으로 기적을 행하시다

우리의 믿음과 우리 안에서 우리를 변화시키는 하나님의 기적 간의 관계를 고찰하려면 갈라디아서 3장 5절이 가장 도움이 되는 것 같다. "하나님이 여러분에게 성령을 주시고 기적을 베풀어 주신 것은 여러분이 율법을 지켰기 때문입니까, 기쁜 소식을 듣고 믿었기 때문입니까?"(현대인의 성경). 흔히 수사적 질문이 그렇듯이, 우리가 이 질문을 하나의 단언으로 바꾸는 법을 알고 있다고 바울은 생각한다. "여러분에게 성령을 주시고 여러분 가운데서 기적을 베푸시는 하나님은 율법의 행위 때문이 아니라 듣고 믿었기 때문에 그런 일을 행하신다." 여기에서 세 가지 중요한 실체가 하나로 수렴된다. (1) 우리 안에서와 우리 가운데서 기적을 낳는 '성령'의 사역. (2) 우리가 무언가를, 추정컨대 복음을 듣는 것, 또는 보다 폭넓게, 우리를 위해 '하나님의 모든 약속'을 보증하는 십자가의 효과. (3) 우리가 하나님의 좋은 소식을 '믿음으로' 듣는 것. 성령과 말씀과 믿음.

이 셋을 다함께 묶으면, 하나님이 그의 말씀에 대한 믿음을 통해 우리를 위해 그리고 우리 안에서 기적을 행하신다는 것이다. 그분은 믿음을, 우리 안에서 변화의 기적을 일으키시는 도구로 삼으신다. 믿음은 하나님의 사역과 순종의 기적 간의 연결고리이다. 이 때문에 사랑이 성령의 열매와 우리 믿음의 역사(役事)로 불릴 수 있다. 우리가 하나님이 약속하신 십자가의 유익을 믿을 때는 우리가 달리 실행할 수 없는 거룩함과 사랑을 생산하는 능력이 작동하게 된다. 믿음은 하나님이 요구하시는 변화를 가져오기 위해 기적을 일으키는 능력의 채널이다.

믿음은 어떻게 사랑을 생산하는가?

우리는 이미 39장에서 믿음이 어떻게 사랑을 생산하는 일을 하는지 묘사한 적이 있다.[1] 여기서는 한 가지 본보기를 드는 게 좋겠다. 히브리서는 신약성경의 어떤 책

---

1) 하나님의 약속과 믿음의 행위와 성령의 사역이 어떻게 다함께 하나님이 요구하시는 변화를 생산하는지 그 역학을 상세히 묘사한 나의 책이 있다. 『장래의 은혜: 믿음으로 살아가는 그리스도인에게 보장된 하나님의 선물』(좋은 씨앗).

못지않게 이 역학을 자세히 보여준다(예, 10:32-35; 11:6, 8, 24-26; 12:1-2; 13:12-14). 저자는 히브리서 13장 5-6절에서 이렇게 말한다.

> 돈을 사랑하지 말고 있는 바를 족한 줄로 알라. 그가 친히 말씀하시기를 "내가 결코 너희를 버리지 아니하고 너희를 떠나지 아니하리라" 하셨느니라.
> 그러므로 우리가 담대히 말하되
> "주는 나를 돕는 이시니
> 내가 무서워하지 아니하겠노라.
> 사람이 내게 어찌하리요?" 하노라.

돈에 대한 사랑으로부터의 자유는 선택사안이 아니다. 이는 필수적이다. 예수님은 우리가 두 주인을 섬길 수 없다고 말씀하셨다(마 6:24). 바울은 "부하려 하는 자들은 시험과 올무와 여러 가지 어리석고 해로운 욕심에 떨어지나니 곧 사람으로 파멸과 멸망에 빠지게 하는 것이라"(딤전 6:9)고 말했다. 그러면 이런 질문이 생긴다. 돈에 대한 사랑으로부터의 자유는 어떻게 생기는가? 우리가 어떻게 "돈을 사랑하지 말라"는 명령을 순종할 수 있을까? 하나님은 어떻게 우리 안에서 이런 변화의 기적을 일으키실까?

저자는 우리가 본문에 나오는 약속을 듣고 믿기를(갈 3:5) 기대한다. "내가 결코 너를 떠나지 않겠다. 내가 결코 너를 버리지 않겠다. 내가 너를 돕겠다. 너는 무서워할 필요가 없다. 나는 내가 너의 유익을 위해 바꿀 것 이외의 어떤 일도 사람이 네게 행하지 못하게 하겠다." 우리가 이런 약속들을 믿으면 탐욕과 두려움의 뿌리가 잘리게 된다. 이런 뿌리는 그보다 우월한 안전보장, 우월한 도움의 손길, 우월한 만족거리에 의해 잘려버린다.

돈은 우리에게 안전보장과 도움과 만족을 약속하며 손짓을 하고 있었다. 그러나 하나님은 "내가 너의 안전보장이 되겠다. 내가 너의 도움이 되겠다. 내가 너의 만족이 되겠다"라고 말씀하신다. 믿음은 이 약속의 실체를 '맛본다.' 왜냐하면 "믿음은 바라는 것들의 실상[참고. 히 1:3]이기"(히 11:1) 때문이다. 이 맛보기(하나님이 약속하시는 것의 실체 속에 들어가는 것)가 죄의 뿌리를 잘라내는 능력이다. 이는 토머스 차머즈

(Thomas Chalmers)가 말한 "새로운 애정의 추방 능력"의 뜻이다.[2]

믿음은 그 본질상 거룩하게 하나 성령으로만 가능하다

거룩하게 하는 믿음의 능력을 단지 심리적 작용이나 성령 사역의 부수물로 바꾸지 않으려면 두 가지 실체를 함께 묶어야 한다. 갈라디아서 3장 5절은 '인간' 측의 믿음의 경험과 '하나님'측의 성령의 사역을 함께 묶어준다. "하나님이 여러분에게 성령을 주시고 기적을 베풀어 주신 것은 여러분이 율법을 지켰기 때문입니까, 기쁜 소식을 듣고 믿었기 때문입니까?"(현대인의 성경). 성령은 우리가 듣고 믿는 것으로 기적을 행하신다. 즉, 성령이 기적의 결정적 요인이다. 그렇다면 하나님의 약속에 대한 믿음은 성령의 도구인 셈이다. 그리고 끝으로, 돈에 대한 사랑으로부터의 자유에서 흘러나오는 우리의 관대함은 우리가 행하는 기적이다.

그러므로 믿음은 (적극적인 사고의 능력처럼) 고립된 심리적 능력이 아니다. 물론 믿음은 그 자체에 우월한 하나님의 약속을 맛봄으로써 죄의 기만적인 약속의 뿌리를 잘라놓는 능력을 갖고 있다. 그러나 믿음은, 성령이 그 믿음을 사용하고 그 기적을 행하기 때문에 그렇게 할 수 있다.

성령으로 죄를 죽이라

바울이 우리에게 성령으로 "몸의 행실을 죽이라"(롬 8:13)고 말할 때도 그와 똑같은 논점을 표명한다. '우리'가 죄를 죽여야 한다는 것이다. 그러나 우리는 '성령에 의해' 그 일을 한다. 이 구절에 믿음은 언급되지 않았다. 하지만 이는 함축되어 있다. 바울이 에베소서 6장 13-17절에서 "하나님의 전신갑주"의 여러 부분(허리띠, 호심경, 신,

---

[2] Thomas Chalmers, "The Expulsive Power of a New Affection," Monergism, accessed August 6, 2019, https://www.monergism.com/thethreshold/sdg/Chalmers,%20Thomas%20-%20The%20Expulsive%20Power%20of%20New%20Af.pdf.

방패, 투구, 검)을 열거할 때 그 가운데 하나만 죽이는 데 사용된다. 칼이다. 그리고 칼은 "**성령의 검**"과 "**하나님의 말씀**"으로 불린다(6:17).

그래서 바울이 우리에게 '성령으로' 몸의 [죄악된] 행실을 죽이라고 말할 때는 "죄를 죽이기 위해 '하나님의 말씀'이란 칼을 휘두르라"는 뜻으로 생각해도 무방할 것이다. 그러면 우리는 죄의 기만적인 약속의 힘을 이기기 위해 어떻게 하나님의 말씀을 휘두를 수 있을까? 우리는 우리의 믿음을 하나님의 약속에 둔다. 즉, 우리는 하나님이 약속하시는 것을 죄가 약속하는 것보다 우월한 것으로 맛본다는 뜻이다. 이렇게 해서 죄의 약속은 그 강력한 힘을 잃어버린다. 또는 요한이 말하듯이, 세상의 거짓말을 "이기는 승리는 이것이니 우리의 믿음이니라"(요일 5:4). 그러나 '인간'이 하나님의 말씀을 휘두르고 또 하나님의 우월한 약속을 맛보는 이 모든 일에서 우리는 "성령으로" 행하는 것이라고 바울이 말한다.

헤아릴 수 없는 신비를 열다

이것이 그 신비, 즉 하나님의 섭리가 어떻게 그의 백성의 거룩함을 예정하고 약속하고 살 뿐만 아니라 그들 속에서 그 거룩함을 결정적으로 '실행하시는가' 하는 신비를 여는 열쇠이다. 그것은 죄를 죽이고(롬 8:13) 사랑을 창조하는(갈 5:6) 하나님의 말씀에 대한 믿음을 일깨우는 성령의 사역이다. 달리 말해, 죄를 죽이기 위해 하나님의 말씀을 휘두르는 믿음은 하나님의 선물, 곧 성령의 사역이다.

우리는 36장에서 구원의 믿음이 하나님의 선물이란 것을 살펴보았다(엡 2:8; 빌 1:29). 이는 그리스도인의 삶이 시작되는 순간뿐만 아니라 이후의 모든 시점에도 해당된다. 하나님의 영이 우리의 눈을 열어 그리스도 안에 있는 하나님의 영광을 보게 하는 것은 우리가 회심하는 시점(고후 4:6)뿐 아니라 날마다 일어나는 일이다. 그래서 바울은 에베소서 1장 18-19절에서 이렇게 기도하는 것이다. 하나님께서 "[우리] 마음의 눈을 밝히사" 그의 약속의 지극히 크심과 풍성하심을 보고 또 맛보게 하시기를 구하노라고.

하나님이 이 기도에 응답하셔서 우리의 믿음을 일깨워 죄와 불신의 위험을 보게 하시면 우리는 피로 사신 귀중한 하나님의 약속을 받아들이게 된다. 우리는 하나님이 약속하신 실체를 맛본다. 이런 방식으로 하나님은 우리 안에서 그분이 요구하시는 거룩함을 '실행하시는' 것이다. 이는 베드로가 다음과 같은 말로 가리키는 것이다. "[우리는] 말세에 나타내기로 예비하신 구원을 얻기 위하여 **믿음으로 말미암아 하나님의 능력으로 보호하심을 받았느니라**"(벧전 1:5). 하나님은 믿음을 거듭해서 일깨우심으로써 우리를 불신과 죄의 멸망으로부터 보호하시는 것이다.

너희 구원을 이루라

이런 식으로 하나님은 거룩함과 사랑의 열매를 맺을 때 우리의 생각과 마음과 의지와 애정을 충분히 사용하시는 한편, 그분 자신이 여전히 이 순종의 결정적 요인으로 남아계신다. 우리는 기적을 '실행한다.' 그분은 기적을 '유발하신다.' 우리의 자발적인 뜻과 하나님의 자발적인 뜻 간의 교류를 잘 보여주는, 흔히 인용되는 본문이 빌립보서 2장 12-13절일 것이다.

> 나의 사랑하는 자들아 … 두렵고 떨림으로 너희 구원을 이루라. 너희 안에서 행하시는 이는 하나님이시니 자기의 기쁘신 뜻을 위하여 너희에게 소원을 두고 행하게 하시나니.

'이루다'의 헬라어 단어(카테르가제스데)는 "생산하다" 또는 "불러오다"라는 뜻이다.[3] 이는 의식적인 노력을 함축한다. 그리고 현재 시제는 지속적인 분발을 나타낸다. 그래서 약간 위험한 면이 있지만 바울은 "너희 구원을 불러오는 일에 합류하라"고 말하는 셈이다. 여기서 말하는 구원은 물론 처음 칭의를 경험하는 일을 가리키지 않는다. 이는 우리가 회심하는 순간에 일어났던 과거의 일이다. 이는 믿음을

---

3) 예를 들면 다음과 같은 구절들에 나온다. 롬 4:15("율법은 진노를 불러옵니다" 새번역), 5:3("환난은 인내력을 낳고," 새번역), 7:8("죄가 기회를 타서 계명으로 말미암아 내 속에서 온갖 탐심을 이루었나니"), 15:18("그리스도께서 … 나를 시켜서 이루어 놓으신 것밖에는," 새번역), 고후 4:17("우리가 잠시 받는 환난의 경한 것이 지극히 크고 영원한 영광의 중한 것을 우리에게 이루게 함이니"), 7:10("하나님의 뜻대로 하는 근심은 후회할 것이 없는 구원에 이르게 하는 회개를 이루는 것이요").

통해 한 순간에 일어난 일이지 지속적인 과정이 아니다. 칭의는 오히려 우리의 최종 구원을 추구하고 영원한 영광에 들어가기 위한 영속적인 일의 흔들리지 않는 토대에 해당한다. 바울은 빌립보서 3장 12절에서 이를 분명히 밝힌다. "내가 이미 얻었다 함도 아니요 온전히 이루었다 함도 아니라. 오직 내가 그리스도 예수께 잡힌 바 된 그것을 잡으려고 달려가노라." 바울의 영속적인 노력은 영광의 상급을 붙잡으려는 것인데, 그것은 그가 바로 그 영광을 위해 이미 그리스도께 붙잡혔기 때문이다.

그 논리는 빌립보서 2장 12-13절에서도 똑같이 작동한다. 우리가 일하는 것은 하나님이 우리 안에서 일하고 계시기 '때문이다.' 우리가 자발적으로 행하는 것은 하나님이 우리 안에서 자발적으로 행하시기 '때문이다.' 우리는 이미 이것이 '어떻게' 작동하는지 살펴보았다. 즉, 하나님이 믿음을 일깨우고 죄를 죽이고 사랑을 창조하기 위해 어떻게 우리 안에서 일하시는지 살펴본 것이다. 바울이 빌립보서의 이 본문에서 분명히 하는 것은 우리의 노력이 어떻게 행동으로 옮겨지게 되었는가 하는 점이다. 우리는 기적이 일어나길 기다리지 않는다. 우리가 기적을 행한다. 우리는 우리의 행동이 불필요하다거나 결정적이라고 생각하도록 기만을 당하지 않는다. 이와 반대로, 최종 구원을 추구할 때 우리의 노력이 반드시 필요하다. 그리고 하나님이 자발적으로 행하시는 것이 결정적이다.

내가 일했으나 내가 아니었다

바울은 그것을 고린도전서 15장 10절에서 이렇게 표현한다.

그러나 내가 나 된 것은 하나님의 은혜로 된 것이니, 내게 주신 그의 은혜가 헛되지 아니하여 내가 모든 사도보다 더 많이 수고하였으나, 내가 한 것이 아니요 오직 나와 함께 하신 하나님의 은혜로라.

이는 앞에서 살펴본 빌립보서 2장 12-13절의 모습이다. "내가 … [많이] 수고하였으나 내가 한 것이 아니요 오직 나와 함께 하신 하나님의 은혜로라." 여기서 바울이 사용하는 '은혜'란 어휘가 죄를 용서하는 하나님의 배려에 국한되지 않는다는 것을 알아야 한다. 그것은 또한 하나님이 우리에게 요구하시는 모든 것을 우리 안에서 행하시는 하나님의 능력이기도 하다. 그래서 바울은 고린도후서 9장 8절에서 이렇게 말한다. "하나님이 능히 모든 은혜를 너희에게 넘치게 하시나니 이는 너희로 모든 일에 항상 모든 것이 넉넉하여 모든 착한 일을 넘치게 하게 하려 하심이라." 이것이 바로 바울이 고린도전서 15장 10절에서 가리키는 그 은혜이다. "내가 한 것이 아니요 오직 나와 함께 하신 하나님의 **은혜**로라."

또 다른 분의 능력으로 섬기다

바울과 베드로 모두 그들의 편지에서 하나님이 유발하시는 기적을 우리가 행하도록 도우려고 많은 노력을 기울인다. 바울은 이를 보여주려고 그 자신의 경험을 사용한다.

내가 그리스도와 함께 십자가에 못 박혔나니 그런즉 **이제는 내가 사는 것이 아니요 오직 내 안에 그리스도께서 사시는 것이라**. 이제 내가 육체 가운데 사는 것은 나를 사랑하사 나를 위하여 자기 자신을 버리신 하나님의 아들을 믿는 믿음 안에서 사는 것이라(갈 2:20).

우리가 그를 전파하여 각 사람을 권하고 모든 지혜로 각 사람을 가르침은 각 사람을 그리스도 안에서 완전한 자로 세우려 함이니, 이를 위하여 나도 **내 속에서 능력으로 역사하시는 이의 역사를 따라 힘을 다하여 수고하노라**(골 1:28-29).

베드로는 이렇게 표현한다.

누가 봉사하려면 **하나님이 공급하시는 힘으로** 하는 것 같이 하라. 이는 범사에 예수 그리스도로 말미암아 하나님이 영광을 받으시게 하려 함이니, 그에게 영광과 권능이 세세에 무궁하도록 있느니라. 아멘(벧전 4:11).

그리스도인의 삶의 신비는 이것이다. 우리는 하나님이 요구하시는 거룩함과 사랑을 위해 봉사하고, 땀 흘리고, 수고하고, 행하고, 추구하고, 애쓰도록 부름을 받았다는 것. 그러나 우리는 이 모든 일을 "내 안에 사시는 그리스도"를 통해(갈 2:20), "하나님이 공급하시는 힘으로"(벧전 4:11), "내 속에서 능력으로 역사하시는 이의 역사를 따라 힘을 다하여"(골 1:29), "나와 함께 하신 하나님의 은혜"(고전 15:10)로 행해야 하는데, 이는 "[우리] 안에서 행하시는 이는 하나님이시니 자기의 기쁘신 뜻을 위하여 [우리]에게 소원을 두고 행하게 하시기"(빌 2:13) 때문이다. 우리를 회심에서 영광으로 인도하시는 하나님의 섭리의 지혜는 우리를 전심 어린 거룩함의 추구에 관여시키되 그 결정적인 능력은 하나님 자신이 보유하신다. 우리는 기적을 행하고 하나님은 기적을 유발하신다.

하나님은 왜 결정적인 능력을 그 자신이 보유하시는가?

우리가 방금 인용한 본문에서 베드로가 하나님이 그렇게 하시는 이유를 분명히 말했다. "이는 범사에 예수 그리스도로 말미암아 하나님이 영광을 받으시게 하려 함이니, 그에게 영광과 권능이 세세에 무궁하도록 있느니라. 아멘." 이것이 하나님이 왜 우리를 거룩하게 하시는 결정적인 능력을 그 자신이 보유하시는지에 대한 궁극적 해답이다. 결정적 능력을 주시는 이가 최고의 영광을 받으신다. 우리는 도움을 받고 그분은 영광을 받으신다.

그분은 우리 안에서, 우리는 그분 안에서 영광을 받는다

우리는 지난 장의 끝부분에서 이렇게 말했다. 하나님이 믿음만이 아니라 믿음의 열매인 거룩함과 사랑도 요구하시는 이유는, 믿음은 보이지 않지만 하나님은 그의 영광이 창조된 우주에서 눈에 보이기를 원하시기 때문이라고 했다. 하나님은 그 영광이 그의 아들의 인격과 사역을 통해 지극히 빛나기를 바라신다. 그리고 그분은 그 영광이 자신이 그의 아들의 형상을 본받게 하시는 백성 속에서 빛나기를 바라신다. 이런 일이 일어나게 하려고 그리스도가 눈에 보이는 사람이 되셨고, 그의 백성은 눈에 보이는 거룩한 자들이 되고 있는 것이다. 이것이 바로 하나님이 온 땅을 채우고자 하시는 영광이다. "여호와의 영광이 온 세계에 충만할 것을 두고…"(민 14:21).

바울은 그리스도인의 삶에 대한 매우 신학적인 묘사에서 영화롭게 된 백성과 영화롭게 된 구원자라는 궁극적 목표를 거론한다. 둘 다 그 백성의 결의와 행위에 의해 그리고 하나님의 은혜와 능력을 통하여 이루어진다.

> 이러므로 우리도 항상 너희를 위하여 기도함은 우리 하나님이 너희를 그 부르심에 합당한 자로 여기시고, 모든 선을 기뻐함과 믿음의 역사를 능력으로 이루게 하시고, 우리 하나님과 주 예수 그리스도의 은혜대로 우리 주 예수의 이름이 너희 가운데서 영광을 받으시고 너희도 그 안에서 영광을 받게 하려 함이라(살후 1:11-12).

하나님은 그의 백성을 부르셔서 존재케 하시고(고전 1:24) 영광으로 인도하신다(살후 2:14). 그리고 그분은 그들을 그 부르심에 합당한 자들로 만드신다. 말하자면, 그분은 그들을 변화시키시되 그 부르심에 합당한 삶을 사는 그런 백성으로 만드는 것이다. 그분이 이렇게 하시는 방식은 우리의 "선을 행하려는 결의"와 "믿음의 역사[행위]"를 통해서다. 이런 결의와 행위는 "하나님의 은혜에 따라" 그리고 "[하나님의] 능력으로" 이루어진다. 달리 말하면, 우리가 선한 일을 결의하고 실천하는 기적을 행하지만 하나님이 그 기적을 유발하신다. 그분이 "선을 행하려는 모든 결의를 [이루신다]." 즉, 그분이 그 결의가 행위로 옮겨질지를 결정적으로 정하신다. 그럴 경우에는 그것이 "믿음의 행실"이다. 왜냐하면 우리가 우리 자신이 아니라 그분의 능력과 은혜에 의지했기 때문이다.

이 모든 하나님과 인간의 교류가 이런 식으로 일어나는 것은 영화롭게 된 백성과 영화롭게 된 구원자라는 궁극적 목표를 위해서다. "우리 주 예수의 이름이 **너희 가**

운데서 영광을 받으시고 너희도 그 안에서 영광을 받게 하려 함이라." 바로 이것이 섭리의 위대한 목표이다. 그리스도가 가시적으로 영광을 받고 그의 백성도 가시적으로 영광을 받는 것. 그리스도는 그의 형상을 본받는 백성, 곧 변화된 백성에 반영됨으로써 영광을 받으신다. 그 백성은 그들의 독자적인 능력이나 자질 때문이 아니라 오직 "그분 안에서" 영광을 받는다. 즉, 그의 구원 사역과 성화 사역과 관련해서만 영광을 받는 것이다.

우리의 순종을 실행시키는 분이 영광을 받다

이렇게 해서 우리는 하나님의 백성이 그리스도의 형상을 본받는 것이 예정되고(롬 8:29) 약속되고(겔 36:27) 구입되고(딛 2:14) 명령되었을(롬 12:1-2) 뿐만 아니라 '하나님에 의해' 실행되기도 했다는 것("그 앞에 즐거운 것을 … 우리 가운데서 이루시는 것")이 왜 그토록 중요한지를 알게 된다. 섭리의 위대한 목표는 예수 그리스도를 통해 하나님 백성의 거룩함과 행복으로 하나님의 영광이 밝게 빛나는 것이다. 이는 오직 하나님이 그리스도인의 모든 봉사와 순종에서 결정적인 힘이 될 경우에만 실현될 수 있다. 과거에도 그랬고 현재도 마찬가지다. "누가 봉사하려면 하나님이 공급하시는 힘으로 하는 것같이 하라. 이는 범사에 예수 그리스도로 말미암아 하나님이 영광을 받으시게 하려 함이니, 그에게 영광과 권능이 세세에 무궁하도록 있느니라. 아멘"(벧전 4:11).

우리를 그토록 천천히 성화시키는 것이 지혜로울까?

나는 앞에서 하나님이 "그 앞에 즐거운 것을 … 우리 가운데서 이루시는"(히 13:21) 방식은 하나님의 섭리의 '지혜'가 나타나는 현상이라고 언급했다. 이번 장을 떠나기 전에 한 가지 자명한 질문에 답하는 것이 좋을 듯하다. 하나님이 우리의 순종을 실행시키실 때 결정적 영향력을 스스로 보유하고 계시는 만큼, 그리스도인들이 그토록 천천히 성화되는 것이 과연 지혜로운 처사일까?

이에 대한 답변은 하나님이 더 빨리 조치하실 수 없다는 것이 아니다. 우리 인생이 끝날 때, 또는 재림 때 여전히 살아있는 자들에게는 그때 하나님이 눈 깜짝할 사이에 우리를 완전하게 하실 것이다. 우리가 다시는 죄를 짓지 않을 터이다. 히브리서 12장 23절은 이미 죽은 그리스도인들을 "온전하게 된 의인의 영들"이라 부른다. 우리는 그 이후 영원토록 죄와 씨름하지 않을 것이다. 하나님이 우리를 즉시 완전하게 하실 수 있고 또 그렇게 하실 것이다. 이 일을 하실 때 우리를 로봇으로 바꾸지 않고 하나님이 주신 능력, 곧 생각하고 느끼고 좋아하는 능력을 앗아가지 않으실 것이다. 그 대신 이런 능력들이 온전해질 것이다. 하나님은 이생이 끝날 때 이런 일을 하실 테지만 당장 그렇게 하실 수도 있다.

그러나 그분은 그렇게 하시지 않는다. 하나님의 섭리는 그의 지혜로 우리 안에서 일하되 이생에서는 완전한 경지에 이르지 못하는 느린 변화를 도모하신다(빌 3:12; 요일 1:8). 그분은 우리를 제지하지 않으신다. 우리를 그냥 내버려두면 우리가 완전함의 관성에 사로잡히지 않을 것이다. 우리의 선천적인 관성은 다른 방향으로 나아간다. 우리가 조금이라도 더 거룩하게 된다면 그것은 성령의 열매이지 우리의 자치(自治)의 열매가 아니다. 로마에 있는 그리스도인들이 "[사도들이] 전하여 준 바 교훈의 본을 마음으로 순종한" 것을 두고 바울은 그 순종에 대해 "하나님께 감사하리로다"라고 말한다(롬 6:17). 그리스도인이 얼마만큼이든 순종하는 경우에는 하나님의 섭리가 육신을 이기고 성령의 열매를 맺고 있는 것이다.

그렇다면 어째서 이것이 하나님의 섭리가 세운 지혜로운 전략일까? 물론 나는 하나님의 행동에 나타난 그분의 지혜의 바다를 알 수 없다. 그러나 성경에는 그 지혜를 가리키는 것들이 있다고 생각한다. 나는 19장("사탄이 계속 존재하는 이유")에서 내가 아는 답변을 제공했다. 거기서의 질문은 '하나님께서 왜 사탄이 계속 존재하도록 관용하시는가?'였다. 하나님은 오늘 당장 사탄을 불 못에 던져 넣어서 그의 파괴적인 영향력이 완전히 제거되게 하실 수 있다. 하나님은 이 일을 역사의 종말에 행하실 테고, 사탄은 더 이상 세상을 괴롭히지 못할 것이다(계 20:10). 하나님은 이것을 지금 하실 수 있다. 그러나 그렇지 하시지 않는다. 하나님이 왜 사탄을 허용하시는지, 그리고 그분이 왜 우리의 죄악을 허용하시는지에 대한 질문은 본질적으로 똑같이 답할 수 있다고 나는 생각한다. 내가 전자에 대한 답변에 한 장 전체를 할애한 만큼,

여기서 후자에 대해서는 일부 답변만 제시하려고 한다.

하나님이 만일 사탄을 즉시 없애고 세상에서 그의 영향력을 완전히 제거하신다면, 그분은 놀라운 방식으로 그 자신의 능력을 영예롭게 하게 되리라. 그러나 하나님의 섭리의 목적은 그의 능력보다 더 많은 것을 영예롭게 하는 것이다. 하나님은 그의 백성이 사탄이 제공하는 것보다 그분을 더 좋아해서 그분의 아름다움과 고귀함이 드높아지기를 바라신다. 하나님의 고귀함과 아름다움은, 우리가 사탄이 제공하는 모든 것보다 그것을 선호하는 데 비례해서 높아지게 된다. 하나님은 사탄이 이 시대에 패배하길 원하시되 단지 그리스도보다 더 약한 존재로 드러날 뿐 아니라 덜 아름답고, 덜 고귀하고, 덜 바람직하고, 덜 만족스러운 존재로 드러나서 그렇게 되길 바라신다.

여기서 나의 요점은 이와 똑같은 추론이 신자의 삶에 죄의 유혹이 계속 존재하는 것에도 적용된다는 것이다. 우리가 신실한 그리스도인으로 평생 사는 동안 경험하는 수많은 생각과 감정과 행실은 (그리스도의 피와 성령의 도움에 힘입어) 죄보다 그리스도를 선호함으로써 유혹을 물리치기 때문에 생기는 것이다. 달리 말하면, 그리스도 안에서 생명의 열매가 조금이라도 맺히는 날에는 죄가 패배하고 그리스도가 높아지고 있는 것이다. 이처럼 죄와의 싸움에서 승리하는 일은 싸움이 없으면 생기지 않을 것이다.

모든 민족과 새로운 우주를 위한 세계적 목표

마지막 장에서는 하나님의 섭리의 목표가 단지 예배하는 개개인이나 교회를 창조하고 변화시키는 것만이 아님을 살펴볼 것이다. 하나님의 목적은 세계적이다. 그것은 "각 족속과 방언과 백성과 나라"(계 5:9)를 다 포함한다. 그뿐만 아니라 모든 시대의 모든 구속된 자들의 모임을 포함한다. 그뿐만 아니라 그분의 목표는 그들의 몸이 죽은 상태에서 일어나고 우주가 새롭게 되어 "하나님의 자녀들의 영광의 자유에"(롬 8:21) 참여하는 것이기도 하다. 하나님은 어떻게 이 일을 하실까? 이것이 9편의 주제이다.

9편

섭리의 최종적인 성취

44.

선교사역의 승리와 그리스도의 재림

앞장은 하나님의 백성이 이 타락한 시대에 싸움에 휘말린 상태에 있음을 상기시켜주는 것으로 끝났다. 죄는 말할 수 없을 만큼 강력한데, 불신자들뿐만 아니라 참된 신자들의 남은 타락상에서도 그걸 볼 수 있다(롬 7:24). 13장에서 살펴보았듯이, 사탄의 영향 아래 있는 이 어둠은 하나님을 방심하게 만든 것이 아니라 오히려 그 전반적 계획의 일부이다. 세계가 창조되기 이전에, 하나님의 외아들은 하나님의 마음속에 "죽임을 당한 어린 양"(계 13:8)이었다. 바로 이 어둠과 사망 때문에 죽임을 당하신 것이다. 피로 산 구속을 통해 죄를 이기는 은혜는 하나님의 백성을 위해 이미 창조 이전에 계획된 것이었다(딤후 1:9). 하나님은 죄와 사망이 그의 목적에 어떻게 들어맞는지를 고려하지 않은 채 세계를 창조하신 것이 아니었다.

갈등과 확신

그래서 무거운 죄가 우리와 여전히 함께한다. 물론 때가 찼을 때 "그리스도께서 하나님 곧 우리 아버지의 뜻을 따라 이 악한 세대에서 우리를 건지시려고 우리 죄를 대속하기 위하여 자기 몸을 주셨다"(갈 1:4). 그리고 그분이 그의 삶과 죽음과 부활을 통해 이루신 일은 이루 묘사할 수 없을 정도로 영광스럽다. 우리는 제3부 7편과 8편에서 하나님의 위대한 섭리가 그의 백성을 구원해서 영광에 이르게 한다는 것을 살펴보았다. 그러나 그것은 기나긴 전쟁을 통과하는 승리이다. 단 한 명의 그리스도인도 이생에서 완전해질 수 없다. 하나님의 방법은 끈질긴 죄를 통해 은혜의 인내를 극대화시키는 것이다. 우리는 아직 구원하시는 하나님의 성취의 절정을 보지 못했다.

우리가 비록 싸움에 휘말려있어도 승리는 확실하다. 장차 완전한 세계에 죄 없는 완전한 상태, 하나님의 영광이 빛나고 그 영광이 그의 백성의 (그리스도를 높이는) 기쁨으로 반영될 때가 도래할 것이다. 하나님이 미리 아신 모든 사람(창세 이전부터 그의 보배로운 소유로 알려진)이 영광과 기쁨을 누리도록 예정되어 있었다. 그리고 예정된 모든 사람이 부르심을 받을 것이다. 그리고 부르심을 받은 모든 사람이 의롭게 될 것이다. 그리고 의롭게 된 모든 사람이 거룩하게 될 것이다. 그리고 거룩하게 된 모든 사람이 틀림없이 영화롭게 될 것이다(롬 8:29-30).

하나님의 자녀들을 모으다

하나님은 전능하셔서 그의 백성 안에서 순종을 실행하시는 만큼 장차 "흩어진 하나님의 자녀를 모으실"(요 11:52) 것도 확실하다. 예수님의 지상 사역 동안 대제사장 가야바가 하나님의 감동을 받아 이런 예언을 했다고 요한이 말했다. "예수께서 그 민족을 위하시고 또 그 민족만 위할 뿐 아니라 흩어진 하나님의 자녀를 모아 하나가 되게 하기 위하여 죽으실 것"이라고(11:51-52). 이 흩어진 "하나님의 자녀들"이 모일 것은 그들이 죽임을 당했으나 다시는 죽을 수 없는 어린 양에 의해 사신 바 되었던 사실만큼 확실하다. 어린 양의 피와 구속받은 자녀들의 모음 간의 이 확실성이 하늘이 노래하는 내용이다.

[아 그리스도여] 두루마리를 가지시고

그 인봉을 떼기에 합당하시도다.

일찍이 죽임을 당하사 각 족속과 방언과 백성과 나라 가운데에서

사람들을 피로 사서 하나님께 드리시고

그들로 우리 하나님 앞에서 나라와 제사장들을 삼으셨으니

그들이 땅에서 왕 노릇 하리로다(계 5:9-10).

그들은 이미 구속을 받았다. "각 족속과 방언과 백성과 나라"로부터. 이들은 "흩어진 하나님의 자녀들"이고 예수님이 "하나로 모으실" 자들이다(요 11:52). 따라서 그때는 한 나라, 한 제사장, 한 양떼가 되리라.

내가 "한 양떼"라고 말하는 이유는, 이것이 예수님이 확실히 그의 백성을 모으실 것임을 묘사하는 또 다른 방식이기 때문이다. 그는 이렇게 말한다. "이 우리에 들지 아니한 다른 양들이 내게 있어 내가 인도하여야 할 터이니, 그들도 내 음성을 듣고 한 무리가 되어 한 목자에게 있으리라"(요 10:16). 이것은 불가항력적인 섭리의 '필수사항'이자 '뜻'이다. "내가 그들을 인도하여야 한다." "그들은 내 음성을 들을 것이다." 모든 나라로부터 그의 양들(하나님의 자녀들)을 모으는 사명은 예수님의 약속과 구입과 능력만큼 확실하다. 그 일은 장차 이뤄질 것이다.

그리고 그 일을 일으키는 데 필요한 모든 수단은 하나님의 섭리가 주관하는 것만큼 확실하다. 대위임령은 예수님이 단지 명령한 것(마 28:18-20)만이 아니라 약속하신 것이다. "이 천국 복음이 모든 민족에게 증언되기 위하여 온 세상에 전파되리니 그제야 끝이 오리라"(마 24:14). 예수님은 모든 나라에서 모을 한 백성이 있다고 그저 제의하시는 게 아니다. 그는 그 일을 약속하고 또 실행하신다. "내가 이 반석 위에 내 교회를 세우리니 음부의 권세가 이기지 못하리라"(마 16:18).

예수님이 틀림없이 이 일을 하실 수 있는 것은 그의 백성 안에서 "자기의 기쁘신 뜻을 위하여 … 소원을 두고 행하게 하시기"(빌 2:13) 때문이다. 그는 "모든 선한 일에 [그들을] 온전하게 하사 자기 뜻을 행하게 하시고 그 앞에 즐거운 것을 예수 그리스도로 말미암아 [그들] 가운데서 이루신다"(히 13:21). 그의 사자들은 그의 사명을 수행할 때 "[그들] 속에서 능력으로 역사하시는 이의 역사를 따라 힘을 다하여 수고

한다"(골 1:29). 그들은 기쁘게 "우리는 심었고 물을 주었으되 오직 하나님께서 자라나게 하셨다"(고전 3:6-7을 보라)고 말한다. 그리고 그들이 심고 물주는 노력까지도 하나님 덕분으로 돌린다. "내가 한 것이 아니요 오직 나와 함께 하신 하나님의 은혜로라"(고전 15:10).

하나님의 말씀은 매이지 않는다

추수하는 주인이 그의 일꾼들을 열방으로 발진시킬 것이다(마 9:38). 그분이 그들에게 할 말을 주실 것이다(막 13:11). 그분이 그들을 보호하셔서(그들의 일이 완수될 때까지) 그들의 머리털 하나도 상하지 않을 것이다(눅 21:18). 그리고 그들의 임무가 완수될 때는 "[어떤 이들이] 그들 중의 몇을 죽이게 할 것이다"(눅 21:16). 순교자의 수는 이미 정해져 있다. 이것이 그 계획의 일부이다. 요한은 그리스도를 위해 자기 목숨을 바친, 이미 하늘에 있는 그들은 "아직 잠시 동안 쉬되 그들의 동무 종들과 형제들도 자기처럼 죽임을 당하여 그 수가 차기까지 해야 한다"(계 6:11)고 말한다. 박해의 공포와 차질은 다가오는 승리의 걸림돌이 아니다. 바울은 감옥에 갇힌 모든 그리스도의 대사들을 이렇게 대변한다. "복음으로 말미암아 내가 죄인과 같이 매이는 데까지 고난을 받았으나 하나님의 말씀은 매이지 아니하니라"(딤후 2:9).

그리스도께서 미전도 도시를 놓고 "이 성중에 내 백성이 많음이라"(행 18:10)고 말씀하실 수 있는 동안에는 매이지 않는 하나님의 말씀이 조만간 그 도시를 침투할 것이고, 주님이 그의 양의 이름을 부르시고(요 10:3), 그들의 마음을 여시고(행 16:14), 그의 이름을 위해 한 백성을 취하시고(행 15:14), 영생을 받기로 작정된 자는 다 믿게 될 것이다(행 13:48). 그의 사명은 반드시 이뤄진다.

그러므로 하나님은 지구촌 곳곳에 있는 그의 백성을 모으실 것이며, 이는 역사상 가장 다양한 모임일 것이다. 하나님은 사람을 차별하지 않으신다(행 10:34; 롬 2:11). 그분은 모든 인종 집단 가운데서 그의 최고의 호소가 승리를 거둠으로써 영광을 받으실 것이다. 그분이 모으는 사람들 가운데서는 "헬라인이나 유대인이나 할례파나 무할례파나 야만인이나 스구디아인이나 종이나 자유인이 차별이 있을 수 없나니,

오직 그리스도는 만유시요 만유 안에 계신다"(골 3:11). 그분은 스스로 각 집단에서 사람들을 취하셔서 자민족중심주의를 자랑하는 입을 막으시고 그의 십자가의 피를 통해 "적개심을 죽이실"(엡 2:16, ESV) 것이다.

이후 끝이 올 것이다

복음이 모든 민족에게 그 지정된 일을 완수한 후에는 끝이 올 것이다(마 24:14). 우주의 시계가 거기까지만 움직이도록 감겨 있기 때문이 아니라 늘 현존하고 모든 걸 포괄하며 편만한 하나님의 섭리가 그날을 정했기 때문이다. "그날과 그때는 아무도 모르나니 하늘의 천사들도, 아들도 모르고 오직 아버지만 아시느니라"(마 24:36). 하나님이 그것을 아시는 것은 그분이 계획하셨기 때문이다. "때와 시기는 아버지께서 자기의 권한에 두셨으니 너희가 알 바 아니요"(행 1:7).

누군가 이렇게 말한다고 가정해보라. "그리스도가 다시 오신다는 약속은 어디 갔는가? 그 약속 이후 이천 년이 지나갔고 만물은 창조 때부터 그냥 그대로 있지 않은가?"(참고. 벧후 3:4). 사도 베드로는 이렇게 대답한다. "주께는 하루가 천 년 같고 천 년이 하루 같다는 이 한 가지를 잊지 말라"(벧후 3:8; 참고. 시 90:4). 주님의 눈에는 예수님이 이 땅에 계셨던 때로부터 단 이틀이 지났을 뿐이다. 재림은 느리게 오고 있는 것이 아니다. 그 완벽한 때는 아버지가 정하셨다.

이어서 베드로는 이렇게 덧붙인다. "주의 약속은 어떤 이들이 더디다고 생각하는 것 같이 더딘 것이 아니라 오직 주께서는 너희를 대하여 오래 참으사 아무도 멸망하지 아니하고 다 회개하기에 이르기를 원하시느니라"(벧후 3:9).

흔히들 이 구절을 이용해서 이런 주장을 편다. 하나님은 모든 사람을 구원하고 싶은데 그의 섭리가 모두를 구원할 능력이 없는 이유는 회개하지 않는 사람들이 구원의 믿음에 관한 한 궁극적 자결권을 갖고 있기 때문이라고. 하나님이 아니라 그들이 자기네가 회개할지 여부에 대해 최종적 결정권을 갖고 있다는 것이다.

한 학문적인 주석은 이 구절에 대해 이런 결론을 내린다. "하나님의 뜻이 이뤄지지 않을 수도 있는데, 그것은 그분 편에서 노력하지 않아서 그런 것은 아닐 터이다."¹⁾ 하나님은 노력하지만 그들이 성공한다는 것.

우리는 디모데전서 2장 4절을 다루면서 (36장) 어느 의미에서 하나님은 "모든 사람이 구원받기를 원하신다"는 것, 하지만 그분이 그것을 실천에 옮기지 않기로 선택하신다는 것을 살펴보았다. 베드로후서 3장 9절도 이와 비슷한 뜻일 가능성이 있다. 그러나 나는 그게 의심스럽다. 오히려 그 진술의 초점은 보편적인 게 아니라 "너희", 곧 하나님의 백성에게 있는 듯이 보인다. "주님은 **너희에 대해** 오래 참으시고 [너희 중에] 아무도 멸망하지 않길 원하신다." 만일 "너희"에 대한 그분의 인내가 헬라어 문장에서 세 단어 뒤에 나오는 "아무도"를 가리키지 않는다면 오히려 이상할 것이다. 그래서 베드로가 "주님은 너희에 대해 인내하시고 **너희 중에** 아무도 멸망하지 않길 원하신다"라고 말하는 셈이다. 여기서 저자가 너희를 당시의 청중보다 더 큰 그룹을 지칭하는 말로 사용한다고 해석해도 어색하거나 이상하지 않다. 마치 해병대 부사관이 일단의 해병대원들에게 "**너희**는 세상에서 최고의 전투부대임을 명심해라"라고 말할 때는 모든 해병대원을 가리키는 것과 같다.

나는 베드로전서 3장 9절을 이렇게 해석한다. "주님은 너희[하나님이 선택한 사람들]에 대해 오래 참으시고 [하나님의 선민 중에] 아무도 멸망하지 않기를 원하신다." 그래서 베드로후서 1장 10절("형제들아 더욱 힘써 **너희** 부르심과 택하심을 굳게 하라")도 그렇게 해석한다. 이것을 베드로의 당시 청중뿐만 아니라 모든 그리스도인에게 적용되는 것으로 해석하는 것이다. 우리 모두 우리가 선택받은 것을 굳게 해야 한다. 그러므로 나는 베드로후서 3장 9절을 이렇게 해석하는 것이다. 재림의 시기와 관련해 하나님은 베드로의 청중을 위해 오래 참으실 뿐만 아니라 장차 태어나서 회개하게 될 모든 선민을 위해서도 오래 참으시는 것이라고.

내가 이것을 올바른 해석이라 생각하는 또 하나의 이유가 있다. 주님이 세기가 바뀔 때마다 재림을 지연하심에 따라 (더 일찍 오실 때보다) 수백만 명도 넘는 사람들이 멸망하고 있다. 그런즉 그분이 사람들이 멸망하지 않길 원하시기 때문에 재림을 지연하신다고 말하는 것은 그분이 자기가 원하는 것과 정반대되는 일을 초래하는 방식으로 행동하고 계신다는 것을 의미한다. 그래서 나는 베드로후서 1장 10절(베드로

---

1) Peter H. Davids, *The Letters of 2 Peter and Jude*, Pillar New Testament Commentary (Grand Rapids, MI: Eerdmans, 2006), 281.

가 선택을 믿는다는 구절)에서 실마리를 찾아 그것을 베드로후서 3장 9절(하나님은 선택된 사람들 중에 아무도 멸망하지 않고 회개에 이르기를 원하신다는 것)의 배경으로 삼는 편이 낫다고 생각한다. 사실은 이런 일이 일어날 것이다. 그리고 그렇게 될 때에야 비로소 끝이 올 것이다(마 24:14).

끝이 곧 시작이다

예수님이 말씀하시는 "끝"(마 24:14)은 우리가 알고 있는 죄와 죽음의 타락한 시대의 끝을 의미한다.[2] 이 끝은 예수님이 묘사하셨듯이, 예수님이 하늘로부터 몸으로 되돌아오실 때 도래할 것이다.

> 그때에 인자의 징조가 하늘에서 보이겠고 그때에 땅의 모든 족속들이 통곡하며 그들이 인자가 구름을 타고 능력과 큰 영광으로 오는 것을 보리라. 그가 큰 나팔소리와 함께 천사들을 보내리니 그들이 그의 택하신 자들을 하늘 이 끝에서 저 끝까지 사방에서 모으리라(마 24:30-31).

이 사건은 근본적으로 새로운 무언가의 시작이 될 것이다. 그것은 우리가 알고 있는 역사의 종말일 것이다.

그러나 이 본문의 초점은 끝이 아니라 시작에 있다. 예수님은 "그의 택하신 자들"을 모으기 위해 능력과 영광으로 오고 계신다. 그분은 무의미하게 그들을 모으고 계시는 것이 아니다. 이는 영광스러운 무언가의 시작이다. 이는 그분이 그 모든 구속의 역사 동안에 택하신 자들을 위해 행해오신 일의 완성이다. 그분은 택하신 자들을 예정하셨고, 그들을 부르셨고, 그들을 의롭게 하셨고, 그들을 거룩하게 하셨

---

[2] 역사를 "이 시대"와 "오는 시대"로 나누는 것에 대해서는 마 12:32; 고전 1:20; 2:6, 8; 3:18; 엡 1:21을 보라. "이 시대"는 우리가 알고 있는 일반적인 역사, 곧 죄와 죽음의 시대를 가리킨다. "오는 시대"는 예수님이 누가복음 20장 34-35절에서 말씀하시듯이, 근본적으로 다르고 재림 때에 부활과 함께 침입할 것이다. "이 세상[시대]의 자녀들은 장가도 가고 시집도 가되 저 세상[시대]과 및 죽은 자 가운데서 부활함을 얻기에 합당히 여김을 받은 자들은 장가가고 시집가는 일이 없으며."

고, 이제 그분은 그들이 영화롭게 될 영원한 미래를 위해 그들을 모으고 계시는 중이다.

포괄적인 모임

바울이 이 영광스러운 사건에 대해 묘사하는 두 개의 대목을 더 생각해보라. 둘 중 하나는 그 모임이 얼마나 포괄적인지를 보여주고, 다른 하나는 그 모임이 멸망할 자들을 제외시키는 모임이란 끔찍한 사실을 보여준다.

주께서 호령과 천사장의 소리와 하나님의 나팔 소리로 친히 하늘로부터 강림하시리니, 그리스도 안에서 죽은 자들이 먼저 일어나고 그 후에 우리 살아남은 자들도 그들과 함께 구름 속으로 끌어 올려 공중에서 주를 영접하게 하시리니, 그리하여 우리가 항상 주와 함께 있으리라(살전 4:16-17).

바울은 주님을 만나게 될 선택받은 자들의 모임이 얼마나 포괄적인지를 강조하고 있고 거기에는 이미 죽은 신자들도 포함된다. "그리스도 안에서 죽은 자들이 먼저 일어나리라." 그리고 살아있는 신자들은 주님이 오실 때 그분을 만나려고 끌어 올려갈 것이다.

여기서 자명한 사실에 놀라지 않고 그냥 지나치지 말라. 예수님이 나사로의 무덤에서 "큰 소리로" 부르짖고 그 부르짖음이 생명을 창조한 것처럼(요 11:43), 그리스도께서 구름을 타고 오실 때에도 호령이 있을 터이고, 그리스도 안에서 죽은 수많은 자들이 죽은 상태에서 일어나게 될 것이다. 몸을 입고. 이것은 어떻게든 더 나은 미래가 오고 있다는 막연한 희망을 품게 하는 그런 상징적인 말이 아니다. 이는 몸이 재창조되어 영혼과 재통합되는 것, 즉 온전한 사람이 재구성되는 기적적인 사건이다. 이것은 전능한 섭리의 사역이다. 오직 하나님만이 이 일을 하실 수 있다. 마치 홍수가 옛 세계에서 죄 많은 사람들을 깨끗이 휩쓸어간 것처럼, 부활은 새 세계를 하나님의 구속되고 새로워진 백성으로 가득 채울 것이다.

이것이 선택된 자들을 위해 예정된 미래가 성취되는 모습이다. "하나님이 미리 아신 자들을 또한 그 아들의 형상을 본받게 하기 위하여 미리 정하셨으니"(롬 8:29). 그 아들의 형상으로! 그 아들은 죽은 자 가운데서 일으킴을 받았다. 그는 눈에 보였다(요 20:20). 그는 손으로 만질 수 있었다(요 20:27). 그는 생선을 먹었다(눅 24:42-43). 그러나 그는 알아볼 수 없을 만큼 새로운 존재였고 다시는 죽을 수 없었다(롬 6:9). 우리도 그와 같이 될 것이다.

그는 우리의 몸을 그의 영광스러운 몸처럼 변화시킬 것이다

사도 바울은 예수님의 부활과 우리의 부활을 분명히 연결시켰다. "예수를 죽은 자 가운데서 살리신 이의 영이 너희 안에 거하시면, 그리스도 예수를 죽은 자 가운데서 살리신 이가 너희 안에 거하시는 그의 영으로 말미암아 너희 죽을 몸도 살리시리라"(롬 8:11). "이제 그리스도께서 죽은 자 가운데서 다시 살아나사 잠자는 자들의 첫 열매가 되셨도다"(고전 15:20). 예수님의 부활은 하나님의 잠자는 자녀들이란 큰 들판에서 거둔 첫 수확이었다. 부활한 그리스도는 오늘 하늘에서 "만물을 자기에게 복종하게 하실 수 있는 자의 역사로 우리의 낮은 몸을 자기 영광의 몸의 형체와 같이 변하게 하실"(빌 3:20-21) 그 위대한 날을 기다리고 계신다.

천사들과 함께 불꽃 가운데에 나타나실 때

그런즉 그리스도의 재림 때 선택된 자들의 모임은 무척 포괄적이다. 그 모임은 살아있는 자와 죽은 자를 포함한다. 그것은 또한 멸망될 자들을 제외한 모임이기도 하다.

주 예수께서 자기의 능력의 천사들과 함께 하늘로부터 불꽃 가운데에 나타나실 때에 하나님을 모르는 자들과 우리 주 예수의 복음에 복종하지 않는 자들에게 형벌을 내리시리니 이런 자들은 주의 얼굴과 그의 힘의 영광을 떠나 영원한 멸망의 형벌을 받으리로다. 그날에 그가 강림하사 그의 성도들에게서 영광을 받으시고 모든 믿는 자들에게서 놀랍게 여김을 얻으시리니 이는 (우리의 증거가 너희에게 믿어졌음이라)(살후 1:7-10).

예수님은 인자가 올 때 그의 천사들이 "그의 택하신 자들을 하늘 이 끝에서 저 끝까지 사방에서 모으리라"(마 24:31)고 약속하셨는데, 그 함의는 분명하다. 그것은 '다른 이들 가운데서 골라낸' 모임이란 뜻이다. 그는 이 분리를 마태복음 25장에서 이렇게 묘사한다.

인자가 자기 영광으로 모든 천사와 함께 올 때에 자기 영광의 보좌에 앉으리니, 모든 민족을 그 앞에 모으고 각각 구분하기를 목자가 양과 염소를 구분하는 것 같이 하여 … 그 때에 임금이 그 오른편에 있는 자들에게 이르시되 "내 아버지께 복 받을 자들이여, 나아와 창세로부터 너희를 위하여 예비된 나라를 상속받으라" … 또 왼편에 있는 자들에게 이르시되 "저주를 받은 자들아 나를 떠나 마귀와 그 사자들을 위하여 예비된 영원한 불에 들어가라" … 그들은 영벌에, 의인들은 영생에 들어가리라 하시니라(마 25:31-32, 34, 41, 46).

바울도 이 시대의 끝에 있을 크나큰 분리에 대해 말했다.

하나님께서 각 사람에게 그 행한 대로 보응하시되, 참고 선을 행하여 영광과 존귀와 썩지 아니함을 구하는 자에게는 영생으로 하시고 오직 당을 지어 진리를 따르지 아니하고 불의를 따르는 자에게는 진노와 분노로 하시리라(롬 2:6-8).

이는 그리스도의 재림 때 나타날 은혜와 능력의 영광의 어둔 배경이다. "하나님을 모르는 자들과 우리 주 예수의 복음에 복종하지 않는 자들에게 형벌을 내리시리니, 이런 자들은 주의 얼굴과 그의 힘의 영광을 떠나 영원한 멸망의 형벌을 받으리로다"(살후 1:8-9). 그 형벌은 영원하고 파괴적이며 주님의 아름다움이 조금도 없는 상태일 것이다.

이것은 멸절이 아니다

사도 요한은 지옥의 모습을 가장 암담하게 묘사한다. 참된 하나님에게 등을 돌리고 그의 구속의 은혜에 대한 믿음이 없이 행하는 사람은

하나님의 진노의 포도주를 마시리니 그 진노의 잔에 섞인 것이 없이 부은 포도주라. 거룩한 천사들 앞과 어린 양 앞에서 불과 유황으로 고난을 받으리니 그 고난의 연기가 세세토록 올라가리로다. 짐승과 그의 우상에게 경배하고 그의 이름표를 받는 자는 누구든지 밤낮 쉼을 얻지 못하리라 하더라(계 14:10-11).

이것은 멸절이 아니다. 이는 의식적인 고통이 영원히 지속되는 것이다. 아, 지옥의 실재와 구원의 가능성을 알고 믿는 이들은 얼마나 분명하고 긴급하게 경고하고 호소하고 기도해야 할지 모른다! 예수님이 예루살렘에 닥칠 임박한 심판(한시적이고 영원한)을 두고 눈물을 흘리신 것은 우리에게 위대한 모델이 아닐 수 없다.

[예수께서] 가까이 오사 성을 보시고 우시며 이르시되 "너도 오늘 평화에 관한 일을 알았더라면 좋을 뻔하였거니와 지금 네 눈에 숨겨졌도다"(눅 19:41-42).

경고하고 호소하고 기도하라

사도 바울은 그의 주인의 마음을 좇았다. 그는 예수님이 예루살렘의 믿지 않는 지도자들에 관해 하신 다음 말씀을 누구 못지않게 잘 알았고 누구 못지않게 명백히 가르쳤다. "천지의 주재이신 아버지여 이것을 지혜롭고 슬기 있는 자들에게는 숨기시고 어린 아이들에게는 나타내심을 감사하나이다"(마 11:25). 그런데 그는 예수님처럼(눅 19:41; 마 23:37) 멸망하는 친척을 위해 눈물을 흘리며 기도했다.

나에게 큰 근심이 있는 것과 마음에 그치지 않는 고통이 있는 것을 내 양심이 성령 안에

서 나와 더불어 증언하노니, 나의 형제 곧 골육의 친척을 위하여 내 자신이 저주를 받아 그리스도에게서 끊어질지라도 원하는 바로라 … 내 마음에 원하는 바와 하나님께 구하는 바는 이스라엘을 위함이니 곧 그들로 구원을 받게 함이라(롬 9:2-3, 10:1).

이것은 이 시대의 크나큰 끝과 그리스도의 재림의 크나큰 시작을 향해 우리가 걷는 역설적인 길이다. "근심하는 자 같으나 항상 기뻐한다"(고후 6:10). 모든 고통, 특히 영원한 고통으로 인해 운다(롬 12:15). 하지만 언제나 소망 가운데 기뻐한다(롬 5:2; 12:12). 우리 사방에는 온통 죄의 황폐한 모습과 타락한 세상의 헛된 모습밖에 없다(롬 8:20). 그러나 우리의 창조주, 구속주, 친구의 앞에 있는 승리의 나팔소리와 영원한 기쁨을 바로 저 지평선 너머로부터 들을 수 있다. "주께서 가까우시니라"(빌 4:5). 그러면 우리가 "아멘, 주 예수여 오시옵소서"(계 22:20)라고 말한다.

끝 이후의 끝없는 시대

그런데 주님의 재림이 가져오는 궁극적 결과는 무엇인가? 전능하고 편만하며 모든 것을 포괄하는 섭리가 한 백성이 하나님의 아들을 본받도록 예정하고, 하나님이 요구하시는 순종을 그들 안에서 행하기로 약속하고, 하나님의 아들을 대가로 치러 거룩함을 사고, 그리스도의 오심과 함께 그들을 모든 나라에서 모으고 이 시대를 절정에 이르게 한다면, 우리는 섭리가 끝없이 영원한 시대에 무엇을 성취할 것으로 기대할까? 이제 마지막 한 장이 남았다.

45.

새로운 몸, 새로운 세계, 영원한 기쁨

이제 이 책의 제3부(섭리의 성격과 범위)의 끝부분에 이르러 본즉 다시 2부(섭리의 궁극적 목표)의 끝부분으로 되돌아가게 된다. 제2부의 마지막 두 장(13장과 14장)은 하나님의 섭리 사역에 나타난 그분의 궁극적 목표의 절정을 묘사했다. 그 중간에 살펴본 것은 하나님의 섭리는 그토록 불가항력적인 성격과 그토록 포괄적인 범위를 갖고 있어서 그분이 세계를 창조하고 다스리도록 계기를 마련해준 그 목표를 반드시 달성하실 것이란 사실이다. 이 마지막 장은 앞서 발견한 하나님의 최종 목표를 다루되 예수님의 재림으로부터 나오는 다섯 가지 섭리 사역에 초점을 두려고 한다.

다섯 가지 섭리 사역

첫째, 주님이 오실 때 우리는 큰 영광 가운데 계시는 주님을 직접 보게 될 것이다. 둘째, 우리는 그 경험으로 '심오한 변화'를 겪되 신체적인 면은 물론 특히 하나님을 알고 사랑하고 즐거워하는 역량 면에서 그러할 것이다. 셋째, 이 변화가 현재로는 상상할 수 없는, '영원한, 늘 커져가는 즐거움'을 낳을 것이다. 넷째, '타락한 물질적 우주는 허무함과 썩어짐에 속박된 상태에서 해방되어' 하나님의 자녀들의 영광스러운 자유에 완전히 적응하게 될 것이다. 다섯째, '하나님이 친히 최고의 중심적인 존재가 되실 것이다.' 즉, 아름다움과 고귀함과 위대함의 측면에서 모든 것을 초월하고, 모든 것을 만족시키는 만물의 중심이 되실 것이다.

1. 우리는 큰 영광 가운데 계시는 주님을 직접 보게 될 것이다

앞장에서 살펴본 것처럼, 예수님은 그의 재림을 "끝"으로 묘사하시지만(말하자면, 우리가 알고 있는 이 타락한 죄와 죽음의 시대) 그것은 영광스러운 '시작'이란 것을 분명히 밝히신다. 그분은 자신이 "능력과 큰 영광으로" 오고 계시고, 그의 천사들이 "그의 택하신 자들을 하늘 이 끝에서 저 끝까지 사방에서 모으리라"고 말씀하신다(마 24:30-31).

이는 소망을 가득 안겨준다. 우리는 지구촌의 이 끝과 저 끝으로부터, 오랫동안 잊힌 무덤들로부터 그러모아져서 그분 앞에 모여 그분의 "큰 영광"을 직접 보게 되리라. 예수님이 처음 오실 때는 그의 눈부신 큰 영광의 상당 부분을 제쳐놓으셨다. 그는 "자기를 비워 종의 형체를 가지셨고"(빌 2:7) 이 땅에서 주로 그의 은혜의 영광을 나타내셨다(요 1:14). 그러나 예수님이 두 번째 오실 때는 자기를 비우지 않으실 것이다. 그분은 본래의 영원한 삼위일체적 영광에다 부활의 영예와 온전해진 구속자의 드높은 직분(히 2:10)을 겸비한 상태로 오실 것이다.

우리의 복된 소망

바울은 이 점을 강조한다. 재림이 행복한 소망이자 사모하는 기대인 이유는 바로 우리가 그리스도의 영광을 직접 보게 될 것이기 때문이라고. 바울은 우리의 "복된 소망", 즉 우리의 행복한 소망을 언급하는데, 이는 "위대하신 하나님과 우리 구주 예수 그리스도의 영광이 **나타나는 것**"(딛 2:13, 새번역)을 말한다. 이 사건을 행복한 소망으로 만드는 것은 그 영광의 존재만이 아니라 그 영광이 '나타나는 것'이다.

그리고 디모데후서 4장 8절에서 바울은 그날에 의의 면류관이 이 나타나심을 "사모한" 이들에게 주어질 것이라고 말한다.

> 이제 후로는 나를 위하여 의의 면류관이 예비되었으므로, 주 곧 의로우신 재판장이 그 날에 내게 주실 것이며 내게만 아니라 주의 나타나심을 사모하는 모든 자에게도니라.

디도서와 디모데후서는 모두 '나타나심'이 소중하다는 점을 강조하고 있다. 이는 '행복한' 소망이다. 이는 사모하는 '나타나심'이다. 그때 나타나는 것은 "큰 영광" 가운데 계신 주 예수님이다. 그 소망의 행복함과 나타나심에 대한 사모는 주로 주님의 나타나심에 대한 우리의 주관적 반응에서 생기지 않는다. 오히려 거꾸로다. 우리의 주관적 반응(그분이 오실 때의 우리의 행복)이 예수님이 오시는 '목적'으로부터 생긴다. 그분은 바로 이런 반응을 만들기 위해 오시는 중이다. "그날에 그가 강림하사 그의 성도들에게서 **영광을 받으시고** 모든 믿는 자들에게서 **놀랍게 여김을 얻으시리니**"(살후 1:10).

그의 목표는 우리가 그를 보고 또 놀라게 하는 것이다. 우리는 이미 2장에서 이처럼 영광을 받고 놀랍게 여김을 얻으려는 하나님의 목적이 병적인 자기중심적 성격이 아니라는 것을 살펴보았다. 우리는 이기적 목적을 위해 이용당하고 있는 게 아니다. 우리는 피조된 존재가 얻을 수 있는 최대의 기쁨 속으로 환영받고 있는 중이다. 이는 무한한 완전함을 흠모하고 반영하는 것을 말한다.

"주의 영광을 내게 보이소서": 희미한 것을 없애주소서

하나님의 영광을 보는 것은 언제나 경건한 마음이 갈망하던 일이었다. 모세는 하나님께 **"주의 영광을 내게 보이소서"**(출 33:18)라고 부르짖었다. 다윗은 "내가 여호와께 바라는 한 가지 일 그것을 구하리니 … **여호와의 아름다움을 바라보며** 그의 성전에서 사모하는 그것이라"(시 27:4)고 기도한다. 이사야는 "여호와의 영광이 나타나고 **모든 육체가 그것을 함께 보리라**"(사 40:5)고 약속한다. "네 눈은 왕을 그의 아름다운 가운데에서 보리라"(사 33:17). 예수님은 "마음이 청결한 자는 복이 있나니 **그들이 하나님을 볼 것**"(마 5:8)이라고 말씀하신다.

이와 반대로, 이 시대에 경건한 마음이 짊어진 가장 큰 짐 중 하나는 우리가 하나님을 너무나 희미하게 본다는 것이다. "우리가 지금은 거울로 보는 것 같이 희미하나 그때에는 얼굴과 얼굴을 대하여 볼 것이요, 지금은 내가 부분적으로 아나 그 때에는 주께서 나를 아신 것같이 내가 온전히 알리라"(고전 13:12). 지금은 우리가 "우리가 믿음으로 행하고 보는 것으로 행하지 아니함이로라"(고후 5:7). 지금 우리가 그 모든 환난 가운데서 용기를 내는 이유는 "우리가 주목하는 것은 보이는 것이 아니요 보이지 않는 것이니 보이는 것은 잠깐이요 보이지 않는 것은 영원하기"(고후 4:18) 때문이다. 우리는 "희망 가운데 기뻐한다"(롬 5:2, 현대인의 성경). 우리는 "의의 소망을 **기다린다**"(갈 5:5). 우리는 우리의 입양이 완성될 것을 **기다린다**(롬 8:23). 그러나 우리는 '특히' "우리 주 예수 그리스도의 나타나심"을 기다린다(고전 1:7; 참고, 살전 1:10). "우리가 소망으로 구원을 얻었으매, 보이는 소망이 소망이 아니니 보는 것을 누가 바라리요? 만일 우리가 보지 못하는 것을 바라면 참음으로 기다릴지니라"(롬 8:24-25).

그러나 그리스도가 "큰 영광" 가운데 오실 때는 희미한 것이 사라진다. 흐릿한 거울이 맑은 창문이 된다. 그동안의 기다림이 끝난다. 우리는 "얼굴과 얼굴을 대하여" 본다(고전 13:12). 예수님이 제자들을 위해 드린 최후의 위대한 기도가 실현된다. "아버지여 내게 주신 자도 나 있는 곳에 나와 함께 있어 아버지께서 창세 전부터 나를 사랑하시므로 내게 주신 나의 영광을 그들로 보게 하시기를 원하옵나이다"(요 17:24). 이제 예수님에게는 그보다 더 큰 기도 제목이 없다. 그보다 더 큰 선물도 없다. 그보다 더 큰 사랑도 없다. 그분은 우리의 최후의 그리고 최대의 운명이 가장 큰 영광 가운데 계신 가장 큰 분을 보는 데 있음을 발견하도록 우리가 창조되었다는 것을 아신다. 이 때문에 그분이 하나님께 그들에게 그의 영광을 보게 해달라고 기도하는 것이다.

2. 우리는 심오한 변화를 겪을 것이다

그리스도의 큰 영광 가운데 그분을 보되 그 효과와 상관없이 생각하는 것을 우리의 최대 운명이라고 말한다면, 그것은 정확한 말이 아니다. 그리스도를 보는 것은 물론 (이루 표현할 수 없을 만큼) 대단한 일이지만 그 효과가 없으면 그건 대단한 일이 아니다. 그것은 섭리의 궁극적 목표가 아니다. 그래서 우리는 이제 재림에서 나오는 두 번째 섭리 사역을 다룰 차례이다. 우리가 영광 가운데 계신 그리스도를 보면 우리가 심오한 변화를 겪게 되리라. 우리가 그분과 같이 될 것이다.

우리의 몸이 변화되는 것은 섭리의 네 번째 사역을 다룰 때 논의할 것이다. 여기서의 초점은 하나님을 알고 사랑하고 즐거워하는 우리 역량의 보다 본질적인 변화이다. 요한은 첫 번째 편지에서 이렇게 썼다.

> 사랑하는 자들아 우리가 지금은 하나님의 자녀라 장래에 어떻게 될지는 아직 나타나지 아니하였으나, 그가 나타나시면 우리가 그와 같을 줄을 아는 것은 그의 참모습 그대로 볼 것이기 때문이니(요일 3:2).

이제는 조금씩이 아니라 순간적으로

이것은 마법이 아니다. 예수님을 봐서 생기는 자연스러운 효과도 아니다. 올바른 화학제품에 넣으면 색채가 변하는 리트머스 종이와 같지도 않다. 이것은 하나님의 섭리의 사역이다. 그것은 이생에서 우리가 회심할 때 갖는 그리스도에 대한 영적 시력과 함께 시작된 것이다.

> 우리가 다 수건을 벗은 얼굴로 거울을 보는 것같이 주의 영광을 보매 그와 같은 형상으로 변화하여 영광에서 영광에 이르니 곧 주의 영으로 말미암음이니라(고후 3:18).

"이것은 영이신 주님께서 하시는 일입니다"(새번역). 이는 자동적이거나 기계적인 일이 아니다. 이는 하나님의 사역이다. 하나님이 그 상관관계를 지정하신 후 그런 변화를 가져오셨다. 즉, 보는 것이 변화되는 것을 낳은 셈이다. 우리가 회심할 때 하나님이 새로운 창조를 시작하신다. "누구든지 그리스도 안에 있으면 새로운 피조물이라"(고후 5:17). "우리는 그가 만드신 바라. 그리스도 예수 안에서 선한 일을 위하여 지으심을 받은 자니"(엡 2:10). "[우리가] 새 사람을 입었으니 이는 자기를 창조하신 이의 형상을 따라 지식에까지 새롭게 하심을 입은 자니라"(골 3:10). 이 창조의 목표는 예정된 대로 우리로 그리스도를 본받게 하는 것이다. "하나님이 미리 아신 자들을 또한 그 아들의 형상을 본받게 하기 위하여 미리 정하셨으니"(롬 8:29). 이는 "영광에서 영광에 이르는 것"(고후 3:18), 곧 점진적으로 일어난다.

그러나 그 과정은 그리스도의 재림 때에 절정에 이른다. 바울이 '영화'(榮化)라고 부르는 것, 곧 몸과 영혼이 영화롭게 되는 것은 거기서 완성된다. 하나님이 그 아들의 형상을 본받게 하기 위하여 미리 정하신 자들을 영화롭게 하셨다(롬 8:29-30). 이제는 "영광에서 영광에 이르는 것"이 아니라 순간적으로 변화된다. 이것이 다음과 같은 요한의 말이 지닌 뜻이다. "그가 나타나시면 우리가 그와 같을 줄을 아는 것은 그의 참모습 그대로 볼 것이기 때문이다"(요일 3:2). 역사의 종말에 이르면 놀라운 순간에 그 약속이 이뤄질 것이다. "우리가 흙에 속한 자의 형상을 입은 것같이 또한 하늘에 속한 이[그리스도]의 형상을 입으리라"(고전 15:49). 우리는 그분의 영광으로 영화롭게 될 것이다. "그때에 의인들은 자기 아버지 나라에서 해와 같이 빛나리라"(마 13:43).

죄와 싸우는 삶이 완료되다

이것은 신체적인 광채이자 도덕적인 광채일 것이다. 바울이 교회가 그 남편을 위해 신부로서 준비되는 것을 묘사할 때 주로 도덕적 완전함을 염두에 두고 있었다.

> 그리스도께서 교회를 사랑하시고 그 교회를 위하여 자신을 주심같이 하라. 이는 곧 물로 씻어 말씀으로 깨끗하게 하사 거룩하게 하시고 자기 앞에 영광스러운 교회로 세우사 티나 주름 잡힌 것이나 이런 것들이 없이 거룩하고 흠이 없게 하려 하심이라(엡 5:25-27).

이 영화의 순간은 평생에 걸친 죄와의 싸움과 거룩함의 추구가 별안간 완료되는 시점일 것이다. 현재의 점진적 성화와 그리스도가 오실 때의 완전한 성화 사이에는 밀접한 관계가 있다. 그래서 바울이 이렇게 말한다.

너희로 지극히 선한 것을 분별하며 또 진실하여 허물없이 그리스도의 날까지 이르고,

예수 그리스도로 말미암아 의의 열매가 가득하여 하나님의 영광과 찬송이 되기를 원하노라(빌 1:10-11).

또 주께서 우리가 너희를 사랑함과 같이 너희도 피차간과 모든 사람에 대한 사랑이 더욱 많아 넘치게 하사 너희 마음을 굳건하게 하시고, 우리 주 예수께서 그의 모든 성도와 함께 강림하실 때에 하나님 우리 아버지 앞에서 거룩함에 흠이 없게 하시기를 원하노라(살전 3:12-13).

평강의 하나님이 친히 너희를 온전히 거룩하게 하시고 또 너희의 온 영과 혼과 몸이 우리 주 예수 그리스도께서 강림하실 때에 흠 없게 보전되기를 원하노라(살전 5:23).

바울이 드린 세 편의 기도는 하나같이, 하나님께서 신자들로 그토록 순결한 방식으로 살게 하신 결과 그리스도가 오실 때 우리 영혼의 순간적인 온전케 됨이 평생에 걸친 거룩한 삶에의 헌신의 자연스러운 완성이 되게 해달라는 간구이다. 그 과정은 영적으로 그리스도의 아름다움을 불완전하게 보는 것으로(고후 3:18; 4:6) 시작되었다가 장차 우리가 "그를 참모습 그대로 볼" 때 완료될 것이다.

그날이 되면 부분적으로 보며 신음하는 것이 끝날 터이다. 그리고 표준에 못 미쳐 슬퍼하는 일도 마감될 것이다. 이것은 어쩌면 우리의 몸이 그리스도의 영광스러운 몸처럼 변하는 것(빌 3:21)보다 더 큰 진실일 것이라고 확신해도 무방하다고 생각한다. 성도들이 마음속으로 "아, 제발 신체적 고통에서 해방되었으면!" 하고 부르짖는 것보다 "아, 제발 죄짓는 데서 해방되었으면!" 하고 부르짖는 것이 더 절실하다. 우리는 둘 다 얻게 될 것이다. 그러나 하나님의 아들의 형상을 본받는 일의 최대 부분은 신체적인 게 아니라 영적인 것이다. 우리가 다시는 죄를 짓지 않으리라! 예수님이 매력을 느끼지 않는 것에는 우리도 매력을 느끼지 않을 것이다. 그분이 생각하시는 방식으로 우리도 생각할 것이다. 그분이 선호하시는 것을 우리도 선호할 것이다. 그분의 즐기는 것을 우리도 즐길 것이다.

3. 영원한, 늘 커져가는 즐거움

이는 예수님의 재림에서 나오는 섭리의 세 번째 사역으로 이어진다. 우리가 영광스러운 그리스도를 참모습 그대로 볼 때 경험하는 변화는 현재로선 상상할 수 없는 영원한, 늘 커져가는 즐거움을 안겨줄 것이다. 바로 그 최후의 성취를 가리켜 시편 16편 11절은 이렇게 읊조린다. "주의 앞에는 충만한 기쁨이 있고 주의 오른쪽에는 영원한 즐거움이 있나이다." 나는 우리에게 재림 때 그리스도의 영광을 '보는' 것을 허락하실 하나님의 사역에 초점을 맞춘 후 이렇게 말했다. 만일 우리가 그 놀라운 '결과', 즉 부활하신 그리스도처럼 변하는 것이 없이 그냥 보기만 하는 걸 생각한다면, 그것은 섭리의 최대 목표가 아니라고. "그가 나타나시면 우리가 그와 같을 줄을 아는 것은 그의 참모습 그대로 볼 것이기 때문이니"(요일 3:2).

이제 나는 한걸음 더 나아가서 그리스도와 같이 변하는 것이 섭리의 최대 목표라고 주장하는 것도 부적절하다고 말하겠다. 왜냐하면 이는 그 닮음의 핵심까지 나아가지 않기 때문이다. 성경은 우리를 한층 더 위쪽으로 또 한층 더 안쪽으로 몰고 간다. 물론 우리가 마침내 그리스도와 같이 되는 것은 헤아릴 수 없을 만큼 심오하고 다면적인 변화일 것이다. 그 변화를 단순화할 생각은 없다. 그러나 나는 예수님의 기도를 좇아서 그의 영광을 본 결과로 일어나는 일을 최대한 추적하고 싶다.

하나님이 하나님에게 느끼는 기쁨으로 하나님을 기뻐하는 것

그런 결과들 중 하나는 우리가 아들에 대한 아버지의 사랑으로 그리스도를 사랑하게 되는 것이다. 그리고 그것은 아버지가 아들의 온전한 모습에 대해 느끼는 무한한 즐거움이 아니고 무엇이겠는가? "이는 내 사랑하는 아들이요 내 기뻐하는 자라"(마 3:17). 예수님이 우리가 이 기쁨에 동참하도록 기도하시는 것을 주목하라.

> 아버지여 내게 주신 자도 나 있는 곳에 나와 함께 있어 아버지께서 창세 전부터 나를 사랑하시므로 내게 주신 나의 영광을 그들로 보게 하시기를 원하옵나이다 … 내가 아버지의 이름을 그들에게 알게 하였고 또 알게 하리니, 이는 나를 사랑하신 사랑이 그들 안에 있고 나도 그들 안에 있게 하려 함이니이다(요 17:24, 26).

예수님이 아버지의 이름을 제자들에게 알게 하신 목적은 아버지의 아들에 대한 사랑이 '그들 안에 있게 하려는 것'이라고 말씀하신다. "나를 사랑하신 [아버지의] 사랑이 그들 안에 … 있게 하려 함이니이다." 이는 무슨 뜻인가? 이는 그리스도를 사랑하는 것에 관한 한 우리가 우리의 유한한(온전해졌더라도) 역량에 그냥 방치되지 않는다는 뜻이다. 아버지께서 그분의 그리스도에 대한 사랑을 우리 안에 두신다. 예수님은 "…나도 그들 안에 있게"라고 덧붙이신다. 우리가 바로 그 아버지의 사랑으로 그리스도를 사랑할 수 있게 될 때는 우리 안에 계신 그리스도의 임재를 전혀 새롭게 경험하게 될 것이다.

이제 이것이 실제로 무슨 뜻인지(또는 뜻일지)를 나와 함께 생각해보자. 아버지는 아들을 어떻게 사랑하시는가? 그 사랑은 무엇인가? 하나님은 그분이 우리를 사랑하는 방식으로 아들을 사랑하시지 않는다. 우리는 죄인들이다. 그리고 죄 가운데 있는 우리에 대한 하나님의 사랑은 전적으로 과분하다. "우리가 아직 죄인 되었을 때에 그리스도께서 우리를 위하여 죽으심으로 하나님께서 우리에 대한 자기의 사랑을 확증하셨느니라"(롬 5:8). 하지만 아버지께서 무한히 아름다운 아들을 이렇게 사랑하는 것은 아니다. 그 아들을 완전히 사랑스러운 존재로 사랑하신다. 그 아들을 무한히 고귀한 존재로 사랑하신다. 이루 헤아릴 수 없을 만큼 위대한 존재로 사랑하신다. 그런데 그처럼 사랑스럽고 고귀하고 위대한 존재를 사랑하는 경험은 어떤 것일까?

예수님이 세례 받을 때와 변화산에 계실 때 하나님이 하신 말씀을 들어보라. "이는 내 사랑하는 아들이요 내 기뻐하는 자라"(마 3:17; 17:5). 또는 하나님이 그의 종에 대해 하신 말씀을 들어보라. "내가 붙드는 나의 종, 내 마음에 기뻐하는 자 곧 내가 택한 사람을 보라"(사 42:1). 하나님의 아들에 대한 사랑은 본질적으로 그 아들의 무한한 완전함을, 그 아들의 아름다움과 고귀함과 위대함을 '기뻐하는' 것이다.

이것이 예수님이 우리를 위해 기도하신 내용이다. "나를 사랑하신 [아버지의] 사랑이 그들 안에 … 있게 하려 함이니이다." 이 기도가 우리로 그의 영광을 보게 해달라는 기도(17:24) 직후에 나오는 것을 보건대, 예수님의 기도는 우리가 그의 영광을 볼 뿐만 아니라, 그리고 그의 영광을 보고 우리가 변화될 뿐만 아니라, 우리가 또한 그의 영광을 사랑하고 하나님이 그 아들의 아름다움에 대해 품은 그 기쁨과

45. 새로운 몸, 새로운 세계, 영원한 기쁨

즐거움으로 기뻐하고 즐거워하도록 간구하는 것이다.

아버지처럼 사랑하는 것은 곧 그리스도처럼 되는 것이다

아버지의 사랑으로 아들을 사랑하는 것은 그리스도가 나타나실 때 그분을 보고 그분처럼 되는 것과 본질적으로 다르지 않다. 아버지의 사랑으로 사랑하는 경험은 그리스도처럼 되는 것의 한 차원이다. 그리스도와 아버지는 하나이다(요 10:30). 그들은 세상을 보고, 그들은 서로를 보고, 그들은 똑같은 눈과 똑같은 감정으로 느낀다. 우리의 인식과 애정이 너무나 변화되어서 아버지의 눈과 감정으로 보고 느끼는 것은 그리스도를 최대한 닮은 모습이다.

누군가 이런 의문을 제기할지 모른다. 그리스도를 닮는 것이 그리스도를 흠모하고 즐거워하는 역량을 포함한다고 말하는 것은 헷갈리는 사고방식이나 모순이 아닌가? 그것은 그리스도가 그리스도를 흠모하고 즐거워하는 것을 의미하는 듯 보인다. 아니다. 그것은 헷갈리는 생각이나 모순이 아니다. 그리스도가 만일 아버지의 기쁨으로 그 자신의 탁월함을 기뻐하지 않는다면 그는 죄인일 것이다. 하나님의 아들이 만일 그 자신의 위대함과 아름다움과 고귀함을 아버지처럼 무한히 즐거워하지 않는다면, 그는 우상숭배자일 것이다.

예수님은 이 땅에서 사역하시는 동안 그의 가르침에 대해 이렇게 말씀하셨다. "내가 이것을 너희에게 이름은 내 기쁨이 너희 안에 있어 너희 기쁨을 충만하게 하려 함이라"(요 15:11). 이는 깜짝 놀랄 만한 말씀이다. 그의 열망은 우리가 단지 기쁨을, 심지어 예수님에 대한 기쁨을 갖는 것이 아니다. 우리가 예수님 그분의 기쁨을 갖기를 원한다는 것은 놀랄만한 열망, 하나님의 아들이 품은 열망이다. 그것은 우리가 하나님 아들의 그 기쁨으로 기뻐하게 되기를 바라는 열망이다.

그리고 예수님은 그의 재림 때 일어날 일들을 내다보면서 모든 신자들이 그리스도의 다음 말씀을 듣는 모습을 그려보았다. "네 주인의 즐거움에 참여할지어다"(마 25:21). 그분은 단지 "이제부터는 네 눈물이 닦일 테니 네가 행복할 거야"라고 말하지 않고 "**내** 기쁨에 참여해라. **내** 기쁨을 공유해라"라고 말씀하신다. 그분은 요한복음 17장 26절에서 기도한 것처럼, 우리가 그저 우리 자신의 기뻐하는 역량에 방치되지 않을 것이라고 확신시키고 계신다.

내가 이 점을 강조하는 부분적인 이유는, 우리가 그리스도 안에서 영원히 누릴 헤아릴 수 없이 큰 기쁨에 관해 내가 설교하거나 집필할 때 사람들이 자기는 그런 것을 결코 느낄 수 없다고 종종 절망하기 때문이다. 그들은 감정적 한계를 지닌 그들의 성격을 고찰하면서 "내가 최고로 기쁠 때에도 당신이 묘사하는 것은 도무지 상상할 수 없다"라고 말한다. 사실은 나도 종종 그렇게 느끼곤 한다.

그러나 예수님은 우리가 장차 그저 우리 자신의 최고 감정이 아니라 하나님의 감정으로 느끼게 되도록 기도하신다(요 17:26). 그분은 우리가 단지 큰 기쁨이 아니라 '그의' 기쁨을 갖도록 초대하신다(요 15:11). 그분은 우리가 단지 행복한 천국이 아니라 그 자신의 행복을 경험하도록 우리를 영접하신다. 우리는 재림 때에 너무나 변화되어 유한한 피조물에게 가능한 만큼 하나님의 기쁨으로 그리스도의 영광을 즐거워하게 될 것이다.

지극히 풍성한 은혜를 갈수록 더 기뻐하다

한 가지 더 분명히 짚고 넘어갈 것이 있다. 하나님 안에서 느끼는 이 기쁨이 결국에는, 예컨대 이백만 년이 지나면 판에 박혀 지겨운 것이 될 수 있다는 어리석은 생각에 아무도 빠지지 않게 하기 위해서다. 바울은 다음과 같은 말로 그런 어리석은 생각을 우리 마음에서 몰아낸다.

> [하나님이 우리를 그리스도와] 함께 일으키사 그리스도 예수 안에서 함께 하늘에 앉히시니, 이는 그리스도 예수 안에서 우리에게 자비하심으로써 그 은혜의 **지극히** 풍성함을 **오는 여러 세대**에 나타내려 하심이라(엡 2:6-7).

여기서 "오는 여러 세대"(영원)와 "우리에게 자비하심으로써 그 은혜의 **지극히 풍성함**" 간의 상관관계를 주목하라. 14장에서 우리는 이 상관관계에 근거해 그리스도의 풍성함이 결코 지겨워질 수 없다는 것을 살펴보았다.

그리스도의 풍성함이 결코 지겨워질 수 없는 이유는 우리가 유한하고 그 풍성함은 도무지 "헤아릴 수 없기"(무한하기) 때문이다. 그러므로 우리는 그 풍성함을 완전히 섭취할 수 없다. '언제나' 더 많이 있을 터이다. 훨씬 더 많이. 영원토록. 오직 무한한 존재만이 무한한 풍성함을 완전히 섭취할 수 있다. 그러나 우리는 이 풍성함을 점점 더 섭취하는 데 영원을 보낼 수 있고 또 보낼 것이다. 영원한 존재와 무한한 복 사이에는 필연적 상관관계가 있다. 후자를 경험하려면 전자가 필요하다. 영원한 삶은 '헤아릴 수 없는' 은혜의 풍성함을 즐기는 데 반드시 필요하다.

이 때문에 그리스도의 재림에서 나오는 세 번째 섭리는 현재로선 상상할 수 없는 영원한, '늘 커져가는' 즐거움이라고 내가 말한 것이다. 하나님에게 느끼는 우리의 기쁨은 늘 커져갈 것인데, 그것은 그 헤아릴 수 없는 은혜를 발견할 때마다 경험하는 새로운 기쁨은 다함이 없을 것이기 때문이다.

4. 우주가 속박된 상태에서 해방될 것이다

우리는 그리스도의 재림에서 나오는 섭리의 세 가지 사역을 살펴보았다. 이제는 섭리의 목적이 완전히 달성되었다고 우리가 (잘못) 결론내릴 수도 있다. 하나님의 백성이 능력과 큰 영광 가운데 계신 부활하신 왕을 직접 보았다. 그들은 순간적으로 죄 없는 사람들로 변화되어 영원토록 그 영광스러운 왕처럼 될 것이다. 그리스도처럼 변한 결과, 그들의 사랑의 역량(참으로 위대하고 아름답고 고귀한 것을 기뻐하는 능력)이 상상치 못한 수준으로 높아져서 아버지와 아들의 사랑을 공유할 정도가 되었다. 그리고 그들이 하나님을 최고로 순수하게 온전히 기뻐하는 일을 통해 하나님의 영광이 밝게 빛난다.

그러나 뜻밖의 사실이 있다. 하나님은 우리가 그 영광을 보는 것, 또는 그 영광스러운 모습으로 변하는 것, 또는 그 영광을 찬송하는 것이 물리적으로 보이지 않거나 들리지 않게 되기를 원치 않는다는 사실이다. 이 때문에 섭리의 세 가지 사역이 하나님의 모든 목적을 망라한다고 생각하는 것은 잘못이다. 그 이상의 사역이 있다. 재림에서 나오는 섭리의 네 번째 사역은 몸의 부활과 우주의 갱신이다. 하나님은 우리의 신체를 포함한 물질적 우주를 이 시대의 끝에 모두 없애버리려고 창조하신 것이 아니다. 성경은 그렇게 말하지 않는다.

창조된 우주와 그 속의 모든 것은 지금도 그렇고 언제나 하나님의 영광을 (갈수록 더 많이) 나타내는 극장이 될 것이다. "하늘이 하나님의 영광을 선포하고 궁창이 그의 손으로 하신 일을 나타내는도다"(시 19:1). 이는 가장 작은 아(亞)원자 분자에서 가장 먼 은하에 이르기까지 물질적 세계 전체에 해당한다. 방대한 우주 속에 왜소한 인류가 있다고 해서 어울리지 않는 것이 아니다. 우주의 방대함은 사람의 위대함이 아니라 하나님의 위대함을 드러내기 때문이다. 사람도 그 나름의 위대함을 갖고 있으나 그것은 우주를 "[그의] 손가락으로 만든 것"(시 8:3)이라 부르는 하나님을 알고 또 경배하는 역량에 있다.

하나님은 창조하실 때 물질과 비(非)물질로부터 실체의 틀을 엮어내셨다. 그것들의 상호연관성은 신비롭지만 하나님의 영광을 최대한 드러내고 즐거워하는 데 꼭 필요한 방식으로 그렇게 창조하신 것이다. 하나님의 네 번째 섭리는 인간의 몸을 죽은 상태에서 일으키고 우주를 그 몸들의 거처로 새롭게 함으로써 만물의 최후의 목표를 달성하신다. 바로 하나님의 백성이 완전히 영화롭게 되고 그분의 위대함과 아름다움과 고귀함이 완전히 나타나는 것이다.

자연적인 몸이 죽고 영적인 몸을 입다

재림 때에는 이런 일이 일어나리라.

주께서 호령과 천사장의 소리와 하나님의 나팔 소리로 친히 하늘로부터 강림하시리니 그리스도 안에서 죽은 자들이 먼저 일어나고(살전 4:16).

바울은 그 부활할 몸들을 이렇게 묘사한다.

죽은 자의 부활도 그와 같으니 썩을 것으로 심고 썩지 아니할 것으로 다시 살아나며, 욕된 것으로 심고 영광스러운 것으로 다시 살아나며, 약한 것으로 심고 강한 것으로 다시 살아나며, 육의 몸으로 심고 신령한 몸으로 다시 살아나나니, 육의 몸이 있은즉 또 영의 몸도 있느니라(고전 15:42-44).

영적인(신령한) 몸이란 무엇인가? 그것을 무형의 것이나 유령 같은 것으로 생각하지 않도록 주의해야 한다. 바울은 그리스도께서 우리의 부활의 몸을 그의 몸과 같이 만드실 것이라고 말했다. "그는 만물을 자기에게 복종하게 하실 수 있는 자의 역사로 우리의 낮은 몸을 자기 영광의 몸의 형체와 같이 변하게 하시리라"(빌 3:21). 그러나 부활하신 그리스도는 유령이 아니었다. 그는 제자들에게 나타나서 이렇게 말씀하셨다. "내 손과 발을 보고 나인 줄 알라. 또 나를 만져 보라. 영은 살과 뼈가 없으되 너희 보는 바와 같이 나는 있느니라"(눅 24:39). 이후 그는 의심을 없애기 위해 친히 생선 한 토막을 잡수셨다. 영적인 몸은 영이 아니기 때문이다(24:42-43).

오히려 영적인 몸은 우리의 이해력과 경험을 초월하는 형태로 재창조된 몸이다. 그 몸은 적어도 이제는 (부분적으로가 아니라 완전히) 하나님의 영이 내주하기에 적합하다는 뜻에서 '영적'이다. 그 몸은 이제 예전에는 가진 적이 없는, 성령이 주신 역량들을 갖고 있다. 그렇지 않다면, 우리 각자가 해와 같이 빛나는데(마 13:43) 눈이 멀지 않은 채 어떻게 서로를 쳐다볼 수 있을까?

새로운 인류를 위해 새로운 우주를 만드시다

사람이 우주를 위해 존재하지 않고 우주가 사람을 위해 존재한다는 것을 보여주기 위해 이후에 놀라운 어떤 일이 일어난다. 하나님이 영적인 몸을 가진 새로운 인류를 수용하기 위해 우주를 개조하시는 것이다. 일찍이 이사야가 이날을 예견하고 하나님의 말씀을 전했다. "보라 내가 새 하늘과 새 땅을 창조하나니, 이전 것은 기억되거나 마음에 생각나지 아니할 것이라"(사 65:17). 사도 요한 역시 그것을 보았다. "내가 새 하늘과 새 땅을 보니 처음 하늘과 처음 땅이 없어졌고 바다도 다시 있지 않더라"(계 21:1). 그리고 사도 베드로는 격변 정화작용을 통해 새 하늘과 새 땅이 나타나는 모습을 묘사했다.

> 하나님의 날이 임하기를 바라보고 간절히 사모하라. 그날에 하늘이 불에 타서 풀어지고 물질이 뜨거운 불에 녹아지려니와 우리는 그의 약속대로 의가 있는 곳인 새 하늘과 새 땅을 바라보도다(벧후 3:12-13).

그런데 이 섭리의 엄청난 규모 이외에도 놀라운 점은 모든 개조작업이 우주를 하나님의 자녀들의 영광의 자유에 맞추기 위해 수행된다는 사실이다. 여기에 바울이 쓴 숨 막히는 글이 있다.

> 피조물이 고대하는 바는 하나님의 아들들이 나타나는 것이니, 피조물이 허무한 데 굴복하는 것은 자기 뜻이 아니요 오직 굴복하게 하시는 이로 말미암음이라. 그 바라는 것은 피조물도 썩어짐의 종 노릇 한 데서 해방되어 하나님의 자녀들의 영광의 자유에 이르는 것이니라(롬 8:19-21).

이 그림은 사람이 발끝으로 서서 새로운 창조를 바라는 모습이 아니다. 이와 정반대다. 피조세계가 발끝으로 서서 하나님의 자녀들이 영화롭게 될 날을 바라는 모습이다. 하나님이 피조물을 허무함과 썩어짐에 굴복하게 하셨을 때는 장차 도래할 해방의 날을 유념하고 계셨다. 그 해방은 하나님의 백성의 영화에 대한 반응으로 계획된 것이었다. 그것은 하나님의 구속된 자녀들의 자유와 영광에 참여하는 것으로 고안되어 있었다. "피조물도 썩어짐의 종 노릇 한 데서 해방되어 하나님의 자녀들의 영광의 자유에 이르는 것이니라"(롬 8:21).

완전한 백성을 위해 완전한 집을 피로 사다

자녀들은 새롭고 자유롭고 영광스러운 영적인 몸을 받을 터이고, 온 피조물은 이 새로운 인류를 위해 설계된 완전한 거처로 탈바꿈할 것이다. 이는 창조의 원초적 목적(하나님의 영광을 선포하는 것)이, 성도들이 하나님을 보고 또 맛보고 또 보여주는 역량이 향상되는 만큼 향상될 것임을 의미한다.

죄는 완전히 제거될 것이다. 더러운 것이나 부도덕한 것 또는 영적인 미지근함은 거기에 일체 존재하지 않을 것이다. 모든 생각은 진실할 것이다. 모든 욕망은 자기 예찬에서 자유로울 것이다. 모든 감정은 대상의 성격에 따라 차분하거나 강렬할 것이다. 모든 행실은 예수님의 이름으로 그리고 하나님의 영광을 위해 취해질 것이다. 물질세계의 모든 분자와 운동과 접속은 하나님의 지혜와 능력과 사랑을 전달할 것이다. 그리고 성도들의 영화로워진 지성과 마음과 몸의 역량은 아무런 욕구불만과 혼동, 억압과 불안, 의심과 후회, 죄책감이 없이 알고 느끼고 행동하게 될 것이다. 우리가 무엇을 알든지 모든 앎은 하나님에 대한 지식을 포함할 것이다. 우리가 무엇을 느끼든지 모든 느낌은 하나님의 고귀함과 아름다움에 대한 취향을 포함할 것이다. 우리가 무엇을 행하든지 모든 행함은 하나님의 뜻을 흡족하게 따를 것이다.

우리는 죽임을 당한 어린 양(계 5:9), 그 "어린 양의 노래"를 영원히 부를 것이다. 이는 우리가 새로운 세계에서 경험하는 모든 시각, 모든 청각, 모든 향기, 모든 촉각, 모든 미각이 바로 그리스도께서 자격 없는 백성을 위해 사신 것임을 결코 잊지 않을 것임을 의미한다. 이 세계(그 모든 기쁨과 함께)는 그분이 그의 목숨을 대가로 지불하고 사신 것이다(롬 8:32; 고후 1:20). 모든 종류의 즐거움은 하나같이 예수님에 대한 감사와 사랑을 강렬하게 해줄 것이다. 새 하늘과 새 땅은 "우리 주 예수 그리스도의 십자가"를 자랑하는(갈 6:14) 정도를 낮추기는커녕 높여줄 것이다. 재창조된 경이로운 극장(영적 아름다움과 물질적 아름다움이 놀랍도록 뒤섞인 곳)은 그리스도를 통해 그리고 그리스도를 위해 창조되었다는 사실(골 1:16)을 우리가 결코 잊지 않으리라.

하나님(아버지와 아들과 성령)은 그의 섭리가 완수한 사역을 보고 노래를 부르며 기뻐하실 것이다(습 3:17). 아버지는 아들의 탁월함과 승리의 업적을 보고 기뻐하실 것이다(마 17:5; 빌 2:9-11). 신랑이신 아들은 그의 흠 없는 신부(영화롭게 된 교회, 사 62:5)를 보며 기뻐할 것이다. 그리고 성령의 기쁨은 성도들을 하나님에 대한 하나님의 기쁨으로 충만케 할 것이다(살전 1:6).

5. 하나님이 최고의 중심적인 존재가 되실 것이다

그리스도의 재림에서 나오는 섭리의 다섯 번째 사역은 완전히 독특한 사역은 아니다. 하나님이 친히 '최고의 중심적인 존재'가 되실 것이라는 것. 그분은 아름다움과 고귀함과 위대함에서 타의 추종을 불허하실 것이고 모든 걸 만족시키는 만물의 초점이 되실 것이다. 하나님이 만물보다 더 높은 자리에 오르시고 성도들이 무엇보다 더 하나님께 만족하는 것이 섭리의 한없는 목표이다. 그리고 이 두 위대한 실재 간의 관계가 하나님의 섭리가 이루는 최후의 영광이다.

하나님에 대한 성도들의 한량없는 기쁨은 우리가 하나님을 영화롭게 하는 일의 절정이다. 성경이 구속받은 자의 기쁨을 크게 강조한다고 해서 그들의 행복이 하나님의 영광보다 더 높은 목표라고 생각한다면, 이는 심각한 잘못이다. 결코 그렇지 않다. 하나님이 설계하신 세계와 특히 인간 본성에 따르면, 찬송의 본질은 바로 소중히 여기는 것이다. 우리가 입술로는 찬송하되 마음은 소중히 여기지 않을 수 있다. 그러나 이것은 진정한 찬송이 아니고 이로써는 하나님을 영화롭게 할 수 없다. 소중히 여김이 없는 찬송은 한갓 위선에 불과하다(마 15:7-8).

바울은 그의 인생 최고의 열정이 "살든지 죽든지" 그의 몸에서 그리스도가 존귀하게 되는 것이라고 말했다(빌 1:20). 이어서 그의 죽음으로 어떻게 그리스도가 존귀하게 될지를 보여주기 위해, 그가 죽는 것은 곧 '그리스도와 함께' 있는 것을 의미하기에 죽는 것도 유익하다고 하면서 이를 생명보다 낫다고 고백했다(빌 1:21-23). 달리 말하면, 바울이 그리스도를 생명보다 흠모하는 것이 그리스도를 존귀하게 하는 것의 핵심이었다. 그리스도가 바울의 죽음을 통해 가장 존귀하게 될 것은 바울이 생명보다 그리스도에게 더 만족했기 때문이다. 그리스도를 최고로 모신다는 것이 바울이 드린 최고의 찬송의 핵심이었다.

그런즉 성경이 구속받은 자의 기쁨을 강조한다고 해서 하나님의 영광을 감소시키는 것은 분명히 아니다. 오히려 전자가 후자를 반영한다. 구속받은 자의 기쁨은 '하나님' 안에서 느끼는 기쁨이다. 그것은 하나님을 소중히 여기는 것이다. 그것은 하나님께 만족하는 것이다. 성경은 기쁨을 신격화하지 않는다. 오히려 우리가 가장 기쁘게 여길 대상이 우리의 하나님임을 보여준다(골 3:5). 하나님이 이렇게 세상을 설계하셨다. 그러므로 하나님이 세상을 만드시고 다스리신 것은 구속받은 백성이 하나님에게서 최대의 즐거움을 얻게 하기 위해서였다. 이것이 섭리의 궁극적 목표이다. 피로 산 그의 백성이 하나님을 기뻐함으로써 하나님이 영광을 받으시는 것이다.

결론

하나님의 섭리를 보고 음미하다

하나님의 섭리(그의 합목적적인 주권)는 모든 걸 포괄하고 편만하며 불가항력적이다. 그러므로 하나님은 우주를 향한 궁극적 목표를 성공적으로 달성하실 것이다.

하나님의 섭리는 "그의 뜻의 결정대로 일하시는 이의 계획을 따라"(엡 1:11) 운행된다. 이 뜻은 영원하고 전지하며 무한히 지혜롭다. 따라서 그 계획과 목표는 완벽하여 개선될 여지가 없다.

이것들은 결코 변하지 않는다. 섭리는 이런 계획들을 실천하고, 모든 것이 하나님의 궁극적 목표를 향하도록 지도하여 최종적 완성에 이르게 하는 합목적적인 주권이다.

다음과 같은 욥의 기도는 참으로 옳다.

"주께서는 못 하실 일이 없사오며 무슨 계획이든지 못 이루실 것이 없는 줄 아오니"(욥 42:2). 이를 하나님은 이렇게 긍정적으로 진술하신다. "나의 뜻이 설 것이니 내가 나의 모든 기뻐하는 것을 이루리라"(사 46:10).

섭리의 범위

하나님의 영원한 계획은 모든 것을 포함한다. 가장 하찮은 새가 떨어지는 것(마 10:29)에서 별들의 움직임(사 40:26)과 그의 아들의 모살(행 4:27-28)에 이르기까지 모든 걸 포괄한다. 그것은 또한 모든 영혼의 도덕적 행위, 즉 그 의향과 선택과 행실도 포함한다. 최악의 상태에 빠진 사탄이나 최선의 상태에 있는 인간이 하나님의 현명한 계획을 바꾸는 것은 불가능하다. 하나님이 무언가를 허락하기로 계획하셨든지 또는 보다 직접 개입하기로 계획하셨든지 간에, 하나님이 그의 궁극적 목표를 추구하는 과정의 일부로 계획하신 것만이 실현될 뿐이다. 그러므로 하나님의 섭리의 범위는 총체적이라 할 수 있다. 그 섭리에서 벗어나는 것은 하나도 없다. 모든 것이 오직 "그의 뜻의 결정"(그의 계획의 무한한 지혜)에 따라 일어날 따름이다.

섭리의 성격

섭리가 이런 성격을 지니고 있는 만큼 사탄과 사람의 의향과 선택은 진정 그들

나름의 의향과 선택에 불과할 뿐이다. 그들은 하나님께 믿음으로 반응하는지와 사람에게 공의와 사랑을 베푸는지 여부에 따라 비난을 받든가 칭찬을 받게 된다. 하나님의 섭리는 사탄과 사람이 무엇을 결정하고 행동하는지에 결정적 요인으로 작용한다. 하지만 강요하지는 않는다. 말하자면, 섭리의 일반적인 작동방식은 사탄과 사람이 자기네 의향에 따라 결정하고 행동하되 매순간 하나님의 계획을 이루는 방식으로 그렇게 하도록 조치를 취하는 것이다. 하나님이 '어떻게' 이런 일을 행하시는지는 여전히 신비로 남아있다. 우리가 "지금은 거울로 보는 것같이 희미하나"(고전 13:12) 그분이 그렇게 하신다는 것은 성경이 가르치는 바이다. "일을 숨기는 것은 하나님의 영광이다"(잠 25:2, 새번역). "감추어진 일은 우리 하나님 여호와께 속하였거니와 나타난 일은 영원히 우리와 우리 자손에게 속하였나니"(신 29:29).

섭리의 궁극적 목표

모든 걸 포괄하고 편만하며 불가항력적인 섭리의 궁극적 목표가 지닌 한 측면은 그리스도의 신부, 곧 교회, 하나님의 백성, 선택받은 자들을 아름답게 하는 것이다. 이 때문에 이 책의 마지막 열두 장(34–45)이 신부의 창조와 변화와 영화에 초점을 맞췄던 것이다. 그러나 섭리의 궁극적 목표를 묘사하려면 그리스도의 신부의 미화(美化)보다 더 많은 것이 필요하다. 너무나 많은 영광이 미처 표현되지 않은 상태로 남아있다.

그러면 아름답게 한다는 것은 무엇인가? 이는 교회의 성화, 교회가 거룩하게 되는 것을 말한다. 즉, 교회가 하나님의 모든 말씀을 기쁘게 순종하는 것이다. 이는 본질적으로 교회의 하나님에 대한 사랑이고, 이 사랑은 사람들을 사랑해서 하나님께 영광을 돌리는 쪽으로 흘러넘친다. 그것은 교회가 하나님을 기뻐하고 하나님을 반영하는 모습이다. 그런즉 이를 충분히 표현하자면 이렇다. 하나님의 섭리의 궁극적 목표는 그리스도가 피로 산 자격 없는 신부의 영적 아름다움과 도덕적 아름다움을 통해 그의 은혜를 영화롭게 하는 것이며, 이는 신부가 다른 무엇보다 더 그의 위대하심과 아름다움과 고귀함을 즐거워하고 반영하고 드높이는 일로 이뤄지게 된다.

그러나 하나님의 궁극적 목표를 이렇게 표현하더라도 성경적 균형을 맞추려면 한 가지 더 언급할 필요가 있다. 우리가 여기서 제2부의 클라이맥스를 되살려야 한다. 물론 신부가 그리스도의 은혜의 영광의 풍성함을 점점 더 기뻐하는 것이 하나님이 다가오는 시대에 영화롭게 되는 것의 '핵심'이 될 터이다. 그것의 핵심이지 전부는 아니다. 신부는 새로운 창조세계에서 살게 되리라. 그리고 그 새로운 창조세계에서 신부는 예전에는 몰랐던 하나님의 영광의 여러 차원을 보게 될 것이다. 하늘이 기뻐할 것이다. 해와 달과 빛나는 별들이 주님을 찬송할 것이다. 땅이 기뻐할 것이다. 바다가 큰 소리로 찬송할 것이다. 강들이 손뼉을 칠 것이다. 산들이 기뻐서 노래할 것이다. 들판과 그 속의 모든 것이 크게 기뻐할 것이다. 숲의 나무들이 찬송을 부를 것이다. 사막이 백합화같이 필 것이다. 창조된(해방되고 온전해진) 세계는 하나님의 영광을 선포하는 일을 멈추지 않을 것이다. 그런 곳이 우리의 거처가 되리라.

그러나 거처가 곧 가족은 아니다. 새로운 세계의 아름다움은 신랑이 아니다. 온전해진 창조의 극장은 하나님으로 빛나는 영광스러운 모습일 터이다. 그러나 극장이 아니라 그 드라마(인간이 그리스도 안에서 하나님을 경험하는 것)가 모든 걸 포괄하고 편만한 섭리의 하나님을 드높이는 데 선두에 설 것이다. 그리고 죽임을 당했으나 왕 노릇하는 어린 양의 비할 데 없는 아름다움과 고귀함이 영원토록 부를 주제곡이 될 것이다. 그리고 하나님의 자녀들(그리스도의 신부)의 기쁨이 하나님의 무한한 탁월하심을 반영하는 메아리이자 그의 영원한 기쁨의 초점이 되리라.

이 섭리를 보고 음미하는 것의 열 가지 효과

하나님은 이런 영광들을 무의미하게 계시하신 것이 아니다. 그분은 우리가 그 영광들을 알고 사랑하길, 또는 (내가 좋아하는 표현처럼) 보고 음미하길 원하셨다. 그리고 그 영광들을 보고 음미한 결과 하나님의 섭리를 통해 그분의 위대함과 아름다움과 고귀함이 밝히 드러나길 바라셨다. 그래서 내가 작별인사를 하기 전에 이 섭리를 알고 사랑하는 것이 낳을 열 가지 효과를 제시하고자 한다. 여기서 이 섭리란 이 책의 마흔다섯 장에서 살펴본 섭리를 말한다. 바로 모든 것을 포괄하고 편만하고 불가항력적이고 합목적적인 하나님의 주권이다.

**1. 이 섭리를 보고 음미하는 것은 경외심을 일깨우고 우리를 참된 예배,
곧 하나님 중심적이고 그리스도를 높이는 성경적인 예배로 인도한다.**

　나는 지금 성경에 나타난 하나님의 영광의 놀라운 파노라마에서 한걸음 물러나 조용히 손을 들고 그 장엄한 모습 앞에서 처량하지 않은 글을 찾으려고 더듬고 있다. 하나님은 우리가 이해할 수 없을 정도로 위대하시다. 우리가 미처 알지 못하는 것에 초점을 둘 때 우리의 찬송이 가장 크게 울려 퍼지는 것은 아니다. 그렇지 않다. 하나님은 그 자신과 그의 길에 대해 우리가 이 세상에서 섭렵할 수 있는 것보다 더 많이 보여주셨다. 나는 그분의 반(反)직관적인 경이로움을 그저 추적하는 일로 한 권의 책을 썼을 뿐이다. 그분은 그의 찬란한 모습을 드러내는 일에 인색하지 않으셨다. 우리가 미처 이해할 수 없는 것에 대해 노래하기 전에 그분이 계시하신 것에 관해 노래하는 일로 한 평생을 보내자.

　이 섭리를 보고 음미하는 이들은 노래를 부른다. 의례적인 기대 때문이 아니라 그것이 하나님께 취한 영혼의 본성이기 때문이다. 그리고 날마다 우리가 하나님이 주신, 하나님이 다스리는, 하나님이 계시하는 경이의 바다에 푹 잠겨있을 때 어떻게 하나님께 취하지 않을 수 있을까? 한나가 이 섭리에 대해 노래하지 않았던가?

> 용사의 활은 꺾이고 넘어진 자는 힘으로 띠를 띠도다…
> 여호와는 죽이기도 하시고 살리기도 하시며
> 스올에 내리게도 하시고 거기에서 올리기도 하시는도다.
> 여호와는 가난하게도 하시고 부하게도 하시며
> 낮추기도 하시고 높이기도 하시는도다(삼상 2:4, 6-7).

　미리암이 이 섭리에 대해 노래하지 않았던가?

> 너희는 여호와를 찬송하라. 그는 높고 영화로우심이요
> 말과 그 탄 자를 바다에 던지셨음이로다(출 15:21).

모세가 이 섭리에 대해 노래하지 않았던가?

내가 여호와를 찬송하리니 그는 높고 영화로우심이요…
그가 바로의 병거와 그의 군대를 바다에 던지시니…
주께서 주의 큰 위엄으로 주를 거스르는 자를 엎으시니이다.
주께서 진노를 발하시니 그 진노가 그들을 지푸라기 같이 사르니이다…
여호와여 신 중에 주와 같은 자가 누구니이까?
주와 같이 거룩함으로 영광스러우며 찬송할 만한 위엄이 있으며
기이한 일을 행하는 자가 누구니이까?
(출 15:1, 4, 7, 11).

시편 저자들이 이 섭리에 대해 노래하지 않았던가?

여호와께서 나라들의 계획을 폐하시며 민족들의 사상을 무효하게 하시도다.
여호와의 계획은 영원히 서고 그의 생각은 대대에 이르리로다(시 33:10-11).

와서 여호와의 행적을 볼지어다. 그가 땅을 황무지로 만드셨도다.
그가 땅 끝까지 전쟁을 쉬게 하심이여
활을 꺾고 창을 끊으며 수레를 불사르시는도다(시 46:8-9).

여호와께서 그가 기뻐하시는 모든 일을
천지와 바다와 모든 깊은 데서 다 행하셨도다(시 135:6).

마리아가 이 섭리에 대해 노래하지 않았던가?

그의 팔로 힘을 보이사 마음의 생각이 교만한 자들을 흩으셨고
권세 있는 자를 그 위에서 내리치셨으며 비천한 자를 높이셨고(눅 1:51-52).

그리고 바울이 이 섭리에 대해 노래하지 않았던가?

깊도다 하나님의 지혜와 지식의 풍성함이여, 그의 판단은 헤아리지 못할 것이며 그의 길은 찾지 못할 것이로다.

"누가 주의 마음을 알았느냐?
누가 그의 모사가 되었느냐?"
"누가 주께 먼저 드려서 갚으심을 받겠느냐?"

이는 만물이 주에게서 나오고 주로 말미암고 주에게로 돌아감이라. 그에게 영광이 세세에 있을지어다. 아멘(롬 11:33-36).

만일 그 예배가 얄팍하고 수동적이며 판에 박힌 것 같다고 느끼는 신자나 교회가 있다면, 그것은 그들이 이 섭리, 이 하나님을 모르기 때문이 아닐까?

2. 이 섭리를 보고 음미하는 것은 우리로 우리의 구원에 놀라게 하고 우리의 죄 때문에 우리를 겸손하게 한다.

하나님은 우리가 정죄 받아야 마땅한 존재임을 아셨음에도 영원 전부터 우리를 선택하셨다. 그분은 우리가 무가치하고 반역했음에도 불구하고 그의 자녀들이 되어 그의 아들을 닮아가도록 예정하셨고 우리의 반항을 구속하셨다. 그분은 그의 아들의 목숨을 대가로 지불하시고 우리를 사셨다. 그분은 (나사로처럼) 우리를 죽음으로부터 불러내셨다. 그분은 우리가 다시 태어나게 하셨다. 그분은 우리에게 회개와 믿음의 선물을 주셨다. 그분은 우리를 의롭게 하셨다. 그분은 우리에게 성령을 보증으로 주셨다.

하나님은 자기가 기뻐하는 일을 우리 가운데 행하신다. 그분은 우리를 넘어지지 않게 하시고 우리를 영광으로 인도하실 것이다. 그분은 사망의 침을 없애셨고 사망을 통해 우리를 그리스도 앞으로 인도하실 것이다. 그분은 우리의 영혼을 온전케 하시고, 우리를 죽은 상태에서 일으키시고, 우리에게 그의 영광스러운 몸과 같은 새로운 몸을 주시고, 우리에게 영원한 거처로서 새로운 세계를 주실 터이고, 그곳에서는 그의 영광이 빛이고 어린 양이 등불이 될 것이다.

수많은 그리스도인들이 바로 이것이 그들에 관한 진실임을 모른다는 것은 큰 비극이 아닐 수 없다. 그들은 그들이 회심할 때 그들 자신이 구원의 결정적 요인이었다고 배웠다. 이런 견해는 하나님이 실제로 그들을 위해 행하신 일의 영광을 가리고, 그들에게서 믿음의 선물에 대한 감사를 빼앗아가고, 그들이 죽은 상태에서 일으켜진 것에 놀라는 강도를 약화시키고, 그들의 견인이 매순간 지켜주는 전능한 하나님 덕분이라고 느끼는 경이감을 앗아가고 만다.

그러나 우리가 이 섭리를 보고 음미하기만 한다면 우리 구원의 자유와 충만함과 주권적 효능을 얼마나 기뻐하게 될지 모른다. 그 모든 것이 하나님으로 말미암고 하나님을 통해서 오고 하나님께로 돌아가기 때문에 무척 기쁠 것이다. 우리는 겸손해지고 행복해지고 희망에 가득찰 것이다. 그리고 모든 영광을 하나님께 돌릴 것이다. 우리가 보잘것없어서 느끼는 그 비천함은 하나님의 자비롭고 자애로운 섭리에 대한 경이를 수반해서 경감될 것이다. 우리는 10장에서 성도들의 겸손에 대한 조나단 에드워즈의 아름다운 표현을 살펴보았다. 나는 이 인용문을 너무도 사랑하고 또 이런 경험을 열심히 갈망하기 때문에 그 마지막 문장을 다시 인용하는 바이다.

> 성도들의 욕망들은 아무리 진지해도 겸손한 욕망들이다. 그들의 소망은 겸손한 소망이다. 그리고 그들의 기쁨은 말할 수 없는, 영광이 가득한 기쁨일지라도 겸손한 가슴 아픈 기쁨이고, 그리스도인의 심령을 더 가난한 상태로, 작은 어린이와 같은 상태로 남겨두고, 언제나 자기를 낮추고픈 마음이 들도록 해준다.[1]

3. 이 섭리를 보고 음미하는 것은 우리로 모든 것을 하나님의 계획의 일부로 보게 해주고, 모든 것이 그분으로 말미암고 그분을 통해서 오고 그분께로 돌아가며 그분의 영광을 위한 것임을 알게 한다.

"모든 일을 그의 뜻의 결정대로 일하신다"는 하나님의 말씀을 우리가 들으면, 그

---

1) Jonathan Edwards, *Religious Affections*, ed. John E. Smith and Harry S. Stout, vol. 2, *The Works of Jonathan Edwards* (New Haven, CT: Yale University Press, 2009), 348-49.

분이 그의 말씀을 통해 그의 세계에서 셀 수 없을 만큼 많이 이런 일을 행하시는 모습을 우리가 보게 되고 놀라운 함의를 지닌 세계관을 얻게 된다. 모든 것이, 완전히 모든 것이 하나님과 관계가 있다. 스프라울(R. C. Sproul)이 종종 말하곤 했듯이 "독자적인 미분자는 하나도 존재하지 않는다." 아울러 독자적인 운동선수나 배우, 가수나 대통령, 학자나 노숙자 역시 존재하지 않는다. 모두가 하나님의 편만한 섭리의 지배를 받는다. 모든 사물과 모든 사람이 하나님의 포괄적 계획에 들어맞는다.

바로 여기서 궁극적인 의미를 찾게 된다. 우리가 만일 무엇이든 가장 중요한 차원에서 이해하려고 한다면, 우리는 이 실재와 함께 시작한다. 즉, 하나님이 세계를 창조하셨고, 그것의 존재를 붙들고 계시며, 그 모든 것을 그의 목적을 위해 다스리신다는 것. 모든 것이 모든 것과 관계가 있는 이유는 모든 것이 하나님과 관계가 있기 때문이다. 이것을 아는 것과 주님을 경외하는 것이 지혜의 근본이다(시 111:10). 이것을 부인하는 곳에는 모든 지식이 어리석음의 구름에 싸여 있다. 이것을 인정하는 곳에는 심오하고 놀랍고 아름답고 유익한 통찰들이 풍부할 가능성이 많다.

4. 이 섭리를 보고 음미하는 것은 하나님의 것을 소홀히 여기는 문화의 부정적 영향에서 우리를 보호해준다.

우리 문화가 초래한 저주들 중 하나는 진부함, 하찮음, 멍청함, 천박함, 그리고 경박함과 경솔함에 빠진 섬뜩한 중독이다. 이런 저주들은 이미 교회와 대다수 기독교적 의사소통에도 스며들었다. 이에 수반되는 것은 심각함, 존엄함, 그리고 공개 강연에서의 정확한 표현에 대한 난감한 알레르기 반응이다. 실은 신중함과 명료함, 진지함과 근엄함이 필요한 때와 장소에 부주의한 발언과 가벼운 태도가 종종 눈에 띈다.

이처럼 모호하고 가벼운 발언과 태도의 근본원인이 하나님의 위대함을 알고 그분을 경외하는 마음을 잃어버린 데 있다고 나는 생각한다. 하나님이 경량급이기 때문에 모든 것이 가볍고 우습게 되는 것이다. 우리의 의사소통이 이런 문화적 영향을 받아 재잘거리는 소리로 전락한 것은 인간 중심의 신학(그리고 한없이 화면만 응시하는 시간)이 크고 거룩한 하나님의 무게를 무대에서 덜어냈기 때문이다.

이는 하나의 비극이다. 그것이 하나님을 하찮게 여긴 결과이기 때문만이 아니라 하나님과 그분의 장엄한 섭리를 있는 그대로 보고 경험하지 못하게 방해하기 때문이기도 하다. 이 글을 읽는 사람들 중 일부는 아마 내가 말하는 내용이 음울하고 지겨운 것으로 소환하는 소리로밖에 들리지 않을 것이다. 우리가 몸담은 문화는 기쁜 근엄함이나 즐거운 슬픔과 같은 것을 도무지 상상할 수 없는 분위기이다. 많은 이들은 유머를 멍청하고 경박한 익살맞은 소리와 동일시한 나머지 현실에 뿌리박은 탄탄하고 기발한 유머를 상상할 수조차 없는 실정이다.

찰스 스펄전은 무척 재미있는 사람이었다. 하지만 경박한 사람은 아니었다. 그는 신성한 것을 갖고 놀지 않았고, 예배를 가벼운 익살로 생각하지 않았다. 그는 진지함이나 존엄함에 알레르기 반응을 보이지 않았다. 스펄전이 죽은 지 삼년 후에 로버트슨 니콜(Robertson Nicole)은 이와 관련하여 그를 반대 사례로 꼽았다.

> 유머러스한 유형의 복음전도는 큰 무리를 끌지 몰라도 그 영혼을 재로 만들고 신앙의 씨앗 자체를 파멸시킨다. 스펄전 씨는 그의 설교를 모르는 이들이 종종 유머러스한 설교자로 생각했던 인물이다. 사실은 그 말투가 스펄전보다 더 한결같이 진지하고 경건하고 엄숙했던 설교자는 없었다.[2]

물론 성숙하고 건강한 사람은 누구나, 멜로드라마와 같이 심각한 모습이 계속 이어지면 영혼의 병든 상태가 전달될 수밖에 없다는 것을 알고 있다. 그러나 그것이 21세기 초반의 문제가 아니다. 내가 여기서 말하고 싶은 취지는 이것이다. 모든 걸 포괄하고 편만한 하나님의 섭리를 보고 음미하면 우리가 진정한 진지함이란 선물, 그리고 기쁨과 근엄함의 멋진 융합을 회복할 수 있다는 것이다.

5. 이 섭리를 보고 음미하는 것은 우리가 불가해한 상황에 빠졌을 때도 인내하고 신실해지도록 도와준다.

우리의 마음이 성경으로 푹 젖고 날마다 성경에 나오는 하나님의 헤아릴 수 없는 방식들에 노출되어 있으면 어두운 중에도 그분을 신뢰하는 습관을 갖게 된다. 하나

---

2) Iain Murray, *The Forgotten Spurgeon* (Edinburgh, UK: Banner of Truth, 1966), 38에서 인용함. 여기에는 유머에 관한 다른 좋은 비평과 스펄전 유머의 출처도 나온다.

님은 이렇게 말씀하신다.

> 이는 내 생각이 너희의 생각과 다르며 내 길은 너희의 길과 다름이니라 여호와의 말씀이니라(사 55:8).

그런데 우리 자신이 하나님의 섭리에 푹 잠겨서 그분이 거듭하여 우리의 일반적인 사고방식과 행동방식과 상반되는 일을 행하고 말씀하시는 모습을 보게 되면 정신이 바짝 들고 평안을 찾게 된다. 이런 방식으로 섭리는 우리의 마음과 애정을 형성한다. 우리는 이전보다 덜 당황하고 덜 혼란에 빠지고 덜 두려워하게 된다. 혼란스럽고 두려운 상황이 없어서가 아니라 이런 상황을 성경에서 본 적이 있기 때문이다. 하나님이 우리에게 거듭 보여주신 것은 사물이 그 겉모습 그대로가 아니라는 것, 그분이 언제나 우리 삶의 엉킨 실타래 같은 것에서 무언가 지혜롭고 선한 것을 엮어내시는 분이란 것이다.

하나님의 섭리를 보고 음미하는 것이 어떻게 우리로 삶의 난감한 상황을 다루도록 돕는지를 이해하는 데 한 이야기가 도움이 될 듯하다. 이 이야기는 내가 화이트의 『과거의 왕이자 미래의 왕』(The Once and Future King)에 나온 일화를 바탕으로 만든 것이다.[3]

옛날 옛적에 욥이라는 매우 지혜로운 노인이 살았다. 늙은 나이에 하나님이 그에게 한 딸을 주셨는데, 그는 그녀에게 "작은 비둘기"란 뜻의 제미마라는 이름을 붙였다. 그는 작은 여자아이를 사랑했고 그녀도 아빠를 사랑했다.

어느 날 욥은 여행을 떠나기로 결심하고 제미마에게 함께 가고 싶은지 물었다. "좋아요, 나도 함께 가고 싶어요" 하고 제미마가 대답했다.

그래서 그들은 여행을 떠나서 온 종일 걸었다. 해질 무렵에 작은 오두막을 발견하고는 문을 두드렸다. 매우 가난한 남자와 그의 아내와 아기가 거기에 살고 있었다. 욥이 거기서 하룻밤을 묵고 이튿날 아침에 여행을 계속할 수 있을지 물어보았다.

---

[3] T. H. White, "The Once and Future King Study Guide: Paet 1, Chapters 9–10 Summary," enotes (website), accessed August 14, 2019, https://www.enotes.com/topics/once-future/chapter-summaries/part-1-chapters-9-10-summary.

가난한 남자와 그의 아내는 기쁘게 그들에게 거기서 묵으라고 했다. 그들은 욥과 제미마에게 자기네 방을 내어주고 소박한 저녁상을 차려주었다. 특별 음식은 그들이 기르는 젖소에서 짠 신선한 우유였다. 그 덕분에 가난한 부부가 생계를 유지할 수 있었다. 그들의 젖소가 좋은 우유를 선사했고, 그들은 그 우유를 팔아서 생계를 유지했던 것이다.

욥과 제미마가 아침에 일어나보니 그들이 우는 소리가 들렸다. 젖소가 지난밤에 죽었기 때문이었다. 가난한 남자의 아내가 울고 있었다. "우리는 어떻게 하죠? 우리는 어떻게 하죠?" 하며 흐느꼈다. 가난한 남자가 그 젖소가 상하기 전에 잘라서 고기를 팔려고 하던 참이었다. 그런데 욥이 이렇게 말했다. "당신이 젖소를 자르지 말고 뒷담 곁의 올리브 나무 아래 묻어야 할 것 같군요. 그 고기는 판매하기에 적합하지 않을지 몰라요. 하나님을 신뢰하면 그분이 당신을 돌보실 겁니다." 그래서 가난한 남자는 욥의 제안대로 했다.

이후 욥과 제미마는 그들의 길을 갔다. 다시 온종일 걷고 나서 무척 피곤할 때 그 다음 소도시에 도착해서 멋진 집을 보게 되었다. 문을 두드렸다. 매우 부유한 남자가 이 집에 살고 있었는데, 그들은 그토록 부유한 사람에게 폐를 끼치지 않기를 바랐다.

그런데 그 남자는 무척 퉁명스러운 말투로 그들에게 헛간에서 지내도 좋다고 말했다. 그는 저녁식사로 물과 빵을 주면서 그들끼리 헛간에서 먹게 했다. 욥은 무척 고마워하면서 그 부유한 남자에게 "빵과 물을 주시고 헛간에서 묵을 수 있게 해주셔서 대단히 감사합니다"라고 말했다.

이튿날 아침 욥은 그 집의 벽 한쪽이 무너지고 있는 것을 알아챘다. 그래서 밖에 나가 벽돌과 회반죽을 사서 부유한 남자를 위해 벽의 구멍을 고쳐주었다. 이후 욥과 제미마는 그들의 길을 가서 목적지에 도착하게 되었다.

그날 밤 그들이 화롯가에 앉아 있을 때 제미마가 이렇게 말하는 것이었다. "아빠, 저는 하나님의 방식을 이해할 수 없어요. 가난한 남자는 우리에게 그토록 친절했는데 그의 젖소가 죽는 것이, 그리고 부유한 남자는 우리에게 그토록 불친절했는데 아빠가 그의 벽을 고쳐주는 것이 옳은 것 같지 않아요."

"글쎄, 제미마야, 많은 일이 겉으로 보이는 것과 같지 않단다. 이번만 왜 그런지 말해줄게. 하지만 이후에는 네가 보통 자기가 하는 일을 설명하시지 않는 하나님을 신뢰해야 할 것이야." 욥의 대답이었다.

"가난한 남자의 젖소는 매우 아팠는데 그가 그걸 모르고 있었단다. 나는 그가 저녁거리로 준 우유를 마시고 그걸 알 수 있었다. 곧 그는 상한 우유를 팔 뻔했고, 그랬다면 사람들이 아파서 죽을 수도 있었고, 그랬다면 그들이 그를 돌로 쳐 죽였을 것이다. 그래서 내가 그에게 고기를 팔지 말고 젖소를 뒷담 곁의 올리브 나무 아래 묻으라고 말했던 것이다. 왜냐하면 그가 거기서 무덤을 판다면 오래 전에 파묻어놓은 은잔을 찾을 터이고 그것을 팔면 좋은 젖소 두 마리를 살 수 있을 것임을 주님이 나에게 보여주셨기 때문이란다. 그리고 결국에는 상황이 그 남자와 그의 아내와 자녀에게 더 나아질 것이다.

우리가 부유한 남자 집에서 하룻밤을 묵을 때는 벽에 난 구멍을 보았고 그보다 더 많은 것을 보았단다. 그 벽에 감춰진 것이 여러 세대 전부터 내려오는 황금이 가득한 궤짝이었다. 만일 부유한 남자가 자기 손으로 그 벽을 고쳤더라면 그것을 발견했을 테고 계속 자만심과 잔인한 행세를 부렸을 것이다. 그래서 내가 벽돌과 회반죽을 사서 그 벽을 메워서 그 남자가 이 보물을 결코 찾을 수 없게 한 것이야."

"이제 알겠니, 제미마야?"

"네, 아빠. 알겠어요."

6. 이 섭리를 보고 음미하는 것은 고난에서의 하나님 주권의 "문제"가 고난을 통해 그 주권의 목적과 능력을 입증하는 것에 의해 넉넉히 풀린다는 것을 보여준다.

나는 이것을 궁극적 의미의 신학적 진리로, 그리고 그리스도를 신뢰하는 이들에게 해당되는 소중한 경험적인 진실로 제시하는 바이다.

많은 사람이 이 책의 결론에 걸려 넘어지는 이유가 있다. 하나님의 편만한 섭리란 그의 합목적적인 주권이 모든 고난을 지배한다는 것을 의미하기 때문이다. 속이고 파괴하는 사탄의 능력은 실재한다. 동료 인간에게 짓는 인간의 죄도 실재한다. 자연 재난도 실재한다. 그러나 우리가 이 책에서 살펴본 바는 사탄이나 사람이나 자연이 하나님의 계획에 속하지 않은 일은 아무것도 하지 않는다는 것이다. 세계에서 일어나는 사건들의 순서 전체에 걸쳐, 어느 원인들이 과연 효과를 발휘할지는 하나님이 최종 결정을 하신다. 그러므로 모든 고난은 하나님의 섭리의 지배 아래 있다. 그분은 언제나 그것을 멈출 수 있다. 그분이 그러시지 않는다면 허락하는 것이고, 그의 허락은 계획된 것이고 합목적적이며 (전반적의 계획에 따른) 지혜로운 것이다.

하나님이 이 세상에서 취하는 고통스러운 조치가 과연 정의롭고 선한가 하는 의문이 들 수 있다. 이에 대한 최종 답변은 이런 지혜롭고 합목적적인 주권이다. 우리가 22장에서 살펴보았듯이 "그의 모든 길이 정의롭다"(신 32:4). "여호와는 의로우사 의로운 일을 좋아하신다"(시 11:7). "의와 공평이 그의 보좌의 기초로다"(시 97:2). "그가 의로 세계를 판단하신다"(시 98:9). "그의 의가 영원히 서 있도다"(시 111:3). 아무도 하나님이 자기를 마땅히 받을 대우보다 더 나쁘게 대우하신다고 정당하게 비난할 수 없을 것이다. 죄는 모든 사람의 마음속에 있다. 그리고 죄가 하나님께 짓는 명예훼손은 그 모든 고통스러운 결과보다 더한 모욕이다.

어째서 이런 사태가 발생했는가? 이에 대해 궁극적 답변에 가까운 대답으로 로마서 9장 22-23절에 나온다.

> 만일 하나님이 그의 진노를 보이시고 그의 능력을 알게 하고자 하사, 멸하기로 준비된 진노의 그릇을 오래 참으심으로 관용하시고 또한 영광 받기로 예비하신 바 긍휼의 그릇에 대하여 그 영광의 풍성함을 알게 하고자 하셨을지라도 무슨 말을 하리요?

이 문장을 어떻게 완성할 수 있을까? 내가 7장에서 주장한 바에 따르면, 바울의 의도는 우리가 그 문장을 다음과 같이 완성하는 것이다. "그렇다면 그 어떤 정당한 반론도 제기될 수 없다." 그 어떤 정당한 반론도 제기될 수 없는 이유는, 하나님의 영광의 풍성함이 (22절이 말하듯이) 진노와 능력으로 나타나는 것이 옳고 합당하기 때문이다. 그러므로 하나님의 거룩한 진노와 의로운 심판이 유죄판결을 받은 죄인들에게 떨어지는 세상이 존재하는 것이다. 만일 하나님의 고통스러운 진노를 받기에 합당치 않은 사람이 그의 심판으로 파멸된다면, 하나님이 다가오는 시대에 그들을 "온전하게 하시며 굳건하게 하시며 강하게 하시며 터를 견고하게 하시리라"(벧전 5:10; 참고. 4:17).

그리스도를 신뢰하는 이들은 고난을 당할지언정 하나님의 주권을 확고한 문제로 보지 않고 믿을 만한 소망으로 여긴다. 이는 그리스도인의 고난과 관련해 사탄이나 사람, 자연이나 우연 중 어느 것도 결정적인 통제력을 발휘하는 게 아니라는 뜻이다. 하나님이 이런 고난을 다스리는 주권자이신 만큼 그것이 무의미하지 않다는 뜻이다. 그것은 진노가 아니다. 궁극적으로 파괴적인 것도 아니다. 터무니없거나 무모한 것도 아니다. 그 고난은 목적이 있다. 신중함과 지혜와 사랑이 담긴 것이다.

(내가 직접 목격한 대로) 그 고통이 비록 인생의 마지막 순간에 무척 끔찍하며 당사자가 성화될 수 있는 생명의 연한이 남지 않았다 할지라도, 그것은 영원히 합목적적인 것이다.

우리가 잠시 받는 환난의 경한 것이 지극히 크고 영원한 영광의 중한 것을 우리에게 이루게 함이니, 우리가 주목하는 것은 보이는 것이 아니요 보이지 않는 것이니, 보이는 것은 잠깐이요 보이지 않는 것은 영원함이라(고후 4:17-18).

나는 지난 50년 동안 많은 고통당하는 사람들을 하나님의 말씀으로 섬겨왔는데, 이에 근거해 다음과 같이 증언할 수 있다. 고통(또는 사랑하는 사람의 고통과 죽음) 때문에 하나님의 편만한 섭리의 진리를 버렸다고 내가 듣거나 목격한 사람이 하나라면, 그들의 고통과 상실 중에도 하나님의 절대 주권이란 성경적 진리가 그들의 믿음(일부는 그들의 온전한 정신)을 구했다고 증언하는 사람은 열이었다.

그 주권은 하나님에 대한 그들의 믿음과 온전한 정신뿐만 아니라 사람들에 대한 그들의 사랑도 구해냈다. 어떻게 그럴 수 있는가? 사랑은 두려움이나 탐욕이 자기 보호적인 또는 자기고양적인 정열로 마음을 삼켜버리는 곳에서는 꽃을 피울 수 없는 법이다. 마음은 타인에게 초점을 맞추기 위해 자기중심에서 해방되어야 한다(빌 2:4). 무언가가 이 이중적인 힘, 곧 상실을 두려워하는 것과 이익을 갈망하는 것을 깨뜨려야 한다. 이 힘을 깨뜨리는 것은 자비로운 섭리가 지닌 막을 수 없고 피로 산 전능함이 보장하는, 흔들리지 않는 확실한 소망이다. 이것이 어떻게 작동하는지는 43장(믿음으로 죄를 죽이고 사랑을 창조하다)에서 살펴본 적이 있다.

우리의 고난이 만일 우리 자신에게만 몰입하게 한다면, 우리는 환난의 와중에 제대로 사랑할 수 없을 것이다. 하지만 바로 그곳이 그리스도인의 사랑이 밝게 빛나야 할 지점이다. "환난의 많은 시련 가운데서 그들의 넘치는 기쁨과 극심한 가난이 그들의 풍성한 연보를 넘치도록 하게 하였느니라"(고후 8:2). 환난 가운데서 풍성한 연보로 넘치는 기쁨, 이것이 그리스도인 사랑의 아름다움이다. 그런데 어떻게 환난 가운데서 그런 승리의 기쁨이 있을 수 있을까? 바로 소망 때문이다! 확실한 소망! "이는 그리스도 예수 안에 너희의 믿음과 모든 성도에 대한 **사랑**을 들었음이요, 너희를 위하여 하늘에 쌓아 둔 **소망**으로 말미암음이니"(골 1:4-5). "나로 말미암아 너희를 욕하고 **박해하고** 거짓으로 너희를 거슬러 모든 악한 말을 할 때에는 너희에게 복이 있나니 **기뻐하고** 즐거워하라 하늘에서 너희의 **상**이 크니라"(마 5:11-12). "…예수를 바라보자. 그는 **그 앞에 있는 기쁨**을 위하여 십자가를 참으사"(히 12:2). 각각의 경우에 소망(기쁨이 충만한 미래에 대한 확신)이 두려움과 탐욕의 힘을 깨뜨리고 사랑하도록 마음을 해방시켰다.

이런 방식으로 고난에 처한 그리스도인이 원한과 복수심, 자기탐닉과 자기연민으로부터 구출되는 것이다. 하나님은 모든 슬픔을 기쁨으로, 모든 상실을 유익으로, 모든 신음을 영광으로 바꾸겠다고 약속하신다(롬 8:18, 28; 고후 4:17-18; 히 12:10; 벧전 1:6-7; 5:10). 그리고 이 약속은 불확실한 상태에 있지 않다. 그것은 "만물을 [그리스도에게] 복종시킬 수 있는 권능으로"(빌 3:21, 새번역) 보장되고, 확보되고, 보증되고, 그 권능에 뿌리박고 있다. 달리 말하면, 고난 받는 수많은 그리스도인에게 하나님의 편만한 섭리는 믿음의 장애물이 아니라 믿음을 보존하고, 온전한 정신을 유지하고, 사랑할 힘을 주는 소망의 근거인 것이다.

모든 걸 포괄하고 편만하며 불가항력적인 하나님의 섭리는 그것을 부인하는 입장보다 신학적으로 더 포괄적이고, 경험적으로 더 위로를 주며, 더욱 열매를 맺는 것이다.

7. 이 섭리를 보고 음미하는 것은 우리로 깨어있게 하고 좋은 소식으로 제기되는 사람 중심적인 대안들에 저항하게 만든다.

아니, 이렇게 말하고 싶다. 이 섭리를 보고 음미하는 것은 반(反)문화적 확신을 성경의 반석 안에 깊이 뿌리박게 해서 이 진리를 사랑하는 이들이 거짓된 가르침의 바람에 쉽게 날려가지 않게 해준다고. 그 이유는 다음과 같은 사실 때문이다. 이 섭리는 타락한 인간본성과 너무나 상반되고 자기예찬의 문화와 너무도 어울리지 않아서 그리스도인이 이 점에서 세상과 단절될 수 있다면 어느 점에서도 그럴 수 있다는 사실이다. 이는 그들이 많은 기만에서 자유롭다는 뜻이다.

그러나 이 섭리를 받아들이면 우리가 사람 중심적인 대안들에게 저항할 수 있는 이유는 이보다 더 깊은 곳에 있다고 생각한다. 하나님의 순전한 거대하심(하나님의 순전한 무게와 중대성과 권위)이 영혼 속에 영적인 감각, 일종의 거룩한 통찰력을 창조하기 때문에 어떤 관념이나 교리나 행위가 하나님을 낮추고 사람을 높이는 성향을 간파할 수 있기 때문이다.

8. 이 섭리를 보고 음미하는 것은 하나님에게 사람들의 마음과 생각을 변화시켜달라는 기도에 응답할 수 있는 권한과 능력이 있음을 확신하게 한다.

기도는 하나님이 세상에 주신 큰 경이로운 것 중 하나이다. 하나님이 그의 주권적인 손이 피조물의 기도로 움직이도록 계획하신다는 것은 놀라운 일이다. "하나님이 어차피 모든 것을 계획하셨은즉 기도하는 것은 무의미하다"라고 말하는 것은 분별없는 반론이다. 분별없는 이유는 조금만 생각해도 수많은 사람의 행동이 날마다 다른 행동들을 유발하도록 하나님이 계획하셨다는 것이 드러나기 때문이다.

못이 한 나무판에 박히는 것은 하나님이 망치로 하여금 그것을 치도록 계획하셨기 때문이다. 한 학생이 한 시험에서 A학점은 받는 것은 하나님이 그 학생으로 공부하도록 계획하셨기 때문이다. 한 제트기가 뉴욕에서 로스엔젤리스로 날아가는 것은 하나님이 연료가 가용되도록, 날개가 그대로 있도록, 엔진이 밀어내도록, 조종사가 자신이 무엇을 하는지 알도록 계획하셨기 때문이다. 이 중에 어느 경우에도 우리는 그 원인(망치, 공부, 연료, 날개, 엔진, 조종사)이 무의미하다고 말하지 않는다.

기도 역시 무의미하지 않다. 기도는 계획의 일부이다. 사실은 모든 것을 포괄하고 편만하며 멈출 수 없는 하나님의 섭리야말로 우리가 드리는 진심어린 기도를 효과적으로 만드는 유일한 희망이다. 당신이 품은 최대의 갈망은 무엇인가? 가장 진심어린 기도는 무엇인가? 어쩌면 당신이 사랑하는 누군가의 구원을 위한 것일 터이다. 또는 당신의 영혼이 어떤 죄악된 속박에서 풀려나는 것일 수 있다. 당신이 하나님께 그 사랑하는 사람을 구원해달라고 또는 당신을 그 죄의 속박에서 해방시켜달라고 기도할 때, 당신은 하나님이 무슨 일을 행하시길 기도하는 것인가? 당신은 그분께 그분이 새 언약으로 약속하신 것을 행해달라고, 예수님이 그의 피로 사신 것을 행해달라고(그래서 우리가 예수님의 이름으로 기도한다) 간구하고 있는 것이다. 그래서 우리는 이렇게 기도한다.

"하나님, 그의 몸에서 돌 같은 마음을 제거하고 그에게 살처럼 부드러운 새 마음을 주소서"(겔 11:19를 보라).

"주님, 그들의 마음에 할례를 베푸사 그들로 당신을 사랑하게 하소서"(신 30:6을 보라).

"아버지, 당신의 영을 그들 속에 두어 그들이 주님의 율례를 행하게 하소서"(겔 36:27을 보라).

"주님, 그들에게 회개함을 주사 진리를 알게 하셔서 그들로 깨어 마귀의 올무에서 벗어나게 하소서"(딤후 2:25-26을 보라).

"아버지, 그들의 마음을 열어 그들로 복음을 믿게 하소서"(행 16:14를 보라).

이와 같이 기도할 수 있는 사람들은 구원의 믿음이 섭리의 선물이라고 믿는 이들뿐이다(36장을 보라). 많은 사람이 이것을 믿지 않는데, 그들은 인간이 회심하는 순간에 궁극적 자결권을 갖고 있다는 믿기 때문이다. 달리 말하면, 하나님은 죄인들에게 구애할 수 있지만 그들의 믿음을 창조할 수는 없다는 것이다. 사람이 최종 결정권을 가진 게 틀림없다고 한다. 믿음이 존재하게 되는 시점에 하나님이 아니라 사람이 결정한다는 것이다.

나의 요점인즉 정말로 이렇게 믿는 이들은 하나님께 믿지 않는 죄인들을 회심시켜달라고 일관성 있게 기도할 수 없다는 것이다. 왜 그런가? 왜냐하면 그들이 하나님에게 한 죄인의 삶에 영향을 미치시길 기도한다면, 그들은 성공적인 영향(이는 죄인의 궁극적 자결권을 앗아간다)을 위해 기도하든지 성공하지 못하는 영향(이는 회심을 위한 기도가 아니다)을 위해 기도하는 것이다. 그래서 그들은 하나님에게 사람들을 회심시키도록 기도하는 걸 포기하든지, 궁극적인 인간의 자결권을 포기하든지 둘 중 하나를 선택해야 한다. 그렇지 않으면 계속 일관성이 없게 행동해야 한다.

기도는 실로 대단한 선물이다. 사람이 자신의 회심에 대해 최종 결정권을 갖고 있지 않고 하나님이 갖고 있다고 바울보다 더 확고하게 믿었던 사람은 없다. "그런즉 원하는 자로 말미암음도 아니요, 달음박질하는 자로 말미암음도 아니요, 오직 긍휼히 여기시는 하나님으로 말미암음이니라"(롬 9:16). 그런데 죄인들의 회심을 위해 바울보다 더 간절하게 눈물로 기도했던 사람도 아마 없을 것이다. "나에게 큰 근심이 있는 것과 마음에 그치지 않는 고통이 있는 것을 내 양심이 성령 안에서 나와 더불어 증언하노니, 나의 형제 곧 골육의 친척을 위하여 … 원하는 바로라 … 형제들아 내 마음에 원하는 바와 하나님께 구하는 바는 이스라엘을 위함이니 곧 그들로 구원을 받게 함이라"(롬 9:2-3; 10:1). 바울이 이와 같이 기도한 것은 새로운 탄생이 단순한 결정이 아니라 기적이란 것을 알았기 때문이다. "사람으로는 할 수 없으나 하나님으로서는 다 하실 수 있느니라"(마 19:26). 우리가 이 책에서 살펴본 섭리는 기도를 문젯거리로 만들지 않는다. 오히려 기도를 강력하게 만든다.

9. 이 섭리를 보고 음미하는 것은 복음전도와 선교사역이 사람들을 그리스도께 회심시키는 데 절대로 필요하다는 것을 보여주는데, 하나님이 이런 것들을 구원의 믿음을 창조하는 사역의 수단으로 삼기 때문이다.

기도에 관한 앞의 반론이 분별없는 것이듯이, "하나님이 자신이 구원할 사람들을 이미 계획하신 만큼 복음전도와 선교사역은 무의미하다"고 말하는 반론도 마찬가지다. 잠시만 생각해도 사람들을 하나님의 말씀을 통해 구원하는 계획에 그 말씀의 전파자들을 보내는 계획도 포함된다는 것을 알 수 있다. 아무도 복음을 듣지 않고는 믿고 구원받을 수 없다. 새로운 탄생은 "살아있고 항상 있는 하나님의 말씀으로," 즉 복음으로 된 것이다.

너희가 거듭난 것은 썩어질 씨로 된 것이 아니요 썩지 아니할 씨로 된 것이니 살아있고 항상 있는 하나님의 말씀으로 되었느니라 … 너희에게 전한 복음이 곧 이 말씀이니라(벧전 1:23, 25).

이 복음은 구름 속에 쓰여 있지 않다. 그것은 증인과 선교사가 되는 그리스도인들에게 위탁되었다. 만일 인간 증인이 없다면 구원도 없을 것이다.

"누구든지 주의 이름을 부르는 자는 구원을 받으리라." 그런즉 그들이 믿지 아니하는 이를 어찌 부르리요? 듣지도 못한 이를 어찌 믿으리요? 전파하는 자가 없이 어찌 들으리요? 보내심을 받지 아니하였으면 어찌 전파하리요? … 그러므로 믿음은 들음에서 나며 들음은 그리스도의 말씀으로 말미암았느니라(롬 10:13-15, 17).

바울은 그 자신이 부활하신 그리스도로부터 사명을 받은 것을 거론할 때 아주 불가능한 말로 묘사했다. 예수님은 그를 이방인에게 보내면서 오직 하나님만 하실 수 있는 일을 하라고 했다. 예수님이 바울에게 이런 말씀을 하셨다.

이스라엘과 이방인들에게서 내가 너를 구원하여 그들에게 보내어 그 눈을 뜨게 하여 어둠에서 빛으로, 사탄의 권세에서 하나님께로 돌아오게 하고, 죄 사함과 나를 믿어 거룩하게 된 무리 가운데서 기업을 얻게 하리라(행 26:17-18).

맹안을 뜨게 하라. 사탄에게서 해방시켜라. 그것이 바울의 사명이었다. 그리고 우리의 사명이다. 맹안을 뜨게 하고 사로잡힌 자를 해방시키는 방법은 복음전도와 선교사역이다. 이는 도구들이다. 그러나 도구들은 회심의 기적이 아니다. 그것들은 또 다른 종류의 기적이다. 바로 순종의 기적. 하지만 우리는 여기서 복음전도와 회심에 관해 얘기하고 있다. 하나님의 말씀이 전파될 때는 주님이 마음을 열어주신다. 이것이 루디아에게 일어난 일이다. "주께서 그 마음을 열어 바울의 말을 따르게 하신지라"(행 16:14). 바울이 전한 말은 필수적인 도구이다. 주님의 말씀이 마음을 열어 회심에 이르게 한다. 이것이 기적이다.

기도의 경우와 마찬가지로 하나님의 좌절될 수 없는 섭리는 복음전도와 선교사역을 의문시하는 '문제'가 아니라 양자가 성공할 수 있는 유일한 '희망'이다. 오늘날 전 세계에 걸친 선교사역의 걸림돌은 단 하나 즉 하나님의 섭리가 없다면 도무지 극복할 수 없다. 하나님의 섭리는 막을 수 없다. 그 섭리는 닫힌 국가들도 막을 수 없다. 적대적인 종교들도 막을 수 없다. 어려운 언어와 문화도 막을 수 없다. 그리고 타락한 인간 영혼의 궁극적 자결권도 막을 수 없다. 왜냐하면 하나님의 합목적적 주권의 세계에서는 그런 자결권이 존재하지 않기 때문이다.

그런즉 우리는 우리의 삶과 우리의 사명을 이런 확신 위에 세워야 한다. "내가 이 반석 위에 내 교회를 세우리니 음부의 권세가 이기지 못하리라"(마 16:18). 그리고 이 목적을 달성하기 위해서 그래야 한다. "이 천국 복음이 모든 민족에게 증언되기 위하여 온 세상에 전파되리니 그제야 끝이 오리라"(마 24:14). 하나님께서 이 책을 사용하셔서 불굴의 확신을 품은 수많은 새로운 선교사들을 하나님의 추수 밭으로 발진시키시길 나는 기도한다.

10. 이 섭리를 보고 음미하는 것은 영원토록 우리가 점점 더 하나님께 만족할수록 하나님이 점점 더 영광을 받으실 것이라는 확신을 준다.

황금 실처럼 이 책을 관통하는 진리가 있다. 하나님이 세계를 설계하고 그의 섭리를 수행하는 목적은 우리를 구원하시는 그분의 영광과 그분을 목격하는 우리의 기쁨이, 어느 하나가 커지면 다른 하나가 커지는 방식으로, 영원히 연합되게 하는 것이라는 진리다. 우리를 어린 양의 죽음을 통해 구원하신 하나님의 영광의 헤아릴 수 없는 풍성함이 그의 무한한 보고에서 영원히 흘러나올 때, 매번 새로운 눈으로 그것을 봄으로 인해 우리의 기쁨은 계속 커질 것이다. 그리고 하나님에 대한 우리의 기쁨이 커질수록 그분의 존귀하심은, 그의 백성의 즐거움에 반영되는, 갈수록 더 큰 보배로 보이게 될 것이다.

모든 걸 포괄하고 편만하며 막을 수 없는 하나님의 섭리는 우리가 이날이 오기를 바라는 만큼 소중하다. 그리고 그날이 올 것이다. 우리가 하나님께 점점 더 만족할수록 하나님은 점점 더 영원히 영광을 받으실 것이다.

주의 앞에는 충만한 기쁨이 있고

주의 오른쪽에는 영원한 즐거움이 있나이다(시 16:11).

하나님이여, 주는 하늘 위에 높이 들리시며
주의 영광이 온 세계 위에 높아지기를 원하나이다(시 57:5).

우리 주님, 어서 오시옵소서!

사명선언문

너희가 흠이 없고 순전하여……세상에서 그들 가운데 빛들로
나타내며 생명의 말씀을 밝혀 _ 빌 2:15-16

1. 생명을 담겠습니다
만드는 책에 주님 주신 생명을 담겠습니다.
그 책으로 복음을 선포하겠습니다.

2. 말씀을 밝히겠습니다
생명의 근본은 말씀입니다.
말씀을 밝혀 성도와 교회의 성장을 돕겠습니다.

3. 빛이 되겠습니다
시대와 영혼의 어두움을 밝혀 주님 앞으로 이끄는
빛이 되는 책을 만들겠습니다.

4. 순전히 행하겠습니다
책을 만들고 전하는 일과 경영하는 일에 부끄러움이 없는
정직함으로 행하겠습니다.

5. 끝까지 전파하겠습니다
모든 사람에게, 땅 끝까지, 주님 오시는 그날까지
복음을 전하는 사명을 다하겠습니다.

서점 안내

광화문점 서울시 종로구 새문안로 69 구세군회관 1층
02)737-2288 / 02)737-4623(F)

강남점 서울시 서초구 신반포로 177 반포쇼핑타운 3동 2층
02)595-1211 / 02)595-3549(F)

구로점 서울시 동작구 시흥대로 602, 3층 302호
02)858-8744 / 02)838-0653(F)

노원점 서울시 노원구 동일로 1366 삼봉빌딩 지하 1층
02)938-7979 / 02)3391-6169(F)

일산점 경기도 고양시 일산서구 중앙로 1391 레이크타운 지하 1층
031)916-8787 / 031)916-8788(F)

의정부점 경기도 의정부시 청사로47번길 12 성산타워 3층
031)845-0600 / 031)852-6930(F)

인터넷서점 www.lifebook.co.kr